Juan A. Jorge García–Reyes

Tratado de Creación y Elevación

Volumen Primero

New Jersey
U.S.A. – 2021

Tratado de Creación y Elevación, Volumen Primero, by Juan A. Jorge García–Reyes. Copyright © 2021 by Shoreless Lake Press. American edition published with permission. All rights reserved. No part of this book may be reproduced, stored in retrieval system, or transmitted, in any form or by any means, electronic, mechanical, photocopying, recording or otherwise, without written permission of the Society of Jesus Christ the Priest, P.O. Box 157, Stewartsville, New Jersey 08886.

CATALOGING DATA

Author: Jorge García–Reyes, Juan Andrés 1957–
Title: Creación y Elevación, Volumen Primero
Library of Congress Control Number: 2021919749

ISBN: 978-1-953170-17-0

Published by
Shoreless Lake Press
P.O. Box 157
Stewartsville, New Jersey 08886

"Por la fe, sabemos que el universo fue formado por la palabra de Dios, de modo que las cosas visibles llegaron a la existencia a partir de lo invisible".
(Heb 11:3)

"Respondeo dicendum quod creare est proprie causare sive producere esse rerum. Cum autem omne agens agat sibi simile, principium actionis considerari potest ex actionis effectu, ignis enim est qui generat ignem. Et ideo creare convenit Deo secundum suum esse, quod est eius essentia, quæ est communis tribus personis. Unde creare non est proprium alicui personæ, sed commune toti Trinitati. Sed tamen divinæ personæ secundum rationem suæ processionis habent causalitatem respectu creationis rerum. Ut enim supra ostensum est, cum de Dei scientia et voluntate ageretur, Deus est causa rerum per suum intellectum et voluntatem, sicut artifex rerum artificiatarum. Artifex autem per verbum in intellectu conceptum, et per amorem suæ voluntatis ad aliquid relatum, operatur. Unde et Deus pater operatus est creaturam per suum verbum, quod est filius; et per suum amorem, qui est spiritus sanctus. Et secundum hoc processiones personarum sunt rationes productionis creaturarum, inquantum includunt essentialia attributa, quæ sunt scientia et voluntas".

"Hay que decir: Crear es propiamente causar o producir el ser de las cosas. Como todo agente hace algo semejante a sí mismo, el principio de la acción puede ser observado a partir del efecto de la acción. Ejemplo: el fuego produce fuego. De este modo crear le corresponde a Dios por su mismo ser, que es su esencia, y que es común a las tres Personas. Por lo tanto, crear no es propio de alguna persona, sino común a toda la Trinidad. Sin embargo, las personas divinas en cuanto a la creación de las cosas tienen una causalidad según el modo de su procedencia. Pues, como se ha demostrado anteriormente (q. 14, a. 8; q. 19, a. 4), al tratar sobre la ciencia y la voluntad de Dios, Dios es causa de las cosas por su entendimiento y voluntad, como el artista lo es de sus obras. El artista obra según lo concebido en su entendimiento y por el amor de su voluntad hacia algo con lo que se relacione. Asimismo el Padre Dios ha producido las criaturas por su Palabra, que es el Hijo, y por su Amor, que es el Espíritu Santo. De este modo, las procesiones de las Personas son las razones de la producción de las criaturas, en cuanto que incluyen los atributos esenciales, que son la ciencia y la voluntad".

(**S. Tomás de Aquino:** *Summa Theologiæ*, I*, q. 45, a. 6, co.)

"La Biblia, en el *Cántico de los tres jóvenes* en el horno ardiente (Da 3: 57–88), hace un fervoroso elogio de las cosas, acumulándolas en una pormenorizada multitud que alaba al Creador: los ángeles, los cielos, las aguas, el sol, la luna, las estrellas, el rocío, los vientos, el fuego, el calor, el frío, y la creación entera, son invitados a alzar su canto de alabanza al Señor Omnipotente que las ha sacado de la nada para darles el ser. Y fue el mismo Jesucristo quien las engrandeció hasta el punto de constituirlas como materia necesaria para confeccionar los sacramentos: el agua, el pan, el vino o el aceite se convirtieron así en vehículos y canales insustituibles de la gracia de Dios que baja del Cielo. ¿Qué puede tener entonces de particular o de extraño que la esposa del *Cantar* compare al Esposo, admirando las obras que son hechura de sus manos, y arrebatada del amor que le profesa, con las cosas más sencillas y simples que ella contempla en la Naturaleza y de las cuales goza?...

La belleza y la bondad de las cosas no serían tales ni de tal magnitud si no hubieran sido hechas para ser regaladas a la esposa. A fin de que ella, a su vez, pueda también ofrecerlas al Esposo. La más íntima esencia de las cosas consiste en ser un don..."

(**A. Gálvez:** *Comentarios al Cantar de los Cantares*, **New Jersey 2000, vol. 2, págs. 26–27**)

Presentación

Como ya se hacía ver en la Presentación del Tratado de Dios Uno y Trino, también el presente curso está preparado pensando, sobre todo, en la formación de los candidatos al sacerdocio de la *Sociedad de Jesucristo Sacerdote*.

Se trata pues de una obra dirigida a aquéllos que se adentran en el estudio de la teología a nivel universitario, con la intención de proporcionarles una herramienta de conocimiento que brinde a la vez, no solo el respeto más delicado por la ortodoxia y la fidelidad al auténtico Magisterio de la Iglesia, sino también la comprensión más aguda de la teología que se deriva de los escritos del fundador de la *Sociedad de Jesucristo Sacerdote*, el P. Alfonso Gálvez.

Como también se hacía ver en la mencionada Presentación, el tema en el que más ha profundizado A. Gálvez es, sin duda, el del amor. Hay toda una teología, una antropología y una moral en sus escritos que tienen como fundamento último su pensamiento sobre el amor. De este modo, a lo largo de los años y de abundantes escritos y charlas, A. Gálvez ha aportado todos los datos necesarios para poder construir una teoría sistemática del amor, que, sin lugar a dudas, puede ayudar a presentar un estudio orgánico de la teología dogmática desde una perspectiva nueva de extraordinaria profundidad y fecundidad. Creo que nunca se ha intentado, y sería una novedad indudable de gran

importancia, ya que anclaría la teología en la realidad última de lo que es Dios. En efecto, siendo Dios el "Ipsum Esse Subsistens", es también "Amor", y si bien se han extraído abundantes consecuencias de la primera afirmación, no se ha sido consecuente con las propias de la segunda, que ha quedado más bien recluida al campo de la moralidad o de la espiritualidad, no dando todos sus frutos en el campo dogmático.[1]

En el tratado de creación y elevación, tal perspectiva va a dar importantes frutos, como se puede comprobar a lo largo de la exposición, donde son destacables, entre otros, los siguientes puntos: el fin último de la creación y el Dios que es Amor; el fundamento de la libertad divina en el acto creador; la naturaleza temporal de la creación y su relación con el amor; la bondad de las cosas creadas como regalos en la relación amorosa entre Dios y el hombre; el camino a Dios a través de la maravilla, la belleza y la bondad de la obra de Dios; la creación del hombre a imagen y semejanza del Sumo Hacedor; el constitutivo formal de la persona humana; el pecado original originante y originado en el misterio del amor; etc.

---

[1] Es necesario tener en cuenta la advertencia que el mismo A. Gálvez hace, en uno de sus más importantes libros, acerca de que su aproximación al tema del amor es "asistemática": "Este libro intenta esbozar una teoría sobre el amor, aunque de una manera asistemática" (A. Gálvez: *Comentarios al Cantar de los Cantares*, Shoreless Lake Press, New Jersey, 1994, Vol. 1, pág. 15). Esta teoría sistemática del amor en A. Gálvez está todavía por hacer. Con todo sí se han realizado estudios parciales, como los de F. Ruiz: *El Estatuto Ontológico del Alma después de la Muerte*, Santiago de Chile, 2002; F. Ruiz: *Santo Tomás de Aquino versus A. Gálvez. Parte I: Existencia de un Problema*, memorándum, Madison 2008; Juan A. Jorge: *Estudios sobre el Amor en A. Gálvez*, memorandum, Santiago de Chile 2009–2010; Juan A. Jorge: *El Espíritu Santo Y La Polémica Sobre La Naturaleza Del Amor*, Lección Inaugural del Curso 1998, Seminario de San Bernardo, 19 de marzo de 1998.

Teniendo en cuenta tales objetivos, parece útil señalar los principales parámetros que se han seguido en la confección de la presente obra:

1.— Es un curso que se sustenta básicamente, y pretende dar a conocer, la teología tomista. Santo Tomás no hace un tratado de Creación propiamente dicho, pero dedica a la creación muchas cuestiones de la Primera Parte de la *Suma Teológica*: la producción de las cosas creadas (qq. 44–46), su distinción (qq. 47–93) y su conservación y gobierno (qq. 103–119). El tema de la caída lo estudia en las cuestiones 94 a 102 de la mencionada Parte; y el del pecado original originante en las cuestiones 81 a 83 de la Iª–IIæ y 163 a 165 de la IIª–IIæ al tratar del pecado de soberbia. Pero el extraordinario interés del Santo[2] por el tema se refleja en que estudió el problema de la creación en todas sus otras obras principales, a saber, la *Summa Contra Gentiles*,[3] el *Comentario a las Sentencias*,[4] las *Cuestiones Disputadas*,[5] etc., además de dedicarle algunas obras menores.[6] Por eso, como dice J. Morales:

> "La doctrina de la Creación del mundo por Dios constituye, por así decirlo, el marco de la entera teología de Sto. Tomás de Aquino (1224–1274). La visión creacionista impregna la entera obra del *doctor humanitatis*, en la que el mundo creado sale de la libre voluntad divina a partir

---

[2]Cfr. J. Valbuena: *Introducciones al Tratado de la Creación en General*, en "Suma Teológica de Santo Tomás de Aquino", BAC, Madrid, 1953, vol. II, pág. 466.

[3]Santo Tomás de Aquino: *Summa Contra Gentiles*, II, 15 ss.

[4]Santo Tomás de Aquino: *Sent.* II, dist. 1, q. 1; dist. 37, q. 1.

[5]Santo Tomás de Aquino: *De Potentia*, q. 3.

[6]Santo Tomás de Aquino: *De Æternitate Mundi, De Substantiis Separatis*, Quodlibeto 3 y 12, etc.

de la nada, para volver a Él a través de la acción salvadora y restauradora de Cristo".[7]

La enseñanza del Doctor Angélico es, pues, pilar fundamental de la exposición. Es la doctrina teológica segura recomendada por el Magisterio de la Iglesia; por lo que los Papas de la Iglesia, especialmente desde León XIII hasta Pío XII, han hecho una profusa defensa del tomismo como exposición ideal de la Teología católica.

En efecto, el Papa León XIII, queriendo "agere de ineunda philosophicorum studiorum ratione, quæ et bono fidei apte respondeat, et ipsi humanarum scientiarum dignitati sit consentanea",[8] remitía, sobre todo, a Santo Tomás, "inter Scholasticos Doctores omnium princeps et magister".[9] El método, los principios, la doctrina del Aquinate, han encontrado, en el curso de los siglos, el favor preferencial no sólo de los doctos, sino también del supremo Magisterio de la Iglesia.[10] El mismo Papa, recomendaba la síntesis tomista también para la Iglesia actual, a fin de que la reflexión filosófica y teológica no se apoye sobre un "fundamento inestable" que la vuelva "oscilante y superficial".[11] Para ello, es necesario que retorne a inspirarse en la "sabiduría áurea" de Santo Tomás, para sacar de ella luz y vigor en la profundización del dato revelado y en la promoción de un conveniente progreso científico.[12]

Como dice A. Gálvez:

"El envío al cuarto trastero de la filosofía tomista, tan insistentemente recomendada por los Papas de la penúltima

---

[7] J. Morales: *El Misterio de la Creación*, Eunsa, Pamplona 1994, pág. 82.

[8] *Leonis XIII Acta*, vol.1, pág. 256.

[9] Ibid., pág. 272.

[10] Cfr. Encicl. *Æterni Patris*, l. c., págs. 274–277.

[11] Ibid., pág. 278.

[12] Ibid., pág. 282.

generación (los inmediatamente anteriores al Concilio Vaticano II, a su vez siguiendo la línea de los anteriores) como la más adecuada para el conocimiento y la explicación de los dogmas, ha tenido consecuencias incalculables".[13]

"Considerar al tomismo como obsoleto, o irrelevantes para la nueva edad en la que vivimos a los errores denunciados por Pío XII, me parece osadía y atrevimiento".[14]

---

[13] A. Gálvez: *Apéndice a las Notas sobre la Espiritualidad de la Sociedad de Jesucristo Sacerdote*, memorándum, Murcia 2009, págs. 20–21. Es cierto que las declaraciones oficiales en favor de la síntesis tomista en los últimos años adolecen de un tono más parecido a un buen consejo o sugerencia a fin de imitar un espíritu de hacer teología, que de exigencia de un contenido concreto a ser enseñado, y carecen de la fuerza que tenían en pontificados anteriores. Se puede comprobar esta afirmación leyendo con cuidado los lugares donde aparece recomendada la enseñanza del Aquinate más recientemente: en el Código de Derecho Canónico, can 1366, 2º; en el Concilio Vaticano II (Decreto sobre la formación sacerdotal *Optatam Totius*) donde, antes de hablar de la necesidad de tener en cuenta la enseñanza de las corrientes filosóficas modernas, especialmente "de las que ejercen mayor influjo en la propia nación", pide que "las disciplinas filosóficas se enseñen de manera que los alumnos lleguen, ante todo, a un conocimiento sólido y coherente del hombre, el mundo y de Dios apoyados en el patrimonio filosófico de perenne validez"; o en la Declaración sobre la educación cristiana *Gravissimum Educationis*: "... teniendo en cuenta con esmero las investigaciones más recientes del progreso contemporáneo, se percibe con profundidad mayor cómo la fe y la razón tienden a la misma verdad, siguiendo las huellas de los Doctores de la Iglesia, sobre todo de Santo Tomás de Aquino" (n. 10). Cfr. Discurso de S.S. Juan Pablo II a los profesores y alumnos de la Pontificia Universidad de Santo Tomás de Aquino, de Roma, 17 de noviembre de 1979.

[14] A. Gálvez: *Apéndice...*, cit pág. 24. Cfr. "En cuanto a los resultados de haber sustituido la filosofía tomista del ser por las filosofías derivadas del idealismo (desde Descartes, pasando por Kant y el marxismo hasta ir a parar a las personalistas), están bien a la vista y no hay sino profundizar en las causas de la crisis actual" (pág. 25).

2.— Se ha procurado también presentar las polémicas actuales sobre los diferentes aspectos de la teología de la creación y elevación, con el fin de que el alumno pueda tener las herramientas necesarias para conocer, criticar y responder a las explicaciones más modernas (en muchos casos intentos no logrados y, con cierta frecuencia, heterodoxos), que sobre este tratado abundan hoy en día. Un estudio centrado solo en la pura doctrina clásica no prepararía a los alumnos para el mundo y la Iglesia en que les ha tocado vivir.

3.— Aparte de la bibliografía que se señala en cada capítulo, los estudios fundamentales que se recogen a lo largo de toda la presente obra son los siguientes: "Introducciones" a las cuestiones de la *Summa Theologiæ* (I^a, q. 44–76, 90–113 y I^a–II^æ, q. 81–83) de Santo Tomás de la edición de la BAC de los años 1948–1950, reimpresas en 2010 (en particular, la dedicada al tratado de la creación en general por J. Valbuena —tomo II—, y las de A. Martínez sobre el tratado de los ángeles —tomo III—); J. Ibáñez y F. Mendoza: *Dios Creador y Enaltecedor*;[15] V. Zubizarreta: *Theologia Dogmatico–Scholastica, II: De Deo Uno, De Deo Trino et de Deo Creatore*;[16] L. Lercher: *Institutiones Theologiæ Dogmaticæ in Usum Scholarum, vol. II: De Deo Uno et Trino. De deo Creante et Elevante*;[17] J. F. Sagües: *Sacræ Theologiæ Summa II. De Deo Creante et Elevante. De Peccatis*;[18] L. Ott: *Manual de Teología Dogmática*.[19] Son de gran utilidad los artículos dedicados a los diferentes temas de Creación y Elevación del *Diction-*

---

[15] Editorial Palabra, Madrid, 1984.

[16] 3ª edición, Ed. Elexpuru Hnos., Bilbao 1937.

[17] 4ª edición, Herder, Barcelona 1945.

[18] BAC, Madrid, 1955 (trad. al inglés de K. Baker: *On God the Creator and Sanctifier. On Sins*, Keep the Faith, USA, 2014).

[19] Herder, Barcelona, 2009.

naire de Théologie Catholique.[20] De igual modo son de provecho los artículos correspondientes de la *Gran Enciclopedia Rialp*;[21] y los de *The Catholic Encyclopedia*.[22] Aunque discrepo de algunas de sus posiciones, para los aspectos más actuales de la teología que ahora nos ocupa, he utilizado sobre todo a J. Morales: *El Misterio*, cit.; y a A. Fernández: *Teología Dogmática*.[23]

4.— Hay que señalar que en la redacción de la presente obra se utilizan con abundancia (que tal vez a algunos pueda molestar), los listados y las enumeraciones, cuya finalidad es hacer más fácil a los alumnos no perder los contenidos básicos que se exponen y ayudarles en la asimilación de todos los aspectos que una determinada cuestión puede presentar. Se trata de evitar que el alumno se quede en meras generalidades y no profundice en los temas.

5.— Es obvio señalar la necesidad de la consulta de los textos bíblicos y magisteriales. Por la misma razón que se indicaba antes, en muchos casos aparecerán citados textualmente con extensión. Se recomienda el uso conjunto de varias traducciones buenas de la Biblia,[24] y, si es posible, del Nuevo Testamento griego. Con respecto a la

---

[20] 30 vols., Paris 1899-1937 (en DVD, ed. Les éditions Letouzey et Ané, 2006).

[21] (GER), 24 vols., Madrid, 1979.

[22] 17 vols, Robert Appleton Company, New York, 1907 (Online Edition Copyright © 1999 by Kevin Knight).

[23] BAC, Madrid, 2009, págs. 453–609; y *Teología Dogmática II*, BAC, Madrid, 2012, págs. 1–204. Cfr. también J. A. Sayés: *Teología de la Creación*, Palabra, Madrid, 2002; J. L. Llorda: *Antropología Teológica*, Eunsa, Pamplona, 2009; Id.: *La Gracia de Dios*, Palabra, Madrid, 2005; Id.: *Antropología Bíblica: De Adán a Cristo*, Palabra, Madrid, 2005.

[24] A. Gálvez siempre ha recomendado el uso de la *Nova Vulgata Bibliorum Sacrorum Editio*, Roma, 1986; *The New Jerusalem Bible*, Doubleday, New York, 1985; *La Bible de Jérusalem*, Paris, 1983; *La Biblia de Navarra*, Pamplona, 2004; *La Sagrada Biblia* de Nacar–Colunga, Madrid (hasta la edición del año 1955); y *La Sagrada Biblia* de Cantera e Iglesias, Madrid, 1979.

consulta del Magisterio de la Iglesia, hay varias colecciones de textos magisteriales que se pueden utilizar para contrastarlos y estudiarlos en detalle.

Sin duda alguna, la más conocida y usada es el famoso *Enchiridion* de Denzinger.[25] Es necesario tener en cuenta, no obstante, las vicisitudes por las que pasó la edición del famoso Denzinger desde sus orígenes (primera ed., Würzburg, 1854) hasta el momento actual (La última edición, la 38ª, incorpora los documentos del Concilio Vaticano II y otros, incluidas las encíclicas papales, hasta 1995).[26] Hay que recordar que Karl Rahner estuvo a cargo de las ediciones del Denzinger desde la 26ª (1952) a la 31ª (1958); y que A. Schönmetzer hizo una profunda refundición, añadiendo 150 nuevos documentos, abreviando otros, y eliminando algunos más, intentando seguir las directrices de los especialistas del momento y de los nuevos planteamientos de los problemas teológicos. Refunde completamente los índices, ampliando el índice sistemático y adaptándolo a la terminología bíblica. Realiza también una nueva numeración de los documentos. El resultado (desde la edición 32 en 1963), fue polémico.

En efecto, G. Maron, en su recensión publicada en la revista "Materiales Ofrecidos por el Instituto Bensheim para el Estudio de las Confesiones Cristianas",[27] critica el hecho de que Schönmetzer eliminara una serie de textos que, por su dureza, habrían sido contraproducentes para el movimiento ecuménico. La recensión de J. C. Fenton acusa a Schönmetzer de reducir al mínimo la infalibilidad del Magisterio eclesiástico y de convertirse en el propagandista de una deplorable corriente teológica de la época.[28]

En la edición 38, Hünermann defiende la labor de Schönmetzer:

> "En lo que respecta a la refundición del contenido, hay que destacar especialmente cómo Schönmetzer desmonta las exageraciones de Bannwart en cuanto a la autoridad pontificia y recoge en cambio documentos que son importantes para el debate ecuménico y otros documentos que hablan de la tolerancia y de la libertad del ser humano y que se dirigen

---

[25] La última edición a la fecha es: H. Denzinger – P. Hünermann, *Enchiridion symbolorum Definitionum et Declarationum de Rebus Fidei et Morum*, Barcelona, 2000 (corresponde a la 38 edición alemana).

[26] Hay una información completa al respecto en la *Introducción* a la edición de Denzinger–Hünermann, con toda clase de detalles (págs. 35 a 38).

[27] G. Maron: *Materialdienst des Konfessionskundlichen Instituts Bensheim*, 16 (1965) 99s.

[28] J. C. Fenton: *The American Ecclesiastical Review*, 148 (1963) 337-345.

contra la esclavitud, la tortura y la ordalía (o "juicio de Dios")...Frente a estas voces aisladas se alza un amplio asentimiento, el cual se demuestra entre otras cosas por la rapidez con que se van sucediendo las ediciones (la 33ª edición de 1965, la 34ª de 1967) con una tirada total de 25.000 ejemplares. A estas ediciones se incorporan por vez primera extractos de las encíclicas 'Mater et Magistra' y 'Pacem in terris' de Juan XXIII y dos documentos de Pablo VI".[29]

Por su parte Hünermann, como ya se ha dicho, incorporó gran parte de los textos del Concilio Vaticano II y de los documentos papales hasta 1995.

La colección de textos de Denzinger es útil para citar textos magisteriales, de manera que tanto el lector medio como el experto en teología pueden comprobar la exactitud de la cita y estudiarla. En este sentido, se pondera por lo general la labor crítica de selección de los textos mejores de los documentos que se escogen, señalando las diferencias que puedan haber entre copias y fuentes diferentes, y mostrando en la mayoría de los casos, el mejor texto magisterial disponible. Siendo la colección más citada por la mayoría de los estudios teológicos, he considerado útil seguirla en los textos que recopilo y que cito en el presente tratado. Se utiliza la abreviatura *D. S.* Con todo, como en este tratado se sigue la teología tomista, es evidente que no utilizo ni concuerdo con el índice sistemático ni la perspectiva teológica que proponen los últimos recopiladores del Denzinger.

Las otras colecciones de textos magisteriales son mucho menos citadas y conocidas, y en bastantes casos sería imposible para el lector medio contrastar las citas que aquí se hacen. Con todo, es útil tener a la vista también la recopilación de J. Ibáñez y F. Mendoza: *La Fe Divina y Católica de la Iglesia*,[30] sobre todo para el estudio de los cursos de dogmática que ambos autores compusieron y que se han tenido muy presentes en la presente obra. Su perspectiva tomista coincide con la de este tratado.

Conviene recordar que una colección de textos magisteriales, como la del Denzinger o cualquier otra, no significa que coincida con *todo* y con lo que el Magisterio *es en sí*, ni mucho menos. Se trata de un lugar donde se puede encontrar las citas del Magisterio que se siguen. Por lo mismo, de hecho hay documentos que pueden no aparecer en esas colecciones, y que sin embargo han de ser citados y tenidos en cuenta en más de una ocasión. Pero casi todos los textos importantes para explicar dogmática, están recogidos en el Denzinger.

---

[29] Pág. 37.

[30] J. Ibáñez y F. Mendoza: *La Fe Divina y Católica de la Iglesia*, Editorial Magisterio Español, Zaragoza, 1978.

Finalmente declaro que cualquier afirmación que se haga en la presente obra que pueda ir en contra del auténtico Magisterio de la Iglesia, es absolutamente involuntaria, por lo que se ruega se tenga por no escrita, pues es la intención fundamental del presente escrito precisamente basarse, seguir y defender la fe de la Iglesia.

Capítulo 1

Introducción

1.1 Objeto del tratado: la fe en la creación

El tratado de creación y elevación es la parte de la Dogmática que se ocupa del origen del mundo creado y del hombre.

Nos encontramos ante un auténtico "misterio" de la fe, ya que la mente humana no puede abarcar por sí sola el hecho de la creación, ni investigarlo adecuadamente sin la ayuda de la misma. En efecto, en Heb 11:3, se lee: "Por la fe, sabemos que el universo fue formado por la palabra de Dios, de modo que las cosas visibles llegaron a la existencia a partir de lo invisible".

Es un aspecto tan importante de la Revelación que existen más de trescientas referencias a esta realidad en la Sagrada Escritura. La pregunta por el origen radical de las cosas es característica de la Biblia (cf. Ge 1:1). De hecho, los primeros cristianos, desde el inicio de su predicación, se apoyaban en la realidad del misterio de la creación para predicar al auténtico Dios, como se puede apreciar en el caso de la predicación de San Pablo con ocasión del milagro de la curación del cojo de Listra:

> "...Os predicamos que os convirtáis de estas cosas falsas al Dios vivo, el que hizo el cielo y la tierra y el mar y cuanto hay en ellos; que en las generaciones pasadas permitió que cada nación siguiera su propio camino; aunque Él no ha dejado de dar testimonio de Sí mismo, derramando bienes al enviaros desde el cielo lluvias y estaciones repletas de fruto, y llenándonos de alimento y de alegría el corazón".[1]

Es muy conocido el famoso discurso de San Pablo en el Areópago de Atenas, donde intenta introducir el anuncio de la fe en Cristo partiendo del misterio de la creación:

> "...Yo os anuncio lo que veneráis sin conocer. El Dios que hizo el mundo y todo lo que hay en él, que es Señor del cielo y de la tierra, no habita en templos fabricados por hombres, ni es servido por manos humanas como si necesitara de algo el que da a todos la vida, el aliento y todas las cosas. Él hizo, de un solo hombre, todo el linaje humano, para que habitase sobre la faz de la tierra. Y fijó las edades de su historia y los límites de los lugares en que los hombres habían de vivir, para que buscasen a Dios, a ver si al menos a tientas lo encontraban, aunque no está lejos de cada uno de nosotros, ya que en él vivimos, nos movemos y existimos..."[2]

Por eso, constituye uno de los artículos de los símbolos cristianos: "Creo en Dios Padre omnipotente, creador del cielo y de la tierra..."[3]

---

[1] Hech 14: 15–17.

[2] Hech 17: 23–28.

[3] Cfr. Diferentes fórmulas occidentales del llamado *Credo Apostólico* en D. S. 19, 21, 22, 27, 28, 29, 30; *Credo Niceno–Constantinopolitano*, D. S. 125 y 150.

1.1. OBJETO DEL TRATADO: LA FE EN LA CREACIÓN

Sin embargo, siendo una verdad de fe, la razón puede acercarse al misterio del origen radical del mundo y esclarecerlo de alguna manera. Esa es la labor de la teología. La filosofía pagana clásica nunca se preguntó por el origen y la razón de ser del mundo. Para los griegos el mundo era un "cosmos", que seguía siempre un ritmo cíclico y eterno, inmutable en su más radical esencia y que se explicaba por sí. La visión bíblica es radicalmente nueva. En efecto:

FILOSOFÍA PAGANA GRIEGA	COSMOVISIÓN BÍBLICA
Cosmos	*Historia Salutis*
Tiempo cíclico	Tiempo lineal
Un mundo eterno	Un mundo temporal
Inmutable en sus ciclos	Un mundo mutable
"A se"	"Ab alio"

La fe y la teología cristianas proclamarán la verdad de la creación, dando luz a un misterio que había preocupado al ser humano desde el principio, pero del que solo acertaban a construir mitos llenos de falsedades. En efecto:[4]

1. La mitología de Mesopotamia, por ejemplo, creía en el mito de la creación del mundo motivada por la victoria del dios Marduk,

---

[4]Cfr. A. Fernández: *Teología...*, cit., pág. 455. L. Arnaldich: *Cosmogonía. Religiones no Cristianas*, en GER, vol. VI, págs. 570–573; Id.: *El Origen del Mundo y del Hombre según la Biblia*, Rialp, Madrid, 1958; J. Barrio Gutiérrez: *Cosmogonía. Filosofía*, en GER, vol. VI, pág. 573; V. L. Grotanelli y M. Camozzini: *Cosmogonia*, en Enciclopedia Cattolica, IV, Ciudad del Vaticano 1950, 691–701; S. M. Leach: *The Beginning. Creation Myths Around the World*, Funk and Wagnalls, Londres, 1956.

rey de los dioses, contra el monstruo marino Tihamat: al dividir su cuerpo, se originó el cielo y la tierra. Y Marduk habría creado a los hombres de la arcilla amasada con su propia sangre. En Babilonia se creía en el mito de Atrahasis: el hombre había sido formado de arcilla y de la sangre de un dios.

2. A su vez, las cosmogonías egipcias era plurales y diversas, también entremezcladas con las teogonías; pero, en conjunto, ideaban el origen del mundo en la fuerza de los dioses sobre una gran masa de arcilla y agua. Los antiguos egipcios admitían tres mundos: el de los dioses, el de los vivientes y el de los muertos.

3. La cosmogonía fenicia habla de un origen de todo en un oceano tenebroso y un viento fortísimo; se fundieron y se formó una masa acuosa en forma de huevo que se partió y dio lugar al cielo y a la tierra. También se habla de la lucha entre Baal y Yam, el dios del mar, con la victoria de Baal. Éste fue muerto por Mot, el dios del mundo subterráneo, con la desaparición de toda vegetación. Los dioses se desesperan y el dios Anat va al infierno en busca de Mot, a quien despedaza.

4. Hesíodo, en su obra Teogonía, narra la aparición de las diversas realidades cósmicas mediante tres procesos sucesivos: Caos, Gea y Eros. Al principio solo existía el Caos, masa informe, de la cual proceden todas las demás cosas, mediante la actividad de los dioses: del Caos nació la diosa Madre o tierra, que dio a luz a Urano (el cielo) y a Ponto (el mar); de inmediato se originaron Nix, la noche y Hémera, el día, etc.[5]

---

[5]Hesíodo: *Teogonía. Trabajos y días*, Alianza, Madrid, 2000.

1.1. OBJETO DEL TRATADO: LA FE EN LA CREACIÓN

5. Platón sostenía que un demiurgo habría creado el mundo y también el hombre de cierta materia preexistente.[6]

6. Los estoicos, por su parte, explicaban el origen del mundo mediante su original teoría del *lógos spermatikós*.

7. Cicerón discute extensamente la naturaleza de los dioses y expone las distintas teorías acerca del origen del mundo en las diversas culturas en su *De Natura Deorum*.[7]

8. Etc.

En general se puede suscribir lo que manifiesta L. Arnaldich:

"En las concepciones cosmogónicas del antiguo Próximo Oriente, a excepción de la cosmogonía bíblica, aparece la teogonía como primer peldaño de la cosmogonía. Ante la contemplación y belleza del universo, los antiguos orientales atribuyen su origen y formación a uno o varios dioses, que a veces no son otra cosa que personificaciones de los principales elementos de la naturaleza".[8]

Relación con los otros "misterios" del Cristianismo

Ningún tratado teológico es independiente de los demás. Todos forman un conjunto orgánico en las que las distintas verdades aparecen relacionadas y formando una unidad final. Así ocurre también con el tratado de creación, donde podemos apreciar sus relaciones con otras disciplinas teológicas. En efecto:

---

[6] Platón: *Timeo*, 36b-c.

[7] M. T. Cicerón: *De Natura Deorum*, Aguilar, Madrid-Buenos Aires, 1982, c. 8-15; 38-53.

[8] L. Arnaldich: *Cosmogonía...*, cit., pág. 572.

1. Relación con el misterio del Dios Uno y Trino: solo Dios puede dar respuesta adecuada a la aparición del cosmos y del ser humano. Ante la pregunta, tan humana y natural, de sentido común, sobre el origen de todo, la respuesta cristiana está en el Dios Trinitario que ha creado lo existente de la nada, por amor y en virtud de su omnipotencia infinita; de este modo la reflexión teológica sobre la creación entronca con la teología del Dios Uno y Trino: en la creación brillan los atributos del ser divino, y, desde otro punto de vista, es una de las obras "ad extra" de Dios, común a toda la Trinidad.

2. Relación con el tratado de la cristología: las verdades del tratado de creación son lo que se podría describir como la *protología* de la Redención. El cristianismo es una religión que proclama la redención sobrenatural, con la centralidad de la persona y de la obra de Cristo, que aparece como el corazón de todo el esfuerzo de comprensión teológico.[9] De ahí la importancia de la "Historia Salutis", que tiene como primer episodio el de la creación y que culminará con el envío del Hijo de Dios y del Espíritu Santo: la redención sobrenatural no se puede entender sin el estudio de la creación natural, la elevación al orden sobrenatural del ser humano y la posterior pérdida de la relación con Dios con la caída de nuestros primeros padres.

3. Relación con la liturgia: el culto cristiano siempre ha hallado un motivo de adoración y de alabanza a Dios a través de la maravilla de su obra creada. Como crear es en realidad producir el bien haciendo que exista, la afirmación de la creación supone un modo de alabar a Dios. De ahí que se encuentren, en el

---

[9]Cf. *Optatam Totius*, nº 14: "...que todas las disciplinas teológicas se articulen para que todas ellas concurran armoniosamente a abrir cada vez más las inteligencias al misterio de Cristo".

1.1. OBJETO DEL TRATADO: LA FE EN LA CREACIÓN

Antiguo Testamento, tantos salmos e himnos que se inspiran en la creación para la alabanza de Dios; lo que se continuará en el Nuevo:

> "Puestos en libertad [San Pedro y San Juan], vinieron a los suyos y les contaron lo que los príncipes de los sacerdotes y los ancianos les habían dicho. Ellos, al oírlo, elevaron unánimes la voz a Dios y dijeron: —Señor, Tú eres el que hiciste el cielo y la tierra, el mar y todo lo que hay en ellos, el que por el Espíritu Santo..."[10]

> "Yo te alabo, Padre, Señor del cielo y de la tierra, porque has ocultado estas cosas a los sabios y prudentes y las has revelado a los pequeños..."[11]

4. Relación con el tratado de antropología cristiana:[12] el tratado de creación nos manifiesta los presupuestos del mismo, pues presenta la verdadera visión del ser humano. En efecto, como se verá, éste aparece con toda dignidad, como criatura hecha a imagen y semejanza de Dios; pero, al mismo tiempo, como un ser por participación, no absoluto, sin tener en sí su fin último y absoluto, que solo consiste en Dios.

5. Relación con el tratado de gracia y virtudes:[13] estudia la elevación del hombre a la vida sobrenatural ya desde su creación.

---

[10]Hech 4: 23–24. Es una bella oración para tiempos de persecución.

[11]Mt 11:25. Oración de alabanza a Dios de Jesús.

[12]Nótese que éste es presentado aquí como parte de la teología de la Creación, aunque algunos autores prefieren considerarlo como un tratado independiente.

[13]En el presente tratado solo se esbozarán algunos temas, que serán el presupuesto necesario para entender los contenidos expuestos ampliamente en el de Gracia y Virtudes.

6. Relación con la teología espiritual: que tiene como uno de sus presupuestos la realidad de la bondad del mundo y el mandato de someter la tierra.[14]

7. Relación con el tratado de los novísimos: al tiempo que sabemos que la "creación entera sufre dolores de parto..." y "espera ansiosa la revelación de los hijos de Dios...", porque "la creación quedó sometida al fracaso, no por su gusto, sino a causa del que la sometió, con esperanza de ser también ella misma liberada de la esclavitud de la corrupción para entrar en la libertad esplendorosa de los hijos de Dios...",[15] también es revelado que vendrán "unos cielos nuevos y una tierra nueva".[16]

1.2 Muchas enseñanzas bíblicas se basan en el misterio de la creación

La plenitud de la Revelación que nos trae Jesucristo, ilumina todos los datos de la Creación. Como se dice en la introducción al Génesis de la Biblia de Navarra:[17]

> "A la luz del Nuevo Testamento, no sólo se descubre el alcance de la historia de los patriarcas, sino que se enriquece admirablemente el misterio de la creación del mundo y del hombre. En efecto, la creación del mundo 'en el principio' se comprende ahora como obra de la Santísima

---

[14]Cfr. la teología de San Francisco de Asís y su concepción de todas las creaturas como "hermanos"; y el principio del "per aspera ad astra" como guía en el caminar hacia Dios.

[15]Cfr. Ro 8: 19–22.

[16]Ap 21:1; 2 Pe 3:13; Is 65:17; 66:22.

[17]*Sagrada Biblia. Vol 1. Antiguo Testamento. Pentateuco, traducción y notas*, Eunsa, Pamplona, 2002, pág. 41.

1.2. FUNDAMENTO DE VERDADES BÍBLICAS

Trinidad[18]: se comprende, asimismo, que en la creación del mundo y del hombre ya estaba proyectada, y de algún modo también presente, la Imagen perfecta de Dios, Cristo Jesús; y, en razón de tal Imagen, de la que participa todo ser humano, fueron creadas todas las cosas.[19] A la Luz del Nuevo Testamento, que presenta a Cristo como nuevo Adán,[20] se comprende también la unidad y la solidaridad de todo ser humano en el pecado de primer Adán,[21] así como el hecho de que el pecado afecte a la creación entera.[22] Desde la Redención llevada a cabo por Cristo, se ve el alcance de la promesa de salvación que Dios hizo a nuestros primeros padres. Igualmente, a la luz del Nuevo Testamento, se comprende la felicidad plena junto a Dios, de la que el paraíso terrenal era una expresión simbólica".[23]

Por otro lado, los datos que nos aporta la narración de los orígenes del mundo y del hombre sirven para fundamentar grandes verdades bíblicas que son objeto de los tratados correspondientes. Así, por ejemplo:

1. Fundamento de la realidad matrimonial: Mt 19: 4–6.

2. Razón de las relaciones de autoridad en la familia: Ef 5: 22–31.

3. Fundamento de la autoridad en la Iglesia: 1 Tim 2: 11–14.

4. Fundamento del orden de la liturgia: 1 Cor 11: 3–9.

---

[18]Cfr. Jn 1: 1–3.
[19]Cfr. Col 1: 15–16.
[20]Cfr. 1 Cor 15:22.
[21]Cfr. 1 Cor 15:22.
[22]Cfr. Ro 8:20.
[23]Cfr. Ap 22:14.

5. Relación entre pecado y salvación: Ro 5: 12–17.

6. Resurrección de Cristo y los creyentes: 1 Cor 15: 45–49.

7. La segunda venida de Cristo: 2 Pe 3: 3–11.

8. Etc.

1.3 El origen del mundo y del hombre como objeto material de varias ciencias

El problema del origen del mundo y del hombre es contenido (objeto material) de estudio de varias ciencias (a saber, de las ciencias empíricas, de la filosofía y de la teología), aunque sus perspectivas (su objeto formal) son muy diferentes. Hay que afirmar que siendo la verdad una, no puede haber contradicción real entre los resultados obtenidos por las diversas ciencias; cuando se produce una discrepancia es porque la ciencia que así concluye no está actuando con rigor, o porque el investigador de la misma, en realidad, está saliéndose del campo específico de su ciencia, para introducirse, con frecuencia como *amateur* y sin verdadero conocimiento, en el campo de otra ciencia diferente (es el caso del científico positivo que hace afirmaciones filosóficas o teológicas, dándose o sin darse cuenta). Si cada ciencia sigue su método con rigor y acepta sus limitaciones, y si cada investigador se mantiene dentro de su área propia de conocimiento, la verdad descubierta por cada ciencia será única, y el fruto del resultado de sus investigaciones específicas no contradirá los de las otras ciencias.[24]

Repitamos: como la realidad y la verdad son solo una, los tres modos de estudiarla se acercan al mismo y único objeto, aunque con

---

[24]Cfr. M. Artigas: *Ciencia y Religión. Conceptos Fundamentales*, Eunsa, Pamplona, 2007; A. Millán Puelles: *Fundamentos de Filosofía*, Rialp, Madrid, 1962, págs. 216 ss.

1.3. OBJETO MATERIAL DE VARIAS CIENCIAS

puntos de vista diferentes (algo parecido a los diferentes caminos para escalar una misma montaña).

A.- Ciencias empíricas. Su punto de vista formal es el de las causas inmediatas y sigue los métodos de las llamadas "ciencias forenses", esto es, los de aquéllas en los que el investigador no es testigo del hecho (que además, por otro lado, tampoco se puede repetir), pero al que se pretende llegar a través del estudio de las huellas y vestigios que tal hecho dejó.[25] Siguen un procedimiento esencialmente inductivo y buscan las causas segundas de las cosas. Las "ciencias forenses" utilizan dos principios fundamentales en su operar:

- El principio de causalidad: no hay efecto sin una causa proporcionada.

- El principio de uniformidad o analogía: el presente es la clave del pasado. El tipo de causa que normalmente produce una clase de efectos en el presente, es la misma que produjo semejantes efectos en el pasado. Y, en nuestra experiencia, hay ciertos efectos que exigen la existencia de una causa inteligente (el lenguaje humano, la construcción de armas por rudimentarias que sean, alfarería, etc.); así, por ejemplo, trabaja la arqueología.

Se ha de notar que las raíces de la ciencia moderna están firmemente ancladas en una visión cristiana de la creación. De hecho, la

---

[25] Es el caso de las ciencias criminalistas; o el de las ciencias que intentan investigar el origen del cosmos, por ejemplo. Así como el detective criminalista, que no observó un asesinato ni lo puede repetir, sin embargo con la ayuda de las técnicas de la ciencia forense, usando las pistas que todavía quedan (tales como las armas usadas, las huellas digitales, el examen de las heridas del cadaver, etc.), puede aportar una reconstrucción plausible y racional de los eventos sucedidos; del mismo modo, el científico que investiga los orígenes del universo, de la vida o del hombre, intenta reconstruir lo pasado a través de las huellas que todavía quedan.

mayoría de los fundadores de la ciencia moderna creyeron en la creación (Bacon, Galileo, Copérnico, Kepler, Kelvin, Newton). Así pues, desde los mismos comienzos de la llamada *ciencia moderna* se aceptaba la creencia en un Creador (Causa Primera) que causaba el universo y luego lo regulaba a través de las leyes de la naturaleza (causas segundas). Los científicos se centraban en el estudio de las causas segundas y encontraron resultados sorprendentes. Pero poco a poco, el entusiasmo por el éxito de lo que lograban al explicar el modo de funcionamiento de la naturaleza, opacó la cuestión sobre su origen último; y, así, la búsqueda de las causas segundas oscureció la necesidad de pensar en una Causa Primera. El teísmo degeneró en deísmo, quien a su vez abrió la puerta al ateísmo, y, de este modo, algunos de los científicos contemporáneos se convirtieron en ateos.[26]

Sin embargo, conviene recordar que el ateísmo es un prejuicio, un punto de vista tomado "a priori", y no puede ser probado ni por la ciencia ni por la filosofía. Los que se hicieron ateos, lo hicieron porque así lo decidieron, y sus autoproclamadas "razones científicas" no son sino meras excusas para justificar su petición de principio.

En realidad no pueden probar científicamente nada del misterio de los orígenes absolutos del cosmos o del hombre: escapa a sus posibilidades. En efecto, como dice A. Fernández:

> "No obstante, el hombre de ciencia se siente obligado a dar respuesta sobre su origen,[27] pues no cabe afirmar que la materia y el hombre sean eternos, sino que han de tener un comienzo y un fin. Ahora bien, la respuesta última no puede ofrecerla la ciencia, porque la cuestión *del origen del ser en cuanto tal* es siempre metafísica, está fuera del ámbito de las ciencias de la naturaleza: nunca

---

[26] Cfr. S. L. Jaki: *Ciencia, fe y cultura*, Palabra, Madrid, 1990.

[27] Se refiere al *modo* y al *cuando* del origen del cosmos y de la especie humana.

1.3. OBJETO MATERIAL DE VARIAS CIENCIAS

serán suficientes (como explicación última) los datos que ésta ofrezca con relación al origen del cosmos y sobre todo acerca de la aparición del hombre".[28]

La realidad del Creador solo puede ser descubierta de un modo directo por la recta filosofía y por la teología. Las ciencias positivas, sólo indican caminos de modo indirecto, ya que la verdadera ciencia se centra solo en el estudio de las causas segundas. De todos modos, dentro de sus límites, la ciencia auténtica acabará apuntando a las mismas conclusiones que de un modo directo señalarán la filosofía verdadera y la sana teología.

La ciencia que se ocupa del origen del universo se denomina *Ciencia de los Orígenes*, y tiene tres ramas principales: la cosmogénesis, la biogenética y la antropogenética. Los siguientes son datos de las ciencias empíricas que parecen apoyar la verdad de la creación del cosmos o la imposibilidad de que la vida o el espíritu surjan de la mera evolución material:

1. Para la cosmogénesis, hay ciertas evidencias que señalan la realidad de un origen total del universo (aunque no lo prueban absolutamente, ya que tal ciencia no puede dar una explicación total de las cosas que estudia, salvo a un nivel muy limitado, material y en ciertas situaciones controladas); también puede inducir que no sería razonable ni plausible un universo eterno. Entre estos datos sobresalen los tres siguientes:

   (a) Segundo principio de la termodinámica (principio de entropía): la energía disponible tiende a disminuir progresivamente. Los elementos del universo como un todo se despliegan desde el orden hacia el desorden. La energía puede

---

[28] A. Fernández: *Teología...*, cit., pág. 456.

moverse por sí misma solo de un estado energético mayor a otro menor. Pero el universo como un todo es un sistema cerrado y no hay una fuente exterior de energía que ayude a reponer los efectos degeneradores que señala el segundo principio de la termodinámica. Por lo tanto, el universo como un todo está "agotándose". Pero si esto ocurre, es que no es eterno, ya que si lo fuera no estaría agotándose porque una cantidad infinita de energía no puede nunca acabarse.

(b) El universo se expande progresivamente, según creen los astrónomos. Las mediciones que se efectúan señalan que las estrellas se van separando poco a poco. Las galaxias distantes se van alejando de la tierra, y cuanto más distante es una galaxia, tanto más rápido se va alejando. Si de alguna manera nos imaginamos el proceso hacia atrás en el tiempo, encontraríamos que el universo fue más pequeño antes que ahora. Si el proceso se va llevando hacia atrás en el tiempo de un modo matemático y lógico, encontraríamos un punto sin espacio, sin tiempo y sin materia. De tal manera, que al inicio no habría nada, y, de repente, algo surgió de la nada. Lo que parece indicar su origen en un momento del tiempo, y no la hipótesis de un universo eterno.

(c) La teoría del *Big Bang*. La teoría de Arno Penzias y de Robert Wilson afirma que el universo entero tiene una radiación con la longitud de onda exacta a la producida por una gigantesca explosión inicial, lo que apoyaría la verdad de la creación.

2. El origen de la vida (biogenética). Hay una substancial diferencia entre los seres vivos y los no vivos. Estos segundos tienden a la estabilidad y a la simplicidad. En cambio, la vida es compleja,

1.3. OBJETO MATERIAL DE VARIAS CIENCIAS 15

y está hecha de un alfabeto genético que manifiesta los caracteres de unas condiciones y límites inteligentemente impuestos a la misma. Si se desarrollara la información genética, por ejemplo de una célula animal, la información ocuparía un grueso volumen. Una organización tan perfecta exige un organizador. Hay efectos que solo pueden ser explicados por causas inteligentes, y si se aplica el principio de uniformidad antes mencionado, es necesario aplicar una causa inteligente al origen de la vida primera. Acudir a la selección natural previa a la propia vida, es una contradicción y no es aceptable como explicación.

En el mismo sentido, la astrobiología —ciencia que estudia las condiciones que tiene que tener un planeta para que pueda darse vida en él—, apoya la tesis anterior.[29] La Tierra, el Sol y nuestra Galaxia tienen características singularísimas que permiten la existencia de vida. Dato del que surge la teoría del "rare earth hypothesis" (los planetas que pueden soportar la vida compleja no son tan comunes como se creían).

---

[29] Hasta hace poco la mayoría de los astrónomos consideraba que esas condiciones se podrían dar con facilidad en el Universo, siendo, por tanto, posible encontrar vida en otros planetas. Los desarrollos de la astrobiología prueban que las condiciones para la vida no se dan con tanta facilidad, pues dependen de un gran número de factores que se tienen que producir de un modo perfectamente equilibrado, como pueden ser la situación de las placas tectónicas (que son las que reciben el nivel del dióxido de carbono, que no puede alcanzar escalas ni muy altas ni muy bajas); las capas internas de la tierra (que se estructuran de tal modo que puedan aparecer los continentes, sin los cuales, el mundo sería un mundo acuático); el líquido metálico del centro de la tierra (que crea los campos magnéticos que nos protegen de las partículas de rayos cósmicos que son dañinas); el tamaño correcto del planeta (los planetas pequeños pierden rápidamente el calor interior, y los más grandes tendrían demasiada agua y una atmósfera demasiado espesa); la influencia de la situación de la Luna, que hace que la Tierra se incline en el ángulo adecuado para que su órbita sea perfecta alrededor del Sol y pueda haber vida; etc. Cfr. un artículo divulgador interesante *The Privilege of Life on Earth*, en "Catholic World Report", nov. 2001, págs. 56–62.

3. El origen del hombre (antropogenética). Las teorías evolucionistas que intentan explicar el origen del hombre sin Dios, se enfrentan con hechos que impugnan tal pretensión. Sin ánimo de ser exhaustivos, y dejando para más adelante la profundización de los mismos, se pueden recordar los siguientes:

   - La tesis de la llamada "abuela de la humanidad", en biología.
   - La explicación de la singularidad del lenguaje humano, desde la fonética. Los intentos de enseñar a hablar a los animales han fracasado siempre.
   - La especificidad de la realidad del alma humana como contradistinta de la realidad material, desde la psicología.
   - El cerebro humano es complejísimo.
   - El llamado *principio andrópico*.
   - El problema del llamado "eslabón perdido" en la cadena de momentos evolutivos desde los simios al hombre.
   - Etc.

   Por otro lado, también conviene recordar ahora sumariamente, los problemas que presenta la teoría de la selección natural de las especies como ley que regiría la evolución hasta llegar al ser humano:

   - Esa teoría podría explicar la sobrevivencia de las especies mejor dotadas, pero no da razón de la aparición de nuevas formas de vida. En otras palabras, la selección natural serviría tal vez para comprender cómo se preservan las formas de vida ya existentes, pero nunca cómo se crean las nuevas.

1.3. OBJETO MATERIAL DE VARIAS CIENCIAS

- La selección natural no es comparable con la "selección artificial" hecha por obra del ser humano. Es más, sus notas fundamentales son esencialmente diferentes:
  - La selección artificial tiene un objetivo concreto y una finalidad que se quiere conseguir.
  - La selección artificial es un proceso guiado inteligentemente.
  - La selección artificial protege los cambios conseguidos del proceso natural de destrucción.
  - La selección artificial conserva las novedades extrañas que se quieren conseguir.
  - La selección artificial continuamente interrumpe los procesos que emplea, con el fin de conseguir su finalidad última.

B.- Filosofía. Su punto de vista formal es el del uso de la pura razón natural, aplicada a la determinación de las causas últimas de la realidad del mundo, de la vida y del hombre. Hay tres posiciones principales:

1. Materialismo: todas las cosas provienen de la materia. La materia de energía física es eterna. La materia siempre existió y siempre existirá. Estos autores reinterpretan en este sentido el primer principio de la termodinámica (la energía ni se crea ni se destruye, solo se transforma). El materialismo presenta, a su vez, dos formas principales:

   (a) Materia eterna y Dios eterno (platonismo: Dios creó utilizando una materia preexistente). Cfr. la doctrina de Platón sobre Dios y el Demiurgo (segundo dios, creador de nuestro mundo).

(b) Materia eterna e inexistencia de Dios. Es el materialismo ateo, según el cual la materia es eterna y se auto–forma (ateísmo materialista, Marx, Sagan, Asimov, etc.). Para esta doctrina, incluso la inteligencia y lo espiritual vienen de la materia. No existe la inmortalidad. Todo se explica al nivel de la evolución natural (es decir, la materia..., más el paso del tiempo..., más la casualidad..., más la ley de la selección natural pueden explicar todo lo que nos rodea). La persona humana carece de dignidad infinita, es solo una parte del todo material, y por tanto, prescindible.

2. Panteísmo: la creación es parte de Dios. Todo es espíritu. Presenta dos formas principales:

    (a) Panteísmo absoluto (Parménides y cierto hinduismo): solo Dios existe, no la materia. Lo que llamamos *materia* es tan solo una ilusión, como un sueño. Parece que existiera, pero en realidad no existe.

    (b) Panteísmo no–absoluto (Plotino, Spinoza y cierto hinduismo): todo es uno con Dios, pero hay cierta multiplicidad en la unidad de Dios (todo es en el Uno como, por ejemplo, todos los radios son uno en el centro del círculo; o todas las gotas de agua se unen en un infinito lago). Pero creador y creación no se distinguen, sino que son como los dos lados de una moneda.

3. Creacionismo (Santo Tomás y filosofía cristiana): la creación es de la nada (*ex nihilo*). Dios está por encima y más allá del mundo, no solamente en él, y ciertamente no de él. El Creador está relacionado con la creación como el pintor con el cuadro: el pintor no es el cuadro, sino que él lo crea y se manifiesta de algún modo a través de él. En este sentido Dios crea el mundo y se ma-

nifiesta a través de él. Además Dios conserva el mundo en el ser y está presente en Él por modo de inmensidad y omnipresencia, que en absoluto supone nada de inmanencia.[30]

C.–Teología. Su punto de vista formal es el de la fe y la Revelación, desde cuya perspectiva indaga sobre el origen del mundo. Son contenidos propios de la teología los siguientes: La obra de la creación (noción, acto divino creador, fin); las creaturas (los ángeles y demonios, los hombres); elevación sobrenatural y caída (dones preternaturales y sobrenaturales, el pecado original, la cuestión del mal en el mundo, la providencia divina); vocación del hombre en el mundo creado.

1.4 El olvido de la creación en el mundo actual

El mundo actual se ha querido olvidar de la realidad de la creación, y en muchas ocasiones, cuando se le propone el misterio, se muestra escéptico o directamente lo rechaza. Este olvido o rechazo se puede explicar desde tres perspectivas:

A.– Razones teóricas, entre las que se pueden destacar las siguientes:

1. La solución al problema del origen del universo no es evidente. No es una proposición del tipo dos más dos son cuatro, o el todo es mayor que la parte.

2. Lo anterior se debe a la naturaleza del conocimiento humano, que empieza por los sentidos. La idea del Espíritu o del mundo espiritual no es directamente accesible al intelecto humano que

---

[30]Cfr. estos atributos de Dios en el tratado de Dios Uno y Trino.

tiene que encontrarlo a través del razonamiento partiendo de los datos aportados por el conocimiento sensitivo.

3. El principal obstáculo es la experiencia humana del principio de causalidad. En efecto, nosotros comprobamos que cada cosa que existe con un orden interno, tiene, por un lado, un responsable que es un ser inteligente (como de una casa construida deducimos la necesidad de un arquitecto), y por otro, que ese ser utiliza una materia que ya pre–existe (ladrillos o arena, etc, para hacer los cimientos o muros); la causa eficiente simplemente "le da forma nueva" a esa materia. En cambio en la creación, el "arquitecto" no solo da la "forma", sino también proporciona la "materia" *ex novo*..., y de este modo de actuar no tenemos experiencia alguna en el universo.

4. Por último, la idea de eternidad también escapa a la experiencia humana. Por eso, nosotros tendemos a imaginar el acto de la creación como si ocurriera en el tiempo (Dios viviría en el Cielo en su soledad por un tiempo..., y "luego" se puso a crear). Sin embargo, el tiempo comenzó con la creación. La idea de eternidad divina es deducida por analogía; la experiencia humana es la de temporalidad (incluso en la eviternidad).[31]

B.– Causas existenciales: más que en razones de tipo teórico, hoy en día se niega la idea de la creación como consecuencia del rechazo a aceptar la existencia de un Dios Personal, Legislador y Gobernador del universo y de la vida humana. Aunque a través de las cinco vías

---

[31]Estas son las razones de que antes de la Revelación cristiana la idea de la creación fuese desconocida incluso para grandes filósofos, como Platón o Aristóteles. Sin embargo la idea de la creación "ex nihilo" podría haber sido alcanzada por las solas fuerzas razón, como se verá más adelante; fue conveniente su revelación divina, sin embargo, debido a la dificultad de la idea.

1.4. EL OLVIDO DE LA CREACIÓN

de Santo Tomás se puede probar con absoluta certeza la existencia de Dios y de la creación (cfr. Ro 1: 20–21), sin embargo, tales realidades son rechazadas "a priori", como prejuicio, tanto por el ateísmo como por el agnosticismo, que se ven forzados a buscar otras explicaciones de la realidad del universo. De otro lado, hay pensadores que no pueden negar la existencia de Dios, pero al mismo tiempo no quieren aceptar que sea el Legislador y Ordenador del Universo con el fin de conservar intacta su propia "libertad": quieren a un Dios que no moleste (vgr. el deísmo), y por eso buscan un dios que no sea creador.[32]

C.– Causas históricas: también se han dado algunos hitos históricos que han ayudado al rechazo y olvido de la creación en el mundo actual.[33] A saber:

1. S. XVI: la teología protestante, cuyos postulados afectan negativamente al desarrollo de un tratado de la creación. En efecto, para el protestantismo el contenido del estudio teológico de la creación carece de sentido al sostener como principios de su pensamiento que:

---

[32]En el fondo, esta fue la causa de la caída del demonio, y primera tentación del hombre.

[33]Sobre este particular, cfr. J. Morales: *El Misterio...*, cit., págs. 15–17. Nótese que Morales presenta también como otra causa de la decadencia de la idea de la creación en los últimos tiempos, además de las examinadas, el empobrecimiento bíblico y propiamente teológico que se refleja en los manuales del siglo XX en el mundo católico, donde, según su parecer, se hace una teodicea más que una teología de la creación y donde el "misterio" queda relegado a un segundo plano, prefiriéndose los aspectos nocionales del dogma (*ibidem*, pág. 17). Desde mi punto de vista, sin embargo, la reacción moderna de potenciar la presentación de la creación como puro misterio y principalmente desde la perspectiva bíblica, con el menor énfasis en los temas nocionales del dogma, la pérdida del punto de vista sistemático y el rechazo de la filosofía tomista, han llevado a una presentación del mismo tratado con no pocas insuficiencias.

- (a) El mundo creado está corrompido intrínsecamente como consecuencia del pecado, y es irreparable.
- (b) Existe una separación (contraposición) entre razón y fe; lo natural y el sobrenatural. Solo interesa la fe y lo sobrenatural.
- (c) El interés teológico, en consecuencia, se centra en la Redención y no en la creación. La creación y la Redención se oponen radicalmente, y no son concebidas como dentro de una única *Historia Salutis*.

2. S. XVII: la evolución de la ciencia moderna, hacia actitudes mecanicistas en donde la causalidad divina es algo casi anecdótico.

- (a) Se produce de hecho una escisión entre ciencia (solo le interesa las causas inmediatas) y teología. La fe y la religión quedan reducidas al ámbito de lo privado y personal, y se considera que el mundo material es el objetivo exclusivo de la ciencia y de la técnica. La búsqueda de las causas últimas no interesa.
- (b) El mundo es concebido como "natura" y no como "creatura".

3. S. XVIII-XIX : la Ilustración y el ateísmo decimonónico. Al sostener la autonomía absoluta de la libertad humana como principio, se rechaza la creación que supondría una dependencia del mundo con respecto a Dios.[34]

4. S. XX: el ateísmo y el post–modernismo. La idea de la creación es rechazada como incompatible con algunos de sus prejuicios:

---

[34]Como dice Morales: "Una concepción límite de la autonomía humana, que arranca del plano moral (Kant) y se recrudece en la llamada segunda ilustración (Feuerbach, Nietzsche) acaba percibiendo a Dios como competidor del hombre" (*Ibidem*, pág. 16).

1.5. EL TRATADO EN LA ACTUALIDAD

(a) El mundo es autónomo y sin sentido.

(b) La aceptación del ecologismo radical, que rechaza los principios cristianos, proponiendo una diosa–Tierra en lugar de un Dios Creador.

(c) El hombre está al servicio de la Tierra, más que la creación al servicio del hombre como rey de la creación.

(d) La creencia en un continuo proceso cíclico y auto–creador más que una creación "ex nihilo".

(e) La afirmación de la eternidad del mundo material, más que una creación en el tiempo.

(f) Etc.

1.5 Algunos aspectos del tratado de la creación en la actualidad

El tratado de creación propiamente dicho es relativamente moderno.[35] Con el título *De Creatione* se generaliza entre los teólogos en el Siglo XIX y llega hasta el Concilio Vaticano II. Sobresalen los escritos de J. Scheeben y M. Schmaus. Existe una preocupación por manifestar la estrecha relación de los tratados de creación y de gracia, uniéndolos a veces en una sola asignatura (*De Deo Creante et Elevante*), o bien presentados en cursos diferenciados (*De Deo Creante* y *De Gratia*).

---

[35]Para una breve presentación de la historia del mismo, cfr. J. Morales: *El Misterio...*, págs. 19–23, con una valoración de algunos tratados del siglo XX con la que no estoy de acuerdo. También, A. Fernández: *Teología Dogmática II*, BAC, Madrid, 2012, págs. 9–11; D. Sánchez Ramiro: *El Tratado Teología de la Creación*, en "Salmanticensis", 58 (2011) 257–275.

En el presente manual se va a estudiar la creación y la antropología teológica, buscando mostrar la relación estrecha que se da entre las realidades de Dios, del mundo y del hombre.

Junto con reafirmar la importancia de la esencial perspectiva tomista del presente tratado, hay algunos desafíos del mismo que conviene subrayar en un manual que enfrenta una teología contemporánea muy penetrada de Neo–modernismo y una cultura que ha sido calificada como post–cristiana y post–modernista.[36]

1. Sin caer en un *biblicismo* exagerado (método que potencia tanto la perspectiva bíblica que se hace preterición de la exposición sistemática), conviene ofrecer un espacio importante a una teología bíblica de la creación que respete el dogma.

2. Sin dejarse influenciar por la ideología ecologista (el *ecologismo* está de moda hoy en día, con raíces no siempre cristianas),[37] es necesario estudiar la voluntad divina sobre el modo de vivir y usar el hombre la creación de Dios.[38]

3. Es importante tener presente la relación entre el tratado de creación y los otros tratados teológicos, de modo que aparezca la

---

[36]Cfr. para el descalabro de los humanismos post–modernos, el interesante estudio de A. Fernández: *¿Hacia Dónde Camina Occidente? Pasado, Presente y Futuro de la Cultura del Siglo XXI*, BAC, Madrid, 2012, con abundante bibliografía.

[37]Cfr. sus relaciones con el movimiento de la llamada *New Age* y la agenda del pensamiento masónico; es de lamentar el hecho de que estas ideologías hayan influenciado en la presentación de algunas exposiciones del tratado de creación a un nivel que parece excesivo, y con olvido de importantes aspectos del dogma.

[38]En este sentido, la encíclica del Papa Francisco *Laudatio Si*, a la vez que fue alabada por la opinión del mundo laicista y de la teología liberal, causó no poca preocupación y polémica debido a lo insólito de alguno de sus alcances. Cfr. entre otros muchos, por ejemplo, Unam Sanctam Catholicam: *Laudato Si: The 40 Concerns of an Exhausted Layman*, Cruachan Hill Press, 2016; Chris Jackson: *Why I'm Disregarding Laudato Si and You Should Too*, Remnant Columnist June 19, 2015.

unidad de toda la Teología, "in specie atoma". En particular se ha de subrayar la relación de la creación con:

(a) Las verdades sobre Dios Uno y Trino.

(b) La perspectiva de la "Historia Salutis".

(c) El papel del Verbo de Dios en la creación, recreación y consumación escatológica del mundo y del hombre.

4. Es de valorar que la verdadera ciencia de hoy sea más consciente de sus propias limitaciones, y en este sentido se ha tornado más humilde, lo que ha de tenerse en cuenta para comprobar lo que antes se afirmó: que los resultados de la verdadera ciencia, la sana filosofía y la auténtica teología no pueden ser contradictorios.

1.6 Importancia de la doctrina de la creación

El aceptar o no la creación implica enormes consecuencias en la concepción que se tenga de Dios, de la naturaleza y del propio ser humano.[39] En efecto:

1. Si Dios es creador, tiene que ser:

    (a) Infinitamente poderoso.

    (b) Infinitamente sabio, pues así es necesario para crear todo el universo, con la variedad de sus partes, su orden, leyes y estructuras.

    (c) Infinitamente bello, pues todo el mundo creado manifiesta una increíble belleza.

---

[39] Consideraciones tomadas de P. Kreeft y R. Tacelli: *Handbook of Christian Apologetics*, Intervarsity Press, Illinois, 1994, págs. 105–106.

(d) Absolutamente generoso, bueno y Amor perfecto, puesto que siendo el Ser por Sí, totalmente autosuficiente, no tenía necesidad alguna de crear.

2. Si la naturaleza es creada, entonces:

   (a) Es inteligible. Como dice P. Kreeft, no es accidente que las ciencias nacieran en el Occidente creyente en el Dios personal, creador y trascendente, y no en el Oriente panteísta.

   (b) Es buena: el cristianismo siempre consideró herejías tanto el maniqueísmo como el gnosticismo en cualquiera de sus formas.

   (c) Es real: en contra de las filosofías idealistas y de los pensamientos orientales que consideran la naturaleza como una ilusión proyectada por una conciencia no iluminada.

3. Si el ser humano debe su existencia a Dios, entonces:

   (a) No nos podemos quejar de Dios ni de sus decretos y decisiones sobre nosotros.[40]

   (b) Nuestra existencia tiene sentido. Lo cual solo puede ocurrir cuando nosotros somos parte de un drama que tiene a Dios como autor, nunca si somos parte de un azar ciego.

   (c) Y si nosotros le debemos la existencia a Dios, en realidad le debemos todo. Nada es realmente nuestro, ni nuestro tiempo, ni nuestro dinero, ni siquiera nuestros pensamientos.

En conclusión, como dice P. Kreeft:

---

[40]P. Kreeft (*ibidem*, pág. 105) pone un ejemplo curioso: Shakespeare puede exigir derechos a Marlowe, y Hamlet puede hacer lo mismo contra Laertes; pero, ¿cómo podría Hamlet exigir nada a Shakespeare?

"No idea in the history of human thought has ever made more difference than the idea of Creation".[41]

1.7 Contenidos del tratado

Esencialmente, el tratado de creación que ahora se inicia tiene tres grandes partes:

1. La creación del mundo como obra de Dios.

    (a) Datos bíblicos.

    (b) Historia de las ideas sobre el origen del mundo.

    (c) Historia del Magisterio eclesiástico.

    (d) Noción de creación.

    (e) Propiedades del acto divino de la creación.

    (f) Fin de la creación.

    (g) La providencia divina y el problema del mal.

2. La creación de los seres puramente espirituales: angeleología y demonología

3. La creación del ser humano.

    (a) Datos bíblicos.

    (b) Origen y naturaleza del ser humano.

    (c) Elevación al estado de gracia.

    (d) Caída y pecado original.

---

[41] *Ibidem*, pág. 106.

Capítulo 2

Datos bíblicos sobre el misterio de la creación

2.1 Introducción

La fe en la creación se expresa en todas las etapas de la Revelación bíblica. No obstante, en cada una de las mismas se subraya algún aspecto por encima de otros, consiguiéndose una visión final de conjunto extraordinariamente rica en contenido y sentidos. Al presentar cada una de estas perspectivas, no se debe de olvidar el conjunto.

Es importante también no caer en un biblicismo exagerado, que deja reducida la exposición del misterio a un estudio bíblico diacrónico de las verdades que profesamos, como ya se señaló en el capítulo anterior. Por ello es necesario tener en cuenta la importancia de los principios de la exégesis católica, que han de presidir la lectura de los textos bíblicos.

J. M. Casciaro Ramírez propone los siguientes principios específicos de hermenéutica bíblica:[1]

1. Principios basados en la realidad de Dios como autor de la Biblia:

    - Analogía de fe bíblica: la íntima coherencia de las verdades religiosas contenidas en la Revelación escrita.
    - Desarrollo homogéneo y progresivo de la Revelación: Dios no ha mostrado de una sola vez al hombre toda la verdad, sino que, usando de una divina pedagogía, ha ido desvelando nuevos contenidos, revelándose progresivamente a Sí mismo en acontecimientos de la historia bíblica y en palabras que explicaban el acontecimiento,[2] hasta llegar a su Revelación suprema, que es Jesucristo, el Verbo Encarnado; existen, pues, textos más antiguos que pueden ser mejor entendidos a la luz de textos posteriores.
    - Armonía interna del Antiguo y el Nuevo Testamento: las nociones, acontecimientos, cosas y personas del Antiguo Testamento tienen una correlación cierta o "cumplimiento" en el Nuevo Testamento.
    - Interpretación en concordia con el mismo Espíritu con el que se escribió: el lector e intérprete deben "sintonizar" con ese Espíritu de Dios por medio de la práctica de la vida cristiana, especialmente de la oración, para que la gracia divina y la acción vivificante interna del Espíritu Santo, inspirador de la Sagrada Escritura, abra también el alma a la inteligencia de la misma.[3]

2. Principios basados en la realidad de la Iglesia como intérprete oficial de la Biblia:

    - La Iglesia como intérprete auténtico de la Sagrada Escritura: el Magisterio auténtico puede declarar infaliblemente el sentido auténtico de un texto de la Sagrada Escritura.
    - Analogía de la fe católica: ninguna interpretación particular de la Sagrada Escritura puede estar en oposición con la doctrina católica; si tal

---

[1] Estas notas están tomadas de mi *Tratado de Dios Uno y Trino*, del capítulo 3º dedicado a Dios en la Sagrada Escritura.

[2] Cfr. *Dei Verbum*, n° 2.

[3] Cfr. *Dei Verbum*, n° 12.

2.1. INTRODUCCIÓN

contradicción se produjese, sería indicio de error, y el intérprete deberá reandar el camino de su investigación.

- Sentido de la Biblia para la Sagrada Tradición de la Iglesia, y el valor fundamental de la interpretación moralmente unánime de los Santos Padres: ambos criterios alertan al lector acerca de si su interpretación está en conformidad con lo que la Iglesia ha creído y enseñado a lo largo de su historia, o bien si su interpretación personal es coincidente con la de los Santos Padres, testigos primeros de la fe cristiana.[4]

Evitamos, por tanto, caer en lo que A. Gálvez ha denunciado:

"Como he dicho ya, el pensamiento moderno lo cuestiona todo. No reconoce la existencia de la verdad absoluta. A nadie se le permite pretender que posee certezas y seguridades metafísicas o religiosas. La única certeza que se admite es la de que todo es dudoso, incierto, inseguro y, a lo sumo, probable. Por eso se pone en duda el Evangelio y las palabras del Señor son examinadas al microscopio en laboratorios de exégesis, con resultados lamentables. Y no me refiero aquí, como es lógico, a los éxitos conseguidos por la buena exégesis científica, que tanto ha hecho por profundizar en el conocimiento de la Palabra de Dios; sino a ciertas exégesis de laboratorio que, más animadas por un entusiasmo cientista que por la fe, manejan la Biblia como si fuera cosa puramente humana, consiguiendo resultados que no serían tan desastrosos si no hubiera tan gran número de tontos dispuestos a creerlos...

El problema se plantea cuando se olvida que la Biblia es un organismo vivo, un libro inspirado por el Espíritu

---

[4] J. M. Casciaro Ramírez: *Heurística Bíblica*, en GER, cit., vol. XI, págs: 746–749. Cfr. también J. M. Casciaro Ramírez: *Exégesis Bíblica*, en GER, cit., vol. IX, págs. 629–635.

Santo que contiene la auténtica Palabra de Dios dirigida a los hombres. Pretender diseccionarla a base de escalpelo, como si se tratara de trozos de un cadáver, es una locura. Un cadáver no es un hombre, y en él se puede encontrar cualquier cosa menos *la vida*, por lo que ya no sirve para estudiar lo que era verdaderamente el hombre al que pertenecía. Se debe estudiar la Biblia con el mayor bagaje científico posible, con tal que se haga *con fe* y sin olvidar que es la Palabra de Dios, viva y eficaz (Heb 4:12)..."[5]

Por eso, seguiremos en el estudio de los textos bíblicos los criterios señalados por el mismo autor, conforme a la tradición exegética más segura:

"La doctrina contenida en el Nuevo Testamento, interpretada y enseñada por la Iglesia durante veinte siglos, es indudablemente una doctrina revelada. Las buenas escuelas de exégesis, que tanto han contribuido al mejor conocimiento de la Biblia gracias a una ardua tarea de investigación, cumplen una misión importante y son insustituibles.[6] Pero los trabajos y avances de la exégesis no pueden ser un obstáculo que nos impida seguir creyendo, con toda tranquilidad, que la Biblia ha sido escrita *para que la gente la entienda* —y además sin necesidad de romperse la cabeza—, y que lo que en ella se contiene *es sencillamente la verdad*. Lo definitivamente cierto, en último término, es la palabra de Dios, *y no la de los eruditos*. En todo caso

---

[5]A. Gálvez: *El Amigo Inoportuno*, Shoreless Lake Press, New Jersey, 1995, págs. 74–75.

[6]De hecho, los avances de la verdadera exégesis, además de los logros conseguidos en la depuración del texto bíblico en los últimos años, son muy consoladores. Ahí están, por ejemplo, los trabajos que han concluido en el texto de la *Neovulgata*.

una Palabra de Dios interpretada por la Iglesia, cuando haya necesidad de hacerlo, por la sencilla razón de que es a ella a quien le corresponde esa tarea y la que tiene que decidir en última y suprema instancia.

Nada de lo cual está claro para estas teologías. Arrogándose el juicio último sobre la Revelación, y sustituyendo la doctrina de la Iglesia por la de los teólogos,[7] se han reconocido a sí mismas como la suprema instancia de toda exégesis..."[8]

Solo cuando se abre el corazón a la Palabra de Dios con estas disposiciones se llega a penetrar en la belleza y profundidad de su contenido, y se extraen de ella, hasta donde es posible para el ser humano, las verdades de Dios. No sin razón decía nuestro Señor: "Te doy gracias, Padre, Señor del cielo y de la tierra, porque has ocultado estas cosas a los sabios y prudentes de este mundo y las has revelado a los pequeños. Sí, Padre, porque así te ha parecido bien" (Mt 11:25).

Si bien el estudio detallado de textos en particular, se hará a lo largo del desarrollo de los distintos aspectos de los dogmas de la creación, aquí se va a presentar una visión global de los mismos, tanto en el Antiguo como en el Nuevo Testamento.

2.2 El Antiguo Testamento

Aunque la atención principal del estudio estará dedicada a los dos primeros capítulos del Génesis,[9] sin embargo se hará una somera

---

[7]O sea, por la de los mismos que han elaborado esas teologías.

[8]A. Gálvez: *El Amigo...*, cit., págs. 92–93.

[9]Conviene recordar que el Génesis vuelve a insistir sobre la creación en el capítulo 5: 1–2, en relación con las genealogías, y en el 9: 1–7, en conexión con el trasfondo del Diluvio universal.

presentación de las perspectivas sobre la creación que aparecen en los libros proféticos, Salmos, otra literatura sapiencial y en el libro Segundo de los Macabeos.[10]

2.2.1 Género literario de los relatos de la creación en el Génesis

En los primeros capítulos del libro del Génesis se encuentra fundamentalmente la revelación de la mayoría de las grandes verdades cristianas sobre el misterio de la creación. Pero son páginas de difícil interpretación. Es importante precisar el sentido de las palabras y conceptos que se utilizan.

El Magisterio de la Iglesia se ha pronunciado al respecto en varias ocasiones. Hay una primera respuesta de la Comisión Bíblica de 1909, en la que, tras insistir en el sentido literal e histórico de los tres primeros capítulos del Génesis, niega que se puedan interpretar en sentido literalista ya que "no todas y cada una de las cosas, es decir, de las palabras y frases (que narran la creación) han de tomarse siempre y necesariamente en sentido propio" de tal modo que no es obligado entenderlas en sentido literal "cuando las locuciones mismas aparezcan como usadas impropiamente, o sea, metafórica o antropo-

---

[10]Cfr. S. Verges: *Dios y el Hombre. La Creación*, BAC, Madrid 1980, págs. 160–181; H. Pinard: *Création*, en DTC, vol. III, cols. 2042–2052; G. Auzou: *En un Principio Dios Creó el Mundo*, Estella, Navarra, 1976; L. Arnaldich: *El Origen del Mundo y del Hombre según la Biblia*, Rialp, Madrid, 1972; J. Ferrer Arellano: *El Misterio de los Orígenes*, Eunsa, Navarra, 2001, págs. 26–53; J. Ferrer Arellano: *Evolución y Creación. Ciencias de los Orígenes, Hipótesis Evolucionistas y metafísica de la Creación*, Eunsa, Navarra, 2011, págs. 373–408; J. A. Sayés: *Teología de la Creación*, cit., págs. 15–44; J. Morales: *El Misterio...*, cit., págs. 30–48; G. Von Rad: *El problema Teológico de la Fe en la Creación en el Antiguo Testamento*, en Idem: "Estudios sobre el Antiguo Testamento", Sígueme, Salamanca 1982, págs. 129–139.

2.2. EL ANTIGUO TESTAMENTO

mórficamente", o cuando "la razón prohíba mantener o la necesidad obligue a dejar el sentido propio".[11]

Posteriormente la misma Comisión Bíblica, tras declarar que las respuestas dadas con anterioridad por la misma "no se oponen en modo alguno a un examen ulterior verdaderamente científico de estos problemas, según los resultados obtenidos durante estos últimos cuarenta años",[12] afirma:

> "La cuestión de las formas literarias de los once primeros capítulos del Génesis es mucho más oscura y compleja. Estas formas literarias no responden a ninguna de nuestras categorías clásicas y no pueden ser juzgados a la luz de los géneros literarios grecolatinos o modernos. No puede consiguientemente negarse ni afirmarse en bloque la historicidad de estos capítulos sin aplicarles indebidamente las normas de un género literario bajo el cual no pueden ser clasificados. Si se admite que en estos capítulos no se encuentra historia en el sentido clásico y moderno, hay que confesar también que los datos científicos actuales no permiten dar una solución positiva a todos los problemas que plantean..."

> "Declarar a priori que sus relatos no contienen historia en el sentido moderno de la palabra, dejaría fácilmente entender que no la contienen en ningún sentido, cuando *en realidad cuentan en lenguaje sencillo y figurado, adaptado a las inteligencias de una humanidad menos desarrollada, las verdades fundamentales presupuestas a la economía de*

---

[11] *Respuesta* de la Comisión Bíblica de 30 de agosto de 1909 (D. S. 3516).
[12] *Carta del Secretario de la Comisión Bíblica al Arzobispo de París, Cardenal Suhard*, de 16 de enero de 1948 (D. S. 3862).

> *salvación, al mismo tiempo que la descripción popular de los orígenes del género humano y del pueblo escogido".*[13]

Finalmente, la Encíclica *Humani Generis* del Papa Pio XII, insistía sobre los principios de interpretación adecuados, remitiéndose y aclarando el documento que se acaba de citar:

> "...tal carta advierte claramente cómo los once primeros capítulos del Génesis, *aunque propiamente no concuerdan con el método histórico usado por los eximios historiadores grecolatinos y modernos, no obstante pertenecen al género histórico en un sentido verdadero, que los exegetas han de investigar y precisar*; los mismos capítulos —lo hace notar la misma carta—, con estilo sencillo y figurado, acomodado a la mente de un pueblo poco culto, contienen ya las verdades principales y fundamentales en que se apoya nuestra propia salvación, ya también una descripción popular del origen del género humano y del pueblo escogido.
>
> Mas si los antiguos hagiógrafos tomaron algo de las tradiciones populares –lo cual puede ciertamente concederse–, nunca ha de olvidarse que ellos obraron así ayudados por la divina inspiración, la cual los hacía inmunes de todo error al elegir y juzgar aquellos documentos. Por lo tanto, las narraciones populares incluidas en la Sagrada Escritura, en modo alguno pueden compararse con las mitologías u otras narraciones semejantes, las cuales más bien proceden de una encendida imaginación que de aquel amor a la verdad y a la sencillez que tanto resplandece en los libros Sagrados, aun en los del Antiguo Testamento, has-

---

[13] *Carta del Secretario de la Comisión Bíblica al Arzobispo de París, Cardenal Suhard*, de 16 de enero de 1948. El énfasis es mío (D. S. 3864).

2.2. EL ANTIGUO TESTAMENTO

ta el punto de que nuestros hagiógrafos deben ser tenidos en este punto como claramente superiores a los escritores profanos".[14]

En conclusión, estos relatos han de ser entendidos como expresando verdades históricas, a pesar de ser tan primitivos, utilizando el género literario y las expresiones propias de su época. Como dice A. Fernández:

> "Cabría, pues, concluir que expresan con rigor el *qué*, pero no el *modo* en que han acontecido esos hechos. Con otras palabras, narran acontecimientos reales, pero los revisten de un género literario sobre la *manera concreta* en que han acontecido".[15]

Verdades histórico-dogmáticas

Así pues, hay en estos textos una verdad histórica y teológica que se comunica con el recurso a un lenguaje y formas de expresión muy peculiares, que nunca pueden ser considerados como mitos o leyendas antiguas. Aunque el curso irá estudiando esas distintas verdades, conviene hacer una breve enumeración de las mismas:

1. Unicidad de Dios, frente a todos los politeísmos.

2. Por la creación conocemos al Creador.

3. La creación es obra exclusiva de Dios, *Pantocrator*.

---

[14]El énfasis es mío (D. S. 3898–3899). El Papa insiste en el carácter histórico, aunque en un género literario propio de la época cuando se escribió. Por eso resulta inadmisible la calificación como escrito no histórico que hacen bastantes teólogos y exegetas.

[15]A. Fernández: *Teología...*, cit., pág. 472.

4. La bondad radical del mundo creado.

5. La creación es acto libre de Dios.

6. El tiempo fue creado por Dios con el mundo.

7. Dios es trascendente al mundo y al hombre, pues les da el ser.

8. La creación depende de Dios esencialmente pues también Dios la conserva en el ser.

9. Autonomía relativa del mundo.

10. Creación de *un* primer hombre y *una* primera mujer, a imagen y semejanza de Dios, representantes de Dios y reyes de la creación.

11. Creación del hombre en estado de justicia original: con naturaleza perfecta, dones preternaturales y sobrenaturales.

12. El mandamiento impuesto por Dios al hombre para probar su obediencia.

13. Caída en el pecado por culpa del demonio y del hombre.

14. El mal no es obra de Dios.

15. El hombre caído conserva su naturaleza, aunque debilitada, pero pierde los dones preternaturales y sobrenaturales.

16. El pecado original afecta a toda la descendencia de Adán y Eva.

17. Dios no abandona al hombre sino que le promete un Redentor.[16]

2.2.2 Génesis 1:1–2:4. Primer relato de la creación

Esta sección del libro del Génesis contiene el primer relato de la creación.

---

[16]Cfr. alguna de estas proposiciones en D. S. 3514.

2.2. EL ANTIGUO TESTAMENTO

Estructura del texto

Para comprender mejor la profundidad de este texto, es conveniente indagar sobre su construcción, hagiógrafo, contexto ideológico y cultural del mundo circundante y la novedad de ideas reveladas que aporta:[17]

A.— *Construcción*: Se pueden señalar los siguientes rasgos de su composición:

1. Muy cuidada. El texto está meticulosamente elaborado. Cada palabra contiene un hondo sentido teológico.

2. Destaca por su carácter didáctico y por su contenido doctrinal, aunque es también, secundariamente, un cántico a la creación que invita a la adoración, al asombro, a la alabanza y a la acción de gracias.

3. Unitaria: no es recopilación de textos anteriores sino que todo está elaborado por un autor.

4. El estilo: es a) sobrio; b) de gran peso teológico; y c) utiliza una terminología deliberadamente abstracta.

B.— *Autor*: La gran mayoría de los exegetas lo adscribe a la llamada "escuela sacerdotal" (P: *priestercodex*), del S. VI a J.C. (destierro de Babilonia) sobre raíces remotas de tradiciones judías.[18] Los rasgos

---

[17]Este apartado se construye desde la perspectiva de la labor del hagiógrafo bíblico; pero se ha de tener siempre presente la realidad de la inspiración y de la autoría principal de Dios de cada uno de los libros de la Biblia. Los datos que aporta la ciencia hermenéutica sobre los hagiógrafos son con mucha frecuencia aproximativos, y por lo mismo, sujetos a revisión por parte de investigadores posteriores. Se siguen aquí las conclusiones más comúnmente aceptadas en el momento en que se redactan estas páginas.

[18]Recuérdese que la cuestión de la identidad del hagiógrafo es completamente secundaria, pues hay que insistir en el dogma de la inspiración.

que presentaría la tradición sacerdotal para los investigadores que la aceptan, son los siguientes: fuerte insistencia en la trascendencia divina y en la llamada a la santidad del pueblo escogido ("sed santos como Yo soy santo"); intención de recoger en una gran síntesis la historia y la legislación de los primeros tiempos de Israel para salvarlos de su desaparición; y estructurar la comunidad judía amenazada de extinción en Babilonia.[19]

Las polémicas surgidas en torno a la composición del Pentateuco ilustran bien unas realidades que se deben de tener en cuenta cuando se hacen estudios de exégesis bíblica, cuales son, por un lado, la necesidad de no olvidar nunca el dogma de la inspiración divina de la Biblia, y la necesidad de leerla dentro de la Iglesia y siguiendo su auténtico Magisterio. Estos principios nos dan la seguridad de acertar en el significado de los textos, así como luz para su recta y profunda interpretación. La exégesis científica, utilizando multitud de criterios diversos, puede ser más o menos útil e interesante, incluso erudita y sorprendente, pero es siempre relativa: las afirmaciones de un experto son desmentidas poco después por otro; una teoría sustituye rápidamente a otra; etc. Por eso, siendo conveniente estar al día de los hallazgos de la sana y seria hermenéutica, sin embargo no hay que olvidar tampoco su relatividad.

El caso de las teorías de Wellhausen sobre el Pentateuco (la llamada *hipótesis documentaria*) es ilustrativo en este sentido. En efecto, lo que se señalaba sobre el origen de Ge 1:1–2:4 en la escuela sacerdotal, no es sino una manifestación de la interpretación que sobre el Pentateuco hizo aquel autor, teoría que gozó de un asentimiento bastante generalizado hasta los años 70 del siglo pasado (Cfr. J. Wellhausen: *Die Komposition de Hexateuche und der historischen Bücher des Alten Testament*, Reiner, Berlin, 1889). Pero a partir de esa fecha, la llamada *teoría documentaria* fue criticada por muchos autores (U. Cassuto, Rolf Rendtorff, J. Blenkinsopp, J. van Seters, M. Rose, R. Whybray, A. F. Campbell, T. L. Thompson, etc.), quienes reinterpretando las tesis de Wellhausen, propusieron otras soluciones. De tal manera, que Tabet concluye:

---

[19]Serían ejemplos típicos de esta tradición además del aquí estudiado: Ge 5:1; 6:9; 9: 1–17; esta tradición estaría en la base de los siguientes partes del Pentateuco: el Levítico, casi la mitad del Éxodo, bastantes partes de los Números y algunos versos del Génesis.

2.2. EL ANTIGUO TESTAMENTO

"Como hemos visto en estos últimos decenios la hipótesis documentaria clásica ha sufrido una profunda revisión. Ha disminuido el consenso sobre la existencia de fuentes narrativas continuas e identificables del periodo anterior al exilio que cubran todo el Pentateuco. Se ha creado una situación en la que nada se puede dar por descontado. Se advierten solo algunas orientaciones generales: un cierto acuerdo en que el estudio de la forma definitiva del texto debe preceder a la crítica de las fuentes (Rentdorff, Blum); el hecho de que este estudio se debe extender a las tradiciones legales y no solo a los textos de carácter narrativo (Blenkinsopp, Ska), la necesidad de promover una coexistencia entre los diversos sistemas interpretativos con sus diversas metodologías, etc..."[20]

Por otro lado, también es útil recordar la ideología de Wellhausen. Así lo aclara Gorgulho :

"En diversos estudios bíblicos se habían lanzado hipótesis de trabajo acerca de que el Pentateuco se habría formado por la colección o unificación de fragmentos o documentos (llamados J, E, D, P).[21] Wellhausen recoge esas hipótesis e intenta sintetizarlas y establecer la cronología de los documentos, pero aplicando sus criterios y prejuicios evolucionistas a la historia de las principales instituciones del Antiguo Testamento: el lugar del culto, el calendario religioso y el sacerdocio levítico. Concluye que el llamado Priestercodex (P) es el más reciente; la cronología de los documentos sería J, E, D, P. A partir de aquí intenta también rehacer la evolución religiosa de Israel inspirándose de la dialéctica hegeliana de la tesis, antítesis y síntesis...

Las teorías de Wellhausen, según las cuales nada de sobrenatural hay en la revelación del Antiguo Testamento, aunque en su momento tuvieron un fulgurante éxito entre ciertos sectores del protestantismo

---

[20]M.A. Tabet: *Introducción al Antiguo Testamento. I. Pentateuco y libros proféticos*, Palabra, Madrid, 2004, pág. 70. Un estudio detallado de estas propuestas críticas a Wellhausen, en las págs. 49–79, y en J. L. Ska: *Introduzione alla Lettura del Pentateuco*, Roma, 1998, págs. 165–181. Para la historia de la interpretación, cfr. S. Ausín: *La Composición del Pentateuco. Estado Actual de la Investigación Crítica*, en "Scripta Theologica", 23 (1991) 171–183.

[21]Téngase en cuenta el significado de las siguientes siglas: J = tradición yavista, E = tradición eloísta, D = tradición deuteronómica, P = tradición sacerdotal.

y entre los racionalistas en general, en su conjunto no han sido seguidas por nadie, aunque en algunas cuestiones de detalle o en aspectos concretos tengan elementos aprovechables para una exégesis e interpretación de la Sagrada Escritura más sana y completa. Así, en la redacción inspirada del Pentateuco, como en la de otros libros de la Sagrada Escritura, han podido confluir diversos textos escritos en diferentes ocasiones. Pero es evidente, como se ha podido comprobar, que el monoteísmo no es creación de los profetas, sino que está en el origen mismo de la religión de Israel; así como la Ley mosaica no es el punto de llegada de la supuesta evolución de esa religión, sino el comienzo".[22]

C.— *Elementos de la cultura de su época.*

Algunos autores clásicos,[23] niegan la influencia de elementos de la cultura de la época en el hagiógrafo sobre la base de los dictados de la Respuesta de la Comisión Bíblica de 30 de junio de 1909, en particular por el rechazo a la siguiente pregunta:

"Utrum, non obstantibus indole et forma historica libri Geneseos, peculiari trium priorum capitum inter se et cum sequentibus capitibus nexu, multiplici testimonio Scripturarum tum Veteris tum Novi Testamenti, unanimi fere sanctorum Patrum sententia ac traditionali sensu,

"Si, no obstante el carácter y forma histórica del libro del Génesis, el peculiar nexo de los tres primeros capítulos entre sí y con los capítulos siguientes, el múltiple testimonio de las Escrituras tanto del Antiguo como del Nuevo Testamento, el sentir casi unánime de los santos Padres

---

[22]Cfr. Luis–Bertrando Gorgulho: *Wellhausen, Julius*, en GER, vol. XXIII, págs. 738–739. Cfr. J. Coppens: *L'histoire critique de l'Ancien Testament*, Brujas 1942; H. Cazelles, en *Introducción a la Biblia* (dir. Robert, Feuillet), vol. I, 3 ed., Barcelona, 1970, 288–303.

[23]Cfr. A. J. Maas: *Hexaemeron*, en "Catholic Encyclopedia", Robert Appleton Cia, New York, 1910, vol. VII, con abundante bibliografía de su tiempo, así como un detallado estudio de las diferentes teorías e hipótesis que se barajaban.

2.2. EL ANTIGUO TESTAMENTO

quem, ab Israelitico etiam populo transmissum, semper tenuit Ecclesia, doceri possit: prædicta tria capita Geneseos continere non rerum vere gestarum narrationes, quæ scilicet obiectivæ realitati et historicæ veritati respondeant; sed vel fabulosa ex veterum populorum mythologiis et cosmogoniis deprompta et ab auctore sacro, expurgato quovis polytheismi errore, doctrinæ monotheisticæ accomodata; vel allegorias et symbola, fundamento obiectivæ realitatis destituta, sub historiæ specie ad religiosas et philosophicas veritates inculcandas proposita, vel tandem legendas ex parte historicas et ex parte fictitias ad animorum instructionem et ædificationem libere compositas? Resp.: Negative ad utramque partem".[24]

y el sentido tradicional que, trasmitido ya por el pueblo de Israel, ha mantenido siempre la Iglesia, puede enseñarse que: los tres predichos capítulos del Génesis contienen, no narraciones de cosas realmente sucedidas, es decir, que respondan a la realidad objetiva y a la verdad histórica; sino fábulas tomadas de mitologías y cosmogonías de los pueblos antiguos, y acomodadas por el autor sagrado a la doctrina monoteísta, una vez expurgadas de todo error de politeísmo; o bien alegorías y símbolos, destituidos de fundamento de realidad objetiva, bajo apariencia de historia, propuestos para inculcar las verdades religiosas y filosóficas; o en fin leyendas, en parte históricas, en parte ficticias, libremente compuestas para instrucción o edificación de las almas. Resp.: No a las dos partes".

Sin embargo, bastantes exégetas contemporáneos creen descubrir algunos conceptos propios de las culturas de la época, en base a la interpretación que de las palabras citadas hizo Pio XII en la *Humani Generis*,[25] siempre salvaguardando la verdad histórica de los datos

---

[24]D. S. 3513.
[25]Cfr. supra. D. S. 3898–3899.

teológicos implicados y teniendo en cuenta el principio de que la Revelación no pretende transmitir una enseñanza de tipo científico, sino comunicar ideas teológicas usando a veces la forma literaria de las ideas eruditas y populares de su tiempo.[26] Basten como ejemplos los siguientes:

- El cielo se concibe como una superficie cristalina que contiene tanto las estrellas como las aguas superiores que producirían la lluvia cuando caen a la tierra; la tierra está flotando sobre un mar inferior que es el que la sostiene; etc.

- Habría reflejos de elementos de cosmologías no bíblicas, como el uso de algunos términos o imágenes que eran comunes en las culturas del Oriente, tales como "mar primitivo" del que surgiría la vida; "caos" o "tohu", el aspecto negativo opuesto a la creación ordenada; "bohu" o confusión; "hoshej", oscuridad que era el elemento previo a la creación en algunas cosmogonías orientales; etc.

Pero el sentido habría sido cambiado: en efecto, el hondo monoteísmo bíblico transforma radicalmente la visión del mundo y de la creación que presenta la Biblia con respecto a las culturas que rodean a Israel. Por eso:

- No se puede interpretar el Génesis a partir de esas cosmologías, sin caer en crasos errores.

- Es necesario estudiar los datos sobre la creación que aparecen en el Génesis en su conjunto, por tanto tener siempre presente,

---

[26]Se pueden ver algunas de esas cosmogonías y cosmovisiones en el poema babilónico "Enuma Elish", o en el egipcio "Himno al dios Atón", o en los textos canaitas de "Ras Shamrá".

2.2. EL ANTIGUO TESTAMENTO

no solo Ge 1–2:4 sino también Ge 2: 5–25, 5: 1–2 y 9: 1–7. Son verdades fundamentales de la Revelación en estos pasajes los siguientes:

1. Monoteísmo radical.
2. No hay teogonía alguna.
3. Dios es soberano y espiritual. Distinto del mundo material. Su realidad es totalmente diferente del mundo que crea.
4. Creación es de la nada, sin ningún elemento o materia pre-existente. Crea por la palabra. No hay una descripción concreta del acto creador, para manifestar su carácter misterioso.
5. No hay dios malo competidor del bueno (maniqueísmo).[27]

- Hay que hacer notar que Dios se sirve de todos los elementos humanos que estima conveniente para transmitir la Revelación: idiomas, culturas, condiciones sociales y culturales de los hagiógrafos, sin que por ello se acepten las ideas religiosas paganas.[28]

Con todo, si se lee sin prejuicios y con sentido común los mitos de los pueblos orientales vecinos a Israel, y se compara con la verdad bíblica, se desvanece por completo la idea de una posible imitación. Baste con recordar las líneas esenciales del célebre poema mesopotámico "Enuma Elish". En este poema, los dioses, entre los que se encuentra Marduk, surgen de un "caos primordial", a partir de dos elementos originales: Apsu, que representa las aguas dulces que hay sobre la tierra, y Tiamat, símbolo de las aguas saladas del mar. Apsu,

---

[27] A diferencia, por ejemplo, de las luchas entre Marduk y Tiamat en el "Enuma Elish"; o la tensión entre fuerzas originales como "tehon" y "hoshej".

[28] Cfr. el tema de la santidad en la Biblia, consecuencia de la inspiración, en la Introducción a la Sagrada Escritura.

en su deseo de una tranquilidad que no existe, decide deshacerse de los dioses más jóvenes, culpables de la falta de paz. Por venganza, Apsu es sumergido en un profundo sueño y hecho morir por el dios Ea. Tiamat intenta entonces vengarlo. En la lucha entre Marduk y Tiamat, la diosa, derrotada, es abierta en dos partes como una ostra, de las que serán formados, con una parte el cielo, y con la otra la tierra. Marduk, entonces, por petición de los dioses, decide crear al hombre para que se dedique al trabajo en lugar de las divinidades y éstas pudieran descansar. El hombre será creado con la sangre de un dios sacrificado, Kingu, condenado a muerte como instigador de la lucha de Tiamat contra Marduk. El hombre tendrá en sus venas, por consiguiente, la sangre de un dios caído.[29]

División y forma literaria

Caben destacar algunos aspectos generales de la narración que se repiten de un modo sistemático:

1. En primer lugar, el hecho de que Dios pone nombre a todas las cosas que crea, lo que significa que tiene un total dominio sobre las mismas.

2. Se repite siete veces el estribillo: "Y vio Dios que era bueno". Se quiere destacar la bondad de todo lo creado porque proviene de un Dios que es suma bondad. Por tanto el origen del mal es efecto de un desorden moral causado por el demonio y por el pecado del hombre (capítulo 3 del Génesis).

3. La creación se produce en dos fases ordenadas, que han sido designadas clásicamente, como *opus distinctionis* y *opus ornatus*,

---

[29]Cfr. Varios: *L'Antico Testamento e le Culture del Tempo*, Borla, Roma, 1990, págs.243–246. M. A. Tabet: *Introducción...*, cit., pág. 95.

2.2. EL ANTIGUO TESTAMENTO

que van preparando de un modo progresivo la obra que culmina la creación, la del ser humano. En efecto:

(a) *Opus distinctionis*: se usa como verbo principal "separar". En este primer grupo de obras de Dios, el caos inicial se convierte en "cosmos", algo ordenado con seguridad y con regularidad, siendo Dios el que garantiza su funcionamiento indefinido. Cada elemento tiene su posición propia y su singular identidad.

  i. Luz–tinieblas: "Entonces Dios dijo: 'Que exista la luz'. Y la luz existió. Dios vio que la luz era buena, y separó la luz de las tinieblas; y llamó *día* a la luz y *noche* a las tinieblas. Así hubo una tarde y una mañana: este fue el primer día" (vv. 3–5). Las tinieblas se controlan con una fuerza opuesta, la luz.

  ii. Firmamento, para separar las aguas inferiores de las aguas superiores: "Dios dijo: 'Que haya un firmamento en medio de las aguas, para que establezca una separación entre ellas'. Y así sucedió. Dios hizo el firmamento, y éste separó las aguas que están debajo de él, de las que están encima de él; y Dios llamó *cielo* al firmamento. Así hubo una tarde y una mañana: éste fue el segundo día" (vv. 6–8). Es una separación en plano vertical.

  iii. Tierra–mares: "Dios dijo: 'Que se reúnan en un solo lugar las aguas que están bajo el cielo, y que aparezca el suelo firme'. Y así sucedió. Dios llamó *tierra* al suelo firme y *mar* al conjunto de las aguas. Y Dios vio que esto era bueno" (vv. 9–10). Es una separación en el plano horizontal.

(b) *Opus ornatus*: el verbo principal es "hacer" y "crear" ("bará").

　　i. Vegetación: "Entonces dijo: 'Que la tierra produzca vegetales, hierbas que den semilla y árboles frutales, que den sobre la tierra frutos de su misma especie con su semilla dentro'. Y así sucedió. La tierra hizo brotar vegetales, hierba que da semilla según su especie y árboles que dan fruto de su misma especie con su semilla dentro. Y Dios vio que esto era bueno. Así hubo una tarde y una mañana: este fue el tercer día" (vv. 11–13).

　　ii. Astros (sol y luna)–estrellas: "Dios dijo: 'Que haya astros en el firmamento del cielo para distinguir el día de la noche; que ellos señalen las fiestas, los días y los años, y que estén como lámparas en el firmamento del cielo para iluminar la tierra'. Y así sucedió. Dios hizo los dos grandes astros —el astro mayor para presidir el día y el menor para presidir la noche— y también hizo las estrellas. Y los puso en el firmamento del cielo para iluminar la tierra, para presidir el día y la noche, y para separar la luz de las tinieblas. Y Dios vio que esto era bueno. Así hubo una tarde y una mañana: este fue el cuarto día" (vv. 14–19).

　　iii. Peces–aves: "Dios dijo: 'Que las aguas se llenen de una multitud de seres vivientes y que vuelen pájaros sobre la tierra bajo el firmamento del cielo'. Dios creó los grandes monstruos marinos, las diversas clases de seres vivientes que llenan las aguas deslizándose en ellas y todas las especies de animales con alas. Y Dios vio que esto era bueno. Entonces los bendijo, diciendo: 'Creced y multiplicaos; llenad las aguas de los mares y que

2.2. EL ANTIGUO TESTAMENTO

las aves se multipliquen sobre la tierra'. Así hubo una tarde y una mañana: este fue el quinto día" (vv. 20–23).

iv. Animales: "Dios dijo: 'Que la tierra produzca toda clase de seres vivientes: ganado, reptiles y animales salvajes de toda especie'. Y así sucedió. Dios hizo las diversas clases de animales del campo, las diversas clases de ganado y todos los reptiles de la tierra, cualquiera sea su especie. Y Dios vio que esto era bueno" (vv. 24–25).

v. Hombre: "Dios dijo: 'Hagamos al hombre a nuestra imagen, según nuestra semejanza; y que le estén sometidos los peces del mar y las aves del cielo, el ganado, las fieras de la tierra, y todos los animales que se arrastran por el suelo'. Y Dios creó al hombre a su imagen; lo creó a imagen de Dios, los creó varón y mujer. Y los bendijo, diciéndoles: 'Creced, multiplicaos, llenad la tierra y sometedla; dominad a los peces del mar, a las aves del cielo y a todos los vivientes que se mueven sobre la tierra'. Y continuó diciendo: 'Yo os doy todas las plantas que producen semilla sobre la tierra, y todos los árboles que dan frutos con semilla: ellos os servirán de alimento. Y a todas la fieras de la tierra, a todos los pájaros del cielo y a todos los vivientes que se arrastran por el suelo, les doy como alimento el pasto verde'. Y así sucedió. Dios miró todo lo que había hecho, y vio que era muy bueno. Así hubo una tarde y una mañana: este fue el sexto día" (vv. 26–30).

4. Importancia del "tiempo". Es un presupuesto lógico del modo de entender la Historia que nos trae la Revelación: no es cíclica como consideraban los griegos, sino lineal, con un inicio y con un fin, entre los que se desarrolla el drama de nuestra salvación.

La historia bíblica es una "Historia Salutis". La creación es parte de esa Historia.

La importancia que se otorga al tiempo se descubre en los siguientes detalles de la narración:

(a) Obra que se realiza en siete días.

(b) Fórmula repetida: "atardeció, amaneció, día..."

(c) Tres días consagrados a elementos que permiten medir el tiempo (1°, 2° y 4°).

(d) El tiempo comienza en el día primero, con la aparición de la luz.

Comentario

1. V. 1. Verso fundamental de todo el pasaje, que anuncia y resume lo que se explicita en los siguientes versículos.

    (a) "Creó" ("bará"); verbo que tiene dos rasgos:[30]

    i. Solo tiene a Dios como sujeto, y no a hombres o divinidades intermedias.

    ii. No se usa ni con preposición ni con acusativo relativo a materia que pudiera usar. Implica el *ex nihilo*.

---

[30]Como dice M. A. Tabet: "El verbo *bará* aparece en la Biblia pocas veces, 47, y siempre teniendo a Dios como sujeto de la acción, es decir, indicando una acción divina. Por otra parte, su uso implica la producción de un efecto muy singular, del todo especial, tanto porque no se señala nunca el complemento de materia de la que se habría hecho algo, como porque está siempre presente la idea de que ha surgido algo nuevo, original (Is 40:26.28; 41:20; 48: 6–7; 65:17) o se ha verificado un efecto extraordinario (Ex 34:10) o que la acción se ha realizado sin mediación humana, con la sola palabra divina o con su querer (Sal 33:9)" (*Introducción...*, cit., pág. 97, nota 170).

2.2. EL ANTIGUO TESTAMENTO

(b) "Al principio": antes, nada. Inicio absoluto del tiempo.[31]

(c) "Cielo y tierra": hebraísmo = todas las cosas. Los primeros libros del Antiguo Testamento no poseen todavía la idea del "cosmos".

2. V. 2: "Caos, vacío, tiniebla..., las aguas": situación primordial previa a la creación.

   (a) Imagen antigua: indica el caos, el abismo, concepto de carácter negativo que se va a cambiar con la creación.

   (b) Modo de expresar el "ex nihilo".

3. Vv. 3–5:

   (a) "Y dijo Dios...": creación por medio de la Palabra.

   i. Rechazo de la creación mediante:
      - Acciones generativas.
      - Victoria divina en un combate.

---

[31]L. Arnaldich (*Creación I: Sagrada Escritura*, en GER, vol. VI, Rialp, Madrid, 1979, pág. 633), expone las dos posibles interpretaciones de esta expresión: la clásica, que indicaría el principio absoluto de todas las cosas, con lo que coincidiría con el "ex nihilo;" y otra que interpreta el "al principio" como la situación inicial en el proceso de la creación insistiendo más en el inicio de la transformación del proceso del abismo primordial (de modo que tal abismo primordial se habría creado "ex nihilo" antes de este proceso de separación) y habría que traducir más bien como: "cuando Dios empezó a crear el universo, la tierra estaba desierta y vacía, las tinieblas cubrían la haz del abismo..." Arnaldich dice que la opinión tradicional cuenta con buenos argumentos críticos, aunque la otra posición sería defendible siempre que se entienda en sus justos límites. Creo no obstante, que tal defensa, queda sin valor si seguimos los criterios verdaderos de hermenéutica bíblica, y recordamos el de analogía de fe bíblica: hay que entender la Biblia en su conjunto, aclarando los pasajes más oscuros en el conjunto de toda la verdad revelada. Por otro lado, debemos de recordar la importancia de esta declaración para el valor que Ge 1 da al elemento tiempo, que se inicia con la creación.

- Emanatismo.

ii. Manifiesta:
- Personalidad de Dios.
- Libertad de Dios.
- Esencial diferencia entre Dios y el mundo. Insistencia en la exclusión de toda forma de panteísmo o emanatismo.

iii. La idea de la creación mediante la Palabra aparece con frecuencia en la Biblia (Sal 33:6.9; 148:5; Eco 42:15; Jn 1: 1–3). Es también fuente de los diez mandamientos, "las diez palabras" (De 30: 11–14).

(b) Dios crea "la luz": rechazo de todas las divinidades antiguas que se basaban en la adoración a la luz. La "luz" es creatura de Dios. Solo existen Dios y el resto de las creaturas.

(c) Dios crea la luz antes que la materia: importancia concedida al factor tiempo en la creación: el mundo creado es primero un acontecimiento, luego una realidad material. Con la luz comienza la separación de los días.

(d) La bondad de la luz y no de las tinieblas: las tinieblas son negación.

4. Vv. 6–10: "aguas superiores" provocaron el Diluvio. Indica el fin de las distinciones: en el firmamento, entre aguas superiores y aguas inferiores; en la tierra entre mares y tierra.

5. Vv. 11–13: Las plantas son generadas de la tierra: la creación y la generación no se excluyen; y la "generación" se subordina a la "creación".

6. Vv. 14–19: Los astros. Ruptura del esquema de "creación piramidal" ya que lo lógico es haber creado a los animales después

2.2. EL ANTIGUO TESTAMENTO

de las plantas, pero se introducen aquí la creación de los astros para manifestar que éstos no son dioses sino creaturas como las plantas o los animales, rechazando así las religiones astrales tan frecuentes en la antigüedad:

(a) Los astros quedan desmitificados como posibles deidades.

(b) No se mencionan el nombre propio hebreo del sol ("shamash") y de la luna ("yareah") porque eran nombres propios divinos de las culturas vecinas.

(c) Tienen la función propia señalada por Dios: alumbrar, separar el día de la noche y fijar las estaciones.

7. Vv. 20–23: Peces, aves y monstruos marinos: en algunas mitologías paganas eran enemigos de la divinidad; aquí son creaturas y buenas (cfr. "Leviatan" en Sal 104: 25–26).

8. Vv. 24–25: La creación de los animales.

    (a) Divididos en ganados, reptiles y animales salvajes.

    (b) De nuevo se dice "produzca la tierra seres vivos" (cfr. *supra*, relación entre "creación" y "generación").

9. Vv. 26–31: El hombre es creado y se describe dándole una importancia especial.[32]

    (a) "Hagamos": introducción solemne; plural deliberativo.[33] Para algunos Santos Padres, supondría la revelación ini-

---

[32] Se presentan aquí los datos más significativos en el contexto de la creación entera. En capítulo aparte, más adelante, se profundizará en los datos bíblicos de la creación del hombre cuando se estudie la antropología teológica.

[33] En absoluto es aceptable la interpretación que hacen K. Budde, H. Gunkel o W. Eichrodt en el sentido de ser un residuo politeísta.

cial de la Santísima Trinidad,[34] o la deliberación con los ángeles.

(b) "A imagen y semejanza":[35]

  i. Representantes de Dios, puesto que la "imagen" representa al modelo; por eso "gobiernan o administran".

  ii. Definición teológica del ser humano: "imagen de Dios". Se debe de aplicar a la persona entera. El hombre es un ser especial y único en la escala de los seres creados.

  iii. Dignidad del ser humano, puesto que no se compara con las creaturas materiales, sino con la divinidad.

  iv. Todo ser humano es "imagen y semejanza" de Dios, y no una clase o individuo (en Egipto solo lo era el faraón).

(c) Sexualidad (vv. 27–28): es buena, con fundamento en la naturaleza humana (creada por Dios) y misteriosa (objeto de una bendición especial).[36]

  i. Es una participación del poder divino de dar la vida.

  ii. Se manifiesta también la igual dignidad del hombre y de la mujer, aunque tengan características y roles diferentes. Como dice A. Gálvez:

---

[34]No es una interpretación correcta, como se estudia en el Tratado de Dios Uno y Trino. La revelación trinitaria es propia del Nuevo Testamento.

[35]Algunos Santos Padres distinguieron entre "imagen" que se referiría al aspecto de la naturaleza humana, de "semejanza" que haría referencia a la sobrenaturaleza.

[36]Como subraya M. A. Tabet (*Introducción...*, cit., pág. 99), en la Biblia, bendecir (*barak*) no expresa solamente desear el bien, sino que hace referencia también a la complacencia de Dios manifestada por la obra por Él realizada y a los bienes que consecuentemente ofrece: la bendición es operativa, pues ofrece los bienes que indican las palabras. Desde el comienzo hasta el final de los tiempos, toda la obra de Dios es sustancialmente una bendición.

2.2. EL ANTIGUO TESTAMENTO

> "Por lo demás, el texto fundamental de Ge 1: 26–27 da por supuesta la equiparación esencial de ambos sexos; puesto que, al hablar de la creación *del hombre*, añade a continuación que *masculum et feminam creavit eos*, produciendo incluso la sensación de una concordancia forzada entre el singular ambivalente *hombre* y el posterior plural que abarca los dos sexos".[37]

(d) Hombres y animales creados el mismo día. Hay una relación de igualdad (creados en el mismo día) y de desigualdad ("hagamos"). Las plantas como alimento de hombres y animales (vv. 29–30). Todo indica una armonía original que será destruida por el pecado.

(e) "Era muy bueno": excelencia de la creación.

10. C.2, vv. 1–3: Sábado de la creación.

> "El séptimo día, Dios concluyó la obra que había hecho, y cesó de hacer la obra que había emprendido. Dios bendijo el séptimo día y lo consagró, porque en él cesó de hacer la obra que había creado" (Ge 2: 2–3).[38]

Termina la obra creadora y comienza la relación permanente entre Dios y la creatura: no hay fórmula final ("y atardeció y amaneció"), porque Dios protege y cuida todo lo creado. Este

---

[37] A. Gálvez: *Comentarios...*, cit., vol. 2, pág. 88, nota 9.

[38] El sábado fue establecido como día de culto en la Alianza sinaítica (Ex 16: 22–30; 20: 8–11). El relato del Génesis nos dice que al igual que Dios, el hombre debe abstenerse el séptimo día de cualquier obra material, para dedicarse al culto del Señor. Cfr. M. A. Tabet: *Introducción...*, cit., pág. 100.

día concluye la "semana de la creación", con un día al que otorga una bendición especial, lo separa específicamente de los otros y lo dedica exclusivamente para Sí, lo "santifica".

2.2.3 Génesis 2: 5–25. El segundo relato de la creación

Contienen estos versículos el segundo relato de la creación. Según la hipótesis documentaria clásica, pertenecería a la tradición Yahvista (J), del S. X. Más antiguo, por tanto, que el contenido en el capítulo primero del Génesis. Su estilo está lleno de antropomorfismos y posee una gran viveza.[39] En efecto, se describe a Dios como un alfarero que modela de arcilla al primer ser humano, como un jardinero que cultiva un jardín, como un médico que hace dormir a Adán y le extrae una costilla para crear a Eva. Se describe el cuidado y el cariño de Dios por el hombre con muchos detalles: la preparación del maravilloso jardín, con sus ríos para que tengan agua en abundancia; la ubicación de multitud de animales para el servicio y compañía del hombre; la creación de la mujer para ser compañía adecuada...[40]

Este texto será analizado con mayor profundidad al hablar de la creación del hombre. Con todo conviene adelantar algunos detalles.

---

[39]Según esta hipótesis del Yahvista, la redacción responde a un pueblo que ya se ha instalado en la tierra de Canaan y tiene una organización monárquica. Son preocupaciones de este periodo el mostrar la verdad de Yahveh sobre la falsedad y falta de poder de los dioses falsos de otros pueblos, así como la extensión de los poderes del monarca israelita (¿tiene el hombre un poder absoluto?). En este contexto se deja bien clara la diferencia radical entre la verdad de la Revelación y los mitos de otros pueblos, como se ha visto más arriba.

[40]Como señala M. A. Tabet (*Introducción...*, cit., pág. 102) tanto el desfile de los animales ante el hombre demostrando su dominio y superioridad, como la creación particular de la primera mujer no tienen paralelo alguno con la literatura no israelita.

2.2. EL ANTIGUO TESTAMENTO

Estructura

Después de una introducción para hacer referencia a la creación material ya narrada (Ge 2:4b, "Cuando el Señor Dios hizo la tierra y el cielo..."), se pueden diferenciar tres partes en la estructura del resto del capítulo:

1. Creación del primer hombre: "Entonces el Señor Dios modeló al hombre con arcilla del suelo y sopló en su nariz un aliento de vida. Así el hombre se convirtió en un ser viviente" (v. 7).

2. Creación del Edén: "El Señor Dios plantó un jardín en Edén, al oriente, y puso allí al hombre que había formado. Y el Señor Dios hizo brotar del suelo toda clase de árboles, que eran atrayentes para la vista y apetitosos para comer; hizo brotar el árbol de la vida en medio del jardín, y el árbol del conocimiento del bien y del mal. De Edén nace un río que riega el jardín, y desde allí se divide en cuatro brazos. El primero se llama Pisón: es el que recorre toda la región de Javilá, donde hay oro. El oro de esa región es excelente, y en ella hay también bedelio y lapislázuli. El segundo río se llama Guijón: es el que recorre toda la tierra de Cus. El tercero se llama Tigris: es el que pasa al este de Asur. El cuarto es el Éufrates. El Señor Dios tomó al hombre y lo puso en el jardín de Edén, para que lo cultivara y lo cuidara. Y le dio esta orden: 'Puedes comer de todos los árboles que hay en el jardín, exceptuando únicamente el árbol del conocimiento del bien y del mal. De él no deberás comer, porque el día que lo hagas quedarás sujeto a la muerte'" (vv. 8–17).

Tiene importancia señalar el detalle de los dos árboles sagrados: el de la ciencia del bien y del mal y el de la vida (vv. 9.17); árbol, éste último, cuyo sentido y significado se describirá en el capítulo tercero (Ge 3: 22.24). Era un modo de recordar al

hombre su condición de creatura, pues se le concedía el señorío y el cuidado de todo el Jardín y el dominio sobre los animales, pero Yahveh era su Dios, y sólo Él decidía sobre la vida y sobre el bien y el mal.[41]

3. Creación de la primera mujer: "Después dijo el Señor Dios: 'No conviene que el hombre esté solo. Voy a hacerle una ayuda adecuada'. Entonces el Señor Dios modeló con arcilla del suelo a todos los animales del campo y a todos los pájaros del cielo, y los presentó al hombre para ver qué nombre les pondría. Porque cada ser viviente debía tener el nombre que le pusiera el hombre. El hombre puso un nombre a todos los animales domésticos, a todas las aves del cielo y a todos los animales del campo; pero entre ellos no encontró la ayuda adecuada. Entonces el Señor Dios hizo caer sobre el hombre un profundo sueño, y cuando éste se durmió, tomó una de sus costillas y cerró con carne el lugar vacío. Luego, con la costilla que había sacado del hombre, el Señor Dios formó una mujer y se la presentó al hombre. El hombre exclamó: '¡Ésta sí que es hueso de mis huesos y carne de mi carne! Se llamará Mujer, porque ha sido sacada del hombre'. Por eso el hombre deja a su padre y a su madre y se une a su mujer, y los dos llegan a ser una sola carne. Los dos, el hom-

---

[41]Las personas y sociedades que se apartan de Dios, intentan tomar control sobre la vida y la moral, separándolas de Dios para sujetarlas a su propia voluntad. Se puede comprobar en la llamada "cultura tanática" que predomina en las sociedades y culturas agnósticas y ateas de tantos países, y donde se llega a considerar un progreso el liberalizar el aborto, la anticoncepción, la clonación, la eutanasia, etc.; y donde se acepta como única moral, la individual y subjetiva de cada uno, y para la sociedad, los valores que se acepten democráticamente. Las consecuencias de tamaña soberbia son devastadoras, al igual que lo fueron para nuestros Primeros Padres. Es de sumo interés, entre otras, la obra de Donald De Marco y Benjamin D. Wiker: *Arquitectos de la cultura de la muerte*, Ciudadela Libros, Madrid, 2007.

2.2. EL ANTIGUO TESTAMENTO

bre y la mujer, estaban desnudos, pero no sentían vergüenza" (vv. 18–25).

Se la llama '*ishshah* (del masculino *ish*), que se podría traducir como "varona", indicando la semejanza con el hombre, igual en naturaleza y dignidad, aunque se diferenciaran sexualmente.[42] En el capítulo 3:20, el hombre le pondrá como nombre "Eva", indicando de este modo que ella iba a ser la madre de todos los hombres.

Especificidad de la creación del hombre

Esta narración se centra en la creación y primeros momentos del ser humano, que se describen en detalle y con cuidado distinguiéndolo del resto del mundo creado. En efecto:

1. Dios no crea, como en el primer relato, con solo su Palabra, sino que utiliza "las manos" divinas y el polvo de la tierra, con lo que se indica que la existencia y la forma del ser humano vienen de Dios; el cuerpo humano, a su vez, es formado por Dios de elementos de este mundo. Se completa así la perspectiva del primer relato de la creación del hombre (relato que insiste en un punto de vista que podría ser calificado como más teológico; vgr. "imagen y semejanza"). Se otorga un valor singular también al elemento material del ser humano, al cuerpo.

2. El hombre es designado como rey de la creación, "...y Yahveh (a todos los animales del campo y a las aves del cielo) los condujo ante el hombre para ver cómo los llamaba, y que toda denomi-

---

[42] La misma idea se vierte en la exclamación de Adán: "Esta sí que es hueso de mis huesos y carne de mi carne" (v. 23).

nación que el hombre pusiera a los animales vivientes, tal fuera su nombre" (v. 19).[43]

3. El hombre no solo es hecho, sino "llamado" a una vida de relación con Dios: capaz de diálogo y de amor. El hombre es una *persona* a diferencia del resto de la creación material.

2.2.4 La creación en los libros proféticos: La creación como momento de la *Historia Salutis*

La revelación sobre el misterio de la creación, no queda circunscrita al primer libro de la Biblia, sino que recorre toda ella, insistiendo en variados aspectos y al mismo tiempo completando los datos que aporta el primer libro de la Sagrada Escritura.

Los profetas centrarán su meditación sobre la creación en su aspecto salvífico, sobre todo los profetas del Exilio: Jeremías y el deutero–Isaías. Según estos textos, el Dios creador es el mismo Dios de la Alianza (Is 42: 5–6; 43:1; 44:24):

> "Así dice el Señor Dios, el que creó los cielos y los desplegó, el que asentó la tierra y cuanto surge en ella, el que da el aliento al pueblo que la habita y el hálito a quienes andan por ella: 'Yo, el Señor, te he llamado en justicia, te he tomado de la mano, te he guardado y te he destinado para alianza del pueblo, para luz de las naciones...' "[44]

El mensaje de los profetas es universalista. Dios creador salvará a toda la humanidad a través del Pueblo elegido:

---

[43] Cfr. Ge 1:28, "Procread y multiplicaos, y henchid la tierra y sojuzgadla, y dominad en los peces del mar, y en las aves del cielo y en todo animal que bulle sobre la tierra".

[44] Is 42: 5–6.

2.2. EL ANTIGUO TESTAMENTO

"¿Quién midió las aguas con el cuenco de su mano y calculó las proporciones de los cielos con su palmo, encerró todo el polvo de la tierra con un celemín, y pesó las montañas en la báscula y las colinas en la balanza?... Las naciones son como gota en un barreño, pesan como las motas de polvo en los platillos de la balanza... Ante Él, todas las naciones son nada, como nada y vacío cuentan para Él... Él se sienta sobre el disco de la tierra, y sus habitantes son como saltamontes... Él reduce los príncipes a la nada, anula a los gobernantes de la tierra... Alzad los ojos a lo alto y mirad: ¿quién creó esas cosas? El que hace salir por orden sus ejércitos, y a cada uno llama por su nombre; ...el Señor es el Dios eterno, el creador de los confines de la tierra, que no se cansa ni se fatiga; su discernimiento es insondable" (Is 40: 12–28).

La creación, para los profetas es también un acontecimiento escatológico, culmen de toda la *Historia Salutis*:

"No es éste un pueblo sensato, por eso, su Hacedor no le tiene misericordia, el que lo formó no le tiene clemencia. Aquél día sacudirá el Señor las espigas desde el Río hasta el torrente de Egipto, y vosotros seréis recogidos uno a uno, hijos de Israel. Aquel día se hará sonar la trompeta grande y vendrán los que están perdidos en el pais de Asiria, y los exiliados en el pais de Egipto a postrarse ante el Señor en el monte santo, en Jerusalén" (Is 27: 11–13).

2.2.5 La creación en los Salmos

La creación es tema de alabanza a Dios en muchos salmos. En éstos, se comienza con una invitación a la alabanza divina y luego se

enumeran las razones para esa alabanza: las obras de Dios. Entre esas obras, destaca la creación.

El salmo 8 describe la creación entera como una magnífica obra divina, lo que hace al ser humano exultar de gozo. En efecto, contempla con ojos asombrados la obra de Dios en la creación. Su pensamiento se concentra en el hombre, realidad casi insignificante en comparación con la majestad del cielo, y objeto, al mismo tiempo, de una inexplicable solicitud por parte del Creador (v. 5). Ningún otro de los seres creados recibió una dignidad semejante a la de él (v. 6), y todas las cosas están sometidas a su dominio (vv. 7–9):

> "2 ¡Señor, nuestro Dios,
> qué admirable es tu Nombre en toda la tierra!
> Has exaltado tu majestad sobre los cielos.
> 3 De la boca de los pequeños y de los niños de pecho
> has preparado alabanza frente a tus adversarios
> para acabar con enemigos y rebeldes.
> 4 Cuando veo los cielos, obra de tus dedos,
> la luna y la estrellas, que Tú pusiste,
> 5 ¿qué es el hombre, para que de él te acuerdes,
> el hijo de Adán, para que cuides de él?
> 6 Lo has hecho menor que los ángeles,
> le has coronado de gloria y honor.
> 7 Le has dado el mando sobre la obra de tus manos.
> Todo lo pusiste bajo sus pies:
> 8 Ovejas y bueyes,
> bestias del campo,
> 9 aves del cielo, peces del mar,
> cuanto cruza las rutas del piélago.
> 10 ¡Señor y Dios nuestro,

2.2. EL ANTIGUO TESTAMENTO

qué admirable es tu Nombre en toda la tierra!" (Sal 8: 2–10).

Otro de los salmos más señeros sobre el tema de la creación es el 104, que es un cántico de alabanza que se ordena siguiendo el orden del relato de la creación del Génesis. El tema de este bellísimo himno es la obra de Dios en la creación. Se describe el universo visible como una realidad desbordante de movimiento y de vida, que refleja, hasta en los detalles más ínfimos (vv. 17–18, 21), el poder y la sabiduría del Creador:

"^{1} Bendice, alma mía, al Señor.
¡Señor, Dios mío, qué grande eres!
Te vistes de esplendor y majestad.
^{2} Te envuelves de luz como de manto,
extiendes los cielos como una tienda.[45]
^{3} Construyes sobre las aguas tus altas moradas,
haces de las nubes tu carroza,
caminas sobre las alas del viento.[46]
^{4} Haces de los vientos tus mensajeros
de los fuegos llameantes, tus ministros.
^{5} Asentaste la tierra sobre sus bases:
no vacilará jamás
^{6} El abismo la cubría como un vestido,
sobre los montes permanecían las aguas;
^{7} pero huyeron ante tu amenaza,
se precipitaron ante el sonido de tu trueno.
^{8} Suben los montes, bajan los valles
a los lugares que les habías asignado.

---

[45] Cfr. La luz, Ge 1: 3–4.
[46] Cfr. Los cielos, Ge 1: 6–8.

⁹ Les pusiste un límite: no lo traspasarán,
ni volverán a cubrir la tierra.⁴⁷

¹⁰ Haces fluir las fuentes en los arroyos,
a través de los montes se abren camino las aguas.

¹¹ En ellas beben las bestias del campo:⁴⁸
y apagan su sed los onagros.

¹² Sobre ellas habitan las aves del cielo,
que emiten sus trinos desde la fronda.

¹³ Tú, de tus altas cámaras, irrigas los montes:
Del fruto de tus obras se sacia la tierra.

¹⁴ Haces germinar hierba para el ganado,
y plantas que sirvan al hombre,
y pueda sacar pan de la tierra,

¹⁵ el vino que alegra el corazón del hombre,
el aceite, con que da lustre a su rostro,
y el alimento, que da fuerza al corazón del hombre.

¹⁶ Se sacian los árboles del Señor,
los cedros del Líbano que Él plantó.

¹⁷ Allí anidan los pájaros,
en sus copas hace su casa la cigüeña.⁴⁹

¹⁸ Las altas peñas son para las cabras monteses,
las rocas, madrigueras para los conejos.

¹⁹ Él hizo la luna para marcar las estaciones,
y el sol, que conoce su ocaso.

²⁰ Cuando extiendes las tinieblas se hace de noche;⁵⁰
en ella se arrastran todas las fieras del bosque:

---

⁴⁷Cfr. Tierra y los mares, Ge 1: 9–10.
⁴⁸Los animales.
⁴⁹Cfr. La vegetación, Ge 1: 11–12.
⁵⁰Cfr. Los astros, Ge 1: 14–18.

2.2. EL ANTIGUO TESTAMENTO

[21] los leones jóvenes que rugen por su presa
y piden a Dios su alimento.
[22] Cuando brilla el sol, se retiran,
y van a echarse en sus guaridas.
[23] Sale el hombre a su labor,[51]
y a su trabajo hasta la tarde.
[24] ¡Qué numerosas son tus obras, Señor!
Todas las hiciste con sabiduría.
Llena está la tierra de tus criaturas.
[25] Ahí está el mar, grande, de espaciosas orillas.
Aquí los reptiles innumerables,
y los animales pequeños y grandes.[52]
[26] Allí surcan las naves,
y el Leviatán que formaste para jugar con él.
[27] Todos ellos esperan de Ti
que les des la comida a su tiempo.
[28] Se la das, y ellos la recogen;
abres tu mano, y se sacian de tus bienes.
[29] Pero escondes tu rostro, y se turban;
les retiras su aliento, y fenecen,
vuelven al polvo.
[30] Pero envías tu espíritu, y son creados,
y renuevas la faz de la tierra.[53]
[31] ¡Sea siempre la gloria del Señor!
Se alegre el Señor en sus obras!
[32] Él mira, y ella tiembla;
toca las montañas, y echan humo.

---

[51] Cfr. Misión del hombre, Ge 2:15.
[52] Cfr. Animales marinos, Ge 1:21.
[53] La Providencia universal de Dios.

> ^{33} Al Señor he de cantar mientras viva,
> a mi Dios he de entonar salmos, mientras exista.
> ^{34} Que le sea agradable mi poema.
> Yo me alegraré en el Señor.
> ^{35} Que desaparezcan de la tierra los pecadores,
> que no existan más los impíos.
> ¡Bendice al Señor, alma mía!
> ¡Aleluya!"

La creación entera participa en el culto de alabanza a Dios en el salmo 148: todos los seres del universo —desde los ángeles hasta los seres inanimados— son invitados a ensalzar al Señor. El motivo de la alabanza es el admirable orden de la creación.[54]

> "^{1} ¡Aleluya!
> Alabad al Señor desde los cielos,
> alabadle en las alturas...
> ^{3} Alabadle, sol y luna,
> alabadle todas las estrellas luminosas.
> ^{4} Alabadle, cielos de los cielos,
> y aguas todas, que estáis sobre los cielos.
> ^{5} Alaben el nombre del Señor,
> pues Él lo ordenó y fueron creados.
> ^{6} Los estableció para siempre, por los siglos,
> les dio una ley que no traspasarán.
> ^{7} Alabad al Señor, desde la tierra,
> todos los monstruos marinos y todos los abismos...
> ^{9} montes y colinas,

---

[54]Este Salmo es parecido al Canto de las Criaturas, que figura en el libro de Daniel (3: 52–90).

2.2. EL ANTIGUO TESTAMENTO

árboles frutales y cedros;
[10] fieras y aves aladas..."

Finalmente se puede examinar el salmo 136, que conecta la obra creadora de Dios (vv. 4–9) con la de salvación de su Pueblo (vv. 10–24), como partes de la misma *Historia Salutis*. Se celebran los orígenes del mundo al mismo tiempo que la historia de Israel (liberación de Egipto, victoria sobre sus enemigos, la epopeya del mar Rojo, el éxodo por el desierto y la conquista de la tierra prometida):

"[1] Dad gracias al Señor porque es bueno...
[4] Al Único que hace grandes maravillas,
porque es eterna su misericordia.
[5] Él hizo con sabiduría los cielos,
porque es eterna su misericordia.
[6] Él afirmó la tierra sobre las aguas,
porque es eterna su misericordia.
[7] Él hizo las grandes lumbreras,
porque es eterna su misericordia:
[8] el sol para regular el día,
porque es eterna su misericordia;
[9] y la luna y las estrellas para regular la noche,
porque es eterna su misericordia.
[10] Él hirió a Egipto en sus primogénitos..."

2.2.6 La creación en la literatura sapiencial como teología de la creación desarrollada conceptualmente

Dios como creador es un tema importantísimo en la literatura sapiencial, donde la creación es sobre todo mostrada en su realidad

objetiva, como algo que en sí mismo nos habla de Dios,[55] dejando en un segundo plano el aspecto de la vinculación del acto creador con la *Historia Salutis*. Por eso:

1. El Dios de Israel es alabado principalmente como "Dios creador" (Pr 3: 19–20; 8: 22–31; Eco 1: 1–9).

2. Se presentan aspectos conceptualmente abstractos sobre la obra de Dios, de tal manera que la creación ya no es del "cielo y tierra" sino del "cosmos" (diecinueve veces en el libro de la Sabiduría).[56]

3. La "Sabiduría divina" es personificada y aparece como co–principio creador (Sab 7: 25–27), en un vestigio y preparación de lo que será el Verbo en la plenitud de la Revelación del Nuevo Testamento.

4. Se desarrolla con especial énfasis el tema de la providencia divina por lo creado (Sal 19:7; Sab 14:3; 17:2).

5. Se presenta el problema del mal, proveyendo la respuesta más profunda de todo el Antiguo Testamento (Eclesiástico, Job, y Eclesiastés).[57] En efecto:

    (a) Más que filosofar o racionalizar el problema del mal, se responde instando a la confianza en Dios, cuyos designios son

---

[55] Ideas tomadas de J. Morales: *El Misterio...*, cit. págs. 42–45.

[56] J. Morales dice: "*Cosmos* es el mundo creado percibido en su racionalidad, su rigor ontológico y sus movimientos regulares; es la creación en cuanto susceptible de ser conocida por la mente humana. En los libros sapienciales existe una correlación precisa entre cosmos y conocimiento racional. Son dos terminos que se llaman e implican mutuamente" (*El Misterio...*, cit., pág. 43, citando a H. J. Hermisson: *Observations on the Creation Theology in Wisdom*, Israelite Wisdom. New York, 1978, pág. 43).

[57] El problema solo quedará definitivamente iluminado con la llegada del Señor Jesucristo y su sacrificio en la Cruz.

2.2. EL ANTIGUO TESTAMENTO

incomprensibles, aunque siempre para nuestro bien puesto que Dios es infinitamente bueno.
(b) El mal físico no es sino consecuencia del pecado:
  i. Castigo por el pecado (Eco 5: 2–6; cfr Sal 1: 4ss).
  ii. Medio de corrección divina (Jb 33: 15–19; 36:21).
(c) El mal moral, que es propiamente el verdadero mal, es causado por la libertad humana.
  i. Nunca por Dios (Eco 15:17; cfr. Is 7:15; 66:4).
  ii. Nunca por una divinidad mala, opuesta al Dios bueno.

2.2.7   2 Macabeos 7:28 y el "ex nihilo"

En el Libro Segundo de los Macabeos la realidad de Dios creador se destaca con particular fuerza. En efecto, el Dios único que aparece como lleno de justicia, bondad, poder y eternidad (2 Mac 1: 24–29), Señor de los espíritus y de todas las potencias (2 Mac 3:24), viviente (2 Mac 7:33; 15:4), glorioso (2 Mac 15:34), santo y autor de toda santidad (2 Mac 14:36), Señor del cielo (2 Mac 15: 4.23), que todo lo sabe (2 Mac 6:30)..., es el Creador de todas las cosas.[58] Este carácter, de algún modo, hace percibir mejor todos los anteriores:

> "Señor, Señor Dios, creador de todas las cosas, terrible, fuerte, justo y misericordioso..." (2 Mac 1:24).

> "No sé cómo aparecisteis en mi vientre; yo no os di el espíritu y la vida, ni puse en orden los miembros de cada uno de vosotros. Por eso el creador del mundo, que plasmó al hombre en el principio y dispuso el origen de todas las cosas, os devolverá de nuevo misericordiosamente el espíritu y la vida..." (2 Mac 7: 22–23).

---

[58]Cfr. M. A. Tabet: *Introducción...*, cit., págs. 401–402.

> "Después de dejar la resolución [de la batalla próxima]
> al Creador del mundo, y exhortar a los suyos a luchar
> noblemente..." (2 Mac 13:14).

Sin embargo todos los exégetas están conformes en la importancia de la declaración de 2 Mac 7:28. Este texto recoge la expresión de la madre de los siete hermanos mártires, exhortando al hijo más joven a ser valiente ante el martirio y aduciendo para ello la esperanza de recuperarle después de muerto, al ser resucitado por el poder de Dios, quien así como fue capaz de crear de la nada también será capaz de devolvérselo, junto con todos sus hijos muertos en el martirio. Véase el texto de la Neo–vulgata:

> "Peto, nate, aspicias ad cælum et terram et quæ in ipsis
> sunt, universa videns intellegas quia non ex his, quæ erant,
> (οὐκ ἐξ ὄντον) fecit illa Deus; et hominum genus ita fit".

La expresión *non ex his, quæ erant,* (οὐκ ἐξ ὄντον) aclara por completo la dicción de Sabiduría 11:17, cuando se refería a la acción creadora de Dios a partir *de una materia informe* ("creavit orbem terrarum ex materia informi").[59] Esta materia informe no es la materia eterna de los griegos, sino la masa caótica de Ge 1:2.[60]

El Catecismo de la Iglesia Católica señalará la importancia de este texto:

> "Creemos que Dios no necesita nada preexistente ni
> ninguna ayuda para crear.[61] La creación tampoco es una

---

[59] Κτίσασα τὸν κόσμον ἐξ ἀμόρφου ὕλης.
[60] Cfr. J. Morales: *El Misterio...*, cit., pág. 46.
[61] Cfr. Concilio Vaticano I (D. S. 3022).

2.2. EL ANTIGUO TESTAMENTO

emanación necesaria de la substancia divina.[62] Dios crea libremente "de la nada".[63]

¿Qué tendría de extraordinario si Dios hubiera sacado el mundo de una materia preexistente? Un artífice humano, cuando se le da un material, hace de él todo lo que quiere. Mientras que el poder de Dios se muestra precisamente cuando parte de la nada para hacer todo lo que quiere.[64]

La fe en la creación "de la nada" está atestiguada en la Escritura como una verdad llena de promesa y de esperanza. Así la madre de los siete hijos Macabeos los alienta al martirio:

'Yo no sé cómo aparecisteis en mis entrañas, ni fui yo quien os regaló el espíritu y la vida, ni tampoco organicé yo los elementos de cada uno. Pues así el Creador del mundo, el que modeló al hombre en su nacimiento y proyectó el origen de todas las cosas, os devolverá el espíritu y la vida con misericordia, porque ahora no miráis por vosotros mismos a causa de sus leyes... Te ruego, hijo, que mires al cielo y a la tierra y, al ver todo lo que hay en ellos, sepas que a partir de la nada lo hizo Dios y que también el género humano ha llegado así a la existencia' (2 Mac 7: 22–23.28)".[65]

Como dice M. A. Tabet:

"Por primera vez, aparece formulado con total claridad el concepto de 'creación de la nada' —'productio ex

---

[62] Cfr. Concilio Vaticano I: D. S. 3023–3024.
[63] D. S. 800; 3025.
[64] S. Teófilo de Antioquía, *Autol.* 2, 4.
[65] *Catecismo de la Iglesia Católica*, nº 296–297.

nihilo'— como la tradición posterior expresará con terminología filosófica".[66]

Finalmente se ha de notar también como una característica de este libro, el que la realidad de Dios creador de la nada sustenta todo el pensamiento escatológico, pues se presenta la creación en relación con la teología de martirio y de la resurrección. El Dios–consumador es el Dios–creador y viceversa. Así se justifican realidades como la resurrección de los muertos (2 Mac 7: 9.14.29), la retribución del más allá (2 Mac 6:26), la oración por los difuntos (2 Mac 12: 41ss), el mérito de los mártires (2 Mac 6: 18ss) o la intercesión de los santos (2 Mac 15: 12–16).

2.2.8 Conclusiones del Antiguo Testamento

Se podrían señalar las siguientes conclusiones sobre la doctrina de la creación en el Antiguo Testamento:

1. Se subraya el aspecto de *misterio* que se revela (es razonable, pero es también necesaria la fe para comprenderlo en profundidad); se manifiesta su verdad, y al mismo tiempo aparece lo insondable de la misma.

2. Dios crea de la nada, sin ayuda de nada ni de nadie. Creación "ex nihilo".

3. Es una *verdad del pasado que afecta a nuestra realidad actual*: Dios es omnipotente y trascendente; nosotros somos creaturas que dependemos radicalmente de Él; Dios crea por amor y espera nuestra respuesta en reciprocidad; la creación sirve al hombre como motivo de alabanza al Creador.

---

[66]M. A. Tabet: *Introducción...*, cit., pág. 402.

4. *Dios es diferente del mundo.* La creación no es el todo; Dios es su creador y es distinto de ella. La creación origina la distinción entre el Ser Divino y todo lo que no es este Ser. Dios dirige y sustenta el mundo que ha creado, pero no se identifica con él.

5. La creación es el primer momento de toda la *Historia Salutis*: Dios crea y salva.

6. La creación es obra de un Dios bueno, inteligente y amoroso, y está totalmente sujeta a Él. *El hombre no está sometido a unas fuerzas inexorables, irracionales o sujeto al destino caprichoso.* No hay divinidades tiránicas o arbitrarias y la naturaleza no está divinizada.

7. La Biblia *no pretende enseñar datos cosmológicos, científicos o geográficos.* Pero sí contiene *datos históricos y teológicos verdaderos* que están expresados en un lenguaje peculiar. La Historia Bíblica jamás se puede confundir con los mitos.[67]

2.3 El Nuevo Testamento

2.3.1 Generalidades: Cristocentrismo de la creación

El Nuevo Testamento recoge y profundiza la Revelación de las verdades que se transmiten en el Antiguo Testamento, y las lleva a su plenitud; para ello las pone en relación con la figura central de Cristo, quien se muestra como el horizonte y el fundamento de la creación. Como dice Morales:

"En todos estos escritos, la Creación halla su sentido, su liberación y su plenitud en la Salvación traída por Cristo; y

---

[67] Algunos de estos datos en J. Morales: *El Misterio...*, cit., págs. 47–48.

Cristo mismo se revela en su papel protológico —de Verbo preexistente al mundo— y escatológico —de recapitulador último de todas las cosas— respecto de la Creación".[68]

Se pueden señalar, como temas principales que centran la reflexión sobre la creación en la Nueva Ley, los siguientes:

1. Recapitulación de contenidos propios del Antiguo Testamento:

    (a) Dios se revela en la creación (Ro 1:20, el eterno poder y divinidad de Dios se manifiestan a través de sus obras).

    (b) La creación es buena (1 Tim 4: 1–5, todos los alimentos son buenos).

2. Papel protológico de Cristo:

    (a) Dios crea por medio de su Hijo (Col 1: 15–20; Heb 1:2).

    (b) La "Palabra" y la "Sabiduría" se encarnan (Jn 1: 1–14).

3. Papel escatológico de Cristo: la Redención hace posible una creación renovada; una renovación que es al mismo tiempo:

    (a) Un *ya*: el tema de la "nueva creación" (2 Cor 5:17; Ga 6:15; Ef 4: 22–24; Col 3: 9–10).

    (b) Y un *todavía no*: el tema de los "nuevos cielos y la nueva tierra" (Ap 21–22).

---

[68] J. Morales: *El Misterio...*, cit., pág. 49 cfr. H. Pinard: *Création*, en DTC, vol. III, cols. 2054–2056. Sobre la creación en el Nuevo Testamento, cfr. S. Verges: *Dios...*, cit., págs. 289–411; J. A. Sayés: *Teología de la Creación*, cit., págs. 44–55; J. Morales: *El Misterio...*, cit., págs. 49–62; L. Scheffczyk: *Histoire des Dogmes. Création et Providence*, Du Cerf, Paris, 1967, págs. 29–45; A. Durand: *Le Christ "Premier–Né"*, en "Revue de Science Religieuse" 1 (1910) págs. 56–66; L. Cerfaux: *Le Christ dans la Théologie de S. Paul*, Paris, 1954.

2.3. EL NUEVO TESTAMENTO

4. Por otro lado, aparece el Misterio trinitario y su acción en la creación.

5. Finalmente, la revelación neotestamentaria también destaca la relación del misterio creacional con el de la Iglesia.

2.3.2 Sinópticos

La predicación del Reino se sustenta sobre la fe en Dios creador, que aunque se da por supuesta (como algo, por otro lado, comúnmente aceptado por todo el judaísmo), sin embargo también es proclamada expresamente:

1. La creación explica *la raíz del ser moral* de las cosas. Es el caso, entre otros, de la cuestión del divorcio (Mc 10: 5–9).

2. La creación se contempla dentro de la *Historia Salutis*. Así por ejemplo aparece en relación con el juicio final (Mt 25:34, "Venid, benditos de mi Padre, recibid la herencia del Reino preparado para vosotros desde la creación del mundo"), o con las profecías escatológicas sobre el final de los tiempos y del mundo (Mc 13:19, "habrá en aquellos días una tribulación, como no la hubo igual desde el principio de la creación que hizo Dios hasta ahora, ni la habrá").

3. La *creación es buena*, como se manifiesta en los siguientes datos:

    (a) Expresiones de alabanza del Señor a su Padre: "Yo te alabo, Padre, Señor del Cielo y de la tierra... " (Mt 11:25).

    (b) Las parábolas, que se explican con realidades de seres creados.

    (c) El hecho de que Jesús, para la confección de los sacramentos, eligiera cosas creadas (agua, pan, etc.).

(d) La declaración de que todos los alimentos son puros (Mc 7:19).

(e) El ejemplo de Jesús, quien come y acepta invitaciones a comidas (Mt 11: 18–19).[69]

(f) Etc.

4. La creación ha sido *herida por el pecado, pero es restaurada* por Jesús y su obra.

   (a) Curación de enfermos y endemoniados.

   (b) Milagros de Jesús sobre la naturaleza (tempestad calmada, camina sobre las aguas, multiplicaciones de alimentos, etc.).

5. Dios es *creador y providente* con sus hijos y creaturas.

   (a) Aves y lirios del campo (Mt 6: 25ss).

   (b) Sobre justos y pecadores (Mt 5: 45ss).

En conclusión, se pueden encontrar en los sinópticos todos los datos teológicos que se usarán contra la herejía gnóstica y dualista, defensora de la creencia en un Dios malo creador del mundo material, contrapuesto al Dios bueno y salvador del Nuevo Testamento. En efecto:

1. Dios es creador y Padre bueno.

2. La creación es buena.

3. El mundo no está poblado de fuerzas cósmicas divinas que esclavizan al ser humano.

---

[69] Cfr. la profunda teología católica en el bello film danés de 1987 "Babette's feast", escrito y dirigido por Gabriel Axel.

2.3. EL NUEVO TESTAMENTO

4. El pecado no destruye la naturaleza ontológicamente.

5. Realismo y bondad de la Encarnación. La unión hipostática del Verbo con una naturaleza humana creada, espiritual y corporal, no desdice de la sublimidad de la divinidad.

2.3.3 Hechos

En el libro de los Hechos se descubren los mismos datos que en los sinópticos, aunque con la perspectiva propia de la necesidad de comunicar a los paganos la idea de la creación, puesto que la desconocían. En cambio era una verdad que el judaísmo ya había asumido.

Se pueden señalar cuatro grandes ideas que aparecen en este libro:

1. La creación se enmarca dentro de la *Historia Salutis*: "Ellos, al oírlo, elevaron unánimes la voz a Dios y dijeron: Señor, Tú eres el que hiciste el cielo y la tierra, el mar y todo lo que hay en ellos, el que por el Espíritu Santo, por boca de nuestro padre David, tu siervo, dijiste: *¿Por qué se han amotinado las naciones, y los pueblos han tramado empresas vanas?...*" (Hech 4: 24–25).

    (a) Es la *protología* de esa Historia: "...os predicamos que os convirtáis de estas cosas falsas al Dios vivo, el que hizo el cielo y la tierra y el mar y cuanto hay en ellos" (Hech 14:15).

    (b) Y tendrá una consumación escatológica. En efecto, al tiempo que se insiste en la gran novedad de la resurrección del Señor,[70] se manifiesta que toda la creación estará afectada por ella.[71] Como dice S. Vergés:

    > "No se puede hacer referencia a la soberanía única de Dios como Hacedor de todo sin relacionarle a

---

[70]Hech 2:32; 3:15; 4:10; etc.
[71]Cfr. J. Morales: *El Misterio...*, cit. pág. 53.

la vez con el acontecimiento de la resurrección de Cristo, ya que este acontecimiento ha cambiado radicalmente la historia universal".[72]

2. Dios Creador es bueno y providente: "El Dios que hizo el mundo y todo lo que hay en él, que es Señor del cielo y de la tierra, no habita en templos fabricados... Él hizo, de un solo hombre, todo el linaje humano... Y fijó las edades de su historia y los límites de los lugares... aunque no está lejos de cada uno de nosotros, ya que en él vivimos, nos movemos y existimos..." (Hech 17: 24–28).

3. Es un Dios trascendente y, al mismo tiempo, cercano al hombre (Hech 17: 24–28).

4. Dios es creador del universo, pero también Señor de todas las cosas.

5. El cristocentrismo de la creación es constante: Jesucristo crea como el Padre; redime con su cruz y consumará todas las cosas en su Parusía.

2.3.4 San Pablo: Creación en relación estrecha con Cristo, la Iglesia y la consumación escatológica

En los escritos de San Pablo, se pueden detectar tres grandes temas en relación al misterio de la creación, todos centrados en el papel de Jesucristo en la misma: como Verbo pre–existente, en su papel de "primogénito de toda la creación"; como Verbo Encarnado, en su papel mediador y redentor de la naturaleza caída en el pecado, restaurando la creación original; como Cabeza de la Iglesia, cuyo efecto no será simplemente una "nueva alianza" con los redimidos, sino una "nueva creación".

---

[72]S. Vergés: *Dios y el hombre. La Creación*, Madrid, 1980, pág. 298.

2.3. EL NUEVO TESTAMENTO

A) Eternidad

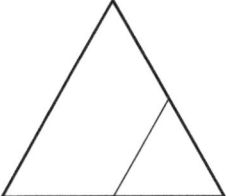

B) Encarnación

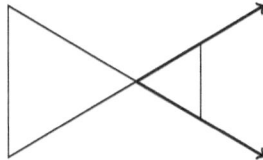

C) Exaltación

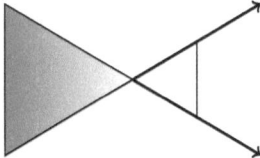

A.– La función de Cristo en la *creación original*

Hay una serie de textos en los que la obra de la creación es contemplada como obra del Padre y del Hijo, apropiando a cada uno algún aspecto singular.

1. 1 Cor 8:6, "...para nosotros, sin embargo, no hay más que un solo Dios, el Padre, *de quien* (ἐξ οὗ) todo procede y *para quien* (εἰς

αὐτόν) somos nosotros, y un solo Señor, Jesucristo, *por quien* (δι' οὗ) son todas las cosas (τὰ πάντα), y nosotros también por él".

(a) "Ex" (ἐξ), se aplica al Padre, significando el origen de la creación.

(b) "Per" (διά), se aplica al Hijo, significando su mediación divina para la creación, lo que se corresponde con el hecho de ser también el Mediador de la salvación.

(c) "Omnia" (τὰ πάντα), indica la totalidad de todas las cosas.

Es importante notar cómo las mismas preposiciones se aplican a veces a distintas Personas trinitarias. Por ejemplo, en el texto de Ro 11:36,[73] se aplican las preposiciones ἐξ, εἰς y διά solo al Padre. En cambio en el texto examinado de 1 Cor 8:6, al Padre se le aplica ἐξ —esto es la causa fontal— y εἰς —esto es la causa final—; y al Hijo, διά —esto es la mediación—.

2. Col 1: 15–17, "El cual es... primogénito (πρωτότοκος) de toda creación, porque en él (ἐν αὐτῳ) fueron creadas todas las cosas (τὰ πάντα)... Todo ha sido creado por él (δι' αὐτοῦ) y para él (εἰς αὐτόν). Él es antes que todas las cosas y todas subsisten en él (ἐν αὐτῷ)".

(a) En este texto, solamente es Cristo el que aparece como principio y fin, siendo más y antes que todos los seres creados. Por un lado es causa ejemplar, o sea, el arquetipo o modelo increado de toda la creación; y es causa final, es decir, la creación encuentra su origen, su unidad y su destino únicamente en Él.

---

[73]"Quoniam ex ipso (ἐξ αὐτοῦ) et per ipsum (δι' αὐτοῦ) et in ipsum (εἰς αὐτόν) omnia. Ipsi gloria in saecula. Amen".

2.3. EL NUEVO TESTAMENTO

(b) Cristo es "Primogénito de toda la creación" (πρωτότοκος πάσης κτίσεως). No hay aquí un sentido arriano, sino la declaración de la superioridad ontológica del Hijo sobre cualquier ser creado, material o inmaterial.

(c) "En él fueron creadas todas las cosas" (ἐν αὐτῷ ἐκτίσθη τὰ πάντα). No es mera causalidad instrumental, sino también principio vital de toda la creación.

(d) "Toda fue creado por él y para él" (τὰ πάντα διὰ αὐτοῦ καὶ εἰς αὐτόν ἐκτίσται). Jesucristo es la meta de toda la creación, tanto estática (Señor de toda la creación) como dinámicamente (meta oculta de toda la creación, en el sentido de Ef 1: 3ss).

3. Si se comparan los textos estudiados, se puede comprobar cómo se aplican al Hijo las preposiciones que se aplican al Padre en la obra de la creación:

(a) Causalidad fontal: del Padre —"ex" (ἐξ) en 1 Cor 8:6 y Ro 11:36—; pero también del Hijo —"in" (ἐν) de Col 1: 15–17—.

(b) Causalidad instrumental: del Padre —"per" (δι' αὐτοῦ) en Ro 11:36—; pero también del Hijo —en 1 Cor 8:6 y en Col 1:16—.

(c) Causalidad final: del Padre —"in ipsum" (εἰς αὐτόν) en Ro 11:36—; pero también del Hijo —en Col 1:16—.

Todo lo cual indica no solo la consubstancialidad de la Segunda Persona Trinitaria con la Primera, sino también el hecho de que las obras de la Trinidad "ad extra" son comunes a las tres divinas Personas, así como el cristocentrismo creador (característica especial de la revelación neotestamentaria sobre el misterio que nos ocupa, como ya se señalaba).

B.– El Papel de Cristo en la *restauración de la creación original*

En los textos paulinos podemos descubrir tres momentos de este rol de Cristo: como *"simple restaurador"* de la situación anterior, como *engrandeciendo* lo primitivo y, finalmente, como *consumador* de un destino escatológico de plenitud.

1. Cristo restaura la obra caída por culpa de Adán. Él es el nuevo Adán (Ro 5: 18–19; 1 Cor 15:22), el que "reconcilia" a la creación entera (Col 1:20).

2. Pero Cristo también perfecciona, agranda, lo primitivo. San Pablo utiliza varios conceptos que tienen esta significación:

    (a) La "nueva creación": "Por tanto, si alguno está en Cristo, es una nueva creatura: lo viejo pasó, ya ha llegado lo nuevo" (2 Cor 5:17).

    (b) La contraposición del "hombre carnal" y el "hombre espiritual" (1 Cor 2: 14–15).

    (c) La idea del "hombre nuevo": "...revestiros del hombre nuevo que ha sido creado conforme a Dios en justicia y santidad verdaderas" (Ef 4:24); "...y os habéis revestido del hombre nuevo, que se renueva para lograr un conocimiento pleno según la imagen de su creador" (Col 3:10).

    (d) El "nuevo nacimiento" en el bautismo: "Pues fuimos sepultados juntamente con él mediante el bautismo para unirnos a su muerte, para que así como Cristo fue resucitado de entre los muertos por la gloria del Padre, así también nosotros caminemos en una vida nueva" (Ro 6:4).

2.3. EL NUEVO TESTAMENTO

3. Finalmente, la obra de Cristo llegará a su implementación final con la escatología, cuando:

   (a) La creación material será exaltada: "unos nuevos cielos y una nueva tierra" (1 Cor 15: 35ss; Ap 21: 1ss); la creación entera espera ser liberada por completo (Ro 8: 19–23).

   (b) El hombre resucitará con su propio cuerpo: 1 Cor 15: 44–49, donde el hombre resucitado es descrito con alusiones al Génesis.

C.– Cristo, *la creación y la Iglesia*

La nueva alianza que trae Cristo, más que una simple alianza renovada (¡tantas veces había fracasado!), es una verdadera creación.

La obra de Cristo, en y a través de la Iglesia, se compara con la creación:

1. Hay una correlación de ambos misterios (1 Cor 8:6).

2. Se describe un paralelismo detallado entre los mismos (Col 1: 15–20).

3. El hombre nuevo se describe con alusiones al Génesis, como se señalaba (1 Cor 15: 44–49).

La unidad dentro de la Iglesia se presenta como una restauración de la unidad original:

1. Entre los hombres (1 Cor 7: 17ss).

2. De los hombres con el universo material (Col 1). Los hombres pueden usar las cosas buenas del mundo que es bueno (Col 2: 8. 20–21).

2.3.5 Hebreos 1: 2–4

Este texto de la Carta a los Hebreos es rico en enseñanzas sobre la creación.

> "En estos últimos días nos ha hablado por medio de su Hijo, a quien instituyó heredero de todas las cosas y por quien hizo también el universo. Él, que es resplandor de su gloria e impronta de su substancia y que sustenta todas las cosas con su palabra poderosa, después de llevar a cabo la purificación de los pecados, se sentó en los cielos a la diestra de la Majestad, y ha sido hecho tanto más excelente que los ángeles cuanto más les aventaja por el nombre que ha heredado".

Es un texto que probablemente se inspira en alguna antigua liturgia o primitiva profesión de fe. Se aplican a Cristo términos que se utilizaban para la Sabiduría divina en la literatura sapiencial.

De nuevo se destaca la centralidad de Cristo en el misterio de la creación, así como su relación con la *Historia Salutis* y la vinculación con el misterio de la Iglesia, cuya Cabeza también es Cristo.

1. Cristo es "heredero de todo": la creación entera tiene como finalidad a Cristo.

2. Cristo es "por quien hizo el universo": destacan las ideas de la preexistencia del Verbo; la utilización del verbo *hacer* (*fecit*, ἐποίησεν), en el sentido del "bará" genesíaco; y la expresión "universo" (*saecula*, αἰῶνας) que indicaría tanto la creación del espacio como del tiempo.

3. Cristo "sostiene todo con su poderosa palabra": es el cuidado y conservación del universo creado, para que no vuelva a la nada de donde partió. Dios crea y sustenta la obra creada.

2.3. EL NUEVO TESTAMENTO

4. Dios nos habla en su Hijo, quien, además nos purifica de nuestros pecados y es hecho más excelente que los ángeles... La creación es el *prólogo* a la Historia de la Salvación y de la Iglesia.

2.3.6 San Juan

Hay dos grandes conjuntos de ideas en el Apóstol San Juan que profundizan la revelación sobre el misterio de la creación.

Consiste el primero, en la estrecha relación que se presenta entre la teología del Prólogo del Evangelio y el Relato del Génesis (Jn 1: 1–11; 14–18), donde se puede observar una serie de ideas correlativas y otras diferenciales:

1. Semejanzas:

    (a) "En el principio era la Palabra" (Jn 1:1) ... "En el principio creó Dios el cielo y la tierra" (Ge 1:1). Con ello se indica que Cristo completa y confirma la narración del Génesis.

    (b) "Todo se hizo por él, y sin él no se hizo nada de cuanto ha sido hecho" (Jn 1:3) ... "Dios creó el cielo y la tierra" (Ge 1:1).

    (c) "La luz brilla en las tinieblas, y las tinieblas no la recibieron" (Jn 1: 5.8.9) ... "Dijo Dios: Haya luz. Y hubo luz. Vio Dios que la luz era buena, y separó Dios la luz de la tiniebla" (Ge 1: 3–4).

2. Desemejanzas: En el Evangelio de San Juan lo primero es la eternidad de la Palabra, que una vez establecida, prosigue con la idea de la creación del mundo, mientras que Génesis comienza con la creación del cosmos directamente.

El segundo grupo de ideas gira en torno al concepto de "nueva creación": Cristo da el poder para ser nuevas creaturas. (Jn 1: 12–13).

Cristo renueva la creación, la engrandece y la lleva a su plenitud. En efecto:

1. Es el tema fundamental del "nuevo nacimiento" necesario para ver y entrar en el Reino de los Cielos, del que habla Cristo con Nicodemo (Jn 3: 3–10). Este nuevo ser cristiano "por el agua y el Espíritu" nos lleva a la "vida eterna" (Jn 3:15; 5:21). Por eso Cristo renueva todo:

    (a) Un vino nuevo (Jn 2: 1–11).
    (b) Un templo nuevo (Jn 2: 13–22).
    (c) Un nacimiento nuevo (Jn 3: 1–21).
    (d) Un culto nuevo (Jn 4:24).
    (e) Un pan de vida bajado del Cielo que da la vida eterna (Jn 6, discurso en la sinagoga de Cafarnaum).

2. Cristo puede hacer nuevas todas las cosas, porque ya tiene el poder creador (descrito en el Prólogo), con lo que se manifiesta que creación, Encarnación y Redención son una secuencia ordenada dentro de la *Historia Salutis*.

3. Por eso, San Juan describe con abundancia los contrastes entre la nueva creación (redimida por Cristo) y la primera creación (herida por el pecado), sin caer en absoluto en el dualismo gnóstico:[74]

    (a) Luz *versus* tinieblas.
    (b) Cielo *versus* tierra.
    (c) Espíritu *versus* carne.
    (d) Verdad *versus* mentira.
    (e) Etc.

---

[74]La creación permanece en su ser buena; lo malo es el pecado que hay en ella.

2.3.7 Conclusiones del Nuevo Testamento

J. Morales extrae cuatro grandes conclusiones del estudio de la creación en el Nuevo Testamento:[75]

1. Creación como misterio de fe (Heb 11:3). Nos podemos acercar con la razón a estas realidades, pero su más íntima naturaleza solo podrá ser captada con la fe.

2. El sentido pleno de la creación solo aparece en Cristo. Él es el principio y el fin de toda la creación. Por otro lado, con su resurrección nos descubre el destino verdadero del hombre y de todo lo creado.

3. El mundo creado en la *Historia Salutis*. La creación es el espacio moral donde el hombre, creado y redimido, desarrolla su vocación eterna.

4. Relación íntima de la teología de la creación y de la cruz. Hay una relación querida por Dios, de distinción y complementariedad entre naturaleza–gracia, entre creación–redención. No hay contradicción alguna entre las mismas como afirma el protestantismo.

---

[75] J. Morales: *El Misterio...*, cit. pág. 61.

Capítulo 3

Tradición, Santos Padres de la Iglesia y Santo Tomás de Aquino

3.1 La liturgia antigua

La práctica litúrgica de la Iglesia primitiva muestra datos interesantes sobre la teología de la creación. Siendo uno de los lugares de conocimiento de la Tradición, es importante una referencia a la misma. Y lo primero que hay que subrayar es que la fe en la creación se vive y acepta en los primeros tiempos de la Iglesia de una manera sencilla y connatural, utilizando este misterio de la fe en la oración y en los sacramentos de un modo parecido a como se hace en la misma Biblia.[1]

---

[1] Es el mismo modo de proceder que se percibe en los testimonios de los Santos Padres más antiguos.

Es el caso, por ejemplo, del texto de Ap 4:11, donde se describe una liturgia celestial que parece un reflejo de la liturgia más antigua de la Iglesia, donde ya se alaba a Dios como creador de todo:

> "Dignus es, Domine et Deus noster, accipere gloriam et honorem et virtutem, quia tu creasti omnia, et propter voluntatem tuam erant et creata sunt".

También en las Actas de los Mártires aparece la fuerza de la fe en la creación, fuente de la esperanza y del valor de los testigos heroicos del cristianismo. En el proceso contra S. Justino, éste responde al Prefecto:

> "Es la doctrina que nos enseña a dar culto al Dios de los cristianos, al que tenemos por Dios único, el que desde el principio es hacedor y artífice de toda la creación, visible e invisible".[2]

Por lo mismo, en el rito bautismal antiguo se encuentra como pregunta primera: "¿Crees en el Padre, Señor Dios del Universo?"

Y también en las anáforas eucarísticas se hacen referencias a la verdad de la creación. Así, por ejemplo, en la liturgia siriaca y en la clementina de las *Constituciones Apostólicas* (s. IV):

> "Es verdaderamente digno y justo alabarte sobre todas las cosas, a Ti, Dios verdadero, que existes antes que todas las creaturas. Tú has conducido todas las cosas desde la nada al ser a través de tu único Hijo, al que engendraste antes de todos los siglos mediante tu voluntad, potencia y bondad".[3]

---

[2] *Actas de los Mártires*, ed. D. Ruiz Bueno, Madrid, 1951, pág. 312.
[3] *Constituciones Apostólicas*, VIII, 12, 6 s.

3.2. SANTOS PADRES APOSTÓLICOS   91

En muchas liturgias orientales se parte dando gracias a Dios por los bienes de la creación antes del *Sanctus*, se refieren los bienes de la Redención en el *Sanctus*, y se retoma la acción de gracias, tanto por la Redención como por la creación (aunque ésta en segundo plano), después del *Sanctus*.[4]

3.2 Santos Padres Apostólicos

Ya desde la primera generación patrística[5] se encuentran afirmaciones sobre la verdad cristiana de la creación. Así la Didajé menciona la creación de los hombres,[6] y el Pastor de Hermas establece como deber de la fe creer que Dios creó y ordenó el universo haciendo pasar todas las cosas del no ser al ser.[7]

---

[4]J. N. D. Kelly: *Primitivos Credos cristianos*, Salamanca, 1981, 31 s., cit por J. Morales, o.c.

[5]Cfr. para todos los Santos Padres: A. Pérez Laborda: *El Mundo como Creación. Comentarios Filosóficos sobre el Pensamiento de los Padres hasta Agustín*, en Cuadernos Salmantinos de Filosofía, 17 (1990) 277–298; L. Scheffczyk: *Historia de los Dogmas. Creación y Providencia*, cit., págs 49–60; J. Morales: *El Misterio...*, cit., págs 65–79; H. Pinard: *Création*, DTC, vol. III, cols. 2057–2076; P. Duhem: *Le Système du Monde; Histoire des Doctrines Cosmologiques de Platon à Copernic*, 5 vols., Hermann, Paris, 1913–1917; J. C. M. van Winden: *The Early Christian Exegesis of 'Heaven and Earth' in Genesis 1-1. Romanitas et Christianitas*, Amsterdam–London, 1973, págs. 371–382.

[6]Didajé, 16, 5: "Entonces la creación de los hombres entrará en la conflagración de la prueba, y muchos se escandalizarán y perecerán".

[7]Pastor de Hermas: Visión V, Mand. 1: "Ante todo, cree que Dios es uno, y que Él creó todas las cosas y las puso en orden, y trajo todas las cosas de la no existencia al ser (ἐκ τοῦ με ὄντος εἰς τὸ εἶναι τὰ πάντα), que comprende,todas las cosas siendo Él solo incomprensible. Cree en Él, pues, y témele, y en este temor ejerce dominio sobre ti mismo. Guarda estas cosas, y te verás libre de toda maldad, y serás revestido de toda excelencia y justicia, y vivirás para Dios si guardas este mandamiento".

3.3 Santos Padres Apologetas

Todos mantienen los principios cristianos ortodoxos sobre la creación, aunque a veces puedan tener expresiones insatisfactorias, o algunas ideas no plenamente aceptables, que se explican por el escaso desarrollo de la teología en aquellos momentos, pero cuyo contenido recto aparece en el estudio del conjunto de sus escritos. De hecho, defenderán la verdadera doctrina contra los ataques del pensamiento greco–romano y gnóstico. Veamos algunas declaraciones de los Padres Apologetas más importantes:

A.– S. Justino,[8] construirá el primer intento de explicación de la recta doctrina creacionista en controversia contra el gnóstico Basílides (quien, así como otros pensadores de esta tendencia, sostenía el dualismo entre el Dios creador y el Dios redentor, y consideraba que la materia era mala). Aunque su fe cristiana es clara, sin embargo sus expresiones son deficientes, influenciado por la filosofía y la terminología neoplatónica que sigue. En este sentido habla de la existencia de una "materia informe" original, lo que ha hecho pensar a algunos críticos que negaba el "ex nihilo". Sin embargo, San Justino distingue bien a Dios de las creaturas, ya que Dios es el único "agennetos"; la materia fue creada por Dios, aunque tal vez la concibiera como producida antes de la creación de nuestro mundo.[9]

---

[8]Cfr. San Justino: *Apol.* I, 10, 2; 59, 1–3; *Dialogo* 5, 2; M. Guerra: *Justino, San*, en GER, vol. XIII, págs. 708–710.

[9]Recuérdese que Sab 11:17 habla de "materia informe" con el significado del Génesis y no como co–eterna con Dios.

3.4. SANTOS PADRES ALEJANDRINOS 93

B.- S. Ireneo de Lyon,[10] defiende la doctrina creacionista principalmente sobre la base de los fundamentos bíblicos y no filosóficos. Como todos los apologetas rechaza los principios dualistas del gnosticismo, por lo que considera buena la materia y la creación puesto que todo viene de Dios.

Enseña con claridad la creación "ex nihilo", aunque a veces su terminología no sea la más exacta. Y el Verbo y el Espíritu Santo son co–creadores con el Padre. Concede una especial consideración al papel del Verbo en la creación como consecuencia de su interés por la perspectiva bíblica. Concibe la creación dentro de toda la *Historia Salutis* marcando la unidad entre aquélla y la Redención.

C.- Tertuliano (170–220).[11] Este escritor eclesiástico sostendrá una correcta doctrina creacionista tanto en su aspecto del "ex nihilo" (contra Hermógenes)[12] como del de su bondad (contra Marción).

3.4 Santos Padres Alejandrinos

A.- San Clemente Alejandrino (150–215),[13] expone la doctrina ortodoxa y extrae las consecuencias de tipo moral y espiritual. Su pensamiento es sobre todo especulativo–teológico.

---

[10]San Ireneo: *Adv. Hær.* II, 27, 2; II, 28, 3; II, 10, 14; J. Ibáñez Ibáñez: *Ireneo, San*, en GER, vol. XIII, págs. 71–73. A. Orbe: *San Ireneo y la Creación de la Materia*, en "Gregorianum" 59 (1978) 74 ss.

[11]J. Frickel: *Tertuliano*, en GER, vol. XXII, págs. 356–359.

[12]Tertuliano: *Adv. Hermog.* 22, 3; 17:1. El "Adversus Hermogenem" es contra un cierto Hermógenes, un pintor (¿de ídolos?) que enseñó que Dios creó el mundo de una materia pre–existente. Tertuliano reduce su argumento *ad absurdum*, y establece la creación de la nada basándose en la Escritura y la razón.

[13]L. F. Mateo Seco: *Clemente de Alejandría*, en GER, vol. V, págs. 777–779.

"...solo Dios lo ha hecho (el mundo) por Sí mismo, dado que solo Él es realmente Dios, que por su solo querer crea, y su simple deseo es seguido de realización".[14]

B.– Por su parte Orígenes (185–254)[15] profundiza en el marco trinitario y cristológico del acto creador, al tiempo que rechaza la existencia de un demiurgo platónico y la pre–existencia de la materia. Orígenes prueba que es más difícil de entender que Dios formó el mundo de una materia pre–existente que el hecho de la creación de la nada (si suponemos una materia pre–existente, debemos de aceptar que ésta tenía al menos la aptitud para recibir las formas que se plasmarían posteriormente en el "cosmos" tras la intervención de Dios; pero, ¿cómo tendría esta aptitud una materia increada, que no le podría advenir de la nada ni de Dios que no la creó? La única explicación sería el azar, lo que no es explicar nada.[16]

Sin embargo, la creación es eterna ya que solo así se puede sostener el título de Dios como Creador y Gobernador del universo, lo que no podría ocurrir si hubo un momento en que el mundo no existiera y solo lo hiciera Dios; por lo mismo, solo así se podría sostener la perfección infinita de Dios, que no la tendría si empezara a ser creador en un momento del tiempo. Que la creación sea eterna no supone que el universo que ahora conocemos no tuviera principio o fin, puesto que

---

[14]San Clemente de Alejandría: *Protreptico*, 4, 63, 5. Cfr. I, 5, 1; 11, 117.

[15]Orígenes: *In Genes. apud Eusebium, Præp., Ev.* 7, 20; *De Principiis*, II, 1, 4; I, 2, 10; *In Gen* 14, 3, 25; 1, 1, 9; *Contra Celso* 8, 16; *In Ex* 6, 5. Cfr. F. Mendoza Ruiz: *Orígenes y Origenismo*, en GER, vol. XVII, págs. 453-455; É. Gilson: *History of Christian Philosophy in the Middle Ages*, Random House, New York, 1955, págs. 35–44; J. Quasten: *Patrology*, vol. 2, Christian Classics, Allen–Texas 1995, págs. 37–101; F. Borkowski: *De Origenis Cosmologia*, Greifswald, 1848.

[16]El fragmento de Orígenes que comenta esta doctrina se conoce por la referencia que hace Eusebio en *La Preparación para el Evangelio*, VII, 20.

3.4. SANTOS PADRES ALEJANDRINOS

sabemos que algún día será destruido; por eso, hay que concluir que será seguido por otros universos y que fue precedido de otros. Como dice Gilson, "la eternidad del mundo significa entonces que la serie de estos mundos sucesivos es en sí eterna".[17]

Por lo demás, no separa bien las procesiones intratrinitarias (la generación del Verbo), de la obra creadora (no queda clara la independencia entre la generación del Verbo y la existencia del mundo).[18]

C.- Ya en plena controversia trinitaria, San Atanasio (296–373),[19] distinguirá claramente la generación del Verbo de la creación del mundo. En efecto:

1. Mientras que la generación del Verbo es solo del Padre, la creación es propia de las tres divinas Personas.

2. Mientras que la generación del Verbo es propia del ser divino, la creación es propia de la voluntad común a las tres divinas Personas.

3. Mientras que la generación del Verbo es eterna, la creación es temporal.

4. Mientras que la generación del Verbo es necesaria, la creación es contingente.

---

[17]Orígenes: *De Principiis*, III, 5, 3. É. Gilson: *History...*, cit., pág. 40. Es una visión concorde con su posición sobre la apocatástasis escatológica.

[18]Cfr. *De Principiis*, I, 2, 10: "Así como nadie puede ser padre sin tener un hijo..., tampoco Dios puede ser llamado omnipotente al menos que existan seres sobre los que ejerza su poder. Por lo tanto para que Dios se muestre omnipotente es necesario que existan las cosas creadas. Si nunca hubo un tiempo en el que Dios no era omnipotente, han de existir necesariamente las cosas por las que recibe este título".

[19]San Atanasio: *De Incarnatione*, 1, 3; 17, 1.

5. Mientras que la generación del Verbo es inmanente, la creación es trascendente, y marca la diferencia radical entre Dios y las creaturas.

Como señala J. Ibáñez:

> "Cristo para los arrianos es creado y criatura; para Atanasio, en cambio, es engendrado y creador con el Padre. El Hijo no es una criatura de la voluntad del Padre, sino que como Hijo supone que fue engendrado y la generación dice relación a la naturaleza y no a la voluntad. Por consiguiente, la generación del Hijo no es fruto de una elección libre en el Padre, dado que el Padre ama necesariamente al Hijo y necesaria y espontáneamente lo engendra. Atanasio concede a los arrianos el que dicha generación por el Padre es libre, en el sentido de que no viene impuesta por voluntad ajena superior ni, por supuesto, contra la voluntad del mismo Padre".[20]

Para San Atanasio hay una distancia infinita entre el ser absoluto de Dios y la existencia contingente del mundo: Dios es inmutable; el

---

[20] J. Ibáñez: *Atanasio, San*, en GER, vol. III, pág. 288. Cfr. G. Florowsky: *St. Athanasius' Concept of Creation*, en "Studia Patristica VI" ed. F. L. Cross (Berlin: Akademie Verlag; Texte und Untersuchungen zur Geschichte der altchristlichen Literatur, Band 81, 1962), 36-57: "Even supposing that the Father had never disposed to create the world, or a part of it, nevertheless the Logos would have been with God and the Father in Him...This was the core of the argument. In fact, St. Athanasius carefully eliminates all references to the *oikonomia* of creation or salvation from his description of the inner relationship between the Father and the Son. This was his major and decisive contribution to Trinitarian theology in the critical situation of the Arian dispute. And this left him free to define the concept of Creation properly. Theologia in the ancient sense of the word, and *oikonomia* must be dearly and strictly distinguished and delimited, although they could not be separated from each other. But God's 'Being' has an absolute ontological priority over God's action and will".

mundo es corruptible. Solo Dios puede crear y mantener en el ser al mundo creado. Esto connota evidentes consecuencias en el ámbito de la salvación. El mundo no puede salvarse a sí mismo. Con esto afirma que el Padre realiza la salvación de las creaturas por el Verbo que las había producido en su origen, señalando así el aspecto soteriológico de la creación. La salvación no puede venir del propio ser de la creación o del hombre,[21] sino que viene del ser divino. Como dice J. Morales:

> "La cosmología desempeña un papel crucial en ambas concepciones (el cristianismo y la filosofía griega). Cuando se extima que el universo es una extensión de Dios, no es extraño que la salvación humana se busque en los aspectos más ricos y complejos del hombre como son las honduras de su espíritu. Pero cuando se acepta que el universo ha sido creado de la nada, que es la antítesis de Dios, se piensa a la vez que es vano e inútil buscar la salvación dentro del orden finito de la creación".[22]

3.5 Santos Padres capadocios

A.– San Gregorio de Nisa (330–395),[23] en general continua el pensamiento de San Atanasio, añadiéndole conceptos neoplatónicos cristianizados.

De este modo utiliza la idea de "emanación" pero no en sentido plotiniano, que supondría la negación de la idea de la creación, sino

---

[21] Cfr. la filosofía griega y el gnosticismo.

[22] J. Morales: *El Misterio...*, cit., pág. 73.

[23] San Gregorio de Nisa: *Vida de Moisés*, 2, 40; *Sobre la Creación del Hombre*, 23; *In Hexaemeron*, P. G. 44, 77 D; *Oratio Catechetica* 5 y 6; Cfr. L. F. Mateo Seco: *Gregorio Niseno, San*, en GER, vol. XI, págs. 335–338; É. Gilson: *History...*, cit., págs. 55–60.

en el del que sería usado posteriormente también por Santo Tomás de Aquino.²⁴

Cuando el Génesis dice que Dios creó "el cielo y la tierra" está manifestando de un modo sumario la creación de todas las cosas, cuyas naturalezas se siguen necesariamente de esos dos principios. El comentario de San Gregorio a los seis dias de la creación (*Hexaemeron*) es una cosmogonía que presuponiendo la creación de los cuatro elementos básicos (fuego, aire, agua y tierra) por Dios, deduce la naturaleza de todas las otras cosas creadas.

---

²⁴Santo Tomás de Aquino: *Summ. Theol.*, Iª, q. 45, a. 1, co. (Cfr. *In Sent.*, II, dist. 1, q. 1, a. 2):

"Respondeo dicendum quod, sicut supra dictum est, non solum oportet considerare emanationem alicuius entis particularis ab aliquo particulari agente, *sed etiam emanationem totius entis a causa universali, quæ est Deus, et hanc quidem emanationem designamus nomine creationis*. Quod autem procedit secundum emanationem particularem, non præsupponitur emanationi, sicut, si generatur homo, non fuit prius homo, sed homo fit ex non homine, et album ex non albo. Unde, si consideretur emanatio totius entis universalis a primo principio, impossibile est quod aliquod ens præsupponatur huic emanationi. Idem autem est nihil quod nullum ens. Sicut igitur generatio hominis est ex non ente quod est non homo, ita creatio, quæ est emanatio totius esse, est ex non ente quod est nihil".

"Hay que decir: Como se dijo anteriormente (q. 44, a. 2), no sólo hay que analizar el origen de un ser particular de otro particular, *sino también el origen de todo ser de la causa universal, que es Dios. Este origen lo llamamos creación*. Lo que se origina por emanación particular no se presupone en tal emanación; como al engendrarse un hombre, antes no era tal hombre, sino que de no hombre se hace hombre, y blanco de no blanco. Por eso, si se considera la emanación de todo el ser universal en relación con su primer principio, es imposible presuponer algún ser en tal emanación. Pero la nada es igual a la negación de todo ser. Por lo tanto, como la generación del hombre se hace a partir del no ser que es no hombre, así también la creación, que es emanación de todo el ser, se hace a partir del no ser que es la nada".

3.5. SANTOS PADRES CAPADOCIOS

De este modo se rechaza el pensamiento de los neoplatónicos para los que:

1. El mundo provendría de Dios y no de la nada.

2. Habría un proceso eterno, y no un acto ocurrido en el tiempo.

3. Se produciría necesariamente y no por un acto libre de la voluntad divina.

El Niseno utiliza además el concepto de "rationes seminales", dándole a la creación también una visión dinámica. En efecto, el "ex nihilo" hay que integrarlo con las ideas estoicas de los "logoi spermatokoi", donde hay una actuación de las causas segundas, pero siendo Dios el que dirige todo el proceso.[25]

Su teología del mal rechaza el dualismo, y considera que su esencia última es la ausencia del bien, insistiendo sobre todo que el mal es una realidad moral que procede de la libertad humana (es como la capacidad de extraer el mal de la nada mediante una volición pervertida).[26]

B.– San Gregorio Nacianceno (330–389),[27] tiene su aporte más destacado en su consideración escatológica de la creación al defender la existencia de unos cielos nuevos y una tierra nueva rechazando la aniquilación del mundo existente como defendían los estoicos.

---

[25] San Gregorio de Nisa, *In Hexaemeron*: sobre la creación de todas las cosas con sus poderes y causas (*P. G.* 44, 69C–72); creación de sus "razones internas" (*P. G.* 44, 73 A); sobre el desarrollo progresivo de los seres creados (*P. G.* 44, 85D).

[26] San Gregorio de Nisa: *Diálogo con Macrina sobre el Alma y la Resurrección* (*P. G.* 46, 86D–87; 89C–96A).

[27] San Gregorio Nacianceno: *Oratio*, 21, 25: "...la conmoción final de la tierra no será otra cosa que la segunda venida de Jesucristo y que el universo actual será transformado y cederá su sitio a otro definitivo e inmutable"; J. Ibáñez: *Gregorio Nacianceno, San*, en GER, vol. XI, págs. 332–335; É. Gilson: *History...*, cit., págs 52–53.

3.6 San Juan Crisóstomo

Este Santo Padre (muerto en 407),[28] hace su aporte más significativo a la teología de la creación con sus consideraciones sobre la providencia divina,[29] considerada como una continuación del acto creador, necesaria para que las cosas puedan subsistir. Esto le hace enfrentar el desafío de cómo explicar la presencia del mal y del dolor. Para ello acude a la doctrina del pecado original.

Sin embargo su expresión de la doctrina del pecado original no estuvo exenta de controversias: fue interpretada por algunos en sentido pelagiano, pero fue entendida realmente en sentido ortodoxo por el mismo S. Agustín. Como dice J. Ibáñez:

> "Afirma [San Juan Crisóstomo] que los efectos con carácter de castigo de aquel primer pecado no quedan en nuestros primeros padres sino que pasan a todos los descendientes; pero no habla de que el pecado se trasmita e inficione la naturaleza; para él, 'pecadores' por el pecado original significa sometidos a castigo y condenados a muerte.[30] Ante esta manera de expresarse, el pelagiano Julián de Eclana infirió el pelagianismo del Crisóstomo y la defensa de la ortodoxia del mismo corrió a cargo de S. Agustín, que defiende claramente no sólo la trasmisión del castigo sino también la del pecado; hay que reconocer, a pesar de todo, que algunas de las expresiones del Crisóstomo no son del todo claras. No hay que olvidar que también

---

[28] J. Ibáñez: *Juan Crisóstomo, San*, en GER, vol. XIII, págs. 560–563.
[29] San Juan Crisóstomo: *Adv. Judœos*, 1, 1.
[30] *Hom. 10 in Rom.* 1,2,4 (*P. G.* 60, 475–6, 479–80).

en este tema sufrió la influencia de su amigo Teodoro de Mopsuestia".[31]

3.7 San Agustín

El gran Santo Obispo de Hipona (354–430),[32] hizo la primera síntesis del pensamiento cristiano sobre la creación, recogiendo la teología patrística oriental y occidental, al tiempo que aportaba su personalísima perspectiva a buen número de temas relacionados con este tratado. Su investigación sobre la creación se realizará tanto en el ámbito de lo ontológico como en el de sus aspectos morales y religiosos.

Veamos sus principales aportaciones:

1. Creación "ex nihilo", pero con graduación de esencias que tienen su origen en el Ser Supremo y llegan hasta las fronteras de la nada, donde se encuentra la materia informe. Como establece Cilleruelo:

   "El 'Universo' es creación libre, *ex nihilo sui et subjecti*: no tiene otra razón de ser que la libertad creadora. Se suprimen de raíz el emanatismo, el dualismo y la materia eterna. Dios creó *in actu* (*creavit omnia simul*, Eccli 18, 1). Produjo una materia nebulosa, elementos

---

[31] J. Ibáñez: *Juan Crisóstomo...*, cit., pág. 563.

[32] Las discusiones más importantes de San Agustín a propósito de cosmología filosófica y teológica, se encuentran en su exégesis sobre el Génesis, que se refleja a su vez en los tres últimos libros de las Confesiones y en los Libros 11 y 12 de la Ciudad de Dios (É. Gilson: *History...*, pág. 72). Cfr. San Agustín de Hipona: *De Genesi ad Lit.*, 4, 11; *Confesiones*, 3, 7, 12; 5, 2, 2; 5, 8, 14; 11; 12, 15–16; *De Trinitate*: 9, 2, 2; 14, 16, 22; *De Natura Boni*, 17; *De Civitate Dei*, 11, 9. Cfr. L. Cilleruelo: *Agustín, San*, en GER, vol. I, págs. 401–407; É. Gilson: *The Christian Philosophy of Saint Augustine*, Random House, New York, 1960, págs. 185–226.

confusos e informes, con las correspondientes leyes y formas, dentro de un orden en movimiento. Creó las cosas a Su semejanza y al hombre a Su imagen y semejanza. Cada objeto lo refleja, pero el hombre participa además de la eternidad. Cada ser es, pues, un proceso entre la unidad fontanal y la unidad ideal, una dialéctica trinitaria. Cada objeto o ente posee ser, esencia y orden ('ad intra' y 'ad extra') para alcanzar su perfección o unidad ideal, en virtud del número impreso por Dios en el mismo ente.[33] La voluntad creadora no retira a los entes el estatuto ontológico que les dio con el número impreso. Por consiguiente, podemos hablar de naturaleza, orden natural, causas segundas, etc.".[34]

2. El tiempo: hace una importante investigación sobre el mismo, interpretándolo metafísica y psicológicamente. Marca con radicalidad la distinción entre el Dios eterno y la creación temporal, recordando que el tiempo fue creado con el mundo y no antes que el mundo. Para San Agustín, es necesario preguntarse por la creación para poder descifrar el misterio del tiempo: ¿en qué momento fue creado el tiempo?, ¿existe un tiempo anterior a la creación? ¿qué puede haber antes del mundo, sino tiempo?:

"El tiempo mismo eres Tú quien lo había hecho, y los tiempos no han podido pasar antes de que Tú los fijases... No es según el tiempo como Tú precedes al tiempo, pues en ese caso Tú no precederías a todos los tiempos. Pero Tú precedes a todos los tiem-

---

[33]S. Agustín: *De Div. Quæst.*, 83, q. 18 (*P. L.*, 40, 15); *Ep.*, 11, 3 y 4 (*P. L.*, 33, 76).

[34]L. Cilleruelo: *Agustín...*, cit. pág. 404.

3.7. SAN AGUSTÍN

pos pasados según la altura de tu eternidad siempre presente".[35]

3. Las ideas divinas o causas ejemplares. Partiendo de los conceptos de la filosofía platónica y de la función del "Logos" en el prólogo del Evangelio de San Juan, concibe tales ideas divinas como modelos eternos de los seres finitos en el pensamiento creador de Dios. Todas las ideas tienen su unidad en el "Logos". Dice Gilson:

> "[Dios] contiene eternamente en sí los modelos arquetípicos de todos los seres posibles, sus formas inteligibles, sus leyes, sus pesos, medidas y números. Estos modelos eternos son Ideas, consustanciales a Dios. Dios ha hecho existir la totalidad de lo que fue entonces, de lo que es actualmente y de lo que será adelante. Todos los seres futuros han sido pues producidos desde el origen, junto con su materia, pero en forma de gérmenes —razones seminales— que debían o deben aún desarrollarse en el decurso de los tiempos, según el orden y las leyes que Dios mismo ha previsto. Dios lo ha creado todo de una sola vez y, si bien todavía conserva, ya no crea más".[36]

Las cosas fueron pues creadas por Dios, de suerte que sus efectos estaban ya implicados en sus razones seminales. La doctrina agustiniana de las razones seminales es invocada para explicar la fijeza de las especies. Los elementos de los que están hechas

---

[35]San Agustín: *Confesiones* 12, 15–16. Cfr. É. Gilson: *The Christian...*, págs. 189–196.

[36]Cf. É. Gilson: *La Filosofía en la Edad Media*, Madrid, Editorial Gredos, 1965, pág. 122. San Agustín: *De Diversis Quæstionibus*, 83, q. 46, 1–2 (*P. L.*, 40, 29–31).

las razones seminales poseen su naturaleza y su eficacia propia: por eso, un grano de trigo engendra trigo y no habas, o un hombre engendra a un hombre y no un animal de otra especie. Las razones seminales constituyen un principio de estabilidad, por lo que distan muchísimo de las modernas ideas sobre el evolucionismo.[37]

4. El mal es pura negación, ausencia del bien. El mal físico es permitido por Dios para la armonía del conjunto de la creación. La naturaleza del mal moral consiste básicamente en escoger un bien inferior con desprecio de Bien Absoluto.[38]

5. Existe una relación estrecha entre la teología trinitaria y la de la creación. En efecto, intenta distinguir el papel asignado a cada Persona divina en la creación; señala estructuras ternarias de la realidad creada como vestigios de la Trinidad; pero insiste en que la creación es una obra *ad extra* común a toda la Trinidad.[39]

---

[37]San Agustín: *De Genesi ad Litteram*, VI, 6, 10 (*P. L.*, 34, 343); *De Trinitate*, III, 9, 16 (*P. L.*, 42, 877–878). Cfr. H. Woods: *Augustine and Evolution. A Study in the Saint's 'De Genesi ad Litteram' and 'De Trinitate'*, The Universal Knowledge Foundation, New York, 1924; M. J. McKeough: *The Meaning of the 'Rationes Seminales' in St. Augustine*, Catholic University of America Press, Washington 1926; R. de Sinéty: *Saint Augustin et le Transformisme*, Archives de Philosophie VII, 2 (1930) 244–272; A. Darmet: *Les Notions de Raison Séminale et de Puissance Obédientielle chez Saint Augustin et Saint Thomas d'Aquin*, Impr. Chaduc, Belley, 1934.

[38]Cfr. É. Gilson: *The Christian...*, cit., págs. 143–165; R. Jolivet: *Le Problème du Mal chez S. Augustin*, en "Arch. de Philos." VII, 2 (1930) 1–104.

[39]É. Gilson: *The Christian...*, cit., págs. 210–224.

3.8 Pseudo–Dionisio

Este autor ejerció una gran influencia en la teología de la Edad Media.[40] Sus ideas fueron debatidas por los principales teólogos de esa época. Su teología puede considerarse como centrada en el tema de la creación. Sin embargo, no consigue construir un sistema coherente cristiano debido a su eclecticismo. Sus principales ideas son las siguientes:

1. El mundo creado es un "cosmos", un universo en orden y armonía organizado rigurosamente de un modo jerárquico descendente. En efecto, en la cúspide está el Bien Supra–esencial o Uno, del cual proceden como de una luz, y al cual tienden, los diferentes grados de ser (desde los ángeles a la materia inanimada), que reciben más o menos ser según su grado de proximidad con Dios. También en la Iglesia hay diferentes grados de oficios, en relación con su proximidad a Dios.

2. Las "emanaciones" desde Dios son entendidas como creación. El Ser Supremo permanece Uno e inmutable, y desde Él emana la luz divina que se expande como energía creadora e iluminadora.

    ¿Es éste proceso, para el Pseudo Dionisio, algo voluntario y libre o tal vez natural y casi necesario? Indudablemente el pensador quiere permanecer y ser ortodoxo en su doctrina, y por ello insiste en que todo es absolutamente voluntario en Dios, en

---

[40]Pseudo Dionisio: *De Divinis Nominibus*, 1, 2; 2, 11; 4, 1–3; etc. Como es bien sabido, el Pseudo–Dionisio es un autor que pertenece al s. VI. Tomás Spidlík: *Dionisio Areopagita*, en GER, Rialp, vol. VII, págs. 779–781; I. Trouillard: *Le Cosmos du Pseudo–Denys*, en "Revue de Théol. et Philos." 5 (1955) 53ss; E. D. Pell: *Theophany. The Neoplatonic Philosophy of Dionysius the Areopagite*, State University Press of New York, New York, 2007; Ysabel De Andía: *Neoplatonismo Y Cristianismo en Pseudo–Dionisio Areopagita*, en "Anuario Filosófico", 33 (2000) 363–394.

que no existe confusión entre lo creado y lo increado, en que Dios es siempre trascendente y no se puede dar el panteísmo..., pero de hecho la terminología que usa es confusa. Esta es la causa de que sus ideas fueran utilizadas a veces por los partidarios del panteísmo.

3. La distinción entre la actividad creadora, específica de Dios, y la causalidad participada, propia de las creaturas, es clara en el Pseudo Dionisio, a diferencia de Plotino o Proclo que las identifican.

3.9 San Juan Damasceno

Es interesante considerar a San Juan Damasceno[41] porque consigue hacer en Oriente lo que San Agustín hiciera en Occidente: una síntesis teológica de la doctrina de la creación. En este sentido no es un pensador original, pero es útil para considerar la decantación de las ideas ortodoxas en este momento.[42]

Tiene gran preocupación en armonizar la providencia, la predestinación y la libertad humana.

---

[41]San Juan Damasceno: *De Fide Orthodoxa*, 1, 8; 2, 5–11 (*P. G.* 94, 880–917). Esta obra era la tercera parte de su magna obra *La Fuente del Conocimiento*, y recibió tal nombre de los escolásticos de la Edad Media. Cfr. L. F. Mateo Seco: *Juan Damasceno, San*, en GER, vol. págs. 568–571; É. Gilson: *History...*, cit., págs. 91–92; M. Jugie: *Jean Damascène*, en DTC, vol VIII, 663–751.

[42]L. F. Mateo Seco: *Juan...*, cit. pág. 570: "...no pretende más que ser el eco fiel de la Sagrada Escritura y de la tradición anterior. Resumir, pues, su doctrina, vendría a ser lo mismo que resumir la teología de ocho siglos. Sin embargo, decir que es un eco fiel de la tradición anterior no equivale a llamarle un simple compilador. El *De fide ortodoxa* es un resumen muy personal, con fino sentido teológico, donde pone de relieve lo más esencial de la tradición griega, sin recogerla totalmente".

Por otro lado insiste en la distinción entre generación y creación. La primera supone y produce la misma naturaleza e implica un poder natural de engendrar; la segunda es traer a la existencia desde fuera y no desde la misma naturaleza además de exigir un acto de volición específico.

3.10 Santo Tomás de Aquino

Conviene acabar este capítulo con el estudio de la doctrina de Santo Tomás, como reflejo de la mejor teología de la creación.[43] Aunque

---

[43]Cfr. J. Chevalier: *Aristote et S. Thomas d'Aquin: ou l'idée de Création*, en "Les Lettres" 14 (1927) 427–444; M. C. O'Brien: *The Antecedents of Being. An Analysis of the Concept "de Nihilo" in the Philosophy of St. Thomas*, Washington, 1939; I. Valbuena: *Introducciones...*, cit. págs. 465 ss.; M. Chossat: *Dieu*, en DTC., vol. 4, cols. 1180 ss; L. J. Eslick: *The Thomistic Doctrine of the Unity of Creation*, en "The New Scholasticism" 13 (1939) 49 y ss.; J. Morales: *El Misterio...*, cit., págs. 81–84; J. Ibáñez y F. Mendoza: *Dios Creador y Enaltecedor* cit.; É. Gilson: *El Tomismo. Introducción a la Filosofía de Santo Tomás de Aquino*, Eunsa, Navarra, 2002, págs. 146–156, 197–211; Id.: *History...*, cit., págs. 368–375; P. Kreeft: *Summa of the Summa*, Ignatius Press, San Francisco, 1990, págs. 187–239; A. Guisalberti: *La Criazione nella Filosofia di S. Tommasso d'Aquino*, en "Rivista di Fil. Neo–scolastica" 61 (1969) 202–220; J. Creteur: *L'éternité de la Création dans S. Thomas*, en "Rev. August." (1910) 345 ss. J. Durantel: *La Notion de Création dans S. Thomas*, en "Ann. de Philosophie Chrétienne" (1912); J. F. Anderson: *The Cause of Being: The Philosophy of Creation in St. Thomas*, Herder, Saint Louis 1952; J. M. Artola: *Consideraciones sobre la doctrina de Santo Tomás acerca de la Creación*, en "Ciencia Tomista" 117 (1990), págs 213–229; J. M. Barrio Maestre: *La creación como Verdad Filosófica en la Metafísica Tomista*, en "Folia Humanística" 31 (1993) págs. 419-437; G. Barzaghi: *La Nozione di Creazione in S. Tommaso*, en "Divus Thomas" 3 (1992), págs 62–81; A. Caturelli: *La Idea de Creación en Santo Tomás y el Sentido de su Negación en el Pensamiento Moderno*, en "Studi Tomistici", vol. 3, Città Nuova, Roma, págs. 67–77; L. Dewan: *St. Thomas, Aristotle, and Creation*, en "Dionysius" 15 (1991), págs 81-90; L. Dewan: *Thomas Aquinas, Creation, and Two Historians*, en "Laval Théologique et Philosophique" 50 (1994), págs 363–387; C. Fabro: *Partecipazione e Causalità Secondo S. Tommaso d'Aquino*, Società Editrice Internazionale, Torino 1960; A. L.

los contenidos que se van a resumir ahora serán estudiados con mayor profundidad en los capítulos correspondientes de este manual, sin embargo es útil tener una visión panorámica de su posición.

González: *Ser y Participación*, Eunsa, Pamplona 2001; M. F. Johnson: *Did Saint Thomas Attribute a Doctrine of Creation to Aristotle?*, en "The New Scholasticism" 63 (1989), págs. 129–155; L. Lupi: *Il Problema della Creazione in S. Tommaso*, Studio Editoriale di Cultura, Genova 1979; P. Mazarella: *Creazione, Partecipazione e Tempo Secondo S. Tommaso d'Aquino*, en "Studia Patavina" 29 (1982), págs. 309–335; T. B. Noone: The Originality of St. Thomas's Position on the Philosophers and Creation, en "The Thomist" 60 (1996), págs. 275–300; V. D. Mendis: *Philosophy of Creation in St. Thomas Aquinas: Making God Intelligible to Non-Theists*, Pontificia Universitas Urbaniana, Facultas Philosophiæ, Romæ 1994; F. Moreno Narváez: *Demostrabilidad racional de la creación según santo Tomás de Aquino*, Pontificia Studiorum Universitas a S. Thoma Aq. in Urbe, Roma 1960 / Bogotá 1983; F. Ocáriz: *Cuestiones de Metafísica Tomista en Torno a la Creación*, en DT(P) 77 (1974), págs. 403–424 (publicado también en *Naturaleza, Gracia y Gloria*, Eunsa, Pamplona 2000, págs. 19–43); J. M. Petit: *Razón y Fe ante la Creación del Mundo*, en "e-aquinas" 1/8 (2003), págs 2–27; M. D. Philippe: *Saint Thomas et le Mystère de la Création: Une Réponse aux Interrogations de l'Homme d'Aujourd'hui*, en "Sap." 52 (1997), págs. 145–158; J. B. Robledillo Ortega: "La creación como verdad filosófica según Santo Tomás", Tesis de Doctorado, Instituto de Filosofía, Roma 1980; S. C. Selner Wright: *The Metaphysics of Creation in Thomas Aquinas' De potentia Dei*, Catholic University of America, Washington, 1992; G. Torre: *Il Concetto di Creazione nella Quæstio Tertia De Potentia Dei di San Tommaso [1] y [2]*, en "Aquinas" 42 (1999), págs. 69–111; 241–286; M. A. Vannier: *Sur le Problème de la Création. Réflexions en Marge des Textes de Saint Thomas*, en "St. Tom." 14 (1982), págs. 435–451; M. A. Vannier: *Théologie et Métaphysique de la Création chez Saint Thomas d'Aquin*, P. Téqui, Paris 1995; F. D. Wilhelmsen: *Creation as a Relation in Saint Thomas Aquinas*, en "MSM" 56 (1979), págs. 107–133; J. F. Wippel: *The Metaphysical Thought of Thomas Aquinas. From Finite Being to Uncreated Being*, The Catholic University of America Press, Washington (DC) 2000; S. Sanz Sánchez: *Metafísica de la Creación y Teología. La Racionalidad de la Idea Cristiana de Creación a la Luz de Santo Tomás de Aquino*, en "Cuadernos de Filosofía" (Excerpta e Dissertationibus in Philosophia, Facultad Eclesiástica de Filosofía de la Universidad de Navarra) 17/1 (2007) págs. 9–115; J. Pérez Guerrero: *La Creación como Asimilación a Dios: un Estudio desde Tomás de Aquino*, Eunsa, Pamplona, 1996.

3.10. SANTO TOMÁS DE AQUINO

La doctrina del Aquinate sobre la creación impregna toda su obra: el mundo creado sale de la libre voluntad de Dios a partir de la nada, para volver a Él a través de la acción salvadora y restauradora de Cristo. Así, por ejemplo, se puede comprobar en el orden de la exposición de la obra creadora en la Primera Parte de su *Summa Theologiæ*:

1. La producción de las cosas creadas (qq. 44–46), que es una especie de teología fundamental de la creación, estudiándola en sí misma y concentrándose luego en el problema del tiempo.

2. La distinción entre las creaturas creadas (qq. 47–102): datos generales, los ángeles, la creatura puramente material y el hombre.

3. Conservación de las creaturas en el ser y gobierno divino (qq. 103–119): conservación, gobierno, influencia de unos seres creados en otros, causalidad, muerte, destino y astrología (contra el Islam).

Todo el sustrato de su elucubración está basada en la recta relación entre fe y razón, teología y filosofía.

- Se rechaza la doctrina de *la doble verdad* árabe y la de los que piensan que la creación es solo un artículo de fe revelada y no de razón: la creación "ex nihilo" es verdad de razón que se puede probar.

- Pero la creación con un comienzo temporal del mundo es de fe: no puede probarse con demostración racional, contra el pensamiento de la escuela agustiniana representada por S. Buenaventura.

Los principios básicos de su doctrina de la creación son, por un lado, la noción de Dios como "ens a se" o "ens per essentiam", en

base a la distinción aristotélica entre acto y potencia; y por otro, la causalidad divina universal: Dios es causa eficiente, ejemplar y final de la creación.[44]

Como consecuencia:

1. Propone una definición precisa del acto creador.

2. Es clara la distinción entre Dios y el mundo: hay una relación asimétrica.

    - Dios es imprescindible para que exista el mundo.
    - El mundo es accidental para Dios.

3. Se establece la diferencia neta entre la creación como efecto de la causa universal ("ex nihilo"), y la acción de las causas segundas.

4. También se considera la acción trinitaria en la creación (relación con las procesiones por vía de entendimiento y de voluntad).[45]

5. Se pueden descubrir "vestigios" de la Trinidad en la obra creada.

    - Hay huellas trinitarias en la creación.
    - Pero no es aceptable el simbolismo de San Buenaventura.
    - Es necesario tener en cuenta las realidades de la analogía (relación de semejanza y desemejanza entre Dios y el mundo), y del ejemplarismo (autonomía relativa de las cosas creadas).

6. La causalidad divina no anula sino que permite la causalidad perfectiva de las creaturas, porque realizan su fin específico, tienden a su fin último y colaboran con Dios.

---

[44]Santo Tomás de Aquino: *Summ. Theol.* I\ua, q. 44, a. 1, 3 y 4.

[45]Santo Tomás de Aquino: *Summ. Theol.* I\ua, q. 45, a. 6.

3.10. SANTO TOMÁS DE AQUINO

7. Hay una visión positiva de la conservación y del gobierno del mundo, en contra del fatalismo árabe.

El Aquinate consigue una presentación y profundización en los temas de creación que no ha sido superada. Como dice I. Valbuena:

> "Santo Tomás ha tratado este punto en todas sus obras con una elevación nunca superada por la razón humana, presentando la creación como el hecho exclusivo de la actividad infinita del Ser supremo, único poder capaz de salvar el inmenso vacío que separa a la nada de la existencia, y que obra libremente sin depender de cosa alguna en absoluto. El extraordinario interés, que le mereció el problema de la creación se revela manifiestamente en el hecho de que no sólo se enfrentó con dicho problema en todas sus obras principales, como en el *Comentario a las Sentencias*, en las dos *Sumas*, en las *Cuestiones disputadas*, etc., sino que lo discutió detalladamente en escritos especiales, como en *De aeternitate mundi*, *De substantiis separatis*, en el *Quodlibeto* 3, en el *Quodlibeto* 12 y en otros lugares."[46]

---

[46] I. Valbuena: *Introducciones...*, cit., pág. 474.

Capítulo 4

Construcciones erróneas y heréticas sobre el misterio de la creación

En este capítulo se van a presentar los datos básicos de la historia del pensamiento humano (sobre todo en el entorno de la cultura europea), sobre el misterio del origen del mundo y de los otros temas que aborda el presente tratado, que no son aceptables desde la sana doctrina ortodoxa. Será una presentación relativamente breve porque se supone que la mayoría de estos autores han sido debidamente estudiados en el ciclo de Filosofía.

4.1 Cuadro resumen

Sirva como introducción general el siguiente cuadro–resumen, donde se exponen de modo cronológico las posturas de los principales pensadores que sobre el tema que nos ocupa sostuvieron ideas equivocadas, señalando su época, el nombre del autor, el error que sostuvo y el principio de teología ortodoxa que se opone a tal error.

SIGLO	AUTOR	ERROR	ORTODOXIA
S. V–IV a. Jc.	Pensamiento griego	Tiempo eterno y cíclico – materia eterna – Dios separado	Tiempo creado y lineal – "ex nihilo" – Providencia
S. II a. Jc.	Gnósticos	Dualismo: la creación material es mala – emanatismo	Bondad de la creación – "ex nihilo"
S. IV – V – VI d. Jc.	Controversias trinitarias	Generación es igual que creación	Creación no es igual a Generación divina – Sentido soteriológico de la creación –Teología del mal – Providencia
S. IX d. Jc.	Escoto Erígena	Panteísmo	Analogía del ente – ente contingente – participación
S. XI d. Jc.	Cierta escolástica	Tratado de creación como teodicea	Insistencia en el misterio
S. XIV d. Jc.	Escolástica decadente y Echkart	Voluntarismo (no hay conexión entre fe y razón; Dios es absolutamente libre) – Panteísmo	No hay separación radical entre fe y razón, y sí analogía y participación

4.1. CUADRO RESUMEN

SIGLO	AUTOR	ERROR	ORTODOXIA
S. XVI d. Jc.	Lutero	Pesimismo radical	La creación está herida por el pecado, pero no corrompida
Edad moderna	Pensamiento moderno, racionalista y empirista	Cosmos independiente o panteísta – mecanicismo	Dios y su correcta relación con la creación
S. XVII d. Jc.	Spinoza	Panteísmo	La creación no es Dios
S. XVII d. Jc.	Leibniz	El mejor mundo posible	Libertad de Dios al crear
S, XVIII d. Jc.	Kant	Agnosticismo radical y teísmo práctico	Racionalidad del acto de fe en la creación
S. XVIII d. Jc.	Hermes	Fin de la creación: el 2º es el 1º	Fin primario de la creación: la gloria de Dios
S. XIX d. Jc.	Schleiermacher	La propia experiencia del acto creador	Es algo objetivo más allá del hombre
S. XIX d. Jc.	Idealismo	Panteísmo idealista	Analogía y participación entre Dios y el mundo
S. XIX d. Jc.	Günther	No libertad de Dios al crear	Libertad divina

SIGLO	AUTOR	ERROR	ORTODOXIA
S. XIX d. Jc.	Materialismo y ateísmo	Dios no existe – materia eterna	Existencia del Dios creador – Creación "ex nihilo" y en el tiempo
S. XX d. Jc.	K. Barth	No importancia del tratado de creación en favor de la Cristología	Importancia en sí del tratado
S. XX d. Jc.	R. Bultmann	Agnosticismo y existencialismo	Valor de la creación objetivamente considerada
S. XX d. Jc.	Process Theology	Historicismo y actualidad del acto creador	Valor de la creación en sí – Independencia de Dios – Libertad de Dios – "Ex nihilo"
S. XX d. Jc.	Neomodernismo (Theilhard de Chardin)	lenguaje ambiguo que pone en cuestión toda la teología de la creación	Necesidad de afirmar los grandes principios de la teología creacionista

4.2 Pensadores griegos pre–cristianos

En general el pensamiento griego se caracteriza por los rasgos siguientes:

1. Es desconocida la idea de la creación.

2. El mundo es "generado" no creado, explicándolo por medio de:

    (a) Mitos de tipo religioso.
    (b) Ideas emanatistas: el mundo emana de la sustancia divina, con muy diversas explicaciones.

3. Los dioses se involucran física o corporalmente en el origen del mundo.

4. El eterno retorno: el tiempo es cíclico y eterno.

5. Dios, en último término, no es trascendente ni diferente del mundo.[1]

Entre los principales filósofos se pueden destacar a Platón, Aristóteles y los Estoicos:

1. Platón (428–348 a. Jc.), afirma la existencia de un *demiurgo*, un semidiós, que forma el mundo de materia informe e ideas divinas.

2. Aristóteles (384–322 a Jc.), sostiene la realidad del *Primer Motor Inmóvil* que operaría la realidad del universo a partir de:

---

[1] Cfr. A. H. Armstrong y R. A. Markus: *Fe Cristiana y Filosofía Griega*, Barcelona, 1964, págs. 11 y ss.; J. Morales: *El Misterio...*, cit., págs. 63–64; L. A. Aguirre Martínez: *La noción cristiana de creación y la filosofía griega. De Étienne Gilson a Giovanni Reale*, Universidad de La Sabana, Bogotá 1998.

(a) La materia eterna.

(b) La divinidad es solo causa final: las cosas aspiran consciente o inconscientemente a la perfección divina.

(c) Dios es un ser despreocupado de este mundo: puro pensamiento, inmóvil, solo piensa en Sí mismo.

3. Para los Estoicos, la causa de nuestro universo son las *razones seminales*. Caen en una especie de panteísmo:

(a) Dios es energía material inmanente al mundo.

(b) El mundo se expande por el desarrollo de las razones seminales.

4.3 Pensadores judíos

Baste con señalar las principales tesis de Filón de Alejandría (+ ca. 40 o 50 d. Jc.),[2] quien intenta explicar la fe judía con las ideas filosóficas y científicas de su tiempo.

Al hacerlo corrige ideas platónicas, por lo que el demiurgo platónico en Filón es un verdadero creador "ex nihilo", que no actúa a través de seres intermediarios sino que crea directamente las cosas.

Aunque Filón utiliza para sus explicaciones los tres principios platónicos (demiurgo, materia informe e ideas divinas), sin embargo cambia por completo el sentido originario de los mismos, ya que el demiurgo es el único creador de la nada, quien crea los otros dos principios

---

[2]Luis Cencillo: *Filón de Alejandría*, en GER, Rialp, vol. X, págs. 161–162. G. Reale: *Filone di Alessandria e la Prima Elaborazione Filosofica della Dottrina della Creazione*, Paradox Politeia, Milan, 1979; S. Zañartu: *El origen del universo y del hombre según Filón de Alejandría en su libro "De Opificio Mundi"*, en "Teología y Vida" 22 (1981) 31–50.

4.3. PENSADORES JUDÍOS

(materia y formas), que luego utiliza para crear el mundo que conocemos. El Alejandrino resumirá en cinco grandes principios la enseñanza sobre la creación que nos transmitió Moisés:

> "...ciertamente aquél que ha captado estas cosas, no tanto por el oído cuanto por la inteligencia, aquél que ha grabado en su alma estas ideas admirables y deseables: que Dios existe y reina, que este ser verdadero es uno, que Él ha hecho el mundo y que Él lo ha hecho único, como he dicho, imprimiéndole su propia semejanza en cuanto a la unicidad, y que Él es siempre la providencia de lo que Él ha creado: éste vivirá una vida de felicidad y dicha, marcado por las enseñanzas de la piedad y de la santidad".[3]

Zañartu señala que se pueden resumir en cinco grandes puntos la enseñanza de Filón sobre la creación:

1. "Filón no es un autor del todo preciso. Así, no quedan claras en esta obra: la naturaleza y función del Logos, la eternidad de la materia, la diferencia entre la creación genérica y específica, la naturaleza e inmortalidad del alma, la relación entre la historia del Génesis y sus aplicaciones alegóricas al hombre, etc.

2. El Dios de Filón es un arquitecto y un rey. Ama al hombre, su pariente. Es providente, y no sólo mediante la creación y leyes del universo, que es una gran ciudad, sino también a través de los castigos. Prepara un festín y un espectáculo. Modela con sus manos el cuerpo humano, con un arte extraordinario. Pero

---

[3] Filón de Alejandría: *De Opificio Mundi* (en Les oeuvres de Philon d'Alexandrie, 1), Paris, 1961, pág. 172.

poco insiste Filón en esta obra en la trascendencia de Dios, que por lo demás parecería comprometida por los colaboradores y por la materia. Tampoco destaca, en la forma que lo hará S. Basilio, el poder de su mandamiento.

3. En la creación es decisivo el concepto de modelo, según el cual se copian las imágenes. El proceso de la creación es de una concatenación maravillosa. Lo creado conforma una gradación compleja y contrapuesta. Dejando a un lado el mundo inteligible y la creación de lo genérico, el universo sensible forma un conjunto único. Está unido por una simpatía común. Lo terrestre depende de los seres celestiales, que son más divinos. Pero éstos sirven a su vez al conjunto y al hombre, que es el rey del mundo sublunar. La ley que rige este universo es la de la naturaleza; todo se conforma a los números. Todo es bello y ordenado como en una gran ciudad. Pero en la armonía que Filón describe, los astros impiden que todo se centre en el hombre. Habrá, pues, una escala cósmica de ascenso, y más allá de los astros que se contemplan, se penetra en lo inteligible y se puede llegar hasta cierta presencia del mismo Dios.

4. El hombre parece estar en el centro de este libro de Filón. Por su intelecto se diferencia de los animales y es imagen de Dios. Es el rey de la creación, como lugarteniente de Dios. Está expuesto, como Adán, a la caída y al castigo. Su felicidad consiste, moderando las pasiones, en la vida virtuosa, en la filosofía, por la que adquiere la inmortalidad y puede llegar al éx-

tasis. Filón describe la tentación que opera a través de la sensación, pero al hacer residir el pecado en la inteligencia y la razón, no afina el concepto de libertad. Tampoco hay una concepción colectiva, salvo el llamar a Adán Padre y Fundador respecto a una humanidad que va decayendo progresivamente. Menos aún postula Filón una redención colectiva. Presenta sí el fundamento para la práctica de la Ley. Pero poco habla aquí de la piedad respecto a Dios.

5. En síntesis, desde el punto de vista judío, Filón ha helenizado la Biblia, reflejando en parte la cultura filosófica de su tiempo. Si partimos del Timeo de Platón, ha dado sólidos pasos hacia la concepción bíblica y cristiana. Quizás una mayor trascendencia del Dios creador ha permitido un mejor antropocentrismo".[4]

4.4 Gnosticismo

Esta compleja y actualísima herejía,[5] sostuvo ideas contrarias a la creación cristiana. Eran dualistas y contraponían al Dios creador con el Dios redentor, el Antiguo Testamento con el Nuevo Testamento y la teología de la creación con la teología de la cruz.

Entre el Dios Uno y Bueno por un lado, y la materia por otro, está el pleroma o mundo intermedio suprasensible con eones (semidioses) emanados del Dios Uno. Uno de esos eones, el Demiurgo (al que se le

---

[4]S. Zañartu: *o. c.*, págs. 49–50.

[5]Ver la sección correspondiente a este pensamiento en el Tratado de Dios Uno y Trino. Cfr. J. A. Sayés: *Teología de la Creación*, cit., págs. 58–59; R. M. Grant: *Gnosticism and Early Christianity*, Columbia University Press, New York, 1966; G. Bareille: *Gnosticisme*, en DTC, vol 6, 1434–1467; J. Quasten: *Patrology*, vol 1, págs. 254–277; L. Scheffczyk: *Histoire...*, cit., págs. 72–76.

hace coincidir con el Dios del Antiguo Testamento) creó la materia que constituye el mundo. Con diferentes explicaciones, se hace llegar a la materia una chispa de ese mundo superior, y existe en algunos hombres (los espirituales, que son los únicos que se salvan; no los carnales ni los psíquicos). Otro de los eones, Cristo, bajó al mundo material, se unió a Jesús tomando un cuerpo aparente y vivió y murió para enseñar a los hombres espirituales a liberarse de su parte material, y poder salvarse. El Dios creador del mundo material es rechazado como deidad negativa e inferior.

El mundo material es consecuencia de un pecado surgido de los eones divinos, y es considerado negativamente, algo que tiene que desaparecer en el futuro.

Como dice Mateo–Seco refiriéndose a los gnósticos heterodoxos:

> "Sostienen... el equivocismo entre el mundo y Dios, a quien consideran lo absolutamente otro, llamándole 'el no-ser',[6] y no entienden el concepto de creación *ex nihilo*, viéndose forzados a aceptar la emanación, considerando al gnóstico como 'chispa' desprendida de la Divinidad, y situando la 'caída' en el seno mismo de la Divinidad en el pecado de la Sophia divina. Para ello no tienen más remedio que privar al pecado de su cualidad de acto responsable y libre y entenderlo como dialéctica necesaria del espíritu, que ha de tomar conciencia de sí mismo a través de la experiencia de lo que le es ajeno. Es elocuente que Heracleón presente a la samaritana como encarnación del ideal gnóstico ante la gran sorpresa de Orígenes, que no entiende por qué Heracleón dice que no pecó.[7] Si el pecado es un error inevitable y la salvación el despertar de

---

[6]Hipólito, *Syntagma*, VII, 21 (*P. G.*, 16/III, 3303).
[7]Cfr. *Comm. in Joh.*, XIII, 11 (*P. G.* 14,415).

ese error, les sobra el sacrificio del Redentor, la Redención y el sacerdocio. Finalmente, dada su concepción de la materia como mala, pervierten la escatología, negando la resurrección de los cuerpos, y afirmando que el mundo será aniquilado".[8]

4.5 Herejes en las controversias trinitarias

Los herejes que sostuvieron el arrianismo[9] identificaban la generación intradivina del Verbo con una creación. Ambos, creación y generación, serían obras "ad extra" de Dios. El Verbo sería la primera de las criaturas de Dios, creada antes de las demás cosas, instrumento para la creación de las mismas. Por eso se le podría llamar *dios*, pero nunca como a Dios–Padre, nunca coeterno ni tampoco "homoousios", consubstancial, al Padre.

Es evidente el error de confundir generación intradivina, con la creación o producción "ad extra".

4.6 Escoto Erígena

Juan Escoto Erígena (810–877)[10] parece proponer una visión panteísta de las relaciones entre Dios y el mundo. Su pensamiento se nutre de las ideas del Pseudo–Dionisio y de una metafísica neoplatónica.

---

[8]L. F. Mateo–Seco: *Gnosticismo*, en GER, vol. XI, pág. 63.

[9]Cfr. Juan A. Jorge: *Dios Uno y Trino*, cit., págs. 193–208; 247–252.

[10]J. Lomba Fuentes: *Escoto Eriúgena, Juan*, en GER, Rialp, vol. VIII, págs. 801–802; É. Gilson: *History...*, cit., págs. 113–128; U. Galeazzi: *Dio e Mondo in Giovanni Scoto Erigena*, en "Rivista di Fil. Neo–Scol." 58 (1966) 629–652; J. F. Ortega: *El Panteísmo de Juan Escoto Erígena*, en "La Ciudad de Dios" 198 (1985) 33–70; L. Scheffczyk: *Histoire...*, cit., págs. 115–119.

Defiende una corriente no dualista, sino monista, de las relaciones entre Dios y el mundo. No consigue una presentación ortodoxa de la correlación entre Creador y creatura, infinito y finito, generación y creación, libertad y necesidad. Da la impresión de que en su pensamiento, la producción de los seres creados estuviera unida necesariamente a la generación eterna del Hijo. La creación de la nada no aparece tampoco clara, ya que "nada" para este pensador no es la total ausencia de causa material, sino que las creaturas no tienen otra razón de existencia que el ser divino, con lo que Dios es causa ejemplar y eficiente, pero también un sustrato material originario.[11]

É. Gilson ha descrito muy bien el proceso creador en Escoto Erígena:

> "La creación propiamente llamada así es la obra del Padre y consiste en producir las Ideas divinas en el Hijo... Todos los seres están implícitamente contenidos en las Ideas divinas en sus causas universales. Todo lo que queda por ser realizado para producir el mundo como nosotros lo vemos es permitir que las Ideas externalicen su contenido desde lo universal a lo particular. Mediante un continuo proceso de división que sigue un orden jerárquico descendente, los géneros siguen a las Ideas; después, de los géneros siguen los sub–géneros, luego las especies y, finalmente, las sustancias individuales. Esta emanación de lo múltiple desde lo Uno es obra de la Tercera Persona de la Santísima Trinidad, del Espíritu Santo. Él es el fecundador y distribuidor de la generosidad divina. Y así cada criatura, reproduciendo de su modo propio la imagen de Dios, es definida por una trinidad constitutiva: esencia, que co-

---

[11]Cfr. Juan Escoto Erígena: *De Divisione Naturae*, 3, 16. 19.

rresponde al Padre; virtud activa, que corresponde al Hijo; y operación, que corresponde al Espíritu Santo".[12]

4.7 El Maestro Eckhart

Este místico alemán, muerto en 1327,[13] presenta un pensamiento oscuro y difícil, que ha sido frecuentemente interpretado como panteísta. En efecto, el ser de las cosas sería el mismo ser de Dios y no un ser participado. Dios no es contrario o distinto de las cosas, sino la unidad de los contrarios en el mundo: Dios se desborda en su ser y aparecen las cosas; la creación no es libre, sino un proceso de producción necesaria. Tal vez, su pensamiento esté influenciado por la impronta mística de su personalidad: el alma se siente una con Dios, y así también toda la creación.

4.8 Nominalistas del s. XIV

Estos pensadores de la escolástica decadente, anuncian la crisis que se avecina para la teología de la creación tanto en el Renacimiento como con la Reforma.[14]

La raíz de este pensamiento se encuentra en su gnoseología: aceptan un escepticismo general que acaba con la armonía entre razón y fe

---

[12]É. Gilson: *History...*, cit., págs. 119–120; J. Escoto Erígena: *De Divisione Naturae*, III, 23; V, 15; II, 22–23

[13]J. Lomba Fuentes: *Eckhart, Maestro*, en GER, Rialp, vol. VIII, págs. 184–186; B. J. Muller Thym: *The Establishment of the University of Being in the Doctrine of Meister Eckhart of Hochheim*, Kessinger Publishing, New York, 1939; É. Gilson: *History...*, cit., págs. 438–442; L. Scheffczyk: *Histoire...*, cit., págs. 176–171.

[14]Cfr. J. Morales: *El Misterio...*, cit., pág. 86; É. Gilson: *History...*, cit., págs. 489–545.

que se había alcanzado con la Escolástica clásica. La razón nada tiene que decir a la fe, que solo se nutre de la voluntad y el sentimiento.

Aceptan el principio de la *potencia divina absoluta*, es decir del todo arbitraria, sin límite alguno que no sea el principio de no contradicción, ni relación con la esencia divina, con lo que se despoja a la omnipotencia divina de fundamento racional.

En consecuencia se produce una separación radical entre Dios y las creaturas. Se instala el reino de la arbitrariedad, y no hay motivo que sustente la fe que queda convertida en una pura sumisión a la autoridad de Dios.

Por otro lado, toda referencia de la creación con la *Historia Salutis* desaparece, con lo que se inician las tensiones entre la creación y la Redención.

4.9 Nicolás de Cusa

Este filósofo (1401–1464)[15] sostiene un optimismo absoluto cosmológico. Mantiene una posición unitaria, que hace de Dios *la coincidencia de opuestos*, y acaba cayendo en un panteísmo.

Dios es la síntesis de contrarios, de la unidad y de la multiplicidad a la vez. Por eso Dios no es captado en ningún objeto porque ningún objeto se limita, por eso Dios es *lo no otro*, lo cual expresa un doble significado:

1. Que Dios no se ha separado del mundo, sino que es aquello que constituye su propio ser.

2. Al anunciar el no otro, está anunciando: Que la unidad no se encuentra determinada en nada concreto.

---

[15]Cfr. Wolfgang Strobl: *Nicolás de Cusa (Nikolaus Schiffers)*, en GER, vol. XVI, págs. 814–816; É. Gilson: *History*..., cit., págs. 534–540; L. Scheffczyk: *Histoire*..., cit., págs. 171–173.

"Dios es todo en el todo y no es sin embargo nada en el todo".

4.10 Martín Lutero

El fundador del protestantismo (1483–1546),[16] siendo enemigo de la razón en teología y muy influenciado por su concepción pesimista de la naturaleza caída por el pecado,[17] concebirá que la teología de la creación debe subordinarse a la de la Redención, ocupando la *theologia crucis* un lugar destacado en su edificio teológico.

Concibe el "ex nihilo", más que como una manifestación de la importancia y objetividad de las obras de Dios, como una proclamación del poder supremo de Dios.

Estos principios se plasman en una concepción *actualista* de la creación que dependerá siempre, continua y directamente de la Palabra divina creadora, pues la creación no tiene consistencia ni estabilidad, con lo que el concepto de libertad humana queda muy disminuido y el de providencia también, ya que no existe un ser creado permanente y estable que deba ser orientado a un fin concreto.

4.11 Los inicios del pensamiento moderno

El humanismo y los inicios de la ciencia moderna afectarán mucho al tratado que aquí se estudia. En efecto:

1. Por un lado, el antropocentrismo y el naturalismo despiertan un gran interés por la naturaleza en sí.

---

[16]Cfr. Erwin Iserloh: *Lutero y Luteranismo*, en GER, Rialp, vol. XIV, págs. 627–636; L. Scheffczyk: *Histoire...*, cit., págs. 178-181.

[17]Recuérdese su angustia ante la realidad del pecado, la visión del mundo como realidad pervertida al ser dominado por el mal, etc.

2. El mundo se ve como un "cosmos" y se entiende más como *naturaleza* que como *creatura*. El mundo se concibe como un absoluto que se explica y basta a sí mismo. La naturaleza es creadora y no puede circunscribirse a ningún sistema preestablecido.

3. La teología correcta de la creación es enfrentada desde varios campos:

    (a) Desde la filosofía (Spinoza).

    (b) Desde la cultura (Goethe).

    (c) Desde la teología (el movimiento deísta).

4. El mecanicismo se impone poco a poco. Este modo de pensamiento se aparta de la ortodoxia:

    (a) El mundo aparece como una totalidad, independiente y regido por sus propias leyes, que son regulares y constantes en su funcionamiento.

    (b) Tendencia a reducir el proceso natural a un proceso físico; éste a un proceso mecánico; y este último a un proceso matemático.

    (c) La materia es:
        i. Masa pasiva e inerte.
        ii. En extensión infinita y divisible.
        iii. Su organización es puramente accidental.
        iv. Diferenciada en cuerpos individuales que cambian con el movimiento.

    (d) El mundo es autónomo.

    (e) Se prescinde de Dios, que aparece como innecesario.

4.12 Baruc Spinoza

El filósofo Spinoza (1632–1673)[18] sostendrá el panteísmo. En efecto, el universo es una extensión infinita, homogénea y con leyes eternas. El conocimiento verdadero es llegar a conocer las leyes eternas, elevándose desde las modalidades sensibles y pasajeras.

Para Spinoza toda distancia entre Dios y las creaturas es artificial. La eternidad de Dios se despliega en la eternidad del mundo; Dios es la causa de todas las cosas y todas las cosas están en Dios.

4.13 Leibniz

Gottfried Wilhelm Leibniz (1646–1716)[19] sostuvo un optimismo ontológico y axiológico que se definía por los siguientes parámetros:

1. En general, sostiene que la voluntad divina está determinada por el principio racional de hacer siempre lo mejor. También intenta salvar la distancia creada por el pensamiento racionalista entre la "res cogitans" y la "res extensa" con la teoría de la armonía preestablecida.

2. Sostiene la tesis de la creación por Dios del mejor de los mundos posibles, eliminando de Dios tanto la libertad para no crear, como para elegir cualquier otro mundo.

3. El mal se justifica como necesario y catalizador de un mundo armónico.

---

[18] Para más detalles, J. García López: *Spinoza, Baruc*, en GER, Rialp, vol. XXI, págs. 648–650; L. Scheffczyk: *Histoire...*, cit., págs. 192–194.

[19] José Luis Mancha: *Leibniz, Gottfried Wilhelm*, en GER, Rialp, vol. XIV, págs. 98–102; L. Scheffczyk: *Histoire...*, cit., págs. 194–195.

4.14 Enmanuel Kant

El famoso filósofo de Königsberg (1724–1804)[20] sostuvo que la consideración teórica sobre la creación era un sinsentido. Partiendo de su intento de síntesis entre el racionalismo (que defendía el apriorismo de las ideas innatas) y el empirismo (que sostenía que el único pensamiento válido era el de la experiencia sensible), distinguió entre el mundo fenoménico o sensible y el inteligible o nouménico. No conocemos en verdad sino por este último, por lo que la persona cognoscente se queda aislada de la realidad y la metafísica se torna imposible. De estos presupuestos, se siguen las siguientes consecuencias:

1. El mundo es una forma mental puramente aparente que excede las posibilidades de la experiencia y es indemonstrable como un existente real. El mundo en sí no es accesible para la mente por la razón teórica.

2. A Dios llegamos solo con la razón práctica, como necesario para la existencia de la moral, y no puede ser relacionado con el mundo de los hechos y de la experiencia sensible.

3. Como consecuencia, Dios no es objeto de la razón teórica, nada se puede saber del "mundo en sí" y la investigación sobre el origen del mundo queda en manos de las ciencias exactas.

La influencia del pensamiento de Kant en los siglos posteriores será muy señalada, haciendo que la religión se recluya al ámbito de la sensibilidad interna y personal, y excluyéndola de cualquier interpretación del mundo real.

---

[20] A. Llano Cifuentes: *Kant, Immanuel*, en GER, Rialp, vol. XIII, págs. 723–729.

4.15 G. Hermes

El pensamiento de este teólogo (1775–1831)[21] sobre la creación cae en el error como consecuencia de su intento de construir una teología sobre la base de la metafísica kantiana. En efecto:

1. Como principios generales, considera, por un lado, que los misterios del cristianismo solo pueden ser aceptados por la razón práctica al ser impenetrables a la razón especulativa; por otro, que el acto de fe no se basa en la autoridad de Dios que revela, sino en que sea concorde con las exigencias morales del imperativo categórico de Kant.

2. El fin de la creación, por exigencia de la moral, tiene que ser la perfección ética de las creaturas y no la gloria divina, ya que, de otro modo, Dios sería un egoísta.

4.16 F. Schleiermacher

Este pensador (1768–1834)[22] que acusa la influencia de Spinoza, cae en el inmanentismo, con lo que afirma que todas las cosas subsisten como si fuera una sola. La idea de *Dios* está muy relacionada con la idea de *mundo*. El concepto de *Dios* manifiesta lo que nuestro entendimiento estructura como unidad; en cambio, la idea de *mundo* expresa lo que nuestro entendimiento estructura como múltiple. Dios es el término "a quo" (trascendental que implica la unidad); el mundo es el término "ad quem" (trascendental que implica la multiplicidad).

---

[21] J. M. G. Gómez–Heras: *Hermes, Georg*, en GER, Rialp, vol. XI, pág. 709; L. Scheffczyk: *Histoire...*, cit., págs. 225–228.

[22] I. Escribano Alberca: *Schleiermacher, Friedrich Ernst*, en GER, Rialp, vol. XXI, págs. 54–56; J. E Thiel: *Schleiermacher's Doctrine of Creation and Preservation*, en "Heythrop Journal" 22 (1981) 32–48.

Como consecuencia, la distinción entre Dios y el mundo es funcional y no real. La idea de creación se disuelve, para pasar a tener gran importancia la de conservación, que explicaría la íntima relación entre Dios y el mundo.

4.17 El idealismo

El pensamiento idealista también concebirá el misterio del origen del mundo y de las cosas de un modo erróneo. Entre sus principales representantes se pueden citar:

G. F. Hegel (1770–1831).[23] Es el fundador de la dialéctica (tesis – antítesis – síntesis, como clave de explicación de todo) que lleva su nombre. La fe no tiene autonomía como fuente de conocimiento, sino que es parte de un proceso dialéctico ya superado.

Aunque rechaza el emanatismo neoplatónico, Hegel se refiere a la creación *de la nada*, pero concebida como un momento negativo de la divinidad en su pensamiento y en su acto de ser en sí: la *nada* no es sino el Espíritu mismo que se despliega a partir de Sí, con lo que se reinterpreta el "ex nihilo" de un modo tal que en realidad lo suprime.

También erró Hegel en su concepción de la libertad del acto creador. La libertad de Dios es absoluta, pero al mismo tiempo también existe una necesidad de la creación como momento del desarrollo dialéctico de la divinidad. Con lo cual, Hegel acaba en:

---

[23]Cornelio Fabro: *Hegel, Georg Friedrich Wilhelm*, en GER, Rialp, vol. XI, págs. 633–637; A. Chapelle: *Hegel et la Religion, vol. 2: Dieu et la Création*, Editions Universitaires, Paris 1967, págs. 111–237.

4.17. EL IDEALISMO

1. La inmanencia de Dios en este mundo: Dios no es sin este mundo.

2. La negación de Dios como causa primera perfecta en sí, sin necesidad de desarrollo ulterior.

3. El olvido del acto creador como acto de amor.

F. G. Schelling (1775–1854).[24] Aunque su filosofía parece aceptar la idea de la creación, sin embargo su sistema de ideas no abandona nunca el idealismo y el sentido panteísta.

Schelling parte del principio de que del Absoluto no puede devenir nada finito de modo inmediato, por lo que, aunque intenta salvaguardar la autonomía divina con respecto al mundo, sin embargo su concepto del "ex nihilo" es ambiguo. Del mismo modo, aunque intenta sustentar la libertad divina de crear, sin embargo ésta queda oscurecida cuando se ve el proceso desde la divinidad.

Hay dos ideas en este filósofo que lo hace permanecer en el conjunto de pensadores panteístas: su concepción de Dios como alma del mundo, y su noción de revelación cósmica e histórica de la vida divina.

---

[24]Herve Pasqua: *Schelling, Friedrich Wilhelm*, en GER, Rialp, vol. XXI, págs. 45–47; E. Brito: *La Création chez Hegel et Schelling*, en "Revue Thomiste" 87 (1987) 260–279.

4.18 A. Günther

Este teólogo católico (1783–1863)[25] se dejó influenciar por el pensamiento idealista, y afirmó una cierta necesidad en Dios en la creación del mundo.

Aunque Dios no se puede identificar con el mundo por ser una realidad infinita, sin embargo:

1. En su infinita inteligibilidad y autoconciencia conoce los seres que no son conscientes y los que son limitadamente conscientes.

2. Dios sabe que si crea, ha de hacerlo de la nada y no por emanación de tipo panteísta.

3. Dios es pues *necesariamente* el posible creador libre de un universo finito de espíritu y materia.

En conclusión, su concepción acaba por no delimitar bien la libertad creadora de Dios.

4.19 Teología Protestante moderna

En general se puede afirmar que su concepción es lógica consecuencia de sus postulados teológicos más importantes:

1. La naturaleza está corrompida radicalmente como consecuencia del pecado.

2. El principio de la "sola gratia" (no a la naturaleza).

3. El principio de la "sola fides" (no a la razón; no a la analogía).

---

[25]I. M. G. Gómez–Heras: *Günther, Anton*, en GER, vol. XI, pág. 488; L. Scheffczyk: *Histoire...*, cit., págs. 228–231.

4.19. TEOLOGÍA PROTESTANTE MODERNA

A modo de ejemplo de este modo de pensar, baste citar a algunos de los teólogos más connotados:

1.– Karl Barth (1886–1968).[26] Este teólogo calvinista se enfrentará al subjetivismo de Schleiermacher, pero también rechazará el planteamiento ontológico y realista del catolicismo. Su propuesta será construir una consideración del mundo, no como cosmología, sino como una realidad cristocéntrica a la que hay que estudiar desde la sola fe. Esta apuesta tiene consecuencias inevitables. A saber:

- Se desvaloriza tanto el acto creador, como la relación entre el Creador y la creatura.

- No se percibe la relación entre la creación y la Alianza, potenciando esta última y rechazando todo uso de la analogía para llegar a Dios.

- La creación es teológicamente irrelevante, una pura condición para la existencia del hombre sin relación alguna con la Historia de la Salvación.

- El único interés del estudio de la creación, es su aspecto cristológico.

2.– Paul Tillich (1886–1965).[27] El pensamiento de éste teólogo luterano se sustenta sobre la filosofía idealista y existencialista. Se ha apreciado en él una tendencia panteísta, que desdibuja la personalidad divina, ya que Dios no se concibe como persona, sino como el sustrato de toda realidad personal.

---

[26] Cfr. W. A. Whitehouse: *Karl Barth on 'The Work of Creation'*, en "Reckoning with Barth", ed. N. Biggar, London 1988, 43-57.

[27] Cfr. J. L. Illanes: *La Teología Sistemática de Paul Tillich*, en "Scripta Theologica" 6 (1974) 736 ss.

Por otro lado, Dios no es libre para crear, lo que supone un pensamiento cercano al gnosticismo: de alguna manera se percibe el mito de la caída y reintegración al ser, y el punto de vista negativo de la creación. La creación de Dios es más bien "creatividad".

3.- Rudolph Bultmann (1884–1976). Sobre el fundamento de la filosofía existencialista, este autor con su teoría de la desmitologización, propugna que la creación no significa otra cosa que la declaración de nuestra dependencia con respecto a Dios.

4.- The Process Theology. Esta escuela de pensamiento tiene su origen en la filosofía de Alfred North Whitehead. Los aspectos teológicos y filosóficos fueron desarrollados, entre otros, por Charles Hartshorne (1897–2000),[28] John B. Cobb,[29] y David Ray Griffin.[30]

Este pensamiento sigue las ideas del historicismo y rechaza la filosofía del ser —en particular la de Aristóteles y Santo Tomás de Aquino— siguiendo la del devenir. Y así, mientras centra su atención sobre la realidad del mundo creado, sin embargo vacía de contenido a la verdadera doctrina creacionista. En efecto:

1. El Creador está presente inmanentemente en la obra creada. Dios contiene el universo pero no es idéntico con él; Dios siempre ha estado relacionado con el mundo actual o con cualquier otro mundo, lo que denominan "panenteísmo" o "teocosmocentrismo".

2. La realidad no es el ser, sino el devenir. Como Dios interactúa con un mundo que cambia, Dios no es inmutable. Dios es

---

[28] Charles Hartshorne: *Omnipotence and Other Theological Mistakes*, Albany, State University of New York Press, 1984.

[29] John B. Cobb: *Doubting Thomas: Christology in Story Form*, New York, Crossroad, 1990.

[30] D. R. Griffin: *Process Theology: An Introductory Exposition, with John B. Cobb*, Philadelphia, Westminster Press, 1976.

4.19. TEOLOGÍA PROTESTANTE MODERNA

afectado por las acciones que ocurren en el universo a lo largo del tiempo, aunque otros atributos de Dios permanecen eternamente estables (bondad, sabiduría, etc.). Es el "teísmo bipolar" según el cual Dios tiene aspectos cambiantes (la existencia de Dios como el Dios Vivo) y aspectos inmutables (la esencia eterna de Dios).

3. Dios no es la causa del universo, sino que está en el proceso del origen del mundo.

4. Las creaturas contribuyen a la esencia divina mediante un intercambio universal realizado en la libertad.

5. Dios es potencialidad de perfección.

6. Dios no controla totalmente los acontecimientos o a los individuos, pero influencia el ejercicio de su libertad creada (que es absolutamente libre), ofreciéndoles posibilidades de actuación. Dios pone su voluntad en todas las cosas, pero no todo lo que ocurre se debe a la voluntad de Dios. Dios es persuasivo más que impositivo.

Tales principios suponen los siguientes errores:

1. No se acepta el "ex nihilo".

2. Se niega la libertad infinita de Dios para crear o no hacerlo.

3. No se acepta que la omnipotencia de Dios sea "coactiva".

4. El hombre participa en el acto creador.

5. Dios está en el mundo y no sobre él.

6. Dios no es sino un modelo para las relaciones interpersonales.

7. Se defiende el ecologismo exagerado.

4.20 El pensamiento modernista. Teilhard de Chardin

El Modernismo como movimiento herético de finales de siglo XIX y principios del XX, así como su epígono actual, que ha sido denominado el Neo–modernismo, sostienen unos principios que afectan profundamente a la ortodoxia del dogma de la creación. No es este el lugar para recordar sus principios fundamentales,[31] pero es esclarecedor mencionar a uno de los autores principales, considerado neo–modernista, cuyo pensamiento afecta particularmente al dogma de la creación y cuya influencia en la "Nueva teología" de su tiempo fue muy importante. Se trata de P. Teilhard de Chardin (1881–1955). De singular significación es su "El Fenómeno Humano".

Son muy importantes las conclusiones que aporta J. Meinvielle sobre el concepto de creación en Teilhard de Chardin:

> "La filosofía pagana, aun en su más alto exponente que fue Aristóteles, no logró alcanzar el concepto de creación. Santo Tomás establece cómo la creación es producción de un ser total y absolutamente de la nada, o sea de un ser que antes de su producción no solamente no tenía existencia en cuanto tal ser, sino que no preexistía en un sujeto o materia del cual pudiera ser sacado. Para alcanzar la noción de creación hay que comprender previamente la del ser en cuanto ser. Hay que remontarse a la Metafísica, al tercer grado de abstracción. Las causas segundas nunca operan el ser, en cuanto ser. Sólo son causas de tal ser; de la particularidad, en cuanto tal, de tal ser.

---

[31] Baste para el caso las consideraciones que se hacían en mi Tratado de *Dios Uno y Trino*, en el capítulo 4, sección 3.

4.20. EL PENSAMIENTO MODERNISTA

'Teilhard no alcanza la noción metafísica de ser. De aquí que hable de la conveniencia de sustituir la metafísica del unir a la del *esse*, como la física ha cambiado a la geometría.'[32] De aquí que no comprenda la noción de *creatio ex nihilo*. 'La creación instantánea, dice, del primer Adán me parece un tipo de operación ininteligible, al menos más bien que no se trate sino de una palabra que cubra la ausencia de todo esfuerzo de explicación.'[33]

Por ello, Teilhard busca una base para que opere el poder creador. Un Múltiple infinitamente disociado, una especie de pulverización infinita.[34] Es claro que no acaba de explicar en qué consiste la realidad, el ser, de esto que llama *Nada Creable*, o *Nada positiva*. 'Siendo el Múltiple, dice, (vale decir el no ser tomado en estado puro) la forma racional de una Nada creable (*creabile*), el acto creador no es inteligible sino como un proceso de acondicionamiento (*arrangement*) y de unificación.'[35]

Y Teilhard subraya su metafísica del unir en contraposición a la del *esse*. 'Lo que equivale a admitir, dice, que crear es lo mismo que unir. Y en verdad nada nos impide sostener que la unión crea. A los que objetan que la unión presupone elementos ya existentes yo recordaré que la física acaba de mostrarnos (en el caso de la masa) que,

---

[32] *Christianisme et Évolution*, citado por Guerard Des Leuriers: *La Démarche du P. Teilhard de Chardin*, en "Divinitas", abril 1959, pág. 227.

[33] *Réflexions sur le péché originel*, citado Ibíd.

[34] "La lutte contre la multitude", citado por Claude Tresmontant: *Introducción al pensamiento de Teilhard de Chardin*, Ediciones Taurus S. A., Madrid 1962, pág. 82.

[35] *Réflexions sur le péché originel*, citado por Guerard Des Lauriers: *La Démarche...*, cit, pág. 228.

experimentalmente (y aunque proteste el sentido común) el móvil no existe sino engendrado por su movimiento.'[36]

Hay en Teilhard un verdadero maniqueísmo, porque ese Múltiple, esa Nada positiva, no viene de Dios sino que es independiente de Él y se le opone como un principio a otro Principio. De aquí que Teilhard habrá de admitir luego, como veremos, la necesidad absoluta e inevitable del mal en la génesis del Universo.

Teilhard preveía los peligros de su posición y así escribe: 'No me disimulo que esta concepción de una especie de Nada positiva, base de la Creación, provoca objeciones graves. Por muy tendida que se la suponga en el no–ser, la Cosa disociada por naturaleza, requerida por la acción de la unión creadora, significa que el Creador ha encontrado, fuera de él, un punto de apoyo, o, por lo menos, una reacción. Ella insinúa así que la Creación no ha sido absolutamente gratuita, sino que representa una Obra de interés casi absoluto. Todo esto *redolet manichœismum...*'

Es cierto. ¿Pero es posible sinceramente, evitar estos escollos (o mejor, estas paradojas) sin caer en explicaciones puramente verbales?[37]

Es decir, Teilhard califica de puramente verbal la concepción metafísica de creación. Pero las consecuencias de su tesis son de una gravedad incalculable para el recto concepto de la naturaleza perfección del Ser divino y para la radical contingencia de la criatura".[38]

---

[36] *Ibidem*, pág. 228.

[37] Claude Tresmontant: *Introducción...*, cit., pág. 83.

[38] Julio Meinvielle: *La Cosmovisión De Teilhard De Chardin*, en "Estudios teológicos y filosóficos", año II, tomo II, nº 2, Buenos Aires 1960, págs. 107–133 (Cfr. su libro

4.20. EL PENSAMIENTO MODERNISTA

Por su parte D. Bourmaud,[39] afirmará que, más allá del lenguaje ambiguo, Teilhard caerá en un panteísmo, en la negación de la libertad creadora de Dios ("para ser Dios, debía crear el mundo") y de la distinción del natural y el sobrenatural, en la no aceptación del pecado original, etc. Von Hildebrand citará una frase que es bien significativa:

"No me hablen de ese hombre nefasto: lo echó a perder todo al inventar lo sobrenatural".[40]

Aunque en sus primeros escritos, Teilhard es discreto sobre su panteísmo, sus ideas fueron madurando y siendo más y más claramente expuestas. Véase:

"No me di cuenta de que, inevitablemente, a medida que Dios 'metamorfoseaba' el mundo, desde las profundidades de la Materia hasta las cimas del espíritu, el mundo, a su vez, debía 'endomorfizar' a Dios. Bajo el efecto mismo de la operación unitiva que lo revela a nosotros, Dios 'se transforma' en cierto modo al incorporarnos a sí".[41]

"No acepto la postura 'antipanteísta' que usted me atribuye. Al contrario, soy esencialmente panteísta de pensamiento y de temperamento; y toda mi vida la pasé pregonando que existe un verdadero 'panteísmo de unión', *Deus omnia in omnibus* (un pancristismo, diría Blondel) frente al seudopanteísmo de disolución, *Deus omnia*. Y por esto mismo no siento ninguna simpatía por el Creacionismo

---

del mismo título, en Buenos Aires, ed. Cruzada, 1960); y en "Diálogo" 40, (Mendoza dic. 2005), págs. 127–154.

[39]D. Bourmaud: *Cien Años de Modernismo*, Fundación San Pio X, Buenos Aires, 2006, págs. 229–246.

[40]D. von Hildebrand: *The Trojan Horse*, Franciscan Herald Press, 1967, pág. 227.

[41]Ph. de la Trinité: *Rome et Theilhard de Chardin*, Fayard, Paris, 1964, pág. 163.

bíblico, salvo en la medida en que éste establezca la posibilidad de unión. Dejando esto de lado, la idea de creación bíblica me parece infantil y antropomórfica".[42]

"Si como consecuencia de algún trastorno interior, llegara a perder sucesivamente mi fe en Cristo, mi fe en un Dios personal, mi fe en el Espíritu, me parece que seguiría creyendo en el Mundo. El Mundo (el valor, la infalibilidad y la bondad del mundo) es, en última instancia, la primera y única cosa en que creo... Me abandono a la fe confusa en un Mundo uno e infalible, donde quiera que me conduzca".[43]

En fin, su obra queda muy lejos del pensamiento verdaderamente ortodoxo. En 1958, el padre Janssens informó a la Compañía de Jesús, que un decreto del Santo Oficio, dirigido por el cardenal Ottaviani, requirió a las Congregaciones retirar de todas las bibliotecas las obras de Teilhard, porque los textos del jesuita "representan ambigüedades e incluso errores tan graves que ofenden a la doctrina católica" por lo que "alerta al clero para defender los espíritus, en particular los de los jóvenes, de los peligros de las obras de P. Teilhard de Chardin y sus discípulos".

L. Castellani[44] enumera en los siguientes puntos las fallas de su pensamiento desde una perspectiva católica:

1. El transformismo darwiniano dado como verdad cierta.
2. La negación de la Parusía o Segunda Venida de Cristo tal como la entiende la Iglesia.
3. La negación de la Redención por la obra personal de Cristo.
4. La negación del pecado original, a la manera de Pelagio.
5. Monismo materialista evolucionista parecido al de Spencer y Haeckel.
6. Panteísmo sutil a la manera de Bergson.

---

[42] Carta del 14 de enero de 1954, en Ph. de la Trinité: *Rome...*, cit., pág. 168.

[43] Teilhard de Chardin: *Comment Je Crois*, inédito, 1934, cit. por Ph. de la Trinité: *Rome...*, cit., pág. 190.

[44] L. Castellani, Dinámica Social, nº 63, Buenos Aires, noviembre 1955.

4.20. EL PENSAMIENTO MODERNISTA

7. Interpretación modernista de todos los sacramentos, empezando por la Eucaristía, a la manera de Guenther.

8. Negación del fin primario del matrimonio y constitución del fin primario del matrimonio en la "ayuda espiritual mutua de los esposos".

9. Aprobación de los medios contraceptivos en el matrimonio, a la manera de Malthus.

10. Negativa implícita de la autoridad de la Iglesia para definir, a la manera de Loisy, Tyrrel y otros.

En 1962, bajo Juan XXIII, la Congregación del Santo Oficio emitió otro *monitum* (advertencia) severo: "Varias obras del P. Pierre Teilhard de Chardin, algunas de las cuales fueron publicadas en forma póstuma, están siendo editadas y están obteniendo mucha difusión. Prescindiendo de un juicio sobre aquellos puntos que conciernen a las ciencias positivas, es suficientemente claro que las obras arriba mencionadas abundan en tales ambigüedades e incluso errores serios, que ofenden a la doctrina católica. Por esta razón, los eminentísimos y reverendísimos Padres del Santo Oficio exhortan a todos los Ordinarios, así como a los superiores de institutos religiosos, rectores de seminarios y presidentes de universidades, a proteger eficazmente las mentes, particularmente de los jóvenes, contra los peligros presentados por las obras del P. Teilhard de Chardin y de sus seguidores".[45]

José María Iraburu afirma que, "la rehabilitación de Teilhard de Chardin es imposible, considerando la enorme gravedad de sus errores".[46]

---

[45]S. Masala, Notario. 30 de junio de 1962. (AAS 54, 1962,526).

[46]J. M. Iraburu: *Lenguaje del P. Castellani – Teilhard*, en su página Web. "Reforma o Apostasía", 9 septiembre de 2009.

Capítulo 5

El Magisterio sobre el misterio de la creación

En el esfuerzo por conocer los datos teológicos necesarios para elaborar el tratado de creación, hemos recorrido la Sagrada Escritura y escuchado los testimonios de la Tradición, sobre todo de parte de los Santos Padres y escritores eclesiásticos más señalados. Nos queda ahora por recabar los datos del Magisterio.

5.1 Cuadro resumen

Conviene exponer los principales datos del Magisterio en una tabla, que sirva como perspectiva general, para después estudiar con más detalles cada una de sus intervenciones principales.

SIGLO	CONCILIO	D. S.	ERROR	ORTODOXIA
S. I–IV	Liturgia primitiva (rito bautismal, eucaristía, acta de los mártires, etc.)	—	—	Vivencia y proclamación sencilla y **unánime de la fe** en Dios creador
—	Símbolos primitivos orientales	—	—	El Padre es creador y el Hijo es agente del Padre
—	Símbolos occidentales hasta el s. III	—	—	No se menciona que el Padre sea autor de la creación (aunque implícito en el término "Padre")
—	Símbolos occidentales después del siglo III	D. S. 21	Errores y herejías trinitarias y cristológicas. En Dios *crear* y *engendrar* es lo mismo	* **El Padre** es creador. * Jesucristo es el Hijo único engendrado por el Padre
S. IV (a.325)	Nicea	D. S. 125	Arrio: el Hijo no es de igual naturaleza que el Padre: la *generación* entendida como *creación*	* El Padre crea (no un demiurgo, o un Hijo que no es consubstancial). * **El Hijo es incluido** en la obra creadora junto al Padre ("per quem omnia"), y Él es engendrado

5.1. CUADRO RESUMEN

SIGLO	CONCILIO	D. S.	ERROR	ORTODOXIA
S. VI (a.553)	Concilio de Constantinopla II	D. S. 421	Monofisismo	* **Cada Persona divina** tiene un papel en la creación: el Padre ("ex quo omnia"), el Hijo ("per quem omnia") y el Espíritu Santo ("in quo omnia"). *Primer Concilio que habla del papel creador del Espíritu Santo
S. VII (a. 638)	Concilio VI de Toledo	D. S. 490	—	**La Trinidad** es la creadora (las obras "ad extra" de la Trinidad son comunes)
S. XIII (a.1215)	Concilio IV de Letrán	D. S. 800	* Cátaros y albigenses: dos principios originantes de todo (uno bueno y otro malo, maniqueísmo); * creación a través de los ángeles; * creación eterna (Aristóteles); * creación a partir una materia eterna (Anaxágoras)	**Primer conjunto de verdades dogmáticas**: * Unidad del principio divino creador; * distinción entre Dios y el mundo; * creación "ex nihilo"; * naturaleza temporal del acto creador; * el acto creador abarca a todos los seres; * existencia y naturaleza espiritual de los ángeles; * los ángeles malos no lo fueron siempre
S. XIV (a.1329)	Constitución "In Agro Domino"	D. S. 959 ss,	Eckhart	Distinción entre Dios y el mundo

SIGLO	CONCILIO	D. S.	ERROR	ORTODOXIA
S. XV (a.1438–1445)	Concilio de Florencia	D. S. 1333	—	Recoge Letrán IV y libertad ("en el momento en que quiso")
S. XIX (a.1860)	Concilio Provincial de Colonia	—	Doctrinas filosóficas o teológicas del momento: * panteísmo; * idealismo; * deísmo; * no libertad creadora; * el mejor mundo posible; * fin de la creación	* Creación como **misterio**; * potencia creadora común a las distintas Personas divinas; * "ex nihilo"; * **libertad** del acto creador; * **fin** objetivo y subjetivo de la creación
(a.1870)	Concilio Vaticano I	D. S. 3001 – 3003	* ateísmo; * panteísmo; * deísmo; * ontologismo	Carácter personal y trascendente de Dios; * fin verdadero de la creación; * "ex nihilo"; * **providencia** divina
S. XX (a.1962–1965)	Concilio Vaticano II (C. *Gaudium et Spes*; *Lumen Gentium*)	D. H. 4101 – 4179 y 4301 – 4345	—	**Optimismo creacionista** y antropológico. Giro de perspectiva ante el mundo moderno: * creación como misterio; * **cristocentricismo**; * teología del hombre, del trabajo y de la autonomía de las realidades terrenas; * relación con **escatología**

5.1. CUADRO RESUMEN

Se puede comprobar cómo las enseñanzas sobre el misterio de la creación se van determinando a raíz de diversas controversias, ocasionadas por causas diferentes a lo largo de los siglos. De tal manera, que el esfuerzo por delimitar la fe de otras verdades ayudará a determinar la verdad sobre la creación y sus características; y viceversa, el esfuerzo por defender la recta doctrina creacionista, ayudará a delimitar otras verdades dogmáticas. Es sintomático, por ejemplo, el caso de la interinfluencia entre las controversias trinitarias y cristológicas, con el misterio de la creación, cuando el esfuerzo por establecer la verdad del "homoousios", llevará a distinguir con claridad la realidad de la procesión intratrinitaria interna de generación del Hijo por parte del Padre, de la procesión externa del acto creador común a las tres divinas Personas.

Los diferentes hitos señalados en el cuadro resumen, se pueden encuadrar dentro de cuatro grandes etapas en la Historia del Magisterio sobre la creación:

1. La creación en las controversias trinitarias y cristológicas.

2. La creación en la crisis neo–maniquea de los cátaros y albigenses, que lleva a la determinación de un catálogo completo de verdades sobre la creación.

3. La creación ante las posiciones filosóficas e ideológicas del pensamiento moderno, sobre todo en torno al Concilio Vaticano I.

4. El optimismo creador y antropocéntrico del pensamiento teológico contemporáneo desde el Concilio Vaticano II.

5.2 Símbolos primitivos

En los símbolos más antiguos aparece, con toda claridad y desde el principio, la figura del Padre como creador, aunque con variantes entre los símbolos orientales y los occidentales.[1]

La razón fundamental está en que los símbolos primitivos se basan directamente en la misma Sagrada Escritura, donde aparecen breves y muy antiguas confesiones de fe creacional, como la de 1 Cor 8:6, donde se establece:

> "...para nosotros, sin embargo, no hay más que un solo Dios, el Padre, de quien todo procede y para quien somos nosotros, y un solo Señor Jesucristo, por quien son todas las cosas, y nosotros también por él".

La diferencia entre los símbolos orientales y los occidentales estriba en que, mientras que los primeros, casi sin excepción, hablan de "un solo Dios, Padre Todopoderoso... Creador de todas las cosas visibles e invisibles" (o expresiones semejantes)[2] y del Hijo como agente del Padre en la creación,[3] en los credos occidentales y durante los tres primeros siglos únicamente se habla del Padre, sin referencia a su realidad como creador. Solo a partir del siglo III, en Occidente, se

---

[1] Cfr. L. Scheffczyk: *Histoire*..., cit., págs. 45–54.

[2] Carta de los Apóstoles, versión etiópica: "...en el Padre, dominador del universo" (D. S. 1); Papiro Der Balyzeh: "Creo en Dios omnipotente" (D. S. 2); cfr. D. S. 3–5.

[3] Véase como ejemplo más antiguo las confesiones de fe de las Iglesias de Cesarea y Jerusalén, que recogen tradiciones más antiguas que la de Nicea, aunque no se conservan los originales: "Creemos..., Y en un solo Señor Jesucristo...por medio del cual todo fue hecho" (D. S. 40); "Creemos...en un solo Señor Jesucristo, ...por medio del cual todo fue hecho" (D. S. 41); cfr. también D. S. 43–55.

5.2. SÍMBOLOS PRIMITIVOS

explicita el aspecto de "creador del cielo y de la tierra" o "creador de todas las cosas" (formularios norteafricanos).[4]

¿A qué se puede deber esta diferencia entre la dicción de los símbolos orientales y occidentales más primitivos? Se dan toda clase de opiniones:

1. Para unos, la explicación consiste en que hasta el s. III, el concepto de *creador* estaba implícito en el de *Padre*. Solo a raíz de las controversias trinitarias y cristológicas, se hizo conveniente introducir la cláusula "creador" con el fin de aclarar la distinción de la relación del Padre y el Hijo ("generación" no es "creación") siendo consubstanciales, así como reafirmar también su realidad de causa del Universo. Como dice Kelly:

   "La explicación más acertada puede ser que la cláusula se introdujera en el Credo de modo natural y espontáneo. Recordemos que durante el siglo II se pensaba que la idea de que Dios era fuente y origen del universo se consideraba incluida en el concepto de Padre. Pero tan pronto como este título comenzó a entenderse en el sentido de Padre de Jesucristo, los responsables de exponer y comentar el Credo advertirían tal vez una suerte de laguna o imprecisión en su contenido doctrinal. La afirmación de que Dios es el Creador de todas las cosas no faltaba en la formación catequética impartida por la Iglesia, de modo que sólo era cuestión

---

[4]"Credo in Deum Patrem omnipotentem" (D. S. 19); "Credimus in Deum Patrem Omnipotentem, universorum creatorem, regem saeculorum..." (D. S. 21 y 22); "Credo in Deum Patrem omnipotentem, creatorem cæli et terræ" (D. S. 27); "Credis in Deum Patrem omnipotentem, creatorem cæli et terræ?" (D. S. 28).

de un breve tiempo para que la cláusula encontrara su sitio en el Credo".[5]

2. Otros autores conciben la aparición tardía del carácter de creador, por necesidad de luchar contra las herejías de cuño maniqueo, indicando que Dios era causa no solo del espíritu sino también de la materia. Con todo, no hay indicios de que en ese tiempo existiera tal preocupación en Occidente.

3. Finalmente otros investigadores sostienen que se debería a la influencia de los símbolos orientales, que acabarían unificando las dicciones de los credos en todo el universo cristiano. Pero surge la dificultad de explicar el hecho de que, aún aceptando la supuesta unificación, sin embargo se utilizara en occidente el término "creador" ("creatorem") en lugar del oriental "hacedor" ("factorem", ποηιτήν).

5.3 Concilio de Nicea

Este Concilio (a. 325), típicamente trinitario, tiene la importancia en este tratado de creación de incluir al Hijo en la obra creadora del Padre:

> "Credimus in unum Deum, *Patrem omnipotentem, omnium visibilium et invisibilium factorem.* Et in *unum Dominum nostrum Iesum Christum Filium Dei*, natum ex Patre unigenitum, hoc est de substantia Patris, Deum ex Deo, lumen ex lumine, Deum verum de Deo vero, natum, non factum, unius substantiae cum Patre (quod græce dicunt homousion), *per quem omnia facta sunt, quæ in cælo et in*

---

[5] J. N. D. Kelly: *Primitivos Credos Cristianos*, Secretariado Trinitario, Salamanca, 1981, pág. 442; cfr. J. Morales: *El Misterio...*, cit., pág. 107–108.

5.3. CONCILIO DE NICEA

terra, qui (propter nos homines et) propter nostram salutem descendit, incarnatus est et homo factus est et passus est, et resurrexit tertia die, et ascendit in cælos, venturus iudicare vivos et mortuos. Et Spiritum Sanctum".[6]

Para comprender la importancia del inciso, hay que tener en cuenta la teología de Arrio, que se basaba en algunas ideas de los gnósticos Basílides y Valentín. Para estos herejes el Dios Altísimo vive en su eterna soledad; antes del tiempo, produjo al demiurgo, que vive en unión íntima con el Padre. Cuando el Padre decide crear, pronuncia el Verbo "proferido" o "pronunciado", que fue el hacedor de todos los seres creados. Así pues, habría otra divinidad inferior al Dios Supremo que sería la creadora del Universo.

Los gnósticos se inspiraban en la filosofía neoplatónica, sobre todo de Plotino, quien admitía la existencia de tres *hipóstasis* divinas jerarquizadas (*Uno, Razón y Alma*). La *Razón* procede del Uno como el rayo de luz deriva del Sol, o el río del manantial. La *Razón* tendría carácter divino y sería la creadora del mundo visible.

Conviene señalar las diferencias entre la visión de Plotino y la ortodoxia cristiana:[7]

---

[6]"Creemos en un solo Dios, Padre omnipotente, hacedor de todas las cosas visibles e invisibles. Y en un solo Señor nuestro Jesucristo Hijo de Dios, nacido unigénito del Padre, esto es, de la sustancia del Padre, Dios de Dios, luz de luz, Dios verdadero de Dios verdadero, nacido, no hecho, de una sola sustancia con el Padre (lo que en griego se llama homousion), por quien han sido hechas todas las cosas, las que hay en el cielo y en la tierra, que bajó por nuestra salvación, se encarnó y se hizo hombre, padeció y resucitó al tercer día, subió a los cielos y ha de venir a juzgar a los vivos y a los muertos" (D. S. 125). La letra cursiva es mía.

[7]Cfr. J. Morales: *El Misterio...*, cit. pág. 109.

PLOTINO	CRISTIANISMO
Divinidad jerarquizada	Igualdad del Padre, el Hijo y el Espíritu Santo
Mundo atemporal creado por demiurgo	Mundo temporal creado por Dios Trino
Manifestación inmutable de la *Razón* o Inteligencia divina	Encarnación histórica del Logos
Desarrollo de un misticismo racional	Primacía de la fe sobre el mero conocimiento racional
Retorno del alma a la sustancia divina	Resurrección de la carne

Arrio intentó buscar un puente entre ambas doctrinas: la neoplatónica y el cristianismo. Sus principales ideas eran las siguientes:[8]

1. El Verbo es ποίεμα, una cosa hecha, una creatura. Tal afirmación la sostenía sobre la base de algunos textos de la Sagrada Escritura mal entendidos: Jn 14:28, "El Padre es mayor que yo"; Eco 24:9, "antes de los siglos me creó" (le aplicaba al Logos los textos del Antiguo Testamento referidos a la Sabiduría).

2. El Verbo no es eterno: por lo tanto, la paternidad de la Primera Persona tampoco es eterna.

3. El Verbo fue hecho por el Padre con vistas a la creación del mundo, haciendo una interpretación extrema e indebida de la distinción patrística entre el Λόγος ἐνδιαθετός y el Λόγος προφορικός, con lo que el Padre y el Hijo sólo se relacionan en el plano "económico" pero no en el inmanente.

4. El Verbo se encarnó haciendo las veces del alma racional de la carne de Cristo, utilizando erróneamente el esquema Λόγος

---

[8] J. A. Jorge: *Dios Uno y Trino*, cit., pág. 198.

5.3. CONCILIO DE NICEA

— Σάρξ propio de los alejandrinos. Por eso, el Logos sufrió en su misma naturaleza de Verbo..., lo cual demuestra que su naturaleza divina no es como la del Padre, esto es, inmutable e impasible. El Logos pues, no es consubstancial con el Padre.

5. El Verbo fue generado, y como lo típico de la divinidad es la eternidad, el ser ἀγεννετός (ser "in–engendrado"), el Verbo no puede ser Dios en sentido fuerte, como el Padre. Además entendía la generación con características materiales, por lo que:

- El Padre no puede propiamente engendrar, ya que supondría división en el seno de la Trinidad.

- La generación de la Segunda Persona es una obra "ad extra" de Dios, es una creación, por lo que el Verbo es una creatura de Dios.

- En conclusión, niega Arrio que en Dios pueda haber una procesión inmanente.

Insistamos en los aspectos que hacen referencia a la creación. Los arrianos sostenían una concepción teológica del pensamiento helenista que concebía un dios intermedio supeditado al Dios supremo con vistas a la creación. En efecto, como dice J. Ibáñez:

"...(El Hijo fue) creado y producido fuera del tiempo y precisamente para servir al Padre como instrumento en la creación de todas las demás cosas; tanto Arrio como los arrianos pretenden salvar de este modo la enorme desproporción entre el Padre y las criaturas; se acercan así en algún sentido al emanacionismo propio de Plotino. El Verbo, dicen, es la única criatura producida directamente por el Padre, ya que todas las demás son producidas a

través de Él. Lo cual supone, en relación con las criaturas, una dignidad superior; y en comparación con el Padre, que no le es consustancial sino desemejante en todo. En la mente de Arrio, Dios no fue siempre Padre; existió un tiempo en el que todavía no era Padre; y, por tanto, Dios existía solo. Cuando le plugo crearnos, hizo antes un ser llamado Verbo, Sabiduría, Hijo, para, gracias a Él, producirnos a nosotros. Así, pues, hay dos Sabidurías: la propia y característica de Dios que coexiste con Él; y la de la que el Hijo participa siendo así también Él llamado Sabiduría. De modo idéntico, existen dos Verbos; al participar el Hijo del Verbo coexistente con Dios, es llamado Verbo e Hijo no por naturaleza sino gratuitamente".[9]

Para combatir estas ideas erróneas en torno a la creación y a la realidad del Hijo, el Concilio de Nicea subrayó la realidad de Dios Padre como creador ("hacedor de lo visible y lo invisible"), y la aplicó en nivel de igualdad al Hijo ("por quien todo fue hecho, lo que está en el cielo y lo que está en la tierra"), dando el sentido verdadero y profundo de las expresiones neotestamentarias que hablan del papel del Hijo en la creación, y que fueron tan mal interpretadas por Arrio y el arrianismo.

5.4 Los Concilios de Constantinopla I y II

El Concilio de Constantinopla I (a. 381) repite con mínimos cambios lo que el de Nicea expresa sobre la creación en relación con el Padre y el Hijo. En efecto:

---

[9] J. Ibáñez: *Arrio y Arrianismo*, en GER, vol. III, pág. 72.

5.5. CONCILIO VI DE TOLEDO

> "Credo (Credimus) in unum Deum, Patrem omnipotentem, *factorem cæli et terræ, visibilium omnium et invisibilium*. Et in unum Dominum Iesum Christum, Filium Dei unigenitum, et ex Patre natum ante omnia saecula, Deum de Deo, lumen de lumine, Deum verum de Deo vero, genitum, non factum, consubstantialem Patri: *per quem omnia facta sunt*..."[10]

En el Concilio de Constantinopla II (a. 553), en lucha contra los monofisitas, se produce un avance en la profundización sobre el misterio de la creación:

> "Unus enim Deus et Pater, ex quo omnia; et unus Dominus Iesus Christus, per quem omnia; et unus Spiritus Sanctus, in quo omnia".[11]

Así pues, por un lado se describen bien las funciones que se atribuyen a la Persona del Padre ("ex quo omnia") y del Hijo ("per quem omnia") en la creación, y por vez primera se expresa el papel creador del Espíritu Santo ("in quo omnia").

5.5 Concilio VI de Toledo

Aunque los Concilios de Toledo no son ecuménicos, sin embargo muchos han pasado a la Historia por la precisión teológica de sus ex-

---

[10]"Creemos en un solo Dios, Padre omnipotente, creador del cielo y de la tierra, de todas las cosas visibles o invisibles. Y en un solo Señor Jesucristo, el Hijo unigénito de Dios, nacido del Padre antes de todos los siglos, luz de luz, Dios verdadero de Dios verdadero, nacido no hecho, consustancial con el Padre, por quien fueron hechas todas las cosas..." (D. S. 150). La expresión "cæli et terræ", que Nicea atribuía al Hijo, Constantinopla I la aplica al Padre. La letra cursiva es mía.

[11]"Porque uno solo es Dios y Padre, de quien todo; y un solo Señor Jesucristo, por quien todo; y un solo Espíritu Santo, en quien todo" (D. S. 421).

presiones. Recogen con exactitud la doctrina de los Santos Padres, y con una cierta distancia de muchas de las polémicas anteriores, son capaces de sintetizar el pensamiento ortodoxo de un modo sobresaliente.

Con respecto al tratado de creación, el principal aporte lo proporciona el VI de esos Concilios (a. 638). En efecto:

> "Credimus et confitemur sacratissimam et omnipotentissimam Trinitatem, Patrem et Filium et Spiritum Sanctum, unum Deum solum non solitarium, unius essentiæ, virtutis, potestatis, maiestatis uniusque naturæ, discretam inseparabiliter personis, *indiscretam essentialiter substantia deitatis creatricem omnium creaturarum*; Patrem ingenitum, *increatum*, fontem et originem totius divinitatis; Filium a Patre intemporaliter *ante omnem creaturam sine initio genitum, non creatum*; Spiritum vero Sanctum neque genitum *neque creatum*, sed de Patre Filioque procedentem utriusque esse Spiritum; ac per hoc substantialiter unum sunt, quia et unus ab utroque procedit. In hac autem Trinitate tanta est unitas substantiae, ut pluralitate careat et æqualitatem teneat, nec minor in singulis quam in omnibus, nec maior in omnibus quam in singulis maneat personis".[12]

---

[12]"Creemos y confesamos la Trinidad sacratísima y omnipotente, Padre e Hijo y Espíritu Santo, un solo Dios pero no solitario, de única esencia, virtud, potestad, majestad y de única naturaleza, diferente en las inseparables personas, no diferente esencialmente en la sustancia divina creadora de todas las creaturas; el Padre ingénito, increado, fuente y origen de toda la divinidad; el Hijo engendrado sin tiempo antes de toda creatura, sin inicio, no creado; el Espíritu Santo, ni engendrado ni creado, sino procedente del Padre y del Hijo, y Espíritu de ambos; y por esto, son uno sustancialmente porque procede del uno y del otro. En esta Trinidad tanta es la unidad de la sustancia, que carece de pluralidad y mantiene la igualdad, como no existe menos en el singular que en todos, ni hay más en todos que lo que permanece en la persona singular" (D. S. 490). La letra cursiva es mía.

5.5. CONCILIO VI DE TOLEDO

Se atribuye, pues, a la Trinidad omnipotente, en la unidad de su esencia, el papel creador. Es consecuencia del principio teológico de que las obras "ad extra" de Dios son comunes a las tres divinas Personas.

Por otro lado se insiste en la diferencia existente entre procedencia por generación (del Hijo) o espiración (del Espíritu Santo), y la creación de los seres extra–divinos.

La dicción de este Concilio influirá en el Sínodo de Letrán del año 649, donde se refiere a la Trinidad como "creatrix omnium et protectrix":

> "Si quis secundum sanctos Patres non confitetur proprie et veraciter Patrem et Filium et Spiritum Sanctum, trinitatem in unitate et unitatem in trinitate, hoc est, unum Deum in tribus subsistentiis consubstantialibus et aequalis gloriae, unam eandemque trium deitatem, naturam, substantiam, virtutem, potentiam, regnum, imperium, voluntatem, operationem, inconditam, sine initio, incomprehensibilem, immutabilem, creatricem omnium et protectricem, condemnatus sit".[13]

También se puede detectar la influencia del Concilio toledano hasta en el Credo del Pueblo de Dios (a. 1968):

> "Creemos en un solo Dios, Padre, Hijo y Espíritu Santo, Creador de las cosas visibles —como es este mundo

---

[13]"Si alguno no confiesa, de acuerdo con los Santos Padres, propia y verdaderamente al Padre y al Hijo y al Espíritu Santo, la Trinidad en la unidad y la Unidad en la trinidad, esto es, a un solo Dios en tres subsistencias consustanciales y de igual gloria, una sola y la misma divinidad de los tres, una sola naturaleza, sustancia, virtud, potencia, reino, imperio, voluntad, operación increada, sin principio, incomprensible, inmutable, creadora y conservadora de todas las cosas, sea condenado" (D. S. 501).

en que pasamos nuestra breve vida— y de las cosas invisibles —como son los espíritus puros, que llamamos también ángeles— y también Creador, en cada hombre, del alma espiritual e inmortal".[14]

5.6 Concilio IV de Letrán

Este Concilio ecuménico (el décimo segundo) (a. 1215) tiene una importancia suma para la teología de la creación, pues la Iglesia define el primer conjunto de verdades dogmáticas referentes a la misma.

El Concilio[15] fue convocado por el Papa Inocencio III, con el propósito de solucionar el problema de la conquista de Tierra Santa y terminar con la necesaria reforma de la Iglesia. Uno de los problemas principales que tuvo que enfrentar fue la herejía de los cátaros y de los albigenses, surgida, entre otras razones, por la situación de crisis que vivía la Iglesia.

La doctrina de estos herejes era de origen gnóstico y maniqueo. En efecto:

> "Una de las razones que explican la extensión de la herejía albigense es, sin duda, la simplicidad con que resuelve el problema de la existencia del mal. Inspirándose en el racionalismo gnóstico, separa la materia (causa del sufrimiento, intrínsecamente malo, creado por el demonio), del espíritu (creado por un Dios infinito, del que procede por emanación toda una serie de seres inmateriales). Satán corrompe a un tercero, cuya alma es encarcelada como castigo en un cuerpo. Pero Dios, principio del bien, envía entonces un eón inmaterial (Cristo), que entra en

---

[14] Pablo VI: *Credo del Pueblo de Dios*, n. 8.
[15] Jean Chelini: *Letrán, Concilios de*, en GER, vol. XIV, págs. 209–212.

5.6. CONCILIO IV DE LETRÁN

> el hijo de María para enseñar a los hombres el camino de salvación (la liberación de la materia) y servirles de ejemplo; como su cuerpo no era sino aparente, esta teoría quita toda realidad a la Encarnación, a la Redención y a la Ascensión. Consecuente consigo misma, la herejía albigense enseña que Dios sólo habita en el corazón de los fieles; la Iglesia, pues, dicen, ha interpretado erróneamente todos los simbolismos de la Biblia, de la que saca arbitrariamente sus dogmas (transustanciación, resurrección de los cuerpos, sacramentos). La acusan además de poseer bienes, cosa que condenan partiendo de la idea de que la materia es mala".[16]

El Concilio enfrenta todas las ideas heréticas de esos movimientos, como dice Chelini:

> "La lucha contra la herejía de los cátaros fue la primera preocupación de este Concilio. Además de su condenación, el Concilio tomó una serie de medidas destinadas a limitar su progreso y a impedir su renacimiento. En el canon primero, los padres condenaron solemnemente el catarismo en una profesión de fe que volvía a definir con fuerza cada punto de la doctrina católica rechazado por los cátaros. Después de la refutación de su maniqueísmo, afirmando que Dios es el único creador de todas las cosas, la declaración insistía sobre la doctrina de los sacramentos y la función del sacerdocio, objeto de los constantes ataques de los cátaros. Se recordaba que sólo el sacerdote puede administrar ciertos sacramentos, que el pan y el vino son

---

[16] Jean-Paul Savignac: *Albigenses*, en GER, vol. I, págs. 487–488. Cfr. J. Revuelta: *Cátaros*, en GER, vol. V, págs. 371–372.

la materia necesaria para la celebración del sacrificio, en el curso del cual se da la transubstanciación (aparece esta palabra por primera vez en el Magisterio eclesiástico); el matrimonio de los laicos es bueno y no podrá impedirles la consecución de la felicidad eterna. El canon tercero organizaba la represión material de la herejía y establecía los tribunales y el proceso que un poco más tarde recibirían el nombre de Inquisición".[17]

Y es en ese contexto, donde encontramos las verdades dogmáticas sobre la creación:

> "Firmiter credimus et simpliciter confitemur, quod unus solus est verus Deus, æternus, immensus et incommutabilis, incomprehensibilis omnipotens et ineffabilis, Pater et Filius et Spiritus Sanctus: tres quidem personae, sed una essentia, substantia seu natura simplex omnino: Pater a nullo, Filius a Patre solo, ac Spiritus Sanctus pariter ab utroque: absque initio, semper ac sine fine: Pater generans, Filius nascens, et Spiritus Sanctus procedens: consubstantiales et coæquales et coomnipotentes et coæterni: unum universorum principium: creator omnium visibilium et invisibilium, spiritualium et corporalium: qui sua omnipotenti virtute simul ab initio temporis utramque de nihilo condidit creaturam, spiritualem et corporalem, angelicam videlicet et mundanam: ac deinde humanam, quasi communem ex spiritu et corpore constitutam. Diabolus enim et alii dæmones a Deo quidem natura creati sunt boni, sed

---

[17] J. Chelini: *Letrán...*, cit., pág. 211.

5.6. CONCILIO IV DE LETRÁN

ipsi per se facti sunt mali. Homo vero diaboli suggestione peccavit..."[18]

Los datos doctrinales definidos por este Concilio son los siguientes:

1. Unidad del principio divino creador: las tres divinas Personas. Cuando se atribuye al Padre la creación, se está utilizando un modo de lenguaje bíblico que ha de coordinarse con el principio de que las obras "ad extra" son comunes a la Trinidad.

   "...unus solus est verus Deus... Pater et Filius et Spiritus Sanctus...: unum universorum principium: creator omnium".

2. Distinción entre Dios y el mundo, lo que implica que:

   - El ser divino no es alterado por la creación.
   - La creación no es a costa de Dios.
   - El mundo no tiene carácter divino.

---

[18]"Firmemente creemos y simplemente confesamos, que uno solo es el verdadero Dios, eterno, inmenso e inconmutable, incomprensible, omnipotente e inefable, Padre, Hijo y Espíritu Santo: tres personas ciertamente, pero una sola esencia, sustancia o naturaleza absolutamente simple. El Padre no viene de nadie, el Hijo del Padre solo, y el Espíritu Santo a la vez de uno y de otro, sin comienzo, siempre y sin fin. El Padre que engendra, el Hijo que nace y el Espíritu Santo que procede: consustanciales, coiguales, coomnipotentes y coeternos; un solo principio de todas las cosas; Creador de todas las cosas, de las visibles y de las invisibles, espirituales y corporales; que por su omnipotente virtud a la vez desde el principio del tiempo creó de la nada a una y otra criatura, la espiritual y la corporal, es decir, la angélica y la mundana, y después la humana, como común, compuesta de espíritu y de cuerpo. Porque el diablo y demás demonios, por Dios ciertamente fueron creados buenos por naturaleza; mas ellos, por sí mismos, se hicieron malos. El hombre, empero, pecó, por sugestión del diablo..." (D. S. 800).

"...creator omnium visibilium et invisibilium, spiritualium et corporalium: qui sua omnipotenti virtute..."

3. Creación "ex nihilo", siendo la primera vez que aparece esta expresión en un texto magisterial. La materia, por tanto, ni es eterna, ni es un co–principio de la creación:

"...de nihilo condidit creaturam..."

4. Naturaleza temporal del acto creador, por tanto la creación fue en el tiempo:

- No ha tenido lugar "ab aeterno".
- Y, por tanto, el mundo no es eterno ni existió simultáneamente con el Creador.

"...simul ab initio temporis..."

5. El acto creador abarca a todos los seres:

- La materia no procede de otro principio divino malo.
- Todos los seres son ontológicamente buenos.

"...creator omnium visibilium et invisibilium, spiritualium et corporalium..."

6. Se define la existencia y naturaleza espiritual de los ángeles:

"...spiritualem... invisibilium... angelicam..."

7. Los ángeles malos no lo han sido siempre. El origen del mal en los ángeles y en los hombres no es ontológico, sino moral; e implica la libertad usada de un modo perverso:

5.6. CONCILIO IV DE LETRÁN

> "Diabolus enim et alii dæmones a Deo quidem natura creati sunt boni, sed ipsi per se facti sunt mali. Homo vero diaboli suggestione peccavit..."

Más allá de las circunstancias históricas de la herejía cátara y albigense, Santo Tomás de Aquino afirmará que este Concilio ataca los siguientes errores:

- Maniqueos (doble principio creador).

- Menandro (creación a través de los ángeles).

- Orígenes (Dios creó solo los ángeles, y solo después del pecado de algunos de ellos, Dios creó la materia).

- Aristóteles (creación desde la eternidad).

- Anaxágoras (creación a partir de la materia eterna).

"Fuerunt enim aliqui hæretici, sicut Manichæi, qui posuerunt duos creatores: unum bonum, qui creavit creaturas invisibiles et spirituales, alium malum, quem dicunt creasse omnia hæc visibilia et corporalia. Fides autem Catholica confitetur omnia, præter Deum, tam visibilia quam invisibilia, a Deo esse creata; unde Paulus dicit Act. XVII, 24: *Deus qui fecit mundum et omnia quæ in eo sunt,*

"Hubo algunos herejes, como los maniqueos, que pusieron dos creadores: uno bueno, que creó las creaturas invisibles y espirituales; otro malo, del que dicen que creó todas aquellas visibles y corporales. Sin embargo, la fe católica confiesa que todos los seres, salvo Dios, tanto visibles como invisibles, son creados por Dios. De ahí que Pablo dice en Hech 17:24, *Dios que hizo el mundo y todo lo que en él hay, esto es el*

hic cœli et terræ cum sit dominus, etc., et Hebr. XI, 3: *fide credimus aptata esse sæcula verbo Dei, ut ex invisibilibus visibilia fierent*. Unde ad hunc errorem excludendum dicit: creator omnium visibilium et invisibilium, spiritualium et corporalium. Aliorum error fuit ponentium Deum quidem esse primum principium productionis rerum, sed tamen non immediate omnia creasse, sed mediantibus Angelis mundum hunc esse creatum: et hic fuit error Menandrianorum. Et ad hunc errorem excludendum subdit: qui sua omnipotenti virtute; quia scilicet sola Dei virtute omnes creaturae sunt productae, secundum illud Psal. VIII, 4: *videbo cœlos tuos opera digitorum tuorum*. Alius fuit error Origenis ponentis quod Deus a principio creavit solas spirituales creaturas, et postea quibusdam earum peccantibus, creavit corpora, quibus quasi quibusdam vinculis spirituales substantiae alligarentur, ac si corporales creaturae non fuerint ex principali Dei intentio-

cielo y la tierra, como sea Señor, etc. Y en Heb 11:3, *Por la fe entendemos haber sido los mundos aparejados por la palabra de Dios*, de suerte que no de cosas que estuvieran a la vista ha sido producido eso que se ve. De donde, para excluir ese error, dice: creador de todo lo visible e invisible, espiritual y corporal. El error de otros fue poner en Dios algún principio primero de producción de las cosas, pero sin que crease todo inmediatamente, sino que mediante los ángeles el mundo fuese creado: y este fue el error de los seguidores de Menandro. Y para excluir este error, establece: que por su poder omnipotente; porque es por el poder único de Dios por el que fueron hechas todas las cosas, según aquello del Sal 8:4, *veo tus cielos, obra de tus dedos*. Otro fue el error de Orígenes al sostener que Dios al principio creó solo las creaturas espirituales, y después de que algunas de ellas pecaran, creó los cuerpos a los que unió por algún vínculo a las sustancias espirituales, de modo que las creaturas corpora-

ne productae, quia bonum erat eas esse, sed solum ad punienda peccata spiritualium creaturarum, cum tamen dicatur Gen. I, 31: *vidit Deus cuncta quæ fecerat, et erant valde bona*. Unde ad hoc excludendum dicit quod simul condidit utramque creaturam, scilicet spiritualem et corporalem, angelicam videlicet et mundanam. Alius error fuit Aristotelis ponentis quidem omnia a Deo esse producta, sed ab aeterno, et nullum fuisse principium temporis, cum tamen scriptum sit Gen. I, 1: *in principio creavit Deus cœlum et terram*. Et ad hoc excludendum addit, ab initio temporis. Alius error fuit Anaxagorae, qui posuit quidem mundum a Deo factum ex aliquo principio temporis, sed tamen materiam mundi ab aeterno præextitisse, et non esse eam factam a Deo, cum tamen apostolus dicat Rom. IV, 17: *qui vocat ea quæ non sunt tanquam ea quæ sunt*. Et ad hoc excludendum addit, de nihilo".[19]

les no fueron producidas por la intención principal de Dios, porque su ser era el bien, sino solo para castigar los pecados de las creaturas espirituales, porque se dice en Ge 1:31, *y vio Dios que todo lo que hizo era muy bueno*. Para excluir esto, dice que a la vez creó una y otra creatura, es decir, la espiritual y la corporal, angélica y la mundana. Otro error fue el de Aristóteles, cuando afirma que todo fue producido por Dios, pero desde la eternidad y que no hubo un principio temporal, cuando, sin embargo está escrito en Ge 1:1, *al principio creó Dios el cielo y la tierra*. Y para excluir esto añade, al principio del tiempo. Otro error fue el de Anaxágoras quien sostuvo que el mundo fue hecho por Dios con un principio temporal, pero la materia del mundo preexistía desde la eternidad y no fue ésta hecha por Dios, cuando el Apóstol dice en Ro 4:17, *que llama tanto a lo que es como a lo que no es*. Y para excluir esto, añade, de la nada".

---

[19]Santo Tomás de Aquino: *Super Decretales*, n. 1.

La influencia de este Concilio fue enorme, y muchas de sus expresiones, estarán en la base del Concilio Vaticano I.

5.7 Constitución "In Agro Dominico"

Esta Constitución (año 1329) del Papa Juan XXII establecerá algunas proposiciones erróneas del Maestro Eckhart, que tienen un sabor panteísta y afirman la eternidad de la creación. En efecto, se condenan como heréticos los siguientes artículos:

> "(1) Interrogatus quandoque, quare Deus mundum non prius pro duxerit, respondit tunc, sic nunc, quod Deus non potuit primo (legendum: prius! Ita Echardus.) producere mundum, quia res non potest agere, antequam sit; unde quam cito Deus fuit, tam cito mundum creavit.
> (2) Item concedi potest mundum fuisse ab æterno.
> (3) Item simul et semel, quando Deus fuit, quando Filium sibi coæternum per omnia coaequalem Deum genuit, etiam mundum creavit".[20]

5.8 Concilio de Florencia

Este Concilio ecuménico (a. 1438–1445), que logró una breve unión con las Iglesias ortodoxas griegas y la restauración del poder pontificio frente al conciliarismo, es el XVII Concilio ecuménico.[21] En el decreto

---

[20]"(1) Interrogado alguna vez por qué Dios no hizo el mundo antes, respondió que Dios no pudo hacer antes el mundo, porque nada puede obrar antes de ser; de ahí que tan pronto como fue Dios, al punto creó el mundo. (2) Asimismo, puede concederse que el mundo fue *ab aeterno*. (3) Asimismo, juntamente y de una vez, cuando Dios fue, cuando engendró a su Hijo Dios, coeterno y coigual consigo en todo, creó también el mundo" (D. S. 951–953).

[21]Alcántara A. Mens: *Florencia, Concilio de*, en GER, vol. X, págs. 261–263.

5.9. CONCILIO VATICANO I

para los jacobitas, se repite la doctrina anterior sobre la creación y se insiste en el aspecto de la libertad de Dios al crear y en la bondad de todas las creaturas contra toda clase de maniqueísmo. En efecto:

> "Firmissime credit, profitetur et praedicat, unum verum Deum, Patrem et Filium et Spiritum Sanctum, esse omnium visibilium et invisibilium creatorem: *qui quando voluit, bonitate sua* universas, tam spiritales quam corporales, condidit creaturas: bonas quidem, quia a summo bono factæ sunt, sed mutabiles, quia de nihilo factæ sunt, nullamque mali asserit esse naturam, quia omnis natura, in quantum natura est, bona est".[22]

5.9 Concilio Vaticano I

Es el Concilio ecuménico número XX. Celebrado entre 1869 y 1870 (sus trabajos duraron desde el 8 dic. 1869 hasta el 20 oct. 1870) y suspendido por la situación política y bélica de Italia al anexionar el Reino de Italia los Estados Vaticanos,[23] es un Concilio de una particular importancia para el tratado de creación.

Se enfrenta, en el campo que nos ocupa, con los nuevos errores de la Edad Moderna y Contemporánea, que pueden ser sintetizados en cuatro puntos:

---

[22]"Firmísimamente cree, profesa y predica que el solo Dios verdadero, Padre, Hijo y Espíritu Santo, es el creador de todas las cosas, de las visibles y de las invisibles; el cual, *en el momento que quiso, creó por su bondad* todas las criaturas, lo mismo las espirituales que las corporales; buenas, ciertamente, por haber sido hechas por el sumo bien, pero mudables, porque fueron hechas de la nada; y afirma que no hay naturaleza alguna del mal, porque toda naturaleza, en cuanto es naturaleza, es buena" (D. S. 1333). La letra cursiva es mía.

[23]L. M. Enciso Recio: *Vaticano I, Concilio*, en GER, vol. XXIII, págs. 315–321.

1. Dios necesitaría crear el mundo para ser Dios.

2. Dios se identificaría con el mundo creado.

3. El mundo derivaría de la sustancia divina.

4. El fin de la creación es el hombre.

El antecedente de este Concilio y de sus documentos se encuentra en dos Concilios locales: el provincial de Colonia de 1860 y el provincial colocense (Hungría).

5.9.1 Antecedentes

Concilio provincial de Colonia de 1860

Este Concilio, frente a las tendencias racionalistas, subraya el carácter de "misterio" que tiene la creación, así como su relación con el misterio Trinitario y con la esencia divina.

Insistirá en que la creación es común a las tres divinas Personas, puesto que las tres actúan en base al único poder radicado en la esencia divina única.

El error panteísta y emanatista queda respondido con la realidad de la creación "ex nihilo".

Se subraya la libertad del acto creador, en contra de las tesis de Hermes y de Günter. En efecto:

- Dios no necesita la creación para:
    - Obtener mayor perfección (porque es absolutamente perfecto y se basta a Sí mismo).
    - Aumentar su propia vida (porque la vida divina está llena del conocimiento y del amor intra–trinitario).
- Dios era libre de:

5.9. CONCILIO VATICANO I

– Crear o no crear.

– Crear este mundo u otro diferente.

El fin de la creación es la propia gloria de Dios (fin objetivo de las creaturas) y la felicidad del hombre (fin subjetivo del hombre). No hay contradicción entre ambos fines, puesto que cuanto más los hombres promueven la gloria de Dios, éstos aumentan sus méritos y con ellos, su felicidad.

Concilio provincial colocense de 1863

Este Concilio insiste en las doctrinas sostenidas en el Concilio provincial de Colonia, y es precedente también del Vaticano I.[24] Interesa de un modo particular sus siguientes declaraciones:

> "...et cum concilio Lateranensi firmiter credit et confitetur: Deum summe simplicem, prosus indivisibilem, substantia sicut et perfectione infinitum, et de se dicentem: 'Ego sum qui sum,' qui licet sibi sufficiens et a se ipso beatus, in principio libera voluntate creador fuit, non autem plasmator tantum, et ordinator cœli et terræ, visibilium omnium et invisibilium; qui utraque non ex propria substantia per emanationem emisit, sed vere e nihilo creavit, quique per hanc creationem nec limitatus dici potest, nec divisus, nec inminutus, nec ulla ratione mutatus, sed idem in æternum permanens et ab operibus suis omnibus distinctus atque diversus, licet cunctis tum substantiae inmensitate, tum potentiæ influxu, tum sapientiæ regimine, ita intime

---

[24]Cfr. J. Morales: *El Misterio...*, cit., págs. 115–116. Cfr. J. D. Mansi: *Sacrorum Conciliorum Nova et Amplissima Collectio*, vol. 48, (Paris: H. Welter, 1901-1927; Graz, Akademische Druck- u. Verlagsanstalt, 1960. The edición de 1901, fue digitalizada por The University of Michigan Law Library.) pág. 505.

praesens sit, ut verissime in ipso vivamus, moveamur et simus".[25]

5.9.2 Texto

El Concilio Vaticano I establece la doctrina verdadera de la Iglesia, en el capítulo I de la Constitución "Dei Filius" sobre la fe católica.

"Cap. 1. De Deo rerum omnium creatore.

Sancta catholica apostolica Romana ecclesia credit et confitetur, unum esse Deum verum et vivum, creatorem ac Dominum cæli et terræ, omnipotentem, æternum, immensum, incomprehensibilem, intellectu ac voluntate omnique perfectione infinitum; qui cum sit una singularis, simplex omnino et incommutabilis substantia spiritualis, prædicandus est re et essentia a mundo distinctus, in se et ex se beatissimus, et super omnia, quæ præter ipsum sunt et concipi possunt, ineffabiliter excelsus (can. 1–4)".[26]

---

[25]"...Confesamos con el Concilio Lateranense IV que Dios es un ser máximamente simple, completamente indivisible, infinito en sustancia y perfección, y que ha dicho de Sí mismo 'Yo soy el que soy' (Ex 3:14). Aunque se basta del todo a Sí mismo y es feliz de por Sí, fue en el principio y por libre voluntad, no solo plasmador sino creador y ordenador del Cielo y de la tierra, de las cosas visibles e invisibles, las cuales Él produjo no a partir de su propia sustancia por emanación, sino creándolas verdaderamente y de la nada. Y no puede considerarse que por esta creación haya sido limitado o dividido o disminuido ni sufrido mutación alguna, sino permanece eternamente el mismo, distinto y diverso de todas sus obras, aunque esté íntimamente en ellas, con la inmensidad de su sustancia, la potencia de su influjo y el gobierno de su sabiduría, de modo que verdaderamente vivimos, nos movemos y somos en Él".

[26][Sobre Dios uno, vivo y verdadero y su distinción de la universidad de las cosas] "La santa Iglesia Católica, Apostólica y Romana cree y confiesa que hay un solo Dios verdadero y vivo, creador y señor del cielo y de la tierra, omnipotente, eterno, inmenso, incomprensible, infinito en su entendimiento y voluntad y en toda perfección; el cual, siendo una sola sustancia espiritual, singular, absolutamente simple e inmu-

5.9. CONCILIO VATICANO I

"Hic solus verus Deus bonitate sua et 'omnipotenti virtute' non ad augendam suam beatitudinem nec ad acquirendam, sed ad manifestandam perfectionem suam per bona, quæ creaturis impertitur, liberrimo consilio 'simul ab initio temporis utramque de nihilo condidit creaturam, spiritualem et corporalem, angelicam videlicet et mundanam, ac deinde humanam quasi communem ex spiritu et corpore constitutam' (Conc. Lateran. IV; infra can. 2 et 5)".[27]

"Universa vero, quæ condidit, Deus providentia sua tuetur atque gubernat, 'attingens a fine usque ad finem fortiter et disponens omnia suaviter' (cf. Sap 8:1). 'Omnia enim nuda et aperta sunt oculis eius' (Heb 4:13), ea etiam, quæ libera creaturarum actione futura sunt".[28]

Los errores modernos que enfrenta son: el ateísmo (no hay Dios), el panteísmo (todo es Dios), el deísmo (Dios no es providente y crea por necesidad) y el ontologismo (hay una cierta identidad panteísta entre Dios y el mundo, por lo cual conocemos directamente a Dios).

---

table, debe ser predicado como distinto del mundo, real y esencialmente, felicísimo en sí y de sí, e inefablemente excelso por encima de todo lo que fuera de El mismo existe o puede ser concebido (Can. 1-4)" (D. S. 3001).

[27][Del acto de la creación en sí y en oposición a los errores modernos, y del efecto de la creación]. "Este solo verdadero Dios, por su bondad 'y virtud omnipotente', no para aumentar su bienaventuranza ni para adquirirla, sino para manifestar su perfección por los bienes que reparte a la criatura, con libérrimo designio, 'juntamente desde el principio del tiempo, creó de la nada a una y otra criatura, la espiritual y la corporal, esto es, la angélica y la mundana, y luego la humana, como común, constituida de espíritu y cuerpo' (Conc. Later. IV, V. 428; Can 2 y 5)" (D. S. 3002).

[28][Consecuencia de la creación]. "Ahora bien, todo lo que Dios creó, con su providencia lo conserva y gobierna, alcanzando de un confín a otro poderosamente y disponiéndolo todo suavemente (cf. Sab 8:1). Porque todo está desnudo y patente ante sus ojos (Heb 4:13), aun lo que ha de acontecer por libre acción de las criaturas" (D. S. 3003).

Las tres afirmaciones fundamentales de este Concilio son:

1. Carácter personal (por los atributos que se aplican) y trascendente de Dios. Dios y el mundo son distintos. Se rechaza el idealismo, que sostiene que todo es ser pensado y que Dios se va haciendo y realizando con el desarrollo y contribución de los seres finitos.

2. Fin de la creación y creación "ex nihilo". Recoge las declaraciones del Concilio de Letrán IV y le añade la cualidad de la libertad ("liberrimo consilio").

3. Providencia divina, que complementa la idea de la neta distinción entre Dios y el mundo, con la de su profunda relación.

5.10 Concilio Vaticano II

Desde los años 1962 a 1965 se desarrolló el último Concilio ecuménico de la Iglesia hasta la fecha. Podría ser calificado, con relación al tema que nos ocupa, como de un optimismo creacionista y antropológico, y al mismo tiempo se percibe lo que podría ser descrito como un cierto complejo de inferioridad ante el avance del mundo moderno y de la técnica.

Se han de recordar las circunstancias históricas y teológicas que rodearon a este Concilio, así como la "ambigüedad" de algunas de sus declaraciones, que pudieron ser interpretadas de modo muy variado. En efecto, a raíz del Concilio, la teología Neo–modernista de distinto cuño, subrayó y desarrolló los aspectos más gratos a su modo de pensar: antropocentrismo teológico, optimismo creacionista, fuerte independencia y autosuficiencia del mundo, teología de la liberación y de la revolución, etc. Se ha de recordar que los padres en el Concilio no

5.10. CONCILIO VATICANO II

quisieron hacer del mismo un Concilio dogmático, sino que prefirieron autodefinirlo como un Concilio pastoral.[29]

Teniendo en cuenta esa perspectiva, se pueden señalar las siguientes ideas sobre la creación, que encuentran una fuerte impronta en los documentos del Concilio:

1. Se establece que la creación es un misterio de amor y de bondad de Dios.

   - Lo cual nos lleva a la alabanza y a la adoración (Sal 19:2).[30]
   - No hay incompatibilidad o lucha entre la ciencia moderna y la fe. La Verdad es una sola. Necesidad de la complementariedad y del desarrollo progresivo de sus relaciones.

2. Visión cristocréntrica de la creación.[31]

   - Como en todos los tratados.
   - Pero la importancia del tema cristológico no debilita ni resta a la especificidad y valor del de la creación en sí.

3. Existe una fuerte teología del hombre, creatura de Dios y perfeccionador de la obra creadora.

---

[29]La literatura especializada al respecto, es abundante y crece cada día más. Son de imprescindible lectura para conocer esta realidad: A. Gálvez: *Sociedad de Jesucristo Sacerdote. Notas y Espiritualidad*, New Jersey, Shoreless Lake Press, 2012, págs. 177–202; A. Calderón: *La Lámpara Bajo el Celemín*, Buenos Aires, ed. Rio Reconquista, 2009; R. M. Wiltgen, S.V.D.: *El Rin Desemboca en el Tiber. Historia del Concilio Vaticano II*, Madrid, Criterio Libros, 1999; R. de Mattei: *Concilio Vaticano II, Una Historia Nunca Escrita*, Madrid, Homo Legens, 2018.

[30]Cfr. *Lumen Gentium* 2; *Ad Gentes* 2.

[31]Cfr. *Gaudium et Spes*, 45.

- Se manifiesta un gran optimismo ante el mundo y la creación.[32] Aunque hay mal y pecado.[33]

- Se hace una teología del trabajo como cooperación humana a la obra divina de la creación.[34]

- Se proclama la autonomía de las realidades terrenas, no en el sentido de que sean independientes de Dios, sino en el de que la Sociedad y las cosas creadas gozan de leyes y valores propios, pero con respeto a las propias leyes dadas por Dios.[35]

4. Se insiste en la relación entre creación y escatología. Con cuatro ideas principales:

    - Cristo es el principio, y también el fin de toda la creación.[36]

    - Dios conduce al mundo a su consumación final a través de la Providencia.[37]

    - El mundo será renovado al fin de los tiempos: el tema de los cielos nuevos y la tierra nueva.[38]

    - La espera del mundo futuro, no impide el trabajo en la ciudad terrestre.[39]

---

[32] Cfr. *Gaudium et Spes*, 2.

[33] Cfr. *Gaudium et Spes*, 13.

[34] Cfr. *Gaudium et Spes*, 34–35.

[35] Cfr. *Gaudium et Spes*, passim. Cfr. *ibidem* 36.

[36] Cfr. *Gaudium et Spes*, 10, 38 y 45.

[37] Cfr. *Lumen Gentium*, 2.

[38] Cfr. *Lumen Gentium*, 48.

[39] Cfr. *Gaudium et Spes*, 39.

5.11 Magisterio posterior al Concilio Vaticano II

Pablo VI, frente a las ideas heterodoxas que se iban expandiendo en la Iglesia de su tiempo,[40] y en conformidad con el nuevo modo de enfrentarlas, prefirió componer su "Credo del Pueblo de Dios", para proclamar las verdades de la fe más que anatematizar los errores que la atacaban.[41] Por lo que hace al tratado de creación, hay que señalar:

---

[40]Cfr. "Bien sabemos, al hacer esto, por qué perturbaciones están hoy agitados, en lo tocante a la fe, algunos grupos de hombres. Los cuales no escaparon al influjo de un mundo que se está transformando enteramente, en el que tantas verdades son o completamente negadas o puestas en discusión. Más aún: vemos incluso a algunos católicos como cautivos de cierto deseo de cambiar o de innovar. La Iglesia juzga que es obligación suya no interrumpir los esfuerzos para penetrar más y más en los misterios profundos de Dios, de los que tantos frutos de salvación manan para todos, y, a la vez, proponerlos a los hombres de las épocas sucesivas cada día de un modo más apto. Pero, al mismo tiempo, hay que tener sumo cuidado para que, mientras se realiza este necesario deber de investigación, no se derriben verdades de la doctrina cristiana. Si esto sucediera —y vemos dolorosamente que hoy sucede en realidad—, ello llevaría la perturbación y la duda a los fieles ánimos de muchos" (*Credo del Pueblo de Dios*, n. 4). "Queremos que esta nuestra profesión de fe sea lo bastante completa y explícita para satisfacer, de modo apto, a la necesidad de luz que oprime a tantos fieles y a todos aquellos que en el mundo —sea cual fuere el grupo espiritual a que pertenezcan— buscan la Verdad" (*Credo del Pueblo de Dios*, n. 7).

[41]Cfr. "Juzgamos además que debemos cumplir el mandato confiado por Cristo a Pedro, de quien, aunque muy inferior en méritos, somos sucesor; a saber: que confirmemos en la fe a los hermanos (cfr. Lc 22:32). Por lo cual, aunque somos conscientes de nuestra pequeñez, con aquella inmensa fuerza de ánimo que tomamos del mandato que nos ha sido entregado, vamos a hacer una profesión de fe y a pronunciar una fórmula que comienza con la palabra creo, la cual, aunque no haya que llamarla verdadera y propiamente definición dogmática, sin embargo repite sustancialmente, con algunas explicaciones postuladas por las condiciones espirituales de esta nuestra época, la fórmula nicena: es decir, la fórmula de la tradición inmortal de la santa Iglesia de Dios" (*Credo del Pueblo de Dios*, n. 3).

1. Reitera toda la enseñanza tradicional.

2. La creación es obra de las tres divinas Personas.

3. Insiste en dos verdades que se estaban rechazando: La existencia de los ángeles y la creación de cada alma humana por parte de Dios.

4. Recuerda la recta doctrina sobre el pecado original.

El texto más importante es el del n. 8:

> "Creemos en un solo Dios, Padre, Hijo y Espíritu Santo, Creador de las cosas visibles —como es este mundo en que pasamos nuestra breve vida— y de las cosas invisibles —como son los espíritus puros, que llamamos también ángeles— y también Creador, en cada hombre, del alma espiritual e inmortal".[42]

Por su parte Juan Pablo II manifestó su interés en dos aspectos del tratado de la Creación, que han dado lugar a interpretaciones variadas.[43]

Los dos objetos principales de su interés son la insistencia en el misterio de la creación, como un misterio de fe, y la teología del cuerpo humano.

---

[42] *Credo del Pueblo de Dios*, n. 8.

[43] Hay que sostener que la interpretación de sus escritos no puede ir en contra de su continuidad con los dogmas tradicionales de la Iglesia. Así, por ejemplo, no por el hecho de la Encarnación se produciría la salvación para todos los hombres incluso aunque algunos de ellos no la quieran o positivamente la rechacen. La Redención se hará a través de los misterios pascuales, principalmente a través de su muerte en la cruz. Esta salvación de valor universal, ha de ser apropiada por cada fiel cristiano a través de la fe y del bautismo. Por eso hay que distinguir bien la primogenitura de Cristo en la Creación y la doctrina sobre la Redención.

5.11. MAGISTERIO POSTERIOR

Con respecto al primero, subraya el Santo Padre que las verdades más profundas de la creación se pueden conocer porque Dios nos las ha revelado y comunicado a nosotros a través de la Sagrada Escritura y la Tradición; de ahí sabemos que es obra de la Trinidad, que es revelación de la gloria de Dios, que el hombre y la mujer son los únicos seres creados a imagen y semejanza de Dios encontrando en ese origen la razón de nuestro conocimiento, libertad y conciencia moral, que existe una legítima autonomía de las cosas creadas, etc.[44]

Con relación al segundo, es decir, a la llamada teología del cuerpo humano, el Papa establece una definición objetiva y subjetiva del ser humano, abunda en la unidad originaria del hombre y de la mujer, estudia la pareja humana desde la perspectiva de la Redención, la sexualidad y el cuerpo humano han de ser entendidos en su integración en la plena dimensión del ser humano como un todo, la creación es doctrina fundamental que ayuda a entender el misterio del ser humano, etc.[45]

---

[44] Cfr. Audiencias Generales desde enero a abril de 1986.

[45] Cfr. Audiencias Generales desde septiembre de 1979. Nótese que se ha extendido, sobre todo en USA, una teología del cuerpo humano (TOB) en un sentido que más parece pornografía teológica que otra cosa. Cfr. el capítulo dedicado a la antropología teológica de este manual.

Capítulo 6

Definición del acto creador

Se comienza con este capítulo la indagación, profundización y explicación sistemática del tratado. Una vez conocidos los datos que sobre el misterio de la creación nos proporciona la Sagrada Escritura, la Tradición de la Iglesia y el Magisterio, empieza la labor teológica propiamente tal. Y lo primero de todo es entender, hasta donde es posible, la naturaleza del acto creador.[1]

---

[1]Cfr. J. Sagüés: *On God...*, cit., págs. 14–54; D. Palmieri: *De Creatione*, Prati, 1910, th. 1–5; H. Pinard: *Création*, cit., cols. 2034–2115; P. O'Callaghan: *Il Realismo e la Teologia della Creazione*, en "Per la Filosofía" 34 (1995) págs. 98–110; P. O'Callaghan: *La Metafisica Cristiana. Teologia della Creazione*, Pontificia Università della Santa Croce, Roma 2000.

6.1 El acto creador

6.1.1 Introducción

Es necesario distinguir entre "acto creador" y el "resultado del acto creador" o, con otras palabras, diferenciar entre la "creación activa" y la "creación pasiva". La exposición en este momento se centra sobre el primer término del binomio, a saber, el acto divino que produce la totalidad de lo que existe.

La indagación sobre el mismo nos da la clave para entender correctamente la relación entre Dios y el mundo, relación explicada muchas veces de modo equivocado, tanto en el campo de la filosofía como en el de la teología, tanto por el pensamiento profano como por el propiamente religioso. Estos errores se pueden clasificar sucintamente en los siguientes:

1. Panteísmo: Dios y el mundo se identifican. Teoría de los estoicos, Spinoza, etc.

2. Emanatismo: el mundo procede de Dios, saliendo de su esencia de algún modo. El emanatismo puede ser a su vez:

   - Mítico: el mundo se forma materialmente a partir del ser divino, o de alguna de sus partes, caso de las cosmologías de religiones antiguas politeístas.
   - Filosófico: el mundo procede de Dios de un modo necesario y atemporal. Es el caso del pensamiento de los neoplatónicos.

6.1.2 Definición

Es necesario ante todo distinguir bien la *creación* en sentido propio de la *mera producción o fabricación* de algo. La primera consiste en

6.1. EL ACTO CREADOR

la aparición de un ser por completo, de la nada; no existe materia ni forma alguna previa. La segunda es modificar una materia anterior dándole una forma nueva.

En este sentido, hemos de tener cuidado en el uso de la palabra "creación", pues a veces se usa como producción; otras veces se usa como producción original de una obra artística o como la instalación de una persona en una alta dignidad. Pero estrictamente hablando, esas acciones no son creación. El concepto de "creación" ha de ser reservado para la acción divina por la que Dios saca las cosas de la nada.

La dificultad para entender este concepto no es pequeña (recuérdese que los grandes filósofos de la antigüedad no llegaron a él), y hunde sus raíces en el hecho de que el ser humano no tiene experiencia alguna de ese modo de actuar. En realidad toda creatura experimenta la realidad del cambio, es decir, "produce" o "fabrica" sobre algo preexistente (se produce algo de algo, una cosa de otra, una nueva forma sustancial o accidental en una materia o sujeto ya existentes bajo otra forma). En cambio Dios actúa con su único poder infinito sin que exista nada antes.[2]

La creación es, como veremos, la producción absoluta del existir por parte de Dios. Cuando se usa esta noción referida al conjunto de lo que existe, la creación consiste en el acto por el cual "El que Es", el "Acto Puro de Ser", causa actos finitos de existir. Esta noción se nos hace muy difícil de entender pues nuestra experiencia es la del movimiento en sus diferentes formas. Pero la creación no es un movimiento. Como dice É. Gilson:

> "Todo movimiento es un cambio de estado en el ente, y cuando se nos habla de un acto que no es movimiento,

---

[2] Cfr. J. Valbuena: *Introducciones...*, cit., pág. 475.

no sabemos cómo representárnoslo. Sea cualquiera el esfuerzo que podamos hacer, nos *imaginaremos* siempre la creación como si se tratara de un cambio, imaginación que hace que ésta sea contradictoria e imposible. En realidad es totalmente distinta y algo que no llegamos a definir, tan extraño permanece a las condiciones de la experiencia humana. Decir que la creación es el don del ser, es todavía una fórmula engañosa, pues ¿cómo dar algo a lo que no es? Decir que es la recepción del ser no supone una mejora, pues ¿cómo lo que no es nada podría recibir? Digamos entonces, si se quiere, que es una especie de recepción del existir, sin pretender representárnosla.[3]

El propio existir sólo es concebible por nosotros bajo la noción de ente; no debiera sorprendernos que la relación de dos actos de existir, uno de los cuales no es sino eso mismo, y el otro es el efecto del primero, permanezca inconcebible para nosotros... (Por eso) cada vez que habla directamente de la creación como tal, Santo Tomás usa el lenguaje del existir, no el del ente: *Deus ex nihilo res in esse producit*. Se trata, pues, aquí de un acto que partiendo del *Esse*, acaba directa e inmediatamente *el Esse*".[4]

Aceptada la dificultad, con todo podemos aproximarnos a la realidad del acto creador desde diferentes perspectivas. En principio, cabrían tres definiciones que ayudan a entender el acto creador:

---

[3] Santo Tomás de Aquino: *In II Sent.*, d. 1, q. 1, art. 2, ad resp. y ad 2m: "Creatio non est factio quæ sit mutatio proprie loquendo, sed est quaedam accepto esse". Cfr. *Contr. Gent.* II, 17; *De Potentia*, q. III, art. 12; *Summ. Theol.* I^a, 45, 2, ad 2 y ad 3.

[4] É. Gilson: *El Tomismo*, cit., pág. 148.

6.1. EL ACTO CREADOR

1.- Desde el punto de vista de la contraposición con la nada: "acto divino que implica un tránsito radical y absoluto del no–ser al ser". El ser es antes y más que la nada.

2.- Desde la perspectiva del acto de ser: "productio rei secundum totam suam substantiam".[5] Lo cual significa:

- Dios produce lo que existe en cuanto que existe.

- Pero lo que existe, es por el "acto de ser".

- Por eso, el acto de ser es la perfección de toda perfección.

- Y, por tanto, producir lo que existe en cuanto que existe, significa producirlo totalmente.

3.- Desde el punto de vista de la contraposición con el acto generativo: "emanatio totius entis a Deo". En efecto:

"Respondeo dicendum quod, sicut supra dictum est, non solum oportet considerare emanationem alicuius entis particularis ab aliquo particulari agente, sed etiam emanationem totius entis a causa universali, quæ est Deus, et hanc quidem emanationem designamus nomine creationis. Quod autem procedit secundum emanationem particularem, non præsupponitur emanationi, sicut, si generatur homo, non fuit prius homo, sed ho-

"Hay que decir: Como se dijo anteriormente (q. 44, a. 2), no sólo hay que analizar el origen de un ser particular de otro particular, sino también el origen de todo ser de la causa universal, que es Dios. Este origen lo llamamos creación. Lo que se origina por emanación particular no se presupone en tal emanación; como al engendrarse un hombre, antes no era tal hombre, sino que de no hombre se hace hombre, y blanco de no blanco. Por eso, si se consi-

---

[5]Santo Tomás de Aquino: *Summ. Theol.*, Iª, q. 65, a. 3.

"mo fit ex non homine, et album ex non albo. Unde, si consideretur emanatio totius entis universalis a primo principio, impossibile est quod aliquod ens præsupponatur huic emanationi. Idem autem est nihil quod nullum ens. Sicut igitur generatio hominis est ex non ente quod est non homo, ita creatio, quæ est emanatio totius esse, est ex non ente quod est nihil".[6]

dera la emanación de todo el ser universal en relación con su primer principio, es imposible presuponer algún ser en tal emanación. Pero la nada es igual a la negación de todo ser. Por lo tanto, como la generación del hombre se hace a partir del no ser que es no hombre, así también la creación, que es emanación de todo el ser, se hace a partir del no ser que es la nada".

Se pueden señalar las siguientes diferencias entre el acto "creacional" y el acto "generativo":

1. En la creación, se produce absolutamente el nuevo ser; en cambio, en la generación el generante comunica su naturaleza al ser generado, pero no produce absolutamente el nuevo ser.

2. En la creación, se confiere todo el ser; en cambio, en la generación se confiere la forma, pero se presupone la materia.

3. La creación, no supone una mutación en el creador; en cambio, la generación sí supone una mutación que tiene como término una nueva realidad.

Estas definiciones, pueden ser contempladas también desde la perspectiva del lenguaje de las causas de una realidad (o elementos constitutivos intrínsecos y extrínsecos). J. Valbuena,[7] haciéndose eco de una

---

[6]Santo Tomás de Aquino: *Summ. Theol.*, Iª, q. 45, a. 1, co.

[7]J. Valbuena: *Introducciones...*, cit., págs. 467–468.

6.1. EL ACTO CREADOR

explicación tradicional, señala que la creación puede ser entendida de cuatro modos diferentes:

1. Atendiendo a *la causa material*, término *a quo* o punto de partida material, se define como "productio ex nihilo",[8] es decir, producción que se hace de la nada o sin que exista materia alguna de la que se produzca el nuevo ser.

2. Por el orden del *fin de ejecución*, término *ad quem* o de arribo, se define como "productio rei secundum totam substantiam",[9] es decir, producción de todo el ser, materia y forma.

3. Considerada por parte de su *causa eficiente propia* se define como "emanatio totius entis a causa universali, quæ est Deus".[10]

4. Atendiendo al *orden entre el término "a quo" y el término "ad quem"* se define como "transitus de non ente simpliciter ad ens simpliciter".

"Esse autem est causatum primum: quod ex ratione suæ communitatis apparet. Causa igitur propria essendi est agens primum et universale, quod Deus est. Alia vero agentia non sunt causa essendi simpliciter, sed causa essendi hoc, ut ho-

"Pero el ser es el primer causado, como consta por razón de su universalidad. Luego la causa propia del ser es el agente primero y universal, el cual es Dios. Los demás agentes no son causa del ser total, sino causas de un ser determinado, como de ser hombre o de

---

[8]Santo Tomás de Aquino:*Summ. Theol.*, I\ª, q. 45, a. 1, co.

[9]Concilio Vaticano I. D. S. 3025: "Si quis non confiteatur, mundum resque omnes, quæ in eo continentur, et spirituales et materiales secundum totam suam substantiam a Deo ex nihilo esse productas... an. s".

[10]Santo Tomás de Aquino: *Summ. Theol.*, I\ª, q. 45, a. 1, co.

minem vel album. Esse autem simpliciter per creationem causatur, quæ nihil præsupponit: quia non potest aliquid præexistere quod sit extra ens simpliciter. Per alias factiones fit hoc ens vel tale: nam ex ente præexistente fit hoc ens vel tale. Ergo creatio est propria Dei actio".[11]

ser blanco. De manera que el ser total es causado por creación, la cual no presupone nada, porque no puede preexistir nada que esté fuera del ser total; mientras que por las demás clases de acciones se hace tal o cual ser, porque de un ser preexistente se hace este o el otro ser. Luego la creación es una acción propia de Dios".

Todavía cabe hacer, siguiendo a Santo Tomás, una definición descriptiva: "Prima actio quæ circa rem exercetur". Así pues, es la acción primera que se puede realizar sobre cualquier ser, puesto que por ella comienza a existir integralmente el ser, y toda otra acción supone ya el ser existente de algún modo:

"Cum enim secundum ordinem agentium sit ordo actionum, eo quod nobilioris agentis nobilior est actio: oportet quod prima actio sit primi agentis propria. Creatio autem est prima actio: eo quod nullam aliam præsupponit, omnes autem aliæ præsupponunt eam. Est igitur creatio propria Dei

"Como el orden de las acciones corresponde al orden de agentes —la acción más noble pertenece al agente más noble—, es preciso que la primera acción sea propia del agente primero. Mas la creación es la acción primera, pues no presupone otra y, sin embargo, todas las demás la presuponen. Luego la creación es la acción propia y

---

[11] Cfr. Santo Tomás de Aquino: *Cont. Gent.*, II, 21, 3. Cfr. también, *Summ. Theol.*, I^a, q. 45, a. 2, ad. 2.

6.1. EL ACTO CREADOR

solius actio, qui est agens primum..."[12]

exclusiva de Dios, que es el primer agente..."

6.1.3 Aspectos básicos del acto creador

Se pueden establecer los siguientes principios que se deducen del concepto estricto de acto creador:

1.– *El Creador no sufre cambio o modificación alguna*. En efecto:

- El ser divino no pierde ni adquiere ninguna perfección.

- El fundamento de este principio es la inmutabilidad divina.

- De algún modo, encontramos esta idea (desde su peculiar perspectiva) en el antiguo pensamiento neoplatónico, para el cual el "Nous" permanece sin alteración alguna en su emanación productora de la realidad. El Ser superior nada gana o pierde al producir un ser inferior. Un ejemplo que se suele utilizar, es el del hombre cuando proyecta su sombra, acción que no le hace ni ganar ni perder nada de su ser.

- La razón teológica de este principio estriba en que la creación no es nada en Dios y sí en la creatura. En efecto, en ésta supone nada menos que su condición o relación real al Creador como principio y origen de su ser, además de otras manifestaciones de composición en su estructura íntima metafísica (composición de esencia y existencia, etc.); en cambio, en el Creador es solo una pura relación de razón. Santo Tomás es muy claro, tanto en el sed contra y en el cuerpo el artículo 3 de la cuestión 45 de la primera parte de la *Suma de Teología*:

---

[12]Santo Tomás de Aquino: *Cont. Gent.*, II, 21, n. 2.

"Sed contra, maius est fieri aliquid secundum totam substantiam, quam secundum formam substantialem vel accidentalem. Sed generatio simpliciter vel secundum quid, qua fit aliquid secundum formam substantialem vel accidentalem, est aliquid in generato. Ergo multo magis creatio, qua fit aliquid secundum totam substantiam, est aliquid in creato.

Respondeo dicendum quod creatio ponit aliquid in creato secundum relationem tantum. Quia quod creatur, non fit per motum vel per mutationem. Quod enim fit per motum vel mutationem, fit ex aliquo præexistenti, quod quidem contingit in productionibus particularibus aliquorum entium; non autem potest hoc contingere in productione totius esse a causa universali omnium entium, quæ est Deus. Unde Deus, creando, producit

"En cambio, ser hecho sustancialmente es más que ser hecho sólo en cuanto a la forma sustancial o accidental. Pero la generación absoluta o relativa, es decir, según la forma sustancial o accidental, es algo en lo generado. Por lo tanto, con mayor razón la creación, con la cual se produce algo en cuanto a todo su ser, es algo en lo creado.

Solución. Hay que decir: la creación es algo en lo creado sólo en cuanto a la relación. Porque lo que es creado no es hecho por movimiento o por cambio. Pues lo que es hecho por movimiento o por cambio se hace a partir de algo preexistente; lo cual se da en las producciones particulares de algunos seres, pero esto no se da en la producción de todo ser por la causa universal de todos los seres, que es Dios. Por lo tanto, Dios produce las cosas sin movimiento cuando las crea. Ahora bien, anulado el movimiento en la acción y

6.1. EL ACTO CREADOR

> res sine motu. Subtracto autem motu ab actione et passione, nihil remanet nisi relatio, ut dictum est. Unde relinquitur quod creatio in creatura non sit nisi relatio quædam ad creatorem, ut ad principium sui esse; sicut in passione quæ est cum motu, importatur relatio ad principium motus".[13]

> en la pasión en ellas, no queda más que la relación, tal como acabamos de decir (a. 2, ad 2). Por lo tanto, la creación en la criatura no es más que una relación real con el creador como principio de su ser; del mismo modo que en la pasión que se da con movimiento está incluida la relación con el principio de dicho movimiento".

Este es uno de los clásicos problemas en que está por medio la recta comprensión de la inmutabilidad divina (que la razón nos muestra como necesidad en el Ser infinito y que además es afirmada por el Magisterio de la Iglesia),[14] pero que pareciera desmentirse, tanto por el hecho de sus operaciones "ad extra" como por el lenguaje de la Sagrada Escritura y la Tradición al hablar de la creación.

La solución aportada tradicionalmente es la ya mencionada: la novedad de la creación es para el mundo creado y no para Dios. Con todo, es "misterio grande", ya que antes de la creación, Dios no es creador; después de la creación, Dios sí es creador; pero sin embargo, no hay cambio en Dios. Es el problema de la relación entre el Creador y las creaturas.

Esa respuesta clásica se explica con el argumento de que la creación establece, en las creaturas, una relación "real" con Dios; en cambio, en el Creador, la relación con sus creaturas es una relación "de razón", es decir, pensada por nosotros en base a la realidad de la creación, pero no realmente existente en Dios, en el sentido de que *lo modifiquen realmente o le añadan alguna perfección*.[15]

---

[13] Santo Tomás de Aquino: *Summ. Theol.*, I\ª, q. 45, a. 3, s. c. y co. Cfr. *In Sent.*, I, dist. 40, q. 1, ad 1; II, dist. 1, q. 1, a. 2, ad 4. 5; *Contra Gent.*, II, cap. 18; *De Pot.*, q. 3, a. 3.

[14] Cfr. Concilio Lateranense IV, "incommutabilis" (D. S. 800).

[15] El mismo problema y explicación se dan en relación con la Encarnación considerada como obra "ad extra" de Dios.

Con todo, esta explicación ha de ser correctamente entendida, pues jamás se podrían sostener expresiones heréticas del tipo, "Dios no es realmente el creador del mundo". Pero, al mismo tiempo, se trata de dejar claramente establecidos los siguientes hechos: la inmutabilidad divina, la realidad de que la creación no añade una nueva perfección a Dios y que la creación es totalmente gratuita. En el fondo estamos ante el misterio insondable de las relaciones entre lo natural y lo sobrenatural, lo finito y lo infinito, lo relativo y lo absoluto, lo temporal y lo eterno. Finalmente, hay que recordar que nuestro conocimiento de Dios es siempre analógico, y que por tanto, la inmutabilidad divina no puede ser entendida simplemente al modo de nuestra experiencia humana: no es pues, mera pasividad, ausencia de cambio, vida o actividad, sino que es manifestación de que la divinidad es Acto Puro de Ser, con ausencia absoluta de potencia alguna.

2.– *Lo creado es real y completamente distinto del Creador.*

- La creación expresa bien nocionalmente la diferencia absoluta entre el Creador y la criatura. El "ser" se aplica en sentido analógico a Dios ("Ser por Sí") y a la criatura ("ser por participación").

- La idea de la participación es de extraordinaria importancia en el pensamiento de Santo Tomás de Aquino. En efecto, "participar" consiste en poseer de un modo limitado e imperfecto algo que se halla en otro ser de modo total, ilimitado y perfecto.

Hay dos tipos de participación:

- "Participación predicamental unívoca": los participantes poseen la misma formalidad según todo su contenido esencial, de modo que lo participado no existe en sí, sino únicamente en los participantes. Es el caso de la humanidad, donde todos los hombres participan de la misma, pero ella no existe en sí, sino que se encuentra en cada ser humano.

- "Participación trascendental análoga": el participado tiene toda la perfección, y los participantes solo diferentes gra-

6.1. EL ACTO CREADOR

dos de perfección. Es el caso del "esse" en Dios y en las creaturas.

- * Las creaturas son seres, pero no son "el Ser". Son actos por participación, limitados por una esencia que los circunscribe.
- * Dios es el "Esse", es la suprema perfección, el acto de todos los otros actos, sin límite, sin esencia que lo circunscriba.

Por eso, la idea de participación es la que justifica a la vez la oposición primordial entre Dios y las creaturas, y al mismo tiempo, la dependencia radical de la creatura con respecto a Dios.

- De este modo aparecen como conclusiones lógicas las siguientes:
  - Una vez creada, la creatura mantiene una existencia propia dada por el Creador.
  - Dios y la creatura no se confunden, ya que Dios es trascendente y la creatura es limitada y "profana".
  - La omnipresencia de Dios en lo creado no supone ningún tipo de panteísmo o inmanencia, sino que Dios conserva siempre su trascendencia. En efecto:
    * La omnipresencia es presencia por inmensidad. Es presencia de esencia (mantiene en el ser), de conocimiento (todo está y es conforme a la mente de Dios) y de potencia (autoridad, ya que todo está sujeto a la providencia de Dios).
    * La omnipresencia tiene en cuenta la idea de participación. El ser más íntimo y radical de la creatura depende de Dios ("actus essendi"): máxima dependencia, por

tanto. Pero la creatura no es "el esse", sino que tiene el ser "por participación": máxima diferenciación.

* Es como el fuego que origina el calor. El calor no se identifica con el fuego, pero si el fuego cesa, el calor desaparece.

— El "panenteísmo" (K. Krause †1832) es un error. En efecto, esta teoría sostiene que Dios es a la vez inmanente y trascendente. Inmanente porque está en las cosas, pero no de modo absoluto; sin embargo, la sustancia de las cosas son Dios. Trascendente a la vez, porque el mundo depende de Dios y Dios no depende del mundo. La materia es Dios, pero Dios es más que la materia porque tiene muchos (infinitos) géneros de ser.

Como se puede observar, esta teoría no salva la trascendencia divina y mezcla a Dios "físicamente" en la suerte del mundo.[16]

---

[16]El creador del concepto fue el filósofo alemán y masón heterodoxo Karl Christian Friedrich Krause (1781–1832), quien buscaba reconciliar el teísmo tradicional con el panteísmo y la religión natural. Dios es a la vez inmanente y trascendente al Universo: Dios engloba el Universo pero no se limita a él, diferenciándose así del "panteísmo", que afirma la identidad entre Dios y el Universo. El Dios del "panenteísmo" es el creador y la energía vital del universo, así como la fuente de la ley natural. Según el panenteísmo de Krause, Dios acaba por reabsorber los "tres términos del mundo", o sea, la naturaleza, el espíritu y la humanidad, que unifica en un todo orgánico. Krause sostuvo un historicismo, que culmina asimismo en un retorno del género humano a Dios, meta última de todo progreso; según él, se llega al Ser Supremo no a través del común proceso crítico e inductivo, que el filósofo denomina *analítico* y *subjetivo*, sino por medio de otro superior, que llama *sintético u objetivo*, que parte de Dios mismo y da lugar al mundo. Sus ideas sobre Dios influyeron decisivamente en los krausistas españoles y latinoamericanos, así como en algunos filósofos norteamericanos modernos.

6.1. EL ACTO CREADOR

3.- *Lo creado es totalmente creado*. Lo cual significa que:

- No existe:
    - Materia preexistente.
    - Materia informe previa al acto creador.
    - Materia prima con la que Dios moldeara el mundo.

- Y, por lo tanto, se reafirma el "ex nihilo", que:
    - En "lenguaje de mutación" significa que no existe materia anterior como presupuesto creativo: ausencia de toda con–causa.
    - En "lenguaje de tiempo" significa que algo se hace después de la nada. Primero no hay nada (tampoco tiempo); después hay algo.

6.1.4 Explicaciones erróneas del acto creador

Una vez que se entiende el verdadero sentido del acto creador, hay que rechazar como erróneas las siguientes posiciones:

1. La creación como realidad absoluta que se haya siempre en gestación (cfr. *Process theology*).

2. Proceso en el que se haya involucrado esencialmente el Ser divino (cfr. neoplatonismo).

3. Ámbito en el que Dios hace sitio al mundo a costa de su ser (cfr. religiones antiguas).

4. Concepto meramente simbólico, que serviría para dar orientación y sentido a la vida humana (cfr. "desmitificación" bultmaniana).

5. Concepto meramente histórico–salvífico, que diluyera la creación en la Redención (cfr. Protestantismo).

6.2 Consecuencias de la condición creatural del mundo y del hombre

De la consideración del acto creador, se extraen lógicamente profundas consecuencias sobre la condición del mundo y del hombre como creaturas de Dios.

1.– *La estructura y naturaleza de la realidad nos viene dada por el Creador.*

- Por lo tanto, nuestra naturaleza humana nos viene dada por Dios, no la inventamos o la "re–creamos" nosotros.

- Es la misma afirmación que hacemos al sostener que las creaturas proceden de Dios según el conocimiento y la intelección divinos.

2.– *El mundo creado posee una realidad que es cognoscible verdaderamente.*

El mundo creado es inteligible, penetrable por el entendimiento humano, pues fue creado por el Entendimiento Divino.

No obstante, nuestro entendimiento no puede captar absoluta y radicalmente toda la realidad, pues fue diseñada por un Entendimiento infinito y el nuestro es limitado. Por eso decía Santo Tomás que "las esencias de las cosas son desconocidas para nosotros".

"Nomen mentis a mensurando est sumptum. Res autem uniuscuiusque generis	"El nombre de mente está tomado del medir; ahora bien, las cosas de cualquier género se miden por el

6.2. CONSECUENCIAS

mensuratur per id quod est minimum, et principium primum in suo genere, ut patet in X Metaphys.; et ideo nomen mentis hoc modo dicitur in anima, sicut et nomen intellectus. Solum enim intellectus accipit cognitionem de rebus quasi mensurando eas ad sua principia. Intellectus autem, cum dicatur per respectum ad actum, potentiam animæ designat: virtus enim, sive potentia, est medium inter essentiam et operationem, ut patet per Dionysium, cap. XI Cælest. Hierarch. *Quia vero rerum essentiæ sunt nobis ignotæ, virtutes autem earum innotescunt nobis per actus, utimur frequenter nominibus virtutum vel potentiarum ad essentias significandas. Sed quia nihil notificatur nisi ex hoc quod est sibi proprium, oportet quod, cum aliqua essentia designatur per suam potentiam, quod designetur per potentiam sibi propriam.* In potentiis autem hoc

elemento más pequeño y el primer principio en su género, como es claro en el libro X de la Metafísica; en consecuencia es en ese modo en el que el nombre de mente es atribuido al alma, lo mismo que también el nombre de intelecto; solamente, en efecto, el intelecto recibe el conocimiento de las cosas en cierta manera midiéndolas respecto a sus principios. El intelecto, puesto que se dice por relación al acto, designa una potencia del alma; en efecto, la facultad, es decir, la potencia es algo intermedio entre la esencia y la operación, como es patente por lo que señala Dionisio en el capítulo XI de la jerarquía celeste. Ahora bien, puesto que las esencias de las cosas nos son desconocidas, mientras que sus potencias se nos hacen manifiestas a través de sus actos, nosotros utilizamos con frecuencia los nombres de facultades o de potencias para designar las esencias. Pero puesto que nada es conocido más que por algo que le es propio, es preciso que, puesto que una esencia es designada por medio de una potencia suya, lo sea por una potencia

communiter invenitur, quod illud quod potest in plus, potest in minus, sed non convertitur; sicut qui potest ferre mille libras, potest ferre centum, ut dicitur in I cæli et mundi. Et ideo, si aliqua res per suam potentiam debeat designari, oportet quod designetur per ultimum potentiæ suæ. Anima autem quæ est in plantis, non habet nisi infimum gradum inter potentias animæ; unde ab ea denominatur, cum dicitur nutritiva vel vegetabilis. Anima autem bruti pertingit ad altiorem gradum, scilicet qui est sensus; unde ipsa anima vocatur sensitiva, vel quandoque etiam sensus. Sed anima humana pertingit ad altissimum gradum inter potentias animæ, et ex hoc denominatur; unde dicitur intellectiva, et quandoque etiam intellectus, et similiter mens, inquantum scilicet ex ipsa nata est effluere talis potentia, quia est sibi proprium præ aliis anima-

que le es propia. Ahora bien, en las potencias generalmente se encuentra que lo que puede lo más puede lo menos, pero no al revés; por ejemplo, 'quien puede llevar mil libras puede llevar cien', como se dice en el libro I de Sobre el Cielo y el Mundo; por consiguiente, si una cosa debe ser designada mediante una potencia suya, es preciso que sea designada por su potencia más alta; ahora bien, el alma que existe en las plantas no posee más que el ínfimo grado entre las potencias del alma, y por eso es designada a partir de esa potencia cuando se la denomina nutritiva o vegetativa; el alma del animal, en cambio, alcanza un grado más alto, a saber, el sentido, por lo que su misma alma es llamada sensitiva, o bien en ocasiones, también sentido; pero el alma humana alcanza el grado más alto entre las potencias del alma, y es designada a partir de eso, y por ello se le denomina intelectiva, y en ocasiones también intelecto, y de modo semejante mente, es decir, por cuanto a partir de ella misma procede por naturaleza tal poten-

6.2. CONSECUENCIAS

bus. Patet ergo, quod mens in anima nostra dicit illud quod est altissimum in virtute ipsius. Unde, cum secundum id quod est altissimum in nobis divina imago inveniatur in nobis, imago non pertinebit ad essentiam animæ nisi secundum mentem, prout nominat altissimam potentiam eius. Et sic mens, prout in ea est imago, nominat potentiam animæ, et non essentiam; vel si nominat essentiam, hoc non est nisi inquantum ab ea fluit talis potentia".[17]

cia, que le es propia respecto a las demás almas. Es evidente, pues que la mente designa la potencia más alta que hay en nuestra alma; y por eso, puesto que lo que se encuentra de más alto en nosotros es la imagen divina, ésta no pertenecerá a la esencia del alma más que según la mente, en tanto en cuanto designa su potencia más alta; y de esta manera la mente, en cuanto que en ella está la imagen divina, designa una potencia del alma y no su esencia; o si designa su esencia, eso sucede más que en cuanto de ella fluye tal potencia".

3.- *Bondad de lo creado*. Al ser el mundo creado por la infinita Voluntad de Dios, que es idéntica con su Bondad, se deduce que lo producido:

- Es bueno.

- Tiene como fin último la Bondad divina, a la que alcanza desarrollando su propia bondad otorgada por el Creador.

- En el hombre hay libertad, pero también deseamos nuestro fin (Dios–Bondad–Felicidad) con la misma tendencia natural como la piedra necesita caer. No obstante el hombre puede elegir en contra de esa felicidad a la que tiende por amor natural, a través de su amor elícito, esto es a través del amor que es gobernado

---

[17]Santo Tomás de Aquino: *Quæstiones Disputatæ De veritate*, q. 10, a. 1, co.

por nuestra libre voluntad. Por eso, aunque no hay creaturas irracionales malas, sin embargo sí pueden haber hombres que eligen el mal voluntariamente, frustrando el plan de Dios sobre ellos y perdiendo su fin último en la condenación eterna. La voluntad apetece libremente la felicidad, aunque la busque a la vez necesariamente.

6.3 La Bondad de la Creación en A. Gálvez

A. Gálvez ha subrayado el aspecto de la bondad de toda la creación desde su peculiar teoría del amor.[18] Teniendo en cuenta las notas esenciales del amor de la bilateralidad, la reciprocidad, la entrega total, la pobreza absoluta de los amantes y la búsqueda de la soledad por parte del amado con el amante con el olvido de todas las otras cosas y realidades de este mundo..., parecería que se debería concluir que el mundo creado es preterido, despreciado o visto como un obstáculo para el verdadero amor. Sin embargo, la realidad no puede ser más contraria: las cosas de este mundo no solo no tienen que ser un obstáculo para la relación amorosa, sino que juegan un papel muy importante dentro de la relación amorosa, para vivirla mejor, perfeccionarla y ayudar a llevarla a su plenitud. Veamos cómo se resuelve esta aparente contradicción, esta aporía.

En efecto, por un lado hay que sostener que son notas esenciales del amor, entre otras, las siguientes:

1.- La bilateralidad, la entrega total entre las personas que se aman.[19]

---

[18] Cfr. un estudio de la misma en Juan A. Jorge: *Dios Uno...*, cit., págs. 386–411.

[19] A. Gálvez: *Comentarios...*, cit., vol. I. Cfr. "Sine modo" (págs. 91–92); como cimiento (págs. 89–90).

6.3. LA BONDAD DE LA CREACIÓN EN A. GÁLVEZ

A. Gálvez desarrolla los diferentes aspectos de la bilateralidad: problema con respecto al hombre que no puede entregarse infinitamente a Dios; pero Dios no busca la infinitud sino la totalidad.[20] ¿Puede Dios ser amado en totalidad?[21] El hombre puede entregar a Dios un regalo infinito: el corazón de Dios y su infinito amor que han sido entregados antes al hombre.[22] La totalidad, en su proceso, para el amante humano y para el divino;[23] problema: el hombre puede entregarse a Dios cada vez más; pero, ¿y Dios?; solución en la reciprocidad.[24] Totalidad en la entrega del amante: el todo para el amante es el amado;[25] totalidad de deseos.[26] Amor como relación de ultimidad: "responde a la esencia del amor".[27] El amor tiende siempre a su propia perfección o consumación;[28] la muerte como consumación del amor.[29] El concepto de desensimismación y embriaguez del amor como entrega total y completa salida de sí mismo, de cada uno de los amantes:[30] el pecado como ensimismamiento;[31] etc.

2.– La reciprocidad entre las personas que se aman.[32]

Como se puede comprobar en su obra "Comentarios al Cantar de los Cantares", para A. Gálvez, la profundización en esta nota supone la explicación de la insuficiencia de la teoría de la contemplación activa y pasiva,[33] pues la contemplación es

---

[20]Además de A. Gálvez: *Siete...*, vol. I, págs. 22–23. Id: *Disputationes...*, cit., pág. 9–10; etc. Cfr. sobre todo A. Gálvez: *Comentarios...*, cit., vol. I., págs. 26 y 24.

[21]A. Gálvez: *Ibidem*, pág. 91, n. 38.

[22]A. Gálvez: *Ibidem*, pág. 136.

[23]A. Gálvez: *Ibidem*, pág. 136.

[24]A. Gálvez: *Ibidem*, pág. 129.

[25]A. Gálvez: *Ibidem*, págs. 134–135.

[26]A. Gálvez: *Ibidem*, pág. 73.

[27]A. Gálvez: *Ibidem*, pág. 45.

[28]A. Gálvez: *Ibidem*, pág. 131.

[29]A. Gálvez: *Ibidem*, págs. 130–133.

[30]A. Gálvez: *Ibidem*, págs. 148–151.

[31]A. Gálvez: *Ibidem*, pág. 151.

[32]A. Gálvez: *Comentarios...*, cit., vol. I: Amor como relación de oposición (págs. 17–18; 26); reciprocidad es necesaria para enamorarse de Dios en la oración (pág. 64); "necesidad y esencialidad de la reciprocidad en el amor" (pág. 64); "...la nota esencial de reciprocidad inherente al amor..." (pág. 107 n. 3).

[33]A. Gálvez: *Ibidem*, pág. 100.

recíproca.³⁴ La reciprocidad en relación con la persona,³⁵ y la explicación última del deseo de ser deseado.³⁶ La reciprocidad hace que todo sea nuestro, pero "vosotros de Cristo".³⁷ Pertenece a la "esencia del amor",³⁸ porque "el amor se asienta sobre las bases de la absoluta reciprocidad":³⁹ "como se ha dicho tantas veces, todo en el amor es reciprocidad: no hay entrega, o recepción, de uno de los amantes sin la correspondiente recepción, o entrega, del otro... Aquí se está más bien ante algo que responde a la naturaleza íntima de una realidad, cual es la del amor, que no existe nunca sino como espiración o procedencia de dos".⁴⁰ La reciprocidad explica que Dios no pueda entregarse por entero a la creatura si ésta no hace lo mismo;⁴¹ pero al mismo tiempo fundamenta la posibilidad de que el hombre pueda dar un regalo de valor infinito a Dios: dando todo lo que tiene, que en el fondo es a Dios mismo.⁴² La alegría propia del amor se desea entregar al Amado... y se recibe la alegría del Amado debido a la reciprocidad:⁴³ "Dios sabe que el hombre, si bien no suele ofrecer el corazón a una mera abstracción, puede entregarlo en cambio, a otra persona que va a dar también el suyo en reciprocidad. De este modo llegan ambos amantes, mediante la mutua entrega, a la alegría perfecta de la beatitud total".⁴⁴ El fundamento de la reciprocidad se encuentra en última instancia en la realidad del amor trinitario (Padre y su relación con el Hijo y viceversa).⁴⁵ Como consecuencia de la reciprocidad, el "velo" que sufre la esposa con relación al Esposo, también afecta al Esposo;⁴⁶ y la búsqueda de la persona amada en el *todavía no* del presente eón, es también para el Esposo.⁴⁷ Etc.

---

[34] A. Gálvez: *Ibidem*, pág. 102. Cfr. págs. 68.69.

[35] A. Gálvez: *Ibidem*, pág. 73.

[36] A. Gálvez: *Ibidem*, págs. 77.78.89.

[37] A. Gálvez: *Ibidem*, págs. 108–109, y n. 11.

[38] A. Gálvez: *Ibidem*, págs. 44. 60.

[39] A. Gálvez: *Ibidem*, pág. 45.

[40] A. Gálvez: *Ibidem*, pág. 127.

[41] A. Gálvez: *Ibidem*, pág. 129.

[42] A. Gálvez: *Ibidem*, pág. 135.

[43] A. Gálvez: *Ibidem*, pág. 180.

[44] A. Gálvez: *Ibidem*, págs. 256–257.

[45] A. Gálvez: *Ibidem*, págs. 61–62.

[46] A. Gálvez: *Ibidem*, pág. 99.

[47] A. Gálvez: *Ibidem*, pág. 239.

6.3. LA BONDAD DE LA CREACIÓN EN A. GÁLVEZ

3.- Es por ello que los amantes viven en la pobreza total; se entregan todo lo que tienen y todo lo que son, menos la misma capacidad de amar (si la perdiesen, ya no serían personas, y el amor desaparecería, lo que es la consecuencia de cualquier concepción del amor, que afirmara como finalidad del mismo la fusión y pérdida de las personas[48]).

A. Gálvez ha insistido con frecuencia en la importancia esencial de la persona en la relación amorosa. En efecto: "Se viene a parar de nuevo a la doctrina de que el amor mira siempre a la persona, que es el término último y sujeto de atribución de todo".[49] "El amor verdadero mira al otro como persona, mientras que para el falso amor no existen propiamente otras personas, sino solamente cosas, de las que él se puede apropiar para utilizarlas".[50] "El verdadero amor, en efecto, desea también poseer a la persona amada, pues su naturaleza es tal que las cosas no pueden ser de otro modo. Pero no existe parangón entre él y el falso amor... el verdadero amor desea poseer al otro como persona, mientras que al falso solamente le interesa el otro como cosa".[51] "Aunque es verdad que en el amor se dan juntamente la atracción del bien, la satisfacción por la posesión de la verdad, y el gozo del placer estético, aún necesita sin embargo otro elemento que es esencial o fundamental: El bien que atrae en el amor, la verdad comprendida, y la belleza contemplada, pertenecen aquí en realidad a una persona, que es la que verdaderamente atrae por medio del amor. Y atrae precisamente porque, para el que ama, esa persona significa la verdad, irradia la belleza, y contiene el bien; todo a la vez y en grado sumo. Con lo que se llega a la importante conclusión de que, puesto que el agente que atrae aquí es una persona, es imposible para el que ama no contar con la reciprocidad. Por eso desea ser poseído por ella y poseerla él a su vez".[52] "En el amor, siempre se trata de la búsqueda de una persona".[53] "La perfecta identidad y la clara distinción de cada una de las personas son esenciales en el amor. Lo cual, no solamente no es óbice para él, sino que es una condición necesaria para que pueda darse... Jn 13: 12–14".[54] "Es esencial en el amor

---

[48] Crítica fundamental a todo panteísmo
[49] A. Gálvez: *Comentarios...*, cit., vol. I, pág. 25.
[50] A. Gálvez: *Ibidem*, pág. 59.
[51] A. Gálvez: *Ibidem*, pág. 60.
[52] A. Gálvez: *Ibidem*, págs. 72–73.
[53] A. Gálvez: *Ibidem*, pág. 79.
[54] A. Gálvez: *Ibidem*, pág. 108, nota 8.

que cada uno de los amantes mantenga inalterada su condición de persona como tal persona, que es lo que efectivamente sucede en el seno mismo de la Trinidad".[55] "El Amor, que se identifica con el Ser infinito y con el Sumo Bien, es un ser personal, en el que se dan, además, pluralidad de personas, sin que eso sea obstáculo a la perfecta simplicidad y a la absoluta unicidad de su esencia..."[56] "Como corresponde a algo tan eminentemente personal como es el amor, y que goza, por lo tanto, de los atributos o notas propios de la personalidad, cuales son la unicidad, la individualidad y la incomunicabilidad".[57] "Si el amor es lo más íntimo y personal que hay en el corazón del ser que ama, nadie puede conocerlo sino él mismo y, por supuesto, aquél que es hecho objeto de ese amor —aquél a quien le es otorgado— en una donación también estrictamente personal y única..."[58] "El amor tiene siempre como objeto y término a una persona, distinta en cuanto tal de la persona que ama. Nadie se enamora jamás de un cuerpo o de un alma, y ni siquiera de ambos en conjunto, sino de esa entidad sutil y difícil de calificar que es precisamente la persona".[59] "Así como en el seno de la Trinidad, o Amor substancial, el Espíritu Santo es esencialmente Don, como donación mutua que es entre Personas —*Qui ex Patre Filioque procedit*—, del mismo modo el amor participado tiene que consistir en una mutua y recíproca entrega que también tiene lugar entre personas".[60] "Pero en modo alguno basta con la contemplación, pues el amor no se sacia si el amante no se entrega enteramente a la persona amada y la posee además en reciprocidad. Sin esa mutua entrega, o no hay amor, o tal vez se trata de algo tan imperfecto que apenas merece ese nombre".[61] "La doctrina de la contemplación saciativa de la verdad ha de tener en cuenta que ahora la Verdad es una Persona (Jn 14:6; 17:17; 5:32), la cual ha hecho suya además una naturaleza humana para poder ser amada de la única manera según la cual el hombre es capaz de amar. A su vez la persona no puede ser considerada meramente como objeto último de contemplación, sino como el término final de la posesión y de la entrega. La capacidad de contemplar a otra persona —y de ser contemplado también por ella— culmina con la capacidad de poseerla —y de ser poseído igualmente por ella—".[62] "Siempre

---

[55] A. Gálvez: *Ibidem*, pág. 115.

[56] A. Gálvez: *Ibidem*, pág. 112.

[57] A. Gálvez: *Ibidem*, págs. 89–90.

[58] A. Gálvez: *Ibidem*, pág. 193.

[59] A. Gálvez: *Ibidem*, pág. 249.

[60] A. Gálvez: *Ibidem*, pág. 251.

[61] A. Gálvez: *Ibidem*, págs. 252–253.

[62] A. Gálvez: *Ibidem*, pág. 256.

6.3. LA BONDAD DE LA CREACIÓN EN A. GÁLVEZ

es fácil seguir a la persona de quien se está profundamente enamorado, vaya donde vaya. Y el amor —conviene decirlo una vez más— solamente se da entre personas, lo que equivale a decir que es un maravilloso intercambio entre un *yo* y un *tú* que se entregan y se poseen mutuamente. La verdad puede ser objeto de amor, y aun de especial amor, pero nadie se enamora de ella, a no ser que sea percibida también como persona".[63] "Dios sabe que el hombre, si bien no suele ofrecer el corazón a una mera abstracción, puede entregarlo en cambio a otra persona que va a dar también el suyo en reciprocidad. De este modo llegan ambos amantes, mediante la mutua entrega, a la alegría perfecta de la beatitud total".[64]

4.- Quedan así los amantes en una soledad buscada y querida, del "tu" y del "yo", lejos de todas las cosas y realidades de este mundo.[65]

Y sin embargo, ese deseo de entrega con el efecto de la soledad entre los amantes no se asienta sobre el desprecio del mundo o la concepción de las cosas como algo malo. A. Gálvez insistirá una y otra vez en la bondad y la belleza de todas las cosas creadas. ¿Son estorbos para la unión con Dios o son buenas? La paradoja se resuelve cuando se entiende que Dios hizo las creaturas de este mundo bellas, buenas y maravillosas como un don al ser humano, para que éste pudiera tener algo grande y sublime que entregar a su vez al Amado.

El maniqueísmo expreso o larvado en tantas espiritualidades (místicas de la negación total, del aborrecimiento del cuerpo, de la no valoración de la Humanidad de Cristo ni de la Encarnación, etc.), es contrario a la Revelación y a la esencia del Dios que es amor. Las cosas no son malas, sino muy buenas. Con ellas, los amantes pueden hacerse

---

[63] A. Gálvez: *Ibidem*, pág. 257.

[64] A. Gálvez: *Ibidem*, págs. 257–258. La definición del constitutivo formal de la persona como "potencia activa de amar" en el estudio en extenso de este concepto en A. Gálvez que fue realizado desde el punto de vista de la metafísica por F. Ruiz (*El Estatuto Ontológico del Alma...*, cit.); cfr. Juan A. Jorge: *Dios Uno...*, cit., págs. 398–402.

[65] Cfr. el estudio de esta soledad buscada por los amantes, y la radicalidad de la misma, en A. Gálvez: *Comentarios...*, cit., vol. II, págs. 11–19.

mutuamente excelsos regalos de amor. Son relativas, en comparación con lo absoluto; secundarias, en referencia a lo primero y principal.[66] Pero en sí son importantes, porque:

1. Cuando los amantes entregan todo, no "renuncian" sino donan, entregan todo porque las cosas son buenas y no malas. En la creación las cosas no eran malas, sino un "test" de amor; son la "materia" para los regalos y donaciones entre los amantes, como dice el Ca 1: 10–11 o 7:14.

2. Por otro lado, las cosas son vestigios, huellas del Amado, que nos pueden recordar y hacer nostalgiar su presencia, así como conducirnos hasta Él.

El universo era bueno (Ge 1: 1–25) aunque destinado a ser elevado y transformado (Ro 8: 20–22; 2 Cor 5:17; 1 Tim 4:4). Por eso, para San Pablo, las cosas no apartan de Dios (Ro 8:33–34; 1 Cor 3: 21–23).[67]

En consecuencia, pareciera que los escritos de los místicos de las *Noches* y de las *Nadas* ("por la Nada al Todo" de San Juan de la Cruz, por ejemplo) están llenos de perplejidades, pues invitan a la renuncia total precisamente manifestando la belleza y grandeza de las cosas que se abandonan. Es el caso, por ejemplo, de la sublime poesía de San Juan de la Cruz en su *Cántico Espiritual*.

> "La belleza y la bondad de las cosas no serían tales ni de tal magnitud si no hubieran sido hechas para ser regaladas a la esposa. A fin de que ella, a su vez, pueda también ofrecerlas al Esposo. La más íntima esencia

---

[66] En Lc 10: 41–32 Cristo reprueba el estar "demasiado atareada" y andar "inquieta y preocupada por muchas cosas"; al tiempo que se alaba "la mejor parte".

[67] Cfr. A. Gálvez: *Comentarios...*, vol. II, cit., págs. 21–27.

6.3. LA BONDAD DE LA CREACIÓN EN A. GÁLVEZ

de las cosas consiste en ser un don.[68] Por eso advertía el Apóstol: *Conocéis la gracia de nuestro Señor Jesucristo, que siendo rico se hizo pobre por vosotros, para que os enriquecierais con su pobreza...*[69] y para que los corintios pudieran ser pobres también a su vez. Pues, ¿cómo puede alguno convertirse voluntariamente en pobre si primero no es rico? Nadie da lo que no tiene. Solamente así es capaz de entregar lo que tiene, y aun de hacerse más pobre cuanto más abundante y precioso sea lo que entrega. Si las cosas fueran malas, o estuvieran desprovistas de valor, jamás podrían ser destinadas a constituirse en regalos o presentes de amor. Por eso Dios las hizo buenas, hermosas y agradables, incluida la fruta prohibida del árbol del Paraíso (Ge 3:6). Y así es como puede decirse con verdad que la belleza de la virginidad se fundamenta en la sublimidad del matrimonio,[70] y que la heroica grandeza de la obediencia hunde sus raíces en la excelsitud de la voluntad y del entendimiento humanos".[71]

---

[68] Como dijo el Cura rural de Bernanos, inmediatamente antes de morir: *Todo es gracia*.

[69] 2 Cor 8:9.

[70] La depreciación de la idea del matrimonio es la que ha ocasionado la actual baja cotización del concepto de virginidad. No es un hecho casual que la introducción *de facto* del divorcio en la práctica de la vida católica, por más que se haya llevado a cabo subrepticiamente, haya desembocado en la desvalorización de la virginidad y en la consiguiente escasez de vocaciones a la vida consagrada. El atentado a la indisolubilidad del matrimonio ha constituido un verdadero asalto contra el núcleo fundamental del cristianismo: el concepto del amor.

[71] A. Gálvez: *Comentarios...*, vol. II, cit., págs. 27–28.

6.4 La creación, obra de toda la Trinidad

Como cualquier obra "ad extra" de Dios, la creación es obra de toda la Trinidad.[72]

6.4.1 Datos teológicos

La Sagrada Escritura, la Tradición y el Magisterio expresan esta idea de dos modos. Por un lado, hay textos en los que la creación se atribuye a toda la Trinidad. Por otro, hay textos en los que se habla del papel del Padre o del Hijo o del Espíritu Santo en la obra creadora. De uno u otro modo, se expresa la misma realidad: la creación como obra externa de Dios es común a las tres divinas Personas.

La creación como obra de la Trinidad

La Sagrada Escritura nos lo muestra. En efecto, en 1 Cor 8:6, la creación se atribuye al Padre y al Hijo. Otros textos la atribuyen tanto al Padre (Lc 10:21), como al Hijo (Jn 1:3; Heb 1:2; 1 Cor 8:6). Por otro lado, la creación también se dice obra del Espíritu Santo, como se verá más adelante (cfr. Sal 104:30; Jb 26:13).[73]

Por su parte la Tradición insiste en este particular, como se puede ver, por ejemplo, con toda claridad en Arístides, entre los Apologetas:

---

[72] Cfr. H. Pinard: *Création*, cit, cols. 2111–2116; G. Emery: *La Trinité Créatrice. Trinité et Création dans les Commentaires aux Sentences de Thomas d'Aquin et des ses Précurseurs Albert le Grand et Bonaventure*, Vrin, Paris 1995; G. Marengo: *Trinità e Creazione. Indagine sulla Teologia di Tommaso d'Aquino*, Città Nuova, Roma 1990; S. Sanz: *Fe y Razón ante el Misterio de la Trinidad Creadora según Santo Tomás*, en "Scripta Theologica" 36 (2004/3), págs. 911–929.

[73] Textos que no se pueden aplicar a la Tercera divina persona directamente, porque el misterio trinitario no se revela en el Antiguo Testamento, pero sí pueden ser aplicados desde el Nuevo Testamento y analógicamente.

6.4. LA CREACIÓN, OBRA DE TODA LA TRINIDAD

"Los cristianos reconocen al Dios creador y demiurgo de todas las cosas en su Hijo unigénito y en el Espíritu Santo" ;[74] San Ireneo afirma que "el mundo es obra de todos (las tres divinas Personas)" y que "el Hijo y el Espíritu Santo son las manos del Padre".[75]

Ciertas expresiones de algunos Padres más antiguos podrían entenderse como de un cierto subordinacionismo verbal del Hijo con respecto al Padre.[76] Sin embargo las controversias del modalismo sabeliano, y el subordinacionismo arriano, semiarriano y macedoniano, ayudarán a perfeccionar la doctrina. Y así quedó clara la afirmación de que la creación es una operación indivisible entre las tres divinas Personas.[77] La identidad de operación "ad extra" de todas las Personas, es una consecuencia lógica del consubstancial de Nicea. Ejemplo de esta posición es San Atanasio:

> "La Trinidad es una fuerza totalmente creativa y conformadora. Es igual a Sí misma e indivisible por naturaleza, y su actividad no es más que una. Por eso el Padre lo hace todo por el Logos en el Espíritu".[78]

San Basilio, por su parte, aclara, frente a malentendidos de su época, que el uso en las epístolas de San Pablo de diferentes preposiciones al hablar de la creación en relación con las distintas Personas divinas ("de", "en" y "a través de"), no indica una participación diferente de cada una en la obra creadora o una diferencia en la única naturaleza

---

[74] Aristides: *Apol.* (P. G., 96, 1121).

[75] San Ireneo: *Adv. Hær.*, 1, 22, 1 (P. G., 7, 669); ibidem, 4, 20, 1 (P. G., 7, 1032); ibidem, 4, pref. 4, 20, 3 y 4 (P. G., 7, 975, 1033, 1034).

[76] Cfr. S. Justino: Dial., 60, 127, 128 (P. G., 6, 612. 772 ss.); Atenágoras: *Légat.*, n. 10, (P. G., 6, 909).

[77] S. Ireneo: *Adv. Hær.*, 4, 20, 1 y 4 (P. G., 7, 1032, 1034).

[78] Cfr. *Carta a Serapión*, 28.

divina, sino que sirven solo para establecer la distinción real intratrinitaria entre las tres Personas.[79] La misma posición se encuentra en San Ambrosio.[80]

San Agustín rechaza entender las obras de la Trinidad "ad extra" en base a las explicaciones del pensamiento emanatista o neoplatónico, que afirmaba la existencia de seres intermediarios encargados de la creación del mundo material. La realidad es que las tres Personas divinas son co–creadoras:

> "Como el Padre y el Hijo son un solo Dios, y en relación con la creatura, un solo creador y Señor, así también son un solo principio en relación a (la procesión) del Espíritu Santo. Sin embargo, con respecto a las creaturas, el Padre, el Hijo y el Espíritu Santo no son sino un solo principio, al igual que un solo creador y un solo Señor".[81]

Existe una perspectiva diferente en el modo de enfocar este problema entre los Santos Padres Orientales y los latinos.[82] Mientras los occidentales ponen especial énfasis en la unidad de la naturaleza, para desde ahí desarrollar la teología de las Personas, los orientales acentúan primero la distinción entre éstas, para asociarlas después de modo diverso en la unidad de las operaciones.[83]

---

[79]San Basilio: *De Spiritu Sancto*, 2, 4 (P. G., 32, 73); 5, 7 (P. G., 32, 80). Cfr. también San Gregorio de Nisa: *Quod non sint tres Dii* (P. G., 45, 125 ss); San Cirilo de Alejandría: *De Trinitate*, dial. 6 (P. G., 25, 1033. 1056).

[80]San Ambrosio: De Fide et Grat., 1, 1, 8 ss (P. L., 16, 531); 17, 112 (P. L., 17, 554; etc.).

[81]San Agustín: *De Trinitate*, 4, 14, 15 (P. L., 42, 921); *Cont. Sermonem Arianorum*, 15 (P. L., 42, 694). Cfr. *De Civitate Dei*, 11, 24 (P. L., 41, 337); *De Gen. ad Litt.*, 1, 6, 12 (P. L., 34, 250–251).

[82]Perspectiva que se puede percibir en todos los temas trinitarios.

[83]Cfr. H. Pinard: *Création*, cit, col. 2113; De Régnon: *Études sur la Sainte Trinité*, Paris, 1892, I, 6, c. 5, n. 3, págs. 432 ss.

6.4. LA CREACIÓN, OBRA DE TODA LA TRINIDAD

Por su parte, el Magisterio de la Iglesia ratifica ese principio:

- En el II Concilio ecuménico de Constantinopla (a. 553), contra los nestorianos tardíos, se atribuye a cada Persona divina un "papel" en la creación: *ex quo*, para el Padre; *per quem*, para el Hijo; *in quo*, para el Espíritu Santo.[84]

- En el Concilio Lateranense (a. 649), contra los monoteletas, se habla de la Trinidad creadora.[85]

- En el Concilio de Letrán IV (a. 1215), contra la herejía cátara y albigense, se subraya que son las tres Personas divinas las que crean.[86]

La creación atribuida a cada Persona divina

Otro modo de comprobar el hecho de que la creación es obra de las tres divinas Personas, es considerando que aquélla es atribuida a cada una éstas en la Sagrada Escritura o en la Tradición: a veces se asigna al Padre, a veces al Hijo y a veces al Espíritu Santo.

---

[84]D. S. 421: "Unus enim Deus et Pater, ex quo omnia; et unus Dominus Iesus Christus, per quem omnia; et unus Spiritus Sanctus, in quo omnia".

[85]D. S. 501: "Confitetur proprie et veraciter Patrem et Filium et Spiritum Sanctum, *trinitatem in unitate et unitatem in trinitate*, hoc est, unum Deum in tribus subsistentiis consubstantialibus et aequalis gloriae, unam eandemque trium deitatem, naturam, substantiam, virtutem, potentiam, regnum, imperium, voluntatem, operationem, inconditam, sine initio, incomprehensibilem, immutabilem, *creatricem omnium* et protectricem..."

[86]D. S. 800: "*Pater* generans, *Filius* nascens, et *Spiritus Sanctus* procedens: consubstantiales et coaequales et coomnipotentes et coæterni: *unum universorum principium*: *creator* omnium visibilium et invisibilium, spiritualium et corporalium: qui sua omnipotenti virtute simul ab initio temporis utramque de nihilo condidit creaturam, spiritualem et corporalem, angelicam videlicet et mundanam: ac deinde humanam, quasi communem ex spiritu et corpore constitutam..."

1.– En primer lugar, al Padre. Es un dato claro como se pudo comprobar en el capítulo dedicado al estudio bíblico sobre la creación. Por eso, es dicción que aparece en casi todos los símbolos antiguos. En efecto, siendo característica propia del Padre la "in–originación" (no tiene origen ni procede de otra Persona y de Él procede toda la Trinidad), es lógico atribuirle la creación "ex nihilo" que de alguna manera refleja la propiedad de la primera Persona divina.[87]

2.– También se revela el papel que el Hijo tiene en la obra creadora, siendo de singular importancia las declaraciones de Col 1: 15–17 ("qui est imago Dei invisibilis, primogenitus omnis creaturae, quia in ipso condita sunt universa in cælis et in terra, visibilia et invisibilia, sive throni sive dominationes sive principatus sive potestates. Omnia per ipsum et in ipsum creata sunt..."), 1 Cor 8:6 ("...et unus Dominus Iesus Christus, per quem omnia et nos per ipsum..."), el Prólogo del Evangelio de San Juan y la Carta a los Hebreos 1: 1–2 ("Multifariam et multis modis olim Deus locutus patribus in prophetis, in novissimis his diebus locutus est nobis in Filio, quem constituit heredem universorum, per quem fecit et saecula...").

3.– Finalmente se habla de la acción del Espíritu Santo en la obra creadora, siendo de recurrente cita, Ge 1: 1ss. En la lucha contra la herejía pneumatómaca, se utilizará esta característica de ser Espíritu "Creador", para probar la divinidad del Espíritu Santo. Así se cantará,

---

[87]Cfr. en el Tratado de Dios Uno y Trino, la conveniencia del expediente de las apropiaciones o atribuciones. Cfr. Juan A. Jorge: *Dios Uno y Trino*, cit., págs. 733-747.

6.4. LA CREACIÓN, OBRA DE TODA LA TRINIDAD

más tarde, en los himnos "Veni Creator Spiritus" (s. IX)[88] y "Veni Sancte Spiritus" (s. XIII).[89]

6.4.2 Razonamiento teológico

Las obras "ad extra" de Dios son comunes a toda la Trinidad. Téngase en cuenta que el acto creador es la donación del "esse" a la obra creada, y el "esse" de Dios es su esencia, común a las tres divinas Personas. Existe pues en Dios un único pensar, querer (amor) y obrar, y la creación se realiza por virtud del amor divino según el designio de su bondad infinita.

Un corolario de estos razonamientos es la relación e importancia que tienen entre sí las obras de Dios "ad extra" dentro de la única *Historia Salutis*. La creación es el prólogo de la Redención. Con todo, no es necesario devaluar la primera para ponderar la importancia de la segunda; como sí hace el protestantismo, siguiendo sus peculiares principios teológicos. En este sentido solo en el catolicismo se da la importancia que tiene en sí al hecho de la creación.

Finalmente debemos recordar que en la creación se encuentran vestigios y huellas del Creador; esto, sobre todo, en relación con la esencia de Dios, por lo que el ser humano puede, a través de la obras de Dios, conocer algo del Dios que hizo esas maravillas (Cfr. Sab 13 y Ro 1). Pero no se pueden encontrar huellas de la Trinidad en de la

---

[88]Cfr. "Veni Creator Spiritus/ Et emitte cælitum Lucis tuæ radium". Este himno fue usado abundantemente ya en el siglo IX y atribuido a Rábano Mauro, procede tal vez de textos de San Ambrosio de Milán; está construido sobre base bíblica, como son los términos *creator* (cfr. Salmo 104:30), *paraclitus* (Jn 14: 16ss.), *fons vivus* (Jn 4: 14ss.), etc.

[89]Cfr. también las referencias a este aspecto del Espíritu Santo en la encíclica "Dominum et Vivificantem", de Juan Pablo II. J. Morales: *El Espíritu Santo "Creador" en la Encíclica "Dominum Et Vivificantem"*, en "Scripta Theológica", 20 (1988/2-3) 627–642.

obra creada, porque las tres Personas obran a través, por así decir, de la única naturaleza divina.

6.5 Creación y Redención

Conviene insistir en una idea que ya se apuntó antes: la doctrina de la creación y de la Redención son inseparables en la fe cristiana.

En efecto, la creación fundamenta "el ser" de las cosas; la Redención fundamenta la "regeneración" de las cosas y su último fin.

6.5.1 Datos teológicos

La relación entre ambos misterios aparece en las fuentes de la Revelación y en el Magisterio de la Iglesia. En efecto:

1. En el Antiguo Testamento. Hay aspectos salvíficos contenidos en la obra de la creación. En efecto:

    - La acción salvífica de Dios no comienza solo tras el pecado. Dios llama al hombre a su amistad desde el principio.
    - El Pentateuco empieza con el Génesis y no con el Éxodo.
    - El relato del yahvista de Ge 2, que no se centra en la cosmogonía (a la que se dedica el capítulo primero), sin embargo hace una breve referencia a la creación (Ge 2:4) como el presupuesto de toda la obra de la salvación.
    - Sal 136, donde se alaba a Dios por su amor eterno e inmenso poder que se expresan en la obra creadora y salvadora de su Pueblo.
    - Sal 33: 8–10: "Tema al Señor la tierra entera, tiemblen ante Él cuantos habitan el orbe, porque Él habló, y existió, Él lo ordenó, y se mantuvo. El Señor anula los planes de las naciones, vuelve vanos los proyectos de los pueblos..."

6.5. CREACIÓN Y REDENCIÓN

- Is 51: 13–16: "¿Vas a olvidar al Señor, tu Hacedor, que extendió los cielos y asentó la tierra? ¿Vas a estar siempre asustado, todo el día, ante el furor de quien te oprimía cuando pretendía arruinarte? ¿Dónde está ahora el furor del opresor? Muy pronto será liberado el cautivo; no morirá en mazmorra, ni le faltará su pan. Pues Yo soy el Señor, tu Dios, el que agita el mar y se embravecen sus olas. El Señor de los ejércitos es su nombre. Puse mis palabras en tu boca, y te amparé a la sombra de mi mano, cuando extendía los cielos y asentaba la tierra, y decía a Sión: 'Tú eres mi pueblo'" (vv 14–16).
- Is 44: 24ss.

2. En el Nuevo Testamento. Dos referencias particularmente claras son tanto el Prólogo al Evangelio de San Juan, como la Carta a los Colosenses:

> "Él nos arrebató del poder de las tinieblas y nos trasladó al reino del Hijo de su amor, en quien tenemos la redención, el perdón de los pecados. El cual es la imagen del Dios invisible, el primogénito de toda criatura, porque en él fueron creadas todas las cosas en los cielos y sobre la tierra, las visibles y las invisibles, sean los tronos o las dominaciones, los principados o las potestades. Todo ha sido creado por él y para él. Él es antes que todas las cosas y todas subsisten en él. Él es también la cabeza del cuerpo, que es la Iglesia; él es el principio, el primogénito de entre los muertos, para que él sea el primero en todo, pues Dios tuvo a bien que en él habitase toda la plenitud, y por él reconciliar todos los seres consigo, restableciendo la paz,

> por medio de su sangre derramada en la Cruz, tanto en las criaturas de la tierra como en las celestiales".[90]

3. Tradición. Entre los Santos Padres hay también la misma conciencia de la relación entre creación y Redención. Así, por ejemplo:

- San Ireneo de Lyon, quien en su pugna contra el pensamiento de los gnósticos, indicaba: "...como pre–existía el Salvador, convenía que hiciera lo que iba a ser salvado".[91]
- Por su parte San Gregorio de Nisa quien centraba su pensamiento en la fundación de la Iglesia como una re–creación: "El establecimiento de la Iglesia es una re–creación del mundo. En la Iglesia hay un nuevo cielo (Is 65:17)..., hay también un nuevo firmamento que es la fe en Cristo (2 Tim 3:15)... se forma una nueva tierra. El hombre es creado de nuevo porque en el nuevo nacimiento de lo alto es renovado según la imagen de su Creador. Hay también una nueva Luz..."[92]

4. Liturgia: Ambos misterios están presentes y entrelazados en toda la liturgia.[93]

6.5.2 Explicación teológica

Se podría decir gráficamente que el misterio de la creación y el de la Redención son como dos ángulos de una elipse, o que el Éxodo no se entiende sin el Génesis.

---

[90] Cfr. Col 1: 13–20.
[91] San Ireneo de Lyon: *Adversus Hæreses*, 22, 3 (P. G., 7, 669 ss.).
[92] San Gregorio de Nisa: *In Cant.* 5, 10–12 (P. G., 44, 755 ss.).
[93] Se ve con toda claridad en el canon IV de la misa.

6.5. CREACIÓN Y REDENCIÓN

Como consecuencia es necesario afirmar que:

- El pecado no sorprende o altera los planes de Dios, puesto que ya en la creación se apunta a la Redención. Esta realidad está en conexión con el viejo problema del *Cur Deus homo?* y las respuestas de las diferentes escuelas teológicas.[94] En cualquiera de las posibles posiciones (simplificando, la tomista o la escotista), la creación es el presupuesto de toda la obra de Dios. En efecto:

  - Si seguimos la tesis tomista de que Dios no se hubiera encarnado si no hubiera habido pecado, con todo, en el eterno presente de Dios, Dios decidió crear y previó el pecado y la sobreabundancia de la gracia, consecuencia de la Encarnación y de la Redención.

  - Si se sigue la posición escotista según la cual la Encarnación supondría el supremo acto de comunicación de la bondad y del amor divinos hacia la creación, por lo que se hubiera producido aun sin que hubiera existido el pecado, también la creación aparece como supuesto primero a dicha comunicación suprema y última.

- Por lo tanto, sólo se podría minusvalorar la importancia de la creación en relación con la Redención si se consideran como acontecimientos inconexos y separados, prescindiendo de la consideración de la *Historia Salutis* como un todo. La concepción católica, pues se aparta de los errores de:

  - Los protestantes y de su "theologia crucis", según la cual lo único importante es la obra de la Redención ya que la creación está intrínsecamente corrompida.

---

[94]Se trata en sede de Cristología. Cfr. Juan A. Jorge: *Cristología*, vol I, Santiago de Chile, Shoreless Lake Press, 2016, págs. 269–295.

– El maniqueísmo y los gnósticos que consideran que la creación es mala (obra de un Dios malo, o de una perversión en el pléroma divino), y la Redención es buena (obra del Dios Amor del Nuevo Testamento, o la salvación de solo los hombres *pneumáticos*).

- En el fondo, nos encontramos con la afirmación del binomio esencial de la Teología cristiana del natural y del sobrenatural (tanto en el mundo como en el hombre), así como de su correcta interrelación. Hay que distinguir ambos aspectos, pero recordar al mismo tiempo, que todo tiene como finalidad la gloria de Dios y la salvación del hombre. Dios destinó al ser humano a vivir en su intimidad y lo elevó al orden sobrenatural desde el inicio de su creación; el pecado supuso el rechazo del hombre a tan gran plan, pero Dios no abandonó al hombre y le prometió un Salvador; promesa que cumplió con creces en la Encarnación y la Redención operada por su Hijo.

6.6 Calificaciones teológicas

A modo de resumen conviene citar la calificación teológica[95] de las tesis principales sobre el acto creador:

Dios, con su omnipotencia, creó todo de la nada. De fe divina y católica definida. Censura: herejía.

- Magisterio:
  - IV Concilio de Letrán.
  - Concilio Vaticano I.

---

[95]Prácticamente todas las calificaciones teológicas del presente tratado están tomadas de J. Ibáñez y F. Mendoza (*Dios Creador...*, cit.) y L. Ott (*Manual...*, cit.).

6.6. CALIFICACIONES TEOLÓGICAS

- Pablo VI: *Credo del Pueblo de Dios*.

- Sagrada Escritura:
    - Ge 1:1.
    - 2 Mac 7:28.
    - Ex 3: 11–14.
    - Jn 1:3.
    - Col 1:16.
    - Ap 4:11.

- Tradición:
    - Teófilo de Antioquía,[96] Ireneo,[97] Tertuliano[98] y San Agustín[99]: contra el dualismo de los paganos, de los gnósticos y de los maniqueos.
    - Las homilías y libros sobre el *Hexaemeron*.
    - Las controversias contra el Arrianismo negando que el Logos hubiera sido creado antes del tiempo como instrumento para la obra de la creación.

Solo Dios realizó la acción creadora. De fe divina y católica definida. Censura: herejía.

- Magisterio:
    - Concilio IV de Letrán.
    - Concilio de Florencia.
    - Concilio Vaticano I.

---

[96] Teófilo de Antioquía: *Ad Autol.*, 11, 4, 10 (P. G., 6, 1052 ss.).

[97] S. Ireneo: *Adv. hær.*, 1, 22, 1 (P. G., 7, 669); 11, 10, 4.

[98] Tertuliano: *Adv. Hermogenem*, 1 (P. L., 2, 219 ss.); *De Præscr.* 13 (P. L. 2, 60 ss.); *Apolog.*, 17 (P. L., 1, 378).

[99] San Agustín: *De Genesi contra Manichaeos* (P. L. 34, 173 ss.).

CAPÍTULO 6. DEFINICIÓN DEL ACTO CREADOR

- Sagrada Escritura:
    - Is 44:24.
    - Is 45: 6–8.
    - Passim.
- Tradición:
    - San Ireneo.[100]
    - San Atanasio.[101]
    - San Cirilo de Alejandría.
    - San Agustín.[102]
    - San Juan Damasceno.[103]

---

[100] San Ireneo: *Adv. Hær.* 4, 20, 1 (P. G., 7, 1032, 1034).
[101] San Atanasio: *Contra Arrianos Or.* 11, 21 (P. G., 26, 60 ss.).
[102] San Agustín: *De Civ. Dei* XII, 24 (P. L., 41, 373 ss.).
[103] San Juan Damasceno: *De Fide Orth.*, 1, 3 (P. G., 94, 796 ss.).

Capítulo 7

Creación y evolución

Una vez que se capta el verdadero concepto de la creación,[1] se comprende bien que el desafío que, en su día, quisieron presentar las diferentes ideas sobre la evolución no es consistente. Durante mucho tiempo se produjo una gran polémica entre creación y evolución.

7.1 Una polémica muy viva

Generalmente se ha extendido el convencimiento de la contraposición entre evolución y creación. El primero aparece como la explicación "científica" y generalmente aceptada en el mundo académico.

---

[1] Son buenas introducciones al tema las obras de J. Ferrer: *Evolución y Creación...*, cit.; Id. *El Misterio de los Orígenes*, cit.; M. Guerra Gómez: *La Evolución de Universo, de la Vida y del Hombre. ¿El Hombre Compuesto de Cuerpo Físico, Cuerpo Energético o Inmaterial y Alma Pensante?* Homo Legens, Madrid, 2009; D. Martínez Caro: *Génesis. El Origen del Universo, de la Vida y del Hombre*, Homo Legens, Madrid, 2008; M. Artigas: *Desarrollos Recientes en Evolución y su Repercusión para la Fe y la Teología*, en "Scripta Theologica" 32 (2000) 249–273; S. Collado González: *Panorámica del Debate Creacionismo–Evolucionismo en los Últimos Cien Años en USA*, en "Anuario de Historia de la Iglesia" 18 (2009) 41–53.

También la más citada y explicada en textos escolares, programas de televisión divulgativos del mundo de la naturaleza o de la ciencia, o en revistas más o menos especializadas. Al segundo, al creacionismo, se le tilda frecuentemente como una "mitología religiosa", que ha de ser descartada como irracional y que, a lo máximo, se puede tolerar como opinión privada de algunos creyentes.

Más allá de las apariencias, en el fondo, se está produciendo una confrontación entre una explicación materialista y atea del mundo y otra que cuenta como única razón final de todo con la realidad de un Ser Supremo creador de todas las cosas.

En efecto, la aparición de la famosa obra de Darwin "El Origen de las Especies" fue saludada en los círculos ateos como el fundamento científico que sostenía la posición filosófica que definitivamente desterraba a Dios de la realidad. No solo la razón, sino también la ciencia, probaban que Dios no existía. Se había encontrado la respuesta a la gran dificultad que tenía el ateísmo de explicar —sin la existencia de Dios— la maravilla del orden, de la finalidad y de la perfección que se encuentra en todo el mundo que nos rodea, y que naturalmente y durante siglos reclamaba la existencia de un Dios, Infinita Sabiduría, Poder y Belleza.

Es indicativo, por ejemplo, el intercambio epistolar entre Engels y Marx, cuando la obra de Darwin cae en sus manos:

- Engels escribía a Marx: "Este Darwin que estoy leyendo es formidable. Un cierto aspecto de la teología aún no había sido liquidado. Ahora ya es un hecho".

- Marx le respondía: "Estas últimas semanas he leído el libro de Darwin. A pesar de su modo de proceder un tanto pesado, este libro contiene la base científica para nuestra causa".

Pero hay otros muchos casos, por ejemplo:

7.1. UNA POLÉMICA MUY VIVA

- Hitler, quien se profesó ateo desde séptimo grado de estudios básicos al comprobar el contraste entre su profesor de religión que le explicaba el creacionismo, y el de ciencias naturales que predicaba el evolucionismo con el aparente prestigio de "la ciencia".

- Stalin fue influenciado en la pérdida de su fe por el evolucionismo.

- Richard Dawkins quien, aunque fue confirmado en la Iglesia de Inglaterra a los 13 años, declaró que perdió su fe religiosa cuando descubrió a Darwin, y afirmó que su entendimiento de la evolución le llevó al ateísmo[2]

- J. Monod sostiene ideas parecidas en su famosa obra "El azar y la necesidad".[3]

La pasión con que han actuado los defensores de la evolución se ha convertido, a veces, en una auténtica obsesión que ha ido desde el silenciamiento de las críticas fundadas por parte de otros científicos o filósofos, hasta el uso de epítetos incalificables,[4] e incluso a la falsificación, adulteración o simple fraude de aparentes datos científicos. Falsificaciones famosas fueron, entre otras, la del "Pithecanthropus Erectus" de Java que realizó el médico E. Debois (los restos eran una bóveda craneal fósil de un gibón grande —animal que hoy todavía

---

[2]R. Dawkins: *El Relojero Ciego, The Blind Watchmaker*, Longmans, Harlow, 1986. *El Espejismo de Dios, The God Delusion*, Bantan Books, United Kingdom, 2006. Cfr. el punto de vista opuesto en D. Berlinski: *The Devil's Delusion: Atheism and its Scientific Pretensions*, Crown Publishing Group, Pensilvania, 2008.

[3]J. Monod: *Le Hasard et la Nécessité. Essai sur la Philosophie Naturelle de la Biologie Moderne*, Paris, Le Seuil, 1970.

[4]Por ejemplo, Dawkins, el famoso profesor ateo de Oxford, llega a decir: "Se puede afirmar con absoluta certeza que si alguien afirma no creer en la evolución, esa persona es ignorante, estúpida o demente o perversa por no considerar esta posibilidad".

existe— y un femur humano hallado a 14 metros de distancia); la del paleontólogo Charles Dawson con el llamado "hombre de Piltdown", quien unió un cráneo del pleistoceno con una mandíbula moderna de un mono a la que manipuló coloreándola y limándola;[5] la del "hombre de Pekín" o del "Hesperopithecus", que se reconstruyó a partir de un solo diente; la historia del pigmeo Ota–Benga; las del antropólogo Reiner Protsch von Zieten quien manipuló y falsificó datos científicos durante más de treinta años, etc.[6]

El problema se agravó por la falta de respeto a los límites de la propia ciencia por parte de aquéllos que participaban en el debate. En efecto, hay tres tipos de ciencias que se dedican al estudio del origen del mundo, de la vida y del hombre, a saber, la ciencia empírica, la filosofía y la teología. Cada tipo tiene su propio método, su específico objeto formal y sus limitaciones. Cuando se reconocen y respetan, la indagación se hace mucho más serena y clara. Cuando se confunden, nos encontramos con eminentes científicos (que lo son en su especialidad), pero que disparatan en el campo de la filosofía o de la religión (que no conocen ni dominan). Se hacen entonces afirmaciones en las que se mezclan datos científicos con prejuicios filosóficos y religiosos.

7.2 Un poco de historia

Conviene recordar algunos datos históricos que iluminan el sustrato ideológico que animó a muchos a saludar la hipótesis evolucionista

---

[5] J. S. Weiner, K. P. Oakley y W. Le Gros Clark: *The Solution of the Piltdown Problem*, en "Bulletin of the British Museum, Natural History Geology", vol. II, n 93, Londres, 1953.

[6] Cfr. Datos concretos en E. Díaz Araujo: *Evolución y Fraude*, en "Mikael" 7 (1975) 30–55; R. O. Leguizamón: *Fósiles Polémicos*, Nueva Hispanidad, Buenos Aires, 2007.

7.2. UN POCO DE HISTORIA

como un modo de fomentar la visión atea del mundo y de la vida.[7] Como dice P. Haffner:

> "Desde el punto de vista científico, la teoría de la evolución fue divulgada por J.B. de Monet, caballero de Lamarck (1744-1829), quien planteó la existencia de un mecanismo hereditario de nuevas características adquiridas. En sus obras *El Origen de las Especies* (1859) y *La Descendencia Humana* (1871), Darwin propuso un mecanismo evolutivo diferente, cual es la selección natural. Esta última teoría incluía las nociones de las variaciones al azar, la lucha por la supervivencia y la supervivencia de los más aptos. Inicialmente Darwin era anglicano, pero fue perdiendo gradualmente la fe en un Dios Creador personal y procuró eliminar del todo el rol divino en la evolución, sustituyendo la Divina Providencia con su teoría de la selección natural como fuerza rectora. Darwin heredó la corriente de pensamiento iniciada por Rousseau. Por paradójico que parezca, aun cuando era contrario a las ciencias, Rousseau estableció un nuevo rumbo para la ciencia del hombre. Este filósofo legó la negación romántica de la lógica y las distinciones, a lo cual Darwin agregó el materialismo al señalar lo siguiente: '¿Por qué el pensamiento, secreción del cerebro, ha de ser más maravilloso que la gravedad, propiedad de la materia?'[8] Al despojar al hombre del aspecto espiritual de su naturaleza, la norma de Darwin afirmó la ausencia de toda norma. Este sistema 'nos

---

[7] Cfr. J. Ferrer Arellano: *Evolución y Creación...*, cit, págs. 49-73.

[8] *Cuadernos Iniciales no Publicados de Darwin*, transcritos y comentados por P.H. Barret, con un prefacio de J. Piaget, Cuaderno C, E.P. Dutton, Nueva York, 1974, 451.

llevaba hacia torbellinos insondables donde sólo íbamos a la deriva precipitados una y otra vez por el más ciego de los destinos'.[9]

Los discípulos de Darwin, especialmente E. Haeckel (1834–1919) y T. H. Huxley, plantearon la teoría de la evolución como una ideología materialista y atea y como instrumento de propaganda antirreligiosa. La biología molecular reveló que los mecanismos hereditarios se dan a nivel genético microscópico y el neodarwinismo procuró ampliar el enfoque de Darwin considerando la evolución como una combinación de los cambios genéticos casuales y la selección natural.

La llamada 'Teoría sintética de la evolución' fue construida principalmente por Ernst Mayr —famoso taxonomista de la Universidad de Harvard—, y George G. Simpson —profesor de Paleontología de los Vertebrados de la misma universidad—.[10] De este modo, el cambio de los seres vivos se produce por la conjunción de cinco factores distintos:

1. La *mutación*, o cambios al azar en el material hereditario, el ADN.
2. La *recombinación genérica* del ADN.
3. La *deriva genética*, o cambio en la frecuencia de las variaciones genéticas por azar, de una generación a otra, cuando la población es pequeña.
4. La *migración*, que incorpora al grupo reproductor individuos portadores de variantes genéticas distintas.
5. La *selección natural* de unos organismos sobre otros causada por el ambiente.

Con todo, fue necesaria todavía la aparición de nuevas explicaciones evolucionistas ante el fracaso de la doctrina clásica como fue

---

[9]S. L. Jaki: *Angels, Apes and Men*, Sherwood Sugden and Company, La Salle, Illinois, 1983, 55.

[10]G. G. Simpson: *El Sentido de la Evolución*, Eudeba, Buenos Aires, 1977

7.2. UN POCO DE HISTORIA

teoría de los *equilibrios pautados* (el intento de explicar el hecho de los cambios abruptos, 'punctuated equilibria', en la aparición de los principales phyla, que no son graduales transformaciones según la tesis clásica darwinista, sino que se dan bruscamente y por saltos) de Stephen Jay Gould (sucesor de Simpson en Harvard) y N. Eldredge; etc.

Richard Dawkins ejemplifica la ideología neodarwinista, en la cual el azar está dotado de las propiedades metafísicas de una fuerza creativa:

'La esencia de la vida es de una improbabilidad estadística a escala colosal. Por consiguiente, la explicación de la vida en ningún caso puede ser el azar. La verdadera explicación de la existencia de la vida constituye necesariamente la antítesis misma del azar. La antítesis del azar es la supervivencia no azarosa, debidamente comprendida... Hemos buscado una forma de domar el azar... El 'azar no domado', puro, en su desnudez, implica un diseño ordenado que surge en la existencia a partir de la nada, en un solo salto... 'Domar' el azar significa descomponer lo muy improbable en pequeños componentes menos improbables dispuestos en una serie... Y en la medida que postulemos una serie suficientemente amplia de grados intermedios suficientemente finos, estaremos en condiciones de derivar algo de otra cosa'.[11]

Esto constituye una negación de la idea de cualquier casualidad extracósmica, que se pierde en una red de cantidades infinitesimales. El azar no puede explicar la pre-

---

[11] R. Dawkins: *The Blind Watchmaker*, cit., pág. 317.

sencia de la belleza en el universo ni la capacidad humana de apreciar esa belleza cósmica. Como dice Stanley Jaki, 'de todas las grandes teorías científicas, el darwinismo es aquélla que más afirma a partir de una base relativamente menor' ".[12]

7.3 Sobre el verdadero sentido del evolucionismo

Es importante precisar lo que entendemos por "evolución" y "evolucionismo" pues hay gran confusión terminológica y muchas ambigüedades.

7.3.1 Evolucionismo, evolución, hipótesis, teoría científica en sentido amplio y ciencia en sentido estricto

Históricamente "evolucionismo" y "evolución" juntaron sus caminos en una absurda conexión motivada por el deseo de negar la idea de un Dios creador y de la finalidad en la naturaleza. Sin embargo, hoy día a la hora de plantear el problema de un modo objetivo es necesario hacer una distinción de lo que pertenece al orden de la ciencia y de lo que pertenece al orden de la filosofía.

En este sentido, con el nombre de "evolucionismo" se denomina a la tesis filosófica que afirma que todo procede de la materia por evolución. Como corolario inmediato de esta afirmación, se dice que la materia es eterna, Dios no existe, y los cambios se producen por azar, es decir, tres afirmaciones que pertenecen a una teoría filosófica,

---

[12]S. L. Jaki: *The Purpose of It All*, Scottish Academic Press, Edimburgo, 1990, pág. 32. Cit. por P. Haffner: *Evolucionismo y Antropología Teológica*, en "Humanitas" 17 (2000) 48–56.

7.3. VERDADERO SIGNIFICADO DEL EVOLUCIONISMO

por lo demás, incompatible con la lógica de los principios metafísicos. Es un absurdo.

Con el nombre de "evolución", se entiende la *hipótesis* de trabajo en el campo de la ciencia, que propone como paradigma de la formación de las especies, el que algunas especies procedan de otras, lo cual no sería incompatible con la Revelación ni con la filosofía (el hilemorfismo). He puesto la palabra en cursiva, para hacer notar que hoy en día en muchos de los libros de texto se dice "*teoría* de la evolución", obviamente con el deseo de confundir. Por eso es necesario recordar algunos conceptos que aporta la filosofía de la ciencia:

- *Hipótesis*: es un esquema de trabajo para explicar un hecho observable que necesita ser verificado. Pertenecería a la ciencia, siempre y cuando se tome el concepto de "ciencia" en sentido muy amplio, y por lo tanto, muy imperfecto.

- *Teoría*: cuando una hipótesis ha sido verificada un número considerable de veces, la comunidad científica la acepta como una teoría explicativa del hecho observable, sabiendo que el método inductivo es imperfecto pues no pueden observarse todos los casos. Si en un momento dado, un hecho observable hace falsa la teoría, habría que buscar otra explicación. Aquí están las tesis de filosofía de la Ciencia de Popper, y la de Lakatos.[13]

- *Ciencia, en sentido estricto*: es la que se fundamenta solo en las teorías científicas y las leyes que se derivan de las teorías científicas.

Como ya se verá más adelante, la "evolución", objetivamente hablando, es una simple hipótesis de trabajo que hasta ahora *no ha sido verificada en ningún caso*, es decir, no hay un caso concreto donde

---

[13]Parece, que en principio, convence más la tesis de Lakatos, sobre el falsacionismo.

con toda seguridad científica, se diga que la especie A procede de la especie B. Son todo conjeturas e imaginaciones.

La evolución puede ser aplicada al origen de la realidad material (cosmogénesis), al de la vida (evolución química o biogénesis, *arquibiopoesis*, es decir de la no–vida a la vida, la célula);[14] a la aparición de las diferentes especies (evolución biológica desde la célula, con toda la diversificación en el mundo vegetal y animal); y al ser humano (evolución antropológica). Normalmente cuando se discute de "evolución" y de "evolucionismo" se están considerando los dos últimos aspectos.

7.3.2 Lo que no es el "evolucionismo"

1. *No es la simple afirmación de la existencia del cambio.* El cambio es algo propio de todo ser limitado y contingente. Existe como realidad que todos experimentamos. Hay muchas clases de cambios y movimientos (accidental, sustancial, etc.). Afirmar el cambio es perfectamente legítimo.

2. *No es la simple afirmación de la adaptación de las especies.* Toda especie viva tiene como rasgo, carácter natural, la adaptabilidad (todo ser vivo lo hace); una característica tan natural como puede ser el crecimiento, la respiración, la reproducción, etc. Es una cualidad ínsita en ellas. Es también algo experimentable.

3. *No es la aparición sucesiva en el tiempo de formas de vida (organismos vivos) cada vez más complejas.* Esto es un hecho. Las formas de vida más antiguas son muy simples. En los periodos geológicos más cercanos a nosotros aparecen formas de vida mucho más complejas (basta con contrastar cualquiera de las tablas

---

[14]Tema que no preocupó a Darwin.

7.3. VERDADERO SIGNIFICADO DEL EVOLUCIONISMO

de las eras geológicas, aún teniendo en cuenta las limitaciones del caso).[15]

4. *No es un hecho comprobado.* No es, ni ha podido ser, comprobado, experimentado y reproducido nunca.[16]

7.3.3 Definición de "evolucionismo"

Cuando nos referimos al "evolucionismo" se trata de la tesis filosófica, sostenida por varias escuelas de pensamiento. Hay que distinguirlo de "evolución" como hipótesis científica.

Así, por ejemplo, para el evolucionismo darwinista las especies vivientes provienen unas de otras, a partir de seres vivos muy simples (organismos unicelulares, que se desarrollaron a partir de la materia inanimada) hasta llegar al hombre, por sucesivas *transformaciones*[17] de un modo *gradual* (sin saltos o interrupciones abruptas) y lento a lo largo del transcurso de *muchísimo tiempo*, por medio de mutaciones aleatorias (que se producen al azar) y con la única intervención de la *selección natural* de los organismos más aptos. Esto implica:

- Transformación gradual de unas especies en otras.

- Descendencia común de todos los seres vivos (es el "árbol de la vida" de Darwin, que hace provenir todo ser vivo de la "bacteria primitiva").

---

[15]Hay serias críticas a las presentaciones clásicas al ordenamiento de las edades de la tierra y a la distribución en ellas de los distintos fósiles. Cfr. J. Ferrer Arellano: *Evolución y Creación...*, cit. págs. 180–183 "Geología y Evolución"; S. Barruso: *El Evolucionismo en Apuros*, Criterio, Madrid, 2001, págs. 115–126. Cfr. la conocida controversia causada por I. Velikovsky: *Worlds in Collision*, Macmillan, 1950.

[16]Cfr. la controversia al respecto en J. Wells: *Darwinism and Intelligent Design*, Regnery Publishing, Washington, 2006, págs. 61–71.

[17]Por esto al evolucionismo se le llamó "transformismo".

- Continuidad genética de la bacteria al hombre.

- Ausencia de todo propósito objetivo o finalidad en la naturaleza. Todo es producto del azar.

No hay apelación alguna a una creación sobrenatural, sino que pretende ser la explicación racional y científica del origen de todo. Es un materialismo puro y duro.

7.3.4 Evolución como simple hipótesis

Se ha de recordar antes que nada que la evolución es una simple hipótesis (en absoluto probada, y, de hecho, con muchas dificultades). Por eso no dejan de sorprender algunas afirmaciones que lo dan por prácticamente probado.[18] También es necesario denunciar la posición totalmente anticientífica de muchos evolucionistas que, o bien quieren desconocer los incontrovertibles datos científicos contrarios a su posición, o incluso recurren a la supresión del debate y a la imposición forzosa de sus "dogmas" en los planes de estudio para poder sobrevivir sosteniendo una cosmovisión propia del siglo XIX.[19] Conviene también recordar los disparates filosóficos que una tal hipótesis supone y que fueron denunciados por É. Gilson, entre otros, y sobre lo que se insistirá más adelante.[20]

---

[18] Por ejemplo, J. Morales: *El Misterio...*, cit., pág. 130: "el hecho de la evolución debidamente entendido, puede considerarse incontrovertible". Es conocido el revuelo causado por el discurso de Juan Pablo II el 22 de octubre de 1996, en la Academia Pontificia de las Ciencias, donde sostuvo que, "nuevos acontecimientos llevan a pensar que la teoría de la evolución es más que una hipótesis... La convergencia de los trabajos realizados independientemente unos de otros, constituye de suyo un argumento significativo en favor de esta teoría".

[19] Cfr. M. Arellano: *Evolución y Creación...*, cit., pág. 19.

[20] Cfr. el definitivo libro de É. Gilson: *De Aristóteles a Darwin (y vuelta). Ensayo sobre Algunas Constantes de la Biofilosofía*, Pamplona, Eunsa, 1980.

7.3. VERDADERO SIGNIFICADO DEL EVOLUCIONISMO

Por eso, conviene insistir, la evolución no es ni siquiera una teoría científica (la teoría en sentido estricto supone observación y experimentación), sino solo una hipótesis, un postulado, una conjetura, un paradigma de posible explicación. Karl Popper, eminente filósofo de la ciencia y agnóstico, sostenía que ni el darwinismo, ni el marxismo ni el freudismo eran propiamente ciencias contrastables ("ciencia", según su criterio, solo puede ser lo que es verificable o falsable). De hecho, la hipótesis evolucionista puede explicar cualquier cosa cambiando las variables[21]: las jirafas sobrevivieron porque tienen el cuello largo y pastan de las copas de los árboles; las ovejas sobrevivieron porque tienen cuello corto y pueden pastar del suelo; el toro sobrevivió porque tiene cuernos para defenderse y las vacas sobrevivieron porque no los tenían; los pájaros sobrevivieron porque tienen alas, y los peces sobrevivieron porque no las tienen; las aves que vuelan sobrevivieron porque podían volar, y las que no vuelan porque precisamente no podían hacerlo, etc. No hay nada que el darwinismo no pueda explicar. Es un dogma, y no una ciencia.

La multitud de lagunas que presenta la teoría de la evolución ha hecho prosperar la llamada "teoría del diseño inteligente" ("Intelligent Design"), que surge en Estados Unidos sobre todo a partir de la obra de Ph. E. Johnson "Darwin on Trial" (1991),[22] quien sostuvo que la doctrina evolucionista carecía de fundamentación científica y solo se sostenía, en realidad, sobre los postulados de una filosofía materialista. De ahí surgió un amplio movimiento entre los científicos de varias ramas del saber (biología, botánica, zoología, astrofísicos, cosmólogos, etc.), así como de filósofos y antropólogos que criticaban con fundadas razones afirmaciones evolucionistas incuestionadas hasta ese momen-

---

[21]Cfr. Alex Fraizer, 1966.

[22]Phillip E. Johnson: *Darwin on Trial*, InterVarsity Press, Downers Grove, IL, 1990.

to. Uno de los libros más famosos fue el del eminente bioquímico M. Behe, "La Caja Negra de Darwin",[23] quien demuestra que la bioquímica moderna contradice la teoría darwinista. El movimiento se ha extendido a los medios de comunicación de masas e incluso ha llegado hasta el ámbito de la política, insistiendo que en las escuelas se enseñara también la teoría de diseño inteligente además de la de la evolución. Hoy en día sus tesis se han extendido por todo el mundo, y ya no son privativas de los Estados Unidos.

La teoría del "Intelligent Design" ciertamente ha abierto una grieta en el evolucionismo duro triunfante en el siglo XX, tanto en darwinismo clásico como en el neodarwinismo, cuestionando las garantías científicas que se le otorgaban, y mostrando que la ciencia todavía carece de respuestas que expliquen realmente el origen y la naturaleza de la vida. Es necesaria la intervención de una Mente que haya ordenado el mundo que nos rodea.[24]

Para mayor abundamiento es necesario tener en cuenta que la verdadera ciencia contemporánea se ha vuelto, por así decir, más humilde, pues cada día es más consciente de lo que no conoce, ni puede llegar a conocer. Son significativas las siguientes conclusiones de A. Fernández:

---

[23]M. Behe: *Darwin's Black Box: The Biochemical Challenge to Evolution*, Simon and Schuster, New York, 2000. Trad. española: *La Caja Negra de Darwin: el Reto de la Bioquímica a la Evolución*, Andrés Bello, Santiago de Chile, 1999 (primera edición 1996).

[24]Para un estudio de la polémica suscitada por esta teoría, cfr. J. M. Zycinski: *Las Leyes de la Naturaleza y la Inmanencia de Dios en el Universo en Evolución*, en "Scripta Theologica" 30 (1998) 261–278; M. Artigas y D. Turbón: *Origen del hombre. Ciencia, filosofía y religión*, Eunsa, Pamplona 2007; M. Artigas: *La Mente del Mundo*, Eunsa, Pamplona, 2000; S. Collado: *Análisis del Diseño Inteligente*, en "Scripta Theologica", 39 (2007/2) 573–605; J. Ferrer Arellano: *Evolución y Creación...*, cit. págs. 151–161.

7.4. POSICIÓN BÁSICA

"...ante la multitud de cifras y disparidad de datos, el científico no solo se *pierde* en la consideración del *espacio*, sino también en la *medición del tiempo*, pues, según las diversas hipótesis —a pesar de las mediciones fiables llevadas a cabo por diversos científicos—, parece que resulta inabarcable. De ahí, que los resultados de la ciencia, contando con los adelantos de la exploración del espacio, de la astrofísica, de las matemáticas, de los hallazgos paleontológicos, arqueológicos, etc., en torno al origen del mundo y de la vida, siguen resultando un misterio. Y, consiguientemente, parece legítima la pregunta de no pocos científicos: ¿La ciencia será capaz de dar respuestas fiables pare ese importante tema del origen del cosmos?"[25]

7.4 Posición básica

Conviene precisar los criterios fundamentales que dan luz sobre la presente polémica.

---

[25] A. Fernández: *Teología...*, cit., pág. 494. Cfr. B. Greene: *El Tejido del Cosmos. Espacio, Tiempo y la Textura de la Realidad*, Crítica, Barcelona, 2006. Cfr. el interesante libro de J. L. Comellas: *La Tierra, un Planeta Diferente*, Rialp, Madrid, 2008. Aunque siempre se encuentran científicos con multitud de prejuicios antirreligiosos, sin embargo en la actualidad el mundo de la ciencia en general, no es lo autosuficiente y soberbio que lo fue a finales del siglo XIX y principios del XX, donde pensaban que tenían la explicación científica definitiva y segura de todo lo que les rodeaba y de toda la historia. Para un estudio interesante del proceso de "desilusión" que sufrieron las grandes teorías científicas decimonónicas con el advenimiento de los nuevos descubrimientos del s. XX, cfr. J. L. Comellas: *El Último Cambio de Siglo: Gloria y Crisis de Occidente 1870-1914*, Editorial Ariel, Barcelona, 2000; D. Berlinski: *The Devil's Delusion* cit.

7.4.1 Creación con evolución moderada..., o no

Tanto la teología ortodoxa como la filosofía realista rechazan como falsas las explicaciones evolucionistas que afirman el origen de todo desde el materialismo, sea de tipo agnóstico sea ateo, con su explicación desde el azar (la casualidad), con puras mutaciones de elementos químicos y de fuerzas físicas.

En cambio, la teología y la sana filosofía podrían aceptar una comprensión de la realidad del mundo con evolución (si realmente se probara científicamente) porque ésta nunca podría obviar la necesidad de la existencia del acto divino de la creación, conservación y concurso en la actividad del ser creado. El poder infinito de Dios es necesario para explicar que donde no hay nada en absoluto (en primer lugar) o nada de vida (en segundo lugar) o espíritu alguno (en tercer lugar), aparezcan el ser, la vida o el espíritu; pero este poder infinito puede haber decretado elegir un mecanismo evolutivo para la transformación y perfeccionamiento del mundo creado..., aunque también podría haber elegido un mecanismo de creaciones originarias (la hipótesis de los *logoi spermatokoi*, o de las *razones seminales* de los estoicos o de San Agustín) y sucesivas (para los distintos seres) si así le hubiera complacido. Nada dice la Revelación sobre estos mecanismos intermedios (evolutivos o creacionistas) dejando el campo abierto a los investigadores de la ciencia positiva; en cambio sí que afirma la necesidad del acto creador, con sus rasgos distintivos propios.

El problema verdadero no está ni en el campo de la teología ni en el de la filosofía, sino en el de la propia ciencia empírica, ya que los datos científicos que poseemos no solo no apoyan la hipótesis de la evolución, sino que parecen ir en contra de la misma.

7.4. POSICIÓN BÁSICA

7.4.2 Creacionistas que rechazan todo evolucionismo

Hay que mencionar otra polémica que existe entre los que afirman el creacionismo, y que consiste en determinar si, partiendo de la necesidad del acto creador originario, es posible aceptar luego un posible mecanismo evolucionista como modo de desarrollar tal creación (evolucionismo moderado o teísta), o es necesario negar por completo todo mecanismo evolucionista intermedio (fundamentalismo evangélico y un sector de los que defienden la teoría del "Intelligent Design").

El movimiento fundamentalista evangélico de los Estados Unidos rechaza tal posibilidad sobre la base de que la Biblia hay que entenderla en sentido estrictamente literal. Por lo que la creación ocurrió tal y como la relata la Biblia.

Pero también hay un grupo importante de filósofos y teólogos vinculados, más o menos, con el movimiento del "Intelligent Design", que no sostienen las ideas del fundamentalismo evangélico, pero que, no obstante, rechazan toda posibilidad de defender un evolucionismo moderado, por dos razones: en primer lugar, por la contundencia de los hechos experimentales y científicos que lo contradicen; y, en segundo lugar, por el convencimiento de que, en el fondo, el evolucionismo, para ser tal, tiene que sostenerse sobre el principio de las mutaciones aleatorias (por azar) que explicarían la transformación de unas especies en otras sin intervención de ningún otro principio superior; lo que significa que, si se habla de verdadero evolucionismo, éste es ateo y materialista, con lo que no puede ser armonizado en absoluto, con ideas creacionistas.

Por su parte los partidarios de la posibilidad de compatibilizar el creacionismo con un mecanismo evolutivo, lo hacen ante el peligro de que se confundan los campos de la filosofía y de la teología con los de la ciencia experimental, haciendo extrapolaciones inadecuadas. Por eso critican a los partidarios del mencionado "Intelligent Design" sobre la

base de que no son verdaderos científicos ni tampoco buenos filósofos, y estarían cayendo en el mismo error de los científicos evolucionistas que acaban concluyendo consecuencias de tipo filosófico o teológico (ateísmo o materialismo) sin darse cuenta de que han abandonado el campo estricto de la ciencia experimental.[26]

Creo que el criterio adecuado para enfrentar esta polémica, es desmontando las falacias del evolucionismo en sus diferentes aspectos; recordando las limitaciones y diferentes objetos formales de cada ciencia (experimental, filosófica y teológica) que trata del origen del universo, de la vida y del hombre; y mostrando que los datos empíricos sobre los que se basa la ciencia experimental van en contra de las tesis evolucionistas.[27]

---

[26] Cfr. las críticas del tomista W. E. Carroll, quien no comparte con los defensores del "Intelligent Design" su visión de la naturaleza de la acción divina en el acto creador. Para Carroll y otros representantes de la filosofía tomista, la acción creadora de Dios como Causa Primera es compatible con la acción de las causas segundas, donde cada uno actúa en su orden y sin interferencias: "Causa secunda agit transformando. Causa Prima agit ad esse ipsum..., dans esse dat et essentiam" . W. E. Carroll: *Creation, Evolution and Thomas Aquinas*, en "Revue des Questions Scientifique" 171 (2000) 319–347; Id.: *La Creación y las Ciencias Naturales. Actualidad de Santo Tomás de Aquino*, Ed. Universidad Católica de Chile, Santiago de Chile, 2003. No obstante parece excesiva e injusta esa crítica a los que propugnan el "Intelligent Design", pues buena parte de éstos sostienen que no quieren pasar al campo de la filosofía o de la teología, sino que solo critican el evolucionismo desde sus falencias como ciencia empírica.

[27] Es aquí donde los hallazgos del "Intelligent Design" son muy importantes, y, conviene insistir, no suficientemente valorados por los creacionistas que sostienen la posibilidad de un mecanismo evolutivo.

7.4.3 El objeto formal de los distintos saberes sobre los orígenes

Es imprescindible recordar que aunque todos los saberes tienen el mismo objeto material (el origen del mundo, la vida y el hombre) sin embargo, cada tipo de saber tiene su propio método y perspectiva, con sus lógicas fortalezas y limitaciones. Así:

1. Las ciencias empíricas utilizan el método experimental (el estudio de los hechos, reproduciéndolos en el laboratorio para probarlos y falsarlos por experimentación directa), y buscan solo las causas inmediatas, o también llamadas *segundas*, de los fenómenos que estudia.

2. El saber filosófico utiliza el método racional (el uso de la razón natural con sus propias leyes, en su nivel máximo de abstracción, el tercer grado de abstracción), y busca los principios y las causas últimas de la realidad.

3. La teología examina la realidad con el método teológico (la fe que utiliza la razón sobre los datos que proporciona la Revelación de Dios) en su referencia a Dios.

Lógicamente, las ciencias experimentales no pueden en absoluto llegar a la causa última o divina de todo, ni para probarlo ni para negarlo. La ciencia verdadera no es teísta ni atea.

La filosofía sí llega hasta la causa última de todo, y podría intentar probar o negar la existencia de Dios. Con todo, siendo Dios realidad infinita, solo se puede alcanzar un conocimiento muy parcial, aunque verdadero, de Él.

La teología parte del presupuesto de la existencia de Dios, y estudia tanto su realidad, como su actuación y la obra de sus manos. La

"creación" es la primera obra "ad extra" de Dios. Es el conocimiento más profundo y certero de Dios.

7.4.4 El error de concluir más allá de lo que corresponde a cada saber

Es importantísimo evitar prejuicios y extrapolaciones indebidas. En nuestro campo ocurren con frecuencia. Veamos dos ejemplos:

1. El evolucionismo materialista y ateo. Muchos científicos que sostienen el evolucionismo "científico" concluyen que no existe finalidad alguna en la naturaleza de las cosas, que Dios no existe, ni hay creación, ni providencia, etc., las cuales son afirmaciones propias de la filosofía o de la teología, para las que no tienen en absoluto la formación necesaria; además las proponen como si fueran conclusiones "científicas". Son pues afirmaciones de prejuicios antirreligiosos que nada tienen que ver con la ciencia. Repitamos, desde la ciencia empírica, no se puede afirmar o negar la existencia de Dios.[28]

2. El creacionismo fundamentalista y literalista. Algunos creacionistas afirman que la creación ocurrió tal y como está narrada al pie de la letra en el libro del Génesis, lo cual es convertir a la Biblia en un libro de ciencias naturales. Esto no es en absoluto aceptable, como ya afirmaron los Santos Padres y el Magisterio multisecular de la Iglesia. No es posible ni conveniente hacer ciencia experimental desde la Biblia. Y, por lo mismo, es necesario entender adecuadamente el sentido de la verdad bíblica y la voluntad de Dios de que el hombre sea el que trabaje y someta

---

[28]Cfr. las obras definitivas de É. Gilson: *El Ateísmo Difícil*, Universidad Católica de Chile, Santiago de Chile, 1991; y *De Aristóteles a Darwin...*, cit.

7.4. POSICIÓN BÁSICA

la tierra, para lo cual Dios le dio las facultades para desarrollar la ciencia humana.

7.4.5 La verdad es una

Con todo, cada uno de los saberes mencionados nos proporciona la información verdadera que puede alcanzar en su propio campo.

Pero siendo la verdad una sola, podremos comprobar que, si cada saber realiza bien su trabajo, sus resultados no pueden ser contradictorios, por lo que no hay contraposición entre la verdadera ciencia y la auténtica religión, entre sabiduría humana y ciencia divina. Toda verdad, aunque sea parcial, es reflejo de la Verdad Infinita única, que no puede errar, ni mentir ni contradecirse.

7.4.6 Teología, filosofía y ciencia ante el evolucionismo vs. creacionismo

El evolucionismo materialista y ateo ha criticado el creacionismo como mito religioso, error filosófico y falsa ciencia experimental.

Sin embargo la realidad es que el evolucionismo radical carece de fundamento para ello: porque la Revelación bíblica no excluye un hipotético mecanismo evolucionista una vez que se ha realizado el acto creador fundante de toda la realidad; porque la verdadera filosofía realista, tampoco excluiría esa hipótesis en principio, porque es bien consciente de que el acto creador se encuentra en el nivel trascendental del ser, y la omnipotencia divina podría haber elegido cualquier mecanismo para la actuación de las causas segundas; finalmente, la hipótesis de la evolución como ciencia positiva se encuentra sin fundamento científico, hasta la fecha.

Así pues hay que insistir que, aún en el supuesto de que se probaran los postulados de dicha hipótesis, éstos no afectarían a los principios

teológicos del creacionismo, ni en teología ni en filosofía.[29] Solo un evolucionismo materialista y ateo, que en absoluto es científico sino solo ideológico y filosófico,[30] podría ser contrario a la Revelación. En efecto, aun en el caso de que se probara la evolución, sería absolutamente necesaria la intervención de Dios tanto en el origen de todo (la creación original), como en la aparición de la vida (la vida no puede producirse a partir de la materia) y del hombre (el espíritu no puede proceder de la materia inorgánica u orgánica). Son saltos cualitativos que exigen una causa omnipotente, que solo puede ser Dios. Supuesta esta intervención, Dios podría haber utilizado el mecanismo evolutivo si así lo hubiera dispuesto, pero se ha de insistir en que la prueba de la existencia de tal mecanismo no ha sido aportada por la ciencia.

El evolucionismo radical se equivoca, pues, al enfrentarse con el creacionismo tanto bíblico–teológico como filosófico; y también se equivoca en las pretendidas bases científicas (hechos) sobre los que quiere sostenerse, pues éstos, los hechos, parecen desmentir la propia hipótesis evolucionista.

Esta es la razón de que algún pensador haya afirmado que el único modo de salvar el mecanismo evolucionista sería poner como fundamento al Dios Creador, que dirigiera toda la evolución de un modo perfecto para que se pudieran producir todos los cambios necesarios, sin fallos y dentro de los límites temporales que conocemos de la histo-

---

[29] Cfr. F. J. Ayala: *La Teoría de la Evolución. De Darwin a los Últimos Avances de la Genética*, Temas de Hoy, Madrid, 1994, quien afirma claramente que no hay contradicción entre creación y evolución; cfr. F. J. Ayala: *Darwin y el Diseño Inteligente. Creacionismo, Cristianismo y Evolución*, Alianza Editorial, Madrid, 2007 (téngase en cuenta que en esta obra Ayala se aparta de la teoría del diseño inteligente).

[30] Se reduciría a un materialismo burdo, que no se puede probar con ninguna ciencia, sino que es resultado de un presupuesto filosófico, aunque no se percaten de este sustrato muchos de los que lo proponen Cfr. K. Giberson y M. Artigas: *The Oracles of Science. Celebrity Scientists versus God and Religion*, Univ. Press, Oxford–New York, 2006.

ria de nuestro universo. Con el azar, sin una Mente y Poder Infinitos, es imposible sostener la evolución.[31]

7.5 La teología: verdades bíblicas sobre el origen del mundo

El darwinismo defiende y pretende asentarse sobre una pobre y equivocada teología. El mismo Darwin presentaba su posición como consecuencia del rechazo de la idea de una creación directa de cada una de las especies por parte de Dios, lo que, según su opinión, era la explicación que daba la Biblia. Gilson hace ver la poca teología y filosofía que sabía el que había estudiado para ser pastor anglicano.

7.5.1 Género literario de Gen 1 y 2

¿Qué nos dice la Biblia sobre el origen del mundo y del hombre? Recordemos que la narración principal es bien conocida y se contiene sobre todo en los capítulos 1 y 2 del Génesis. En éstos encontramos los datos esenciales que Dios ha querido revelar sobre nuestro tema.

Su sentido ha sido muy discutido, con interpretaciones que han ido desde la afirmación del sentido literalista a la concepción de una pura mitología más de la antigüedad sin verdad alguna.

El Magisterio de la Iglesia ha intervenido para fijar su exacto significado. Baste como resumen de toda esta problemática las palabras de la Encíclica *Humani Generis* del Papa Pio XII:

> "...los once primeros capítulos del Génesis, *aunque propiamente no concuerdan con el método histórico usado*

---

[31] J. A. Sayés: *Fe y Evolución*, Conferencia. Cfr. en https://www.ivoox.com/evolucion-fe-audios-mp3_rf_139239_1.html

> *por los eximios historiadores grecolatinos y modernos, no obstante pertenecen al género histórico en un sentido verdadero, que los exegetas han de investigar y precisar; los mismos capítulos..., con estilo sencillo y figurado, acomodado a la mente de un pueblo poco culto, contienen ya las verdades principales y fundamentales en que se apoya nuestra propia salvación, ya también una descripción popular del origen del género humano y del pueblo escogido."* [32]

En conclusión, estos relatos han de ser entendidos como expresando verdades históricas y dogmáticas, a pesar de ser tan primitivos, utilizando el género literario y las expresiones propias de su época. Como dice A. Fernández:

> "Cabría, pues, concluir que expresan con rigor el *qué*, pero no el *modo* en que han acontecido esos hechos. Con otras palabras, narran acontecimientos reales, pero los revisten de un género literario sobre la *manera concreta* en que han acontecido".[33]

Así pues, hay en estos textos una verdad histórica y teológica que se comunica con el recurso a un lenguaje y formas de expresión muy peculiares, que nunca pueden ser considerados como mitos o leyendas antiguas, ni tampoco interpretarse en forma literalista, al pie de la letra.

Es necesario volver a recordar que la Biblia no es un libro de ciencias naturales. Durante mucho tiempo se leyó la Biblia con fe y no se presentaron mayores dificultades sobre la historia de la creación. Será en el siglo XIX, sobre todo, cuando surja el problema de su veracidad, con la llamada "Cuestión Bíblica", por presión de los cuestionamientos que se hacían a la verdad de la Sagrada Escritura desde un doble frente: el campo de las ciencias positivas, que se desarrollaban con fuerza; y el de

---

[32] D. S. 3898.
[33] A. Fernández: *Teología Dogmática* cit., pág. 472.

7.5. LA TEOLOGÍA

la historia y arqueología, que iban haciendo sorprendentes descubrimientos. Aunque el tema histórico tardó más en resolverse a nivel exegético, sin embargo muy pronto se zanjó la cuestión sobre la relación entre la Biblia y las verdades científicas. Sencillamente, la Biblia no era un libro de ciencias, ni tampoco quiso revelar Dios la constitución íntima del mundo y de las cosas, sino que éstos eran los campos que el hombre tenía que conquistar con su trabajo, tal y como Dios le ordenó en el Paraíso. En efecto, la Encíclica *Providentissimus Deus* de León XIII,[34] recogiendo los razonamientos de San Agustín y de Santo Tomás de Aquino, afirmará con rotundidad que Dios no quiso enseñar la constitución del mundo porque ésta no sirve para la eterna salvación del ser humano; en este sentido hay expresiones bíblicas sobre los fenómenos naturales que han de ser interpretadas bien en sentido metafórico, o como expresiones habladas del uso corriente o que describen fenómenos que se acomodan a las apariencias externas. Los mismos principios se sostendrán básicamente en documentos posteriores, tales como el de la Comisión Bíblica sobre el sentido de los primeros capítulos del Génesis,[35] la Encíclica *Spiritus Paraclitus* de Benedicto XV[36] o la *Divino Afflante Spiritu*, de Pio XII.[37]

7.5.2 El Magisterio de la Iglesia

Si distinguimos el evolucionismo cósmico, biológico y antropológico, se puede comprobar cómo el Magisterio de la Iglesia no los considera incompatibles con la verdad teológica de la creación. Como dice M. Ordeig:

> "Repetidamente la Iglesia ha afirmado que la verdad no puede contradecir a la verdad (León XIII, Pablo VI, Juan Pablo II). Con ello se quiere hacer ver que la verdad científica nunca puede ser disconforme con la verdad revelada, si ambas se mantienen cada una en su campo y saben interpretarse adecuadamente. La razón es obvia: Dios es

---

[34] D. S. 3288.
[35] D. S. 3518.
[36] D. S. 3652.
[37] D. S. 3830.

la suprema Verdad; las verdades parciales son aspectos de esa única Verdad; admitir discrepancias entre unas verdades y otras sería tanto como admitir contradicción interna en Dios, lo cual es inimaginable...

Apoyándose en tal criterio, la Iglesia nunca se ha opuesto al desarrollo científico de un evolucionismo coherente y seguro. En concreto, hasta 1996, había señalado lo siguiente:

1. Respecto a la evolución cósmica la Iglesia ha efectuado muy pocas manifestaciones. La Pontificia Comisión Bíblica, en respuesta del 30-VI-1909 que versa sobre el sentido de los tres primeros capítulos del Génesis, dice solamente que no puede ponerse en duda "la creación de todas las cosas por Dios al principio del tiempo". Mantiene, pues, firme la fe en Dios creador, sin manifestar incompatibilidad con las teorías de la génesis del universo; especialmente las que admiten un principio temporal del mundo. En 1948, la misma Comisión responde de nuevo al Cardenal de París y ratifica lo ya dicho, explicando en qué sentido deben interpretarse los primeros capítulos del libro del Génesis.

2. Por lo que se refiere a la evolución biológica, la Iglesia expresó en 1950 que no ve la oposición entre la fe y las investigaciones sobre la evolución (Pío XII, Enc. *Humani generis*), aunque recomienda "la máxima moderación y cautela" en las afirmaciones científicas no probadas, ya que el Evolucionismo no pasaba de ser una hipótesis todavía sin comprobar...

7.5. LA TEOLOGÍA

3. En cuanto al origen del hombre, la Iglesia ha señalado (cfr. Enc. *Humani Generis*) los puntos de doctrina que un cristiano debe mantener firmes para aceptar la teoría de la evolución aplicada al hombre: la peculiar creación del hombre por Dios, la formación de la primera mujer a partir del primer hombre, la creación inmediata del alma humana por Dios, la unidad del linaje humano y por tanto la necesidad del monogenismo, y algunos otros conceptos revelados más propios de la teología que de la ciencia.

Nunca, en resumen, limitó la Iglesia la libertad de investigación en este campo. Sus afirmaciones positivas se han referido siempre a aspectos no científicos, como el origen del espíritu, que escapa por su misma naturaleza a las investigaciones físico-químicas..."[38]

7.5.3 Verdades históricas y dogmáticas sobre los orígenes

Conviene hacer una breve enumeración de las verdades reveladas que afectan a nuestro tema:

1. Unicidad de Dios, frente a todos los politeísmos: solo Yahveh crea en los relatos genesiacos (Ge 1: 3.6.9, etc: "Dijo Dios...").

2. Por la creación conocemos al Creador (Ro 1:20; Sab 13:19).

3. La creación es obra exclusiva de Dios, *Pantocrator*: no intervienen otras divinidades, al contrario de las narraciones de pueblos vecinos; no utiliza ningún elemento para crear; el uso del verbo

---

[38] M. Ordeig: *Sobre la Teoría de la Evolución*, en "Palabra", sept. 1997.

barah exclusivamente dedicado al obrar de Dios, sin complementos (Ge 1:1); "La tierra era caos y vacío". Posteriormente, 2 Mac 7:28 dirá que "todo lo hizo de la nada".

4. La bondad radical del mundo creado: "Vio Dios que era bueno..., muy bueno" (Ge 1:31).

5. La creación es acto libre de Dios: nadie obliga a Dios a crear; crea por su libre voluntad: "dijo Dios..." (Ge 1: 3.6.9, etc); "hagamos al hombre a nuestra..." (Ge 1:26).

6. El tiempo fue creado por Dios con el mundo: "En el principio, Dios creó el cielo y la tierra..." (Ge 1:1).

7. Dios es trascendente al mundo y al hombre, pues les da el ser. Dios crea *todo*: "Dios creó el cielo y la tierra" (hebraísmo para indicar el cosmos, lo material y lo espiritual).

8. La creación depende de Dios esencialmente pues también Dios la conserva en el ser.

9. Autonomía relativa del mundo: "produzca la tierra sus frutos..." (Ge 1: 11–12); "produzca la tierra seres vivos según su especie, ganados, reptiles y animales salvajes según su especie. Y así fue" (Ge 1:24); "creced y multiplicaos, someted la tierra..." (Ge 1:22).

10. Creación de *un* primer hombre y *una* primera mujer, "varón y mujer los creó"; "a imagen y semejanza de Dios" (Ge 1:27), representantes de Dios y reyes de la creación.

11. Creación del alma humana directamente por Dios: "Y le insufló un aliento de vida..., y el hombre fue ser viviente (*nefesh*)" (Ge 2:7).

7.5. LA TEOLOGÍA

12. Etc.[39]

Estas verdades declaradas por el Magisterio son compatibles tanto con la explicación "científica" creacionista como con la del evolucionismo moderado.

En este sentido, se podría encontrar una base para una posible interpretación de una creación con evolución, no solo en la narración de la creación en seis días, sino también en el respeto de Dios por la actuación de las causas segundas, que se puede ver en la declaración de Dios al crear las plantas en Gen 1: 11–12, "Dijo Dios: 'Produzca la tierra hierba verde, plantas con semilla, y árboles frutales sobre la tierra que den fruto según su especie, con semilla dentro'. Y así fue. La tierra produjo hierba verde, plantas con semilla según su especie, y árboles que dan fruto con semilla, según su especie. Y vio Dios que era bueno". Y también, Gen 1: 24–25, "Dijo Dios: 'Produzca la tierra seres vivos según su especie, ganados, reptiles y animales salvajes según su especie'. Y así fue. Dios hizo los animales salvajes según su especie, los ganados según su especie y todos los reptiles del campo según su especie. Y vio Dios que era bueno".[40]

---

[39]Cfr. alguna de estas proposiciones en D. S. 3514. "Duda III. Si puede especialmente ponerse en duda el sentido literal histórico donde se trata de hechos narrados en los mismos capítulos que tocan a los fundamentos de la religión cristiana, como son, entre otros, la creación de todas las cosas hechas por Dios al principio del tiempo; la peculiar creación del hombre; la formación de la primera mujer del primer hombre; la unidad del linaje humano; la felicidad original de los primeros padres en el estado de justicia, integridad e inmortalidad; el mandamiento, impuesto por Dios al hombre, para probar su obediencia; la transgresión, por persuasión del diablo, bajo especie de serpiente, del mandamiento divino; la pérdida por nuestros primeros padres del primitivo estado de inocencia, así como la promesa del Reparador futuro. Resp.: Negativamente".

[40]Nótese en estos versículos cómo la acción es de Dios y de la Tierra.

7.6 La filosofía

Por su parte la sana filosofía realista,[41] al razonar sobre los orígenes del mundo (la rama de la filosofía que se llama *cosmología* o *física natural*), de la vida (*bio-filosofía*) o del hombre (la sección de la filosofía llamada *antropología filosófica*), descubre unas verdades que, de nuevo, serían compatibles con una explicación de las ciencias empíricas del origen de los seres en sentido creacionista o evolucionista moderado.

Las verdades filosóficas fundamentales sobre nuestro tema son las siguientes: verdadero concepto del acto creador como distinto del actuar de las causas segundas; la necesidad de la conservación y del concurso divino en las acciones de las creaturas (con el respeto divino a la actuación de las causas segundas); la noción de finalidad en la creación; la noción de cambio sustancial y la distinción entre ente material y ente inmaterial.

7.6.1 Definición filosófica del acto creador

En primer lugar, el acto creador de Dios *es necesario y demostrable* con la sola luz de la razón, como única explicación de la existencia de los seres contingentes. Este acto está más allá y es esencialmente diferente de las explicaciones de las transformaciones que se operan en la historia del mundo y de los seres creados.

A este acto creador se llega tras el descubrimiento de la existencia de Dios, fundamentalmente *a través de las cinco vías* de Santo Tomás de Aquino. Ellas parten de realidades que todos captamos por expe-

---

[41] Si se parte del racionalismo o sus epígonos, así como de un escepticismo, nunca se va a llegar a la realidad del mundo exterior. Cfr. É. Gilson: *Las Constantes Filosóficas del Ser*, Eunsa, Pamplona, 2005; Id.: *El ser y la esencia*, Emecé, Buenos Aires, 1951; Id.: *El Realismo Metódico*, Ed. Encuentro, Madrid, 1997; C. Cardona: *Metafísica de la Opción intelectual*, cit.

7.6. LA FILOSOFÍA

riencia. Estas cinco vías, y principalmente, la tercera (sobre los seres contingentes), la cuarta (sobre los grados de perfección) y la quita (sobre el orden y la finalidad del universo), manifiestan la realidad de los seres creados, como seres contingentes (no necesarios) y limitados. La única manera de explicar su existencia es su origen de un Ser Infinito y Necesario, que les dio el ser ("esse") sustrayéndolos, por así decir, de la nada. Esto es el acto creador.

Este acto creador de Dios *está en un nivel trascendental*, por tanto inasequible a la experiencia de las ciencias positivas. Pero sin la intervención del acto creador no podemos explicar metafísicamente la existencia de los seres contingentes: el paso de la nada al ser exige la existencia del "Ipsum Esse Subsistens".

Es necesario recordar lo expuesto con anterioridad: la definición filosófica del acto creador (del que no tenemos experiencia humana), es distinta esencialmente, del acto transformador o productor (que es lo propio de las actuaciones sobre la realidad de los seres contingentes): no operamos desde la nada, sino desde algo que nos viene dado con anterioridad, lo transformamos de formas diferentes (cambio accidental, sustancial, etc.). Por eso se hace imprescindible distinguir bien la *creación* en sentido propio de la *mera producción o fabricación* de algo. La primera consiste en la aparición de un ser por completo, de la nada; no existe materia ni forma alguna previa. La segunda es modificar una materia anterior dándole una forma nueva.

La dificultad para entender este concepto no es pequeña (recuérdese que los grandes filósofos de la antigüedad no llegaron a él), y hunde sus raíces en el hecho de que el ser humano no tiene experiencia alguna de ese modo de actuar. En realidad toda creatura "produce" o "fabrica" sobre algo preexistente (se produce algo de algo, una cosa de otra, una nueva forma sustancial o accidental en una materia o sujeto ya

existentes bajo otra forma). En cambio Dios actúa con su único poder infinito sin que exista nada antes.[42]

7.6.2 El *Ipsum Esse Subsistens*, la eternidad de Dios, su inmutabilidad y las obras "ad extra" divinas

El acto creador de Dios es necesario entenderlo coordinadamente con todas las verdades de la teodicea (profundizadas por la teología del Dios Uno y Trino). De ellas, interesa resaltar ahora las siguientes:

1. Dios es el "Ipsum Esse Subsistens": El Acto Puro de Ser. Su esencia es su existencia.

2. En Dios no hay potencia alguna: por lo que no hay composición ni movimiento.

3. En Dios todo es uno: la simplicidad de Dios. Los atributos divinos coinciden perfectamente unos con otros en Dios.

4. En Dios no hay tiempo: todo es un eterno presente. El "ya" de Dios.

5. Las obras "ad extra" de Dios, son una relación real en las creaturas y en el mundo creado, pero en Dios son una pura relación de razón. Las obras de Dios no engrandecen, mejoran, desarrollan, o disminuyen a Dios.

---

[42]Cfr. *supra*, cap. 6.1; J. Valbuena: *Introducciones...*, cit. pág. 475. Baste por el momento con volver a citar una de las *definiciones clásicas* de acto creador que da Santo Tomás de Aquino: "Productio rei secundum totam suam substantiam" (Santo Tomás de Aquino: *Summ. Theol.*, Iª, q. 65, a. 3). Lo cual significa: Dios produce lo que existe en cuanto que existe; pero lo que existe, es por el "acto de ser". Por eso, el acto de ser es la perfección de toda perfección. Y por tanto, producir lo que existe en cuanto que existe, significa producirlo totalmente.

7.6. LA FILOSOFÍA

6. Dios es soberanamente libre. Crea con libertad total, sin ser exigido o condicionado ni por nada (bien fuera la materia previa, bien por la propia necesidad de su substancia), ni por nadie (son insostenibles, vgr. las explicaciones de la filosofía y teología gnósticas en base a las emanaciones divinas).

7. Etc.

Es necesario entender la relación entre la realidad de Dios y el mundo creado. En Dios, el acto creador es uno en su eterno presente; en nuestro mundo este acto creador se da en el tiempo y en el movimiento, y puede adoptar muchas y variadas formas de realizarse. Pero sea lo que sea en la realidad del mundo creado, en Dios todo ocurre en su eterno presente y sin cambio alguno por su parte.

La concepción de la creación por medio de actos múltiples individuales creadores (el famoso "fijismo" de la filosofía y teología clásicos[43]) o la misma creación individual de cada alma humana, no se puede entender introduciendo tiempo y movimiento en la realidad de Dios. Pensar otra cosa, sería un antropomorfismo mal entendido, y una errónea teología de Dios.[44]

Esto explica que el acto transcendental de la creación, pueda ser compatible con múltiples formas diferentes de desarrollarla en el tiempo y en el espacio, con mecanismos de tipo evolucionista, o con las razones seminales, o con la aparición de nuevas especies y su desaparición en el tiempo, o la posibilidad de un mundo eterno, o la posibilidad de una creación instantánea y perfecta completamente desarrollada, etc. La omnipotencia de Dios solo se vería "limitada" por la realización de actos contradictorios. Pero los modos de desarrollar el acto

---

[43]Cfr. su historia y su concepción, como opuesto al transformismo, en É. Gilson: *De Aristóteles...*, cit., págs. 79-97.

[44]Es el caso de la teología dialéctica de inspiración hegeliana, o la de la llamada "Process Theology", mucho más actual, como ya se estudió.

creador trascendente son en teoría tan infinitos en su diversidad como el famoso teologúmeno de la infinitud de los mundos posibles.

7.6.3 La conservación de los seres creados

La filosofía realista exige también la acción conservadora de Dios en los seres creados. Sin ésta, los seres se desvanecerían en la nada. No se trata de que Dios los mantenga siendo un determinado ser (ente), sino que los mantiene simplemente en el ser ("esse"). Debido a su contingencia (su indigencia en el "esse"), necesitan de la acción conservadora de Dios ("Ipsum Esse Subsistens") para que perseveren en el "esse" y no dejen de existir.

Baste ahora con el ejemplo que trae Santo Tomás al tratar del tema. La influencia constante de la luz del Sol es necesaria para que el aire permanezca luminoso:

"Sic autem se habet omnis creatura ad Deum, sicut aer ad solem illuminantem. Sicut enim sol est lucens per suam naturam, aer autem fit luminosus participando lumen a sole, non tamen participando naturam solis; ita solus Deus est ens per essentiam suam, quia eius essentia est suum esse; omnis autem creatura est ens participative, non quod sua essentia sit eius esse. Et ideo, ut Augustinus dicit IV super Gen. ad Litt., virtus Dei ab eis quæ creata sunt

"Pues bien, toda criatura se relaciona con Dios como el aire con respecto al sol que lo ilumina. Como el sol es lúcido por su naturaleza, pero el aire se hace luminoso participando la luz del sol, sin participar la misma naturaleza del sol; del mismo modo, sólo Dios es existente por su naturaleza, porque su esencia es su existencia. Dice Agustín en *IV Super Gen. ad litt.*: Si por un instante el poder de Dios cesara de regir las cosas por Él creadas, al instante cesaría también la visión de las

7.6. LA FILOSOFÍA

regendis si cessaret aliquando, simul et illorum cessaret species, omnisque natura concideret. Et in VIII eiusdem libri dicit quod, sicut aer præsente lumine fit lucidus, sic homo, Deo sibi præsente, illuminatur, absente autem, continuo tenebratur".[45]	mismas y perecería toda naturaleza. Y en el *libro VIII* del mismo libro dice: Como el aire se hace lúcido con la presencia de la luz, así es iluminado el hombre al estar Dios presente en él. Pero se vuelve tiniebla en el momento en que Dios se ausenta".

Sea cual sea el mecanismo de la aparición de los seres, la conservación en el ser de Dios es necesaria siempre.

7.6.4 El concurso divino

Pero la acción de Dios sobre las creaturas todas a nivel de su ser metafísico, también llega a su propio y natural obrar. De modo, que respetando Dios la realidad de las acciones propias de las causas segundas, sin embargo su "cooperación" es siempre necesaria.

La actuación de Dios en el obrar de las creaturas por concurso divino no consiste en que Él lo haga todo y las cosas queden anuladas, sino que la presencia divina en el obrar creatural es de tres modos:

1. En primer lugar, *a modo de fin de todo lo creado.*

2. Asimismo, cuando *hay muchos agentes ordenados, siempre el segundo obra en virtud del primero.*

3. En tercer lugar, *Dios da, además, la forma a las criaturas que obran y las conserva en el ser.*

En efecto, según Santo Tomás:

---

[45]Santo Tomás de Aquino: *Summ. Theol.*, Iª, q. 104, a. 1, co. Cfr. *In Heb.*, c. 1, lect. 2; *Cont. Gentes*, III, 65; *De Pot.*, q. 5, a. 1; *In Io.*, c. 5, lect. 2.

"Sic igitur secundum hæc tria Deus in quolibet operante operatur. Primo quidem, secundum rationem finis. Cum enim omnis operatio sit propter aliquod bonum verum vel apparens; nihil autem est vel apparet bonum, nisi secundum quod participat aliquam similitudinem summi boni, quod est Deus; sequitur quod ipse Deus sit cuiuslibet operationis causa ut finis. Similiter etiam considerandum est quod, si sint multa agentia ordinata, semper secundum agens agit in virtute primi, nam primum agens movet secundum ad agendum. Et secundum hoc, omnia agunt in virtute ipsius Dei; et ita ipse est causa actionum omnium agentium. Tertio, considerandum est quod Deus movet non solum res ad operandum, quasi applicando formas et virtutes rerum ad operationem, sicut etiam artifex applicat securim ad scindendum, qui tamen interdum formam securi non tribuit; sed etiam dat formam creaturis agentibus, et

"De estos tres modos obra Dios en todo el que actúa. En primer lugar, a modo de fin. Porque, como toda operación es por algún bien, real o aparente, y nada es o aparece bueno sino en cuanto participa alguna semejanza del sumo Bien, que es Dios, se sigue que Dios mismo es causa de toda operación en razón de fin. Asimismo, cuando hay muchos agentes ordenados, siempre el segundo obra en virtud del primero, puesto que el primer agente mueve al segundo a obrar. Y, según esto, todas las cosas obran en virtud de Dios mismo, resultando que Dios es causa de las acciones de todos los agentes. En tercer lugar, hay que tener presente que Dios no sólo mueve las cosas a obrar aplicando sus formas y potencias a la operación, algo así como el artesano aplica la sierra para cortar, y que, a veces, el artesano no le ha dado la forma, sino que Dios da, además, la forma a las criaturas que obran y las conserva en el ser. Por lo tanto, Dios es causa de las acciones no sólo en cuanto da la forma que

7.6. LA FILOSOFÍA

eas tenet in esse. Unde non solum est causa actionum inquantum dat formam quæ est principium actionis, sicut generans dicitur esse causa motus gravium et levium; sed etiam sicut conservans formas et virtutes rerum; prout sol dicitur esse causa manifestationis colorum, inquantum dat et conservat lumen, quo manifestantur colores. Et quia forma rei est intra rem, et tanto magis quanto consideratur ut prior et universalior; et ipse Deus est proprie causa ipsius esse universalis in rebus omnibus, quod inter omnia est magis intimum rebus; sequitur quod Deus in omnibus intime operetur. Et propter hoc in sacra Scriptura operationes naturæ Deo attribuuntur quasi operanti in natura; secundum illud Iob X, pelle et carnibus vestisti me, ossibus et nervis compegisti me".[46]

es principio de la acción, como se dice que es causa del movimiento de los cuerpos pesados y ligeros el que los produce, sino también en cuanto que conserva las formas y las potencias de las cosas, como se dice que el sol es causa de la presencia de los colores en cuanto da y conserva la luz por la que éstos se avivan. Como las formas de las cosas están dentro de ellas, tanto más cuanto estas formas son superiores y más universales, y, por otra parte, en todas las cosas Dios es propiamente la causa del ser mismo en cuanto tal, que es lo más íntimo de todo, se concluye que Dios obra en lo más íntimo de todas las cosas. Por eso, en la Sagrada Escritura, las operaciones naturales se atribuyen a Dios como a quien obra en la naturaleza, según aquello de Job 10,11: Me revestiste de piel y carne, y con huesos y músculos me consolidaste".

Este modo de obrar de Dios, trascendente, respeta la actuación propia de las causas segundas ("Por lo tanto, el obrar de Dios en las

---

[46]Santo Tomás de Aquino: *Summ. Theol.*, Iª, q. 105, a. 5. Cfr. *In Sent.*, II, dist. 1, q. 1, a. 4; *Cont. Gentes*, III, 67; *De Pot.*, q. 3, a. 7; *Compend. Theol.*, c. 135.

cosas se ha de entender de tal modo, que, no obstante, las mismas cosas tengan sus propias operaciones").[47]

Como se puede observar, la manera como se produce el concurso divino no es por medio de la aniquilación de las causas segundas y la supresión de las actividades propias de las creaturas, sino que Dios, siendo el fundamento de la causalidad creada, no la anula ni interfiere con ella, ya que Dios actúa en el *plano trascendental* o primero, mientras que las creaturas lo hacen en el *plano predicamental* o segundo. Son pues planos situados a diferente nivel y dimensión, por lo que el efecto producido es totalmente de Dios y totalmente de la creatura. También desde esta perspectiva, las explicaciones desde la ciencia positiva sobre el proceso de aparición de los seres, tampoco afectarían a la filosofía creacionista.

7.6.5 El principio de finalidad en la creación

El examen sereno de la realidad que nos rodea nos descubre, desde la filosofía, la verdad de la noción de finalidad. Como dice Gilson: "La razón, interpretando la experiencia sensible, concluye la existencia de la finalidad en la naturaleza".[48] En la creación existe un orden y los seres tienden a realizar una finalidad concreta. Es algo observable. Es el presupuesto de la cuarta y quinta vías de Santo Tomás.

Sin embargo, como continúa el filósofo francés, "la noción de finalidad no ha tenido éxito".[49] Y la causa de su rechazo hoy en día procede de los representantes de lo que se puede llamar el *cientifismo*, quienes "ya por hostilidad hacia la noción de Dios, ya por el deseo de proteger la explicación científica de cualquier contaminación teológica, aunque

---

[47]Santo Tomás de Aquino: *Summ. Theol.*, Iª, q. 105, a. 5.

[48]É. Gilson: *De Aristóteles a Darwin...*, cit., pág. 19.

[49]*Ibidem*.

7.6. LA FILOSOFÍA

sea de teología natural, ya, en fin, por una mezcla de ambos motivos..., coinciden, hoy, en la exclusión de la noción de finalidad".[50]

Con todo, Gilson prueba cómo la noción de finalidad es una verdad, una constante filosófica, que tiene una inagotable vitalidad. Por eso, a pesar de los intentos por desconocerla, aparece una y otra vez a lo largo de la Historia de la filosofía.

La finalidad en la naturaleza nos descubre de nuevo la realidad de un Dios Ordenador y Fin del Universo. Pero esta verdad filosófica, es compatible tanto con la explicación científica creacionista o evolucionista moderada. Destruye, eso sí, las pretensiones del evolucionismo filosófico materialista que se apoya en el azar.

7.6.6 El cambio sustancial y los entes materiales e inmateriales

También es necesario recordar que el concepto aristotélico y tomista del cambio sustancial podría explicar, desde la metafísica, el cambio por evolución de las especies (si es que se llegara a probar en el campo de la ciencia): permanece la materia, pero recibe una nueva forma sustancial que lo convierte en una nueva naturaleza distinta del origen.

Por otro lado, para esa filosofía, los entes se dividen en materiales o inmateriales. Entre ellos hay solución de continuidad. Dios tendría que intervenir de un modo especial para el paso de la nada a la materia, y de la materia al espíritu. Como dice claramente A. Gálvez:

> "...pues sería bastante difícil encontrar alguna explicación para una racionalidad que no haga referencia a un orden superior y quede reducida, por lo tanto, a *mera animalidad*. A no ser que se quiera defender que el espíritu

---

[50] *Ibidem.*

es una función de la materia o que procede de la materia, que es creencia que conduce a una obligada alternativa: o bien se trata de otro argumento que carece de argumentos (pues sería preciso demostrar primero la posibilidad de que el espíritu proceda de la materia), o bien se trata del absurdo de pretender que la materia y el espíritu son la misma cosa (que además es otra afirmación también carente de demostración)".[51]

Pero tal intervención especial creadora no sería estrictamente necesaria para el paso entre los distintos seres materiales (materia, vida vegetativa, vida sensitiva); por lo que, en teoría, el poder omnipotente y la sabiduría infinita de Dios podría haber elegido una evolución de unas formas en otras en el mundo de lo material o de la vida, con la operación de las causas segundas en su propio ámbito, y supuesta la ordenación dada por Dios a esas naturalezas. No obstante, las cualidades radicalmente diferentes de la materia y de la vida, han llevado a sostener por muchos que también haría falta la intervención creadora de Dios para la aparición de la vida en el mundo material: Dios habría actuado de un modo directo por creación especial, no solo para la aparición del espíritu, sino también de la vida.

7.6.7 La creación eterna es filosóficamente posible

La distinción entre acto creador (trascendente) y el modo cómo se desarrolló (categorial) se puede comprobar con el famoso problema de la posibilidad de una creación eterna. Cabría un mundo de duración eterna, y sin embargo, sería necesario siempre el acto creador, donde Dios, desde el eterno presente, en su *ahora* divino, diera el "esse" a un mundo de duración eterna. Esta hipótesis filosófica, es, sin embargo,

---

[51]A. Gálvez: *Sermones*..., cit., pág. 259.

7.6. LA FILOSOFÍA

rechazada desde la Revelación, que manifestó que el mundo creado es temporal.

Pero es un buen ejemplo de cómo es necesario un acto creador con un mundo creado que se puede desarrollar de múltiples maneras, siempre presuponiendo la realidad de Dios y su omnipotencia.

Como dice J. Ferrer Arellano:

> "Para los materialistas la noción de creación queda al margen de lo racional y forma parte de una fe a la que, por supuesto, no dan crédito. En cambio para Tomás de Aquino, la noción de creación no requiere la fe, aunque sea ésta la que nos ha dado las pistas para descubrirla y desarrollarla racionalmente. Para el Aquinate la noción de creación pertenece a la metafísica, y la fe intervendrá en la solución de una cuestión a la que nosotros no llegamos a dar una respuesta racional: la creación del universo en el tiempo. Parece claro que la distinción entre la noción metafísica de creación y la noción de creación en el tiempo es solidaria de la distinción entre los dos órdenes señalados. Los autores materialistas se mueven intelectualmente en el orden de las transformaciones, y consiguientemente, parece lógico que rechacen la noción de creación. Pero esta creación sería entonces la noción de creación en el tiempo sobre la cual también Tomás de Aquino pensaba que no era racionalmente demostrable".[52]

---

[52] J. Ferrer Arellano: *Evolución y Creación*, cit., págs. 159–160.

7.6.8 Creación "ex nihilo" y ciencia

Es importante tener en cuenta que el concepto de *creación de la nada* es teológico y metafísico, y por lo tanto, no demostrable desde el punto de vista de la ciencia experimental y empírica.

Sin embargo se han hecho intentos por parte de la ciencia moderna de explicar científicamente la creación. A lo sumo, tales datos de la ciencia, servirían para estudiar el origen del universo, de la vida o del hombre, pero no la creación. Además pueden apoyar desde su ámbito específico y con las limitaciones del conocimiento científico, el hecho descubierto por la metafísica y desvelado por la Revelación.

7.6.9 El evolucionismo materialista como filosofía

Así pues, se puede comprobar que el creacionismo teológico y filosófico en absoluto se opondrían en principio a un mecanismo evolutivo moderado. Lo que sí es rechazable como error es el evolucionismo materialista filosófico. Rechazo que se basa en las mismas razones por las que el materialismo o el ateísmo aparecen como filosofías insostenibles:[53] simplemente no explican la realidad.

Conviene recordar además algunos detalles, ya centrados en el darwinismo:

1. Las raíces filosóficas del darwinismo son:

   - La filosofía racionalista, con el rechazo del principio de la causa formal,[54] que explicaría la facilidad con que se concibe la transformación de las especies y el rechazo de la causa final.

---

[53]Cfr. el definitivo libro de É. Gilson: *El Ateísmo Difícil* cit., o las obras de C. Fabro, entre otras muchas.

[54]Cfr. É. Gilson: *De Aristóteles a Darwin...*, cit., págs. 51 ss.

7.6. LA FILOSOFÍA

- La filosofía de Malthus, quien le prestó a Darwin la idea de la lucha por la vida y la sobrevivencia de los más aptos.

- El materialismo, deísmo y el ateísmo de las nuevas filosofías del siglo XIX, procedentes del pensamiento de la Ilustración.

- La ideología del liberalismo radical. El darwinismo parece como una trasposición de los criterios y modo de vida de la sociedad de su época (la Inglaterra victoriana) donde triunfaba la ideología liberal radical, con el principio de la lucha económica absoluta entre los individuos por conquistar el máximo poder económico, y de la victoria de los más hábiles; y donde no habría normas que regularan esa lucha, sino la búsqueda del propio interés y la acumulación de la mayor riqueza a costa de los más débiles. Para algún autor, Darwin en su estudio, más que ciencia empírica de la naturaleza, en realidad traspone los clichés de su mundo cultural a la misma. La teoría de la evolución darwiniana no habría tenido éxito si no fuera por el contexto social y cultural en la que nació.

2. El evolucionismo como filosofía no fue una creación de Darwin, sino de Herbert Spencer. Darwin rechazó el evolucionismo como inservible para la ciencia. Curiosamente Darwin pasó a la historia como el creador del evolucionismo. La de Spencer es una filosofía que no compartió el propio Darwin, quien después de un encuentro con el filósofo, dijo que solo tenía en común con tal pensamiento la aceptación del hecho de que la flora y la fauna actuales no son iguales que las prehistóricas. Lo cual no es mucho para el que pasa por ser el fundador del evolucionismo.

De hecho la palabra "evolucionismo" no aparece en *el Origen de las Especies* ni una sola vez, hasta la sexta edición.[55]

La filosofía evolucionista de Spencer está basada en la idea de progreso, a partir de tres realidades fundamentales: la materia, el movimiento y la fuerza. Sobre estas realidades, se explica el orden del universo y de los entes, que se organiza siguiendo tres leyes básicas (siendo leyes, el resultado es que el progreso evolutivo es necesario y para toda la realidad, no solo para el mundo biológico). Primera ley: siempre se pasa de lo menos coherente a lo más coherente, por eso la evolución es un progreso (de la nebulosa original con todos los elementos materiales necesarios en caos, que están en movimiento continuo, y que va organizando la materia en cosas coherentes y complejas, estrellas, planetas, etc). Segunda ley: se va de lo uniforme a lo heterogéneo (los elementos logrados por la primera ley, se organizan en formas complejas heterogéneas; vgr. de la riqueza de formas existentes en la Tierra, o la combinación de muchos elementos diferentes en orden). Tercera ley: se pasa de lo indefinido a lo definido (los sistemas solares o estelares, con su definición y organización que ya no se parece en nada a la predicha nebulosa original). La combinación de las tres leyes explicaría la idea del progreso necesario de toda la realidad. Con necesidad absoluta. El problema que encontró Spencer es el del fundamento de todo el sistema: ¿por qué existen esas leyes que llevan al progreso y no al desorden? El filósofo aceptó que la ciencia no lo puede descubrir, y afirmó que la solución estaría más en las manos de los poetas, de los metafísicos o de los místicos.

3. Hay carencias filosóficas importantísimas en las tesis del darwinismo:

---

[55] G. Himmelfarb: *Darwin and the Darwinian Evolution*, Doubleday Achor Book, New York, 1959, pág. 442: "Las palabras *evolucionar* y *evolución* no aparecen, de hecho, en los primeros escritos de Darwin, incluidas las cinco primeras ediciones de *El Origen de las Especies*. Si bien Lyell empleó la palabra *evolución* en su sentido actual en sus *Principios de Geología*, y Spencer de manera más acusada en su ensayo sobre *La Hipótesis del Desarrollo*, en 1852, la palabra no era entonces de uso común y entró mas tarde en el vocabulario popular y científico. *Cambio, variación, transformación, transmutación y mutabilidad* eran las expresiones aceptadas por la doctrina, con *cadena del ser, árbol de la vida y organización de la vida*, para connotar la jerarquía evolutiva".

(a) El rechazo a explicar la finalidad que se encuentra en la realidad.

(b) El rechazo del principio de razón suficiente: pretende que un ente dé lo que no tiene: de la materia, sale la vida; de la vida sale el hombre racional; etc.

(c) Falta la explicación de la causa de los entes contingentes.

(d) Prejuicio ateo. Rechazo de Dios como causa suprema de todo.

(e) Clasificación arbitraria de las especies, familias, clases, fila, etc. ¿En base a qué criterios se hacen las clasificaciones?[56]

(f) Etc.

7.7 La ciencia empírica

Hoy es casi un dogma científico la verdad del evolucionismo como explicación de la aparición de las especies. Existirían, según sus defensores, hechos incontrovertibles que probarían su hipótesis. El creacionismo sería un mito.

Sin embargo, la realidad de los hechos parece afirmar justo lo contrario: es el evolucionismo el que se ha convertido en un verdadero mito de la ciencia, que cada vez recibe más críticas desde el propio campo de la ciencia, que va demostrando que los hechos en que se pretende fundamentar, no solo no lo hacen sino que lo contradicen. J. Villanueva, por ejemplo, muestra —con una extensa documentación científica—, la enorme dificultad de comprobar científicamente la hipótesis evolucionista; solo cabe la posibilidad de una "microevolución", pero no se ve de modo alguno que haya habido una evolución continuada, sin saltos inexplicables, de una especie a otra ("macroevolución" o "meta–espectración"). La microevolución tiene lugar dentro

---

[56] Cfr. J. C. Ossandon, *El evolucionismo darwinista* (conferencia).

de los genotipos: por ejemplo, los pinzones de las Galápagos estudiados por Darwin ilustran la microevolución, lo mismo que el solapamiento circumpolar entre especies de gaviotas, y las muchas variedades de moscas de la fruta en las Islas Hawaii (y teniendo en cuenta, con todo, que la crianza selectiva de pichones, gallinas, pavos, ganado, caballos, perros, gatos y muchos otros animales domésticos dan resultados similares en menos tiempo). La macroevolución es lo que debiera haber ocurrido si la evolución hubiera debido llegar a la primera célula, o saltar a través de los genotipos, como por ejemplo desde un reptil a un ave. Mientras que la microevolución es evidente en la distribución geográfica de muchas especies vivientes y en la crianza selectiva, ello sustenta sólo la teoría especial de la variación dentro de genotipos. Pero la teoría general, esto es el cambio a través de los tipos (o macroevolución), exige el cambio hacia arriba en lugar de un movimiento lateral, que no se puede probar científicamente.[57]

Por su parte, S. Barroso detalla los principales obstáculos al evolucionismo desde la biología molecular, la genética, la paleontología, la geología, el cálculo de probabilidades, etc. Dificultades que son conocidas, pero de las que algunos evolucionistas o no se atreven a hablar o simplemente a veces inventan fraudulentamente "eslabones perdidos". La literatura al respecto es muy abundante.[58]

---

[57]Cfr. J. Villanueva: *Lo Stato Attuale dell'argomento "Evoluzione"*, en "Acta Philosophica", de la Pontificia Univerità della Santa Croce, 7 (1998) 323–353.

[58]S. Barroso: *El Evolucionismo en Apuros*, cit. Cfr. J. Wells: *The Politically Incorrect Guide to Darwinism and Intelligent Design*, Regnery Publishing Inc., Washington, 2006; A. Fernández: *Teología...*, cit. págs. 485–505; J. Arellano: *Evolución y Creación...*, cit., págs. 147–203; M. Artigas, *Las Fronteras del Evolucionismo*, Eunsa, Pamplona, 2004; Stephen C. Meyer: *Darwin's Doubt: The Explosive Origin of Animal Life and the Case for Intelligent Design*, Harper Collins, New York, 2013; Id.: *Signature in the Cell: DNA and the Evidence for Intelligent Design*, Harper Collins, New York, 2010; etc.

7.7. LA CIENCIA EMPÍRICA

A modo de resumen, se pueden especificar los siguientes datos científicos que contradicen la hipótesis de la evolución:

1. *Matemáticamente*, los tiempos no dan para explicar los postulados darwinistas de las mutaciones favorables (crítica desde las matemáticas por el cálculo de probabilidades).[59]

2. *El "árbol de la vida"* de Darwin, que parte de la bacteria primitiva y se va diversificando en las diferentes especies, es contrario a la realidad de la aparición de las especies: no hay conexión entre las especies..., sino que éstas aparecen y desaparecen sin conexión entre ellas (de 10 especies conocidas, 8 han desaparecido). No se han encontrado formas de transición (fósiles de transición), a pesar de lo que suponía Darwin.

3. *La paleontología* no apoya la hipótesis de la evolución sino que la contradice. La mayoría de especies, géneros, familias, y todas las categorías por encima del nivel de las familias, aparecen en el registro fósil súbitamente y no por transformación gradual. Hay brechas del registro fósil. La evolución requiere formas intermedias y la paleontología no las proporciona. El registro fósil no presenta ni un solo ejemplo de evolución filética que verifique una transición, sino que la mayoría de las especies fósiles aparecen instantáneamente, persisten sin cambio durante millones de años y desaparecen abruptamente. Hay también ausencia de órganos nacientes intermedios (fósiles con media pata, media ala,

---

[59]Como dice J. C. Ossandon (*El evolucionismo darwinista* conferencia), no hay negocio más seguro que el de las compañías de seguros que protegen frente a algo tan azaroso como el accidente; sin embargo pueden preveer con mucha exactitud el riesgo futuro gracias a los adelantos del cálculo de probabilidades; el mismo que asegura que la evolución por azar es matemáticamente imposible en el espacio de millones de años que tiene nuestro universo.

etc...). Y también se ha demostrado que no hay cambios en los fósiles en millones de años. El registro fósil aparece sustancialmente idéntico al de la época de Darwin.[60]

4. En la *explosión del Cámbrico* (500–520 millones de años, el llamado *bing-bang de los animales*) aparecen al menos 170 especies o planos estructurales a la vez (en un periodo de unos cinco millones de años, lo que es relativamente poco para las edades de la Tierra). Se encuentran millones de fósiles de especies distintas de animales y plantas complejas (calamar, estrella de mar, etc.). Esto contradice la previsión darwinista de cambios a partir de una célula original que se transformaría en una o pocas especies, las cuales se diversificarían a lo largo de millones de años gradualmente en géneros, familias, órdenes, clases y finalmente en *phyla* (una rama mayor en el árbol de la vida). La realidad manifiesta todo lo contrario: en el Cámbrico ya aparecen la mayoría de los *phyla* animales y muchas de las clases principales dentro de ellas, a la vez y abruptamente (se conservan fósiles de bacterias anteriores al Cámbrico, y luego aparece toda la explosión de vida del Cámbrico del que conservamos fósiles, sin que aparezca ninguna forma intermedia). Los darwinistas siguen considerándolo un misterio (Elrich).

5. *La transición entre especies* no aparece en el registro fósil.

   - El origen de los peces (ya vertebrados) sigue siendo un misterio. "Todos los grupos mayores de los peces, tienen su origen firmemente basado en... nada" (E. White, Pte. de la Sociedad Ictiología británica).

---

[60]En el cap. 6, de su libro *El Origen de las Especies*, al tratar de los fósiles, Darwin los considera como "problemas para mi teoría", pero confiaba en que en el futuro se descubrieran los fósiles que deberían aparecer para justificar su teoría.

7.7. LA CIENCIA EMPÍRICA

- El origen de los anfibios no está basado en los peces (Bárbara Stall).

- Examinando los fósiles, el origen de los otros vertebrados no parece que pueda producirse desde los anfibios (S. J. Kuff, de la Universidad de Harvard).

6. *Las filogenias moleculares.* Para intentar soslayar el problema planteado por el registro fósil, los científicos evolucionistas se aplicaron a otro campo de la ciencia para intentar probar su hipótesis: la filogenia molecular. Se trataba de comparar las proteínas y secuencias de los aminoácidos de las especies; cuanto más parecidos sean los aminoácidos, más cercano es el parentesco entre esas especies. El resultado fue, de nuevo, contrario a lo que esperaban. La realidad es reaccionaria (Lenin). La insulina del coballo presenta las mismas diferencias en la secuencia de sus aminoácidos que la de la insulina del ser humano y la de la rata... ¿Somos parientes? La secuencia de la serpiente de cascabel, un reptil, tiene menos diferencias con la del hombre que con la de la tortuga, que es otro reptil. El estudio masivo de diferencias en componentes moleculares en varias especies (bacterias, levadura, trigo, polilla de seda, atún, paloma, caballo), arroja muy pocas diferencias entre unas y otras. ¿Cómo pueden descender unos de otros? La comparación de la hemoglobina de la lamprea (pez más primitivo) con la carpa (pez más desarrollado), con la rana, gallina, el canguro y hombre... manifiesta que no hay grandes diferencias entre las mismas; es más, la lamprea está más cerca del hombre que de la carpa, que es otro pez. Desde la perspectiva de la *biología molecular comparada*, tampoco se encuentran eslabones intermedios, sino que todos los seres vivos se agrupan de un modo singular y jerárquico sin conexión alguna entre ellos. Muchos darwinistas actuales han reconocido que

el árbol de la vida de Darwin es un constructo mental que es contradicho por la biología molecular comparada.[61]

7. *La homología*, argumento clásico en favor de la hipótesis de la evolución, que se basa en la comparación de patrones en la morfología de los animales (ej. tipo de huesos del brazo, semejantes en reptiles, alas de pájaro, mamíferos, etc.), también va en contra de la misma evolución. Tradicionalmente este hecho ya conocido, se interpretó como un diseño o forma común que se encarna de formas diferentes en las variadas especies. Darwin hace una interpretación en sentido causal evolucionista, determinando que la causa de la homología es la procedencia de un antecesor común de la que provienen las semejanzas en las especies derivadas.

8. La *embriología comparada* muestra muchas más disimilitudes de las que esperaba Darwin, quien se inspiró en la escala de embriones dibujada por Haeckel, que es selectiva de las especies (las más disímiles no aparecen en tal escala) y además las que aparecen están arregladas "artísticamente" con el propósito de que parecieran similares. La realidad es que se pueden comprobar las grandes diferencias existentes, por ejemplo, entre los primeros estadios de los embriones de vertebrados tales como el pez, anfibios, reptiles, pájaros y mamíferos.

9. *Los mecanismos de complejidad irreductible*, es decir, los seres vivos presentan tal complejidad y perfecta coordinación entre sus partes y órganos, que necesitan para funcionar y sobrevivir la presencia simultánea de todos ellos al mismo tiempo; una

---

[61]Cfr. Michael Denton: *Evolution: A Theory in Crisis*, Bethesda, Maryland, Adler and Adler, 1986, págs. 285 ss.

7.7. LA CIENCIA EMPÍRICA

aparición sucesiva de las distintas partes, haría que el conjunto no funcionara, y que la especie no pudiera sobrevivir.[62]

10. La *selección artificial de animales* hecha por criadores de razas y propuesta como analogía con lo que ocurriría con la selección natural, es directamente opuesta a las doctrina de la evolución por azar. En efecto:

    - La selección artificial tiene un objetivo concreto y una finalidad que se quiere conseguir.
    - La selección artificial es un proceso guiado inteligentemente.
    - La selección artificial protege los cambios conseguidos, del proceso natural de destrucción de los mismos.
    - La selección artificial conserva las novedades extrañas que se quieren conseguir.
    - La selección artificial continuamente interrumpe los procesos que emplea, con el fin de conseguir su finalidad última.

11. *Las mutaciones genéticas* tienden a ser rechazadas y no conservadas por las especies que tienen una tendencia a la estabilidad, y a suprimir los cambios que afecten a tal estabilidad. Las mutaciones suelen también ser regresivas, y no progresivas.[63]

12. Etc.

---

[62]Cfr. los curiosos ejemplos que gustaba de describir el profesor Behe: el flagelo de la bacteria, el escarabajo bombardero o el vuelo de las abejas.

[63]Cfr. los experimentos genéticos con la mosca *drosophila melanogaster* (mosca de la fruta o del vinagre), cuyas mutaciones servían para cambiar aspectos accidentales de la misma mosca, con frecuencia monstruosos; pero nunca consiguieron la transformación de la mosca en otra especie.

7.8 conclusión

Finalmente, teniendo en cuenta todo lo anterior, y como resumen conclusivo, los principios teológicos con los que examinar el caso del evolucionismo son los siguientes:

1. Rechazo de la evolución absoluta y materialista (sin Dios). En efecto:

    - Esta interpretación de la evolución se define como "científica", y rechaza la creación como opuesta a la ciencia..., pero, en realidad no es ciencia lo que hace, sino una construcción ideológica.

    - Por lo mismo, se insiste en que Dios no existe y por tanto no hay acto creador.

    - Es un monismo materialista, bien sea dialéctico (marxista) o de otras clases (materia eterna increada siempre en movimiento, etc.).

2. Un evolucionismo moderado (teísta) sería aceptable si se probara por hechos científicos, porque la ciencia y la religión[64] son dos tipos de conocimiento diferentes, pero no contradictorios, ya que ambos están basados en la única verdad. De este modo, evolución y creación serían dos niveles cognoscitivos y ontológicos diferentes. En efecto:

---

[64]O la filosofía, con las debidas salvedades.

7.8. CONCLUSIÓN

EVOLUCIÓN	CREACIÓN
Concepto empírico	Concepto metafísico–teológico
Origen de las cosas como existen ahora en el espacio y en el tiempo	Causa radical y última de la realidad
Muestra algo que cambia y se desarrolla	Muestra porqué y para qué existe ese algo que puede cambiar y desarrollarse

Así, aunque no cabría aceptar una "evolución creadora", sí se podría sostener una "creación evolutiva", que aceptara los siguientes datos:

- Creación "ex nihilo" por Dios.

- Dios dirige la evolución (pero no en el sentido deísta, de un Dios que crea y se desentiende de la creación). Dios es providente, pero utiliza y da fuerza a las causas segundas. Es un Dios personal.

- Dios interviene directamente también en el salto de la materia a la vida, y de la vida al espíritu, porque no hay posible evolución entre esos estados. Esos saltos son cualitativos y suponen un poder infinito que los produzca.

- Dios crea cada alma individual y actúa de un modo especial en la evolución del cuerpo humano; el cuerpo humano ha de ser el adecuado para poder ser informado por un alma espiritual. El cuerpo humano es importante, frente a maniqueísmos o doctrinas de tipo gnóstico.

Es necesario insistir en que no sería aceptable una "creación evolutiva" que no dejara bien establecidos los cuatro puntos mencionados, bien sea por concebir una separación absoluta entre creación y evolución (que sería, en el fondo, un nuevo modo de

materialismo), o bien porque se afirmara una identificación absoluta entre creación y evolución (el caso de Teilhard de Chardin).

Se ha hecho notar que el evolucionismo, tal y como lo conocemos, es uno de los mayores mitos de la ciencia moderna, semejante a lo que en tiempos pretéritos fue la teoría del flogisto o del calórico.[65]

Son de enorme importancia las conclusiones que É. Gilson aporta después de estudiar el evolucionismo desde el punto de vista de la bio–filosofía:

> "Brevemente, y dejando a la *Encyclopédie Française* concluir, 'Se deduce de esta exposición que la teoría de la evolución es imposible. En el fondo, a pesar de las apariencias nadie cree ya en ella, y se dice, sin conceder a ello ninguna importancia, *evolución*, para dar a entender encadenamiento; o *más evolucionados y menos evolucionados* en el sentido de más perfeccionados o menos perfeccionados, porque es un lenguaje convencional, admitido y casi obligatorio en el mundo científico. La evolución es una especie de dogma en el que no creen ya los sacerdotes, pero que mantienen para su pueblo. Esto servirá, y hay que tener la valentía de decirlo, para que los hombres de la próxima generación orienten su investigación en otra dirección'. Sería muy agradable, para el filósofo, poder quedarse aquí y tomar esta negación como la última palabra de la ciencia sobre el tema. Mas los naturalistas no nos lo permitirían. A pesar de las sólidas conclusiones

---

[65]Cfr. S. Borruso: *El evolucionismo en apuros,* cit., págs. 35–39; J. C. Ossandón: *El evolucionismo darwinista* (conferencia); R. O. Leguizamón: *Análisis Crítico a la Teoría de la Evolución* (conferencia); Id. *Presupuestos Filosóficos de la Cosmosión Evolucionista* (conferencia); C. Baliña: *La Pseudo–Ciencia del Evolucionismo.*

7.8. CONCLUSIÓN

de Paul Lemoine, Jean Rostand cree deber mantener que 'todos los argumentos dados por Darwin, hace cerca de un siglo, siguen siendo perfectamente válidos'.[66] Pero esto no significa nada, pues el mismo naturalista había dicho con menos seguridad: 'Es una constante que las grandes explicaciones de Lamarck y Darwin hayan, en gran medida, fracasado...'.[67] Sería bueno saber cuáles, de entre ellas, siguen siendo válidas. De entre las de Lamarck, lo reconocemos, ninguna; pero de las del mismo Darwin, ¿cuántas se pueden considerar demostradas?

Parece que esto no tiene importancia. La evolución se ha hecho tan incierta que, en lo sucesivo, no necesita demostración. Actualmente el transformismo ocupa una posición inexpugnable: 'Ya no estamos en los tiempos en que hacía falta, para hacerlo aceptable, mantener una explicación plausible del proceso transformador. Haber persuadido a los sabios de la idea evolucionista es la gloria de los sistemas lamarckiano y darwiniano. Necesarios por aquel entonces para sostener el naciente transformismo, hoy pueden, ya, desmoronarse sin mayor perjuicio'.

Es otro modo de decir que la teoría, que pasó al estado de prejuicio recibido por la opinión pública, está de ahora en adelante, como suele decirse, en el aire. A fin de proporcionarle algún sostén, el mismo naturalista añade que, en todo caso, la evolución es un hecho: 'En tanto que se puede considerar como hecho un acontecimiento al que

---

[66] J. Rostand: *Le problème de L'evolution* en *Les Grands Courants de la Biologie*, Paris, Gallimard, 1951, pág. 176.

[67] J. Rostand: *L'evolution des espèces*, Paris, Hachette, 1932, pág. 191.

nadie ha asistido y que no se puede reproducir'.[68] Pero, así como lo indemostrable es lo contrario de la ciencia, lo inobservable es lo contrario del hecho.

Al llegar aquí tenemos que excusarnos y renunciar a proseguir el diálogo. Cuanto más leemos a los científicos en lo que han escrito sobre este punto, más nos sentimos tentados a pensar que, igual que sucede con la noción de especie, la noción de evolución es una noción filosófica introducida en la ciencia desde fuera de ella; y en la ciencia parece estar destinado a parecer siempre un cuerpo extraño."[69]

Hemos comprobado cómo las críticas que el evolucionismo le hace al verdadero creacionismo son infundadas. Ni la teología, ni la filosofía realista estarían en contra de una explicación evolucionista moderada. Si se rechaza esta explicación no es porque no hubiera sido posible, sino porque científicamente, no se sostiene.

Con todo, si algún día se pudiera probar, el evolucionismo verdadero no podría concluir en la inexistencia de Dios o de la creación o de la conservación y concursos divinos. En una palabra, en nada iría contra el creacionismo bien entendido.

---

[68] J. Rostand: *L'evolution des espèces*, cit., pág. 191.
[69] É. Gilson: *De Aristóteles...*, cit. págs. 205–206.

Capítulo 8

Las propiedades del acto creador

Una vez estudiado el acto creador en sí, conviene detenernos en sus propiedades o características, a saber, en la libertad, la creación "ex nihilo" y la temporalidad. En efecto, Dios al crear lo hace con total libertad, de la nada y en el tiempo. Estas características diferencian la verdadera concepción cristiana de la creación de toda otra explicación que haya surgido a lo largo de la historia, y que por negar una o varias de esas notas, cae en la heterodoxia. Veamos el sentido más profundo de estas afirmaciones.

8.1 La creación: acto libre de Dios

8.1.1 Introducción

Si entendemos, en una primera aproximación, la libertad como acto de una voluntad libre, es decir la facultad de elegir entre varias cosas sin estar ligada por vínculo alguno a preferir una cosa sobre otra (bien sea por vínculo extrínseco —*libertad de coacción*—, bien

lo sea por vínculo intrínseco —*libertad de indiferencia*—), se pueden distinguir tres clases de libertades:[1]

1. *Libertad de contradicción* o de ejercicio, para poner actos contradictorios, como por ejemplo para dormir o no dormir, para trabajar o no trabajar, etc.

2. *Libertad de especificación*, para realizar actos específicamente diversos, como dormir o trabajar.

3. *Libertad de oposición*,[2] para realizar un acto bueno o un acto contrario malo, como por ejemplo decir la verdad o mentir. Esta clase de libertad es propia de un ser limitado; más que libertad propiamente tal y perfecta, es mejor considerarla como signo de la existencia de una libertad limitada.[3]

Es útil señalar las diferencias que existen entre la libertad de la voluntad divina y la humana, con el fin de determinar con precisión el uso analógico que se hace de esta realidad cuando la atribuimos al Ser Supremo:

- La libertad humana es un accidente del alma que la perfecciona. La libertad divina es su misma sustancia.

- La libertad humana es mudable porque está en potencia de nuevos actos. La libertad divina es acto purísimo.

- La libertad humana no puede tender a muchos objetos por medio de un solo acto. La libertad divina es un acto infinito que implica

---

[1] Cfr. Santo Tomás de Aquino: *Summ. Theol.*, Iª, q. 82, a. 1; q. 83, aa 1–4.

[2] A veces se la denomina *libertad de contrariedad*, que no debe de confundirse con la libertad de contradicción.

[3] J. Ibáñez y F. Mendoza: *Dios Creador*..., cit., pág. 43. Cfr. Santo Tomás de Aquino: *De Veritate*, 22, 6.

8.1. LA CREACIÓN: ACTO LIBRE DE DIOS

infinidad de actos y por eso es inmutable aunque tienda a un efecto u otro.

- La libertad humana puede estar como en suspenso o indeterminada. La libertad divina desde la eternidad se hace determinada tanto en la especificación como en el ejercicio respecto a todos los términos que pueda querer o no querer.

- La libertad humana puede tender a un bien sólo aparente, y por ello situar su fin no en Dios sino en otra realidad, mientras que la voluntad divina se ama necesariamente a sí misma, es decir a Dios, no pudiéndose desviar hacia el mal moral.[4]

La libertad de Dios es infinita y perfecta, por lo que será una libertad de coacción e indiferencia, de contradicción y especificación, pero no de oposición.[5]

8.1.2 Sagrada Escritura, Tradición y Magisterio

La libertad del acto creador ha sido revelada en la Sagrada Escritura de diversos modos y defendida por el Magisterio.

Biblia

Encontramos en la Sagrada Escritura multitud de textos que hablan de la libertad de Dios creador. Se podrían clasificar en tres grupos.

1. Por un lado, las declaraciones de tipo general, que de un modo u otro afirman tal libertad o la presuponen en alguna de las figuras que utiliza:

---

[4]Cfr. J. Ibáñez y F. Mendoza: *Dios Uno...*, cit., pág. 181; Juan A. Jorge: *Dios Uno...*, cit., pág. 356.

[5]Cfr. Juan A. Jorge: *Dios Uno...*, cit., pág. 354.

- Esta libertad se deduce del modo en que Dios crea mediante "la Palabra" omnipotente que siempre produce efecto ("y Dios dijo, hágase... y se hizo..."), tal y como aparece repetidamente en la narración del primer capítulo del Génesis; o en los Salmos 33:6 ("por la palabra del Señor fueron hechos los cielos, y por el aliento de su boca todos sus ejércitos"), 104:7, 147:4; o en Sab 9:1; etc.

- La Sabiduría, expresión de un ser libre, que tiene una importancia singular en la obra creadora (Cfr. Sab 9: 2.9).

- El hecho de la "deliberación" divina de Ge 1:26, que manifiesta, de nuevo, una decisión libre y personal de Dios.

- Así como la Alianza es un acto de la libre decisión de Dios (cfr. Ro 9: 15ss.), también lo es la creación, por estar dentro de la única *Historia Salutis*.

2. Por otro lado, también hay expresiones en las que se manifiesta la libertad de contradicción, es decir, la libertad de Dios de crear o de no crear. Dios no estaba en absoluto obligado a crear. Por lo mismo, Dios tiene la llamada "libertad de especificación", es decir la de elegir entre crear éste u otro mundo que Él decidiera:

    - Sal 135:6, "Todo cuanto quiere el Señor, lo hace en los cielos y en la tierra, en los mares y en los abismos".

    - Ap 4:11, "Eres digno, Señor y Dios nuestro, de recibir la gloria, el honor y el poder, porque Tú creaste todas las cosas y por tu voluntad existían y fueron creadas".

    - Ef 1:11, "por quien también fuimos constituidos herederos, predestinados según el designio de quien realiza todo con arreglo al consejo de su voluntad".

8.1. LA CREACIÓN: ACTO LIBRE DE DIOS

3. Finalmente, aparece en la Sagrada Escritura que en Dios no se da la libertad de oposición (Dios creó un mundo bueno; no podía crear un mundo malo):

- Ge 1:31, "Y vio Dios todo lo que había hecho; y he aquí que era muy bueno. Hubo tarde y hubo mañana. día sexto".
- 1 Tim 4:4, "Porque todo lo creado por Dios es bueno y no hay que rechazar nada si se toma con agradecimiento".

Santos Padres

Frente a la posición de algunos filósofos paganos, que negaban o limitaban la libertad de Dios (gnósticos), considerando que tenía que actuar por necesidad, los Santos Padres reafirman la libertad infinita de Dios. También, frente al problema arriano, distinguen entre la "generación" intradivina y la "creación" extradivina. Por ejemplo:

- San Ireneo: "No movido por otro, sino por su decisión y libérrimamente, hizo todas las cosas".[6] "Él, por sí mismo hizo libremente, y por su poder dispuso y realizó todas las cosas...; Él solo es Dios, que hizo todas las cosas... las visibles y las invisibles".[7]

- San Atanasio: "Aquellas realidades que antes no existían, pero después son hechas por otro, el Creador delibera hacerlas; en cambio, en cuanto engendra de sí mismo y naturalmente a su Verbo, no tiene una deliberación previa".[8]

- San Agustín, comentando el Sal 135:6 sostiene: "La causa de todo lo que hizo fue la decisión de su voluntad".[9] En el *De Civitate*

---

[6] San Ireneo: *Adversus Hær.*, II, 1, 1 (P. G., 7, 710).
[7] San Ireneo: *Adversus Hær.*, III, 8, 3 (P. G., 7, 822).
[8] San Atanasio: *Admonitio in quatuor Orationes contra Arianos*, (P. G., 26, 451).
[9] San Agustín: *Enarr. in Psalm.* 134:10.

Dei, también insiste: "En la verdad que se dice: 'Vio Dios que era bueno' (Ge 1:10), se significa suficientemente que Dios hizo lo que fue hecho, no por necesidad alguna o por utilidad de alguna indigencia suya, sino por sola su bondad, esto es porque es bueno".[10]

Magisterio

Es de fe divina y católica definida, que la acción creadora de Dios tuvo lugar por su voluntad libre de toda necesidad.[11]

Son hitos magisteriales los siguientes:

- Concilio de Constantinopla I (a. 381), donde hay que distinguir entre "generación intradivina" y "creación", a raíz de la controversia arriana: "Et in unum Dominum Iesum Christum, Filium Dei unigenitum, et ex Patre natum ante omnia saecula Deum de Deo, lumen de lumine, Deum verum de Deo vero, *genitum, non factum*...".[12]

---

[10]"In eo vero quod dicitur: 'Vidit Deus quia bonum est' (Ge 1:10), satis significatur Deum nulla necessitate, nulla suæ cuiusquam utilitatis indigentia, sed sola bonitate fecisse quod factum est, id est, quia bonum est" (San Agustín: *De Civitate Dei*, 11, 24, en P. L., 41, 338).

[11]J. Ibáñez y F. Mendoza: *Dios Creador*..., cit., pág. 44. L. Ott, en *Manual*..., cit., págs. 146–147, por su parte, distingue entre la libertad de contradicción y la de oposición que son dogmas de fe, de la libertad de especificación que sería sentencia cierta.

[12]"Y en un solo Señor Jesucristo, el Hijo unigénito de Dios, nacido del Padre antes de todos los siglos, luz de luz, Dios verdadero de Dios verdadero, nacido, no hecho... (D. S. 150). Cfr. Concilio de Nicea (a. 325): "...Et in unum Dominum nostrum Iesum Christum Filium Dei, natum ex Patre unigenitum, hoc est de substantia Patris, Deum ex Deo, lumen ex lumine, Deum verum de Deo vero, *natum, non factum*..." (D. S. 125).

8.1. LA CREACIÓN: ACTO LIBRE DE DIOS

- Concilio de Constanza (a. 1418), condena de los errores de J. Wyclif, quien afirmaba que "omnia de necessitate absoluta eveniunt".[13]

- El Concilio de Florencia (a. 1442): "Firmissime credit, profitetur et praedicat, unum verum Deum, Patrem et Filium et Spiritum Sanctum, esse omnium visibilium et invisibilium creatorem: qui *quando voluit*, bonitate sua universas, tam spiritales quam corporales, condidit creaturas".[14] También, contra el maniqueísmo, declaró que no hay naturaleza que sea mala en sí, implicando la ausencia de libertad de oposición: "condidit creaturas: bonas quidem, quia a summo bono factæ sunt, sed mutabiles, quia de nihilo factæ sunt, nullamque mali asserit esse naturam, quia omnis natura, in quantum natura est, bona est".[15]

- El Sínodo de Colonia (a. 1860) también afirmó la libertad de especificación en contra de las ideas de Abelardo, Malebranche y Leibniz que sostuvieron el optimismo absoluto.[16]

- El Concilio Vaticano I enseñó la misma libertad creadora de Dios: "Hic solus verus Deus bonitate sua et omnipotenti virtute non ad augendam suam beatitudinem nec ad acquirendam, sed ad manifestandam perfectionem suam per bona, quæ crea-

---

[13]"Todo sucede por necesidad absoluta" (D. S. 1177).

[14]"Firmísimamente cree, profesa y predica que el solo Dios verdadero, Padre, Hijo y Espíritu Santo, es el creador de todas las cosas, de las visibles y de las invisibles; el cual, en el momento que quiso, creó por su bondad todas las criaturas, lo mismo las espirituales que las corporales..." (Decreto para los Jacobitas, D. S. 1333).

[15]"...Buenas, ciertamente, por haber sido hechas por el sumo bien, pero mudables, porque fueron hechas de la nada; y afirma que no hay naturaleza alguna del mal, porque toda naturaleza, en cuanto es naturaleza, es buena" (D. S. 1333).

[16]Cfr. la condena de la proposición de Abelardo en el Sínodo de Sens (D. S. 726).

turis impertitur, *liberrimo consilio* simul ab initio temporis...".[17]
El trasfondo de la declaración era la condena de los errores de Hermes, Günther[18] y Rosmini.[19]

8.1.3 Naturaleza del acto creador libre

Al afirmar que la creación es un acto libre de Dios, se establece que nada obliga a Dios a crear. Nada en absoluto:

- Ni fuera de Dios, al contrario de lo que sostienen las tesis gnósticas, que visualizan la creación como una consecuencia necesaria del pecado de alguna de las emanaciones divinas, por la que la divinidad castiga y repara el desorden producido por las mismas.

- Ni dentro de Dios, al contrario de los que confunden la creación con la generación intradivina (al estilo de la generación intelectual de la segunda Persona) o conciben la creación como una

---

[17] "Este solo verdadero Dios, por su bondad 'y virtud omnipotente', no para aumentar su bienaventuranza ni para adquirirla, sino para manifestar su perfección por los bienes que reparte a la criatura, con libérrimo designio, 'juntamente desde el principio del tiempo, creó...'" (D. S. 3002).

[18] Para Günther y Hermes, Dios crea con libertad de coacción, pero no con libertad de indiferencia, por lo que no estaría libre de coacción intrínseca.

[19] Quien afirmaba que el amor con que Dios se ama y que es la razón por la que se determina a crear, constituye una necesidad moral que en el ser perfectísimo de Dios induce siempre al efecto. Cfr. su condena Decr. S. Officii *Post obitum* bajo León XIII del 14 décembre 1887: "Amor, quo Deus se diligit etiam in creaturis et qui est ratio, qua se determinat ad creandum, moralem necessitatem constituit, quæ in ente perfectissimo semper inducit effectum: huiusmodi enim necessitas tantummodo in pluribus entibus imperfectis integram relinquit libertatem bilateralem" (" El amor con que Dios se ama, aun en las criaturas, y que es la razón por la que se determina a crear, constituye una necesidad moral que en el ser perfectísimo induce siempre el efecto; porque tal necesidad, sólo entre diversos entes imperfectos deja íntegra libertad bilateral". Errores Antonii de Rosmini–Serbati, en D. S. 3218).

8.1. LA CREACIÓN: ACTO LIBRE DE DIOS

emanación del seno de la esencia divina (al modo de los panteísmos).

Dios no necesita crear el mundo para ser Dios: el atributo "creador" no pertenece a la esencia divina, al contrario de otros atributos que sí lo son, como los atributos entitativos (simplicidad, santidad, inmutabilidad, eternidad...) o los operativos (sabiduría, amor, justicia...). Además, tal libertad es manifestación de la absoluta trascendencia divina y de la radical distinción entre el Creador y lo creado. Por eso:

1. El mundo existe, *porque* Dios quiere (pudo no existir), y *como* Dios quiere (pudo ser de otra forma diferente).

2. La creación es un *don gratuito* de Dios, y al mismo tiempo, *manifestación de la bondad y del amor* divinos.

* * *

Según Santo Tomás hay tres razones para sostener que Dios creó por el libre arbitrio de su voluntad y sin ninguna necesidad natural:[20]

1. *Por razón de la finalidad existente en el universo*: el universo está ordenado en relación a un cierto fin. La naturaleza irracional tiende a ese fin que no puede conocer, ni como fin, ni como relación de los medios a ese fin; por lo que no puede tampoco proponerse un fin, ni moverse hacia él, ni ordenar sus acciones con relación al mismo. En cambio los entes que obran por voluntad poseen todos esos conocimientos que faltan a la naturaleza irracional: conocen el fin, se lo proponen y obran utilizando los medios para alcanzarlo. Si la naturaleza irracional tiende a un fin, es porque le ha sido asignado por Alguien racional y con

---

[20] Cfr. É. Gilson: *El Tomismo...*, cit., págs. 150–151.

voluntad. Por ello, es necesario que el Ser Primero obre no por necesidad de naturaleza, sino movido por su inteligencia y su voluntad.

2. *Por razón del modo de obrar de los seres de acuerdo a sus naturalezas*: hay una diferencia fundamental entre el modo de obrar de las cosas creadas y el de Dios. Las primeras obran siempre de una sola y misma manera, si nada lo impide, debido a que cada cosa obra conforme a su naturaleza, la cual, mientras permanezca siendo ella misma, obrará siempre del mismo modo. En cambio el ser divino no está determinado a un modo de ser único, sino que contiene en Sí la total perfección del ser. Si el ser infinito obrara por necesidad de naturaleza produciría una suerte de ser infinito e indeterminado; pero dos seres infinitos simultáneos son imposibles. Es contradictorio que Dios obre por necesidad de naturaleza; por tanto obra según la determinación de su inteligencia y de su voluntad.

3. *Por razón de la relación que une los efectos a su causa*: los efectos preexisten en su causa, según el modo de ser de esta causa. El ser divino es su misma inteligencia: sus efectos preexisten según este modo de ser inteligible, y proceden de Dios según su modo de ser inteligible, por su voluntad. La inclinación de Dios a llevar a cabo lo que su inteligencia concibió pertenece al dominio de su libérrima voluntad.

"Respondeo dicendum quod necesse est dicere voluntatem Dei esse causam rerum, et Deum agere per voluntatem, non per necessitatem natu-

"Hay que decir: Estamos obligados a afirmar que la voluntad de Dios es causa de las cosas y que Dios actúa por voluntad, no por necesidad natural, como sostuvie-

8.1. LA CREACIÓN: ACTO LIBRE DE DIOS

ræ, ut quidam existimaverunt. Quod quidem apparere potest tripliciter. Primo quidem, ex ipso ordine causarum agentium. Cum enim propter finem agat et intellectus et natura, ut probatur in II Physic., necesse est ut agenti per naturam prædeterminetur finis, et media necessaria ad finem, ab aliquo superiori intellectu; sicut sagittæ prædeterminatur finis et certus modus a sagittante. Unde necesse est quod agens per intellectum et voluntatem, sit prius agente per naturam. Unde, cum primum in ordine agentium sit Deus, necesse est quod per intellectum et voluntatem agat. Secundo, ex ratione naturalis agentis, ad quod pertinet ut unum effectum producat, quia natura uno et eodem modo operatur, nisi impediatur. Et hoc ideo, quia secundum quod est tale, agit, unde, quandiu est tale, non facit nisi tale. Omne enim agens per naturam, habet esse determinatum. Cum igitur esse divinum

ron algunos. Y esto se demuestra de tres maneras. 1) Por el mismo orden de los agentes causales. Pues, como el entendimiento y la naturaleza obran por el fin, como se prueba en II Physic., es necesario que el que obra por el fin esté predeterminado por un entendimiento superior a tal fin y que tenga los medios necesarios para alcanzarlo. Ejemplo: El arquero predetermina el blanco y la dirección de la flecha. Por lo tanto, es necesario que el que obra por el entendimiento y voluntad sea, por naturaleza, el primer agente. Por eso, como en el orden de los agentes el primero es Dios, es necesario que actúe por entendimiento y voluntad. 2) Por la razón natural del agente, al que le pertenece producir un efecto. Porque la naturaleza obra siempre igual a no ser que se le impida hacerlo. Esto es así porque actúa según lo que es y como es. Por eso, mientras es así, no hace más que lo propio. Pues todo el que obra por naturaleza tiene un ser determinado. Como quiera que el ser divino no está de-

non sit determinatum, sed contineat in se totam perfectionem essendi, non potest esse quod agat per necessitatem naturæ, nisi forte causaret aliquid indeterminatum et infinitum in essendo; quod est impossibile, ut ex superioribus patet. Non igitur agit per necessitatem naturæ sed effectus determinati ab infinita ipsius perfectione procedunt secundum determinationem voluntatis et intellectus ipsius. Tertio, ex habitudine effectuum ad causam. Secundum hoc enim effectus procedunt a causa agente, secundum quod præexistunt in ea, quia omne agens agit sibi simile. Præexistunt autem effectus in causa secundum modum causæ. Unde, cum esse divinum sit ipsum eius intelligere, præexistunt in eo effectus eius secundum modum intelligibilem. Unde et per modum intelligibilem procedunt ab eo. Et sic, per consequens, per modum voluntatis, nam inclinatio eius ad agendum quod intellectu con-

terminado, sino que contiene en sí mismo toda la perfección del ser, no es posible que actúe por necesidad natural, a no ser, quizás para causar algo determinado e infinito, lo cual es imposible según lo expuesto anteriormente (q. 7, a. 2). Así, pues, no actúa por necesidad natural; pero determinados efectos proceden de su infinita perfección por la determinación de su voluntad y de su entendimiento. 3) Por la relación efecto-causa. Pues los efectos proceden de la causa agente tal como preexisten en la causa según el modo de ser de la causa. Por eso, como el ser divino es su mismo conocer, los efectos preexisten en ella, porque todo agente hace lo semejante a él. Por lo tanto, los efectos preexisten en la causa según el modo de ser de la causa. Por eso, como el ser divino es su mismo conocer, los efectos preexisten en él de modo inteligible. Y de modo inteligible proceden de El. En consecuencia, también proceden por voluntad, ya que a la voluntad le corresponde la inclinación a hacer

8.1. LA CREACIÓN: ACTO LIBRE DE DIOS

ceptum est, pertinet ad voluntatem. Voluntas igitur Dei est causa rerum".[21]

lo que el entendimiento concibe. Así, pues, la voluntad de Dios es causa de las cosas".

* * *

Siendo Dios la bondad infinita, el único móvil de su amor es esta misma bondad divina. Dios puede amar a los seres creados en cuanto que participan de esa su bondad ilimitada. Ahora bien, esa participación no es necesaria porque la bondad divina es infinita, transcendente e independiente de cualquier bien finito. Dios quiere necesariamente su propia bondad infinita y puede querer que sea participada por seres finitos, pero no quiere necesariamente esa participación. Así lo establece el Aquinate:

"...Circa divina igitur volita hoc considerandum est, quod aliquid Deum velle est necessarium absolute, non tamen hoc est verum de omnibus quæ vult. Voluntas enim divina necessariam habitudinem habet ad bonitatem suam, quæ est proprium eius obiectum. Unde bonitatem suam esse Deus ex necessitate vult; sicut et volun-

"...Así, pues, con respecto a la voluntad divina hay que tener presente que en Dios es absolutamente necesario querer algo de lo que quiere; sin embargo, no lo es querer todo lo que quiere. Pues la voluntad divina tiene una relación necesaria con su bondad, que es su objeto propio. Por lo tanto, Dios quiere por necesidad su bondad, como nuestra voluntad necesariamente quiere el bien. Lo mismo cabe de-

---

[21] Santo Tomás de Aquino: *Summ. Theol.*, Iª, q. 19, a. 4, co. Cfr. *De Potentia*, q. 1, a. 5; q. 3, art. 15, co.; *Contra Gent.* II, c. 23; *Sent.*, I, dist. XLIII, q. 2, q. 1; dist. XLV, a. 3.

tas nostra ex necessitate vult beatitudinem. Sicut et quælibet alia potentia necessariam habitudinem habet ad proprium et principale obiectum, ut visus ad colorem; quia de sui ratione est, ut in illud tendat. Alia autem a se Deus vult, inquantum ordinantur ad suam bonitatem ut in finem. Ea autem quæ sunt ad finem, non ex necessitate volumus volentes finem, nisi sint talia, sine quibus finis esse non potest, sicut volumus cibum, volentes conservationem vitæ; et navem, volentes transfretare. Non sic autem ex necessitate volumus ea sine quibus finis esse potest, sicut equum ad ambulandum, quia sine hoc possumus ire; et eadem ratio est in aliis. Unde, cum bonitas Dei sit perfecta, et esse possit sine aliis, cum nihil ei perfectionis ex aliis accrescat; sequitur quod alia a se eum velle, non sit necessarium absolute. Et tamen necessarium est ex suppositio-

cir de cualquier otra potencia que tiene una relación necesaria con su propio objeto, como, por ejemplo, la vista con el color, porque en su naturaleza está el que tienda a ello. Por otra parte, Dios quiere lo distinto a El en cuanto que todas las cosas están orientadas a su bondad como fin. Lo que está orientado al fin, a menos que sea en cuanto tal fin, nosotros no lo queremos necesariamente, a no ser que sin ello, por ser medio, no podamos alcanzar el fin que queremos. Ejemplo: Queremos la comida en cuanto que queremos conservar la vida; queremos el barco en cuanto que queremos cruzar el mar. Pero no queremos igual, es decir, por necesidad, aquello sin lo cual también podemos conseguir el fin; como, por ejemplo, el caballo para pasear, pues sin caballo también podemos pasear. Y así sucede con muchas cosas. Por lo tanto, como la bondad de Dios es perfecta, y puede existir sin otra cosa, pues no es perfeccionada por nada que no sea El, se sigue que en Dios querer lo distinto a El no es absolutamente necesario. Y, sin embargo, sí es ne-

8.1. LA CREACIÓN: ACTO LIBRE DE DIOS

ne, supposito enim quod velit, non potest non velle, quia non potest voluntas eius mutari".[22]

cesario establecido un supuesto; ya que, supuesto que quiere, no puede no querer, porque su voluntad no es variable".

* * *

El problema más difícil de solucionar a nivel teológico es el de la compatibilidad entre los atributos divinos de la eternidad, inmutabilidad y simplicidad divinas, con el hecho de que el acto libre supone que tal acto pueda ser o no ser, ponerse o no ponerse. Se han dado muchas explicaciones. La más común es, según Ibáñez y Mendoza,[23] la de considerar el acto libre de Dios como un acto purísimo por identificarse con la esencia divina, y como acto infinito porque se especifica no por los objetos externos, sino por la misma esencia divina en la que se contienen todos los bienes posibles; por eso es virtualmente múltiple, equivalente a muchas voliciones de las criaturas y por eso no sufre mutación por tender a un objeto contingente. De ahí que el acto que emite la voluntad divina es al mismo tiempo necesario e inmutable (en sí mismo) y también libre (en cuanto terminado en las criaturas). Dios desde toda la eternidad quiere todo lo que ha de suceder en el tiempo, y, en consecuencia los seres creados cuando comienzan a existir no ocasionan ninguna mutación en la voluntad divina.[24]

La libertad de Dios al crear no obsta a la omnipotencia divina. Ésta no exige que Dios cree, porque la omnipotencia de Dios se manifiesta igualmente en la creación como en la no–creación. A. Staudenmaier dice: "El concepto de poder implica siempre el concepto de poder libre.

---

[22]Santo Tomás de Aquino: *Summ. Theol.*, I^a, q. 19, a. 3, co.; cfr. I^a, q. 25, a. 5, co.
[23]Cf. J. Ibáñez y F. Mendoza: *Dios Uno...*, cit., pág. 181–182.
[24]Juan A. Jorge: *Dios Uno...*, cit., págs. 356–357.

El poder no es un signo de divinidad en el sentido de que Dios tendría que crear necesariamente para ser Dios. Dios es un ser absolutamente libre ante la nada y con esa libertad puede afirmar la nada o puede negarla: puede afirmarla en cuanto que la deja subsistir; puede negarla en cuanto que la suprime mediante la creación...".[25] En este segundo supuesto, la omnipotencia divina soportaría la nada (Dios podría no haber creado y permitir que siguiera subsistiendo la nada). Ante la nada, la omnipotencia divina podría:

- Afirmarla, y no crear.

- O bien negarla, y suprimirla mediante la creación.

8.1.4 Doctrinas contrarias a la libertad del acto creador

A lo largo de la Historia de la Iglesia se han presentado varias objeciones a la existencia de la plena libertad divina al crear. Se pueden resumir en las siguientes:

1. Dios tiene que crear por la *necesidad de enriquecer su vida* interna. Es la posición de los idealistas del s. XIX. Sin embargo, este pensamiento adolece de una concepción de Dios que es totalmente errónea. En efecto:

    - Dios sería un ser imperfecto y mutable.

    - Dios no sería infinitamente feliz, ya que no tendría desde siempre una situación de suprema y definitiva felicidad.

---

[25] *Dogmatik*, 1848, pág. 120, cit por J. Morales: *El Misterio...*, cit., págs. 139–140. Cfr. también, M. Schmaus: *Dogmática, II, Dios Creador*, Madrid, Rialp, 1959, pág. 95.

8.1. LA CREACIÓN: ACTO LIBRE DE DIOS

Por eso, hay que recordar que la vida divina es infinitamente plena y feliz en Sí misma, en el seno inefable de las relaciones intratrinitarias, de las Personas.

2. Para una segunda posición, Dios no sería libre de crear ya que *necesitaría la creación para percibir cosas diferentes de Sí* mismo y por tanto para aumentar sus perfecciones. De nuevo, nos encontramos aquí con una equiparación incorrecta entre los procesos del conocer humanos y el divino, que solo son análogos. En efecto:

   - Dios conoce todo y las infinitas posibilidades de Sí mismo.
   - Sólo el hombre necesita de las cosas exteriores para conocer más y conocerse a sí mismo.

3. También se negó la libertad divina en base al atributo de *la bondad infinita que es Dios. Como el bien es "diffusivum sui",* Dios tenía que crear como consecuencia de tal exigencia de compartir su bondad. La crítica a este pensamiento es clara: la comunicación de la bondad divina se hace plena y perfectamente en el seno de la Trinidad, en la comunicación de la única y misma naturaleza divina del Padre al Hijo, y de éstos al Espíritu Santo.

4. Para una cuarta posición, Dios se vería obligado a la creación debido a *la necesidad de la relación simétrica entre Dios y el mundo*: del mismo modo que Dios afecta al mundo, el mundo afecta a Dios y lo hace feliz. Es la posición de la llamada "the Process Theology", ya estudiada, que merece las mismas objeciones que la posición primera que aquí se criticó.

5. También se ha pretendido sostener la necesidad en el acto creador, como consecuencia de que Dios es Amor por esencia ("Dios

es Amor" 1 Jn 4: 8.16) y el Amante necesita un amado; este hecho haría de la creación una realidad necesaria y libre a la vez.[26] Sin embargo, esta posición no es sostenible, porque además de hacerse acreedora de la crítica a la postura tercera mencionada antes, hay que recordar, con A. Gálvez, que el Amor es esencialmente libre: cualquier caso de constricción u obligación impuesta al Amor, lo haría imposible.

6. Finalmente, hay una última posición que habla de la *necesidad de crear, porque el ser es mejor que el no-ser*. Como Dios estaría obligado a producir lo mejor, "sería un error o una locura que Dios no creara, y Dios no comete errores o locuras".[27] Sin embargo, sostener tal pensamiento es olvidar o no valorar en toda su profundidad el hecho de que Dios es el "Ipsum Esse Subsistens".

8.1.5 El error del optimismo y el pesimismo absoluto

Optimismo absoluto

En relación a la materia que se está tratando, conviene examinar un error que tuvo una cierta prestancia en el pasado, según el cual Dios estaría obligado a crear el mejor de los mundos posibles.[28] Es el llamado "optimismo absoluto creacionista". En el fondo se negaría la total libertad de Dios.

---

[26] Es la posición de J. Doncell: *The Searching Mind*, Notre Dame, 1979, pág. 146; J. Morales: *El Misterio...*, cit., pág. 142.

[27] Ch. Hartshorne: *Creative Synthesis*, The Open Court Publishing Co., LaSalle, 1970, pág. 264; J. Morales: *El Misterio...*, cit., pág. 142. Recuérdese que Hartshorne está también dentro de la corriente del *Process Theology*.

[28] Cfr. A Rozwadowski: *De Optimismo Universali Secundum S. Thomam*, en "Gregorianum", 17 (1936) 254–264; Id.: *De Optimismo Individuali Secundum Principia S. Thomæ*, en "Acta Pontificiæ Academiæ Romanæ S. Thomæ Aquinatis et Religionis Catholicæ", 7 (1941) 173–193.

8.1. LA CREACIÓN: ACTO LIBRE DE DIOS

Este error fue propugnado por primera vez por Pedro Abelardo en el siglo XII, para quien la creación es óptima y éste es el mejor de los mundos posibles. Dios hace siempre lo mejor y no puede hacer otra cosa sino lo que realmente hizo. Dios no puede ni debe impedir el mal, porque de otra manera no se podría producir la combinación que da lugar a la mejor creación posible.[29]

Sin embargo la forma más conocida y el planteamiento más radical de este error, es el propuesto por el racionalismo, ya en la Edad Moderna. Spinoza sentó las bases del mismo, en relación con su doctrina panteísta, al concluir que la creación tiene que ser óptima por deducirse con necesidad de la naturaleza perfectísima de Dios:

> "Las cosas son hechas por Dios con la máxima perfección, puesto que se han deducido con necesidad de una naturaleza perfectísima".[30]

Pero fue Leibniz el que le dio la formulación generalmente conocida. En efecto, como dice J. Barrio:

> "La doctrina leibniziana a este respecto está contenida en su famosa *Teodicea*.[31] La ocasión que motivó la aparición de esta obra fue la polémica levantada sobre la conciliación entre la bondad de Dios y la existencia del mal en el mundo, en la que influyó decisivamente el *Dictionnaire Historique et Critique* de P. Bayle, pues el pensador francés expresaba sus dudas sobre la existencia de Dios, basándose en la presencia del mal en el mundo. Leibniz quiere

---

[29] Cfr. V. M. Pedrosa, M. L. Navarro, R. Lázaro: *Nuevo Diccionario de Catequética*, San Pablo, Madrid, 1999, pág. 562.

[30] B. Spinoza: *Ethica Ordine Geometrico Demonstrata*, parte I, prop. XXXIII, escol. 2.

[31] Leibniz: *Essais de Théodicée sur la Bonté de Dieu, la Liberté de l'Homme et l'Origine du Mal*, Amsterdam, 1710.

defender y justificar a Dios, de ahí el título, creado por él, de su libro (*Teodicea*, de las voces griegas "theós", Dios, y "dicaía", defensa). Esta justificación la efectúa Leibniz mediante un análisis de la noción del mal y de su relación con el mundo. Son entes posibles, nos dirá, todos aquéllos que no encierran en sí contradicción alguna. Los posibles son esencias que están en la mente divina en una variada multiplicidad. No todos los posibles son compatibles entre sí; un determinado posible es compatible con otros posibles, pero incompatible con los demás. Según esto, los posibles se integran o agrupan en sistemas o conjuntos, que constituyen los diversos mundos posibles radicados en la esencia divina. La formación de estos mundos posibles no depende propiamente de la voluntad divina, ya que la agrupación de los diversos posibles se basa en el principio de contradicción. Lo que sí depende de la voluntad divina es el elegir entre todos estos mundos posibles aquél que recibirá la existencia, es decir, aquél que será creado. Ahora bien, la elección divina no puede ser arbitraria, ya que, de acuerdo con el principio de razón suficiente, nada se realiza sin una razón suficiente justificativa. Y ésta, en el caso de la elección divina, no puede ser otra que la máxima perfección del mundo posible elegido. Por tanto, Dios, entre todos los mundos posibles, tiene que elegir el mejor. Por ello Leibniz dirá que este mundo en el que estamos es el mejor de los mundos posibles. Con ello no es que se niegue la existencia del mal; lo que sí se afirma es que, aun presente el mal, Dios ha creado el mejor de los mundos entre los que pueden concebirse dada la compatibilidad e incompatibilidad de los posibles. Leibniz también justifica la existencia del

8.1. LA CREACIÓN: ACTO LIBRE DE DIOS

mal en el mundo mediante su distinción entre mal metafísico, físico y moral, y llega a esta conclusión: 'Ciertamente que es posible imaginar mundos posibles sin pecado y sin dolor..., pero esos mismos mundos serían muy inferiores en bien al nuestro'.[32] Por esto hay que admitir que 'existen razones de la elección de Dios, y estas razones se derivan de su bondad; de lo que se sigue necesariamente que lo que Él ha elegido supera en bondad a lo que no ha sido elegido y, por tanto, que es el mejor de los mundos posibles' ".[33]

Estas teorías no son sostenibles, pues adolecen de los siguientes errores:

- Son contradictorias con la realidad: es un hecho que el mundo actualmente existente no posee la medida más grande concebible de perfecciones.

- Aplican a Dios criterios que solo sirven para el hombre. El ser humano está sujeto a cambio continuo y a perfeccionamiento, y para él tiene sentido la elección entre lo mejor y lo menos bueno, porque aquél le perfecciona más. Pero en Dios tal distinción no tiene sentido: Dios no se puede deber a Sí mismo el crear el mejor mundo, porque ni las perfecciones divinas ni su felicidad podría incrementarse incluso con la creación del mejor mundo posible.

- Niegan la libertad de Dios al crear.

---

[32]Leibniz: *Essais...*, cit., pág. 10.
[33]Leibniz: *Essais...*, cit., pág. 226. Cfr. J. Barrio Gutiérrez: *Optimismo*, en GER, vol. XVII, págs. 345–346.

- Niegan el atributo de la omnipotencia divina. Si uno negara a Dios la libertad de especificación, limitaría la omnipotencia divina, lo que es imposible intrínsecamente.

- Siguen nociones que son contradictorias:

    - Ya que Dios no puede crear un mundo infinitamente perfecto porque tal mundo, por principio, no podría ser "creado" (el ser creado supone siempre la realidad de un ser limitado, que recibe el "esse" de un Ser Superior).

    - La existencia, además, de dos seres infinitos es contradictoria en sí, ya que la realidad infinita de uno anularía la infinitud del otro, o bien, ambos serían limitados (el uno por el otro), y un ser limitado, de nuevo, no es infinito.

    - El mejor de los mundos posibles no puede ser nunca creado, porque en la escala infinita de perfectibles, siempre podríamos encontrar un mundo "un poco" mejor que el que pensábamos que era el mejor de ellos. Por lo cual, Dios no hubiera creado nunca nada.

- Desde el punto de vista moral y escatológico, conviene recordar que "no tenemos aquí ciudad permanente..." (Heb 13:14). Sólo en el Cielo alcanzamos "la ciudad perfecta".

Pesimismo absoluto

El otro extremo que es insostenible es el llamado "pesimismo absoluto" cuyo más conocido representante fue Schopenhauer, según el cual, el mundo actual es el peor de todos los mundos imaginables. En el fondo todos los pesimismos identifican al *ser en cuanto ser*,

8.1. LA CREACIÓN: ACTO LIBRE DE DIOS

con el *malum* y no con el *bonum* (se podría decir que *ens et malum convertuntur*).[34]

Un buen ejemplo de doctrina pesimista que directamente entronca con el concepto de creación será el de Batz (con el pseudónimo de P. Mainländer), que es resumida por J. Barrio de la siguiente manera:

> "En el origen de lo real sitúa una Unidad originaria, Dios; la ruptura y fragmentación de esta unidad, según él, produce, junto a la muerte de Dios, el nacimiento del mundo. El universo es, pues, el producto de un pecado, la muerte de Dios; por ello —dice— en el mundo impera el dolor, la desgracia y el absurdo. La única vía de salvación sería la destrucción de la fragmentación divina que es el mundo; esto es lo que, según él, percibe la conciencia humana, y de ello se deriva el que la única actitud coherente para el hombre sea colaborar en la resurrección de Dios, la Unidad originaria, negándose a perpetuar la vi-

---

[34]Sobre todo en sus obras: *Die Welt als Wille und Vorstellung* (El mundo como voluntad y representación), *Über den Willen in der Natur* (Sobre la voluntad y la naturaleza) y *Parerga und Paralipomena* (Parerga y Paralipomena): Schopenhauer centra su consideración en lo que llama "la voluntad de vivir". Esta voluntad de vivir, sustancia del mundo, se objetiviza en cada ser que lo puebla. Es una objetivización que tiene diversos grados de evolución, alcanzando en el hombre el más elevado. Es un impulso ciego e irracional de querer vivir, un deseo perpetuo de querer más y más, siempre sin percibir un límite ni marcarse un fin. Cada ser en que la voluntad de vivir se objetiviza, desde su correspondiente grado de evolución, expresa esta voluntad y, al hacerlo, inexorablemente se hace víctima del dolor y desasosiego. La vida, pues, es dolor.

Se consideran antecedentes del pesimismo, el pensamiento del cirenaico Hegesías, entre los socráticos. Seguidores del pesimismo son también E. von Hartmann (1842–1906), Julius August Bahnsen (1830–1881), Ph. Batz (1841–1876), P. Deussen, etc.

da de la especie y autoaniquilándose mediante el suicidio. Mainländer, efectivamente, se suicidó".[35]

Optimismo relativo

La posición correcta es el llamado "optimismo relativo", según el cual, presupuestos los planes de Dios y las ideas divinas, hay que concluir que:

1. Este mundo tiene exactamente el grado de perfección que Dios quiso comunicarle. Dios no tuvo que vencer obstáculos o hacer compromisos para lograrlo: la idea divina sobre el mundo ha sido llevada a cabo a la perfección.

2. Dentro de esos planes divinos, este mundo es el mejor en el sentido de que Dios ha ordenado a las creaturas, en primer lugar, del modo más ordenado a su naturaleza y fin, y en segundo lugar, porque une en armonía maravillosa los diferentes estados de perfección del orden natural y sobrenatural.

3. En una palabra, este mundo es un mundo bueno y no malo. Como se explicó al estudiar los datos bíblicos, en Dios no existe "libertad de oposición", es decir, de crear un mundo malo. Así se comprueba en:

    - La Biblia: Ge 1:31; 1 Tim 4:4.
    - El Magisterio, en el Concilio de Florencia contra los maniqueos, como ya recordábamos: "Firmissime credit, profitetur et praedicat, unum verum Deum, Patrem et Filium et Spiritum Sanctum, esse omnium visibilium et invisibilium

---

[35] J. Barrio Gutiérrez: *Pesimismo*, en GER, vol. XVIII, pág. 418. Cfr. en general, A. D. Sertillanges: *Le Problème du Mal, I: L'histoire*, París, Aubier, 1948, y II:*La Solution*, París, Aubier, 1951.

8.1. LA CREACIÓN: ACTO LIBRE DE DIOS

creatorem: qui quando voluit, bonitate sua universas, tam spiritales quam corporales, condidit creaturas: bonas quidem, quia a summo bono factæ sunt, sed mutabiles, quia de nihilo factæ sunt, nullamque mali asserit esse naturam, quia omnis natura, in quantum natura est, bona est".[36] Por su parte, el Concilio de Trento condena las tesis de Calvino de Dios como originador del mal moral: "Can. 6. Si quis dixerit, non esse in potestate hominis vias suas malas facere, sed mala opera ita ut bona Deum operari, non permissive solum, sed etiam proprie et per se, adeo ut sit proprium eius opus non minus proditio Judæ quam vocatio Pauli: an. s."[37]

- A la misma conclusión llega la razón teológica, ya que, por un lado Dios es Infinita Bondad, y por otro, es libertad perfecta, es decir, Dios no tiene una libertad imperfecta capaz de elegir el mal.

---

[36]"Firmísimamente cree, profesa y predica que el solo Dios verdadero, Padre, Hijo y Espíritu Santo, es el creador de todas las cosas, de las visibles y de las invisibles; el cual, en el momento que quiso, creó por su bondad todas las criaturas, lo mismo las espirituales que las corporales; buenas, ciertamente, por haber sido hechas por el sumo bien, pero mudables, porque fueron hechas de la nada; y afirma que no hay naturaleza alguna del mal, porque toda naturaleza, en cuanto es naturaleza, es buena" (D. S. 1333).

[37]"Can. 6. Si alguno dijere que no es facultad del hombre hacer malos sus propios caminos, sino que es Dios el que obra así las malas como las buenas obras, no sólo permisivamente, sino propiamente y por sí, hasta el punto de ser propia obra suya no menos la traición de Judas, que la vocación de Pablo, sea anatema." (D. S. 1556). Cfr. T. F. Torrance: *Calvin's Doctrine of Man*, London: Lutterworth Press, 1949.

8.1.6 La libertad como fundamento del modelo o causa ejemplar en la mente divina

Dios al crear libremente elige, por así decir, entre las diferentes posibilidades que existen en su mente divina, el mundo concreto que decide crear. Ese mundo es reflejo perfecto de las ideas divinas. Hay así, una relación entre el hecho de la libertad divina creadora y la realidad de las ideas ejemplares en la mente divina.

Ya la Biblia habla de esta relación: así como el pensamiento del artesano influye en la obra que realiza, también el pensamiento de Dios se refleja en la creación; su pensamiento determinó la configuración de la obra creada. En el libro del Eclesiástico, se lee:

> "Pues antes de ser creadas, todas las cosas le eran conocidas al Señor Dios; y, de igual modo, después de estar acabadas, todas las ve" (Eco 23:29).

También se descubren tales ideas divinas como causa ejemplar de la creación en el papel que desempeña la Sabiduría divina en la misma:

- Sal 104:24, "¡Qué numerosas son tus obras, Señor! Todas las hiciste con sabiduría. Llena está la tierra de tus criaturas".

- Prov 3:19, "El Señor fundó la tierra con sabiduría, afirmó los cielos con prudencia".

- Prov 8: 28–30, "...cuando sujetaba las nubes en lo alto, cuando consolidaba las fuentes del océano, cuando ponía su límite al mar para que las aguas no lo traspasaran, cuando fijaba los cimientos de la tierra, yo estaba proyectando junto a Él, lo deleitaba día a día, actuando ante Él en todo momento..."

- Sab 7:21, "Conozco lo escondido y lo patente; pues me lo enseñó la sabiduría, artífice de todo".

8.1. LA CREACIÓN: ACTO LIBRE DE DIOS

- Etc.[38]

La idea es reforzada por el Concilio Vaticano I, al decir que Dios crea según su libre decisión o designio: "libérrimo consilio".[39]

La definición de causa ejemplar es la de modelo de la obra en la mente del artesano. Esta causa está incluida en la causa eficiente, porque es la idea o arquetipo que tiene el agente al realizar su obra. No es por tanto un modelo exterior, sino interior. Las ideas divinas como pensamiento de Dios son eternas e inmutables ya que se identifican con la esencia y sabiduría de Dios; pero en cuanto a su contenido son temporales y mudables pues consisten en las imitaciones finitas de las perfecciones divinas. Por la infinita simplicidad de Dios, en Dios hay una sola idea; pero en cuanto que esa idea abarca a muchos objetos distintos de Dios, se habla de pluralidad de ideas divinas.[40]

Santo Tomás de Aquino profundizó sobre la relación entre las ideas divinas y la creación. En efecto, por "ideas" se entienden las formas de otras cosas existentes fuera de estas mismas cosas. La forma de una cosa existente fuera de esta misma cosa, puede tener dos funciones: una, que sea ejemplar de aquello que se llama forma; otra, que sea principio de conocimiento de sí misma, en cuanto que las formas de lo

---

[38] Cfr. Ge 1:26.

[39] "Hic solus verus Deus bonitate sua et 'omnipotenti virtute' non ad augendam suam beatitudinem nec ad acquirendam, sed ad manifestandam perfectionem suam per bona, quæ creaturis impertitur, liberrimo consilio simul ab initio temporis utramque de nihilo condidit creaturam..." ("Este solo verdadero Dios, por su bondad 'y virtud omnipotente', no para aumentar su bienaventuranza ni para adquirirla, sino para manifestar su perfección por los bienes que reparte a la criatura, con libérrimo designio, 'juntamente desde el principio del tiempo, creó de la nada a una y otra criatura...'", D. S. 3002).

[40] J. Ibáñez y F. Mendoza: *Dios Creador...*, cit., págs. 25–26. L. Ott, en *Manual...*, cit., pág. 143; F. Muñiz: *Introducciones al tratado de Dios Uno*, en "Suma Teológica de Santo Tomás de Aquino", Madrid, BAC, 2010, págs. 375–376.

cognoscible están en quien conoce. En los dos casos es necesario que haya ideas en Dios:

"Respondeo dicendum quod necesse est ponere in mente divina ideas. Idea enim Græce, Latine forma dicitur, unde per ideas intelliguntur formæ aliarum rerum, præter ipsas res existentes. Forma autem alicuius rei præter ipsam existens, ad duo esse potest, vel ut sit exemplar eius cuius dicitur forma; vel ut sit principium cognitionis ipsius, secundum quod formæ cognoscibilium dicuntur esse in cognoscente. Et quantum ad utrumque est necesse ponere ideas. Quod sic patet. In omnibus enim quæ non a casu generantur, necesse est formam esse finem generationis cuiuscumque. Agens autem non ageret propter formam, nisi inquantum similitudo formæ est in ipso. Quod quidem contingit dupliciter. In quibusdam enim agentibus præexistit forma rei fiendæ secundum esse naturale, sicut in his quæ agunt per

"Hay que decir: Es necesario que haya ideas en la mente divina. Pues idea, palabra griega, en latín se dice forma; de ahí que por las ideas se entiendan las formas de otras cosas existentes fuera de estas mismas cosas. La forma de una cosa existente fuera de esta misma cosa puede tener dos funciones: una, que sea ejemplar de aquello que se llama forma; otra, que sea principio de conocimiento de sí misma, en cuanto que las formas de lo cognoscible están en quien conoce. En los dos casos es necesario que haya ideas. Se demuestra de la siguiente manera. En todas aquellas cosas que no son engendradas por casualidad, es necesario que la forma sea el fin del engendro de cada una. Además el que actúa no lo hace por la forma a no ser que la imagen de la forma esté en él. Y esto puede suceder de dos maneras. Pues en algunos agentes preexiste la forma de actuar como ser natural, como en los que actúan por naturaleza. Ejemplo: El hombre en-

8.1. LA CREACIÓN: ACTO LIBRE DE DIOS

naturam; sicut homo generat hominem, et ignis ignem. In quibusdam vero secundum esse intelligibile, ut in his quæ agunt per intellectum; sicut similitudo domus præexistit in mente ædificatoris. Et hæc potest dici idea domus, quia artifex intendit domum assimilare formæ quam mente concepit. Quia igitur mundus non est casu factus, sed est factus a Deo per intellectum agente, ut infra patebit, necesse est quod in mente divina sit forma, ad similitudinem cuius mundus est factus. Et in hoc consistit ratio ideæ".[41]

gendra al hombre; el fuego, al fuego. Pero en algunos, la forma preexiste como ser inteligible, como en los que actúan por conocimiento. Ejemplo: La imagen de la casa preexiste en la mente del constructor. Y esto puede ser llamado idea de la casa, porque el constructor intenta asemejar la casa a la forma que concibió en la mente. Así, pues, como el mundo no existe por casualidad, sino que ha sido hecho por Dios por conocimiento, como se verá más adelante (q. 19, a. 4; q. 44, a. 3), es necesario que en la mente divina está la forma a cuya semejanza se hizo el mundo. Y en esto consiste la idea".

El origen de este concepto viene de la filosofía griega. Se pueden detectar los siguientes pasos:

- Platón: Su teoría sobre el mundo de las ideas. Son, para el filósofo, realidades objetivas, inmutables y perfectas. Las cosas que contemplamos en esta vida son sombras de esas realidades.

- Aristóteles, y su teoría de las cuatro causas:

    "Evidentemente es preciso adquirir la ciencia de las causas primeras, puesto que decimos que se sabe,

---

[41]Santo Tomás de Aquino: *Summ. Theol.*, I^a, q. 15, a. 1, co. Cfr. *Sent.*, I, dist. XXXVI, q. 2, a. 1; *De Verit.* q. 3, a. 1.; P. S. Vallaro: *La Dottrina Tomistica sulla Idee e sulla Loro Origine*, en "Angelicum" 2 (1945) 116–149.

cuando creemos que se conoce la causa primera. Se distinguen cuatro causas. La primera es la esencia, la forma propia de cada cosa, porque lo que hace que una cosa sea, está toda entera en la noción de aquello que ella es; y la razón de ser primera es, por tanto, una causa y un principio. La segunda es la materia, el sujeto; la tercera el principio del movimiento; la cuarta, que corresponde a la precedente, es la causa final de las otras, el bien, porque el bien es el fin de toda producción".[42]

- Plotino y Filón ubicaron las ideas platónicas en el Logos divino.

- Orígenes, siguiendo principios de la filosofía neoplatónica, habla de los ejemplares de las cosas en la Sabiduría infinita:

    "Así como la casa o la nave son fabricadas con ciertas figuras y reglas concebidas previamente por el artista, y de estas figuras y reglas toman su principio, así también todas las cosas fueron hechas por Dios en conformidad con ciertos ejemplares ya antes manifestados en la sabiduría".[43]

- San Agustín, utilizando los conceptos de la metafísica de su tiempo para profundizar en el conocimiento teológico, traspasa estos conceptos al cristianismo, y sostiene que las ideas están en la mente divina (Logos) y son modelos de las cosas creadas:

    "Las ideas madre son ciertas formas... que se contienen en la inteligencia divina... y conforme a ellas se dice que se configura todo lo que puede nacer o

---

[42]Aristóteles: *Metafísica*, libro 1, 3.
[43]Orígenes: *In Ioan*, t. 1, n. 22 (P. G., 14, 56).

8.1. LA CREACIÓN: ACTO LIBRE DE DIOS

perecer... ¿Quién se atreve a decir que Dios hizo irracionalmente todas las cosas? Pues si esto no puede decirse ni creerse, no queda sino que las cosas fueron hechas según un modelo, no siendo el mismo para un hombre que para un caballo, puesto que esto sería absurdo solo pensarlo. Por tanto, todas las cosas fueron creadas por Dios según sus ejemplares. Y, ¿dónde hemos de pensar que estuvieron estos modelos sino en la mente del Creador?"[44]

- Santo Tomás de Aquino, aplica la noción de causa ejemplar de Aristóteles en el campo de la teología, y la identifica con la esencia divina. La razón es porque todo agente actúa por un fin, y no puede haber un fin sin una idea previa.

Las consecuencias teológicas de la realidad de las ideas divinas como causa ejemplar de la creación, son importantes:

1. En primer lugar, se resalta el papel del "Logos" en la creación. Insistiendo en el uso del lenguaje analógico, se puede decir que el Padre ve en el Hijo toda la esencia divina; es en el Logos, donde las ideas divinas se encuentran. Estas ideas son la conexión entre el Ser Infinito y las cosas finitas.

2. En segundo lugar, siendo las ideas divinas causa ejemplar de las cosas creadas, la realidad de la analogía como instrumento teológico queda justificada, ya que por esas ideas sabemos que hay una relativa correspondencia entre las creaturas y el Creador, que impide a la vez el univocismo y el equivocismo.

---

[44]San Agustín: *De Diversis Quæstionibus*, 46, 2 (P. L., 40, 30); cfr. también: *In Ioh. trat*, 1: 1, 9 (P. L., 35, 1384 ss.).

308 *CAPÍTULO 8. LAS PROPIEDADES DEL ACTO CREADOR*

3. En tercer lugar, el mundo creado no es un caos, sino un "kosmos", ya que en la mente divina las ideas son un todo ordenado y simple a la vez. El mundo tiene un orden y es cognoscible, siendo expresión del orden y simplicidad de las ideas divinas. Esto nos lleva al rechazo de un voluntarismo teológico excesivo en el "modus operandi" divino o en la constitución de la naturaleza de las cosas.

4. Finalmente, se subraya también el carácter *misterioso* de las creaturas, que poseen una dignidad que proviene de la realidad de Dios mismo.

8.1.7 La libertad y el Amor Substancial en A. Gálvez

Desde la perspectiva de la metafísica del amor se encuentra un argumento muy sólido para entender la absoluta libertad divina. Es un aspecto que ha señalado A. Gálvez.

En efecto, el amor es esencialmente libre, de tal modo que si hipotéticamente se quitara la libertad, desaparecería el amor; un amor obligado, a la fuerza, es un contrasentido. Con su peculiar modo hermenéutico, A. Gálvez, estudia la nota esencial de la libertad en su teoría del amor, tanto en el divino, como en sus analogados principal (divino–humano) y secundario (los diferentes amores humanos).[45] Veamos uno de los textos más claros:

"Decir que alguien se ve impulsado necesariamente a amar, no solamente carece de sentido, sino que tal supues-

---

[45]Cfr. A. Gálvez *Siete Cartas*..., cit., pág. 112; Cfr. Id.: *Comentarios al Cantar*..., vol I, págs. 67, 123, 131, 141, 155, 202, 276, 354, 358, 362, 397; Id.: *Esperando*..., cit., págs. 71, 155, 223; Id.: *El Amigo*..., cit., págs. 66, 99, etc.; Id.: *Meditaciones*..., cit., pág. 206.

8.1. LA CREACIÓN: ACTO LIBRE DE DIOS

to destruiría la esencia misma del amor. *Por la razón de que nadie puede ser 'obligado' a actuar libre y voluntariamente.* Cuando la verdad es que no existe en todo el Universo cosa alguna más libre y voluntaria que el amor: *Ubi autem Spiritus Domini, ibi libertas.*[46] La afirmación de que el amor es libre, por esencia y naturaleza, es compatible con el hecho de que el Amor Supremo atrae irresistiblemente en un acto de perfecta libertad.[47] De esta forma, el amor a Dios, dado que es el acto amoroso más perfecto que es dable a la criatura, es por eso mismo el *acto más desinteresado* que le ha sido otorgado realizar. Lo que la criatura ansía al amar a Dios es que *Dios sea*, de tal manera que en ese sentido nada le importaría no ser ella; e incluso ser anatema si fuera necesario. *Dios es*, solía repetir incansablemente San Francisco de Asís en el colmo de su alegría. Para la criatura, Dios es antes que ella y está por encima de todo".[48]

Por eso:

"El amor no se compone bien con la idea de pago o retribución, y sólo se actúa en libertad total y sin condiciona-

---

[46] 2 Cor 3:17. La libertad perfecta de Dios, y en cierto modo la de los bienaventurados en el Cielo, en modo alguno es incompatible con su imposibilidad de pecar. En ésta, como en otras muchas cuestiones, el error está en el planteamiento inicial, que es en realidad un sinsentido.

[47] Ya hemos dicho que en la libertad perfecta, o aquélla libre de las trabas que la habrían hecho defectuosa, no tiene sentido plantear la posibilidad de un no al Amor Perfecto. ¿Cómo podría alguien suponer que la posibilidad de tal no sería algo mejor y más perfecto que el hecho de no admitir siquiera su planteamiento? Y en el amor verdadero, y sobre todo en el perfecto, siempre se opta por lo más perfecto. Sería imposible dar cabida en él a una alternativa aberrante por naturaleza.

[48] A. Gálvez: *Esperando...*, cit., págs. 335–336.

miento alguno: *Ubi autem Spiritus Domini, ibi libertas*[49]. Sería inútil e impensable pretender pagarlo o comprarlo: *Si dederit homo omnem substantiam domus suæ pro dilectione, quasi nihil despicient eum*[50]".[51]

La obra de la creación como la de la Redención son efecto y manifestación del amor de Dios:

"La obra de la Creación (el tránsito de las criaturas de la nada al ser, por obra del Poder y del Amor infinitos) no es un misterio mayor que el hecho de que el Ser infinito —un Ser al que nada le falta ni le puede faltar— hiciera suyas la carencia y el no ser por el amor de estar junto a quien ama. Solamente el Amor es capaz de *todo*. Por eso es el Amor la sola fuerza que realmente mueve el Universo:

L'Amor che move il sole e l'altre stelle[52]".[53]

Ahora bien, Dios es el Amor absoluto (1 Jn 4:8.16); y como Amor absoluto es imprescindible que tenga una libertad plena y total. Nada ni nadie puede obligar a Dios a actuar de un modo u otro. Cuando crea, actúa o ama a las criaturas lo hace por puro amor, y, por tanto, en una decisión de libertad infinita:

"El Amor Sustancial es Libertad Infinita. Pero la Libertad Infinita, a su vez, no puede estar determinada por razón alguna fuera de ella misma; dado que entonces ya no

---

[49] 2 Cor 3:17.

[50] Ca 8:7.

[51] A. Gálvez: *Esperando...*, cit., pág. 155.

[52] *El Amor, que mueve al sol y a las demás estrellas*. Dante, *La Divina Comedia*, "Paraíso".

[53] A. Gálvez: *Comentarios...*, Vol I, cit., pág. 76.

8.2. LA CREACIÓN "EX NIHILO" 311

sería Libertad Infinita. Y puesto que es imposible admitir la existencia de ninguna razón, ajena a sí misma, que la determine a elegir, es necesario concluir que escoge simplemente *a quien quiere y solamente porque quiere*. Si se tiene en cuenta además que la Infinita Libertad es justamente el Amor Infinito, tal cosa significa entonces que su elección es a la vez un acto de infinito Amor. Lo que equivale a afirmar que el Amor Perfecto e Infinito no puede admitir razones fuera de Sí mismo para determinarlo; pues de otro modo ni sería Libertad Infinita, ni tampoco por lo tanto Infinito Amor".[54]

8.2 La creación "ex nihilo"

Es un dogma de la Iglesia que la creación fue hecha por Dios de la nada.[55]

8.2.1 Noción

En el acto creador no hay una materia eterna con la cual Dios *trabajara* para producir el mundo creado. La creación es *de todo el ser* de lo creado. Tampoco *utilizó* Dios de algún modo *algo* de su propia esencia divina para crear: ni por emanación de la misma; ni por mecanismo dialéctico que involucrara a la naturaleza divina en un juego de tesis, antítesis y síntesis, a raíz del cual la misma naturaleza divina resultara *mejorada*. Simplemente no había nada, y luego del acto creador, fue el ser total del mundo creado.

---

[54] A. Gálvez: *Esperando...*, cit., pág. 71.

[55] J. Ibáñez y F. Mendoza, califican la tesis "Dios es su omnipotencia creó todo de la nada", como de fe divina y católica definida, y su censura como herejía (*Dios Creador...*, cit., pág. 15). Así también, L. Ott: *Manual...*, cit., pág. 140.

El rasgo de la creación "ex nihilo" manifiesta la infinitud del poder y del amor divinos, lo que se corresponde con los principios que sustentan también la nota de la creación libre.

La creación de la nada significa que Dios no está condicionado por nada ajeno a Él en su acción creadora libre; no es limitado absolutamente en su libertad creadora; no hay ser alguno independiente de Dios que forzara a Dios a crear; no hay ser alguno que pueda confundirse con Dios. Por tanto, nada limita la omnipotencia y el amor divinos.

De este modo, se excluyen como incompatibles con la verdad y el dogma católicos los siguientes sistemas:

1. Todo monismo panteísta (el mundo es tan necesario como lo es Dios, porque todo es Dios). Esa posición es rechazable como contrario a la nota de la creación *libre*.

2. Todo materialismo (solo existe la materia eterna, sin Dios creador). Pensamiento inaceptable, por ser contrario radicalmente a la idea de creación y a la existencia del Creador.

3. Todo emanatismo, o cualquier tipo de posible "resistencia" por parte de lo creado al poder creador de Dios. Sistema excluido por el dato revelado de la creación *por la Palabra* que opera omnipotentemente lo que quiere y produce un mundo distinto del Dios que "habla".

4. Todo dualismo (materia eterna y poder de Dios: un Dios bueno que creó las cosas buenas —almas y ángeles buenos—, y un dios malo que creó la materia y los demonios). Posición excluida por la creación *ex nihilo* de todo lo que existe.

8.2. LA CREACIÓN "EX NIHILO"

La creación es una verdad que puede ser accesible con la pura razón humana, sobre todo debido a la nota de contingencia que encontramos en todo ser creado[56]. Como dice Santo Tomás:

"Respondeo dicendum quod necesse est dicere omne quod quocumque modo est, a Deo esse. Si enim aliquid invenitur in aliquo per participationem, necesse est quod causetur in ipso ab eo cui essentialiter convenit; sicut ferrum fit ignitum ab igne. Ostensum est autem supra, cum de divina simplicitate agereretur, quod Deus est ipsum esse per se subsistens. Et iterum ostensum est quod esse subsistens non potest esse nisi unum, sicut si albedo esset subsistens, non posset esse nisi una, cum albedines multiplicentur secundum recipientia. Relinquitur ergo quod omnia alia a Deo non sint suum esse, sed participant esse. Necesse est igitur omnia quæ di-

"Hay que decir: Es necesario afirmar que todo lo que existe de algún modo existe por Dios. Porque si se encuentra algo por participación en un ser, necesariamente ha de ser causado en él por aquel a quien esto le corresponde esencialmente, como se encandece el hierro por el fuego. Se ha demostrado anteriormente (q. 3, a. 4), al tratar sobre la simplicidad divina, que Dios es por esencia el ser subsistente, y también se ha demostrado que el ser subsistente no puede ser más que uno, pues si la blancura fuese subsistente no podría haber más que una sola, pues se convierte en múltiple en razón de los sujetos en los cuales es recibida. Por lo tanto, es necesario que todas las cosas, menos Dios, no sean su propio ser, sino que participen del ser,

---

[56] Cfr. A. Forest: *La Structure Métaphysique du Concret selon St. Thomas d'Aquin*, Paris, Vrin, 1931; É. Gilson: *El Espíritu de la Filosofía Medieval*, Madrid, Rialp, 2004, págs. 71–91; L. de Raeymaeker: *La Structure Métaphysique de L'être Fini*, en "Revue Néoscolastique de Philosophie", 34 (1932) 187–217; C. Fabro: *La Difesa Critica del Principio de Causa*, en "Rivista di Filosofia Neo–scol" 28 (1936) 102–141.

versificantur secundum diversam participationem essendi, ut sint perfectius vel minus perfecte, causari ab uno primo ente, quod perfectissime est. Unde et Plato dixit quod necesse est ante omnem multitudinem ponere unitatem. Et Aristoteles dicit, in II Metaphys., quod id quod est maxime ens et maxime verum, est causa omnis entis et omnis veri, sicut id quod maxime caliditatis".[57]

y, por lo tanto, es necesario que todos los seres, que son más o menos perfectos en razón de esta diversa participación, tengan por causa un primer ser que es del todo perfecto. Por eso Platón dijo que es necesario presuponer la unidad antes que la multitud. Y Aristóteles en II Metaphys., dice que lo que es ser en grado sumo y verdadero también en grado sumo es causa de todo ser y de todo lo verdadero; así como lo que es caliente en grado sumo es causa de todo lo caliente".

Sin embargo hay que recordar que la condición del "ex nihilo" es una realidad de la que el ser humano no posee la más mínima información empírica. En efecto no tenemos experiencia de un verdadero acto creador, y el mismo hecho presenta notables dificultades a la imaginación. No deja de ser imperfecta la comparación entre el acto creador y la actividad productiva humana que llamamos "creadora", porque ésta presupone todo un mundo de realidades pre–existentes al artista creador (materiales, ideas, formación del mismo creador, etc.), sin las cuales no podría operar. Nada de ello se da en la creación "ex nihilo".

Por eso dice Santo Tomás que la revelación de la verdad de la creación resultó moralmente necesaria, ya que la filosofía ajena al cristianismo no llegó a formarse una idea cabal de la misma.

---

[57] Santo Tomás de Aquino: *Summ. Theol.*, Iª, q. 44, a. 1, co.; Cfr. Id.: *Summ. Contra Gentiles*, II, 15–16; *Sent.* II, dist. 1, q. 1, a. 2; dist. XXXVII, q. 1, a. 2; *De Div. Nom.* cap. 5, lect. 1; *De Pot.* q. 3, a. 5; *Compend. Theol.* cap. 68; *De Subs. Sep.*, c. 9.

8.2. LA CREACIÓN "EX NIHILO"

8.2.2 Revelación

La Sagrada Escritura afirma el carácter de la creación "ex nihilo" claramente, tanto de un modo implícito como explícito.

1. Así está subyacente en la expresión de la divinidad como "Señor de todo el Universo", es decir, de todo el mundo de lo físico, lo espiritual y lo moral. Todo ha sido creado por Él: es un modo sencillo de afirmar la creación de la nada. Véanse algunos textos:

    - Est 4:17, "Mardoqueo fue e hizo todo lo que Ester le había mandado. Mardoqueo rasgó sus vestiduras, se ciñó un cilicio y se postró rostro en tierra junto con los ancianos del pueblo desde la mañana hasta la tarde, y dijo: 'Bendito eres, Dios de Abrahán, Dios de Isaac y Dios de Jacob. ¡Señor, Señor Rey todopoderoso!, todas las cosas están bajo tu poder, y no hay quien pueda resistirse a tu voluntad si decretas salvar a Israel. Tú hiciste el cielo, la tierra y todas las maravillas que hay bajo el firmamento; Tú eres el Señor de todas las cosas, y no hay quien resista a tu majestad, Señor...'"[58]

    - Jdt 16: 13–17, "Cantaré a mi Dios un cántico nuevo. Señor, eres grande y glorioso, admirable en tu poder, invencible. Que te sirvan todas tus criaturas, pues hablaste y fueron hechas, enviaste tu Espíritu y existieron, y nada se resiste a tu voz. Los montes, desde sus cimientos, se confundirán con las aguas, y las rocas, como cera, se derretirán en tu presencia; pero a los que te temen Tú les serás propicio. De poco valen los sacrificios de suave olor, y de nada toda la grasa de los holocaustos. Pero el que teme al Señor será

---

[58] Según Neovulgata; cfr. supl. a Est. 3: 1–5.

grande siempre. ¡Ay de las gentes que se alzan contra mi raza! El Señor todopoderoso los castigará el día del juicio, entregará sus carnes al fuego y los gusanos, y llorarán, en el dolor, por siempre".

- Sal 89: 9–14, "Señor, Dios de los ejércitos, ¿quién como Tú? Eres poderoso, Señor, te rodea tu fidelidad. Tú dominas la arrogancia del mar, Tú amansas sus olas cuando se encrespan, Tú pisoteaste a Rahab, como un cadáver, dispersaste a tus enemigos con brazo fuerte. Tuyos son los cielos, tuya es la tierra; el orbe y cuanto lo llena, Tú los fundaste. El Septentrión y el Austro, Tú los creaste, el Tabor y el Hermón exultan en tu Nombre. Tú tienes un brazo poderoso, firme es tu mano, alzada tu diestra".

- Sab 11: 23–26, "Pero te apiadas de todos, porque todo lo puedes; no miras los pecados de los hombres a fin de que se conviertan. Amas a todos los seres y no odias nada de lo que hiciste; porque si odiaras algo, no lo hubieras dispuesto. ¿Cómo podría permanecer algo, si Tú no lo quisieras? ¿Cómo podría conservarse algo que Tú no llamaras? Tú perdonas a todos, porque son tuyos, Señor, amigo de la vida".

2. También aparece la idea del "ex nihilo" a lo largo de toda la narración de la creación en Génesis 1, como ya se estudió en el capítulo correspondiente. Repitamos los datos esenciales que hacen referencia al presente apartado:

- Dios crea "los cielos y la tierra", un hebraísmo para indicar toda la realidad.

8.2. LA CREACIÓN "EX NIHILO"

- Se utiliza la expresión de crear por "la palabra", por tanto, sin otro *material previo*, y no se emplean metáforas del tipo de nacimiento, combate, obra artesanal, etc.

- Se manifiesta la diferencia clara entre la creación directa de Dios de las cosas ("dijo Dios... y se hizo"), y la creación indirecta a través de las creaturas ("dijo Dios: 'Produzca la tierra vegetación: plantas con semillas, árboles frutales que den fruto sobre la tierra según su especie, con su semilla dentro'...").[59]

- El verbo "bará", crear, que tiene solo a Dios como sujeto de este verbo, y se utiliza sin acusativo ni preposición, indicando que Dios crea de la nada.

3. 2 Mac 7:28, directamente se utiliza la expresión que nos ocupa: οὐκ ἐξ ὄντων ἐποίησεν αὐτὰ ὁ θεός καὶ τὸ τῶν ἀνθρώπων γένος οὕτω γίνεται, que la Vulgata traduce como "quia ex nihilo fecit illa Deus, et hominum genus", y la Neovulgata como "quia non ex his, quæ erant, fecit illa Deus; et hominum genus ita fit".

8.2.3 Tradición

Ya en los tres primeros siglos de cristianismo, los Santos Padres emplearán la expresión "de la nada" para indicar el modo de la creación de Dios. En efecto:

- El Pastor de Hermas: "Ante todo, cree que Dios es uno, y que Él creó todas las cosas y las puso en orden, y trajo todas las cosas de la no existencia al ser, que comprende todas las cosas siendo Él solo incomprensible. Cree en Él, pues, y témele, y en este temor ejerce dominio sobre ti mismo. Guarda estas cosas, y te

---

[59] Ge 1:11.

verás libre de toda maldad, y serás revestido de toda excelencia y justicia, y vivirás para Dios si guardas este mandamiento".[60]

- Taciano, en su *Discurso a los Griegos*.[61]

- San Ireneo, en su *Adversus Hæreses*: "Bien dice la Escritura: ante todo cree que hay un solo Dios que ha creado, hizo y llevó a término todas las cosas a partir de la nada para que existiesen, Él contiene todo y nada puede contenerlo".[62]

- Teófilo de Antioquía.[63]

- Tertuliano, en su *Apologeticus*.[64]

Con tal fórmula, los Santos Padres mostraban no solo la realidad de un Dios personal con voluntad todopoderosa, sino que respondían a las ideas contrarias provenientes de la filosofía materialista del momento o de la mitología y cosmogonías defendidas por el gnosticismo.

El uso de la expresión se generalizará entre los Santos Padres posteriores a esas tres primeras centurias.

8.2.4 Magisterio

La fórmula "ex nihilo" o "de nihilo" aparece más bien tardíamente en el Magisterio. Los hitos más importantes son los siguientes:

- Año 1208. Confesión de fe a los Valdenses: "...Novi et Veteris Testamenti (id est Legis Moysi et Prophetarum et Apostolorum)

---

[60] *Pastor de Hermas*, n. 26.

[61] Taciano: *Discurso a los Griegos*, nn. 5–6 (P. G., 6, 813.815).

[62] San Ireneo: *Adver. Hær.*, I, 22, 1 (P. G., 7, 669). Cfr. II, 10, 4 (P. G., 7, 735).

[63] Teófilo de Antioquía: *Ad Autol.* II, 4, 10.

[64] Tertuliano: *Apologeticus*, 18, 7 (P. L., 1, 378); cfr. *Adv. Hermogenem*, 25. cfr. 16 (P. L., 1, 219; 212); *De Præscr.*, 13 (P. L., 2, 26).

8.2. LA CREACIÓN "EX NIHILO"

unum eundemque (et Deum) auctorem credimus esse Deum, qui in Trinitate, ut dictum est, permanens, *de nihilo cuncta (omnia) creavit...*".[65]

- Año 1215. Decreto *Firmiter* del IV Concilio de Letrán, contra los cátaros y albigenses: "Unum universorum principium: creator omnium visibilium et invisibilium, spiritualium et corporalium: qui sua omnipotenti virtute simul ab initio temporis *utramque de nihilo condidit creaturam*, spiritualem et corporalem, angelicam videlicet et mundanam: ac deinde humanam, quasi communem ex spiritu et corpore constitutam".[66]

- Año 1441. Decreto para los Jacobitas, del Concilio de Florencia (bula *Cantate Dominum*): "...qui quando voluit, bonitate sua universas, tam spiritales quam corporales, condidit creaturas: bonas quidem, quia a summo bono factæ sunt, sed mutabiles, *quia de nihilo factæ sunt*, nullamque mali asserit esse naturam, quia omnis natura, in quantum natura est, bona est".[67]

- Año 1870. Concilio Vaticano I, en su Constitución dogmática *Dei Filius*: "Hic solus verus Deus..., liberrimo consilio 'simul ab

---

[65]"Creemos que el autor único y mismo del Nuevo y del Antiguo Testamento es Dios, el cual permaneciendo, como se ha dicho, en la Trinidad, lo creó todo de la nada..." (D. S. 790).

[66]"Unum universorum principium: creator omnium visibilium et invisibilium, spiritualium et corporalium: qui sua omnipotenti virtute simul ab initio temporis utramque de nihilo condidit creaturam, spiritualem et corporalem, angelicam videlicet et mundanam: ac deinde humanam, quasi communem ex spiritu et corpore constitutam" (D. S. 800).

[67]"El cual, en el momento que quiso, creó por su bondad todas las criaturas, lo mismo las espirituales que las corporales; buenas, ciertamente, por haber sido hechas por el sumo bien, pero mudables, porque fueron hechas de la nada; y afirma que no hay naturaleza alguna del mal, porque toda naturaleza, en cuanto es naturaleza, es buena" (D. S. 1333).

initio temporis utramque *de nihilo condidit creaturam*, spiritualem et corporalem, angelicam videlicet et mundanam, ac deinde humanam quasi communem ex spiritu et corpore constitutam (Conc. Lateran. IV)".[68]

8.2.5 Consideraciones teológicas

El "ex nihilo" es fecundo en consecuencias teológicas:

1. Por un lado señala que la creatura ha sido creada por Dios en su totalidad, sin materia pre–existente, es decir "non de Deo et non ex materia".

2. Se produce de un modo instantáneo y sin movimiento, porque crear no es devenir. Es cierto que por falta de otras mejores, se usan expresiones de movimiento y mutación, y se sostiene que Dios crea de la nada como si fuera el paso de una cosa (la nada) a otra (el ser), pero lo que se quiere decir es que ahora sí hay ser donde antes no lo había.

3. Se implica, pues, la radical dependencia del ser creado con respecto al Creador.

4. Se excluye en la relación entre Dios y la creación cualquier clase de reciprocidad, tensión, simetría o bipolaridad del gusto de las filosofías dialecticas o de las *teologías del proceso* ya explicadas.

---

[68]"Este solo verdadero Dios..., con libérrimo designio, 'juntamente desde el principio del tiempo, creó de la nada a una y otra criatura, la espiritual y la corporal, esto es, la angélica y la mundana, y luego la humana, como común, constituida de espíritu y cuerpo' [Conc. Later. IV, V. 428; Can 2 y 5]" (D. S. 3002 y can. 2 y 5). Nótese que, como señala J. Morales: "El Concilio Vaticano II no hace mención de la creación 'ex nihilo' pero evoca en diversas ocasiones la creación por la Palabra y la *creatio continua*, que implican la primera (*Dei Verbum*, 3; *Gaudium et Spes*, 36 y 57)" (*El Misterio...*, cit. pág. 149). No obstante esta ausencia no debiera sorprender dado el carácter pastoral que se auto–impuso este Concilio.

8.2. LA CREACIÓN "EX NIHILO"

Por lo mismo hay que rechazar las explicaciones de ciertos teólogos actuales que afirman que la expresión "ex nihilo" solo tendría un sentido simbólico para indicar que la creación es tanto divina como humana, o que la creación es un algo continuo que se da también aquí y ahora, o, finalmente, que es la expresión del poder del lenguaje humano que vence la nada y conquista la realidad.[69]

8.2.6 Creación "ex nihilo" y ciencia

Es importante tener en cuenta que el concepto de *creación de la nada* es teológico y metafísico, y por lo tanto, no demostrable desde el punto de vista de la ciencia experimental y empírica.

Sin embargo se han hecho intentos por parte de la ciencia moderna de explicar científicamente la creación, como son la teoría del "Big Bang" o el "efecto túnel" de la cosmología cuántica.[70] Pero tales intentos no son sostenibles como prueba apodíctica. Además, presuponen conceptos que no son los que la filosofía o la teología utilizan al explicar el misterio de la creación. En efecto, los intentos "científicos" de explicación:

- Suponen un nacimiento espontáneo, o una auto–creación del mundo.

---

[69]Cfr. el caso de Don Cupitt: *Creation out of Nothing*, London, 1990, cit. por J. Morales: *El Misterio*..., cit., pág. 149, nota 29. Don Cupitt es, en el fondo, budista en su pensamiento. De hecho, es un principio fundamental de sus indagaciones el intento de interpretar el cristianismo en clave de las religiones orientales.

[70]Cfr. una explicación sencilla en M. Artigas: *La cosmología cuántica y el origen del universo. Física y creación*, en "Aceprensa" 54/92 (15 abril 1992). Cfr. W. E. Carroll: *Big Bang Cosmology, Quantum Tunneling from Nothing and Creation*, en "Laval Théologique et Philosophique" 44 (1988) 59–75; J. Morales: *El Misterio*..., cit., pág. 150.

- Presuponen un concepto del *vacío físico*, y no de la *nada metafísica*.

- Confunden el concepto de creación *strictu sensu*, con el de cambio.

A lo sumo, tales datos de la ciencia, servirían para estudiar el origen del universo, pero no el de la creación. Además podrían apoyar, desde su ámbito específico y con las limitaciones del conocimiento científico, el hecho descubierto por la metafísica y desvelado por la Revelación.

8.2.7 Sólo Dios puede crear

Es necesario distinguir entre la cuestión de hecho y de derecho. Y en ésta última, si el poder de crear podría ser dado a una criatura como causa eficiente, o solo como causa instrumental. Se ha de proceder paso a paso.[71]

* * *

Es una verdad de fe que *de hecho* solo Dios realizó la acción creadora.[72]

El Magisterio ha confirmado este principio en el IV Concilio de Letrán, cuando hablaba de "un único principio de todas las cosas";[73]

---

[71] Santo Tomás de Aquino: *Summ. Theol.*, Iª, q. 45, a. 5, s. c. y co.; Id.: *Sent.*, II, dist. 1, q. 1, a. 3; IV, dist. V, q. 1, a. 3, 3; *De Ver.*, q. 5, a. 9; *Contra Gent.*, II, cap 20 y 21; *De Pot.*, q. 3, a 4; *Compen. Theol.* cap. 70. Cfr. H. de Vito: *De Incommunicabilitate Absoluta Virtutis Creativæ ad Causas Secundas*, Roma, Pontificium Institutum Angelicum, 1941; E. Hugon: *La Causalité Instrumentale en Théologie*, Paris, Téqui, 1907.

[72] J. Ibáñez y F. Mendoza, califican la tesis "Dios solo realizó la acción creadora", como de fe divina y católica definida, y su censura como herejía (*Dios Creador...*, cit., pág. 39). Así también, L. Ott: *Manual...*, cit., pág. 150.

[73] D. S. 800.

8.2. LA CREACIÓN "EX NIHILO"

el Concilio de Florencia, al establecer, "...un solo Dios verdadero...es el creador de todas las cosas visibles e invisibles";[74] y el Vaticano I, al definir que, "este solo verdadero Dios ...creó de la nada a una y otra creatura...".[75]

El Magisterio recogía así una tradición que se remonta a los Santos Padres, quienes de un modo unánime sostuvieron la exclusividad divina de la creación. Valgan por todos los testimonios el de San Atanasio, cuando escribía que "ninguna realidad de las que han sido hechas, es causa eficiente de la creación..., porque todo ha sido hecho a través del Verbo, que sin duda no hubiera hecho todo si el mismo Verbo fuera una creatura"[76]; o el de San Cirilo de Alejandría: "repugna a la Gloria divina pensar que algún otro ser pueda crear y llamar a la existencia las cosas que no existían... esto sólo conviene a la naturaleza divina y pertenece a su máxima gloria".[77] Por su parte, San Juan Damasceno concluía: (los ángeles) "siendo creaturas, no son creadores. El único artífice proveedor de todo es Dios, único increado".[78]

Esta posición está en la raíz de la negativa de los Santos Padres a aceptar explicación alguna de la creación por un demiurgo creador, tal y como proponían las tesis neoplatónicas o gnósticas; o de atribuir la creación solo al Hijo, como un medio de probar que no es consubstancial con el Padre (para el arrianismo, el Logos sería un dios de segundo orden, primera de las creaturas, salido del Padre con el fin de hacer la obra creadora).[79]

---

[74] *Decreto para los Jacobitas*, D. S. 1333.

[75] D. S. 3002 y can. 2 y 5.

[76] San Atanasio: *Orat.*, II (P. G., 26, 189).

[77] S. Cirilo de Alejandría: *Contra Iulianum*, 2 (P. G., 76, 596).

[78] San Juan Damasceno: *De Fide Orth.*, 1, II, c. 3 (P. G., 94, 873).

[79] Cfr. San Ireneo: *Adv. Hær.*, I, 10, 1 (P. G., 7, 550); *ibidem* 22, 1 (P. G., 7, 669); II, præf. (P. G., 7, 709); *ibidem*, 10, 2-3 (P. G., 7, 735 ss.). San Agustín: *Confess.*, VII, 5-7 (P. L., 32, 736 ss.); *ibidem* 18 (P. L., 32, 743); XII, 8 (P. L., 32, 829).

En la Biblia encontramos esta verdad al considerar la narración de la creación hecha por solo Dios a través de su Palabra, sin encontrar resistencia en materia alguna, o necesitando de la colaboración de cualquier otro ser.

En conclusión, es necesario rechazar como falsas, las siguientes posturas:

- Maniqueísmo.

- Los demiurgos de las filosofías griegas.

- Los seres angélicos con capacidad creadora de parte del pensamiento judío.

* * *

Diferente de la cuestión *de hecho* (solo Dios ha creado todo de la nada), está la cuestión *de derecho*, es decir, si el poder creador podría ser comunicado a una criatura para que realizara la creación de parte de Dios. La sentencia común es que la potencia creadora de Dios es incomunicable. Solo Dios puede ser causa eficiente principal de la creación.

Causa eficiente es la que con su acción produce un efecto que de suyo es insuficiente para existir. La causa eficiente puede ser *principal o instrumental*, según que tenga virtud propia y proporcionada para el efecto o no la tenga. Ambas (principal e instrumental) pueden ser *física o moral* (según el efecto que producen, físico o moral); y *perfectiva o dispositiva*, según llegue a la última forma del efecto (el caso del escultor y su obra) o cuando solo llega a su disposición próxima (los padres con relación al hijo); *natural o sobrenatural*, según que la virtud corresponda o no a la naturaleza o sea un don indebido.[80]

---

[80] J. Ibáñez y F. Mendoza: *Dios Creador...*, cit., pág. 55.

8.2. LA CREACIÓN "EX NIHILO"

Pues bien, ninguna creatura puede ser causa eficiente principal de la creación, física o perfectivamente, natural o sobrenaturalmente. La razón es que en virtud del concepto estricto de creación se sostiene que sólo el Ser infinito (Dios) puede crear y, por lo tanto, no es una capacidad comunicable a creatura alguna. La capacidad de dar el ser desde la nada supone una potencia divina infinita, que por principio, no puede ser comunicada a creatura alguna. El poder creador es "potentia incommunicata" y también "potentia incommunicabilis".

Santo Tomás de Aquino enfrentará el problema de un modo directo, probando la imposibilidad de comunicar la capacidad creadora. Ante la pregunta de si el crear no es algo solo propio de Dios, concluye:

"Sed contra est quod Augustinus dicit, in III *de Trin.*, quod neque boni neque mali Angeli possunt esse creatores alicuius rei. Multo minus igitur aliæ creaturæ.

Respondeo dicendum quod satis apparet in primo aspectu, secundum præmissa, quod creare non potest esse propria actio nisi solius Dei. Oportet enim universaliores effectus in universaliores et priores causas reducere. Inter omnes autem effectus, universalissimum est ipsum esse. Unde oportet quod sit proprius effectus primæ et universalissimæ causæ, quæ est Deus. Unde etiam dici-

"En cambio está lo que dice Agustín en III De Trin.: Ni los ángeles buenos ni los ángeles malos pueden ser creadores. Por lo tanto, mucho menos las otras criaturas.

Solución. Hay que decir: Partiendo de lo dicho (a. 1; q. 44, a. 1), a primera vista parece bastante evidente que crear no es más que una acción que sólo le corresponde a Dios. Pues es necesario que los efectos más universales sean reducidos a causas más universales y principales. Entre todos los efectos, el más universal es el mismo ser. Por lo tanto, es necesario que sea efecto propio de la causa primera y universal, que es Dios. Por eso también se dice en

tur libro de causis, quod neque intelligentia vel anima nobilis dat esse, nisi inquantum operatur operatione divina. Producere autem esse absolute, non inquantum est hoc vel tale, pertinet ad rationem creationis. Unde manifestum est quod creatio est propria actio ipsius Dei".[81]

el libro De Causis que ni la inteligencia o el alma dan el ser a no ser en cuanto que actúan por acción divina. Ahora bien, producir el ser absolutamente, no en cuanto éste o tal ser, es lo que constituye la creación en cuanto tal. Por lo tanto es evidente que la creación es acción propia del mismo Dios".

Como dice É. Gilson:

> "La noción de criatura creadora es contradictoria. Toda creación que se hiciera por intermedio de una criatura presupondría, evidentemente, la existencia de esa criatura. Ahora bien, sabemos que el acto creador no presupone nada anterior, y eso es verdad, tanto para la causa eficiente como para la materia".[82]

* * *

Es imposible que una creatura sea causa eficiente principal de la creación. ¿Cabría que lo fuera como causa instrumental?

Santo Tomás, en contra de Pedro Lombardo,[83] y de los filósofos árabes, especialmente Avicena, negará esa posibilidad, por lo que no

---

[81] Santo Tomás de Aquino: *Summ. Theol.*, Iª, q. 45, a. 5, s. c. y co.; cfr. Iª, q. 65, a. 3; q. 90, a. 3; *In Sent.*, Lib. II, dist. 1, q. 1, a. 3; Lib. IV, dist. 5, q. 1, a. 3, q. a3; *De Verit.*, q. 5, a. 9; *Contra Gent.*, II, cap. 20. 21; *De Pot.*, q. 3, a. 4; *Quodl.*, III, q. 3, a. 1; *De Subst. Sep.*, c. 10.

[82] É. Gilson: *El Tomismo*, cit., pág. 149.

[83] El Maestro de las Sentencias sostenía que Dios podría comunicar el poder de crear a la creatura pero solamente a título de ministro y no por su propia autoridad (Pedro Lombardo: *Sent.* IV, 5, 3).

8.2. LA CREACIÓN "EX NIHILO"

cabría tampoco la existencia de una creatura con poder creador comunicado por Dios que actuara como causa instrumental y no principal de la creación.[84]

Por eso establece el Aquinate:

"Contingit autem quod aliquid participet actionem propriam alicuius alterius, non virtute propria, sed instrumentaliter, inquantum agit in virtute alterius; sicut aer per virtutem ignis habet calefacere et ignire. Et secundum hoc, aliqui opinati sunt quod, licet creatio sit propria actio universalis causæ, tamen aliqua inferiorum causarum inquantum agit in virtute primæ causæ, potest creare. Et sic posuit Avicenna quod prima substantia separata, creata a Deo, creat aliam post se, et substantiam orbis, et animam eius; et quod substantia orbis creat materiam in-

"Sin embargo, se da el caso de que un ser pueda participar de la acción exclusiva de otro, no por su propio poder, sino como instrumento, en cuanto que obra por poder ajeno, como el aire puede calentar y encender por el poder del fuego. Así algunos opinaron que, aun cuando la creación sea acción propia de la causa universal, sin embargo, alguna de las causas inferiores puede crear en cuanto que obra por poder de la causa primera. Así, Avicena sostuvo que la primera sustancia separada, creada por Dios, crea después otra y la sustancia del orbe y su alma; y que la sustancia del orbe crea la

---

[84]Avicena aceptaba que ciertas causas segundas, actuando como instrumentos de la causa principal serían capaces de crear; así dice que la primera sustancia separada creada por Dios, crea después de ella la sustancia de la esfera primera y su alma, y después la sustancia de esta esfera crea la materia de los cuerpos inferiores (É. Gilson: *El Tomismo*, cit., pág. 149, quien cita a P. Mardonet: *Siger de Brabant et l'averroïsme latin au XIIe. Siecle*, I, p. 161 y II, págs. 111–112).

feriorum corporum. Et secundum hunc etiam modum Magister dicit, in V dist. IV *Sent.*, quod Deus potest creaturæ communicare potentiam creandi, ut creet per ministerium, non propria auctoritate. Sed hoc esse non potest. Quia causa secunda instrumentalis non participat actionem causae superioris, nisi inquantum per aliquid sibi proprium dispositive operatur ad effectum principalis agentis. Si igitur nihil ibi ageret secundum illud quod est sibi proprium, frustra adhiberetur ad agendum, nec oporteret esse determinata instrumenta determinatarum actionum. Sic enim videmus quod securis, scindendo lignum, quod habet ex proprietate suæ formae, producit scamni formam, quæ est effectus proprius principalis agentis. Illud autem quod est proprius effectus Dei creantis, est illud quod præsupponitur omnibus aliis, scilicet esse absolute. Unde non potest aliquid operari dispositive et instrumentaliter ad hunc ef-

materia de los cuerpos inferiores. Asimismo, el Maestro en 5 d. IV Sent. dice que Dios puede comunicar a alguna criatura poder creador, de forma que pueda crear por función, no por propio poder. Pero esto es imposible. Porque la causa segunda instrumental no participa en la acción de la causa superior a no ser en cuanto que aquella, por alguna virtud suya, lo dispone. Pues si no contribuyese nada con su propio poder, la causa principal haría un uso inútil de ella y no sería necesario elegir determinados instrumentos para determinadas acciones. Podemos observar que la sierra, al cortar la madera, cosa que hace por su forma dentada, produce la forma del banco, que es el efecto propio del carpintero como causa principal. Ahora bien, al crear, el efecto propio de Dios es algo que se supone anterior a toda otra acción, es decir, al ser en absoluto. Por lo tanto, ninguna causa puede obrar dispositiva e instrumentalmente en la producción de este efecto, ya

8.2. LA CREACIÓN "EX NIHILO"

fectum, cum creatio non sit ex aliquo præsupposito, quod possit disponi per actionem instrumentalis agentis. Sic igitur impossibile est quod alicui creaturæ conveniat creare, neque virtute propria, neque instrumentaliter sive per ministerium. Et hoc præcipue inconveniens est dici de aliquo corpore, quod creet, cum nullum corpus agat nisi tangendo vel movendo; et sic requirit in sua actione aliquid præexistens, quod possit tangi et moveri; quod est contra rationem creationis".[85]

que en la creación no se presupone ninguna materia que pueda disponerse por el agente instrumental. Así, pues, es imposible que el crear corresponda a alguna criatura ni por virtud propia ni instrumentalmente o por función. De modo especial, es incongruente afirmar que un cuerpo pueda crear, puesto que si un cuerpo no obra más que por contacto y movimiento, todo cuerpo exige para su acción algo preexistente que se pueda tocar y mover, lo cual va contra el concepto mismo de creación".

Por lo tanto hay que sostener la imposibilidad de que una creatura actúe como causa instrumental creadora, ya que:

- El instrumento obra preparatoria y dispositivamente para la causa principal. Ahora bien, no hay nada antes de la creación del ser sobre lo que actuar preparatoria o dispositivamente.

- El instrumento supone un sustrato para su propia actividad, que en este caso tendría que ser infinito, lo que no puede ocurrir en creatura alguna.

- Las causas segundas operan sobre lo ya creado, bajo la acción de la causa primera y siempre subordinadas a ella (los padres, por ejemplo, generan, pero no crean).

---

[85] Santo Tomás de Aquino: *Summ. Theol.*, I^a, q. 45, a. 5, co.

CAPÍTULO 8. LAS PROPIEDADES DEL ACTO CREADOR

La razón por la que los filósofos árabes quieren reconocer a la criatura la posibilidad de crear, aunque fuere como causa instrumental, estriba en que una causa simple (Dios) solo puede producir un efecto único; por eso es necesario admitir la sucesión de causas únicas que produzcan cada una un efecto para explicar que a partir de una causa una y simple (Dios) haya salido multitud de cosas. Este modo de pensar es erróneo, cuando consideramos que Dios no obra por necesidad de naturaleza,[86] sino que obra libremente por modo de ciencia e inteligencia, y según este principio, lo múltiple puede proceder de un Dios uno y simple, cuya sabiduría contiene en sí la universalidad de los entes:

"Respondeo. Dicendum, quod quorumdam philosophorum fuit positio, quod Deus creavit creaturas inferiores mediantibus superioribus, ut patet in Lib. de causis; et in Metaphys. Avicennæ, et Algazelis, et movebantur ad hoc opinandum propter quod credebant quod ab uno simplici non posset immediate nisi unum provenire, et illo mediante ex uno primo multitudo procedebat. Hoc autem dicebant, ac si Deus ageret per necessitatem naturæ, per quem modum ex

"Respondo que ciertos filósofos sostuvieron que Dios creó las creaturas inferiores por medio de las superiores como aparece en el libro De Causis, prop. X; y en Avicena, Metaph. IX, 4, y Algazel. Llegaron a esta conclusión porque creyeron que de un ser simple, no puede provenir inmediatamente sino un único ser, y que de la mediación de éste primer ser creado, se produjeron la multitud de las otras cosas. Ellos hablaron de esa manera sobre la base de que Dios actuaba por necesidad de naturaleza; porque de este modo, de un ser sim-

---

[86]Si Dios obrara por necesidad, entonces los filósofos árabes tendrían razón: de un principio uno y simple solo puede salir lo uno. Estos filósofos consideran la creación como una producción necesaria.

8.2. LA CREACIÓN "EX NIHILO"

uno simplici non fit nisi unum. Nos autem ponimus, quod a Deo procedunt res per modum scientiæ et intellectus, secundum quem modum nihil prohibet ab uno primo et simplici Deo multitudinem immediate provenire, secundum quod sua sapientia continet universa".[87]

ple solo puede proceder un único ser. Nosotros, por otro lado, sostenemos que las cosas proceden de Dios por vía de ciencia y de inteligencia, un modo que no tiene nada que impida que una multitud de cosas procedan inmediatamente del ser primero, simple y único de Dios, porque su sabiduría contiene todas las cosas".

8.2.8 La conservación del mundo creado

Dios guarda todas las cosas creadas en la existencia; su *ser* depende de que Dios lo conserve. Conservar las cosas en el ser, no es conservarlas en determinado ser, sino en el ser simplemente; es la acción divina necesaria para que las cosas perseveren en el "esse" y no dejen de existir. Es otro de los aspectos del misterio de la creación. En efecto, la verdad del "ex nihilo" manifiesta la diferencia esencial entre Dios y las cosas; en cambio, la verdad de la conservación de las mismas en el ser por parte de Dios, revela la total dependencia de la creatura con respecto al Creador.

Ser creatura implica pues dos cosas:

- Por un lado, ser creada "ex nihilo", es decir, ser contingente.

- Por otro, la necesidad de una continua asistencia divina para existir.

---

[87]Santo Tomás de Aquino: *De potentia*, q. 3, a. 4, co. Cfr. É. Gilson: *El Tomismo*, cit., pág. 150.

La conservación del mundo creado es una verdad de fe revelada,[88] pero a la que se puede llegar también por la razón.[89]

La conservación puede ser:

1. *Directa*: cuando la cosa conservada no podría existir sin el influjo del ser que conserva. Puede ser a su vez:

    - *Mediata*: cuando el influjo sustenta a la cosa valiéndose de otra causa intermedia.
    - *Inmediata*: cuando el influjo actúa por sí mismo, directamente, sin causa intermedia.

2. *Indirecta*: cuando la causa conservadora no influye sobre la cosa misma sino solo sobre las cosas que podrían eliminarla.

Cuando se habla de la conservación de los seres creados, estamos refiriéndonos a una acción divina conservadora, *positiva, directa e inmediata* para mantener a las cosas creadas en el "esse".[90]

Sagrada Escritura

Es una verdad que aparece en toda la Sagrada Escritura:

---

[88] J. Ibáñez y F. Mendoza (*Dios Creador...*, cit., pág. 57), califican la tesis "Dios conserva en el ser todo lo realizado por su acción creadora" como de fe divina y católica definida y su negación como herejía. Lo mismo L. Ott, en *Manual*, cit., pág. 150.

[89] Cfr. H. Pinard: *Conservation*, en DTC, vol. III, cols. 1187–1197; J. Sagües: *The Sacrae...*, cit., vol. IIB, págs. 116–139; A. D. Sertillanges: *L'idee de Création et ses Retentissements en Philosophie*, Paris, Aubier, 1945, c. 4; E. van Moé: *Les Fondements Aristotéliciens de la Théorie Thomiste de la Création et de la Conservation des Êtres*, en "Angelicum", 1 (1924) 21–32.

[90] Negaron la conservación directa, Durando; y la inmediata, Enrique Gandavense.

8.2. LA CREACIÓN "EX NIHILO"

- Sal 104: 29–30, "Pero escondes tu rostro, y se turban; les retiras su aliento, y fenecen, vuelven al polvo. Pero envías tu espíritu, y son creados y renuevas la faz de la tierra".

- Sab 11:25, "¿Cómo podría permanecer algo, si Tú no lo quisieras? ¿Cómo podría conservarse algo que Tú no llamaras?" Se trata de la conservación directa e inmediata.

- Heb 1:3, "...y que sustenta todas las cosas con su palabra poderosa".

- Hech 17: 25–28, "...el que da a todos la vida, el aliento y todas las cosas... aunque no está lejos de cada uno de nosotros, ya que en él vivimos, nos movemos y existimos".

Tradición

Los Santos Padres afirmaron la conservación del mundo por parte de Dios de forma muy clara. Sin utilizar la terminología técnica de la teología posterior, sin embargo sostienen la misma idea con diferentes imágenes, como la de *sustentar* el mundo, la de *suspender* o la de *abarcar en sus manos*.

Por ejemplo, San Ireneo gráficamente describía la acción conservadora de Dios en el firmamento o en las almas y espíritus, justificándola por su relación con el hecho de la creación:

> "Como el cielo que está sobre nosotros, el firmamento, el sol y la luna y las demás estrellas y todo su ornato, no existiendo anteriormente, han sido hechos y por mucho tiempo siguen existiendo por voluntad de Dios, así, si alguien piensa acerca de las almas, de los espíritus y de todo lo que ha sido hecho, que cuando todo lo que ha sido

hecho, tuvo su principio y persevera hasta que Dios quiera que exista y persevere en el ser, no se equivocará...".[91]

San Atanasio, por su parte, sostenía:

> "Viendo que por ella misma toda naturaleza creada se desvanece y se disuelve, y con el fin de evitarlo, para que el universo no vuelva a la nada (al no ser), después de haber creado todo mediante su Verbo y haber dado el ser a la creación, Dios no la ha abandonado a las fluctuaciones e impulsos de su naturaleza, que podrían destruirla; sino que en su Bondad y por su Verbo, que es también Dios, Él gobierna y mantiene la creación, de modo que la creatura sea capaz de subsistir estable y sólidamente".[92]

San Gregorio Magno, insistía en la necesidad de la conservación para no revertir a la nada:

> "De tal modo depende de Dios el ser de las creaturas todas que ni por un solo instante podrían subsistir, y volverían a la nada, si no fueran conservadas en el ser por la acción y la fuerza divina".[93]

San Juan Crisóstomo escribiría:

> "Dios no sólo llevó a cabo la creación, sino que también, una vez realizada, la protege y la favorece; ya se trate de

---

[91] San Ireneo: *Adv. Hær.*, II, 34, 3 (P. G., 7: 836).

[92] San Atanasio de Alejandría: *Orat. contra Gentes*, 41 (P. G., 25, 81); cfr. II, 28 (P. G., 25, 56).

[93] San Gregorio Magno: *Moralia*, II, 12, 20 (P. L. 75, 565); cfr. *ibidem*, IV, 37, 45 (P. L., 75, 1143).

8.2. LA CREACIÓN "EX NIHILO"

ángeles o de arcángeles, ya se trate de potestades superiores o de todo lo que puede verse o no verse, todo goza de su providencia, y si fueran privadas de la eficaz acción de Dios, se diluirían, se disolverían y perecerían".[94]

Magisterio

Esta verdad ha sido defendida también por el Magisterio en varias ocasiones:

- Catecismo Romano: "Las cosas creadas por Dios no pueden subsistir, después de creadas, sin su virtud infinita. Por eso mismo, Dios está presente a todas las cosas creadas por su providencia, conservándolas en el ser con el mismo poder con que las creó al principio, sin lo cual volverían a la nada (Sab 11:26). En esta providencia, Dios no impide la acción de las causas segundas, sino que, previniendo su acción, se sirve de ellas, ordenándolo todo con fuerza y con suavidad (Sab 8:1)".[95]

- Vaticano I: "Universa vero, quæ condidit, Deus providentia sua tuetur atque gubernat, 'attingens a fine usque ad finem fortiter et disponens omnia suaviter' (cf. Sap 8:1). 'Omnia enim nuda et aperta sunt oculis eius' (Hebr 4:13), ea etiam, quæ libera creaturarum actione futura sunt".[96]

---

[94] San Juan Crisóstomo: *Cont. Anom.*, hom. 12, 4 (P. G., 48, 810–811); Cfr. también San Agustín: *De Genesi Ad Litteram Libri Duodecim*, (P. L., 34, 335).

[95] *Catecismo Romano*, I, 1, 21.

[96] "Ahora bien, todo lo que Dios creó, con su providencia lo conserva y gobierna, 'alcanzando de un confín a otro poderosamente y disponiéndolo todo suavemente' [cf. Sab 8:1]. Porque 'todo está desnudo y patente ante sus ojos' [Heb 4:13], aun lo que habrá de acontecer por libre acción de las criaturas" (D. S. 3003). Se estaba rechazando las tesis del deísmo, que afirmaba la creación del mundo, pero negaban toda intervención posterior.

- Catecismo de la Iglesia Católica: "Realizada la creación, Dios no abandona su criatura a ella misma. No sólo le da el ser y el existir, sino que la mantiene a cada instante en el ser, le da el obrar y la lleva a su término. Reconocer esta dependencia completa con respecto al Creador es fuente de sabiduría y de libertad, de gozo y de confianza: 'Amas a todos los seres y nada de lo que hiciste aborreces pues, si algo odiases, no lo hubieras creado. Y ¿cómo podría subsistir cosa que no hubieses querido? ¿Cómo se conservaría si no la hubieses llamado? Mas tú todo lo perdonas porque todo es tuyo, Señor que amas la vida' (Sab 11: 24–26)".[97]

Razón teológica

La razón teológica de esta verdad está en el hecho de que Dios es la causa del hacerse de las cosas (creación), en el sentido de ser el origen de su mismo "ser", de su existencia. Por eso la creatura depende de su Creador, no solo en el momento en que es producida, sino también en cada momento de su existencia.

Podría pensarse que la permanencia de los seres depende del acto inicial de la creación, pero para ello sería necesario que los seres creados hubieran asumido la existencia como su propia esencia (por sí) lo que les igualaría a Dios. Si los seres creados son radicalmente contingentes, esto es, si su existir es siempre exterior a su esencia (a aquello que son) y recibido de Otro (Dios), ha de resultarles necesaria una continua comunicación del ser que poseen por parte de Aquél que se lo ha conferido. La falta de acción conservadora por parte de Dios

---

[97] *Catecismo de la Iglesia Católica*, n. 301.

8.2. LA CREACIÓN "EX NIHILO"

entrañaría la aniquilación de la creatura, es decir, el retorno a la nada, de donde la acción creadora la sacó.[98]

El ejemplo de Santo Tomás es claro: la acción conservadora de Dios se parece al influjo del sol que ilumina el aire; la iluminación del aire necesita la permanencia y la continuidad de la acción solar:[99]

"Respondeo dicendum quod necesse est dicere, et secundum fidem et secundum rationem, quod creaturæ conservantur in esse a Deo. Ad cuius evidentiam, considerandum est quod aliquid conservatur ab altero dupliciter. Uno modo, indirecte et per accidens, sicut ille dicitur rem conservare, qui removet corrumpens; puta si aliquis puerum custodiat ne cadat in ignem, dicitur eum conservare. Et sic etiam Deus dicitur aliqua conservare, sed non omnia, quia quædam sunt quæ non habent corrumpentia, quæ necesse sit removere ad rei conservationem. Alio modo dicitur aliquid rem aliquam conservare per se et directe, inquantum scilicet illud quod conser-

"Es obligatorio afirmar, a la luz de la fe y de la razón, que las criaturas son mantenidas en su existencia por Dios. Para demostrarlo, hay que tener presente que una cosa puede ser conservada por otro de dos maneras. 1) Una, indirecta y accidentalmente, como se dice que conserva una cosa el que aparta de ella lo que pudiera corromperla. Ejemplo: Si alguien guarda a un niño para que no caiga en el fuego, se dice que lo conserva. Pues de este mismo modo se dice también que Dios conserva algunas cosas, si bien no todas, por cuanto hay algunas que no admiten factores de corrupción de los cuales sea preciso alejarlas para su conservación. 2) Otra es conservar la cosa directa y esencialmente, es decir, en cuanto que lo que es conserva-

---

[98] Cfr. E. Escribano: *Curso de Filosofía*, Shoreless Lake School, 2 edic, 1998, pro manuscrito, pág. 164.

[99] Santo Tomás de Aquino: *Summ. Theol.*, Iª, q. 104, a. 1, co.

vatur, dependet a conservante, ut sine eo esse non possit. Et hoc modo omnes creaturæ indigent divina conservatione. Dependet enim esse cuiuslibet creaturæ a Deo, ita quod nec ad momentum subsistere possent, sed in nihilum redigerentur, nisi operatione divinæ virtutis conservarentur in esse, sicut Gregorius dicit. Et hoc sic perspici potest. Omnis enim effectus dependet a sua causa, secundum quod est causa eius. Sed considerandum est quod aliquod agens est causa sui effectus secundum fieri tantum, et non directe secundum esse eius. Quod quidem contingit et in artificialibus, et in rebus naturalibus. Ædificator enim est causa domus quantum ad eius fieri, non autem directe quantum ad esse eius. Manifestum est enim quod esse domus consequitur formam eius, forma autem domus est compositio et ordo, quæ quidem forma consequitur naturalem virtutem quarundam re-

do, de tal manera depende en sí de la acción de la causa conservadora, que no puede existir sin tal conservación. Este es el modo en que todas las criaturas necesitan ser conservadas por la acción divina conservadora. De tal modo depende de Dios el ser de todas las criaturas, que ni por un instante podrían subsistir, sino que volverían a la nada si no fueran conservadas en el ser por la acción de la virtud divina, como dice Gregorio. Insistiendo. Todo efecto depende de su causa en cuanto ésta es causa de él. Pero hay algunos agentes que son causas de sus efectos sólo en cuanto a ser hechos, sin serlo directamente en cuanto al ser de los mismos. Esto resulta evidente tanto en el orden de lo artificial como en el de lo natural. Ejemplo: El constructor es causa de la casa en cuanto a la construcción de ésta. Pero no lo es directamente en cuanto al ser de la misma. Porque, como resulta evidente, el ser de la casa procede de su forma, que es la composición y el orden de los materiales, y se debe a la eficacia

8.2. LA CREACIÓN "EX NIHILO"

rum. Sicut enim coquus coquit cibum adhibendo aliquam virtutem naturalem activam, scilicet ignis; ita ædificator facit domum adhibendo cæmentum, lapides et ligna, quæ sunt susceptiva et conservativa talis compositionis et ordinis. Unde esse domus dependet ex naturis harum rerum, sicut fieri domus dependet ex actione ædificatoris. Et simili ratione est considerandum in rebus naturalibus. Quia si aliquod agens non est causa formæ inquantum huiusmodi, non erit per se causa esse quod consequitur ad talem formam, sed erit causa effectus secundum fieri tantum. Manifestum est autem quod, si aliqua duo sunt eiusdem speciei, unum non potest esse per se causa formæ alterius, inquantum est talis forma, quia sic esset causa formæ propriæ, cum sit eadem ratio utriusque. Sed potest esse causa huiusmodi formæ secundum quod est in materia, idest quod hæc materia acqui-

natural de los mismos. Así como el cocinero cuece la comida sin hacer más que aplicar una determinada virtud natural activa, el fuego; así también el constructor hace la casa utilizando cemento, piedras y madera, materiales que naturalmente reciben y retienen bien la composición y el orden. Por lo tanto, el ser de la casa depende de la condición natural de estos materiales, mientras que su construcción depende de la acción del constructor. Lo mismo sucede en el orden natural. Porque cualquier agente que no sea directamente causa de la forma sustancial en sí misma, no será tampoco causa directamente del ser que se debe a tal forma, sino que será causa del efecto únicamente en cuanto al hacerse del mismo. Es evidente que, si dos seres pertenecen a una misma especie, ninguno puede ser causa directamente de la forma del otro en cuanto tal forma, porque, al serlo, sería causa de su propia forma, ya que esta forma es la misma para ambos seres. No obstante, uno puede ser causa de la forma del

rat hanc formam. Et hoc est esse causa secundum fieri; sicut cum homo generat hominem, et ignis ignem. Et ideo quandocumque naturalis effectus est natus impressionem agentis recipere secundum eandem rationem secundum quam est in agente, tunc fieri effectus dependet ab agente, non autem esse ipsius. Sed aliquando effectus non est natus recipere impressionem agentis secundum eandem rationem secundum quam est in agente, sicut patet in omnibus agentibus quæ non agunt simile secundum speciem; sicut cælestia corpora sunt causa generationis inferiorum corporum dissimilium secundum speciem. Et tale agens potest esse causa formæ secundum rationem talis formæ, et non solum secundum quod acquiritur in hac materia, et ideo est causa non solum fiendi, sed essendi. Sicut igitur fieri rei non potest remanere, cessante actione agentis quod est causa effectus secun-

otro en cuanto esta forma está en tal materia, es decir, ser causa de que esta materia adquiera tal forma. Esto es ser causa del hacerse, que es lo que sucede al engendrar el hombre al hombre y el fuego al fuego. Por eso, siempre que un efecto natural puede recibir naturalmente la forma del agente del mismo modo que está en éste, el efecto dependerá del agente en cuanto a ser hecho, pero no en cuanto a su ser. Sin embargo, algunas veces el efecto no es capaz naturalmente de recibir del agente la forma de la manera específica de que ésta está en dicho agente, como puede verse en todos aquellos agentes que producen efectos no semejantes a sí en la especie, por ejemplo, los cuerpos celestes, que son causa de la generación de cuerpos inferiores de diferentes especies. Estos tales agentes pueden ser causa de la forma en sí misma, y no sólo en cuanto ésta se origina en tal materia, por lo cual son causa no solamente del hacerse, sino también de la forma en cuanto al ser. Así, pues, como el efecto se suspende si cesa

8.2. LA CREACIÓN "EX NIHILO"

dum fieri; ita nec esse rei potest remanere, cessante actione agentis quod est causa effectus non solum secundum fieri, sed etiam secundum esse. Et hæc est ratio quare aqua calefacta retinet calorem, cessante actione ignis; non autem remanet aer illuminatus, nec ad momentum, cessante actione solis. Quia scilicet materia aquæ susceptiva est caloris ignis secundum eandem rationem qua est in igne, unde si perfecte perducatur ad formam ignis, retinebit calorem semper; si autem imperfecte participet aliquid de forma ignis secundum quandam inchoationem, calor non semper remanebit, sed ad tempus, propter debilem participationem principii caloris. Aer autem nullo modo natus est recipere lumen secundum eandem rationem secundum quam est in sole, ut scilicet recipiat formam solis, quæ est principium luminis, et ideo, quia non habet radicem in aere, statim cessat lumen,

la acción del agente que es su causa en cuanto al hacerse, así tampoco puede continuarse el ser del efecto si cesa la acción del agente que es su causa, no sólo en cuanto al hacerse, sino también en cuanto al ser. Este es exactamente el porqué de que el agua cálida retiene el calor aún después de cesar la acción del fuego que la ha calentado, mientras que el aire iluminado no retiene la iluminación ni siquiera un instante cuando cesa la acción del sol. La sustancia del agua puede naturalmente recibir el calor del fuego del mismo modo específico que este calor tiene en el fuego. Por lo tanto, si llega a adquirir perfectamente la forma de fuego, retendrá siempre el calor. Pero si participa imperfectamente algo de la forma del fuego como en estado incoativo, el calor no permanecerá siempre, sino por algún tiempo, debido a la incompleta participación del calor. En cambio, el aire de ningún modo puede recibir naturalmente la luz como ésta está específicamente en el sol, es decir, no puede adquirir la forma del sol,

cessante actione solis. Sic autem se habet omnis creatura ad Deum, sicut aer ad solem illuminantem. Sicut enim sol est lucens per suam naturam, aer autem fit luminosus participando lumen a sole, non tamen participando naturam solis; ita solus Deus est ens per essentiam suam, quia eius essentia est suum esse; omnis autem creatura est ens participative, non quod sua essentia sit eius esse. Et ideo, ut Augustinus dicit IV super Gen. ad Litt., virtus Dei ab eis quæ creata sunt regendis si cessaret aliquando, simul et illorum cessaret species, omnisque natura concideret. Et in VIII eiusdem libri dicit quod, sicut aer præsente lumine fit lucidus, sic homo, Deo sibi præsente, illuminatur, absente autem, continuo tenebratur".[100]

principio de la luz. Así, la luz, al no tener principio en el aire, cesa inmediatamente al cesar la acción del sol. Pues bien, toda criatura se relaciona con Dios como el aire con respecto al sol que lo ilumina. Como el sol es lúcido por su naturaleza, pero el aire se hace luminoso participando la luz del sol, sin participar la misma naturaleza del sol; del mismo modo, sólo Dios es existente por su naturaleza, porque su esencia es su existencia. Dice Agustín en IV Super Gen. ad litt.: Si por un instante el poder de Dios cesara de regir las cosas por Él creadas, al instante cesaría también la visión de las mismas y perecería toda naturaleza. Y en el libro VIII del mismo libro dice: Como el aire se hace lúcido con la presencia de la luz, así es iluminado el hombre al estar Dios presente en él. Pero se vuelve tiniebla en el momento en que Dios se ausenta".

Se habla por tanto de una "creación continuada", aunque no ha de ser entendido como una acumulación de actos en Dios, sino que hay que aplicar la analogía, para no afectar a la simplicidad divina y a su

---

[100]Santo Tomás de Aquino: *Summ. Theol.*, Iª, q. 104, a. 1, co. Cfr. *Contra Gent.*, III, cap. 65; *De Pot.* q. 5, a. 1; *In Ioann.*, cap. 5, lect. 2.

8.2. LA CREACIÓN "EX NIHILO"

acto purísimo de ser (con la consiguiente ausencia de toda clase de potencia).

También se dice que es un "influjo directo y positivo" del Creador. No es pues, una intervención mediata a través de las causas segundas, sino inmediata, que asegura la estabilidad de las cosas creadas.

Sobre la libertad de anihilación

Aunque Dios tiene el poder de hacer volver a la nada a sus creaturas (anihilación) quitando su influencia conservadora y permitiendo que recaigan en la nada (2 Mac 8:18), sin embargo la Revelación nos enseña que de hecho Dios no desea hacer uso de tal posibilidad. Es consecuencia de su Amor. Así, el libro de la Sabiduría dice: "Dios no hizo la muerte, ni se regocija en la perdición de los vivos".[101] En Sab 11: 24-26 se lee "Amas a todos los seres y no odias nada de lo que hiciste; porque si odiaras algo, no lo hubieras dispuesto. ¿Cómo podría permanecer algo, si Tú no lo quisieras? ¿Cómo podría conservarse algo que Tú no llamaras? Tú perdonas a todos, porque son tuyos, Señor, amigo de la vida". La aparición del arco iris tiene esa significación, como se ve en Ge 9: 11ss.: "Establezco, pues, mi alianza con vosotros. Nunca más será exterminada toda carne por las aguas del diluvio, ni habrá más diluvio para destruir la tierra... Pongo mi arco en las nubes, que servirá de señal de la alianza entre la tierra y yo. Cuando yo haga nublarse la tierra, aparecerá el arco en las nubes, y me acordaré de la alianza entre vosotros y yo, y con todo ser vivo, con toda carne; y las aguas no serán ya más un diluvio que destruya toda carne".

Santo Tomás afirma rotundamente que "sin ninguna distinción ni reserva... ningún ser será aniquilado ni reducido a la nada".[102] Lo cual sostiene sobre la base de la Revelación bíblica mencionada, del hecho

---

[101] Sab 1:13.

[102] Santo Tomás de Aquino: *Summ. Theol.*, Iª, q. 104, a. 4, co.

de que la aniquilación no parece conforme al curso natural de las creaturas, tanto inmateriales como materiales, y de que no se percibe razón sobrenatural (del orden de la gracia) para justificar la suspensión de ese curso natural de las creaturas. La aniquilación no manifiesta perfección alguna divina ni en el orden de la gracia, ni en el de la naturaleza:

"Respondeo dicendum quod eorum quæ a Deo fiunt circa creaturam, quædam proveniunt secundum naturalem cursum rerum; quædam vero miraculose operatur præter ordinem naturalem creaturis inditum, ut infra dicetur. Quæ autem facturus est Deus secundum ordinem naturalem rebus inditum, considerari possunt ex ipsis rerum naturis, quæ vero miraculose fiunt, ordinantur ad gratiæ manifestationem, secundum illud apostoli I ad Cor. XII, unicuique datur manifestatio spiritus ad utilitatem; et postmodum, inter cetera, subdit de miraculorum operatione. Creaturarum autem naturæ hoc demonstrant, ut nulla earum in nihilum redigatur, quia vel sunt immateriales, et sic in eis non est potentia ad

"Hay que decir: Las acciones de Dios sobre las criaturas, unas se realizan según el curso natural de las cosas; otras, por el contrario, suceden milagrosamente, es decir, fuera del orden natural impuesto a las criaturas, como diremos más adelante (q. 105, a. 6). Lo que hará Dios según el orden natural implantado por El en las cosas puede deducirse de la naturaleza misma de las cosas; lo que se hará milagrosamente, se ordena a la manifestación de la gracia, según aquello del Apóstol en 1 Cor 12:7, A cada uno se le concede la manifestación del espíritu para utilidad común. Entre otras gracias menciona el poder de hacer milagros. La condición natural de las criaturas manifiesta que ninguna de ellas será reducida a la nada, ya que, o son inmateriales y en éstas no hay potencia para no ser, o son ma-

8.2. LA CREACIÓN "EX NIHILO"

non esse; vel sunt materiales, et sic saltem remanent semper secundum materiam, quæ incorruptibilis est, utpote subiectum existens generationis et corruptionis. Redigere etiam aliquid in nihilum, non pertinet ad gratiæ manifestationem, cum magis per hoc divina potentia et bonitas ostendatur, quod res in esse conservat. Unde simpliciter dicendum est quod nihil omnino in nihilum redigetur".[103]

teriales, y entonces permanecen al menos en cuanto a la materia, que es incorruptible por ser el sujeto que se supone en toda generación y corrupción. Tampoco contribuiría a la manifestación de la gracia el que alguna cosa fuera reducida a la nada. Por el contrario, el poder y la bondad de Dios se manifiestan más claramente en el hecho de conservar las cosas en el ser. Por lo tanto, absolutamente hay que afirmar: Nada quedará reducido completamente a la nada".

Sin embargo, Santo Tomás de Aquino demuestra que solamente Dios puede aniquilar a todos y cada uno de los seres creados. A diferencia de la generación y la corrupción, donde comienza a existir o deja de existir solo una parte de la cosa (la forma substancial), mientras que la materia prima no se puede engendrar ni corromper, sino que es presupuesto necesario a toda generación y permanece después de la corrupción..., en la creación y la aniquilación aparece o desaparece todo el ser, por completo, en cuanto a su forma y en cuanto a su materia: del ser anihilado no queda nada, como tampoco había nada antes de su creación. Por eso solo Dios puede anihilar; las creaturas solo pueden producir o destruir cosas parcialmente. Para la anihilación bastaría con que Dios suspendiera su acción conservadora. La prueba de que Dios tiene ese poder de anihilar está en que Dios no crea por necesidad, sino por acto de su liberrima voluntad y amor:

---

[103]Santo Tomás de Aquino: *Summ. Theol.*, Iª, q. 104, a. 4, co. Cfr. q. 9, a 2; *De Pot.* q. 5, a. 4; a. 9, ad 1.

CAPÍTULO 8. LAS PROPIEDADES DEL ACTO CREADOR

Dios fue libre para crearlas, para conservarlas y para dejar de continuar influyendo positivamente en su ser. En efecto, Santo Tomás concluirá:[104]

"Respondeo dicendum quod quidam posuerunt quod Deus res in esse produxit agendo de necessitate naturæ. Quod si esset verum, Deus non posset rem aliquam in nihilum redigere; sicut non potest a sua natura mutari. Sed, sicut supra est habitum, hæc positio est falsa, et a fide Catholica penitus aliena, quæ confitetur Deum res libera voluntate produxisse in esse, secundum illud Psalmi, omnia quæcumque voluit dominus, fecit. Hoc igitur quod Deus creaturæ esse communicat, ex Dei voluntate dependet. Nec aliter res in esse conservat, nisi inquantum eis continue influit esse. Ut dictum est. Sicut ergo antequam res essent, potuit eis non communicare esse, et sic eas non facere; ita postquam iam factæ sunt, potest eis non

"Hay que decir: Algunos sostuvieron que Dios había obrado por necesidad de naturaleza al producir las cosas a la existencia. Si esto fuera verdadero, Dios no podría reducir algo a la nada, como no puede mudarse de naturaleza. Pero, como dijimos (q. 19, a. 4), esta opinión es falsa y completamente contraria a la fe católica, que confiesa que Dios ha sacado todas las cosas a la existencia por libre voluntad, según aquello del Salmo 134:6, Lo que el Señor quiso, lo hizo. Así, pues, que Dios comunique el ser a las criaturas depende de la voluntad divina. E igualmente las conserva en su existencia, causando en ellas continuamente el ser, tal como dijimos (a. 1, ad 4). Por lo tanto, así como antes que existiesen las cosas Dios pudo no darles el ser y, así, no hacerlas, después de haber sido hechas puede

---

[104]Santo Tomás de Aquino: *Summ. Theol.*, Iª, q. 104, a. 3, co. Cfr. q. 9, a 2; *De Ver.* q. 5, a. 2, ad 6; *Contr. Gent.* lib II, cap. 30; *De Pot.* q. 5, a. 3; *Quodl.* IV, q. 3, a. 1.

8.2. LA CREACIÓN "EX NIHILO"

influere esse, et sic esse desisterent. Quod est eas in nihilum redigere".

no causar su ser, con lo cual dejarían de existir. Esto es reducirlas a la nada".

8.2.9 El concurso divino en la operación de las creaturas

Dios crea y conserva las cosas. Pero los seres creados realizan actos que les desarrollan y perfeccionan. Dios coopera en esos actos. Es el sentido de la tesis según el cual "Dios coopera inmediatamente en todo acto de las creaturas",[105] y es lo que se denomina *concurso* o *moción* divinas en la operación de las creaturas.

Comprender el alcance del concurso divino del que aquí se trata, supone entender sus características, que son, a saber, las siguientes:

1. Es un "concursus generalis et naturalis", es decir, en el plano de lo natural; se distingue, pues, de las intervenciones de Dios de tipo sobrenatural o preternatural, de las que se ocupan otros tratados teológicos.

2. Es un "concursus physicus", es decir, moviendo la fuerza natural de la creatura para producir un acto; se distingue, pues, del concurso moral que tiene lugar mediante un consejo, precepto u otro medio que pueda determinar el entendimiento o la voluntad de la creatura.

3. Es un "concursus immediatus", es decir, Dios con la creatura realiza la misma acción; se distingue, pues, del concurso mediato, en el que Dios da a la creatura el poder de obrar, actuando solo a través de la causas segundas.

---

[105] J. Ibáñez y F. Mendoza (*Dios Creador*..., cit., pág. 62), califican la mencionada tesis como de doctrina católica y su negación como error en doctrina católica.

4. Es un "concursus universalis", es decir, un influjo que afecta a la acción de todas las creaturas; se distingue, pues, del concurso especial que se otorga a una creatura en concreto.

Sagrada Escritura

Son abundantes los textos en los que aparece el concurso divino. De hecho, en el Antiguo Testamento se puede ver cómo se atribuyen a Dios todos los efectos físicos y espirituales que ocurren entre nosotros: creación de elementos naturales, actividades colectivas del pueblo, acciones individuales de las personas, la ocurrencia de la vida o de la muerte, la bienaventuranza o la ruina, la conversión o el endurecimiento del corazón, etc...

Algunos textos del Antiguo y del Nuevo Testamento son muy significativos:

- Is 26:12, "Señor, Tú nos preparas la paz. Todas nuestras obras las haces Tú por nosotros".

- 1 Cor 12:6, "...pero Dios es el mismo, que obra todo en todos".

- Flp 2:13, "Porque Dios es quien obra en vosotros el querer y el actuar conforme a su beneplácito".

- Jn 15: 4–5, "Permaneced en mí y yo en vosotros. Como el sarmiento no puede dar fruto por sí mismo si no permanece en la vid, así tampoco vosotros si no permanecéis en mí. Yo soy la vid, vosotros los sarmientos. El que permanece en mí y yo en él, ése da mucho fruto, porque sin mí no podéis hacer nada".

- Hech 17:28, "Ya que en Él vivimos, nos movemos y existimos, como han dicho algunos de vuestros poetas: *Porque somos también de su linaje*".

8.2. LA CREACIÓN "EX NIHILO"

Magisterio

Aunque la tesis no está definida, sin embargo es completamente coherente con la fe creacionista. Y por eso, aparece en varios documentos magisteriales, sobre todo en los que se refieren a la providencia divina:

- Catecismo Romano: "Las cosas creadas por Dios no pueden subsistir, después de creadas, sin su virtud infinita. Por eso mismo, Dios está presente a todas las cosas creadas por su Providencia, conservándolas en el ser con el mismo poder con que las creó al principio, sin lo cual volverían a la nada (Sab 11:26). En esta providencia, Dios *no impide la acción de las causas segundas*, sino que, previniendo su acción, se sirve de ellas, ordenándolo todo con fuerza y con suavidad (Sab 8:1)".[106]

- Concilio Vaticano I: "Universa vero, quæ condidit, Deus providentia sua tuetur atque gubernat, 'attingens a fine usque ad finem fortiter et disponens omnia suaviter' (cf. Sab 8:1).'Omnia enim nuda et aperta sunt oculis eius' (Heb 4:13), *ea etiam, quæ libera creaturarum actione futura sunt*".[107]

- Catecismo de la Iglesia Católica: "Dios guarda y gobierna por su providencia todo lo que creó, 'alcanzando con fuerza de un extremo al otro del mundo y disponiéndolo todo con dulzura' (Sab 8:1). Porque 'todo está desnudo y patente a sus ojos' (Heb 4:13), incluso *lo que la acción libre de las criaturas producirá* (Cc. Vaticano I: D. S. 3003).

---

[106] *Catecismo Romano*, I, 1, 21 y 22.

[107] "Ahora bien, todo lo que Dios creó, con su providencia lo conserva y gobierna, 'alcanzando de un confín a otro poderosamente y disponiéndolo todo suavemente' [cf. Sab 8:1]. Porque 'todo está desnudo y patente ante sus ojos' [Heb 4:13], aun lo que habrá de acontecer por libre acción de las criaturas" (D. S. 3003).

El testimonio de la Escritura es unánime: la solicitud de la divina providencia es concreta e inmediata; tiene cuidado de todo, de las cosas más pequeñas hasta los grandes acontecimientos del mundo y de la historia. Las Sagradas Escrituras afirman con fuerza *la soberanía absoluta de Dios en el curso de los acontecimientos*: 'Nuestro Dios en los cielos y en la tierra, todo cuanto le place lo realiza' (Sal 115:3); y de Cristo se dice: 'si él abre, nadie puede cerrar; si él cierra, nadie puede abrir' (Ap 3:7); 'hay muchos proyectos en el corazón del hombre, pero sólo el plan de Dios se realiza' (Pr 19, 21).

Así vemos al Espíritu Santo, autor principal de la Sagrada Escritura *atribuir con frecuencia a Dios acciones sin mencionar causas segundas.* Esto no es 'una manera de hablar' primitiva, sino un modo profundo de recordar la primacía de Dios y su señorío absoluto sobre la historia y el mundo (cf Is 10: 5–15; 45: 5–7; De 32:39; Eco 11:14) y de educar así para la confianza en Él. La oración de los salmos es la gran escuela de esta confianza (cf Sal 22; 32; 35; 103; 138)".[108]

Razón teológica

El modo como se produce el concurso divino no es por medio de la aniquilación de las causas segundas ni de la supresión de las actividades propias de las creaturas. Por el contrario, siendo Dios el fundamento de la causalidad creada, no la anula ni interfiere con ella, lo cual se explica porque Dios actúa en el *plano trascendental* o primero, mientras que las creaturas lo hacen en el *plano predicamental* o segundo. Como dice L. Ott, el concurso de la causa primera y las causas segundas "no debe ser concebido como una yuxtaposición mecánica

---

[108] *Catecismo de la Iglesia Católica*, n. 302–304.

8.2. LA CREACIÓN "EX NIHILO"

de operaciones... sino como una operación orgánicamente conjunta y mutuamente intrínseca (la acción de Dios y de la criatura forman un todo orgánico y con intrínseca dependencia la segunda de la primera)".[109] Son, pues, planos situados a diferente nivel y dimensión, por lo que el efecto producido es totalmente de Dios y totalmente de la criatura.

Después de demostrar que es falsa la opinión de los que afirman que ninguna virtud creada opera en los seres creados, sino que solo Dios obra directamente en todas las cosas (Dios lo haría todo, y las creaturas quedarían anuladas), Santo Tomás aclara que la actuación de Dios en el obrar de las creaturas por concurso divino consiste en la presencia divina en el obrar creatural de tres modos:

1. En primer lugar, *a modo de fin*. Porque, como toda operación es por algún bien, real o aparente, y nada es o aparece bueno sino en cuanto participa alguna semejanza del sumo Bien, que es Dios, se sigue que Dios mismo es causa de toda operación en razón de fin.

2. Asimismo, cuando *hay muchos agentes ordenados, siempre el segundo obra en virtud del primero*, puesto que el primer agente mueve al segundo a obrar. Y, según esto, todas las cosas obran en virtud de Dios mismo, resultando que Dios es causa de las acciones de todos los agentes.

3. En tercer lugar, hay que tener presente que Dios no sólo mueve las cosas a obrar aplicando sus formas y potencias a la operación (algo así como el artesano que aplicara la sierra para cortar, considerando además que, a veces, el artesano no le ha dado la forma), sino que *Dios da, además, la forma a las criaturas que*

---

[109] L. Ott: *Manual...*, cit., pág. 154.

obran y las conserva en el ser. Por lo tanto, Dios es causa de las acciones no sólo en cuanto da la forma que es principio de la acción (como se dice que es causa del movimiento de los cuerpos pesados y ligeros el que los produce), sino también en cuanto que conserva las formas y las potencias de las cosas (como se dice que el sol es causa de la presencia de los colores en cuanto da y conserva la luz por la que éstos se avivan). Como las formas de las cosas están dentro de ellas, tanto más cuanto estas formas son superiores y más universales, y, por otra parte, en todas las cosas Dios es propiamente la causa del ser mismo en cuanto tal, que es lo más íntimo de todo, se concluye que Dios obra en lo más íntimo de todas las cosas.

Este modo de obrar de Dios, trascendente, respeta la actuación propia de las causas segundas ("Por lo tanto, el obrar de Dios en las cosas se ha de entender de tal modo, que, no obstante, las mismas cosas tengan sus propias operaciones"),[110] porque, según Santo Tomás de Aquino, si no fuera así:

1. En primer lugar, se eliminaría de las cosas creadas el orden de causa y efecto, lo cual *podría suponer falta de poder en el Creador*, pues del poder del agente depende el que éste comunique a su efecto la virtud de obrar.

2. En segundo lugar, *en vano se les habría dado a las cosas las potencias operativas* que en ellas vemos, si no obrasen nada por medio de tales potencias. Más aún: de algún modo, las mismas cosas creadas parecerían existir todas inútilmente, al carecer de operaciones propias, que es para lo que existen todos los seres.

Es importante seguir el razonamiento del Aquinate:

---

[110]Santo Tomás de Aquino: *Summ. Theol.*, Iª, q. 105, a. 5.

8.2. LA CREACIÓN "EX NIHILO"

"Respondeo dicendum quod Deum operari in quolibet operante aliqui sic intellexerunt, quod nulla virtus creata aliquid operaretur in rebus, sed solus Deus immediate omnia operaretur; puta quod ignis non calefaceret, sed Deus in igne, et similiter de omnibus aliis. Hoc autem est impossibile. Primo quidem, quia sic subtraheretur ordo causæ et causati a rebus creatis. Quod pertinet ad impotentiam creantis, ex virtute enim agentis est, quod suo effectui det virtutem agendi. Secundo, quia virtutes operativæ quæ in rebus inveniuntur, frustra essent rebus attributæ, si per eas nihil operarentur. Quinimmo omnes res creatæ viderentur quodammodo esse frustra, si propria operatione destituerentur, cum omnis res sit propter suam operationem. Semper enim imperfectum est propter perfectius, sicut igitur materia est propter formam, ita forma, quæ est actus primus, est propter suam

"Obrar Dios en todo el que obra, lo entendieron algunos en el sentido de que ninguna virtud creada obra algo en las cosas, sino que Dios lo hace todo directamente. Ejemplo: No calienta el fuego, sino Dios en el fuego; y, así, todos los demás casos. Esto es inadmisible. 1) En primer lugar, porque con esto se eliminaría de las cosas creadas el orden de causa y efecto, lo cual podría suponer falta de poder en el Creador, pues del poder del agente depende el que éste comunique a su efecto la virtud de obrar. 2) En segundo lugar, porque en vano se les habría dado a las cosas las potencias operativas que en ellas vemos, si no obrasen nada por medio de tales potencias. Más aún: De algún modo, las mismas cosas creadas parecerían existir todas inútilmente, al carecer de operaciones propias, que es para lo que existen todos los seres. Efectivamente, lo menos perfecto existe siempre por razón de lo más perfecto. Por eso, como la materia existe por razón de la forma, así la forma, que es el acto

operationem, quæ est actus secundus; et sic operatio est finis rei creatæ. Sic igitur intelligendum est Deum operari in rebus, quod tamen ipsæ res propriam habeant operationem. Ad cuius evidentiam, considerandum est quod, cum sint causarum quatuor genera, materia quidem non est principium actionis, sed se habet ut subiectum recipiens actionis effectum. Finis vero et agens et forma se habent ut actionis principium, sed ordine quodam. Nam primo quidem, principium actionis est finis, qui movet agentem; secundo vero, agens; tertio autem, forma eius quod ab agente applicatur ad agendum (quamvis et ipsum agens per formam suam agat); ut patet in artificialibus. Artifex enim movetur ad agendum a fine, qui est ipsum operatum, puta arca vel lectus; et applicat ad actionem securim quæ incidit per suum acumen. *Sic igitur secundum hæc tria Deus in quolibet operante operatur. Primo quidem,* primero, tiene su razón de ser en la operación, que es el acto segundo, y, de este modo, la operación es el fin de las cosas creadas. Por lo tanto, el obrar de Dios en las cosas se ha de entender de tal modo, que, no obstante, las mismas cosas tengan sus propias operaciones. Para demostrarlo hay que tener presente que, de los cuatro géneros de causas, la materia no es principio de acción, sino sujeto que recibe el efecto de la acción. En cambio, el fin, el agente y la forma son principios de acción, pero con cierto orden y distinción. Porque el primer principio de la acción es el fin, que mueve al agente; el segundo es el agente; y el tercero es la forma de aquello que el agente aplica a obrar, sin que esto quiera decir que el agente no obre también por su forma propia, como se ve claro, en las obras artesanales. El artesano se mueve a obrar por el fin, que es la obra misma, por ejemplo, un arca o una cama, y aplica a la operación la sierra, que corta por su filo. De estos tres modos obra Dios en todo el que ac-

8.2. LA CREACIÓN "EX NIHILO"

secundum rationem finis. Cum enim omnis operatio sit propter aliquod bonum verum vel apparens; nihil autem est vel apparet bonum, nisi secundum quod participat aliquam similitudinem summi boni, quod est Deus; sequitur quod ipse Deus sit cuiuslibet operationis causa ut finis. *Similiter etiam* considerandum est quod, si sint multa agentia ordinata, semper secundum agens agit in virtute primi, nam primum agens movet secundum ad agendum. Et secundum hoc, omnia agunt in virtute ipsius Dei; et ita ipse est causa actionum omnium agentium. *Tertio,* considerandum est quod Deus movet non solum res ad operandum, quasi applicando formas et virtutes rerum ad operationem, sicut etiam artifex applicat securim ad scindendum, qui tamen interdum formam securi non tribuit; sed etiam dat formam creaturis agentibus, et eas tenet in esse. Unde non solum est causa actionum inquantum

túa. En primer lugar, a modo de fin. Porque, como toda operación es por algún bien, real o aparente, y nada es o aparece bueno sino en cuanto participa alguna semejanza del sumo Bien, que es Dios, se sigue que Dios mismo es causa de toda operación en razón de fin. Asimismo, cuando hay muchos agentes ordenados, siempre el segundo obra en virtud del primero, puesto que el primer agente mueve al segundo a obrar. Y, según esto, todas las cosas obran en virtud de Dios mismo, resultando que Dios es causa de las acciones de todos los agentes. En tercer lugar, hay que tener presente que Dios no sólo mueve las cosas a obrar aplicando sus formas y potencias a la operación, algo así como el artesano aplica la sierra para cortar, y que, a veces, el artesano no le ha dado la forma, sino que Dios da, además, la forma a las criaturas que obran y las conserva en el ser. Por lo tanto, Dios es causa de las acciones no sólo en cuanto da la forma que es principio de la acción, como se dice que es causa

dat formam quæ est principium actionis, sicut generans dicitur esse causa motus gravium et levium; sed etiam sicut conservans formas et virtutes rerum; prout sol dicitur esse causa manifestationis colorum, inquantum dat et conservat lumen, quo manifestantur colores. Et quia forma rei est intra rem, et tanto magis quanto consideratur ut prior et universalior; et ipse Deus est proprie causa ipsius esse universalis in rebus omnibus, quod inter omnia est magis intimum rebus; sequitur quod Deus in omnibus intime operetur. Et propter hoc in sacra Scriptura operationes naturæ Deo attribuuntur quasi operanti in natura; secundum illud Iob X, pelle et carnibus vestisti me, ossibus et nervis compegisti me".[111]

del movimiento de los cuerpos pesados y ligeros el que los produce, sino también en cuanto que conserva las formas y las potencias de las cosas, como se dice que el sol es causa de la presencia de los colores en cuanto da y conserva la luz por la que éstos se avivan. Como las formas de las cosas están dentro de ellas, tanto más cuanto estas formas son superiores y más universales, y, por otra parte, en todas las cosas Dios es propiamente la causa del ser mismo en cuanto tal ser, que es lo más íntimo de todo, se concluye que Dios obra en lo más íntimo de todas las cosas. Por eso, en la Sagrada Escritura, las operaciones naturales se atribuyen a Dios como a quien obra en la naturaleza, según aquello de Job 10,11: Me revestiste de piel y carne, y con huesos y músculos me consolidaste".

---

[111]Santo Tomás de Aquino: *Summ. Theol.* Iª, q. 105, a. 5, co. Cfr. *Sent.* II, dist. 1, q. 1, a. 4; *Contra Gent.* III, cap. 67; *De Pot.* q. 3, a. 7; *Comp. Theol.* cap. 135.

8.2. LA CREACIÓN "EX NIHILO"

¿Concurso divino en la acción mala?

Un tema que a veces provoca perplejidad es el de si Dios también coopera con la acción mala. En este sentido hay que insistir en que Dios no es causa del mal o de la acción imperfecta. Dios coopera solamente en la acción humana, que en sí —como "ser"— es siempre buena; y, que por defecto natural o moral de la creatura, es el soporte del mal del que solo es responsable el ser humano. Así pues, en el pecado hay que distinguir entre el contenido óntico de la acción, de la cual Dios es el sujeto principal, de la falta de bien en el obrar, lo que pertenece en exclusividad al hombre. Como dice el Aquinate:[112]

"Ad secundum dicendum quod effectus causæ secundæ deficientis reducitur in causam primam non deficientem, quantum ad id quod habet entitatis et perfectionis, non autem quantum ad id quod habet de defectu. Sicut quidquid est motus in claudicatione, causatur a virtute motiva; sed quod est obliquitatis in ea, non est ex virtute motiva, sed ex curvitate cruris. Et similiter quidquid est entitatis et actionis in actione mala, reducitur in Deum sicut in

"A la segunda hay que decir: El efecto de la causa segunda deficiente se reduce a la causa primera no deficiente, por lo que tiene de entidad y de perfección, no en lo que tiene de defecto. Ejemplo: Todo lo que hay de movimiento en la cojera es causado por la fuerza motriz, pero lo que hay de defecto en ella no proviene de dicha fuerza, sino por estar contrahecha la pierna. De forma parecida, todo cuanto hay de entidad y de acción en la acción mala se reduce a Dios como a su causa. Pero lo

---

[112]Santo Tomás de Aquino: *Summ. Theol.* Iª, q. 49, a. 2, ad 2. Cfr. *Sent.* II, dist. 32, q. 2, a. 1; dist. 34, a. 3; dist. 37, q. 3, a. 1; *Contra Gent.* II, 41; III, 71; *De Malo*, q. 1, a. 5; *Comp. Theol.* cap. 141 y 142; *De Subst. Sep.*, op. 15, c. 15; *In Rom.* c. 1, lect. 7; *In Io.*, c. 9, lect. 1.

causam, sed quod est ibi defectus, non causatur a Deo, sed ex causa secunda deficiente".	que hay allí de defecto no es causado por Dios, sino que proviene de la causa segunda deficiente".

Concurso divino en las acciones libres de los hombres

Otro problema teológico muy controvertido es del concurso de Dios en las acciones libres del hombre. Dios mueve también al hombre en sus decisiones libres, pero al mismo tiempo, el hombre es siempre libre y responsable de sus acciones. ¿Cómo es esto posible? La solución se hace más clara distinguiendo entre la perspectiva de la voluntad divina y la de la voluntad humana.

A.– *Desde el punto de vista de la voluntad divina*, hay que decir que la dificultad estriba en que, siendo tal voluntad inmutable y cumpliéndose infaliblemente, pareciera que las cosas sobrevienen de modo fatal y necesario, es decir la voluntad divina impone su necesidad a las cosas por ella queridas y causadas.

Sin embargo, Santo Tomás de Aquino señala la solución al indicar que cuando Dios quiere y porque Dios quiere que un efecto sobrevenga necesariamente, escoge causas segundas necesarias para su producción; cuando Dios quiere que el efecto suceda libre y contingentemente se vale de causas segundas libres y contingentes.

En efecto, la acción de la voluntad divina, al recaer sobre la causa segunda, produce no sólo la acción, sino además el modo de la acción, necesaria o libre, en conformidad con la causa que obra. A medida que un agente es más poderoso o eficaz, tanto más se extiende su acción en el efecto. La virtud divina es eficacísima y omnipotente; luego se extiende a producir el efecto bajo todos sus aspectos y modalidades.

8.2. LA CREACIÓN "EX NIHILO"

Cuando Dios mueve la voluntad humana, hace no sólo que obre, sino que obre libremente. Y esto sucede en virtud de la eficacia infinita de la voluntad divina.

La acción divina es infalible y el efecto se sigue siempre. Sin embargo, la voluntad del hombre permanece libre porque la acción de Dios que la mueve infaliblemente, al mismo tiempo la inclina suave y libremente. La acción de la voluntad divina impone a algunas cosas *necesidad absoluta*, y a todas, *necesidad hipotética o condicional*, en el sentido de que si Dios mueve una causa contingente libre a producir un determinado efecto, es necesario que esa causa segunda lo ejecute. Pero esa necesidad hipotética o condicional no obsta a la contingencia y libertad de las causas creadas (que sólo se destruiría si sólo existiera la necesidad absoluta):

"'Respondeo dicendum quod divina voluntas quibusdam volitis necessitatem imponit, non autem omnibus. Cuius quidem rationem aliqui assignare voluerunt ex causis mediis quia ea quæ producit per causas necessarias, sunt necessaria; ea vero quæ producit per causas contingentes, sunt contingentia. Sed hoc non videtur sufficienter dictum, propter duo. Primo quidem, quia effectus alicuius primæ causæ est contingens propter causam secundam, ex eo quod impeditur effectus causæ primæ per defectum causæ secundæ; sicut virtus solis per

"Hay que decir: La voluntad divina impone necesidad a algo de lo querido, pero no a todo. La razón de esto algunos la colocaron en las causas intermedias; porque lo producido por causas necesarias, es necesario; lo producido por causas contingentes, es contingente. Pero esto no parece tener sólido fundamento por dos razones: 1) Una, porque el efecto de la causa primera es contingente por la causa segunda, y así el efecto de la causa primera queda impedido por fallar la causa segunda. Ejemplo: La acción del sol so-

defectum plantæ impeditur. Nullus autem defectus causæ secundæ impedire potest quin voluntas Dei effectum suum producat. Secundo, quia, si distinctio contingentium a necessariis referatur solum in causas secundas, sequitur hoc esse præter intentionem et voluntatem divinam, quod est inconveniens. Et ideo melius dicendum est, quod hoc contingit propter efficaciam divinæ voluntatis. Cum enim aliqua causa efficax fuerit ad agendum, effectus consequitur causam non tantum secundum id quod fit, sed etiam secundum modum fiendi vel essendi, ex debilitate enim virtutis activæ in semine, contingit quod filius nascitur dissimilis patri in accidentibus, quæ pertinent ad modum essendi. Cum igitur voluntas divina sit efficacissima, non solum sequitur quod fiant ea quæ Deus vult fieri; sed quod eo modo fiant, quo Deus ea fieri vult. Vult autem quædam fieri Deus necessario, et quædam contingenter, ut sit ordo in rebus, ad complementum universi. Et ideo qui-

bre una planta no surte efecto si ésta es defectuosa. Pero ningún defecto de la causa segunda puede impedir que se cumpla la voluntad de Dios. 2) La segunda, porque, si la distinción entre lo contingente y lo necesario se centra sólo en las causas segundas, se seguiría que no es anterior a la intención y a la voluntad; lo cual es incongruente. Por eso, es mejor decir que esto sucede por la eficacia de la voluntad divina. Pues cuando alguna causa es eficaz para obrar, el efecto le sigue no sólo como hecho, sino también como hecho según el modo de hacer y de ser. Así, pues, como quiera que la voluntad divina es del todo eficaz, no sólo se sigue que se haga lo que Dios quiere, sino que se haga tal como Él quiere que se haga. Por otra parte, Dios quiere que algunas cosas se hagan necesariamente y otras contingentemente, para que haya armonía en las cosas como complemento del universo. De este modo, algunos efectos los vin-

8.2. LA CREACIÓN "EX NIHILO"

busdam effectibus aptavit causas necessarias, quæ deficere non possunt, ex quibus effectus de necessitate proveniunt, quibusdam autem aptavit causas contingentes defectibiles, ex quibus effectus contingenter eveniunt. Non igitur propterea effectus voliti a Deo, eveniunt contingenter, quia causæ proximæ sunt contingentes, sed propterea quia Deus voluit eos contingenter evenire, contingentes causas ad eos præparavit".[113]

culó a causas necesarias que no pueden fallar y cuyos efectos se dan necesariamente; y algunos otros efectos los vinculó a causas contingentes que pueden fallar y cuyos efectos se dan contingentemente. Por lo tanto, no es que los efectos queridos por Dios se den contingentemente porque las causas próximas sean contingentes; sino que, porque Dios quiere que los efectos se den contingentemente, les dispuso causas contingentes".

B.– *Desde el punto de vista de la voluntad humana libre*, nos encontramos con el famoso problema *De Auxiliis*, que enfrentaron principalmente dos posiciones teológicas, la de los tomistas y la de los molinistas. Baste una presentación sumaria de las mismas, pues el tema pertenece a otro tratado teológico:

1. Para los tomistas Dios actúa con un doble concurso:

    - Por un lado, el "concursus previus", que trae al poder creado de la potencia al acto.
    - Por otro lado, el "concursus simultaneus", por el que Dios acompaña la actividad de la creatura durante toda su duración.

---

[113]Santo Tomás de Aquino: *Summ. Theol.* I^a, q. 19, a. 8, co. Cfr. *Summ Theol.* I^a, q. 22, a. 4; *Sent.* II, dist. 32, q. 2, a. 1; dist. 34, a. 3; dist. 37, q. 3, a. 1; *Contra Gent.* I, cap. 85; II, cap. 30; *De Malo*, q. 16, a. 7, ad 15; *De Ver.*, q. 23, a. 5; *Quod Lib.*, XI, q. 3, a. unic.

Por tanto, toda la acción procede de Dios como causa principal y de la creatura como causa instrumental.

2. Para los molinistas Dios actúa solo por "concursus simultaneus". La cooperación divina comienza en el instante en que la voluntad se actualiza (pasa de la potencia al acto). Antes de la decisión libre, Dios actúa solo moral y mediatamente.[114]

El hecho del concurso divino en las acciones libres del hombre está reflejado en la Sagrada Escritura, cada vez que hace amonestaciones y advertencias para que el hombre cambie, como es frecuente encontrar en la predicación de los profetas. Esto implica que el hombre es libre realmente.

Además la libertad del hombre no queda alterada porque Dios lo mueva según la inclinación al bien que le es propia.

En último término, el concurso divino a la moción de los seres no es sino una consecuencia del Amor, que se identifica con el Ser Substancial. Dante recordaba que "el amor, que al Sol mueve y a las otras estrellas..."

Esta doctrina va en contra del:

- Ocasionalismo, para el cual no existe la causalidad.

---

[114]Cfr. sobre el presente problema, M. Browne: *De Modo Intrinseco Libertatis Remanente in Voluntate Humana Physice Præmota*, en "Angelicum" 9 (1932) 482–490; F. Marín Sola: *El Sistema Tomista sobre la Moción Divina*, en "Ciencia Tomista" 32 (1925) 5–54; 33 (1926) 5–74, 321–397; P. M. Périer: *Prescience, Concours et Liberté*, en "Revue Apologétique" 59 (1934) 10–25; L. Teixidor: *Del Concurso Inmediato de Dios en todas las Acciones y Efectos de sus Creaturas*, en "Estudios Eclesiásticos" 7 (1928) 5–24; 8 (1929) 332–362; 9 (1930) 321–350; 11 (1932) 190–227 y 289–322; R. Garrigou Lagrange: *Prémotion Physique*, en DTC, vol. XIII, cols. 31–77; H. Lange: *Marin Sola, Bañez und Molina*, en "Scholastik", 1 (1926) 533–565; P. Parente: *Causalità Divina e Libertà Umana*, en "La Scuola Catt." 75 (1947) 89–108; I. Stufler: *Divi Thomæ Aquinatis Doctrina de Deo Operante in Omni Operatione Naturae Creatae, Praesertim Liberi Arbitrii*, Oeniponte, Innsbruck, 1923; etc.

8.2. LA CREACIÓN "EX NIHILO"

- Deísmo, para el cual Dios no interviene en la obra creada después de su creación.

8.2.10 Providencia y gobierno de la creación

Es de fe que Dios por su providencia, protege y guía todo lo que ha creado.[115]

La acción creadora de Dios perdura mediante la conservación y el concurso divinos. Pero toda la acción de las creaturas está sujeta a un orden, lo cual se produce por el gobierno divino que no es sino la ejecución de la providencia divina.[116] En efecto, la divina providencia es el plan divino eterno sobre el mundo; el gobierno divino es la ejecución del plan divino eterno en el tiempo. Ambas realidades son denominadas "divina providencia" en sentido extenso. Santo Tomás la define como "ratio ordinis rerum in finem in mente divina præexistens".[117] Por eso, dice el Santo que a la razón de Providencia pertenecen dos

---

[115] J. Ibáñez y F. Mendoza (*Dios Creador...*, cit., pág. 68–69), califican la tesis "Dios por su providencia, protege y guía todo lo que ha creado" como de fe divina y católica definida y su negación como herejía; L. Ott (*Manual...*, cit., pág. 156), sostiene la misma calificación.

[116] Cfr. J. M. Arroyo: *El Tratado de la Providencia Divina en la Obra de Santo Tomás de Aquino*, Edusc, Roma 2007; R. Garrigou–Lagrange: *La Providence et la Confiance en Dieu: Fidélité et Abandon*, Paris, Desclée de Brouwer, 1932; R. Guardini: *Libertad, Gracia y Destino*, San Sebastián, Dinor, 1954; P. T. Geach: *Providence and Evil*, New York and London, Cambridge University Press, 1977; Th. Philippe: *La Conduite Divine du Monde*, en "Vie Spirit." Suppl., 54 (1938) 129–156; J. Valvuena: *Introducción al Tratado del Gobierno Divino del Mundo*, en "Suma Teológica de S. Tomás de Aquino", t. III, Madrid, BAC, 2011, págs. 711–727; A. D. Sertillanges: *Dieu Gouverne*, Paris, Spes, 1942; D. Amand: *Fatalisme et liberté dans l'Antiquité Grecque: Recherches sur la Survivance de l'Argumentation Morale Antifataliste de Carnéade chez les Philosophes Grecs et les Théologiens Chrétiens des Quatre Premiers Siècles*, Louvain, Bibliothèque de l'Université, 1945; R. Garrigou–Lagrange: *Providence selon la Théologie*, en DTC, vol XIII, cols 985–1023.

[117] Santo Tomás de Aquino: *Summ. Theol.* I^a, q. 22, a. 1, co.

cosas: ordenar mentalmente a su fin las cosas provistas, y ejecutar esa ordenación, en lo que consiste propiamente el gobierno. En efecto:

"Ad providentiam duo pertinent, scilicet ratio ordinis rerum provisarum in finem; et executio huius ordinis, quæ gubernatio dicitur".[118]	"A la providencia pertenece la razón de orden de las cosas destinadas a un fin y la ejecución de este orden, que se llama gobierno".

La doctrina de la providencia une el misterio de Dios como origen de todo, con el de la consumación final de todo lo creado por obra del mismo Creador. La misma potencia y amor divinos actúan en el principio y dirigen todo hasta su final escatológico.

Como dice J. Morales:

"Redescubrir el pleno sentido de estas enseñanzas resulta de particular importancia en una época como la actual, en la que la violenta irrupción del mal, el nihilismo de muchas actitudes vitales, la falta de fe y el sentido de autonomía humana, alteran con frecuencia las convicciones creyentes acerca de la providencia divina, tal como se recogen y expresan en la Sagrada Escritura".[119]

Sagrada Escritura

En la Biblia el concepto de providencia divina hay que enmarcarlo dentro del de "Historia Salutis", donde Dios va guiando a su pueblo

---

[118]Santo Tomás de Aquino: *Summ. Theol.* Iª, q. 22, a. 3, co.

[119]J. Morales: *El Misterio...*, cit., pág. 286.

8.2. LA CREACIÓN "EX NIHILO"

y a sus elegidos amorosa y misteriosamente hasta su destino final, la salvación. Los textos son abundantísimos.[120]

En el Antiguo Testamento se manifiesta la acción constante de Dios sobre todo lo creado y sobre las creaturas, sobre el hombre, la naturaleza y la historia. La realidad del Dios Providente está manifestada de mil modos desde la primera página de la Biblia. No obstante, el concepto abstracto de providencia aparecerá en el libro de la Sabiduría:

- Sab 6:7, "Que el Señor de todos no se arredra ante nadie, ni se amedrenta por la grandeza de ninguno, porque Él hizo al pequeño y al grande e, igualmente, se cuida de todos".

- Sab 14:3, "Pero es tu providencia, Padre, quien lo pilota, porque Tú abres también camino en el mar, y una senda segura entre las olas..."

- Sab 17:2, "Los inicuos, pensando que podían dominar al pueblo santo, quedaron encadenados por tinieblas y cautivos de una larga noche, encerrados bajo techos, huyendo de la eterna providencia".

Dios va dirigiendo toda la Historia del Pueblo elegido desde los patriarcas hasta la llegada del Mesías. Todo lo que ocurre es para el bien de los elegidos, incluso lo que aparecen como desgracias. Así lo afirma José a sus hermanos:

> "Dios me envió delante de vosotros para aseguraros la subsistencia en la tierra, y conservaros la vida mediante una gran liberación. No me enviasteis, por tanto, vosotros

---

[120]B. Boshi: *La Providenza nella Bibbia: alle Origini del Pensiero Cristiano*, en "Sacra Doctrina" 68 (1972) 501–543. Cfr. A. Lemonnyer: *La Providence dans la Sainte Écriture*, en DTC, vol. XIII, cols. 935–941.

aquí, sino que es Dios quien me ha puesto como un padre para el faraón, como señor de toda su casa, y como gobernador de todo el país de Egipto".[121]

La imagen de Dios como Pastor de su pueblo,[122] o como Padre amoroso que cuida de sus hijos, está en la misma línea:

> "Hay un progreso paulatino en la comprensión religiosa de que Yahveh es el Padre de Israel. En efecto: Yahveh es Padre, porque es creador, porque 'engendró,' a) el cielo y la tierra (Ge 14: 19–22; Sal 90:2, 'antes de que fueran engendrados los cielos y la tierra, desde siempre y para siempre Tú eres Dios'); b) el pueblo de Israel, (De 26: 16--18 'Hoy has hecho comprometerse al Señor que Él será tu Dios y que tú marcharás por sus caminos y guardarás sus leyes...'); c) a todo hombre, porque le dio la vida y el ser (Sal 139:13, 'Tú has formado mis entrañas, me has plasmado en el vientre de mi madre'). Yahveh también es Padre, porque es el 'Salvador' del pueblo escogido. A los antiguos israelitas les resultaba fácil entender la figura de los patriarcas, quienes ejercían una protección muy peculiar en todos los órdenes, especialmente en el religioso; ellos evocaban la imagen de la paternidad de Dios como tipificada en estos personajes. Así se dice que 'hijos son de Dios' (De 14: 1–2); y por eso Dios corrige y castiga a sus hijos a lo largo de toda la *Historia Salutis* (Is 64: 7–8; Jer 2: 19.27; Os 11: 3–8). Si Yahveh es Padre, entonces nosotros somos sus hijos. Existe una evolución en la concepción de quién sea el hijo de Dios en el Antiguo Testamento. En un principio, el pueblo elegido en conjunto será el hijo de Dios (Ex 4: 22–23; en el Sinaí —Ex 34:9—, 'perdona nuestro pecado y recíbenos

---

[121] Ge 45: 7–8.

[122] En el Antiguo Testamento Yahveh es el Pastor de Israel (Ge 49:24). Tan arraigada estaba esa idea entre los israelitas y tan inspiradora era que aparece con gran frecuencia en los Salmos (Sal 23: 1–4; 28:9; 74:1, entre otros). Impresiona la oración de Asaf: "Oh Pastor de Israel, escucha. Tú que pastoreas a José (el pueblo de Israel) como a un rebaño...despierta tu poder". (Sal 80: 1–2). Ver a Yahveh como el Pastor celestial inspiraba los más bellos cánticos de alabanza, que el pueblo cantaba en el templo con reverencia, gozo y fervor (Sal 95: 6–7; 100:3). También los profetas reconocieron en Dios al gran Pastor de Israel (Is 40:11; Jer 13:17; Ez 34:31; Mi 7:14).

8.2. LA CREACIÓN "EX NIHILO"

como heredad tuya'). En una segunda etapa, los justos serán los hijos de Dios (tema que se desarrolla sobre todo en la literatura sapiencial: To 13:4; Sal 103: 13--14, 'como un padre tiene piedad de sus hijos, así tiene Dios piedad de los que le temen'; Sal 68:5, Padre de huérfanos y defensor de viudas; Sal 27:10, 'aunque mi padre y mi madre me abandonen, el Señor me recogerá'; 103:13, 'como se apiada un padre de sus hijos, así tiene el Señor piedad de los que le temen'; Sab 2: 13--19, 'el justo se ufana de tener a Dios por padre'). Finalmente la filiación divina se ejerce en el Mesías, que es el representante de todo el pueblo de Israel y el Justo por excelencia (Sal 2; 110:3; Eco 51:10)".[123]

Incluso los males que pueden acaecer al hombre han sido permitidos por Dios para nuestro bien. El caso más conocido es el relatado en el libro de Job. Es de notar que la explicación dada a Job sobre sus sufrimientos se sustenta en la confianza en Dios, que creó todo y todo lo gobierna con su infinito poder, cuyo conocimiento excede a cualquier cosa que el hombre pueda imaginar o pensar (Jb 42: 1–6).[124] Hay una profunda conexión entre el hecho de Dios como creador y Dios como providente.

En el Nuevo Testamento, la providencia de Dios se manifiesta en toda su profundidad. Es realidad esencial en la predicación, vida y destino de Nuestro Señor Jesucristo. La perícopa del Sermón de la Montaña dedicada a la providencia divina es de los textos más bellos de toda la Revelación:

> "Por eso os digo: no estéis preocupados por vuestra vida: qué vais a comer; o por vuestro cuerpo: con qué os vais a vestir. ¿Es que no vale más la vida que el alimento, y el cuerpo más que el vestido? Mirad las aves del cielo:

---

[123] J. A. Jorge: *Dios Uno...*, págs. 162–165.

[124] Cfr. J. Quezada del Río: *El escepticismo de Job y Qohélet*, en "Revista Iberoamericana de Teología", V, 8 (enero–junio, 2009) 87–116.

> no siembran, ni siegan, ni almacenan en graneros, y vuestro Padre celestial las alimenta. ¿Es que no valéis vosotros mucho más que ellas? ¿Quién de vosotros, por mucho que cavile, puede añadir un solo codo a su estatura? Y sobre el vestir, ¿por qué os preocupáis? Fijaos en los lirios del campo, cómo crecen; no se fatigan ni hilan, y yo os digo que ni Salomón en toda su gloria pudo vestirse como uno de ellos. Y si a la hierba del campo, que hoy es y mañana se echa al horno, Dios la viste así, ¿cuánto más a vosotros, hombres de poca fe? Así pues, no andéis preocupados diciendo: ¿qué vamos a comer, qué vamos a beber, con qué nos vamos a vestir? Por todas esas cosas se afanan los paganos. Bien sabe vuestro Padre celestial que de todo eso estáis necesitados. Buscad primero el Reino de Dios y su justicia, y todas estas cosas se os añadirán. Por tanto, no os preocupéis por el mañana, porque el mañana traerá su propia preocupación. A cada día le basta su contrariedad".[125]

San Pablo también manifestará la realidad de la divina providencia en su discurso en el Areópago:

> "El Dios que hizo el mundo y todo lo que hay en él, que es Señor del cielo y de la tierra, no habita en templos fabricados por hombres, ni es servido por manos humanas como si necesitara de algo el que da a todos la vida, el aliento y todas las cosas...".[126]

La misma confianza es reclamada por San Pedro:

---

[125] Mt 6: 25–34.
[126] Hech 17: 24–25.

8.2. LA CREACIÓN "EX NIHILO"

"Humillaos, por eso, bajo la mano poderosa de Dios, para que a su tiempo os exalte. Descargad sobre Él todas vuestras preocupaciones, porque Él cuida de vosotros".[127]

Dios se vale de todo para llevar a cabo sus planes. En este sentido, para el cristiano todo lo que le sucede es para su bien;[128] ve en todo la mano amorosa y providente de Dios. Jesucristo vivió esta realidad en su máxima expresión:

"¿No era preciso que el Cristo padeciera estas cosas y así entrara en su gloria?"[129]

"De nuevo se apartó, por segunda vez, y oró diciendo: —'Padre mío, si no es posible que esto pase sin que yo lo beba, hágase tu voluntad'".[130]

Tradición

Los Santos Padres lucharon contra las herejías de su época que rechazaban la providencia divina, en particular contra el fatalismo, las astrologías y dualismo gnóstico. En esta lucha fue reafirmada y defendida una y otra vez la verdadera naturaleza e importancia de la providencia divina.

En efecto, la idea cristiana de la misma queda muy lejos y es muy diferente de las paganas. Los griegos hablaban de *pronoia* como la labor de un espíritu divino inmanente al mundo que lo guía de un modo regular y cíclico. Los estoicos creían en las *razones seminales*,

---

[127] 1 Pe 5: 6-7.
[128] "Sabemos que todas las cosas cooperan para el bien de los que aman a Dios, de los que son llamados según su designio" Ro 8:28.
[129] Lc 24:26.
[130] Mt 26:42.

que explicaban todo lo que ocurre de un modo absolutamente predeterminado, donde no había espacio ni para la libertad ni para lo contingente: el destino alcanza a todo el universo y a cada uno de los seres, es superior a los dioses que no lo pueden controlar ni modificar, y, obviamente, también superior a los hombres que solo pueden aceptarlo y a los que solo les queda como solución frente al mismo la *ataraxia*, la impasibilidad. El mundo antiguo se dio a la magia, a la superstición y a la brujería como medios para tratar de escapar a ese destino inexorable.[131]

Frente a todo ello, el pensamiento cristiano irá manifestando el auténtico sentido de la providencia de Dios sobre el mundo creado. Los dos puntos que centran la atención de los Padres son, por un lado, la absoluta inseparabilidad de los conceptos de Dios y de providencia de tal modo que el que niega la segunda también negará el primero; por otro lado, que la providencia y el gobierno del mundo son una consecuencia de la creación y que afectan a todo lo que tiene ser.[132] Sobre esta base común de ideas, los distintos Padres y Escritores eclesiásticos desarrollaron algunos aspectos doctrinales propios. Así, por ejemplo, Teófilo de Antioquía insistía en lo propio de la providencia divina frente a las concepciones filosóficas del momento:

> "Nosotros confesamos a Dios, pero uno solo, el Creador, Hacedor y Artífice de todo este mundo, y sabemos que todo se gobierna por su providencia, pero solo por la suya".[133]

---

[131] Cfr. H. D. Simonin: *La Providence selon les Pères Grecs*, en DTC, vol. XIII, cols. 941–960.

[132] Cfr. J. Valvuena: *Introducción...*, cit., pág. 720.

[133] Teófilo de Antioquía: *Ad Autol.*, 3, 9. Cfr. I, 4–6 (P. G., 6, 1029-1033); II, 4–11 (P. G., 6, 1052-1069); II, 34 (P. G., 6, 1108).

8.2. LA CREACIÓN "EX NIHILO"

Tertuliano, en contra de Marción, subraya cómo el hombre que no admite la providencia, es en realidad ateo:

> "Digno es de castigo más que de refutación, el hombre que no admite la providencia, y que en consecuencia, es ateo".[134]

Orígenes, por su lado, distinguía entre voluntad y providencia divinas, con el fin de establecer que la voluntad divina nunca quería el mal, aunque la providencia a veces lo permitiera para nuestro bien.[135]

Incluso algunos Santos Padres dedicaron monografías al tema de la providencia divina, como fue el caso de San Gregorio Niseno,[136] San Juan Crisóstomo,[137] Teodoreto de Ciro,[138] o Salviano de Marsella.[139] El Santo Padre que profundizó de un modo muy especial en el sentido de éste rasgo divino fue San Agustín, principalmente en sus obras de "Las Confesiones"[140] y en "La Ciudad de Dios":

---

[134] Tertuliano: *Hom.* 5, 6; cfr. *Ad. Marc.*, 2, 24.

[135] Cfr. Orígenes: *In Gen.*, III, 2, 2; *In Lev.*, V, 2, 79. Cfr. *De Princ.*, 3, 1, 17 (P. G., 11, 285); *Ibidem*, 4, 7 (P. G., 11, 353); *Cont. Cels.*, 1, 10 (P. G., 11, 676); *Ibidem*, 4, 74 (P. G., 11, 1144–1146); etc.

[136] San Gregorio de Nisa: *Contra Fatum*. El pequeño folleto *Contra el Destino* contiene una disputa del autor con un filósofo pagano en Constantinopla el año 382. Gregorio defiende la libertad de la voluntad contra el fatalismo aristotélico. Demuestra lo absurdo de creer que la posición de las estrellas al momento de nacer un hombre determine su suerte. Cfr. también, *De Anima et Resurr.* (P: G., 46, 21); *Or. Catech.*, 20 (P. G., 45, 56–57.)

[137] San Juan Crisóstomo: *Ad Stagirium* (P. G., 47, 437 ss.); *Ad eos...*, 2 (P. G., 52, 482–484); *In Epist. ad Rom.*, hom 16, 7 (P. G., 60, 557–559); etc. Ha sido llamado el gran teólogo de la providencia (D. Simonin: *o. c.*, col. 951).

[138] Teodoreto de Ciro: *De Providencia* (diez sermones, en P. G., 83, 956-992).

[139] Salviano de Marsella: *De Gubernatione Dei*.

[140] S. Agustín: *Confesiones*, III, 11 y 19.

"De la providencia universal de Dios, debajo de cuyas leyes está todo.

El sumo y verdadero Dios Padre, con su unigénito Hijo y el Espíritu Santo, cuyas tres divinas personas son una esencia, un solo Dios todopoderoso, Criador y Hacedor de todas las almas y de todos los cuerpos, por cuya participación son felices todos los que son verdadera y no vanamente dichosos; el que hizo al hombre animal racional, alma y cuerpo; el que en pecando el hombre no le dejó sin castigo ni sin misericordia; el que a los buenos y a los malos les dio también ser con las piedras, vida vegetativa con las plantas, vida sensitiva con las bestias, vida intelectiva sólo con los ángeles; de quien procede todo género, toda especie y todo orden; de quien dimana la medida, número y peso; de quien proviene todo lo que naturalmente tiene ser de cualquier género, de cualquiera estimación que sea; de quien resultan las semillas de las formas y las formas de las semillas, y sus movimientos; el que dio igualmente a la carne su origen, hermosura, salud, fecundidad para propagarse, disposición de miembros equilibrio en la salud; y el que así mismo concedió al alma irracional memoria, sentido y apetito, y a la racional, además de estas cualidades, espíritu, inteligencia y voluntad; y el que no sólo al cielo y a la tierra, no sólo al ángel y al hombre, pero ni aun a las delicadas telas de las entrañas de un pequeñito y humilde animal, ni a la plumita de un pájaro, ni a la florecita de una hierba, ni a la hoja del árbol dejó sin su conveniencia, y con una quieta posesión de sus partes, de ningún modo debe creerse que quiera estén fuera de las leyes de

8.2. LA CREACIÓN "EX NIHILO"

su providencia los reinos de los hombres, sus señoríos y servidumbres".[141]

Magisterio

El Concilio Vaticano I, contra las tesis del fatalismo, deísmo y materialismo, sostendrá con firmeza la realidad de la providencia divina:

> "Universa vero, quæ condidit, Deus providentia sua tuetur atque gubernat, 'attingens a fine usque ad finem fortiter et disponens omnia suaviter' (cf. Sab 8:1). 'Omnia enim nuda et aperta sunt oculis eius' (Heb 4:13), ea etiam, quæ libera creaturarum actione futura sunt".[142]

El Syllabus de Pio IX condena la siguiente proposición modernista:

> "Neganda est omnis Dei actio in homines et mundum".[143]

Razón teológica

Según Santo Tomás, Dios ha creado todas las cosas de acuerdo a sus ideas divinas; la idea de ordenar todas las cosas hacia un fin, existe

---

[141] San Agustín: *De Civitate Dei*, V, 11. Cfr. las sugerentes consideraciones de É. Gilson: *La Metamorfosis de la Ciudad de Dios*, Madrid, Rialp, 1965, págs. 54-98; A. Rascol: *La Providence selon Saint Augustine*, en DTC, vol. XIII, cols 961-984, donde se pueden encontrar una sistematización de las principales referencias a la providencia del Santo de Hipona.

[142] "Ahora bien, todo lo que Dios creó, con su providencia lo conserva y gobierna, 'alcanzando de un confín a otro poderosamente y disponiéndolo todo suavemente' [cf. Sab 8:1]. Porque 'todo está desnudo y patente ante sus ojos' [Heb 4:13], aun lo que habrá de acontecer por libre acción de las criaturas" (D. S. 3003).

[143] "Debe negarse toda acción de Dios sobre los hombres y sobre el mundo" (D. S. 2902).

desde la eternidad en la mente divina; la voluntad de Dios no puede fallar. El Santo hace un estudio detallado y perfectamente lógico del gobierno del mundo en los ocho artículos de la cuestión 103 de la Primera Parte de la Suma Teológica ("La cuestión referente al gobierno del mundo en general plantea y exige respuesta a ocho problemas"). Hay uno dedicado a la demostración del hecho y de la existencia del gobierno divino (a. 1. "El mundo, ¿está o no está gobernado por alguien?"). Los cuatro artículos siguientes estudian las cuatro causas del gobierno del mundo (su finalidad: a. 2. "¿Cuál es el objetivo de dicho gobierno?"; su ejecutor: a. 3. "¿Está o no está gobernado por uno solo?"; su contenido: a. 4. "Efectos de dicho gobierno"; su extensión: a. 5. "¿Está o no está sometido todo al gobierno divino?"). Los tres últimos artículos se dedican a las propiedades del gobierno (si la acción es inmediata por parte de Dios: a. 6. "¿Está o no está todo gobernado directamente por Dios?"; si se frustra en algo: a. 7. "El gobierno divino, ¿fracasa o no fracasa en algo?"; si algo puede intentar frustrarla: a. 8. "¿Puede o no puede oponerse algo a lo establecido por el gobierno divino?").[144] Como dice J. M. Artola:

> "El primer concepto que aparece en esta sección es el del gobierno divino de las cosas (q.103). Es una cuestión paralela a la de la providencia divina (q.22).
>
> Si allí se trataba de un atributo de Dios, aquí se expone el ejercicio en el mundo de tal atributo. Sto. Tomás expone el gobierno divino como fruto de la bondad divina, que es la razón última del origen de las cosas. A la bondad

---

[144]Santo Tomás de Aquino: *Summ. Theol.* I\ª, q. 103, aa. 1–8; q. 2, a. 3; q. 11, a. 3; q. 19, a. 6; q. 22, a. 2 y 3. Cfr. también, *Contra Gent.* III, caps. 64, 17, 94, 113, 76, 77, 83 y 94; *De Ver.*, q. 5, a. 2, 3; *De Subst. Separatis*, c. 14, 16; *Compend. Theol.* caps. 123, 130.

8.2. LA CREACIÓN "EX NIHILO"

corresponde no sólo dar existencia, sino llevar hasta la cumbre del fin a todas las criaturas.

Así Sto. Tomás se opone a quienes niegan la acción ordenadora de Dios, a quienes consideran que todo o una parte del universo está entregada absolutamente al azar.

La idea de gobierno, sin embargo, es entendida por Sto. Tomás de tal suerte que la acción desplegada por Dios es participada por las criaturas mismas, de tal forma que la acción de gobierno no resulta extrínseca a las cosas mismas gobernadas. Y ello por un doble motivo: porque la acción gobernadora de Dios aparece ya en la realidad propia de cada criatura, cuya esencia le impulsa al fin, de forma que no es algo violento que se imponga a pesar de ella misma, y en segundo lugar, porque unas cosas obran sobre otras dirigiéndolas secundariamente a su fin último.

Así pues, como antes hemos observado, Sto. Tomás utiliza como cañamazo de su exposición un esquema causalista de la relación entre Dios y la criatura, pero tal esquema se transforma en cuanto que la causalidad no es la eficiencia extrínseca sin más, sino la actividad divina, que incluso da a las criaturas lo que es propio de la criatura misma. Y la finalidad se amplía de tal manera que el fin no es sólo una cualidad recibida, sino también una realidad distinta a la que se llega a poseer o 'tocar', superando así la exterioridad más burda (cf. q.103 a.2 ad 1). Con todo ello Sto. Tomás hace del gobierno divino del universo una extensión participativa de la bondad divina (q.103 a. 2 y 4).

Análogamente, Sto. Tomás se esfuerza por poner en relación la bondad y la unidad, perfecciones cuya coin-

cidencia resulta de difícil aceptación en la consideración inmediata del mundo y sólo cabe que se admita en la perspectiva transcendental. De ahí resulta, por tanto, que el gobierno divino no es la acción exterior violenta, ni siquiera ajena, del poder de Dios, toda vez que este poder es el sustentador de la naturaleza misma. Y esta intervención, divina se extiende a toda realidad, lo que supone una neta separación respecto de una estructura del universo —como el neoplatónico— en el que la emanación 'en cascada' impide un gobierno universal de Dios. Para Sto. Tomás está presente la revelación evangélica, que afirma el cuidado de Dios hasta de las flores del campo y las aves del cielo".[145]

Es necesario distinguir las clases de gobierno divino:

1. Con relación a los seres sobre los que recae:

    - "Generalis": para todos los seres creados, incluso los irracionales.

    - "Specialis": para los seres racionales todos, incluso los pecadores.

    - "Specialissima": para los predestinados.

2. Con relación al modo de su actuación:

    - "Mediata": que actúa a través de las causas segundas.

    - "Inmediata": Dios directamente realiza por sí mismo el plan de su providencia.

---

[145] José María Artola Barrenechea, O.P.: *La Conservación y Gobierno de las Cosas por Dios. Introducción a las Cuestiones 103 a 119*, en "Santo Tomás De Aquino. *Suma de Teología*, Parte I" Madrid, BAC, 4 edición, Madrid, 2001, págs. 873-874. Cfr. L. Ott: *Manual...*, cit., pág. 156; J. Valvuena: *Introducción...*, cit., págs. 721-727.

8.2. LA CREACIÓN "EX NIHILO"

3. Con relación a los efectos:

- "Ordinaria": intervención regular de Dios.
- "Extraordinaria": intervención especial de Dios, como los milagros, las inspiraciones, las definiciones infalibles, etc.

Se han de señalar finalmente los atributos del gobierno divino, que son, a saber:[146]

1.- Certeza infalible. El plan previsto por Dios se realiza infaliblemente por medio del gobierno divino del mundo, de suerte que nada ocurre contra la providencia o con independencia de ella. Como Dios es la causa universal, a la que se hallan subordinadas todas las causas particulares, es completamente imposible que ocurra algo imprevisto, impretendido o, por lo menos, no permitido en el plan de Dios. Para Dios no hay azar, ni existe tampoco un hado, sobre Dios o junto a Él, a quien todos los acontecimientos del mundo estén irresistiblemente sometidos.[147]

2.- Inmutabilidad. El plan eterno de Dios es inmutable por ser Dios mismo absolutamente inmutable. Esto no quiere decir que carezca de sentido la oración de petición, pues su fin no es alterar el plan eterno de la providencia; antes bien, tal oración se incluye en el mismo, desde toda la eternidad, como causa segunda:

"Nihil autem prohibet per orationum efficaciam aliquem particularem ordinem alicuius inferioris causæ mutari, Deo fa-	"Y no hay inconveniente en que el orden particular de alguna causa inferior se cambie por la eficacia de las oraciones, si lo permi-

---

[146] Cfr. L. Ott: *Manual...*, cit., pág. 157.
[147] Santo Tomás de Aquino: *Summ. Theol.* Iª, q. 22, a. 2, ad 1.

ciente, qui omnes supergreditur causas, unde sub nulla necessitate ordinis alicuius causæ continetur, sed, e converso, omnis necessitas ordinis inferioris causæ continetur sub ipso quasi ab eo institutus. Inquantum ergo per orationem immutatur aliquid de ordine inferiorum causarum instituto a Deo, propter orationes piorum, dicitur Deus converti, vel pœnitere: non quod æterna eius dispositio mutetur, sed quia mutatur aliquis eius effectus. Unde et Gregorius dicit quod non mutat Deus consilium etsi quandoque mutet sententiam: non, inquam, illam quæ exprimit dispositionem æternam; sed illam sententiam quæ exprimit ordinem inferiorum causarum, secundum quem Ezechias erat moriturus, vel gens aliqua pro suis peccatis evertenda. Talis autem sententiæ mutatio dicitur transumptiva locutione Dei pœnitentia, inquantum Deus ad similitudinem pœnitentis se habet, cuius est mutare quod fecerat. Per quem modum dicitur etiam metaphote Dios, que está sobre todas las causas, y por eso no está sujeto necesariamente al orden de una causa particular, sino que, al contrario, tiene bajo si toda necesidad de orden de la causa inferior, como fundador del mismo. Luego cuando en el orden de las causas inferiores establecido por Dios se cambia algo por las oraciones de los fieles, dícese que Dios 'se arrepiente' o que 'se convierte', no porque cambie su eterna disposición, sino porque cambia alguno de sus efectos. Por eso dice San Gregorio que 'Dios no cambia su juicio, aunque cambie alguna vez la sentencia', es decir, no la que expresa su eterna disposición, sino aquella sentencia que expresa el orden de las causas inferiores, según el cual, por ejemplo, Ezequías había de morir o tal pueblo había de ser destruido por sus pecados. Y tal cambio de sentencia se llama, en sentido traslaticio, 'arrepentimiento divino', en cuanto que Dios se asemeja al penitente, que cambia lo que hacía. Y de igual modo se dice metafóricamente 'que se aira', porque, al

rice irasci, inquantum puniendo facit irascentis effectum".[148]

castigar, hace como quien está airado".

8.3 El problema del mal

Conviene estudiar los datos teológicos más importantes a tener en cuenta para entender una realidad que pareciera oponerse a la providencia y gobierno divinos, así como a los atributos divinos de la infinita bondad y omnipotencia. Con razón se cuestionaba San Agustín:

> "¿Dónde está el mal? ¿De dónde proviene? ¿Por dónde se ha infiltrado hasta aquí? ¿Cuál es su raíz, su germen? ¿Acaso no existe en absoluto? ¿De dónde procede el mal, puesto que Dios, que es bueno, ha creado buenas todas las cosas?"[149]

Es un tema que ha escandalizado y atribulado a muchos espíritus, y que ha sido el motivo de graves errores filosóficos y herejías en el campo teológico.[150] Además, se ha señalado en los tiempos modernos como una de las causas de la extensión del ateísmo.[151] Como muy gráficamente expresó Dostoyevski en su inmortal personaje Ivan Karamazov:

---

[148] Santo Tomás de Aquino: *Summ. Contra Gent.* III, 95, n. 21.

[149] S. Agustín: *Confesiones*, VII, 5, 7 (P. L. 32, 736).

[150] Baste recordar el caso del maniqueísmo, o del pesimismo absoluto de Schopenhauer, por ejemplo.

[151] Es bien conocido el caso de los existencialistas ateos, sobre todo, que después de ser ateos y sin encontrar solución al problema de la existencia del mal, proclamaban el absurdo de la vida del hombre sobre la tierra. Para una buena síntesis de las diferentes concepciones del mal en la Historia de la Filosofía, J. Cruz Cruz: *El Mal. I. Planteamiento General del Problema del Mal*, en GER, Rialp, Madrid, 1979, vol. XIV, págs. 767–771; A. Fernández: *Teología Moral II*, Facultad de Teología, Burgos, 2002, págs. 874–917.

> "Me niego, sin embargo, a aceptar este mundo de Dios... Comprende, que no es a Dios a quien no acepto, sino al mundo que ha creado. No acepto el mundo de Dios, y me niego a aceptarlo...
>
> Si los hombres han de sufrir para comprar la eterna armonía con su sufrimiento, dime entonces qué tienen que ver con esto los niños. Es del todo incomprensible porqué deban ellos comprar esa armonía con su dolor inocente...
>
> No deseo esta armonía, que exige un precio demasiado alto. No podemos permitirnos pagar tanto para ser admitidos a ese orden. Me apresuro por tanto a devolver mi billete de admisión... Acepto a Dios, pero le devuelvo mi billete respetuosamente".[152]

¿Cómo explicar la realidad del mal si Dios es infinitamente bueno y todopoderoso? Si el mal no lo ha creado Dios, ¿de dónde procede? Si Dios es omnipotente, ¿por qué no acaba con el mal? Si Dios es Padre Bueno y providente, ¿por qué permite el mal, incluso el "mal que clama al Cielo"? Ya Epicuro argumentaba en contra de Dios precisamente elucubrando sobre el mal:

> "Si Dios no quiere impedir el mal, no es suficientemente bueno. Si no puede impedirlo, no es omnipotente. Si no puede ni quiere, es débil y envidioso a la vez. Si puede y quiere —y esto es propio de Dios—, ¿de dónde procede el mal y por qué no lo elimina Dios?"[153]

Conviene, no obstante, adelantar que el misterio del mal se esclarece sólo a la luz de la Revelación, y en particular, ante la realidad de

---

[152] F. Dostoyevski: *Los Hermanos Karamazov*, 2, 5, 4.
[153] Cit. por A. Fernández: *Teología*..., cit., pág. 543.

8.3. EL PROBLEMA DEL MAL

Cristo crucificado, el Cordero Inmaculado que "para que se cumpliera lo dicho por medio del profeta Isaías, 'tomó nuestras dolencias y cargó con nuestras enfermedades'" (Mt 8:17). Así, el supremo mal es vencido por el infinito bien: "La Ley se introdujo para que se multiplicara la caída; pero una vez que se multiplicó el pecado, sobreabundó la gracia" (Ro 5:20).

La visión atea de la realidad, simplemente no tiene respuesta ante este hecho, y lógicamente cae en el cinismo o en la angustia. Como dijera Nietzsche: "Lo que subleva contra el sufrimiento no es el sufrimiento, sino el absurdo de sufrir".[154]

El tema es muy complejo, y mereció toda una Cuestión Disputada de Santo Tomás, su famoso "De Malo". Vamos a seguir su pensamiento para, al menos, conocer lo básico de esta problemática.[155]

---

[154] Cit. por A. Fernández: *Teología...*, cit., pág. 542.

[155] Son fundamentales las cuestiones 48–49 de la primera parte de la *Suma Teológica*, la distinción 34 del libro segundo del *Comentario a las Sentencias*, además del *De Malo*. Es recomendable el estudio de E. Masson: *Mal*, en DTC, vol. IX, cols. 1679–1704; C. Journet: *El Mal. Estudio Teológico*, Rialp, Madrid, 1965; C. Cardona: *Metafísica del Bien y del Mal*, Eunsa, Madrid, 1987; E. Conesa: *Dios y el Mal. La Defensa del Teísmo frente al Problema del Mal según Alwin Plantinga*, Eunsa, Pamplona, 1996; J. A. Garrigues: *Dios sin Idea del Mal*, Eunsa, Pamplona, 1999; M. A. Monje: *El Sentido del Sufrimiento*, Palabra, Madrid, 1998; I. Orellana: *Pedagogía del Dolor*, Palabra, Madrid, 1999; A. D. Sertillanges: *El Problema del Mal*, 2 vols., Epesa, Madrid 1956; VARIOS: *El problema del mal (Segunda Semana Española de Filosofía)*, Madrid 1955; C. Fabro: *Male*, en "Enciclopedia Cattolica", Vaticano, 1951, 1902–1906; Id.: *Dio e il male*, en "Asprenas", 3–4 (1981) 301-329; Id.: *Problema e Mistero del Male*, en "Mater Ecclesiae", 2 (1966) 72-78; B. d'Amore: *La Natura del Male*, en "Sapienza" 5 (1952) 358–380; P. Parente: *Il Male Secondo la Dottrina di S. Tommaso*, en "Acta Pont. Ac. Rom S. Th. Aqu." 6 (1940) 3–40; F. Petit: *Le Problème du Mal*, Fayard, Paris, 1958; G. Soleri: *Il Problema Metafisico del Male*, en "Sapienza" 5 (1952) 289–306, 415–442; J. Valvuena: *Introducción a las Cuestiones 48-49*, en "Suma Teológica de Santo Tomás de Aquino" t. II, BAC, Madrid, 2010, págs. 560–565.

8.3.1 Cuestiones previas

Conviene analizar, antes de nada, la naturaleza del mal, así como su clasificación o divisiones.

Naturaleza del mal

Hay que afirmar que el mal es, en realidad, la privación de un bien. Esto implica que, por un lado, el mal no es en sí algo, una naturaleza por sí, sino que es una privación de un bien; lo cual supone, por otro lado, que el mal existe en el bien como en su sujeto. En efecto:

- Lo que es opuesto a algo, se conoce por el contrario, como las tinieblas por la luz.

- Por lo tanto, lo malo se ha de conocer por la naturaleza del bien.

- El bien es cualquier cosa que es apetecible, según el famoso adagio: "bonum est quod omnes appetunt".

- Como cualquier ser apetece su propio bien y su propia perfección, hay que sostener que el bien y la perfección de cualquier cosa es lo bueno.

- Por eso el mal no puede ser un "ser" o cualquier forma de naturaleza.

- De ahí que el nombre del mal designe la ausencia del bien. Y esto es lo que se significa al decir que el mal "no es ni un bien ni un ser". Como el ser en sí es bueno ("ens et bonum convertuntur"), la ausencia de esto (bondad) significa la ausencia de aquello (el ser).

Como dice Santo Tomás de Aquino:

8.3. EL PROBLEMA DEL MAL

"Respondeo dicendum quod unum oppositorum cognoscitur per alterum, sicut per lucem tenebra. Unde et quid sit malum, oportet ex ratione boni accipere. Diximus autem supra quod bonum est omne id quod est appetibile, et sic, cum omnis natura appetat suum esse et suam perfectionem, necesse est dicere quod esse et perfectio cuiuscumque naturæ rationem habeat bonitatis. Unde non potest esse quod malum significet quoddam esse, aut quandam formam seu naturam. Relinquitur ergo quod nomine mali significetur quædam absentia boni. Et pro tanto dicitur quod malum neque est existens nec bonum, quia cum ens, inquantum huiusmodi, sit bonum, eadem est remotio utrorumque".[156]

"Hay que decir: Cada uno de los opuestos es conocido por el otro. Ejemplo: Las tinieblas por la luz. De ahí que es necesario que a partir del concepto de bien se conozca lo que es el mal. Hemos dicho anteriormente (q. 5, a. 1), que el bien es todo aquello que es apetecible. Así, como quiera que toda naturaleza desea su propia existencia y perfección, es necesario afirmar que la existencia y la perfección de cualquier naturaleza tiene razón de bondad. Por lo tanto, no es posible que el mal indique algún ser o una determinada forma o naturaleza. Por lo tanto, no nos queda más que decir que con el nombre de mal se indica una determinada ausencia de bien. Por eso se dice que el mal ni existe ni es bueno, porque como quiera que todo ser, en cuanto tal, es bueno, no existir y no ser bueno es lo mismo".

Por lo tanto, al no tener entidad alguna, el mal necesita existir en otro, por eso se dice que el mal existe en el bien como en su sujeto. Ahora bien, el sujeto de la privación de un bien, es el ser en potencia:

---

[156] Santo Tomás de Aquino: *Summ. Theol.* I^a, q. 48, a. 1, co. Cfr. *Contra Gent.* III, caps. 7, 8 y 9; *De Ente et Essentia*, cap. 1; *De Pot.*, q. 3, a. 16, ad 3; *De Div. Nom.*, cap. 4, lect. 14; *De Malo*, q. 1, a. 1; *Compend. Theol.* cap. 115.

el mal hace que una forma potencial no se actualice, o una forma actual se corrompa. Pero el ser en potencia en cuanto tal es bueno, pues tiene ser y la relación al bien. Por tanto, el sujeto del mal es el bien.

De nuevo, el Aquinate es muy claro:

"Respondeo dicendum quod, sicut dictum est, malum importat remotionem boni. Non autem quælibet remotio boni malum dicitur. Potest enim accipi remotio boni et privative, et negative. Remotio igitur boni negative accepta, mali rationem non habet, alioquin sequeretur quod ea quæ nullo modo sunt, mala essent; et iterum quod quælibet res esset mala, ex hoc quod non habet bonum alterius rei, utpote quod homo esset malus, quia non habet velocitatem capreæ, vel fortitudinem leonis. Sed remotio boni privative accepta, malum dicitur, sicut privatio visus cæcitas dicitur. Subiectum autem privationis et formæ est unum et idem, scilicet ens in potentia, sive sit ens in potentia simpliciter, sicut materia prima, quæ est subiectum formæ substantialis et

"Hay que decir: Como dijimos (a. 1), el mal implica ausencia de bien. No obstante, no toda ausencia de bien es llamada mal. Pues la ausencia de bien puede ser tomada como privación y como negación. Así, pues, la ausencia de bien tomada como negación, no contiene razón de mal. En caso contrario se seguiría que aquellas cosas que no existen serían malas. También se diría que cualquier cosa es mala al no tener todo el bien que tienen las demás. Ejemplo: El hombre sería malo por no tener la velocidad de la cabra o la fortaleza del león. Pero la ausencia de bien tomada como privación es llamada mal, como se llama ceguera a la privación de la vista. El sujeto de la privación y de la forma es uno y el mismo, esto es, el ser en potencia, tanto si es ser en potencia absolutamente, como la materia prima, que

8.3. EL PROBLEMA DEL MAL

privationis oppositæ; sive sit ens in potentia secundum quid et in actu simpliciter, ut corpus diaphanum, quod est subiectum tenebrarum et lucis. Manifestum est autem quod forma per quam aliquid est actu, perfectio quædam est, et bonum quoddam, et sic omne ens in actu, bonum quoddam est. Et similiter omne ens in potentia, inquantum huiusmodi, bonum quoddam est, secundum quod habet ordinem ad bonum, sicut enim est ens in potentia, ita et bonum in potentia. Relinquitur ergo quod subiectum mali sit bonum".[157]	es sujeto de la forma sustancial y de la privación de su opuesto, bien sea ser en potencia en cierto modo, y en acto absolutamente, como el cuerpo transparente, que es sujeto de las tinieblas y de la luz. Es evidente que la forma por la que algo está en acto es una cierta perfección y un determinado bien. Así, todo ser en acto es un determinado bien. De forma parecida, todo ser en potencia, en cuanto tal, es un determinado bien, en cuanto que está ordenado al bien. Es un ser en potencia como es un bien en potencia. Hay que concluir, por tanto, que el bien es el sujeto del mal".

Clasificación del mal

Con el fin de centrar más el tema del mal, es importante distinguir el mal como la simple limitación de los seres creados, del verdadero mal, bien sea el mal físico o el mal moral. El primero no es propiamente un mal; los otros dos sí lo son.

A.– *La limitación de los seres creados no es un mal.* Si no fuera así, solamente Dios sería un bien. El Génesis, en cambio, repite una y

---

[157] Santo Tomás de Aquino: *Summ. Theol.* Iª, q. 48, a. 3, co.; q. 15, a. 3, ad. 1; q. 17, a. 4, ad 2; q. 103, a. 7, ad 1; q. 109, a. 1, ad. 1. Cfr. *Sent.* lib. II, dist. XXXIV, a. 4; *Contra Gent.* III, cap. 11; *De Malo*, q. 1, a. 1 y 2; *Compend. Theol.* cap. 118.

otra vez que creación es buena ("y vio Dios que era bueno... que era muy bueno").

Como dice Morales:

> "Algunos filósofos hablan también de mal *metafísico*, que expresaría una imperfección derivada de las limitaciones ontológicas de la criatura. Se diría, por ejemplo, que una piedra pertenece a un nivel de ser en el que no es posible la visión. Pero esta clase de privación o carencia no puede ser considerada un mal propiamente dicho. Que un hombre no tenga alas para volar es una simple limitación, relacionada con los distintos grados de perfección del ser. Es una limitación objetiva, que no desfigura al ser que la posee ni es experimentada como dolorosa por el ser humano".[158]

Por lo tanto, cuando se habla del mal se habla de la privación de un bien debido y no la pura no existencia de un bien. Así se veía en la cita de Santo Tomás anterior: "No obstante, no toda ausencia de bien es llamada mal. Pues la ausencia de bien puede ser tomada como privación y como negación. Así, pues, la ausencia de bien tomada como negación, no contiene razón de mal. En caso contrario se seguiría que aquellas cosas que no existen serían malas. También se diría que cualquier cosa es mala al no tener todo el bien que tienen las demás. Ejemplo: El hombre sería malo por no tener la velocidad de la cabra o la fortaleza del león. Pero la ausencia de bien tomada como privación es llamada mal, como se llama ceguera a la privación de la vista".[159] Si fuera malo la no tenencia de todo el ser y de toda perfección, entonces resultarían dos consecuencias disparatadas:

- En primer lugar, que lo no existente sería malo.

---

[158] J. Morales: *El Misterio*..., cit., pág. 269.
[159] Santo Tomás de Aquino: *Summ. Theol.* Iª, q. 48, a. 3, co.

8.3. EL PROBLEMA DEL MAL

- En segundo lugar, que todo lo creado sería malo, porque no tendría todos los bienes que le corresponderían a otros seres, ya que es imposible que los contenga todos, pues todo lo creado, por definición, no es infinito y siempre tiene que ser limitado, como ya se ha demostrado.

En este sentido hay que contemplar la creación como un "cosmos" en el que se va dando un desarrollo progresivo y en el que es necesaria la desaparición de algunas partes en beneficio del todo (los animales comen plantas; el hombre domina la creación y se sirve de ella para su fin; el balance perfecto del ecosistema; etc.). En consecuencia:

1.- Dios, la naturaleza o cualquier agente hace lo que es óptimo como un todo, no en cada una de sus partes. Y el todo que es el universo de las creaturas es mucho mejor y más perfecto si algunas cosas fallan en su bondad, lo cual ocurre, o por razón de la providencia divina, o porque Dios saca bien del mal. En efecto:

"Deus et natura, et quodcumque agens, facit quod melius est in toto; sed non quod melius est in unaquaque parte, nisi per ordinem ad totum, ut supra dictum est. Ipsum autem totum quod est universitas creaturarum, melius et perfectius est, si in eo sint quædam quæ a bono deficere possunt, quæ interdum deficiunt, Deo hoc non impediente. Tum quia providentiæ non

"Dios, la naturaleza y cualquier agente hace lo que es mejor para el todo, pero no lo que es mejor para cada una de sus partes, a no ser en cuanto que cada una está ordenada al todo, como se dijo anteriormente (q. 47, a. 2, ad 1). El mismo todo que constituye la totalidad de las criaturas, es lo mejor y lo más perfecto si en dicho todo hay algunas partes a las que les puede faltar el bien, y que de hecho les falta, si Dios no lo impide. Porque a

est naturam destruere, sed salvare, ut Dionysius dicit, IV cap. de Div. Nom., ipsa autem natura rerum hoc habet, ut quæ deficere possunt, quandoque deficiant..."[160]

la Providencia no le corresponde el destruir la naturaleza, sino salvarla, como dice Dionisio en c.4 De Div. Nom. La misma naturaleza de las cosas lleva consigo el que puedan fallar y, de hecho, a veces, fallan...".

2.– Muchas cosas no existirían si Dios no permitiera la existencia del mal como limitación de ser: el fuego se hace del aire enrarecido; el león se alimenta y puede sobrevivir matando al burro; la injusticia sufrida permite la paciencia y la justicia vindicativa:

"Tum quia, ut dicit Augustinus in Enchirid., Deus est adeo potens, quod etiam potest bene facere de malis. Unde multa bona tollerentur, si Deus nullum malum permitteret esse. Non enim generaretur ignis, nisi corrumperetur aer; neque conservaretur vita leonis, nisi occideretur asinus; neque etiam laudaretur iustitia vindicans, et patientia sufferens, si non esset iniquitas".[161]

"También porque, como dice Agustín en Enchirid.: Dios es tan poderoso que del mal puede sacar bien. De hecho, muchos bienes no existirían si Dios no permitiera la existencia de ningún mal. Ejemplo: No habría fuego si no se descompusiera el aire. No se conservaría la vida del león si no matara al asno. No se alabarían la justicia vindicativa y la paciencia resignada, si no existiera la iniquidad".

3.– Pero el mal no contribuye por sí a la perfección del universo, sino solo accidentalmente, en razón de algún bien al que está unido:

---

[160]Santo Tomás de Aquino: *Summ. Theol.* Iª, q. 48, a. 2, ad 3. Cfr. *Sent.*, lib. I, dist. XLVI, a. 3; Lib. II, dist. XXXIV, a. 1; *Contra Gent.* Lib. III, cap. 71; *De Div. Nom.* cap. 4, lect. 16; *Comp. Theol.* cap. 142.

[161]Santo Tomás de Aquino: *Summ. Theol.* Iª, q. 48, a. 2, ad 3.

8.3. EL PROBLEMA DEL MAL

"Partes universi habent ordinem ad invicem, secundum quod una agit in alteram, et est finis alterius et exemplar. Hæc autem, ut dictum est, non possunt convenire malo, nisi ratione boni adiuncti. Unde malum neque ad perfectionem universi pertinet, neque sub ordine universi concluditur, nisi per accidens, idest ratione boni adiuncti".[162]

"Las partes del universo están relacionadas entre si en cuanto que unas obran sobre otras y una es fin y ejemplo de la otra. Como acabamos de decir (ad 4), estas cosas no convergen en el mal a no ser por el bien que lleva unido. Por eso, el mal no pertenece a la perfección del universo ni está incluido en el orden del bien más que accidentalmente, esto es, en razón del bien que lleva unido".

B.– *El mal físico es el proveniente de la naturaleza desordenada y el de castigo.* Es el que ocurre en el reino material y visible. Dios no lo quiere directamente, pero sí indirectamente para conseguir mayor bien, en el universo, en nuestra vida o como pena por la culpa (relación con la justicia y el amor divinos).

No se trata pues de las limitaciones propias del ser creado a que antes nos referíamos, sino, por así decir, del mal funcionamiento de esas creaturas limitadas, del desorden dentro de sus propios límites (catástrofes naturales, inundaciones, sequías, terremotos, etc.) y de los males ocasionados por castigos a nuestras culpas.

Dios quiere indirectamente el mal físico y el de castigo para obtener mayores bienes. Dios no quiere el mal físico "per se" (porque lo desee por sí mismo), sino "per accidens" (como un medio para un fin más alto del orden moral o físico). Así Dios, "aprovecharía" la realidad de los males físicos, para producir el orden universal de las cosas;

---

[162]Santo Tomás de Aquino: *Summ. Theol.* I\ª, q. 48, a. 1, ad 5.

con el castigo, Dios, consigue mayores bienes, como es restablecer la justicia, cambiar al pecador arrepentido, castigar justamente al pecador empecinado, etc. Así se ve en Jn 9: 1–3 ("¿Quién pecó, éste o sus padres?") o en Sab 1: 13ss; Eco 11:14; 39: 33ss; etc.[163]

C.– *El mal moral es el propio del hombre, el pecado.* Es el que ocurre en el reino de la libertad. Este es el único mal verdadero. Dios no lo quiere ni directa ni indirectamente. Solo lo permite como consecuencia de habernos creado libres, y por tanto con un libre albedrío limitado. La posibilidad de pecar es signo de tener libertad, pero no es la verdadera libertad. Y, además, Dios lo permite porque en su infinito amor y misericordia consigue sacar mayores bienes, al ordenar al hombre hacia la Redención obrada por Cristo.[164]

Dios no puede querer el mal moral ni siquiera indirectamente.[165] Dios no quiere el mal moral ni "per se" ni "per accidens", sino que Dios lo permite por respeto a la libertad humana y porque posee la sabiduría y el poder de causar el bien a partir del mal. Así aparece en la Biblia (Sal 5:5; Ge 50:20; Eco 15:20; etc.). La Iglesia proclamó esta verdad contra Calvino quien afirmaba que Dios quería el mal moral como un medio para causar el bien o por sí mismo.[166]

La razón profunda de esta verdad es que el apetito puede querer indirectamente el mal, en cuanto prefiere el bien al cual va unido tal

---

[163] Cfr. J. A. Jorge: *Tratado de Dios...*, cit., págs. 364–365.

[164] Cfr. la exclamación "O felix culpa quæ talem et tantum meruit habere Redemptorem", del Pregón Pascual de la liturgia de la Vigilia Pascual.

[165] Cfr. J. A. Jorge: *Tratado de Dios...*, cit., págs. 365–367.

[166] El Concilio de Trento condenó la siguiente tesis: "Si quis dixerit, non esse in potestate hominis vias suas malas facere, sed mala opera ita ut bona Deum operari, non permissive solum, sed etiam proprie et per se, adeo ut sit proprium eius opus non minus proditio Iudæ quam vocatio Pauli: anathema sit" (D. S. 1556).

8.3. EL PROBLEMA DEL MAL

mal. Dios puede querer y quiere de hecho un bien creado más que otro, pero en absoluto puede querer un bien creado —ni siquiera el conjunto de todos los seres— más que su propia Bondad, pues el amor de ésta es la razón del amor a los seres creados. Por eso puede querer el mal físico o el castigo que suponen preferencia de un bien creado sobre otro, pero de ninguna manera puede querer, ni siquiera indirectamente, el pecado, pues supondría preferir un bien creado antes que su Bondad infinita. En efecto, Dios, queriendo el bien del universo que estriba en su bien y en su armonía, puede querer indirectamente la corrupción de las cosas, que es un mal físico. Dios, queriendo su justicia, quiere consiguientemente el castigo del pecado, el mal de pena. Pero el pecado o mal moral es una acción (bien físico) que carece del debido orden a Dios (mal moral). Querer indirectamente el pecado sería preferir el bien físico de la acción humana al debido orden que ésta debe decir a Dios (bien moral). Y esto es imposible en Dios, porque Dios no puede querer ningún bien creado sino en orden a Sí mismo:

"...Sed aliquod malum appetitur per accidens, inquantum consequitur ad aliquod bonum. Et hoc apparet in quolibet appetitu. Non enim agens naturale intendit privationem vel corruptionem; sed formam, cui coniungitur privatio alterius formæ; et generationem unius, quæ est corruptio alterius. Leo etiam, occidens cervum, intendit cibum, cui coniungitur occisio animalis. Similiter fornicator intendit delectationem, cui

"...Pero algún mal es apetecido accidentalmente, en cuanto que reporta algún bien. Y esto se da en cualquier tipo de apetito. Pues lo que busca el agente natural no es la privación o la corrupción, sino una forma a la que se le una la privación de otra o la producción de algo que conlleva la corrupción de otro. Ejemplo: Cuando el león mata al ciervo, busca comida, que conlleva la muerte del animal. De la misma forma, quien fornica busca el pla-

coniungitur deformitas culpæ. Malum autem quod coniungitur alicui bono, est privatio alterius boni. Nunquam igitur appeteretur malum, nec per accidens, nisi bonum cui coniungitur malum, magis appeteretur quam bonum quod privatur per malum. Nullum autem bonum Deus magis vult quam suam bonitatem, vult tamen aliquod bonum magis quam aliud quoddam bonum. Unde malum culpæ, quod privat ordinem ad bonum divinum, Deus nullo modo vult. Sed malum naturalis defectus, vel malum pœnæ vult, volendo aliquod bonum, cui coniungitur tale malum, sicut, volendo iustitiam, vult pœnam; et volendo ordinem naturæ servari, vult quædam naturaliter corrumpi".[167]

cer, que conlleva la deformidad de la culpa. El mal que va unido a un bien, conlleva privación de otro bien. Así pues, nunca será apetecido el mal, ni siquiera por accidente, a no ser que el bien que conlleva el mal sea más apetecido que el bien del que se ve privado por el mal. Dios no quiere ningún bien más que su bondad; sin embargo, quiere algún bien más que algún otro bien. Por eso, Dios no quiere, de ninguna manera, el mal de culpa, que conlleva la privación de orden al bien divino. Pero quiere el mal como defecto natural, o el mal de pena, puesto que quiere algún bien que conlleva dicho mal. Ejemplo: Queriendo justicia, quiere el castigo; queriendo conservar el orden de la naturaleza, quiere la destrucción de algo de la naturaleza".

Dios, en orden al pecado, sólo lo permite, ya que la permisión del pecado no es un mal sino un bien:

---

[167]Santo Tomás de AquinoA]Tomás de Aquino, S.: *Summ. Theol.*, Iª, q. 19, a. 9, co. Cfr. Iª–IIæ, q. 79, a. 1; IIª–IIæ, q. 19, a. 1, ad 3; *Sent.*, Lib. I, dist. 46, a. 4; *Contra Gent.*, I, cap. 95 y 96; *De Pot.*, q. 1, a. 6; *De Malo*, q. 2, a. 1, ad 16; *Compend. Theol.*, cap. 141.

8.3. EL PROBLEMA DEL MAL

"Ad tertium dicendum quod, licet mala fieri, et mala non fieri, contradictorie opponantur; tamen velle mala fieri, et velle mala non fieri, non opponuntur contradictorie, cum utrumque sit affirmativum. Deus igitur neque vult mala fieri, neque vult mala non fieri, sed vult permittere mala fieri. Et hoc est bonum".[168]

"A la tercera hay que decir: Aun cuando hacer el mal y no hacer el mal sea una contradicción, sin embargo, querer hacer el mal y querer no hacer el mal no es una contradicción, puesto que ambas expresiones tienen sentido afirmativo. Así pues, Dios ni quiere hacer el mal ni quiere no hacer el mal; pero sí quiere permitir hacer el mal. Y esto es bueno".

8.3.2 Dios no creó el mal físico o moral

Dios no quiere nunca directamente el mal físico ni el moral. Dios, ni ninguna creatura racional, puede querer *directamente* ningún mal, ya que el concepto de lo bueno coincide con el de apetecible, y el mal se opone al bien, por lo que es imposible que un mal, en cuanto tal, sea apetecido ni con el apetito natural ni con el animal, ni con el racional, que es la voluntad.[169]

Así pues, la existencia del mal no se encuentra en Él, sino que ambas clases de males son consecuencia del pecado. En efecto:

- En el Génesis (caps. 1 y 2) se ve cómo Dios creó un mundo sin mal en él ("Vio Dios que era bueno... muy bueno").

---

[168] Santo Tomás de Aquino: *Summ. Theol.*, Iª, q. 19, a. 9, ad 3.

[169] Santo Tomás de Aquino: *Summ. Theol.*, Iª, q. 19, a. 9, co.: "Respondeo dicendum quod, cum ratio boni sit ratio appetibilis, ut supra dictum est, malum autem opponatur bono; impossibile est quod aliquod malum, inquantum huiusmodi, appetatur, neque appetitu naturali, neque animali, neque intellectuali, qui est voluntas..." Cfr. J. A. Jorge: *Tratado de Dios...*, cit., pág. 364.

- Pero con el pecado (Ge 3) se origina el mal, que afecta al hombre y a la naturaleza.

- En los capítulos siguientes del Génesis se relata cómo el mundo se llenó de toda clase de pecados y de mal (Ge 3–9).

- La Biblia se hace eco de los pecados continuos del Pueblo escogido y de toda la humanidad.

    - En la teología de las Alianzas se encuentra la constante de la infidelidad del Pueblo de Dios.

    - Ro 1–3 relata la realidad del pecado de los judíos y de los gentiles.

    - Jesucristo mismo delata esa situación: "El que de vosotros esté sin pecado que tire la piedra el primero" (Jn 8:7).

Y sin embargo hay que sostener que no puede haber otra posible causa del mal que el bien. Así lo expresaba San Agustín: "No hay otra fuente posible del mal sino el bien". Santo Tomás habla de las causas del mal, y dice que:

- El mal no puede tener:

    - ni causa material, porque el mal tiene como sujeto el bien;

    - ni causa formal, porque el mal es más bien privación de la forma debida;

    - ni causa final, ya que el mal es más bien la privación del orden correcto para el fin propio.

- Pero el mal puede ser causa a través de la causa eficiente (agente) aunque no directamente, sino accidentalmente. Caben dos posibilidades de esta acción:

8.3. EL PROBLEMA DEL MAL

- por defecto de la acción del agente —el defecto del movimiento de un animal puede provenir de la debilidad del poder motor como en los niños, o por ineptitud del instrumento, como en los cojos—;
- por indisposición de la materia que no recibe propiamente la acción del agente —cuando el fuego no produce la acción de calentar, por ejemplo—.

Pero el hecho de que un ser sea deficiente en cualquiera de estos dos casos es accidental al bien, al que de sí mismo le corresponde actuar.

"Respondeo dicendum quod necesse est dicere quod omne malum aliqualiter causam habeat. Malum enim est defectus boni quod natum est et debet haberi. Quod autem aliquid deficiat a sua naturali et debita dispositione, non potest provenire nisi ex aliqua causa trahente rem extra suam dispositionem, non enim grave movetur sursum nisi ab aliquo impellente, nec agens deficit in sua actione nisi propter aliquod impedimentum. Esse autem causam non potest convenire nisi bono, quia nihil potest esse causa nisi inquantum est ens; omne au-

"Hay que decir: Es necesario afirmar que todo mal tiene alguna causa. Pues el mal es la ausencia del bien que debe poseerse. El que a algo le falte su natural y debida disposición no puede tener su causa más que en algo que le aparte de su disposición, como no se mueve, por ejemplo, un cuerpo pesado sin que alguien lo empuje hacia arriba, como tampoco falla un agente en su acción a no ser por la presencia de algún obstáculo. El ser causa no le puede corresponder más que al bien, porque nada puede ser causa más que en cuanto que en ser, y todo lo que es ser, en cuanto tal, es bueno. Si nos detenemos en

tem ens, inquantum huiusmodi, bonum est. Et si consideremus speciales rationes causarum, agens et forma et finis perfectionem quandam important, quæ pertinet ad rationem boni, sed et materia, inquantum est potentia ad bonum, habet rationem boni. Et quidem quod bonum sit causa mali per modum causæ materialis, iam ex præmissis patet, ostensum est enim quod bonum est subiectum mali. Causam autem formalem malum non habet, sed est magis privatio formæ. Et similiter nec causam finalem, sed magis est privatio ordinis ad finem debitum; non solum enim finis habet rationem boni, sed etiam utile, quod ordinatur ad finem. Causam autem per modum agentis habet malum, non autem per se, sed per accidens. Ad cuius evidentiam, sciendum est quod aliter causatur malum in actione, et aliter in effectu. In actione quidem causatur malum propter defectum alicuius principiorum

los cuatro géneros de causas, comprobamos que el agente, la forma y el fin, implican alguna perfección que pertenece a la razón de bien. Pero la materia, en cuanto que es potencia para el bien, tiene razón de bien. El hecho de que el bien sea causa del mal, y causa material, resulta evidente de lo dicho anteriormente. Pues ya quedó demostrado (q. 48, a. 3) que el bien es el sujeto del mal. El mal, por otra parte, no tiene causa formal, sino que, más bien, es privación de la forma. Lo mismo cabe decir con respecto a la causa final, pues, más bien, lo que tiene es privación del orden a su debido fin. Pues no sólo el fin tiene razón de bien, sino también de utilidad, porque está ordenado al fin. El mal tiene causa por lo que se refiere al agente, y no en cuanto tal, sino accidentalmente. Para demostrar esto hay que tener presente que el mal es causado de forma distinta en la acción y en el efecto. En la acción es causado por la ausencia de alguno de los principios de la acción, o del agente principal, o del ins-

actionis, vel principalis agentis, vel instrumentalis, sicut defectus in motu animalis potest contingere vel propter debilitatem virtutis motivæ, ut in pueris; vel propter solam ineptitudinem instrumenti, ut in claudis. Malum autem in re aliqua, non tamen in proprio effectu agentis, causatur quandoque ex virtute agentis; quandoque autem ex defectu ipsius, vel materiæ. Ex virtute quidem vel perfectione agentis, quando ad formam intentam ab agente sequitur ex necessitate alterius formæ privatio; sicut ad formam ignis sequitur privatio formæ æris vel aquæ. Sicut ergo, quanto ignis fuerit perfectior in virtute, tanto perfectius imprimit formam suam, ita etiam tanto perfectius corrumpit contrarium, unde malum et corruptio æris et aquæ, est ex perfectione ignis. Sed hoc est per accidens, quia ignis non intendit privare formam aquæ, sed inducere formam propriam; sed hoc faciendo, causat et illud per acci-

trumental. Ejemplo: La ausencia de movimiento en el animal puede deberse a la debilidad de su fuerza motora, como sucede en los niños; o por la incapacidad instrumental, como sucede en los lisiados. Por otra parte, el mal en alguna cosa, pero no en el propio efecto del agente, a veces es causado por el agente, otras veces porque el agente es defectuoso, o porque lo es la materia. El mal causado por la capacidad o perfección del agente se da cuando, a la forma que el agente persigue, le acompaña necesariamente la privación de alguna otra forma. Ejemplo: A la forma del fuego le acompaña la privación de la forma del aire o del agua. Pues cuanto más potente es la fuerza del fuego, tanto más fuertemente imprime su forma y así corrompe también las formas contrarias. Por eso, el mal y la corrupción del aire y del agua es debida a la perfección del fuego. Pero esto sucede accidentalmente, porque el fuego no pretende anular la forma del agua, sino imprimir su forma propia. Pero haciendo esto causa

dens. Sed si sit defectus in effectu proprio ignis, puta quod deficiat a calefaciendo, hoc est vel propter defectum actionis, qui redundat in defectum alicuius principii, ut dictum est; vel ex indispositione materiæ, quæ non recipit actionem ignis agentis. Sed et hoc ipsum quod est esse deficiens, accidit bono, cui per se competit agere. Unde verum est quod malum secundum nullum modum habet causam nisi per accidens. Sic autem bonum est causa mali".[170]

aquello accidentalmente. Pero si hay defecto en el efecto propio del fuego, por ejemplo, que no llega a calentar, esto se debe al defecto de la acción que, a su vez, es debido al defecto de algún principio, o a la indisposición de la materia, que no recibe adecuadamente la acción del fuego. Pero esto mismo, que es ser deficiente, le sucede al bien, al que le compete, en cuanto tal, actuar. Por eso es verdad que el mal de ningún modo tiene una causa, a no ser de manera accidental. Es así como el bien es causa del mal".

Por lo tanto, hay que mantener que el bien es la causa del mal.

En este sentido, Santo Tomás plantea el problema de si el Bien Sumo que es Dios puede ser la causa del mal. A lo que responde distinguiendo diferentes situaciones:

- Con relación al mal que procede del defecto de la acción, que es siempre causado por defecto del agente, el mal no procede de Dios, quien no tiene defecto alguno.

- Con relación al mal que consiste en la corrupción de alguna cosa, se puede retrotraer a Dios como a su causa.

---

[170]Santo Tomás de Aquino: *Summ. Theol.*, Iª, q. 49, a. 1, co. Cfr. Iª–IIæ, q. 75, a. 1; *Sent.*, II, dist. 1, a. 1, ad 2; dist. 34, a. 3; *Contra Gent.*, II, cap. 41; III, cap. 10 y 13; *De Div. Nom.*, cap 4, lect. 22; *De Pot.*, q. 3, a. 6, ad 1, 3 y 4; *De Malo,* q. 1, a. 3; q. 12, a. 1 ad 10.

8.3. EL PROBLEMA DEL MAL

- En efecto, cuando un agente en cuanto a su energía produce alguna forma a la que sigue alguna corrupción o defecto, el agente causa tal corrupción o su defecto por su virtud.
- Dios quiere principalmente el bien del orden universal. Tal orden exige que pueda haber cosas que fallen y que de hecho fallan alguna vez. Y así Dios, causando el bien del orden universal en las cosas, como consecuencia y casi como accidente, causa la corrupción de la cosa. Y así se dice en 1 Sam 2:6 ("el Señor da muerte y vida, hace bajar al sheol y de allí los hace retornar") o Sab 1:13 ("que Dios no hizo la muerte, ni se goza con la pérdida de los vivientes"), por ejemplo.
- A este mismo orden universal pertenece también el orden de la justicia que exige que se imponga una pena a los pecadores.

"Respondeo dicendum quod, sicut ex dictis patet, malum quod in defectu actionis consistit, semper causatur ex defectu agentis. In Deo autem nullus defectus est, sed summa perfectio, ut supra ostensum est. Unde malum quod in defectu actionis consistit, vel quod ex defectu agentis causatur, non reducitur in Deum sicut in causam. Sed malum quod in corruptione rerum ali-

"Hay que decir: Como resulta claro de lo dicho (a. 1), el mal que consiste en el defecto de la acción, siempre es causado por el defecto del agente. Pero en Dios no hay ningún defecto, sino que es la perfección suma, como quedó demostrado anteriormente (q. 4, a. 1). Por eso, el mal que consiste en el defecto de la acción, o que es causado por defecto del agente, no se reduce a Dios como a su causa. Pero el mal que consiste en la corrupción

quarum consistit, reducitur in Deum sicut in causam. Et hoc patet tam in naturalibus quam in voluntariis. Dictum est enim quod aliquod agens, inquantum sua virtute producit aliquam formam ad quam sequitur corruptio et defectus, causat sua virtute illam corruptionem et defectum. Manifestum est autem quod forma quam principaliter Deus intendit in rebus creatis, est bonum ordinis universi. Ordo autem universi requirit, ut supra dictum est, quod quædam sint quæ deficere possint, et interdum deficiant. Et sic Deus, in rebus causando bonum ordinis universi, ex consequenti, et quasi per accidens, causat corruptiones rerum; secundum illud quod dicitur I Reg. II, dominus mortificat et vivificat. Sed quod dicitur Sap. I, quod Deus mortem non fecit, intelligitur quasi per se intentam. Ad ordinem autem universi pertinet etiam ordo iustitiæ, qui requi-

de algunas cosas, sí se reduce a Dios como a su causa. Y esto es así tanto en las cosas naturales como en las voluntarias. Pues ya se ha dicho (a. 1) que algún agente, en cuanto que con su capacidad produce alguna forma a la que se sigue corrupción y defecto, con su poder causa tal corrupción y tal defecto. Es evidente que la forma que de modo primordial Dios pretende en las cosas creadas es el bien de la armonía del universo. La armonía del universo requiere, como dijimos anteriormente (q. 22, a. 2, ad 2; q. 48, a. 2), que algunas cosas puedan fallar y que, de hecho, fallan. De este modo, Dios, al causar en las cosas el bien de la armonía del universo, como consecuencia y de forma accidental, también causa la corrupción de las cosas, según aquello que se dice en 1 Re 2:6, El Señor da la muerte y la vida. Pero aquello que se dice en Sab 1:13, Dios no hizo la muerte, hay que entenderlo en el sentido de que no quería la muerte en sí misma. Al orden del universo pertenece también el orden de la justicia, que exige que los delin-

8.3. EL PROBLEMA DEL MAL

rit ut peccatoribus pœna inferatur. Et secundum hoc, Deus est auctor mali quod est pœna, non autem mali quod est culpa, ratione supra dicta".[171]	cuentes sean castigados. Según esto, Dios es autor del mal que es la pena. Pero no del mal que es la culpa por el motivo que antes hemos aducido (sol)".

8.3.3 El mal que clama al Cielo. El sufrimiento del inocente

Hay clases de males que suscitan el escándalo de algunos, sobre todo el mal que acaece a los que no tienen culpa alguna, a los inocentes. No hay pecado, y sin embargo, estos seres humanos sufren enormemente. La Biblia enfrenta esta cuestión de un modo directo.

A.– En el Antiguo Testamento podemos resumir la respuesta del siguiente modo:

- Dos evoluciones:
    - De la retribución del justo en esta vida a la idea de la retribución eterna.
    - De la retribución colectiva, a la retribución individual.
- Las explicaciones más sublimes son las de:
    - Job: Dios es Dios. Dios sabe lo que es mejor, aunque nosotros no comprendamos. No cuestionar a Dios.
    - Isaías: la figura del Siervo de Yahvé. El sufrimiento vicario.

---

[171]Santo Tomás de Aquino: *Summ. Theol.* I^a, q. 49, a. 2, co. Cfr. q. 19, a. 9; q. 22, a. 2; q. 23, a. 5, ad 3; *Sent.*, II, dist. 32, q. 2, a. 1; dist. 34, a. 3; dist. 37, q. 3, a. 1; *Contra Gent.*, II, cap. 41; III, cap. 71; ; *De Pot.*, q. 3, a. 6, ad 1, 3 y 4; *De Malo*, q. 1, a. 5; *Comp. Theol.*, caps. 141–142.

B.– Con todo, solo en el Nuevo Testamento se alcanza una solución radical al problema del sufrimiento que clama al Cielo: la "com–pasión" de Cristo.[172] Un sufrimiento que se acepta por amor:

- Jn 3: 16–17, "Tanto amó Dios al mundo que le entregó a su Hijo Unigénito, para que todo el que cree en él no perezca, sino que tenga vida eterna. Pues Dios no envió a su Hijo al mundo para juzgar al mundo, sino para que el mundo se salve por Él".
- Ro 5:8, "Pero Dios demuestra su amor hacia nosotros porque, siendo todavía pecadores, Cristo murió por nosotros".

Por otro lado, se nos revela que el mal que sufre el justo es parte del poder del "Príncipe de este mundo" que es vencido por Cristo. En efecto:

- Se dice que el "Principe de este mundo" es el que va a obrar el deicidio, suprema injusticia con el Cordero inmaculado que no tiene ni puede tener pecado alguno: "ahora es la hora del Príncipe de este mundo..." (cfr. Jn 12:31).
- La lucha y victoria de Jesucristo sobre el mal es tanto espiritual como física:
    - Espiritual: Cristo perdona los pecados, y destruye el poder del pecado en la cruz salvadora (Redención).[173]
    - Física: La lucha y victoria incluso física contra el pecado y el mal se hace en varios campos:

---

[172]Cfr. R. Quijano Álvarez: *El Mal a la Luz de la Revelación*, en GER, vol. XIV, págs. 771–775; R. Gómez Pérez: *Sentido Cristiano del Dolor*, Rialp, Madrid, 2012; C. S. Lewis: *El Problema del Dolor*, Rialp, Madrid, 1994.

[173]Sobre la presencia y acción del demonio en contra de la vida y misión de Cristo, cfr. J. A. Sayés: *Pecado Original y Redención de Cristo*, Madrid, Edapor, 1988.

8.3. EL PROBLEMA DEL MAL

- * Curaciones con la fórmula "tus pecados te son perdonados" y la necesidad de la fe.
- * Resurrecciones: de otras personas, y la propia de Jesucristo: "Por tanto, así como por medio de un solo hombre entró el pecado en el mundo, y a través del pecado la muerte, y de esta forma la muerte llegó a todos los hombres, porque todos pecaron" (Ro 5:12); "Pues es necesario que él reine, 'hasta que ponga a' todos 'los enemigos bajo sus pies'. Como último enemigo será destruida la muerte" (1 Cor 15: 25–26).
- * Dominio sobre los males naturales:
  - · Tempestades.
  - · Hambre: multiplicaciones de panes.
  - · Andar sobre las aguas tormentosas.

- Con Cristo ha llegado el nuevo eón y la nueva creatura... pero la plenitud será con la Parusía... con los cielos nuevos y la tierra nueva.

Por eso, el mal físico permanecerá hasta la Parusía y es un hecho, por tanto, que continuará hasta entonces el sufrimiento del justo. Se aducen varias razones de conveniencia para la permisión divina de tal sufrimiento, entre las que cabe señalar:

- El sufrimiento por amor es ocasión de mérito para el que lo padece: "Éstos son los que vienen de la gran tribulación, los que han lavado sus túnicas y las han blanqueado con la sangre del Cordero" (Ap 7:14).

- Es ocasión de purificar y mostrar el amor verdadero ("nadie tiene más amor que el que da la vida por sus amigos"): compartir la cruz del Amado, de Cristo por su Iglesia: "Ahora me alegro de

mis padecimientos por vosotros, y completo en mi carne lo que falta a los sufrimientos de Cristo en beneficio de su cuerpo, que es la Iglesia" (Col 1:24).

- Es ocasión, al estar enraizado en el amor y ser su mayor expresión en este mundo, de conseguir la alegría plena en esta vida, como se ve en las bienaventuranzas del sufrimiento: "Bienaventurados los que lloran, porque serán consolados... Bienaventurados los que padecen persecución por causa de la justicia, porque suyo es el Reino de los Cielos. Bienaventurados cuando os injurien, os persigan y, mintiendo, digan contra vosotros todo tipo de maldad por mi causa. Alegraos y regocijaos, porque vuestra recompensa será grande en el Cielo: de la misma manera persiguieron a los profetas de antes de vosotros" (Mt 5: 4.10–12).

- Es ocasión para dar gloria a Dios, como en la muerte y resurrección de Lázaro: "Dijo Jesús: Esta enfermedad no es de muerte, sino para gloria de Dios, a fin de que por ella sea glorificado el Hijo de Dios". (Jn 11:4).

- La providencia de Dios se manifiesta en el mismo sufrimiento. Dios nos quiere dar más y mejores realidades que de, otro modo, no buscaríamos, como ocurrió a los de Emaús: "¿No era preciso que el Cristo padeciera estas cosas y así entrara en su gloria?" (Lc 24:26); o se dice en relación a la curación del ciego de nacimiento: "Respondió Jesús: Ni pecó éste ni sus padres, sino que eso ha ocurrido para que las obras de Dios se manifiesten en él. Es necesario que nosotros hagamos las obras del que me ha enviado mientras es de día, porque llega la noche cuando nadie puede trabajar" (Jn 9: 3–4).

- Aviva la esperanza de la Patria definitiva: "Me siento apremiado por los dos extremos: el deseo que tengo de morir para estar con

8.3. EL PROBLEMA DEL MAL 405

Cristo, lo cual es muchísimo mejor..." (Flp 1:23); "nuestra patria está en los Cielos de donde esperamos un Salvador..." (Flp 3:20).

- Porque el hombre sigue siendo libre y sigue pecando, con las consecuencias dañinas que conllevan esas acciones.

8.3.4 El sufrimiento por amor en A. Gálvez

El sufrimiento ha sido tema de estudio de A. Gálvez, explicándolo en relación con el misterio del Amor, en concreto del amor divino–humano. Es en esta sede, donde se encuentra la razón última y el sentido auténtico del sufrimiento del inocente, haciendo que desaparezca el escándalo ante esa realidad.

El sufrimiento y la muerte son ciertamente consecuencias del pecado, algo propio de nuestra condición de naturaleza caída.

Sin embargo Dios, movido por su amor a nosotros, decidió salvarnos de nuestros pecados, a través del expediente de hacer suyos el sufrimiento, las miserias y la misma muerte de los seres humanos. Para ello fue necesaria la Encarnación, pues Dios no puede sufrir o morir.[174]

El sufrimiento y el dolor no serían propios de una naturaleza que no hubiera conocido el pecado ni en su más mínima expresión; por lo que

---

[174]Para A. Gálvez, un motivo esencial de la Encarnación es también posibilitar la realidad de los amores divino–humanos al modo humano, tanto para el Verbo como para el amante humano. En efecto, el hombre solo puede enamorarse siguiendo el modo propio de su naturaleza humana, que necesita de la cercanía, del conocimiento directo de la persona amada, con los sentidos externos e internos, con su corporalidad y con su espiritualidad. El hombre no puede enamorarse de Alguien al que no puede percibir por ser Espíritu Puro y ser Infinito, al que ni siquiera puede imaginar. El hombre del Antiguo Testamento, ante la presencia de Dios, sentía temor, miedo a morir, y prefería la comunicación con Él a través de intermediarios ("que no nos hable Yahvé, que nos hable Moisés"). Con la Encarnación, el hombre ha conocido el rostro humano de Dios (1 Jn 1: 1–3).

en principio, no le hubieran correspondido a Jesucristo. Sin embargo, el Verbo, que se encarnó en una naturaleza como la nuestra (no es solo *como* nosotros, sino que es *uno* de nosotros), la quiso asumir con todas sus características, menos el pecado (que en realidad no pertenece a la naturaleza humana). Siendo el "Cordero inmaculado" (Jn 1: 29.36) quiso, por amor, cargar con todos nuestros pecados, hasta el punto que San Pablo llega a decir que "al que no conoció el pecado, Dios lo hizo pecado..." (2 Cor 5:21). Y también, sin merecerlos, quiso cargar con las consecuencias de nuestros pecados. Se convirtió así en "varón de dolores" (Is 53:3), experimentando en su vida, y sobre todo en su Pasión y Muerte, el dolor humano hasta límites que nadie puede imaginar. Las profecías del Siervo de Yahvé de Isaías se cumplieron en Él a cabalidad.[175]

La raíz de tal decisión fue su amor. Un amor mayor que el cual no puede ser pensado. De ese modo "nos amó hasta el fin" (Jn 13:1), manifestó su amor total... "porque nadie tiene mayor amor que dar la vida por sus amigos" (Jn 15:13). Jesucristo nos amó al modo divino y también al modo humano. Podemos decir que Dios experimentó en Cristo el dolor humano por amor, misterio al que podemos acercarnos a través de la realidad de la comunicación de idiomas:

> "En el Corazón de Jesucristo, y siempre en cumplimiento de los designios del Padre, estuvo presente el deseo de *hacer suyos nuestros pecados*. Aunque no ya en el sentido de hacer más efectiva y segura nuestra Redención o de atribuirse las consecuencias de la culpa, sino en el de la obediencia a un sentimiento brotado de lo más profundo del amor y que no era sino el de *sufrir con nosotros*. O dicho de otra forma, el de *sentir en su propia carne*

---

[175] Primer canto Is 42: 1–4; segundo canto Is 49: 1–6; tercer canto 50: 4–9; cuarto canto Is 52:13–53:12.

8.3. EL PROBLEMA DEL MAL

nuestros mismos sufrimientos. Consecuencia de un amor tan grande como para no soportar vernos sufrir *sin hacer suyos también nuestros sufrimientos*. Lo que significa que no solamente quiso sufrir *por* nosotros, sino también *con* nosotros".[176]

Al mismo tiempo Jesucristo mostraba un amor y una obediencia totales al Padre, expresando y ofreciendo un acto de valor inmenso y radicalmente opuesto al desamor y desobediencia del pecado. De este modo realizó la Redención, la salvación de todos los pecados y sus consecuencias, con un valor universal y sobreabundante: "Oh feliz culpa que mereció tan gran Redentor". El dolor que continúa en el presente eón, desde Cristo, tiene un sentido amoroso y salvífico:

"Recordaremos algunas notas acerca de la incidencia del pecado en la naturaleza humana. La cual, después de la caída quedó *marcada* y sujeta a consecuencias que fueron transcendentales.

El mismo Dios a través de la Persona del Verbo intervino en el problema y el aspecto de *culpa*, que el pecado había dejado impreso en el hombre, quedó enteramente eliminado gracias a la Redención. De manera que la naturaleza humana alcanzó el estado de *reparada*. Aunque la incidencia del pecado imprimió en ella un sello lo suficientemente profundo para que el *dolor* formara parte de toda su existencia terrena.[177] Bien entendido que la condición

---

[176] A. Gálvez: *El Misterio de la Oración* Shoreless Lake Press, New Jersey, USA, 2014, págs. 117–118.

[177] Es la consecuencia de lo que ha sido llamado por los teólogos el *reato de pena*, en cuanto al sometimiento al dolor sólo durante la existencia terrena. Otra cosa es la situación de purgación en la que se encuentran las almas en el Purgatorio y, por supuesto, la de los réprobos en el Infierno.

de sometimiento al sufrimiento y al dolor abarca a los seres humanos en su totalidad, incluyendo a quienes nada tuvieron que ver con el pecado, como Jesucristo (Verdadero Hombre, al fin y al cabo) y la Virgen María, que fue liberada de él por gracia.

La razón de esta abarcante universalidad del dolor es doble. En primer lugar, porque la Redención fue realizada por Jesucristo mediante su muerte en la Cruz, dando cumplimiento de este modo a la voluntad del Padre que Él asumió voluntariamente. Y además, porque fue designio bondadoso del Padre igualmente hecho suyo por Jesucristo, que el hombre cooperara en esta Reparación redentora con su propio dolor y su propia muerte, mediante la opción de asumirlos voluntariamente.

Como fácilmente se deduce de lo dicho, la razón *última* de que el destino doloroso de la naturaleza humana perdure hasta el fin de su existencia terrena, no es otra sino la del *amor*. El cual, sin eliminar el carácter de castigo para la criatura que es propio del dolor, lo transciende y supera hasta otorgarle una nueva condición. Y aquí es donde interviene Jesucristo como factor determinante. El hecho de que el hombre coopere al pago de su culpa, mediante la participación en los sufrimientos y muerte de Cristo, no es tan importante como la conveniencia de que se una a su Señor a través de tales sufrimientos *por razón del amor*. En realidad, como enseña la Doctrina, ni siquiera la muerte de Jesucristo hubiera sido necesaria para hacer efectiva la Redención".[178]

---

[178] A. Gálvez: *El Misterio...*, cit., págs. 103–104.

8.3. EL PROBLEMA DEL MAL

El sufrimiento humano, así pues, alcanza una naturaleza absolutamente diferente y nueva: ya no es mero instrumento de castigo, sino que se convierte en regalo de amor al Amado, de modo de expresión de verdadero amor en el presente eón, y de unión amorosa con el Señor.

> "De ahí que la muerte y el dolor *hayan cambiado de signo* gracias a Jesucristo, y del modo como solamente la Sabiduría infinita de Dios podía imaginar. Desde entonces el dolor se ha convertido también en un principio capaz de elevar el índice del amor divino–humano hasta extremos inconcebibles[179]".[180]

En efecto, el ser humano que llega a enamorarse del Señor, movido por su amor, desea compartir la misma vida y destino de Jesucristo, y lo mismo que su Amado sufrió y se *com–padeció* de él, ahora quiere compartir los dolores y sufrimientos del Amado; hasta el punto de que si le dieran la oportunidad de amar sin sufrir la cruz del Señor, o de amar compartiendo sus sufrimientos, el alma enamorada siempre preferirá lo segundo:

> "Tal participación es también una *respuesta* al infinito Amor mostrado por Jesucristo en la Redención y que ahora es accesible para cada hombre. Según este sentido, por lo común más olvidado por la Doctrina, el alma estaría dispuesta a sufrir con Cristo solo por puro amor y

---

[179] Es cierto que ciertas almas bienaventuradas, viviendo todavía en esta Tierra y gracias a su elevado amor a Jesucristo, han compartido de modo extraordinario los sentimientos de su Pasión y Muerte; por lo que les fueron otorgadas gracias místicas especiales como la *transverberación* o la *estigmatización*. Pero el reducido número de las que han sido objeto de tan singulares fenómenos demuestra la escasa consideración que, tanto los Sufrimientos como la Muerte de Cristo, han merecido en la práctica de la oración mística.

[180] A. Gálvez: *El Misterio...*, cit., págs. 116–117.

por el deseo de compartir su muerte, aun en el caso de que tal cosa *no fuera necesaria para la propia salvación*. Aquí pretende el alma ante todo compartir la existencia del Amado, tanto en la vida como en la muerte. El deseo de la propia salvación no sería ya para el alma tan acuciante como el de compartirlo *todo* con la persona amada, que en este caso es Jesucristo y tal como lo exigen las reglas del amor perfecto."[181]

En efecto, el amor hace que el sufrimiento cambie por completo de sentido:

- Es causa de la redención subjetiva:

    "El hombre se aprovecha de la Redención obtenida por Jesucristo a través del curso y de los trabajos de su vida cristiana, de sus sufrimientos y penitencia por sus pecados y aun de su propia muerte; aceptada esta última como castigo del pecado e instrumento último de reparación. Todo ello soportado y llevado a cabo por amor de Cristo, con Cristo y en unión con Cristo."[182]

- Es expresión de amor y vía de unión de vidas entre el ser humano y Jesucristo, realizando las notas de reciprocidad, entrega total, intercambio de vidas, y unión total entre ambos, donde todo lo entregan y comparten mutuamente, menos la capacidad de entregarlo todo, que es lo propio de la persona (perdida tal capacidad, se perdería la condición de persona, y en consecuencia, desaparecería el amor):

---

[181] A. Gálvez: *El Misterio...*, cit., págs. 101–102.
[182] A. Gálvez: *El Misterio...*, cit., pág. 100.

8.3. EL PROBLEMA DEL MAL

> "Con lo que la participación en los sufrimientos y muerte de Jesucristo abre para el hombre un nuevo e inquietante horizonte. Que consiste en la posibilidad de profundizar más, hasta extremos absolutamente desconocidos, en el misterioso abismo sin fondo del Amor. Una sima insondable que, como el pozo abierto de una mina de diamantes que acabara de descubrirse, se hallara dispuesta a ser explorada y aprovechada por quien creyera poseer un corazón poseído del toque divino de lo insaciable".[183]

- Es corredentor con el del Amado en favor de toda la Iglesia, como dice San Pablo: "sufro en mi carne lo que le falta a la pasión de Cristo por su Iglesia" (Col 1:24).
- Es fuente de una inexpresable alegría, ya anunciada por Jesucristo en todas las bienaventuranzas, y luego corroborada por los propios apóstoles en el Nuevo Testamento (Mt 5: 4.10–12):

> "Sin embargo, y aunque parezca cosa singular y contradictoria, el dolor cuyo motivo último determinante es el amor nunca es una mera ocasión para la tristeza, sino también y sobre todo para el gozo. Pues no debe olvidarse que el hombre es peregrino en un país extraño donde el artículo más fácil de encontrar es el dolor. El cual, al contrario de lo que muchos pudieran pensar, es un extraordinario motivo de bienaventuranza: *Bienaventurados los que lloran, porque ellos serán consolados.* Pocas veces se habrá caído en la cuenta de que llamar bienaventurados a los que lloran es una de las (aparentes) mayores incongruencias

---

[183] A. Gálvez: *El Misterio...*, cit., pág. 102.

> jamás pronunciada por lengua humana; y de ahí la grandeza que supone el atrevimiento de proclamarla".[184]

Por eso el sufrimiento por amor tiene un lugar especial y destacado en la relación amorosa divino–humana y en la propia oración mística. Las famosas "noches", "desiertos espirituales" y "purificaciones" de la vida espiritual, adquieren una nueva perspectiva, que le dan un enfoque positivo y que anima a perseverar en el camino del amor auténtico y de la vida mística.

> "[Se trata de] ... estudiar la posibilidad, con respecto a algunos aspectos de sus doctrinas —sobre todo en lo referente a San Juan de la Cruz— de exponerlos de una manera más *positiva*; o por decirlo mejor, más *asequible*. Lo que no significa intención de rebajar las exigencias fundamentales que constituyen la base de una verdadera vida espiritual y especialmente de la vida mística".

Hasta la muerte para los enamorados tiene un sentido completamente distinto del que tiene para el mundo. También está, desde Cristo, vinculada al misterio del amor entre enamorados. Éstos mueren de amor el uno por el otro. En un sentido que va mucho más allá de la metáfora:

> "Puesto que los sufrimientos y la muerte del hombre poseen ahora también *un valor de participación en los de Jesucristo*. A partir de ahora, la vida y la muerte del cristiano se equiparan a las de Jesucristo, con todo el valor que tal cosa lleva consigo: *Pues ninguno de nosotros vive*

---

[184] A. Gálvez: *El Misterio...*, cit., págs. 114–115.

8.3. EL PROBLEMA DEL MAL

para sí, ni ninguno de nosotros muere para sí. Pues si vivimos, para el Señor vivimos; y si morimos, para el Señor morimos. Porque, sea que vivamos o sea que muramos, del Señor somos[185]*."*[186]

La muerte de amor aparece así como la consumación de la entrega por amor.[187] Un hecho que refleja el Evangelio (Jn 19:30; 15:13), y que manifestaba la sublime y celestial poesía de San Juan de la Cruz (S. Juan de la Cruz: "Quedéme y olvidéme..."), recogiendo una idea del Cantar (Ca 2:5). A. Gálvez expresaba la misma idea en una de sus más logradas liras:

> Si de nuevo me vieres,
> allá en el valle, donde canta el mirlo,
> no digas que me quieres,
> no muera yo al oírlo
> si acaso tú volvieras a decirlo.[188]

Hay que notar la ambigüedad del concepto *muerte* en el Nuevo Testamento, porque se refiere tanto a la entrega de la vida por amor, como a la muerte corporal y a la muerte eterna.

La relación entre el amor y la muerte estriba en que el amor tiende a la muerte en la misma medida que tiende a su propia perfección o consumación. Por eso se producen los siguientes efectos:

1. Por amor, la muerte se convierte en don ofrecido en libertad total:

---

[185] Ro: 14: 7–8.

[186] A. Gálvez: *El Misterio...*, cit., págs. 100–101.

[187] A. Gálvez: *Comentarios...*, cit., vol. I, págs. 130—134.

[188] A. Gálvez: *Los Cantos Perdidos*, Shoreless Lake Press, New Jersey, 2013, n. 57. Cfr. su propio comentario en su *Florilegio*, Shoreless Lake Press, New Jersey, 2013, págs. 93–124.

- 2 Cor 3:17.
- Jn 10: 17–18; vv. 11 y 15.
- Flp 1:21.

2. La muerte ha sido destruida:

    - 1 Cor 15: 54–55.
    - 2 Tim 1:10.
    - Heb 2: 14–15.

3. La muerte ha sido absorbida en la victoria (1 Cor 15: 54–55).

4. El hombre enamorado desea y nostalgia morir. En efecto:

    - Santa Teresa de Jesús: "Muero porque no muero..."
    - Heb 2: 14–15.
    - 1 Jn 4:18.
    - San Juan de la Cruz: "Mas ¿cómo perseveras...?"
    - Flp 1:23.

5. De este modo se cumple la vocación del hombre: compartir la muerte de Cristo. Se encuentra un sentido completamente nuevo al dicho existencialista sobre "el hombre como ser para la muerte", ahora en un sentido positivo y glorioso:

    - Ro 6: 3–4.
    - Sal 116:13.
    - 2 Tim 4: 7–8.

6. El ser humano manifiesta así la nostalgia de la llegada del Esposo:

    - Mt 25:6.

- Ca 8:14.
- Ca 2:17.
- Ca 8:6.

Estas realidades se cumplen de un modo consciente en los cristianos que se adentran por los caminos del amor voluntariamente. Pero son también las que dan sentido real al sufrimiento de los inocentes, incluso cuando no son conscientes, porque misteriosamente están unidos al sufrimiento por amor de Jesucristo.

8.4 La creación en el tiempo

Es un dogma de fe que el mundo no es eterno.[189] El mundo tiene un carácter temporal. El tiempo aparece con la obra creadora. Antes solo existe el eterno presente de Dios, su eternidad.

Hay que aclarar que, desde la perspectiva de Dios, y debido a que su acción creadora se identifica con su esencia, tal actividad es en sí misma eterna. Pero en cuanto a la creación como término o efecto de esa actividad, es temporal, lo que se explica porque el acto creador es formalmente inmanente, y virtualmente externo a Dios.

Una vez que consideramos solo al mundo creado, se plantea el teologúmeno de si es temporal solo *de hecho* o también *de derecho*, de si el mundo pudo haber sido creado desde toda la eternidad, o si tal posibilidad es una contradicción "in terminis". Tema que dio lugar a una polémica teológica que duró siglos. Adelantamos que aquí se sostiene la posición de Santo Tomás de Aquino, quien afirmó, como veremos, que no se puede probar racionalmente que el mundo tenga que ser

---

[189] J. Ibáñez y F. Mendoza (*Dios Creador...*, cit., pág. 51), califican la tesis "La acción creadora de Dios tuvo principio en el tiempo" como de fe divina y católica definida y su negación como herejía. Cfr. L. Ott: *Manual....*, cit., pág. 148.

eterno (posición de los averroístas, fundada en ciertos principios de Aristóteles), ni tampoco se puede probar racionalmente que el mundo tenga que ser temporal (posición de la escuela agustiniana, sobre todo defendida por San Buenaventura), sino que pudo ser temporal o eterno, sin que haya razones apodícticas a favor de una u otra posición (con todo, la existencia temporal del mundo es una verdad que la sabemos por fe con toda certeza). Ambas posiciones necesitan partir de la existencia de un acto creador de Dios, que sí es demostrable por la razón.

8.4.1 Sagrada Escritura

La Sagrada Escritura recoge esta realidad de modos diversos:

- Ge 1:1, "En el principio creó Dios el cielo y la tierra". Esta expresión ha de ser entendida como que todo comenzó *en y con* el tiempo. Es una visión completamente contraria a la del tiempo cíclico de la cultura greco–romana.

- Pr 8: 22–26, "El Señor me tuvo al principio de sus caminos, antes de que hiciera cosa alguna, desde antaño. Desde la eternidad fui formada, desde el comienzo, antes que la tierra. Cuando no existían los océanos fui dada a luz, cuando no había fuentes repletas de agua. Antes que se asentaran los montes, antes que las colinas fui dada a luz. Aún no había hecho la tierra ni los campos, ni el polvo primero del mundo". También Eco 24:5, "Yo salí de la boca del Altísimo, primogénita antes que toda criatura". Estos textos se refieren a la Sabiduría creadora personificada y se pone en contraste con lo creado que no es *ab aeterno*.

- Sal 90:2, "Antes de que fueran engendrados los montes y la tierra y el orbe fuesen formados, desde siempre y para siempre, Tú

8.4. LA CREACIÓN EN EL TIEMPO

eres Dios". También el Sal 102: 26–28, "Desde antiguo fundaste la tierra, y los cielos son obra de tus manos. Ellos perecerán, pero Tú permaneces; todos ellos, como ropa, se gastarán; los mudarás como un traje, y quedarán mudados. Pero Tú eres el mismo, y tus años no tienen fin. Los hijos de tus siervos tendrán su morada, y su descendencia estará firme en tu presencia".

- Jn 17:5, "Ahora, Padre, glorifícame Tú a tu lado con la gloria que tuve junto a Ti antes de que el mundo existiera".

- Ef 1:4, "Ya que en Él nos eligió antes de la creación del mundo para que fuéramos santos y sin mancha en su presencia, por el amor".

8.4.2 Tradición

Los Santos Padres defendieron todos la creación del mundo en el tiempo, enfrentando las ideas paganas, según las cuales, el mundo era eterno y el tiempo "circular" (en un eterno retorno de todas los acontecimientos). Así, contra el error gnóstico y maniqueo San Ireneo sostuvo que "aprendan que solo Dios es sin comienzo y sin fin, siendo siempre y el mismo y de la misma manera"[190]; y también Taciano afirmará: "porque la materia no carece de principio como carece Dios".[191]

Los Santos Padres, además, utilizaban el argumento de la temporalidad de la creación para destacar la singularidad y eternidad de la generación de la Segunda Persona por la Primera. Por ejemplo, San Cirilo de Alejandría insiste en que el Verbo es Dios precisamente porque es eterno, argumento que no sería válido si el mundo fuera eterno:

---

[190] San Ireneo: *Adv. Hær.*, Lib. II, (P. G., 7, 835).
[191] Taciano: *Oratio adversus Græcos*, (P. G., 6, 817).

> "Si por Él, el Hijo, hizo los siglos, es cierto que no será creado quien existe antes de los siglos, ya que ninguna creatura existe antes de los siglos, sino que es creada en el tiempo. Sólo del Hijo es propio existir atemporalmente con el Padre".[192]

Y también San Basilio contraponía la creación temporal del mundo con la generación eterna del Verbo en plena controversia semiarriana:

> "Dios es el ser bienaventurado, la bondad inefable, el objeto del amor de todas las criaturas racionales, la hermosura anhelada, el principio de las cosas, la fuente de la vida, la luz del espíritu, la sabiduría incomprehensible; Él, quien al principio creó el cielo y la tierra. Y tú, criatura humana, no creas que el mundo visible no haya tenido comienzo, y si los cuerpos se mueven circularmente en el cielo, sin que nosotros podamos percibir claramente el comienzo de la circulación, guárdate bien de pensar que la naturaleza de los cuerpos circulantes no ha tenido comienzo".[193]

Como es sabido, fue San Agustín el que dedicó especial interés al tema del tiempo. Son famosas sus preguntas sobre la naturaleza del tiempo:

> "¿Qué es el tiempo? ¿Quién podrá explicarlo fácil y brevemente? ¿Quién podrá comprenderlo con el pensamiento para poder luego hablar de él? No obstante, ¿qué cosa más

---

[192]San Cirilo de Alejandría: *Thesaurus de Sancta et Consubstantiali Trinitate*, Assertio XXXII, (P. G., 75, 492).

[193]San Basilio: *In Hexaemeron liber vel explicatio apologetica*, hom. 1, (P. G, 44).

8.4. LA CREACIÓN EN EL TIEMPO

familiar y conocida que el tiempo mencionamos en nuestras conversaciones? Y en hablando de él sabemos de qué se trata, como lo sabemos cuando lo oímos mencionar a otro. ¿Qué es, pues, el tiempo? Si nadie me lo pregunta lo sé, mas si quiero explicárselo a quien me lo pregunta, no lo sé. Lo que sí digo sin vacilar es que sé que si nada pasase no habría pretérito; y si nada adviniere no habría tiempo futuro; y si nada existiese no habría tiempo presente. Pero aquellos dos tiempos, pretérito y futuro, ¿cómo pueden ser, si el pasado ya no es y el futuro todavía no es? Cuanto al presente, si siempre fuere tal y no pasase a ser pasado, ya no sería tiempo sino eternidad. Si es necesario entonces que para ser tiempo, pase el presente a ser pretérito, ¿cómo decimos que existe este presente, si su causa o razón de ser reside en dejar de ser, de modo tal que no podemos decir con verdad que existe el tiempo sino cuando tiende al no ser?"[194]

Con respecto al tema que tratamos, sostuvo que "el mundo no ha sido creado *en* el tiempo, *sino con* el tiempo".[195] Por otro lado, siendo el tiempo la medida del movimiento, de los cambios, es propio de la creatura que está sometida a los mismos; por lo mismo, y en contraposición, hay que sostener que en Dios no hay tiempo, al carecer de toda potencialidad y ser Acto Puro de Ser:

"Porque lo que sucede en el tiempo tiene lugar antes y después del tiempo, después de un tiempo ya pasado y antes del tiempo que ha de venir. Ahora bien, antes de la

---

[194]San Agustín: *Las Confesiones*, LXI, C XI.

[195]San Agustín: Non est mundus factus in tempore, sed cum tempore" (*De Civitate Dei*, XI, 6, en P. L., 41, 322).

creación del mundo no podía existir el tiempo, porque no había criatura alguna con cuyos cambios de estado hubiera podido llegar a existir. Antes bien, junto con el tiempo ha sido creado también el mundo, en cuanto que con él comenzó simultáneamente el movimiento de mutación".[196]

Solo hubo una excepción importante a esta línea de pensamiento. Fue la posición sostenida por Orígenes, quien, bajo la influencia de Platón, afirmaba la existencia de una serie de mundos sin principio, el primero de los cuales fue creado por Dios desde toda la eternidad.

8.4.3 Magisterio

El Magisterio de la Iglesia defenderá la creación temporal del mundo, enfrentando los errores de la filosofía pagana, el maniqueísmo y el materialismo moderno.

- IV Concilio de Letrán: "...ab initio temporis".[197]

- Errores de Eckhart condenados por Juan XXII en la bula "In Agro Dominico": "(1) Interrogatus quandoque, quare Deus mundum non prius pro duxerit, respondit tunc, sic nunc, quod Deus non potuit primo (legendum: prius! Ita Echardus.) producere mundum, quia res non potest agere, antequam sit; unde quam cito Deus fuit, tam cito mundum creavit. (2) Item concedi potest mundum fuisse ab aeterno. (3) Item simul et semel, quando

---

[196]San Agustín: *De Civ. Dei*, cap. 6. Cfr. E. Bailleux: *La Création et le Temps Selon St. Augustin*, en "Mélanges Science Relig." 26 (1969) 65–94; J. Morales: *El Misterio...*, cit., pág. 158.

[197]D. S. 800.

8.4. LA CREACIÓN EN EL TIEMPO

Deus fuit, quando Filium sibi coæternum per omnia coæqualem Deum genuit, etiam mundum creavit".[198]

- Vaticano I: copiará al de Letrán ("...ab initio temporis"),[199] pero dice mucho más, pues está enfrentando al panteísmo y doctrinas afines.

8.4.4 Razón teológica. El teologúmeno

Tradicionalmente se planteó un problema: ¿Es también este dogma de fe una verdad natural que puede alcanzar la razón por sus propias fuerzas? O también: ¿Es posible la creación de un mundo desde la eternidad, sin principio? Esto suscitó una polémica entre grandes teólogos, unos pertenecientes a la tradición agustiniana y otros a la aristotélica.[200] Santo Tomás seguirá un camino intermedio.

Para comprender la polémica, es conveniente recordar que Platón en el *Timeo* afirma que el mundo tiene comienzo en el tiempo, pero no tiene fin. En efecto, el demiurgo es también el creador del tiempo.

---

[198]"(1) Interrogado alguna vez por qué Dios no hizo el mundo antes, respondió que Dios no pudo hacer antes el mundo, porque nada puede obrar antes de ser; de ahí que tan pronto como fue Dios, al punto creó el mundo. (2) Asimismo, puede concederse que el mundo fue *ab aeterno*. (3) Asimismo, juntamente y de una vez, cuando Dios fue, cuando engendró a su Hijo Dios, coeterno y coigual consigo en todo, creó también el mundo" (D. S. 951–953).

[199]D. S. 3002.

[200]Cfr. J. B. M. Wissink, (ed.): *The Eternity of the World in the Thought of Thomas Aquinas and His Contemporaries*, Brill, Leiden 1990; A. Ghisalberti: *La Controversia Scolastica sulla Creazione 'ab æterno'*, en "Rivista di Fil. Neo–scolastica", 60 (1968) 211–230; M. Gierens: *Controversia de Æternitate Mundi*, Roma, Pont. Univ. Greg., 1933; W. J. Dwyer: *L'Opuscule de Siger de Brabant "De Æternitate Mundi". Introduction Critique et Texte*, Louvain, Instituto Superior de Filosofía, 1937; J. de Blic: *A Propos de l'Éternité du Monde*, en "Bulletin de Littérature Ecclésiastique", 47 (1946) 162–170.

Y es que, una vez que estaba formado el universo, el demiurgo todavía intentó introducir en él algo que lo hiciera todavía más parecido al ideal de criatura viviente o Ser: la eternidad. Ahora bien, como la característica de eternidad no podía ser conferida a lo que era engendrado, el demiurgo tuvo la idea de hacer un móvil semejante a la eternidad. Por ello a la vez que ordenaba el cielo, produjo la imitación de la eternidad que permanece siempre en la unidad, una semejanza perpetua que se mueve según número, a la cual nosotros hemos dado el nombre de tiempo.[201] El tiempo es el movimiento de la esfera, y, el demiurgo dio al hombre el Sol para proporcionarle una unidad con que medir el tiempo. Los astros y planetas (seres vivos e inteligentes) son los encargados de medir tal tiempo, producir la visibilidad (Sol), el día y la noche, los meses, años, etc.[202] La función del demiurgo finaliza con la formación del cielo y el tiempo.

Por su parte Aristóteles, en principio, corregirá a su maestro afirmando que el mundo ni tiene principio ni fin. El Estagirita sigue el siguiente razonamiento: a) lo generado es destructible; b) lo ingenerado es imperecedero; c) el mundo no es generado; d) *ergo*, es imperecedero y eterno. Por otro lado, para Aristóteles, el tiempo es la medida del movimiento. Como el mundo se mueve desde toda la eternidad, el tiempo es también eterno. El Estagirita notó la estrecha vinculación existente entre el movimiento y el tiempo. Partiendo de una atenta observación del mundo natural, en que el cambio, las transformaciones de los elementos y los sucesivos ciclos de nacimientos y muertes parecieran no tener comienzo ni fin, pues todo se repite cíclicamente una y otra vez, Aristóteles concluye que el tiempo necesario para que

---

[201] Platón: *Timeo*, 37d.
[202] Platón: *Timeo*, 38b-39a.

8.4. LA CREACIÓN EN EL TIEMPO

se den esos fenómenos debe existir desde siempre, es decir, debe ser eterno.[203]

Con todo hay que recordar que, como dice É. Gilson:

> "Los textos del filósofo no son explícitos al respecto. En el libro octavo de la *Física* y en el primero del *De Cœlo*, Aristóteles parece haber querido establecer la eternidad del mundo solo a fin de refutar las doctrinas de ciertos antiguos que asignaban al mundo una forma de comienzo inaceptable. Y dice, además, que existen problemas dialécticos de los que no se tiene solución demostrativa, por ejemplo, el de saber si el mundo es eterno (*Topic*, I, 9)... En realidad se trata aquí de una caracterizada doctrina averroísta y que el obispo de París, Étienne Tempier, había condenado desde 1270: *quod mundus est æternus et quod nunquam fuite primus homo*".[204]

El mismo Santo Tomás ya sostenía esa misma interpretación de la posición del Filósofo en la cuestión 46 de la Suma Teológica:

"Nec rationes quas ad hoc Aristoteles inducit, sunt demonstrativæ simpliciter, sed secundum quid, scilicet ad contradicendum rationibus antiquorum, ponentium mundum incipere secundum quosdam modos	"Los argumentos que ofrece Aristóteles no son absolutos, sino relativos, esto es, para rebatir los argumentos de los antiguos, que sostenían ciertos modos, del todo inadmisibles, del comienzo del mundo. Esto es así por tres razo-

---

[203] Aristóteles: *Física*, VIII, 1, 250 b y 252 b. Para comprender mejor la relación que establece Aristóteles entre tiempo y cambio, véase *Física*, IV, 10 14. Cit. por V. Benavides González: *Dos Visiones Del Tiempo Y La Eternidad*, en "Archivum" año III, nº 4, pág. 205.

[204] É. Gilson: *El Tomismo*..., cit., pág. 197.

in veritate impossibiles. Et hoc apparet ex tribus. Primo quidem, quia tam in VIII Physic. quam in I de cælo, præmittit quasdam opiniones, ut Anaxagoræ et Empedoclis et Platonis, contra quos rationes contradictorias inducit. Secundo, quia, ubicumque de hac materia loquitur, inducit testimonia antiquorum, quod non est demonstratoris, sed probabiliter persuadentis. Tertio, quia expresse dicit in I Lib. Topic., quod quædam sunt problemata dialectica, de quibus rationes non habemus, ut utrum mundus sit æternus".[205]

nes: 1) Primera, porque tanto en VIII Physic. como en I De cælo, ya anticipa ciertas opiniones como la de Anaxágoras, Empédocles y Platón contra las que aduce argumentos contradictorios. 2) Segunda, porque siempre que se habla de este asunto trae a colación testimonios de los antiguos. Esto no es propio del que demuestra algo, sino del que persuade con probabilidades. 3) Tercera, porque, como dice expresamente en I Topic., hay ciertos problemas dialécticos para los que no tenemos argumentos demostrativos, como, por ejemplo, si el mundo es eterno".

Caben tres posiciones con respecto al problema mencionado: la estrictamente averroísta, que basándose en una peculiar interpretación de Aristóteles, afirma que la eternidad del mundo se puede demostrar racionalmente; la de los agustinianos, quienes afirman la posición radicalmente opuesta, es decir, que es la temporalidad del mundo la que se puede probar con las solas fuerzas de la razón; y la de Santo Tomás, quien rechaza las dos posturas anteriores, afirmando que no se puede demostrar racionalmente ni lo uno ni lo otro, ya que el mundo pudo ser eterno o temporal en teoría, por lo que solo conocemos la verdad de su temporalidad a través de la Revelación. Además, el Aquinate hace ver que, en cualquier caso, es necesario siempre un acto creador

---

[205]Santo Tomás de Aquino: *Summ. Theol.* Iª, q. 46, a. 1, co.

8.4. LA CREACIÓN EN EL TIEMPO

que explique el "esse" de los seres creados que son contingentes, acto creador que es demostrable por la razón natural, aunque no sea de fácil acceso, por lo que no llegaron al mismo los grandes filósofos de la antigüedad.

8.4.5 La posición agustiniana. San Buenaventura

Para la tradición agustiniana (que seguirá y tendrá su máximo exponente en San Buenaventura) el mundo no es eterno, lo cual puede ser demostrado con la sola luz de la razón: la creación en el tiempo, es pues una verdad racional y no solo de fe. La argumentación fundamental para sostenerlo estriba en considerar el hecho de que el mundo es cambiante; pero la sucesión que implica un cambio, no es sino la esencia del tiempo; por lo tanto el mundo es necesariamente temporal; solamente un mundo que no cambiara podría ser eterno; pero una creatura que nunca cambiara sería difícilmente concebible, porque el cambio necesariamente existe con la finitud. San Buenaventura da cinco razones principales para negar la creación "ab aeterno". En efecto, si hubiera habido una creación tal, entonces:

1.– *Infinitos días habrían precedido al presente.* Ahora bien, si el mundo no ha tenido comienzo han de haberse dado un infinito número de revoluciones celestes, de tal modo que para llegar al día presente habría sido preciso que el universo hubiera franqueado un infinito número de días, lo cual es imposible. Por lo cual, nunca hubiéramos llegado al día presente, lo que es manifiestamente falso. Por eso, el universo no ha existido siempre.[206]

Sin embargo, Santo Tomás argüirá en contra de esa razón, sosteniendo que, aunque una infinitud de seres simultáneos es imposible en acto, sí puede haber una infinitud de seres sucesivos, porque todo infi-

---

[206]San Buenaventura: *Sent.*, II, dis. 1, p. 1, art. 1, qu. 2, 3 propos.

nito, considerado sucesivamente es, en realidad, finito por su término presente:

"Nam infinitum, etsi non sit simul in actu, potest tamen esse in successione: quia sic quodlibet infinitum acceptum finitum est. Quælibet igitur circulatio præcedentium transiri potuit: quia finita fuit. In omnibus autem simul, si mundus semper fuisset, non esset accipere primam. Et ita nec transitum, qui semper exigit duo extrema".[207]

"Pues aunque no exista el infinito a la vez en acto, puede, sin embargo, existir sucesivamente; porque así, todo infinito dado es finito. Y, por tanto, cualquier circunvolución de las precedentes pudo pasar porque fue finita. Ahora bien, si el mundo hubiese existido siempre, entre todas ellas a la vez no se habrá podido señalar una primera, y así, tampoco el tránsito, que siempre exige dos extremos".

"Ad sextum dicendum quod transitus semper intelligitur a termino in terminum. Quæcumque autem præterita dies signetur, ab illa usque ad istam sunt finiti dies, qui pertransiri poterunt. Obiectio autem procedit ac si, positis extremis, sint media infinita".[208]

"A la sexta hay que decir: Todo tránsito se entiende como el paso de un término a otro. Pero cualquier día pasado que se tome desde él hasta el día de hoy hay un número limitado de días que pudieron ser vividos. Aquella objeción sería viable si entre ambos términos hubiera medios infinitos".

2.– *Existiría una serie infinita de causas accidentalmente ordenadas.*

---

[207]Santo Tomás de Aquino: *Summ. contra Gentiles*, II, cap. 38, n. 11; Cfr. *Summ. Theol.* Iª, q. 46, a. 2, ad 8.

[208]Santo Tomás de Aquino: *Summ. Theol.*, Iª, q. 46, a. 2, ad 6.

8.4. LA CREACIÓN EN EL TIEMPO

3.– *Se negaría el principio de que al infinito nada se le puede agregar.* En efecto, todo lo que se recibe en adición se hace mayor y no hay nada mayor que el infinito. Ahora bien, cada día añade una revolución celeste a las anteriores; luego el mundo no puede haber existido siempre.[209]

No obstante, Santo Tomás refutará el argumento sosteniendo el mismo principio que para el caso de los infinitos días precedentes que examinamos. Si hubiera habido un tiempo eterno en el origen del mundo, se sigue que el tiempo del universo hubiera sido infinito en su parte pasada, pero finito en su extremidad presente, pues el presente es el término del pasado:

"...nihil prohibet infinito ex ea parte additionem fieri qua est finitum. Ex hoc autem quod ponitur tempus æternum, sequitur quod sit infinitum ex parte ante, sed finitum ex parte post: nam præsens est terminus præteriti".[210]

"...nada impide añadir algo al infinito por la parte que es finito. Pues al afirmar un tiempo eterno, consiguientemente es infinito por la parte 'anterior', pero finito por la parte 'posterior', porque el presente es el término del pretérito".

4.– *La mente finita podría comprehender lo infinito.*

5.– *Existiría un número infinito de hombres que nos precedieron*; ahora bien, como todos ellos tienen el alma inmortal, habría que concluir que hoy existen en acto una infinitud de las mismas, lo que es imposible.[211]

No obstante, Santo Tomás objetará, con razón, que Dios podría haber creado un mundo sin hombres y sin almas, aparte de que Dios

---

[209] San Buenaventura: *Sent.*, II, dis. 1, p. 1, art. 1, qu. 2, 3 propos.
[210] Santo Tomás de Aquino: *Summ. contra Gentiles*, II, cap. 38, n. 12.
[211] San Buenaventura: *In Sent.* Lib. II, dist. 1, P. I, a. 1, q. 2.

podría haber creado una infinitud actual de seres simultáneamente existentes:

| "Quod autem de animabus obiicitur difficilius est. Sed tamen ratio non est multum utilis: quia multa supponit. Quidam namque æternitatem mundi ponentium posuerunt etiam humanas animas non esse post corpus. Quidam vero quod ex omnibus animabus non manet nisi intellectus separatus: vel agens, secundum quosdam; vel etiam possibilis, secundum alios. Quidam autem posuerunt circulationem in animabus, dicentes quod eaedem animæ post aliqua sæcula in corpora revertuntur. Quidam vero pro inconvenienti non habent quod sint aliqua infinita actu in his quæ ordinem non habent".[212] | "Lo que se objeta sobre las almas ofrece más dificultad. Sin embargo, la razón no es muy útil, porque supone muchas cosas. Pues algunos de los que afirmaban la eternidad del mundo afirmaron también que las almas humanas no existían después del cuerpo; otros, que de todas las almas no permanece sino el entendimiento separado: el agente, según unos; el posible, según otros; y otros defendieron el retorno de las almas, diciendo que después de algunos siglos las almas humanas tornan a los cuerpos; y hay quienes no tienen inconveniente en que existan algunos infinitos en acto, en aquellas cosas que no guardan orden entre si". |

Cierta teología moderna tiende a sostener la posición agustiniana, afirmando la demostrabilidad de la temporalidad del mundo por la pura razón natural.[213] Las razones más importantes que avanzan son:

---

[212] Santo Tomás de Aquino: *Summ. contra Gentiles*, II, cap. 38, n. 14; Cfr. *Summ. Theol.* Iª, q. 46, a. 2, ad 8.

[213] Es el caso de Schmaus (*Teología Dogmática. II. Dios Creador*, cit., pág. 88) y Ruiz de la Peña (*Teología de la Creación*, Santander, 1986, pág. 143).

8.4. LA CREACIÓN EN EL TIEMPO

1. Solo lo increado es eterno; por tanto todo lo creado tiene que ser temporal. La idea de un mundo creado eterno sería contradictoria.

2. La temporalidad no pierde sus notas aún cuando se extendiera hacia atrás, asemejándose a la eternidad; por eso, el mundo no hubiera dejado de ser temporal si Dios lo hubiera realizado inmediatamente después de ser concebido. El salto de lo eterno a lo temporal es cualitativo y no meramente cuantitativo.

3. Finalmente, y siguiendo las investigaciones de Bergson, el fluir del tiempo es concebible para el hombre porque se puede medir su fluencia. Si el tiempo fuera eterno, no lo podríamos concebir.

8.4.6 La posición del averroísmo

La posición en favor de la demostrabilidad de la eternidad del mundo se basaba en varias razones, que tenían como fundamento la consideración del hecho de la omnipotente causalidad del Creador. En efecto:

1.– *Desde el punto de vista de Dios*, como causa del mundo creado, se encontrarían tres razones principales en favor de la eternidad del mundo.

En primer lugar, poner la causa, es poner el efecto. Toda causa cuyo efecto no se produce inmediatamente es una causa no suficiente porque le falta algo para que pueda producir su efecto. Siendo Dios la causa suficiente del mundo (bien sea como causa final al ser Él el bien supremo, bien sea como causa ejemplar porque es la suprema sabiduría, bien como causa eficiente porque es la omnipotencia infinita), el mundo ha de existir desde toda la eternidad, como corresponde a

su causa suficiente que es desde toda la eternidad.[214] Santo Tomás lo resumía con precisión:

"Præterea, posita causa sufficienti, ponitur effectus, causa enim ad quam non sequitur effectus, est causa imperfecta, indigens alio ad hoc quod effectus sequatur. Sed Deus est sufficiens causa mundi; et finalis, ratione suæ bonitatis; et exemplaris, ratione suæ sapientiæ; et effectiva, ratione suæ potentiæ; ut ex superioribus patet. Cum ergo Deus sit ab æterno, et mundus fuit ab æterno".[215]

"Otra más. Establecida una causa suficiente, se desprende el efecto. Pues la causa a la que no sigue el efecto es una causa imperfecta que necesita de algo para que se desprenda de ella un efecto. Pero Dios es causa suficiente del mundo. Causa final debido a su bondad. Causa ejemplar, debido a su sabiduría. Causa efectiva, debido a su poder, tal como se demostró anteriormente (q. 44, a. 1.3.4). Por lo tanto, al existir Dios desde la eternidad, también desde la eternidad ha existido el mundo".

En segundo lugar, el efecto procede de su causa en razón de la acción que ésta ejerce; pero la acción de Dios es eterna ya que, si no fuera así, estaría en potencia de su acción, y tendría que ser llevado al acto por algún agente anterior, lo que es evidentemente contradictorio con el Ser que es perfecto y acto puro de ser. Luego la creación tiene que ser eterna.[216]

---

[214]Cfr. Avicena: *Metaph.*, tr. IX, cap. 1; Maimonides: *Doct. Perplex.*, p. II, cap 18; San Agustín: *Confesiones*, lib. XI, cap. 10.

[215]Santo Tomás de Aquino: *Summ. Theol.*, I^a, q. 46, a. 1, arg. 9

[216]Santo Tomás de Aquino: *Contra Gentiles*, II, cap. 32, n. 4: "Adhuc. Effectus procedit a causa agente per actionem eius. Sed actio Dei est æterna: alias fieret de potentia agente actu agens; et oporteret quod reduceretur in actum ab aliquo priori agente, quod est impossibile. Ergo res a Deo creatæ ab aeterno fuerunt". Cfr. también *De Potentia*, III, 17, 26.

8.4. LA CREACIÓN EN EL TIEMPO

En tercer lugar, la acción de Dios es su propia substancia; pero ésta es eterna, luego también su actuación creadora.[217]

Sin embargo, todos estos argumentos tampoco prueban la existencia de la eternidad del mundo. Como dice Santo Tomás:

"Nihil præter Deum ab æterno fuisse. Et hoc quidem ponere non est impossibile. Ostensum est enim supra quod voluntas Dei est causa rerum. Sic ergo aliqua necesse est esse, sicut necesse est Deum velle illa, cum necessitas effectus ex necessitate causæ dependeat, ut dicitur in V Metaphys. Ostensum est autem supra quod, absolute loquendo, non est necesse Deum velle aliquid nisi seipsum. Non est ergo necessarium Deum velle quod mundus fuerit semper. Sed eatenus mundus est, quatenus Deus vult illum esse, cum esse mundi ex voluntate Dei dependeat sicut ex sua cau-

"Fuera de Dios nada existe desde la eternidad. Sostener esto no es contradictorio. Pues quedó demostrado anteriormente (q. 19, a. 4) que la voluntad de Dios es causa de las cosas. Por lo tanto, en la medida en que alguna cosa es necesaria, lo es en cuanto que Dios lo quiere, puesto que la necesidad de un efecto depende de la necesidad de la causa, tal como se dice en V Metaphys. También se demostró anteriormente (q. 19, a. 3), que, en términos absolutos, no es necesario que Dios quiera algo fuera de sí mismo. Por lo tanto, no es necesario que Dios quiera que el mundo existiera siempre. Pues el mundo existe en tanto en cuanto que Dios quiera que exista, porque la existencia del mundo depende de la voluntad de Dios como

---

[217] Santo Tomás de Aquino: *Summ. Theol.*, I\ua, q. 46, a. 1, arg. 10: "Præterea, cuius actio est æterna, et effectus æternus. Sed actio Dei est eius substantia, quæ est æterna. Ergo et mundus est æternus". Avicena: *Metaph.* tr. IX, cap. 1; Maimonides: *Doct. Perplex*, P. II, cap. 18.

sa. Non est igitur necessarium mundum semper esse. Unde nec demonstrative probari potest..."[218]

causa. Por consiguiente, no es necesario que el mundo haya existido siempre. De ahí que tampoco se pueda demostrar su existencia eterna..."

En efecto, Dios no obra por necesidad de naturaleza, sino por libre voluntad, como ya hemos estudiado. La dificultad de concebir que un Dios omnipotente, inmóvil e inmutable haya querido dar la existencia en un momento determinado del tiempo a un universo que no existía con anterioridad, es una ilusión que se aclara cuando se considera la verdadera relación que tiene la duración de las cosas creadas con la voluntad de crear de Dios. Lo mismo que depende de la infinita y simple voluntad de Dios que el mundo tenga una determinada cantidad en cuanto a su dimensión, igualmente depende de esa voluntad divina que el mundo reciba una cantidad de duración, teniendo en cuenta además que el tiempo es una cualidad extrínseca a la naturaleza de la cosa que dura y completamente indiferente con respecto a la voluntad de Dios.

Dios es además causa del tiempo mismo, pues el tiempo está comprendido dentro de la universalidad de las cosas que Él ha creado.

2.– *Desde el punto de vista de las creaturas* también concluiríamos con la necesidad de una creación eterna. En el mundo existen creaturas incorruptibles, como los cuerpos celestes o las substancias intelectuales. Lo incorruptible existe desde siempre y no puede ser considerado como existente algunas veces y otras no. Pero todo lo que comienza a existir, pertenece a la categoría de lo que a veces puede existir y a veces no. Por eso nada de lo que es incorruptible puede

---

[218] Santo Tomás de Aquino: *Summ. Theol.* Iª, q. 46, a. 1, co. Cfr. *De Potentia* III, 17, ad resp.; *Contra Gent.*, II, 35–37.

8.4. LA CREACIÓN EN EL TIEMPO

tener un comienzo, por lo que el universo (que abarca también a los seres incorruptibles) ha de ser eterno.

"Præterea, nihil quod habet virtutem ut sit semper, quandoque est et quandoque non est, quia ad quantum se extendit virtus alicuius rei, tandiu est. Sed omne incorruptibile habet virtutem ut sit semper, non enim virtutem habet ad determinatum durationis tempus. Nullum ergo incorruptibile quandoque est et quandoque non est. Sed omne quod incipit esse, quandoque est et quandoque non est. Nullum ergo incorruptibile incipit esse. Sed multa sunt in mundo incorruptibilia, ut corpora cælestia, et omnes substantiæ intellectuales. Ergo mundus non incœpit esse".[219]

"Más aún. Nada que tiene capacidad para existir siempre, puede a veces existir y a veces no existir, porque, por naturaleza, cada ser existe en tanto en cuanto que puede. Pero todo lo incorruptible tiene capacidad para existir siempre, pues no está determinado por la duración. Por lo tanto, nada incorruptible a veces existe y a veces no existe. Pero todo lo que empieza a existir a veces existe y a veces no existe. Por consiguiente nada incorruptible empieza a existir. Pero hay muchas cosas incorruptibles en el mundo, como los cuerpos celestes y todas las sustancias intelectuales. Por lo tanto el mundo no empezó a existir".

Ahora bien, siendo verdad que lo que es naturalmente capaz de existir siempre no puede ser considerado como unas veces existiendo y otras no, no obstante, para poder existir siempre, es necesario que exista, y que los seres incorruptibles no pudieron ser tales antes de existir. Por eso, el argumento que criticamos, solo prueba que los seres

---

[219]Santo Tomás de Aquino: *Summ. Theol.*, Iª, q. 46, a. 1, arg. 2. Cfr. *De Potentia*, III, 17, 2; Averroes: *In De Cœlo*, Lib. I, comm. 119.

incorruptibles no pudieron existir por vía de generación natural. Por eso dice Santo Tomás:

"...illud quod habet virtutem ut sit semper ex quo habet illam virtutem, non quandoque est et quandoque non est, sed antequam haberet illam virtutem, non fuit. Unde hæc ratio, quæ ponitur ab Aristotele in I de cælo, non concludit simpliciter quod incorruptibilia non incœperunt esse, sed quod non incœperunt esse per modum naturalem, quo generabilia et corruptibilia incipiunt esse".[220]	"...Lo que tiene capacidad para existir siempre, no es posible que a veces exista y a veces no exista. Sin embargo, antes de tener tal capacidad, no existía. Este argumento sostenido por Aristóteles en I De cælo, no lleva a la conclusión absoluta de que lo incorruptible no haya empezado a existir, sino que no empezó a existir según el modo natural como comienza a existir lo generable y corruptible".

3.- *La eternidad del movimiento exige la eternidad del mundo.* Nada comienza a moverse salvo que se encuentre en un estado diferente de aquél en el que estaba en el instante anterior. Cambiar es moverse. Siempre hay un movimiento anterior al que comienza, y por lejos que uno se encuentre en esta serie, siempre se encuentra movimiento. Pero si el movimiento ha existido siempre, es preciso que haya existido siempre un móvil, pues el movimiento solo existe en un móvil. Por tanto, el universo ha existido siempre.[221]

---

[220]Santo Tomás de Aquino: *Summ. Theol.*, Iª, q. 46, a. 1, ad. 2.

[221]Santo Tomás de Aquino: *Summ. Theol.*, Iª, q. 46, a. 1, arg. 5: "Præterea, nihil de novo incipit moveri, nisi per hoc quod movens vel mobile aliter se habet nunc quam prius. Sed quod aliter se habet nunc quam prius, movetur. Ergo ante omnem motum de novo incipientem, fuit aliquis motus. Motus ergo semper fuit. Ergo et mobile, quia motus non est nisi in mobili". Cfr. *Contra Gent.* II, 33.

8.4. LA CREACIÓN EN EL TIEMPO

Sin embargo, del hecho de que haya habido movimiento siempre no se sigue en modo alguno que siempre haya habido un móvil, sino que siempre ha habido movimiento desde que existió un móvil. Pero este móvil solo puede haber llegado a la existencia por creación. Así, pues, concluye el Aquinate:

"...Primus motor semper eodem modo se habuit primum autem mobile non semper eodem modo se habuit, quia incœpit esse, cum prius non fuisset. Sed hoc non fuit per mutationem, sed per creationem, quæ non est mutatio, ut supra dictum est. Unde patet quod hæc ratio, quam ponit Aristoteles in VIII Physic., procedit contra eos qui ponebant mobilia æterna, sed motum non æternum; ut patet ex opinionibus Anaxagoræ et Empedoclis. Nos autem ponimus, ex quo mobilia incœperunt, semper fuisse motum".[222]

"...El primer motor permaneció siempre inmóvil. Pero no el primer móvil que empezó a existir después de no haber existido. Sin embargo, esto no se dio por un cambio, sino por creación, que no es cambio, como dijimos anteriormente (q. 45, a. 2, ad 2). De donde se deduce que el argumento que ofrece Aristóteles en VIII Physic. va contra aquellos que sostenían la existencia de seres móviles eternos, pero no el movimiento eterno. Así pensaban Anaxágoras y Empédocles. Nosotros sostenemos que desde que empezó a haber seres móviles, siempre hubo movimiento".

8.4.7 La posición de Santo Tomás de Aquino

Santo Tomás sostendrá que el carácter temporal de la creación es una verdad de fe estrictamente hablando. En efecto, a pesar de que

---

[222] Santo Tomás de Aquino: *Summ. Theol.*, I^a, q. 46, a. 1, ad 5.

CAPÍTULO 8. LAS PROPIEDADES DEL ACTO CREADOR

la realidad de la creación es una verdad que se puede probar con la sola luz de la razón (una consecuencia racional necesaria de la existencia de Dios y de la contingencia de los seres —cinco vías—), no hay una prueba absoluta de la imposibilidad de una creación eterna ni de una creación temporal; Dios podría haber creado el mundo desde la eternidad o bien hacerlo temporalmente. Así el principio temporal del mundo sería una verdad estricta de fe.[223] Las argumentaciones, aunque sean probables, que pretenden probar la no–eternidad del mundo deben ser rechazadas para que la fe católica no parezca que se apoya en razones vanas más bien que en la doctrina inquebrantable que Dios nos enseña:

"Hæ autem rationes quia non usquequaque de necessitate concludunt, licet probabilitatem habeant, sufficit tangere solum, ne videatur fides Catholica in vanis rationibus constituta, et non potius in solidissima Dei doctrina. Et ideo conveniens videtur ponere qualiter	"Estas razones que no concluyen de toda necesidad, aunque se tengan como probables, basta con ser mencionadas; para que no parezca que la fe católica se sostiene en razones vanas, y no mejor en la doctrina solidísima de Dios. Y, por tanto, parece conveniente ponerles las objeciones que pusieron

---

[223]Con todo, la posición de Santo Tomás es intermedia entre agustinianos y averroístas, al afirmar las dos posibilidades de un mundo eterno o un mundo temporal. Y, aceptando en parte las conclusiones de Maimónides y de San Alberto Magno, sin embargo también se distancia de ellos: así, Maimónides sostuvo que el hecho de la creación solo es conocido en base a al revelación, mientras que el Aquinate sostiene la creación con razones demostrativas; y coincide con él en afirmar la indemostrabilidad racional del inicio temporal del mundo o de su eternidad. San Alberto Magno, por su parte, sostendrá con Maimónides que la creación del mundo "ex nihilo" solo puede ser conocida por la fe, y sin embargo se aleja de Maimónides al afirmar que el comienzo temporal del mundo es demostrable una vez admitido por fe el postulado de la creación. Cfr. É. Gilson: *El Tomismo*, cit., págs. 202–203.

8.4. LA CREACIÓN EN EL TIEMPO

obvietur eis per eos qui æternitatem mundi posuerunt".[224]   los que aceptaron la eternidad del mundo".

Sus argumentos principales son:

1. El concepto de esencia de una cosa es en sí misma indiferente al espacio y al tiempo. Por eso se dice que los universales existen en todas partes y siempre. Ahora bien, el principio de toda demostración se encuentra en la definición de la esencia, de la que se deducen sus propiedades. Por consiguiente no se puede probar partiendo del examen del concepto de *mundo* que no existió siempre. El concepto de *mundo* implica que es dependiente de Dios, pero en razón de la existencia, no del tiempo.

2. El poder absoluto de Dios es eterno: podría haber creado desde la eternidad.

3. El examen de la voluntad de Dios también nos manifiesta la absoluta libertad para crear el mundo temporal o eterno. En efecto, la voluntad de Dios es libre, no tiene causa; por tanto no podemos demostrar nada que su voluntad esté obligada a querer, salvo lo que concierne a Dios mismo. Por eso, solo conocemos el inicio temporal del mundo por revelación.[225]

4. Además el acto creador mismo es indivisible, y ocurre en un instante; no exige el tiempo; y no hay cambio de un ser en otro, sino aparición de un nuevo ser de la nada.

Véase el razonamiento del Aquinate en su famosa cuestión 46, artículo 2:

---

[224]Santo Tomás de Aquino: *Contra Gentiles*, lib. 2, cap. 38, n. 8.
[225]Santo Tomás de Aquino: *De Potentia*, III, 14, ad resp.

"Sed contra, fidei articuli demonstrative probari non possunt, quia fides de non apparentibus est, ut dicitur ad Hebr. XI. Sed Deum esse creatorem mundi, sic quod mundus incœperit esse, est articulus fidei, dicimus enim, credo in unum Deum et cetera. Et iterum, Gregorius dicit, in *Homil. I in Ezech.*, quod Moyses prophetizavit de praeterito, dicens in principio creavit Deus cælum et terram; in quo novitas mundi traditur. Ergo novitas mundi habetur tantum per revelationem. Et ideo non potest probari demonstrative.[226]

"Respondeo dicendum quod mundum non semper fuisse, sola fide tenetur, et demonstrative probari non potest, sicut et supra de mysterio Trinitatis dictum est. Et huius ratio est, quia novitas mundi non potest demonstrationem recipere ex parte ipsius

"En cambio, los artículos de fe no pueden ser demostrados con rigor porque la fe trata de lo que no se ve, como se dice en Heb 11:1. Pero es artículo de fe que Dios es el creador del mundo, así como que el mundo ha empezado a existir. Decimos: Creo en un solo Dios, etc. Y también Gregorio en la homilía I. In Ez. dice que Moisés habló proféticamente del pasado cuando dijo: En el principio creó Dios el cielo y la tierra, ahí esta Incluida la novedad del mundo. Por lo tanto, la novedad del mundo se conoce sólo por revelación y no puede demostrarse con rigor.

"Solución. Hay que decir: Que el mundo no ha existido siempre lo sabemos sólo por la fe y no puede ser demostrado con rigor, siguiendo lo que sobre el misterio de la Trinidad hemos dicho anteriormente (q. 32, a. 1). Esto es así porque la novedad del mundo no puede ser demostrada a partir del mismo mundo. Pues

---

[226] Santo Tomás de Aquino: *Summ. Theol.* Iª, q. 46, a. 2, s. c. Cfr. *Sent.* II, dist. 1, q. 1, a. 5; *Contra Gent.* II, cap. 38; *De Pot.* q. 3, a. 14; *Quodlib.* III, q. 14, a. 2; XII, q. 6, a. 1; opúsculo *De Ætern. Mundi.*

8.4. LA CREACIÓN EN EL TIEMPO

mundi. Demonstrationis enim principium est quod quid est. Unumquodque autem, secundum rationem suæ speciei, abstrahit ab hic et nunc, propter quod dicitur quod universalia sunt ubique et semper. Unde demonstrari non potest quod homo, aut cælum, aut lapis non semper fuit. Similiter etiam neque ex parte causæ agentis, quæ agit per voluntatem. Voluntas enim Dei ratione investigari non potest, nisi circa ea quæ absolute necesse est Deum velle, talia autem non sunt quæ circa creaturas vult, ut dictum est. Potest autem voluntas divina homini manifestari per revelationem, cui fides innititur. Unde mundum incœpisse est credibile, non autem demonstrabile vel scibile. Et hoc utile est ut consideretur, ne forte aliquis, quod fidei est demonstrare præsumens, rationes non necessarias inducat, quæ præbeant materiam irridendi infidelibus, existiman-

el principio de la demostración es aquellos que es. Ahora bien, cada cosa considerada en cuanto a su especie, abstrae del aquí y ahora, por lo cual se dice que lo universal está en todas partes y siempre. De ahí que no pueda ser demostrado que el hombre, el cielo o la tierra no hayan existido siempre. Lo mismo puede decirse por parte de la causa agente que obra voluntariamente. Pues no puede investigarse con la razón la voluntad de Dios a no ser sobre aquello que es absolutamente necesario que Dios quiera. Ahí no está incluido, tal como hemos dicho (q. 19, a. 3), lo que Dios quiere de las criaturas. Sin embargo, la voluntad divina puede manifestarse por revelación al hombre, y ahí se fundamenta nuestra fe. Por lo tanto, que el mundo empezara a existir es creíble, pero no demostrable o cognoscible. Es útil que se tenga esto presente a fin de que, presumiendo de poder demostrar las cosas que son de fe, alguien presente argumentos no necesarios y que provoquen risa en los no creyentes, pues podrían pensar que son razo-

440 CAPÍTULO 8. LAS PROPIEDADES DEL ACTO CREADOR

tibus nos propter huiusmodi rationes credere quæ fidei sunt".[227]

"...Et ad hoc intelligendum, considerandum est quod causa efficiens quæ agit per motum, de necessitate præcedit tempore suum effectum, quia effectus non est nisi in termino actionis, agens autem omne oportet esse principium actionis. Sed si actio sit instantanea, et non successiva, non est necessarium faciens esse prius facto duratione; sicut patet in illuminatione. Unde dicunt quod non sequitur ex necessitate, si Deus est causa activa mundi, quod sit prior mundo duratione, quia creatio, qua mundum produxit, non est mutatio successiva, ut supra dictum est".[228]

nes por las que nosotros aceptamos las cosas que son de fe".

"Para entender este razonamiento hay que tener presente que la causa eficiente que obra por el movimiento, precede a su efecto en el tiempo, porque el efecto no se da más que al final de la acción y es necesario que todo agente sea el principio de la acción. Pero si la acción es instantánea y no sucesiva, no es necesario que el agente preceda en duración a lo que hace. Es lo que ocurre con la luz. De ahí que digan que no es necesario que Dios preceda al mundo en duración aun cuando sea la causa activa del mundo, porque la creación por la que se produjo el mundo no es un cambio sucesivo, tal como se dijo (q. 45, a. 2, ad 3)".

Con todo, la razón basándose en los atributos divinos, podría demostrar lo siguiente:

- La creación en el tiempo *es posible* porque el mundo es contingente (no necesario) y la causa eficiente (Dios) es absolutamente libre y puede escoger hacer lo que quiera.

---

[227]Santo Tomás de Aquino: *Summ. Theol.* Iª, q. 46, a. 2, co.
[228]Santo Tomás de Aquino: *Summ. Theol.* Iª, q. 46, a. 2, ad 1.

8.4. LA CREACIÓN EN EL TIEMPO

- La creación en el tiempo *es conveniente* porque manifiesta muy claramente los siguientes atributos divinos: la existencia por Sí Mismo, la libertad, la sabiduría y el poder.[229]

Concluyamos con algunos alcances que hace J. Morales[230] y que encuadran bien la polémica sobre la creación en el tiempo o en la eternidad:

1. La eternidad y la inmutabilidad de la voluntad divina no exigen la eternidad del mundo, ya que el acto de la voluntad y su contenido u objeto pueden existir separadamente (teniendo en cuenta la analogía, puede valer el ejemplo del hombre que piensa en un momento determinado en realizar una obra, pero la lleva a cabo en otro). En este sentido, el mundo comenzaría a existir, no cuando Dios concibiera la idea del mundo en su eterno presente, sino cuando la realiza.

2. El instante en que se inicia el universo no se determina con relación a la eternidad (buscando, por así decir, un momento en la eternidad desde el cual el mundo comenzaría a existir)[231], sino en relación al tiempo que mide su duración (es decir, con el criterio de que hace N número de años que el mundo fue creado).

3. Que el mundo exista en el tiempo (con la consecuencia de que se dan cambios, sucesión de estados, duración limitada, etc.), es muy congruente con:

    - La contingencia del mundo, como contradistinta de Dios como único ser necesario.

---

[229] J. Ibáñez y F. Mendoza: *Dios Creador...*, cit., pág. 53.

[230] J. Morales: *El Misterio...*, cit., págs. 158–159.

[231] Recuérdese que la eternidad de Dios no tiene duración alguna, sino que es un eterno presente, y perfecto "ya".

- La *Historia Salutis*, como esquema del actuar divino como contrapuesto a la concepción del mundo griego de tipo cíclico con su eterno retorno. La historia de Dios con nosotros comienza con la creación.

8.4.8 El fin del mundo

Es lógico pensar que así como el mundo ha tenido un comienzo, también tendrá un fin.

Así lo anuncia la Sagrada Escritura:

- Mt 5:18, "En verdad os digo que mientras no pasen el cielo y la tierra, de la Ley no pasará ni la más pequeña letra o trazo hasta que todo se cumpla"; Mt 13:40, "Del mismo modo que se reúne la cizaña y se quema en el fuego, así será al fin del mundo".

- 1 Cor 7:31, "...y los que disfrutan de este mundo, como si no disfrutasen. Porque la apariencia de este mundo pasa".

- 2 Pe 3: 10–13, "Pero como un ladrón llegará el día del Señor. Entonces los cielos se desharán con estrépito, los elementos se disolverán abrasados, y lo mismo la tierra con lo que hay en ella. Si todas estas cosas se van a destruir de ese modo, ¡cuánto más debéis llevar vosotros una conducta santa y piadosa, mientras aguardáis y apresuráis la venida del día de Dios, cuando los cielos se disuelvan ardiendo y los elementos se derritan abrasados! Nosotros, según su promesa, esperamos unos 'cielos nuevos' y una 'tierra nueva', en los que habita la justicia".

- Ap 21 y 22.

De este modo, la Revelación se opone tanto a las ideas griegas del eterno retorno, como a la visión que de la creación tiene la llamada "Teología del Progreso", que ya se criticó más arriba.

8.4. LA CREACIÓN EN EL TIEMPO

Baste en este momento con las indicaciones hechas. El tema del fin del mundo tiene su sede propia en el tratado de Escatología.

8.4.9 Amor y temporalidad de la creación en A. Gálvez

La realidad del mundo creado con el tiempo (temporalidad) en contraste con la realidad de Dios (eternidad), es estudiada desde un punto de vista muy sugerente, el del amor, por A. Gálvez.

A partir de la experiencia del amor creado, que siendo vivido en el tiempo, sin embargo tiene vocación de eternidad, se descubre el singular contraste y relación que existe entre ambos mundos: el creado, salido de las manos de Dios y que manifiesta por participación y analógicamente los atributos divinos, y el divino, absolutamente trascendente al tiempo creado.

Siendo el ser de Dios Amor substancial y al mismo tiempo eternidad, es lógico que por exigencias de la simplicidad divina así como de su plenitud de ser, la eternidad sea un rasgo del Amor Perfecto. En efecto:

> "Por la Revelación, sabemos que la generación del Verbo tiene lugar *en el instante siempre actual y presente* de la eternidad; sin que quepa imaginar en él un *antes* o un *después*. Tal como lo dice expresamente el salmo: *Filius meus es tu, ego hodie genui te.*[232] Donde el *hodie* es justamente el vocablo que expresa el instante actual y presente de la eternidad. La generación del Hijo, con la entrega amorosa del Padre a su Verbo, es absolutamente actual, sin posibilidad alguna de concebir en ella un antes o un después. En realidad no tuvo comienzo, así como tampoco tendrá fin. El Padre se entrega en totalidad al Hijo sin dejar de

---

[232] Sal 2:5; cf Hech 13:33; Heb 1:5; 5:5.

ser la Persona del Padre. Y recíprocamente lo mismo ocurre con el Hijo en su Respuesta al Padre. Por otra parte, según palabras del mismo Jesucristo, *todo lo que tiene el Padre es mío*;[233] un texto para el cual caben tres interpretaciones posibles: a) Todo lo que posee el Padre en Sí mismo me ha sido entregado por Él y me pertenece; b) Todo lo propiamente mío se lo he entregado al Padre; c) Después de haber entregado todo al Padre, el todo sin embargo sigue siendo mío. Donde es posible que ninguna de las tres interpretaciones excluya a las otras; mientras que queda claro que, una vez realizada la mutua entrega, el todo sigue siendo de ambos".[234]

Por eso, el amor analogado, sobre todo el amor divino–humano, sin ser eterno, sin embargo es un acto siempre presente, en cierto modo atemporal; no es un acto que pasó, sino una entrega total continuada. Se puede decir que la perfección del acto amoroso participado posee caracteres de eternidad, al igual que la Alegría perfecta que le acompaña:

"Si aplicamos el conocimiento derivado de la semejanza *analógica* al amor humano, y con más propiedad al divino–humano, estaremos en condiciones de descubrir que el acto de amor perfecto, precisamente por serlo y suponer una entrega en totalidad, no tiene lugar en un instante determinado para que después suceda algo así como *ya está hecho*. Sino que, muy al contrario, tal acto sigue siendo actual y presente. La persona que ama en perfección entrega

---

[233] Jn 16:15.10.

[234] A. Gálvez: *El Invierno Eclesial. Cap. "Disputationes sobre el Amor Divino–humano"*, Shoreless Lake Press, New Jersey, págs. 357–358.

8.4. LA CREACIÓN EN EL TIEMPO

en totalidad y sigue entregando, en un acto en cierto modo atemporal que viene a significar que el amor trasciende los límites del tiempo y aun de cualquier condicionamiento. La persona amante entrega y sigue entregando, *y de ahí precisamente que nunca pierda su carácter de persona.* En puridad, dejaría de amar en el instante mismo en que dejara de entregar. La persona lo entrega todo, y mantiene al mismo tiempo, sin embargo, su capacidad de entregar: sin la cual *dejaría de ser persona* y desaparecería como por ensalmo la relación amorosa.

Si lo dicho hasta aquí fuera cierto, tal vez podrían deducirse de ello interesantes consecuencias.

En primer lugar, que la perfección del acto amoroso exige poseer caracteres de eternidad. Según lo cual, el verdadero amor sería en todo caso, y bajo cualesquiera circunstancias, destinado a ser tal *para siempre.* Al menos como un carácter peculiar que estaría exigiendo su consumación. Si se parte de la base de que la *Perfecta Alegría* únicamente puede ser fruto del *Perfecto Amor* (y no se sabe de otra cosa que pudiera producirla), y dado caso de que, efectivamente, la Alegría no puede ser perfecta y completa si carece de la condición de eternidad, queda todavía más confirmado el carácter de perennidad tanto del Amor como de la Alegría. Lo cual conduciría a la conclusión de que limitar la consideración de la *Beatitudo,* o último fin del hombre, a la *contemplación saciativa de la Verdad* parece insuficiente. Puesto que el Amor, fuente al fin de toda Alegría y de cualquier *Beatitudo,* supone la *posesión* junto con la *visión;* además de que, por otra parte, es también perenne por naturaleza. De donde en todo caso,

si se admitiera que la *Beatitudo* es fruto a su vez del Amor, habría que reconocerle la nota de reciprocidad y excluir de ella, por lo tanto, la pura pasividad. Lo que parece quedar confirmado por lo que dice el Apóstol, según el cual *cuando venga lo perfecto, desaparecerá lo imperfecto*.[235] Y aún continúa: *Porque ahora vemos como en un espejo, borrosamente; pero entonces veremos "cara a cara". Ahora conozco de modo imperfecto, pero entonces "conoceré como soy conocido"*.[236] De donde todo parece indicar que el Apóstol, no sólo no está en contra de la reciprocidad, sino que parece dejar en un segundo plano la pura pasividad: veremos *cara a cara* —dice—, para añadir enseguida, *conoceré como soy conocido"*.[237]

El amor creado, como todo lo creado, es temporal; pero en la medida en que la creación refleja el ser de Dios, el amor creado tiene vocación de eternidad, y de hecho el amor perfecto y consumado para el hombre se produce cuando no hay tiempo que separe ya a los amantes. De ahí que la Revelación nos dice que el "tiempo es corto", o que la esperanza desaparecerá en el mundo futuro junto con el tiempo, quedando solo la caridad. También queda reflejo de este rasgo de perennidad del amor, en el hecho de que se puede decir que el hombre constantemente ama y nunca deja de amar.

Es desde aquí, desde donde se entiende la impaciencia de los amantes para unirse definitivamente para siempre, lo que aparece en la Revelación bajo la figura de las "prisas" del amor:

"El amor tiende de modo irresistible a unir a ambos amantes, y por eso no es extraño que ande siempre urgien-

---

[235] 1 Cor 13:10.
[236] 1 Cor 13:12.
[237] A. Gálvez: *"El Invierno"...,* cit., págs. 358–359.

8.4. LA CREACIÓN EN EL TIEMPO

do prisas y apresurado con impaciencias. Sea cual fuere la duración de la separación, siempre parecerá demasiado larga a los que se aman. Cualquier ausencia de la persona amada, o cualquier demora en su llegada, provocan un alud de requerimientos y de apremios, por parte del otro amante, para que acuda cuanto antes.

De ahí la importancia del elemento tiempo en el amor, por más que haya pasado siempre un tanto desapercibido y se encuentre falto de un estudio detenido. No ha sido sin embargo tan ignorado por la poesía clásica —aunque haya sido solamente bajo la forma de alusiones de pasada—, según se dijo ya al comienzo de este capítulo:[238]

> Ya, dulce amigo, huyo y me retiro
> de cuanto simple amé: rompí los lazos.
> Ven y verás al alto fin que aspiro,
> antes que el tiempo muera en nuestros brazos.

Aquí el poeta siente que el tiempo se le va de las manos, dada su brevedad, y por eso urge al amigo para que venga pronto. Pero de todos modos, bien que parezca corto o que se antoje largo, en realidad el tiempo siempre es corto (1 Cor 7:29 y ss.). La razón está en que, sea cual fuere su naturaleza, se trata de un factor necesariamente referido a la eternidad; y, puesto que esta relación forma parte de su esencia, debe concluirse que hay que reconocer su radical brevedad, sin que obsten en contrario ni importen ya demasiado su mucha o su poca duración. Cuando San Pablo parece referirse a la poca importancia que se ha de conceder a las acciones que el hombre lleva a cabo en el

---

[238] Fernández de Andrada, *Epístola Moral a Fabio*.

tiempo, lo que quiere decir en realidad es que todas ellas deben ser referidas al amor; porque solamente entonces es cuando adquieren su verdadero relieve: *Esto os lo digo... con vistas a lo más perfecto y a lo que une con el Señor sin distracción alguna*.[239] El apremio y la premura aparecen siempre que andan de por medio las instancias del amor. Así por ejemplo, en la parábola de los obreros enviados a trabajar a la viña, se dice que el dueño salió muy de mañana —*exiit primo mane*— a contratar obreros;[240] y en la de la gran cena el anfitrión ordena a su criado que salga aprisa —*exi cito*— a las plazas y calles de la ciudad a traer a otros invitados,[241] después de la respuesta negativa de los que habían sido llamados primeramente. Y es que el amor lleva siempre a cabo sus convocatorias con urgencias y prisas; lo cual no puede ser de otro modo, desde el momento en que su ansiedad le empuja a procurar hallarse cuanto antes junto a la persona amada".[242]

Por eso, lo que puede ser denominado el "tiempo amoroso" tiene características especiales: es siempre un tiempo "corto", hace que se perciba el amor en la tierra como un amor en arras y primicias porque la existencia del tiempo impide la plenitud; se vive el amor en el presente eón como uno que tienden a la madurez:

---

[239] El amor no puede existir en el tiempo en forma perfecta y consumada, por razones obvias: porque el verdadero amor es *para siempre*, y él mismo no se concibe de otro modo. Por eso el hombre no puede sentirlo por ahora sino en forma de arras y primicias. Y por eso también, puesto que el hombre ha sido destinado al Amor perfecto (recuérdense los dichos de San Agustín), el tiempo ha de ser necesariamente *breve* para él.

[240] Mt 20:1.

[241] Lc 14:21.

[242] A. Gálvez: *Comentarios...*, cit., vol. 2, págs. 74–75.

8.4. LA CREACIÓN EN EL TIEMPO

"La comprobación de que el tiempo es un factor integrante del fenómeno amoroso da lugar a interesantes observaciones. En primer lugar hay que advertir que aquí no se trata del tiempo simplemente, sino del *tiempo breve*, puesto que el amor siempre tiene prisa. En este sentido, considerado como demora —en realidad no es otra cosa—, el tiempo debe ser calificado como un elemento de separación que el enamorado tiende siempre, por eso mismo, a acortar; o más bien habría que decir aquí a eliminar.[243] Así se explica que el amor perfecto o consumado solamente exista allí donde el tiempo ha desaparecido por completo, como es en la eternidad. Y por eso, en el presente eón, dado que el factor tiempo es esencial a la condición del hombre como peregrino, el amor solamente puede realizarse en él en forma de arras o primicias. Puede decirse, por lo tanto, que la perfección del amor es una magnitud que se mide siempre en razón inversa al tiempo que resta; mientras que la madurez, por el contrario, se desarrolla y califica en razón inversa al tiempo transcurrido.[244] De este modo adquieren nueva luz las observaciones de San Pablo

---

[243]La tendencia a acortar el tiempo es en realidad la tendencia a suprimirlo.

[244]Cuanto mayor es el tiempo que falta por transcurrir hay menos madurez. En cambio, a medida que se aproxima el final de la vida, aumenta la madurez, hasta que alcanza su punto culminante en el momento de la muerte. En este sentido son curiosas las numerosas observaciones de Jesucristo acerca de que *ha llegado su hora*, refiriéndose sin duda a que su vida terrena (o el tiempo) se ha consumado ya para Él (Jn 19:30).

En cuanto a la demora del Esposo en la parábola de las vírgenes (Mt 25:5), debe tenerse en cuenta que se trata simplemente de constatar un hecho que es ineludible en el presente eón. Por ahora es necesaria e inevitable, no tanto por parte del amor del Esposo cuanto por la actual situación de la esposa, sujeta todavía a la condición de peregrina e incapaz de vivir otro amor que no sea en forma de arras y primicias.

acerca de que *el tiempo es breve*:[245] Si resulta que todo cobra valor en función de la caridad (o del amor), una vez que el hombre ha sido destinado a amar en perfección; y, puesto que el tiempo es un factor que impide tal plenitud, es lógico que haya de tender a desaparecer hasta la llegada del momento en que cese por completo".[246]

Un adelanto de la intemporalidad del amor experimentado en la Tierra, se produce con el éxtasis místico, donde el paso del tiempo parece perderse:

"Así se explica que, en el éxtasis del amor, los enamorados lleguen a pensar que el tiempo se ha detenido para ellos, o que ha desaparecido. En realidad ése y no otro es el destino del tiempo, por más que no siempre se haya caído en la cuenta de esta maravillosa circunstancia:

Siguiendo a los pastores,
llegué adonde el Amado me esperaba
oculto en los alcores;
y mientras Él me hablaba,
el silbo de las selvas no sonaba.
....
He subido a buscarte
al solitario otero donde moras,
para poder mirarte,
sin paso de las horas,
junto al bosque de dulces zarzamoras...

---

[245] 1 Cor 7: 29-31.

[246] A. Gálvez: *Comentarios...*, cit., vol. 2, págs. 75-76.

8.4. LA CREACIÓN EN EL TIEMPO

Y San Juan de la Cruz, en su conocida y famosa estrofa, capaz de producir la extraña sensación, no ya de que el tiempo se ha detenido, sino más bien de que ha desaparecido:

> Quedéme y olvidéme,
> el rostro recliné sobre el Amado,
> cesó todo, y dejéme,
> dejando mi cuidado
> entre las azucenas olvidado.

El silencio, el reposo, la soledad, y el tiempo detenido, son elementos de transcendental importancia en el amor. El *Cantar de los Cantares* lo insinúa también mediante la repetición insistente de un estribillo de extraordinaria belleza poética:

> Os conjuro, hijas de Jerusalén,
> por las gacelas y las cabras monteses,
> que no despertéis ni inquietéis a la amada
> hasta que ella quiera[247]".[248]

Por eso, la situación del amor temporal en esta vida, no puede ser entendida sino como la relación de lo imperfecto con lo perfecto:

> "Por eso el tiempo, o la duración, no son otra cosa que la situación en la que el amor no ha llegado a su perfección.

---

[247] Ca 2:7; 3:5; 8:4.

[248] A. Gálvez: *Comentarios...*, cit., vol. 2, págs. 76–78.

Como según esto el concepto tiempo es sinónimo de inacabado, cuando llegue la plenitud *ya no habrá más tiempo*.[249] Aunque quizá es mejor decir que es sinónimo de amor imperfecto o en vías de llegar a su consumación; y de ahí que el tiempo haya de ser considerado, con relación a la eternidad, como lo imperfecto con respecto a lo perfecto: *Cuando llegue lo perfecto desaparecerá lo imperfecto*.[250] Jn 7:6. San Pablo parece insinuar también esta idea en Ga 4:4: *Al llegar la plenitud de los tiempos, Dios envió a su Hijo, nacido de mujer, nacido bajo la Ley...* Contemplado desde el punto de vista del amor —única realidad a través de la cual se puede rastrear su verdadero sentido metafísico y teológico—, el tiempo es el momento de la maduración, o del crecimiento, como parte del camino que conduce hacia la plenitud: *Por lo tanto, mientras tengamos tiempo, obremos el bien con todos*.[251] Debido a eso los enamorados se muestran siempre impacientes con respecto al tiempo, puesto que es la situación de demora o dilación la que todavía los separa; cuando logran, por fin,

---

[249] Ap 10:6.

[250] 1 Cor 13:10. Cuando el Amor infinito se sumerge en el tiempo, en el misterio de la Encarnación, su participación en la temporalidad, aunque bien real, es puramente relativa. El momento del tiempo es para Él momento de plenitud, que es lo mismo que decir el momento de dejarlo. Jesucristo, que había amado a los suyos *hasta el fin* (Jn 13:1), habla constantemente de que *aún no ha llegado su hora*; cuando por fin llega, es justamente el momento de pasar de este mundo al Padre (Jn 17:1; 13:1). Eso es lo que parecen significar las extrañas palabras que dirige a sus discípulos: *Mi tiempo aún no ha llegado; pero el vuestro siempre está a punto*; en las cuales se establece una evidente relación entre el amor perfecto y el imperfecto, o entre lo consumado y lo que se encuentra aún en estado incipiente o en vías de maduración.

[251] Ga 6:10.

estar unidos ya no existe para ellos la noción de tiempo.[252] La impaciencia y la nostalgia, que acompañan siempre a la virtud teologal de la esperanza, corresponden a la noción del *todavía no* más bien que a la del *ya*. De ahí que la esperanza sea menos valiosa que la caridad (1 Cor 13:13), del mismo modo que lo imperfecto es inferior a lo perfecto, y tal como la existencia del tiempo solamente tiene sentido en razón de la eternidad: *Cuando llegue lo perfecto desaparecerá lo imperfecto*[253]".[254]

8.5 Calificaciones teológicas

La acción de Dios creadora tuvo lugar por su voluntad libre de toda coacción externa y de toda necesidad interna.
De fe divina y católica definida. Censura: herejía.

- Magisterio:
  - Concilio de Florencia.
  - Concilio Vaticano I.
- Sagrada Escritura:
  - Sal 134:6.
  - Ef 1:11.
  - 2 Mac 8:18.
- Tradición:
  - San Ireneo.[255]

---

[252] Así se explica lo que sucede en ciertos estados de oración contemplativa, en los que ya no se aprecia el sentimiento de trascurso del tiempo.
[253] 1 Cor 13:10.
[254] A. Gálvez: *Comentarios...*, cit., vol. 2, págs. 78–79.
[255] *Adv. Hær.*, II 1, 1; III 8, 3.

- San Atanasio.
- San Agustín.[256]
- Etc.

La acción creadora de Dios no pudo sino crear un mundo bueno, aunque mudable en cuanto hecho de la nada. De fe divina y católica definida. Censura: herejía.

- Magisterio:
    - Concilio de Florencia.
- Sagrada Escritura:
    - Gen 1: 1–31.

La acción creadora de Dios tuvo principio en el tiempo. De fe divina y católica definida. Censura: herejía.

- Magisterio:
    - Concilio IV de Letrán.
    - Concilio Vaticano I.
    - Juan XXII: Errores de Eckhart condenados en la bula "In Agro Dominico".
- Sagrada Escritura:
    - Pr 8:22.
    - Jn 17:5.
    - Ef 1:4.
- Tradición:
    - Contra dualismo gnóstico y maniqueo:
        * San Ireneo.[257]

---

[256] *Enarr. in Ps.*, 134, 10.
[257] *Adv. Hær.*, II 34, 2.

8.5. CALIFICACIONES TEOLÓGICAS

* Taciano.[258]
* San Basilio.[259]
– Contra los arrianos: S. Cirilo de Alejandría, etc.

Dios conserva en el ser todo lo realizado por su acción creadora. De fe divina y católica definida. Censura: herejía.

- Magisterio:
    - Concilio Vaticano I.
- Sagrada Escritura:
    - Sab 11: 25–26.
    - Heb 1:3.
    - Hech 17: 24–28.
- Tradición:
    - San Ireneo.[260]
    - Orígenes.[261]
    - Teófilo.[262]
    - San Juan Crisóstomo.[263]
    - San Agustín.[264]
    - Etc.

Dios coopera inmediatamente en todo acto de las criaturas.
Doctrina católica. Censura: error en doctrina católica.

---

[258] *Or. ad Græcos*, 5.
[259] *In Hexaem. Hom.*, 1, 7.
[260] *Adv. Hær.*, n 34, 2 s.
[261] *P. G.*, 11, 184.
[262] *Ad Autol.*, 1 4.
[263] *P. G.*, 48, 810.
[264] *De Gen. ad Litt.*, v 20, 40.

- Magisterio:
  - Catecismo Romano.
  - Catecismo de la Iglesia Católica.
- Sagrada Escritura:
  - Is 26:12.
  - Sal 146: 7ss.
  - Hech 17: 24–28.
  - 1 Cor 12: 4–6.
- Tradición:
  - Orígenes.[265]
  - Teófilo de Antioquía.[266]
  - San Jerónimo.[267]
  - San Agustín.[268]

Dios gobierna con su providencia todo lo que creó. De fe divina y católica definida. Censura: herejía.

- Magisterio:
  - Concilio Vaticano I.
- Sagrada Escritura:
  - Sab 6:8; 8:1; 11:21; 12:13; etc.
  - Mt 5–6.
  - Hech 17:25.
  - 1 Pe 5:7.

---

[265] *P. G.*, 12, 750.
[266] *P. G.*, 6, 1029.
[267] *Dial. adv. Pelag.*, 1 3; *Ep.* 133, 7.
[268] *Ep.* 205, 3, 17.

8.5. CALIFICACIONES TEOLÓGICAS

- Tradición:
  - San Gregorio Niseno.[269]
  - Salviano de Marsella.[270]
  - Teodoreto de Ciro.[271]
  - San Agustín.[272]
  - Etc.

---

[269] *Contra Fatum.*
[270] *De Gubernatione Dei.*
[271] 10 sermones *De Providencia.*
[272] Sobre todo en sus *Confesiones* y el *De Civitate Dei.*

Capítulo 9

La finalidad de la creación

9.1 Introducción

Se aborda en este tema la pregunta sobre la finalidad del universo. ¿Para qué fue creado el mundo? No se trata de saber sobre el destino escatológico final de lo creado, sino de la razón por y para la cual se creó. Vamos a tratar de dos ideas y de su recta relación: la gloria de Dios y el bien de las creaturas, el fin primario y fin secundario de la creación.[1]

---

[1]Cfr. G. Padoin: *Il Fine della Creazione nel Pensiero di S. Tommaso*, Roma: Editrice Laterano, 1959; I. M. Dalmau: *La Bondad Divina y la Gloria de Dios, Fin de la creación*. "*Finis Operis*" y "*Finis Operantis*", en "Revista de Estudios Eclesiásticos" 20 (1946) 509–533; I. Donnelli: *St. Thomas and the Ultimate Purpose of Creation*, en "Theological Studies" 2 (1941) 53–83; R. Garrigou–Lagrange: *Le Réalisme du Principe de Finalité*, Paris, Desclée de Brouwer, 1932; Peghaire: *L'Axiome 'Bonum Diffusivum sui' dans le Néoplatonisme et le Thomisme*, en "Revue de l'Université d'Ottawa" 1 (1932) 5–30; I. Zaragueta Beugoechea: *La Finalidad en la Filosofía de S. Tomás*, en "Xenia Thomistica" 1, Romae, 1925, 159–191; H. Pinard: *Création*, cit., cols. 2163–2173; J. E. Sagües: *Sacrae...*, cit., págs. 87–116.

Esta cuestión tiene más importancia de la que parece, y en ella están involucrados una correcta o incorrecta teología, antropología y eclesiología. En efecto, como dice A. Calderón:

> "La cuestión del fin último no es difícil de entender, pero exige unas precisas y oportunas distinciones, sin las cuales se llega a enormes errores, porque allí se plantea —como dice San Ignacio— el principio y fundamento del orden interior del hombre, de la sociedad y de la Iglesia, y un pequeño error en los principios se hace grande en las conclusiones".[2]

Para centrar este tema es conveniente distinguir entre el llamado fin del agente ("finis operantis", aquello por lo cual el agente hace algo), y el fin de la obra en sí ("finis operis", aquello para lo cual algo está hecho).

A.– *El "finis operantis"*. Todos los seres se mueven para conseguir un bien: "bonum, quod omnes appetunt", como dice el conocido adagio latino. El amor es, para la doctrina tomista, lo que impulsa a obtener ese bien conocido, y la "beatitudo" se produce cuando se obtiene la plena posesión del bien.

En las causas eficientes personales (con inteligencia y voluntad, como es el caso de los seres humanos por ejemplo) el movimiento buscando el bien es intencional. Ahora bien, hablando a nuestra manera, Dios es una causa eficiente personal, luego se mueve intencionalmente por amor de un bien. Pero, ¿qué bien puede mover a Dios? No puede ser un bien externo a Sí, porque o no existe o es inferior a Sí, ya que su propia Bondad es infinita. Luego se mueve por el Bien interno a Sí, es decir por su propia Bondad Infinita.

---

[2] A. Calderón: *Prometeo: La Religión del Hombre*, Ed. Rio Reconquista, Buenos Aires, 2010, pág. 32.

9.1. INTRODUCCIÓN

Cabe todavía preguntar si Dios al moverse por amor a su propia Bondad, lo hace como el bien deseado o como el bien comunicado. No puede ser el bien como deseado (el bien como deseo de un fin, al que se tiende por el llamado amor de concupiscencia), ya que Dios ya tiene todo el Bien: Él es el Bien Supremo. Por lo tanto, Dios se mueve por el bien como comunicado (el bien como amor del fin, al que se tiende por el llamado amor de benevolencia).

Pero el Bien como comunicado es la gloria externa de Dios, tanto objetiva como subjetiva, y coincide con el "finis operis" primario.

B.– *El "finis operis"* es aquello para lo que una cosa ha sido hecha. Y en este sentido la creación tiene dos fines como obra divina:

- El fin primario es la gloria externa de Dios, tanto objetiva (perfección divina reflejada en el ser de las creaturas), como subjetiva (reconocimiento de la perfección divina por las creaturas racionales).

- El fin secundario es el compartir la Bondad divina por parte de las creaturas, con la consiguiente felicidad que resulta de la aprehensión de dicha Bondad. Las creaturas "se realizan", son felices, en la medida en que poseen (se llenan) del bien; pero el Bien infinito y supremo es Dios; por lo tanto, las creaturas son plenamente felices (es decir realizan el *"finis operis* secundario") si poseen el Bien Supremo (esto es, si realizan antes el *"finis operis* primario"). Todo otro "bien" no llena a la creatura, quien fue hecha a imagen y semejanza de Dios y con un destino eterno.

Son interesantes también las consideraciones que hacen C. Cardona y R. García de Haro[3] sobre el mecanismo que explica la elección equivocada del "bien de sí" antes que del "Bien en Sí".

---

[3]Cfr. C. Cardona: *Metafísica de la Opción Intelectual*, Madrid, Rialp, 1969; R. García de Haro: *Historia Teológica del Modernismo*, Eunsa, Pamplona, 1972.

El ser humano se mueve por el bien:

- buscando el bien, esto es impulsado por el amor al bien;
- la voluntad se mueve por el bien.

El bien puede ser:

- Bien en Sí, mostrado por la inteligencia: el *Ser* y el *Ser en Sí*, Dios eterno. Es el fundamento del realismo en filosofía y en teología.
- El bien para mí... que soy yo mismo: el *ser para mí*, el bien en cuanto yo lo acepto como tal. Es el fundamento del subjetivismo en filosofía y en teología.[4]

El hombre debería buscar el Bien en Sí, pero su inteligencia y su voluntad son limitadas.

En efecto, como *la inteligencia creada* no es el Ser, sino que es por participación, hay distancia o separación entre el ser y la inteligencia que lo capta.

El ser real y su verdad siempre es mayor que la inteligencia; no obstante la inteligencia está hecha para abarcar y comprender el ser y su verdad, ya que solo se sacia con la verdad. Para conseguirlo, el ser humano ha de usar su inteligencia con humildad y con perseverancia en la búsqueda.

Siendo limitada, la inteligencia del ser humano puede ser tentada a quedarse con el ser que sí puede abarcar la propia inteligencia, esto es su propia conciencia, que le aparece como "clara y distinta" (Descartes); con lo cual opta no por el "Ser en Sí", sino por el "ser para mí". Es la opción intelectual subjetivista, aceptada la cual, el pensamiento queda encadenado al subjetivismo sin escapatoria posible. Para esta posición, todo intento de llegar al "ser en sí" tiene que pasar por el filtro de la propia conciencia ("ser para mí"), con lo que se subjetiviza necesariamente. Esta postura es fruto, en el fondo, de la soberbia y del amor de sí, es decir del egoísmo (caricatura del amor verdadero). Es la tentación en la que cayeron Adán y Eva: ser como dioses, al comer del fruto del árbol de la ciencia del bien y del mal.

Por su parte, *la voluntad creada*, que está hecha para buscar el bien, sin embargo ella misma no es el Bien sustancial, lo que significa que en ella hay separación entre el

---

[4]Cfr. San Agustín: "Dos amores hicieron dos ciudades: el amor de sí mismo hasta el desprecio de Dios, hizo la ciudad del mundo; el amor de Dios, hasta el desprecio de sí mismo, hizo la Ciudad de Dios" (*Ciudad de Dios*, 14, 28); "no podéis servir a dos señores..." (Mt 6:24); la definición clásica de pecado es, "aversio a Deo et conversio ad creaturas".

sujeto y el objeto de la voluntad. Como además todo bien mostrado por la inteligencia ha de ser hecho propio por la voluntad, en realidad incluso el "Bien en Sí" se hace un "bien para mí", de ahí que se diga que el "bien para mí" tiene una cierta infinitud. Esto no sería problema cuando se acepta que lo importante es el "Bien en Sí".

Pero es entonces cuando se puede producir la elección equivocada: abandonando todo bien exterior real (incluido el "Bien en Sí") para elegir solo el "bien para mí", que soy yo mismo y mis gustos. Ya no interesa el bien real en sí, Absoluto o participado, sino solo el bien para mí. El amor entonces que mueve a la voluntad no es de benevolencia, sino de concupiscencia.

9.2 *Finis Operantis*

El motivo que movió a Dios a crear es el amor a su absoluta bondad, que le llevó a reflejar sus perfecciones en otros seres mediante imágenes finitas. El aumentar su bienaventuranza no es motivo para el actuar de Dios, pues la tiene de modo infinito.

La Sagrada Escritura afirma esta verdad en varios sitios. Destaquemos el libro de los Hechos:

> "[Dios] ...ni es servido por manos humanas como si necesitara de algo el que da a todos la vida, el aliento y todas las cosas".[5]

En el libro del Apocalipsis se establece que Dios es el comienzo y el fin (A y Ω) de todo lo creado (Ap 1:8; 21:6; 22:13). En Ro 11:36 y Heb 2:10 se insiste en que todo fue hecho por Él y para Él. Por eso 1 Cor 15:28 revelará que todas las cosas han de retornar a Dios.

En el libro de los Proverbios 16:4 se dice, "Todo lo ha hecho el Señor para su fin, incluso al malvado para el día aciago".

Los Santos Padres sostuvieron que Dios no creó por ninguna necesidad propia de Él sino para "verter en las cosas del mundo sus

---

[5]Hech 17:25.

beneficios";[6] por su parte, Orígenes sostendrá que "cuando Dios al principio creó lo que quería crear, es decir, las naturalezas racionales, no tenía otro motivo para crear que Él mismo, esto es, su bondad";[7] y San Agustín sostuvo que "porque Él es bueno, nosotros existimos".[8] Verdades que también encontramos en otros Santos Padres, como San Hilario o San Juan Damasceno.[9]

La verdad del "finis operantis" de Dios al crear fue definida por el Concilio Vaticano I, y es artículo de fe. El Concilio establece el fin (*bonitate sua*), aclarando que lo es, *non ad augendam suam beatitudinem nec ad acquirendam*:

> "Este solo verdadero Dios, por su bondad 'y virtud omnipotente', no para aumentar su bienaventuranza ni para adquirirla, sino para manifestar su perfección por los bienes que reparte a la criatura, con libérrimo designio..."[10]

También, previamente, el Catecismo Romano subrayaba esas mismas verdades:

> "Ni hubo otra causa que le indujese a esta obra, sino la de comunicar su bondad a las cosas que creó. Porque

---

[6]San Ireneo: *Adversus Hæreses*, IV, 14, 1 (P. G., 7, 1010).

[7]Orígenes: *De Principiis*, II, 9, 6 (P. G., 11, 238).

[8]San Agustín: *De Doctrina Christiana*, I, 32 (P. L., 34, 32); cfr. *De Civitate Dei*, XI, 24.

[9]San Hilario: *In Psalmos*, 2, 15; San Juan Damasceno: *De Fide Orthodoxa*, II, 2 (P. G., 94, 864).

[10]"Hic solus verus Deus bonitate sua et 'omnipotenti virtute' non ad augendam suam beatitudinem nec ad acquirendam, sed ad manifestandam perfectionem suam per bona, quæ creaturis impertitur, liberrimo consilio..." (D. S. 3002). El Concilio provincial de Colonia de 1860, que sirvió de inspiración a muchos textos del Vaticano I, decía al respecto que el motivo que indujo a Dios a crear fue "amor bonitatis suæ absolutae".

9.2. FINIS OPERANTIS

> la naturaleza de Dios siendo por sí misma infinitamente bienaventurada, de nada necesita, como dice David: 'Dije al Señor, tu eres mi Dios, porque no necesitas de mis bienes'..."[11]

> "Así como movido de su bondad hizo cuanto quiso, así también..."[12]

La razón que aduce Santo Tomás para afirmar que Dios solo se movió a crear por amor de su absoluta Bondad, es porque Él es el "Ipsum Esse Subsistens", por lo que es el Ser y el Bien en Sí ("ens et bonum convertuntur") y no carece de nada (nada es potencia en Él), por lo que es y posee el Supremo Gozo. Por lo tanto no existe un bien superior o distinto de Él que pudiera motivarle a actuar en la creación (no hay ningún motivo extra–divino para crear).

El ser de Dios es siempre "agente" y nunca "paciente", *no recibe nada de nadie, por lo que si obra algo, es siempre para dar*:

"'Respondeo dicendum quod omne agens agit propter finem, alioquin ex actione agentis non magis sequeretur hoc quam illud, nisi a casu. Est autem idem finis agentis et patientis, inquantum huiusmodi, sed aliter et aliter, unum enim et idem est quod agens intendit imprimere, et quod patiens intendit recipere. Sunt autem quæ-	"Hay que decir: Todo agente obra por un fin, en caso contrario no se seguiría de su acción un determinado fin, a no ser casualmente. Ahora bien, uno mismo es el fin del agente y del paciente en cuanto tales, pero de forma distinta, pues uno y lo mismo es lo que el agente intenta transmitir y lo que el paciente intenta recibir. Sin embargo, hay algunos agentes que

---

[11]Sal 15:1

[12]*Catecismo Romano*, 44.

> dam quæ simul agunt et patiuntur, quæ sunt agentia imperfecta, et his convenit quod etiam in agendo intendant aliquid acquirere. *Sed primo agenti, qui est agens tantum, non convenit agere propter acquisitionem alicuius finis; sed intendit solum communicare suam perfectionem, quæ est eius bonitas.* Et unaquaeque creatura intendit consequi suam perfectionem, quæ est similitudo perfectionis et bonitatis divinæ. Sic ergo divina bonitas est finis rerum omnium".[13]

> obran y reciben la acción al mismo tiempo y éstos son agentes imperfectos, a los que les corresponde que, aun cuando actúen, intenten conseguir algo. Pero al primer agente, que es exclusivamente activo, no le corresponde actuar para adquirir algún fin, sino que tan sólo intenta comunicar su perfección, que es su bondad. En cambio, todas las criaturas intentan alcanzar su perfección que consiste en asemejarse a la perfección y bondad divinas. Por lo tanto, la bondad divina es el fin de todas las cosas".

Por otro lado, Dios obra por su bondad y no por necesidad, porque obrar por necesidad es propio de los seres imperfectos:

> "Ad primum ergo dicendum quod agere propter indigentiam non est nisi agentis imperfecti, quod natum est agere et pati. Sed hoc Deo non competit. Et ideo ipse solus est maxime liberalis, *quia non agit propter*

> "A la primera hay que decir: Obrar movidos por la necesidad no es más que algo propio de seres imperfectos, hechos para obrar y recibir. Pero esto no le corresponde a Dios. Por eso, sólo El es liberal en grado sumo, porque no

---

[13]Santo Tomás de Aquino: *Summ. Theol.*, Iª, q. 44, a. 4, co. y ad 1; q. 65, a. 2; q. 103, a. 2; cfr. *Contra Gentiles*, III, cap. 17 y 18; *Comp. Theol.* cap. 100 y 101; *Sent*, dist. 1, q. 2, a. 1 y 2; *De Veritate*, q. 22, q. 2.

9.2.1 El fin último del hombre

Para entender mejor el problema del fin último de Dios al crear (finis operantis) es conveniente hacer unas distinciones previas sobre los variados sentidos del término "fin", para lo cual conviene partir de los fines que nos son más conocidos: los del ser humano.

A este respecto son de gran claridad las consideraciones de Santo Tomás, al comentar las dos primeras peticiones del Padrenuestro:

suam utilitatem, sed solum propter suam bonitatem".[14]

actúa por utilidad, sino sólo por su bondad".

"Manifestum est autem quod primo cadit in desiderio finis; deinde ea quæ sunt ad finem. Finis autem noster Deus esto In quem noster affectus tendit dupliciter, uno quidem modo, prout volumus gloriam Dei; alio modo, secundum quod volumus frui gloria eius. Quorum primum pertinet ad dilectionem qua Deum in seipso diligimus, secundum vera pertinet ad dilectionem qua diligimus nos in Deo. Et ideo prima petitio ponitur: sanctificetur nomen tuum, per quam petimus gloriam Dei. Secunda vera ponitur: Adveniat regnum tuum, per quam petimus ad gloriam regni eius pervenire".[15]

"Es cosa manifiesta que lo primero que deseamos es el fin, y en segundo lugar, los medios para alcanzarlo. Pero nuestro fin es Dios. Y nuestra voluntad tiende hacia Él de dos maneras: en cuanto que deseamos su gloria y en cuanto que queremos gozar de ella. La primera de estas dos maneras se refiere al amor con que amamos a Dios en Sí mismo; la segunda, al amor con que nos amamos a nosotros en Dios. Por esta razón decimos en la primera de las peticiones: *santificado sea tu nombre*, con lo que pedimos la gloria de Dios. La segunda de las peticiones es: *Venga a nosotros tu reino*. Con ella pedimos llegar a la gloria de su reino".

A. Calderón ha dado una explicación muy ajustada de los fines del hombre:

"La principal distinción que hay que comprender bien es la que se da entre aquello que es "fin" y lo que es "alcanzar el fin". El fin de la voluntad es siempre un bien, y el fin último de la voluntad del hombre

---

[14] Santo Tomás de Aquino: *Summ. Theol.*, I^a, q. 44, a. 4, ad 1.
[15] Santo Tomás de Aquino: *Summ. Theol.* II^a–II^æ, q. 83, a. 9.

no es otro que Dios mismo, Bien increado. Por eso dice Santo Tomás: "Nuestro fin es Dios". Pero otra cosa es alcanzar este fin y Bien, esto es, poseerlo y gozarlo, lo que se hace por cierta acción. Y de esta acción también puede decirse en cierto sentido que es último fin. El fin del avaro es el dinero, o también la posesión y gozo del dinero. En cierta manera son lo mismo, porque querer el dinero significa quererlo poseerlo, pero vistos en su misma realidad no son lo mismo, porque una cosa es el dinero y otra la acción de poseerlo. El bien que se quiere como fin es algo absoluto y se dice fin sin más (*simpliciter*), mientras que la acción por la que se alcanza el fin es algo relativo a dicho bien, pues lo toma como objeto, y se dice fin sólo en cierto sentido (*secundum quid*). Santo Tomás llama al primero "finis cuius", y al segundo "finis quo".[16]

Lo que decimos del hombre puede decirse en cierto modo (por analogía) de toda criatura y también de Dios. Todas y cada una de las criaturas tiene como fin último a Dios, aunque cada una de ellas tiende a Él de una manera distinta —tendencia que se puede llamar "apetito natural"— y lo alcanza por una diferente acción. Por eso, si hablamos del fin sin más ("simpliciter o cuius"), el hombre y todas las demás criaturas tienen el mismo fin, Dios; pero si hablamos del fin en cuanto al acto de alcanzarlo (fin "secundum quid" o "quo"), entonces las diversas criaturas tienen diversos fines últimos: el hombre contemplar a Dios, y el canario cantarlo.[17]

Ahora bien, realizar esta acción por la que se alcanza el fin último supone para cada cosa haber alcanzado la perfección de su ser y de sus potencias operativas, por donde cabe hacer otra distinción —levemente diferente a la anterior— entre fin intrínseco y extrínseco. Porque, dijimos, el hombre y toda criatura tiene como fin último extrínseco a Dios, al que alcanza por su operación, pero para ello debe alcanzar la última perfección que le haga posible producir esta acción; por lo tanto, también cabe decir que el fin último intrínseco de cada criatura es lograr la perfección última de su propia naturaleza, que la hace

---

[16]Santo Tomás de Aquino: *Summ. Theol.*, Iª-IIæ, q. 1, a. 8 : "Hablamos del fin de dos modos, a saber: *cuius* y *quo*; es decir, la cosa misma en la que se encuentra el bien y su uso o consecución. Por ejemplo: el fin del cuerpo grave es el lugar inferior, como cosa, y estar en el lugar inferior, como uso; y el fin del avaro es el dinero, como cosa, y su posesión, como uso".

[17]Santo Tomás de Aquino: *Summ. Theol.*, Iª-IIæ, q. 1, a. 8.

9.2. FINIS OPERANTIS

apta para alcanzar a Dios.[18] El fin último intrínseco del hombre es su perfección como imagen de Dios, que es virtualmente perfecta por las virtudes teologales, y es actual y últimamente perfecta en el acto de la contemplación de Dios.[19] Por eso decimos que el fin último (intrínseco) del hombre es la santidad, donde se mira más la perfección de las virtudes, y decimos mejor que su fin último es la gloria, en la que se alcanza la perfección última por los actos de visión y gozo de Dios.

Como se ve, considerados según lo que son en sí (*secundum rem*), el fin último intrínseco es lo mismo que el fin "quo", pero considerados según su razón formal (*secundum rationem*) no son lo mismo, porque el fin intrínseco es una consideración absoluta del bien de la criatura, mientras que el fin "quo" es una consideración relativa al fin último extrínseco, Dios..."[20]

El bien particular de la creatura no es tan absoluto como se dice, sino que es participación del Bien común que es Dios, Bien absoluto por excelencia. Por eso, A.

---

[18] Santo Tomás de Aquino: *In XII Metaph.*, lect. 12, n. 2627 y 2629: "El bien, según que es fin de algo, es doble. Está el fin extrínseco respecto de aquello que se ordena al fin, como cuando decimos que el lugar es fin de aquello que se mueve hacia el lugar. Y está también el fin intrínseco, como la forma es fin de la generación y de la alteración, pues la forma ya alcanzada es cierto bien intrínseco de aquello de lo que es forma. Y como la forma de un todo, que es algo uno por cierta ordenación de sus partes, es el orden del mismo todo, se sigue que es también su bien intrínseco... El universo tiene un bien y fin de ambos modos. Tiene un bien separado, que es el Primer motor, del que depende el cielo y toda la naturaleza, como de un fin y bien apetecible. Y como todas las cosas, que tienen un único fin, deben convenir en el orden a ese único fin, es necesario que en las diversas partes del universo se halle cierto orden. Y así el universo tiene "como fin" tanto el Bien separado "fin extrínseco" como el bien del orden "fin intrínseco".

[19] Santo Tomás de Aquino: *Summ. Theol.*, Iª, q. 93, a. 7: "De un modo principal se toma la imagen de la Trinidad [en el alma] en cuanto a los actos, es decir, en cuanto que por el conocimiento adquirido, pensando interiormente, formamos la palabra, y de éste pasamos al amor. Pero, porque los principios de los actos son los hábitos y las potencias, y cada cosa está virtualmente en su principio, de modo secundario y consecuente la imagen de la Trinidad puede considerarse en el alma según las potencias y, sobre todo, según los hábitos, en los que los actos están virtualmente".

[20] A. Calderón: *Prometeo...*, cit., págs. 33–35.

Calderón propone la distinción del fin último del hombre desde cuatro perspectivas diferentes:

- Fin último sin más (*simpliciter*) es Dios, Bien absoluto trascendente, esto es, extrínseco al hombre.
- Fin último en cierto aspecto (*secundum quid*) puede decirse:
  - La santidad, entendida como perfección de las virtudes (fin intrínseco último en cuanto al ser).
  - La gloria, entendida como estado último de contemplación de Dios (fin intrínseco último sin más).
  - La beatitud, entendida como posesión del Bien infinito (*finis quo*).[21]

Muchas veces la santidad, la gloria y la beatitud se toman por lo mismo, sin distinción.

9.2.2 Acerca de los fines de Dios.

Aplicando las ideas que se deducen de los fines del hombre, por analogía, a los fines de Dios, se concluye:

> "Todas estas cosas pueden verse también en Dios. Si consideramos a Dios en sí mismo, es claro que todas estas distinciones no hablan de cosas realmente distintas, porque Dios no tiene ningún fin fuera de Sí mismo y se ama a Sí mismo por una acción que se identifica con su propio ser y esencia divinos. En Él, la bondad, la santidad, la gloria y la beatitud se identifican con la esencia divina "secundum rem et rationem". Pero si lo consideramos en cuanto Creador, las distinciones ya son reales, porque si bien Dios al crear no puede tener otro fin que su misma bondad increada, sin embargo lo alcanza por la perfección de su obra, como a través de una acción realizada por medio de

---

[21] A. Calderón: *Prometeo...*, cit., pág. 35.

9.2. FINIS OPERANTIS

un instrumento, que es justamente el universo creado. Al mirar las cosas, entonces, del lado de Dios, las denominaciones de intrínseco y extrínseco se invierten, porque ahora el fin "simpliciter" último es el Bien intrínseco (increado), mientras que la gloria y santificación que Dios alcanza por la creación es un bien extrínseco (creado), fin "secundum quid" último.

Por lo tanto, cuando hablamos de los fines por los cuales Dios creó, debemos decir que el fin sin más ("simpliciter") es el mismo Dios, como Bien increado. Pero también puede decirse fin en cierto aspecto ("secundum quid") la gloria extrínseca de Dios, bien creado. Pero la gloria extrínseca de Dios no debe considerarse fin a la manera como dijimos que se considera en el hombre, esto es, como un último perfeccionamiento (consideración absoluta), pues en nada se perfecciona Dios por la creación, ya que no ha hecho más que manifestar "ad extra" una partecita de su infinita perfección. Sino que debe considerarse exclusivamente bajo la razón formal de fin "quo" (consideración relativa), como se dice fin la acción por la que se alcanza el fin : Dios quiso manifestar "ad extra" su infinita bondad, y esta manifestación se alcanza por la acción conjunta del universo creado, entendida, como dijimos, a la manera de una acción que Dios mismo realiza por medio de un instrumento".[22]

Si aplicamos el cuadro de distinciones sobre el fin último del hombre a la realidad del fin de Dios, obtendríamos el siguiente resultado:

---

[22] A. Calderón: *Prometeo...*, cit., pág. 36.

- Fin último sin más (*simpliciter*) es Dios mismo como Bien increado.

- Fin último en cierto aspecto (*secundum quid*) es la gloria extrínseca de Dios como bien creado, pero entendida:

  - no a la manera que se considera en el hombre, como último perfeccionamiento de su ser, ya que Dios no se perfecciona en nada por la creación;
  - sino gloria extrínseca considerada como fin "quo", como acción por la que se alcanza el fin de manifestar "ad extra" su infinita bondad.

Por eso, continua A. Calderón:

> "En verdad, la noción de 'gloria' corresponde más a algo relativo que a algo absoluto, porque la gloria se define como una 'notoriedad laudatoria' (*clara notitia cum laude*),[23] esto es, como actos de reconocimiento y alabanza referidos a la bondad de otro. Por eso, aunque al hablar del estado de gloria del hombre entendemos la perfección última que alcanza en sí, sin embargo corresponde mejor con la noción de gloria cuando entendemos la gloria extrínseca de Dios, que consiste en el reconocimiento y alabanza que le rinden juntamente todos los Ángeles y Santos, y a través de ellos todo el universo creado. También se da esta noción de manera suprema y perfectísima al referirla a la Gloria intrínseca de Dios, que aunque se identifica con la esencia divina, significa la clarísima y amorosísima noticia

---

[23]Santo Tomás de Aquino: *Summ. Theol.*, Iª–IIae, q. 2, a. 3: "Gloria nihil aliud est quam clara notitia cum laude, ut Ambrosius dicit".

9.2. FINIS OPERANTIS

que cada Persona divina tiene de las otras dos en el seno de la Santísima Trinidad".[24]

Es entonces, cuando la luz arrojada sobre el estudio de los fines de Dios, ilumina a su vez, la verdadera realidad de los fines del hombre y de la Iglesia. En efecto:

"Después de haber dicho todas estas cosas, podemos volver a la luminosa explicación del Padrenuestro: 'Nuestro fin es Dios', fin último *simpliciter* por ser el Bien universal, enteramente amable por sí mismo. 'Y nuestra voluntad tiende hacia El de dos maneras: en cuanto que deseamos su gloria y en cuanto que queremos gozar de ella. La primera de estas dos maneras se refiere al amor con que amamos a Dios en sí mismo; la segunda, al amor con que nos amamos a nosotros en Dios'. Aquí se pone la doble finalidad de la Iglesia, la gloria de Dios y la santificación de las almas, que corresponde al doble objeto de la caridad y al doble precepto de la Ley evangélica. Por el amor a Dios 'deseamos su gloria', su gloria intrínseca como fin último *cuius* y su gloria extrínseca como fin último *quo* de la creación considerada como obra de Dios. Y por el amor a nosotros mismos y al prójimo 'en Dios, queremos gozar de su gloria', fin último *quo* del hombre. 'Por esta razón decimos en la primera de las peticiones: Santificado sea tu nombre, con lo que pedimos la gloria de Dios. La segunda de las peticiones es: Venga a nosotros tu reino. Con ella pedimos llegar a la gloria de su reino'. Por la 'gloria de Dios' puede entenderse tanto la gloria intrínseca como la extrínseca, fin en sentido más íntegro, *cuius* y *quo*; por la

---

[24] A. Calderón: *Prometeo...*, cit., pág. 37.

'santificación del nombre de Dios', en cambio, más claramente se entiende algo creado, sólo el fin *quo*. Pero es más adecuado decirlo así cuando se trata de una oración, el Padrenuestro, porque es algo que se debe hacer con nuestra cooperación (mientras que no tendría sentido pedir por la Santidad de Dios en sí). Pedir el 'advenimiento del Reino de Dios' es lo mismo que pedir la 'santificación de las almas', pero en aquella primera preciosa expresión queda más patente la unidad de esa obra y su identificación *secundum rem* con la 'santificación del nombre de Dios'. Más allá de la prolijidad de estas distinciones..., la diferencia entre el fin *simpliciter* y los fines *secundum quid* es clara, y un corazón honrado no se confunde: la razón por la que se busca la propia santificación y la del prójimo, por la que se quiere que se haga la voluntad de Dios así en la tierra como en el cielo, es la bondad divina, 'ut sit Deus omnia in omnibus', para que Dios sea todo en todos (1 Cor 15:28). No es por ingenua ignorancia que se quiere poner a Dios al servicio de la propia perfección, sino por ciego orgullo".[25]

9.3 *Finis operis*

El fin objetivo de la creación, el que radica en la misma obra creada, es primariamente la manifestación de las perfecciones divinas con la subsiguiente glorificación de Dios; el fin secundario de la creación es colmar de beneficios a las criaturas, y sobre todo, hacer felices a las creaturas racionales.

---

[25] A. Calderón: *Prometeo*..., cit., págs. 40–41.

9.3.1 Fin principal

La revelación de las perfecciones divinas y la subsiguiente glorificación de Dios que le sigue hace referencia al concepto de "gloria externa" de Dios.

Conceptos previos

Para comprender lo cual, es necesario hacer una distinción. En efecto, la gloria de Dios puede ser entendida de dos maneras, a saber:

1. Gloria *interna* de Dios. Es la perfección poseída por Dios mismo, con independencia de las creaturas. Se subdivide a su vez, en dos clases:

    - Gloria *interna objetiva*: es la perfección considerada como existiendo en el sujeto mismo.

    - Gloria *interna subjetiva*: es la perfección reconocida por el sujeto que la posee.

2. Gloria *externa* de Dios. Es la perfección de Dios reconocida por otros seres; es bien descrita con la clásica definición: "magna cum laude notitia". Se subdivide en dos clases:

    - Gloria *externa objetiva*: es el reconocimiento de la perfección divina tributada por todas las creaturas, racionales o no (sean conscientes de ello las propias creaturas o no), que se produce por su mera existencia, en cuanto que las perfecciones de las creaturas reflejan las perfecciones de Dios. De ella era bien consciente, por ejemplo, San Francisco de Asís, como se aprecia en su *Cántico al Hermano Sol* también llamado *Alabanzas de las Creaturas*:

"Altísimo, omnipotente, buen Señor, tuyas son las alabanzas, la gloria y el honor y toda bendición.

A ti solo, Altísimo, corresponden, y ningún hombre es digno de hacer de ti mención.

Loado seas, mi Señor, con todas tus criaturas, especialmente el señor hermano sol, el cual es día, y por el cual nos alumbras.

Y él es bello y radiante con gran esplendor, de ti, Altísimo, lleva significación.

Loado seas, mi Señor, por la hermana luna y las estrellas, en el cielo las has formado luminosas y preciosas y bellas.

Loado seas, mi Señor, por el hermano viento, y por el aire y el nublado y el sereno y todo tiempo, por el cual a tus criaturas das sustento.

Loado seas, mi Señor, por la hermana agua, la cual es muy útil y humilde y preciosa y casta.

Loado seas, mi Señor, por el hermano fuego, por el cual alumbras la noche, y él es bello y alegre y robusto y fuerte.

Loado seas, mi Señor, por nuestra hermana la madre tierra, la cual nos sustenta y gobierna, y produce diversos frutos con coloridas flores y hierba.

Loado seas, mi Señor, por aquellos que perdonan por tu amor, y soportan enfermedad y tribulación.

Bienaventurados aquellos que las soporten en paz, porque por ti, Altísimo, coronados serán.

9.3. FINIS OPERIS

> Loado seas, mi Señor, por nuestra hermana la muerte corporal, de la cual ningún hombre viviente puede escapar.
>
> ¡Ay de aquellos que mueran en pecado mortal!: bienaventurados aquellos a quienes encuentre en tu santísima voluntad, porque la muerte segunda no les hará mal.
>
> Load y bendecid a mi Señor, y dadle gracias y servidle con gran humildad".

Siendo las creaturas manifestaciones de Dios (revelación natural), también se diferencian de Él y en cierto modo lo ocultan, con lo cual no deben nunca ser confundidas con Dios mismo. En consecuencia, es necesario evitar cualquier clase de panteísmo o de adoración a la "madre tierra", tan del gusto de la "New Age".

- Gloria *externa subjetiva*: es el reconocimiento de la perfección divina por la inteligencia y voluntad de las creaturas racionales (ángeles y hombres), quienes están llamados por Dios a darle más gloria que el resto de la creación. Los ángeles consagran su existencia a la alabanza a Dios como se verá más adelante; mientras que ser humano fue hecho por Dios rey de la creación, y está llamado a dominarla, a través de su inteligencia, voluntad y libertad, haciendo de su labor una alabanza al Creador.

    – Esta alabanza a Dios llega a su plenitud en la obra y misión de Cristo ("Yo te alabo, Oh Padre, Señor de Cielo y Tierra...") y de la Iglesia (cfr. las alabanzas a Dios en su liturgia).

    * La gloria de Dios se manifiesta en Jesús (cfr. Transfiguración Mt 17: 3ss.; Jn 1:14, "Y el Verbo se hizo

carne, y habitó entre nosotros, y hemos visto su gloria, gloria como de Unigénito del Padre, lleno de gracia y de verdad").

* Jesús tiene como misión dar gloria a Dios (Jn 12: 27–28, "Ahora mi alma está turbada; y ¿qué voy a decir?: '¿Padre, líbrame de esta hora?' ¡Pero si para esto he venido a esta hora! ¡Padre, glorifica tu nombre! Entonces vino una voz del cielo: —Lo he glorificado y de nuevo lo glorificaré"; Jn 17: 4–5, "Yo te he glorificado en la tierra: he terminado la obra que Tú me has encomendado que hiciera. Ahora, Padre, glorifícame Tú a tu lado con la gloria que tuve junto a Ti antes de que el mundo existiera").

* Los milagros son manifestaciones de la gloria mesiánica del Señor (Jn 11:40, "Le dijo Jesús: —¿No te he dicho que si crees verás la gloria de Dios?"; Jn 2:11, "Así, en Caná de Galilea hizo Jesús el primero de los signos con el que manifestó su gloria, y sus discípulos creyeron en Él").

— Esta alabanza en la que consiste la gloria externa subjetiva por parte de la creatura racional no puede ser una pura actividad mental sino que tiene que implicar la vivencia de una vida conforme a las exigencias que implican la fe en un Dios creador.

— Es la actitud totalmente contraria a la de los demonios, quienes rechazaron servir a Dios ("non serviam...") e intentan conseguir lo mismo de los seres humanos, como ocurrió con el pecado de nuestros primeros padres ("seréis como dioses"). Cuando el hombre cae en esta tentación se convierte en un ser contrahecho, del cual

9.3. FINIS OPERIS

son estereotipos de la literatura universal las figuras de Prometeo y de Fausto.

Cuando hablamos del fin primario de la obra creadora hablamos de la gloria externa de Dios, tanto objetiva como subjetiva.

Sagrada Escritura

La Sagrada Escritura habla de ella de variadas maneras. J. Morales destaca tres rasgos de la gloria de Dios en la misma:

1. Es una realidad absoluta que atrae a sí todo lo demás que se predica de Dios.

2. No es una realidad estática, sino fuente de iniciativas divinas, y una realidad que ilumina y atrae a toda la creación.

3. Es una realidad que debe ser reconocida por todas las creaturas, cada una con su naturaleza propia.[26]

---

[26] J. Morales: *El Misterio...*, cit., pág. 162. Tal vez la obra más importante sobre la Gloria de Dios, sea la de H. U. von Balthasar, quien se propuso exponer la teología desde el punto de vista de los trascendentales Belleza, Verdad y Bondad. De la gloria se trata en la primera parte de su extensa trilogía: *The Glory of the Lord: A Theological Aesthetics*, Volume I: Seeing the Form, Volume II: Clerical Styles, Volume III: Lay Styles, Volume IV: The Realm of Metaphysics in Antiquity, Volume V: The Realm of Metaphysics in the Modern Age, Volume VI: Theology: The Old Covenant, Volume VII: Theology: The New Covenant. Las otras dos partes son: *Theo–Logic* (Volume I: The Truth of the World, Volume II: Truth of God, Volume III: The Spirit of the Truth); y *Theo–Drama* (Volume I: Prolegomena, Volume II: Dramatis Personae, Volume III: Dramatis Personae, Volume IV: The Action, Volume V: The Last Act, Epilogue), publicadas en inglés por Ignatius Press, San Francisco, 1993, 1995, 2005. Con todo von Balthasar tiene aspectos de su teología que son insuficientes o claramente rechazables. Un visión de su teología en J. A. Sayés: *La Esencia del Cristianismo. Diálogo con Karl Rahner y H. U. von Balthasar*, Ed. Cristiandad, Madrid, 2005.

Es conveniente examinar los textos sobre la gloria de Dios desde la doble perspectiva antes mencionada:

- Gloria externa objetiva:

    - Sal 19:2, "Los cielos pregonan la gloria de Dios y el firmamento anuncia la obra de sus manos".

    - Da 3: 57ss., "Obras todas del Señor, bendecid al Señor, alabadlo y ensalzadlo por los siglos. Bendecid, cielos, al Señor, alabadlo y ensalzadlo por los siglos. Bendecid, ángeles del Señor, al Señor, alabadlo y ensalzadlo por los siglos. Bendecid, aguas del espacio, al Señor, alabadlo y ensalzadlo por los siglos. Bendecid, ejércitos del Señor, al Señor, alabadlo y ensalzadlo por los siglos. Bendecid, sol y luna, al Señor, alabadlo y ensalzadlo por los siglos. Bendecid, astros del cielo, al Señor, alabadlo y ensalzadlo por los siglos. Bendecid, lluvia y rocío, al Señor, alabadlo y ensalzadlo por los siglos..."

    - Sal 148: 1ss., "¡Aleluya! Alabad al Señor desde los cielos, alabadle en las alturas. Alabadle, todos sus ángeles, alabadle, todos sus ejércitos. Alabadle, sol y luna, alabadle, todas las estrellas luminosas. Alabadle, cielos de los cielos, y aguas todas, que estáis sobre los cielos. Alaben el Nombre del Señor, pues Él lo ordenó y fueron creados. Los estableció para siempre, por los siglos, les dio una ley que no traspasarán. Alabad al Señor, desde la tierra, monstruos marinos y todos los abismos. Fuego y granizo, nieve y bruma, viento borrascoso, que ejecuta sus órdenes. Montes y colinas, árboles frutales y cedros. Fieras y animales domésticos, reptiles y aves aladas..."

- Gloria externa subjetiva:

9.3. FINIS OPERIS

- Sal 148: 2.11–14, "Reyes de la tierra y todos los pueblos, príncipes y los que gobiernan la tierra. Jóvenes y doncellas, ancianos y niños. Alaben el Nombre del Señor, porque sólo su Nombre es sublime; su majestad se extiende sobre tierra y cielos. Él ha ensalzó el poder de su pueblo. Es el himno de alabanza de todos su fieles, de los hijos de Israel, del pueblo de su intimidad. ¡Aleluya!".
- Sal 149: 1–5. "¡Aleluya! Cantad al Señor un cántico nuevo, su alabanza en la asamblea de los fieles. Alégrese Israel en su Hacedor; exulten en su Rey los hijos de Sión. Alaben su Nombre con danzas, le entonen salmos con panderos y cítaras. Porque el Señor se deleita en su pueblo, y engalana a los humildes con la salvación. Se regocijen los fieles en la gloria, griten de alegría desde sus lechos..."
- Sal 150: 1–4. "¡Aleluya! Alabad a Dios en su Santuario, alabadle en el firmamento de su poder. Alabadle por sus proezas, alabadle por su inmensa grandeza. Alabadle con el sonido del cuerno, alabadle con el arpa y la cítara. Alabadle con panderos y danzas, alabadle con laúdes y flautas..."

Magisterio

El Concilio Vaticano I elevó esta verdad a dogma de fe:

- "Este solo verdadero Dios, por su bondad 'y virtud omnipotente', no para aumentar su bienaventuranza ni para adquirirla, sino para manifestar su perfección por los bienes que reparte a la criatura, con libérrimo designio..."[27]

---

[27]"Hic solus verus Deus bonitate sua et 'omnipotenti virtute' non ad augendam suam beatitudinem nec ad acquirendam, sed *ad manifestandam perfectionem suam* per bona, quæ creaturis impertitur, liberrimo consilio..." (D. S. 3002).

- "Si alguno..., negare que el mundo ha sido creado para gloria de Dios, sea anatema".[28]

Por su parte el Catecismo de la Iglesia Católica sostiene:

"Es una verdad fundamental que la Escritura y la Tradición no cesan de enseñar y de celebrar: 'El mundo ha sido creado para la gloria de Dios' (C. Vaticano I: D. S., 3025). Dios ha creado todas las cosas, explica S. Buenaventura, 'non propter gloriam augendam, sed propter gloriam manifestandam et propter gloriam suam communicandam' ('no para aumentar su gloria, sino para manifestarla y comunicarla') (Sent. 2, 1, 2, 2, 1). Porque Dios no tiene otra razón para crear que su amor y su bondad: 'Aperta manu clave amoris creaturae prodierunt' ('Abierta su mano con la llave del amor surgieron las criaturas') (S. Tomás de Aquino: Sent. II, prol.) Y el Concilio Vaticano I explica:

En su bondad y por su fuerza todopoderosa, no para aumentar su bienaventuranza, ni para adquirir su perfección, sino para manifestarla por los bienes que otorga a sus criaturas, el solo verdadero Dios, en su libérrimo designio, en el comienzo del tiempo, creó de la nada a la vez una y otra criatura, la espiritual y la corporal (D. S., 3002).

La gloria de Dios consiste en que se realice esta manifestación y esta comunicación de su bondad para las cuales el mundo ha sido creado. Hacer de nosotros 'hijos adoptivos por medio de Jesucristo, según el beneplácito de su voluntad, para alabanza de la gloria de su gracia' (Ef 1: 5-6): 'Porque la gloria de Dios es el hombre vivo, y la vida del hombre es la visión de Dios: si ya la revelación de Dios

---

[28]"Si quis... mundum ad Dei gloriam conditum esse negaverit: an. s." (D. S. 3025).

9.3. FINIS OPERIS

por la creación procuró la vida a todos los seres que viven en la tierra, cuánto más la manifestación del Padre por el Verbo procurará la vida a los que ven a Dios' (S. Ireneo: Adv. Hær. 4, 20, 7). El fin último de la creación es que Dios, 'Creador de todos los seres, se hace por fin 'todo en todas las cosas' (1 Cor 15:28), procurando al mismo tiempo su gloria y nuestra felicidad' (A. G. 2)".[29]

9.3.2 Fin secundario

El fin secundario de la obra de la creación es llenar de beneficios a las creaturas, y sobre todo, hacer felices a las creaturas racionales,[30] es decir, la perfección y felicidad de las creaturas.

La Sagrada Escritura dice que el mundo debe servir al hombre, pero la felicidad de éste no es un fin autónomo, sino que está subordinado a la gloria de Dios:

- Ge 1: 27–30, "Y creó Dios al hombre a su imagen, a imagen de Dios lo creó; varón y mujer los creó. Y los bendijo Dios, y les dijo: 'Creced, multiplicaos, llenad la tierra y sometedla; dominad sobre los peces del mar, las aves del cielo y todos los animales que reptan por la tierra'. Y dijo Dios: 'He aquí que os he dado todas las plantas portadoras de semilla que hay en toda la superficie de la tierra, y todos los árboles que dan fruto con semilla; esto os servirá de alimento. A todas las fieras, a todas las aves del cielo y a todos los reptiles de la tierra, a todo ser vivo, la hierba verde le servirá de alimento'. Y así fue".

- Sal 8: 6–10, "Lo has hecho [al hombre] poco menor que los ángeles, le has coronado de gloria y honor. Le das el mando sobre las

---

[29] *Catecismo de la Iglesia Católica*, 293–294.
[30] L. Ott: *Manual...*, cit., pág. 144.

obras de tus manos. Todo lo has puesto bajo sus pies. Ovejas y bueyes, bestias del campo, aves del cielo, peces del mar, cuanto cruza las rutas del piélago. ¡Dios y Señor nuestro, qué admirable es tu Nombre en toda la tierra!".

- Ap 4:11, "Eres digno, Señor y Dios nuestro, de recibir la gloria, el honor y el poder, porque Tú creaste todas las cosas y por tu voluntad existían y fueron creadas".

Es lo que establece el Magisterio en el Concilio Vaticano I, cuando afirma que Dios creó para manifestar su perfección y "por los bienes que distribuye entre las creaturas".[31]

Errores

A lo largo de la historia de la Iglesia se han dado errores sobre la consideración de este fin como secundario e intentando justificarlo como primario. Según estas herejías, la aceptación de la doctrina ortodoxa supondría una humillación para el hombre y una actitud egoísta por parte de Dios.

Estos intentos surgen en el siglo XVI y XVII, con el humanismo antropocéntrico; siguen con la Ilustración deísta y con el Dios kantiano (un ser que solo se puede justificar desde la razón práctica, como necesario para explicar la moral del ser humano); para extenderse, en los siglos posteriores y hasta la actualidad, a los panteísmos idealistas (Dios como límite ideal del desarrollo de la humanidad), a los materialismos ateos (Dios como la realidad que margina de un modo más radical la realidad humana, la religión como opio del pueblo),[32] a las

---

[31]D. S. 3002.
[32]Casos de Feuerbach o de Marx.

9.3. FINIS OPERIS

filosofías y teologías de la muerte de Dios[33] y a la teología neomodernista.

Respuesta

Frente a todas esas posiciones erróneas hay que mantener la recta doctrina del fin primario y secundario de la creación, que por otro lado, no solo no se contraponen, sino que deben ser considerados como dos efectos diferentes, aunque subordinado el segundo al primero, de la actividad divina creadora y que se implican el uno con el otro.

A.– En efecto, *desde el punto de vista de la gloria de Dios*, hay que sostener que ésta no puede separarse del bien del hombre, como se puede ver en los siguientes datos:

1. En primer lugar, Dios rechaza el culto que le hace daño al hombre por hacerse en pecado o sin fe:

---

[33] Filósofos existencialistas ateos como Nietzche desesperaron incluso de la búsqueda de Dios; fue él quien acuñó la frase *Dios ha muerto*, casi un siglo antes que los teólogos de la muerte de Dios. Algunos teólogos de mediados del siglo XX también contribuyeron al clima de opinión del que emergió la teología de la muerte de Dios: Rudolf Bultmann con su conocida propuesta de la desmitologización de la Sagrada Escritura, o Paul Tillich, un antisupernaturalista confeso, cuando sostuvo que la única declaración no simbólica que se podría hacer sobre Dios era que Él es el ser mismo, está más allá de la esencia y de la existencia, por lo que discutir que Dios exista es negarlo; más adecuado es afirmar que Dios no existe. Dietrich Bonhoeffer también contribuyó al clima de opinión con algunas declaraciones fragmentarias en *Cartas y Ensayos desde la Prisión* (describió el mundo y el hombre llegados a la adultez, con un cristianismo sin religión y un mundo sin Dios). Sobre estas bases se sostienen los representantes de la teología de la muerte de Dios: T. J. J. Altizer, *Evangelio del Ateísmo Cristiano*; T. J. J. Altizer and W Hamilton, *Radical Theology and the Death of God*; K. Hamilton, *God Is Dead: The Anatomy of a Slogan*; P. M. van Buren, *Educación Cristiana Post Mortem Dei*; G Vahanian, *The Death of God: The Culture of Our Post-Christian Era*.

- Is 1: 15–17, "Cuando elevéis vuestras manos, me tapo los ojos para no veros. Cuando multiplicáis vuestras plegarias, no os quiero escuchar. Vuestras manos están llenas de sangre. Lavaos, purificaos, quitad de delante de mis ojos la maldad de vuestras obras, dejad de hacer el mal, aprended a hacer el bien. Buscad la justicia, proteged al oprimido, haced justicia al huérfano, defended la causa de la viuda".

- Mi 6: 7–8, "¿Se complace el Señor con miles de carneros, o con torrentes de aceite a millares? ¿Daré mi primogénito a cambio de mi delito, el fruto de mis entrañas por mi propio pecado? ¡Hombre! Ya se te indicó lo que es bueno, lo que el Señor quiere de ti: practicar la justicia, amar la caridad, y conducirte humildemente con tu Dios".

- Am 5: 21–24, "Aborrezco, detesto vuestras fiestas, no resisto oler vuestras reuniones de culto. Si me ofrecéis holocaustos y oblaciones, no me complazco en ellas, ni miro el sacrificio de vuestros animales cebados. ¡Aparta de Mí el ruido de tus cánticos! ¡No quiero oír el son de tus liras! Sino que el derecho fluya como agua, y la justicia como arroyo perenne".

2. En segundo lugar, el amor a Dios y el amor al prójimo están íntimamente unidos, dependiendo el uno del otro:

- Mt 22: 37–40, "Él le respondió: Amarás al Señor tu Dios con todo tu corazón y con toda tu alma y con toda tu mente. Éste es el mayor y el primer mandamiento. El segundo es como éste: Amarás a tu prójimo como a ti mismo. De estos dos mandamientos dependen toda la Ley y los Profetas".

9.3. FINIS OPERIS

- 1 Jn 4: 20–21, "Si alguno dice: Amo a Dios, y aborrece a su hermano, es un mentiroso; pues el que no ama a su hermano, a quien ve, no puede amar a Dios, a quien no ve. Y hemos recibido de él este mandamiento: quien ama a Dios, que ame también a su hermano".

3. En tercer lugar, conviene recordar que la Redención tiene un doble sentido:

   - Hacia Dios ("teológico"): es amor al Padre, satisfacción por las ofensas hechas y glorificación del Padre.
   - Hacia los hombres ("antropológico"): es amor a los hombres, salvación y ser hechos partícipes de la gloria divina.

4. Finalmente, sostener que Dios es "egoísta" es un absurdo. En efecto: la perfección de Dios no se ve incrementada por la alabanza del hombre; por otro lado, siendo Dios el Bien Infinito, tiene que ser necesariamente el fin primario de la obra creada.

B.– *Desde el punto de vista de la auténtica dignidad del ser humano*, hay que afirmar que ésta solo se logra cuando se acepta, respeta y venera la auténtica gloria de Dios, es decir, la absoluta preeminencia y profunda realidad de lo que Dios es. El ser humano solo se puede realizar plenamente cuando "descansa en Dios".[34] En efecto, se ha de recordar siempre que:[35]

1. La dignidad del hombre es una dignidad creada, y el único modo de mantenerla es sobre el fundamento de la dignidad de Dios. De cualquier otro modo:

---

[34] Cfr. la famosa frase de San Agustín: "nos hiciste, Señor, para ti, y nuestro corazón está inquieto hasta que no descansa en ti" (*Confesiones*, I, 1).

[35] Cfr. J. Morales: *Manual...*, cit., págs. 166–167.

- Se violenta la naturaleza del hombre.
- Se va contra las más hondas aspiraciones del ser humano.
- El ser humano se envilecería.[36]

2. El mundo no es fin ni término último en sí mismo. Un mundo enclaustrado en sí mismo, es un mundo sin salvación, sin Revelación y sin fe, donde el ser humano estaría perdido para siempre. El hombre cerrado en sí mismo, se aliena y vive en la angustia y en la nausea (como lo concebían los pensadores existencialistas ateos).

3. El fin último del hombre es Dios, y se engrandece tanto más cuanto más cerca llega de ese fin.

C.– *Desde el punto de vista que podría ser denominado "metafísico",* el olvido de la recta relación entre el fin primario y secundario de la creación, supone la pérdida de la unidad, condición de todo ente y de su perfección, por lo que cuando ocurre en la sociedad o en la Iglesia, estas sociedades se des–ordenan y degradan.

Nuestro mundo, nuestra sociedad y buena parte de los miembros de la Iglesia y de sus teólogos, ha perdido el sentido del verdadero fin último, y se están destruyendo. Se ha producido un efecto disgregador, des–unitivo, en el que las sociedades civiles y religiosa se auto–destruyen lentamente. Ningún ser, ninguna sociedad, pueden subsistir una vez que se pierde el sentido de unidad ("ens et unum convertuntur"). Esta unidad solo se puede encontrar en el Supremo Bien ("ens et bonum convertuntur"), que es el Fin principal de todo lo creado. Cuando se olvida o se desprecia, la creatura buscará otros centros en

---

[36]Recordar la famosa frase de Ivan Karamazov: "Si Dios no existe, todo me está permitido". Cfr. los estudios ya clásicos, entre otros, H. De Lubac: *El Drama del Humanismo Ateo*, Madrid, Encuentro, 1997; Cornelio Fabro: *La Aventura de la Teología Progresista*, Navarra, Eunsa, 1976; etc.

9.3. FINIS OPERIS

los bienes secundarios, en las cosas, que no son el verdadero único supremo Bien. Pero tal intento es imposible, por lo que está condenado al fracaso, como se ve en la experiencia; los bienes creados sean los que sean, son limitados y son múltiples: no tienen el poder unificador que solo procede el "Unum". En este sentido, son importantísimas las conclusiones a las que llegaba R. Amerio en su famoso *Iota Unum*:

> "El fondo del extravío en el cual han entrado los siglos de la era moderna es la falta de unidad, la ausencia de un principio que coordine y unifique todos los valores. La unidad es la condición de todo ente y también de su perfección. Es cierto que el valor, que por sí mismo es suma unidad, se refleja en la criatura de modo múltiple; pero la multiplicidad con la cual se refleja entra en un orden (es decir, en una unidad), ya que orden es la conspiración de varios en uno: es la razón por la cual los valores reflejados son copia de un único valor primordial y eterno. Ahora bien, ¿cuál es la razón por la cual se ha perdido la unidad del mundo contemporáneo? En este punto debería demostrar cómo el principio unificante no puede jamás ser alguno de los elementos que se deben unificar, sino un *quid* externo y superior a ellos; y por tanto los problemas del hombre no se resuelven en el hombre. El mundo moderno, al contrario, intenta unificar sus valores sobre alguno de los valores internos a él. Éstos no tienen sin embargo virtud unificante, porque son parciales y a veces incompatibles: la economía, el placer, el desarrollo de la persona, o la libertad. El valor que da unidad a los valores múltiples es ese valor último por el cual todas las cosas son hechas y al cual convergen. Este valor último es externo al orden de los valores que unifica. De las cosas de la vida, que confi-

guran una serie desordenada (cosas no conexas), hace una serie ordenada (cosas conexas), y así una llama a la otra y todas se disponen en un camino gradual hacia el fin.

Retomemos la cuestión: ¿por qué el mundo moderno no consigue operar esa conexión y disponer todo en un orden? Como se dijo (incluso demasiadas veces) en este libro, la razón es que ha oscurecido el concepto del fin último cerrándose en una *Diesseitigkeit* absoluta. Sin embargo, una de las causas de este olvido del valor escatológico no es necesaria, sino dispositiva: la limitación del espíritu creado. A causa de ella el espíritu del hombre no puede realizar las operaciones necesarias para concebir el orden del mundo y fundamentar su axiología. Dichas operaciones son: primera, percibir los valores individuales; segunda, percibir la relación de cada uno de ellos con el valor primero, que es idénticamente causa primera y fin último del mundo; tercera, a la luz de aquella primera relación, concebir la conexión sintética de todos los valores unos con otros y comprenderlos todos bajo un único valor.

Ahora bien, mientras los conocimientos fueron pocos y poco especializados, los valores eran concebidos confusamente y en conjunto como informados por un único valor: precisamente el valor religioso. La idea de la relación al fin último tenía primacía sobre todo y era la forma universal que todo lo unifica. Pero si bien la mente del hombre, como dijimos, puede ciertamente contener todos los valores mientras son indistintos y confusos, ya no puede hacerlo cuando son distintos y desplegados cada uno en su propia esfera. El espíritu no puede entonces ver lo uno y lo otro a la vez (como lo veía cuando eran indistintos), sino

9.3. FINIS OPERIS

solamente discurrir del uno al otro. Por tanto resulta frecuente en el mundo moderno el fenómeno de vivir algún determinado valor separadamente, como si fuese autónomo y pudiese subordinar a sí todos los otros valores: en suma, este valor se arroga el papel propio y exclusivo del valor primero ultramundano. Por tanto se derrama sobre los valores mundanos una religiosidad parangonable a la idolatría. Los valores son sofísticamente secuestrados los unos por los otros, desligados de sus ataduras, y separados del primero (que los mantiene unidos): *la universal figura de este nudo*[37] resulta extraviada. Los valores, ya no confusos e indistintos sino distintos y separados, tienden a tomar cada uno de ellos el completo dominio del hombre, y puesto que se desvanece su relación con el valor primero, su constitución en autonomía y su crecimiento fuera de la armonía religiosa conquistan un carácter de oposición a la religión, o cuando menos de extrañeza a la religión: incluso la religión cristiana se convierte en un elemento del mundo, y en esto consiste el *cristianismo secundario*.[38] El finalismo ultramundano es primeramente confinado en la incierta conciencia individual, protegida por el principio de la libertad; y después se disuelve en una consumada mundanidad, pues la *vis logica* concluye con su completa disolución en la *Diesseitigkeit* absoluta. Esta disolución de la religión en el mundo es considerada como la novedad propia del Vaticano II por el arzobispo de Avignon:[39] 'La Iglesia ha buscado una nueva definición de sí misma

---

[37]Dante: *Par.*, XXXIII, 91.
[38]A este fenómeno se refiere el autor en la sección 220–221 de su libro.
[39]Cfr. *Osservatore Romano*, 3 de septiembre de 1976.

y ha comenzado a amar al mundo, a abrirse a él, a hacerse diálogo'. Es el intento de retornar a la pluralidad o polivalencia de los valores, que así distintos no pueden ser contenidos por la mente en la unidad del valor. Pero este retorno no tiene lugar, como debería ocurrir, restaurando la idea del valor ultramundano unificante, sino estableciendo un pseudoprincipio inmanente que rechaza encontrar fuera del mundo las razones del mundo y fuera de la vida temporal el destino del hombre. La aporía contra la cual se estrella es la del dependiente independiente, clave de todos nuestros razonamientos. La pluralidad de los valores desconectados es una especie de politeísmo. Simone Weil concreta en términos precisos el vicio de la axiología pluralista: 'El pecado del politeísmo consiste en creer que hay varios bienes independientes entre sí, como la verdad, la belleza o la virtud; no consiste en dejar que la imaginación juegue con Apolo y con Diana'.[40] Ya Nicole Malebranche había reconocido como error del politeísmo la existencia de una pluralidad de valores independientes que quita toda causalidad a las cosas creadas, afirmando que si tuviesen una causalidad verdadera (es decir, independiente) serían causas primeras y se convertirían en dignas de adoración.[41] El paso de la metafísica a la axiología es obvio. No existe una pluralidad de valores desconectados, independientes y no derivados de su valor primero, sino que cada uno de ellos es un valor primero y puede convertirse en principio de religión. Entonces el orgullo de los valores del mundo

---

[40] S. Weil: *La prima radice*, Milán 1954, p. 268.

[41] Nicole Malebranche: *De la Recherche de la Vérité*, VI, cap. 3.

estimados como autónomos se corresponde con la desautorización de toda fe religiosa".[42]

En conclusión, tal y como vimos, y como subraya L. Ott:

"Estos dos fines de la creación se hallan inseparablemente unidos entre sí; pues glorificar a Dios conociéndole y amándole constituye la suprema felicidad de las creaturas racionales".[43]

9.4 Los fines de la creación en la doctrina del amor de A. Gálvez

9.4.1 Introducción

La doctrina sobre los fines de la creación puede ser profundizada atendiendo a la realidad suprema del amor. Si el *Ipsum Esse Subsistens* del Antiguo Testamento (Ex 3:14) que es a la vez el *Summum Bonum*, es revelado también como el Dios que es Amor en el Nuevo Testamento (1 Jn 4: 8.16), parece lógico concluir que una indagación en la doctrina del amor nos llevará a una fundamentación más profunda de la doctrina de los fines de la creación.

En efecto, siendo Dios Amor Substancial, para A. Gálvez el amor es la gran fuerza que dirige todo el universo, la razón última por la que Dios actúa y por la que los seres todos de la creación lo hacen. Parafraseando a Dante, diríamos que el amor es el motor que mueve el Sol y a las otras estrellas. Es el énfasis sobre el amor como finalidad de la creación lo que aporta el pensamiento de A. Gálvez al de Santo Tomás.

---

[42]R. Amerio: *Iota Unum: A Study of Changes in the Catholic Church in the XXth. Century*, Sarto House, Kansas City, 2002, págs. 754–755.

[43]L. Ott: *Manual...*, cit., pág. 145.

> "...el Amor de Dios —o más sencillamente, el Amor— tal como aparece en la Revelación y sobre todo en el Nuevo Testamento, es la más fascinante y tremenda de las realidades, como que de ella se derivan, o participan, todas las demás. Es la realidad misma del Ser, ya que ambos son la misma cosa... Siendo la base y el alma de la Revelación, y aun la esencia misma del Nuevo Testamento, el amor no puede ser entendido sino como algo verdaderamente maravilloso y terrible. La primera y la más grande de las realidades que existen en el universo, y la única que ha existido desde siempre. Puesto que el Amor es el mismo Dios..."[44]

El Aquinate centra toda la consideración sobre el *finis operis* y el *finis operantis* (con la distinción para éste último entre fin primario y fin secundario), sobre el concepto y la realidad del "bien", que es lo que hace actuar a todos los seres, desde Dios a las creaturas irracionales, con la debida aplicación de la analogía, pues todos buscan el bien, "quod omnes appetunt".

A. Gálvez prefiere centrar su indagación sobre el concepto de "amor". Será esta realidad la que explique el *finis operantis* y el *finis operis* de la creación. Dios crea porque es amor (*finis operantis*); la creación tiene como finalidad responder a ese Amor creador (*finis operis*).

Para entender lo cual, y el aporte que hace A. Gálvez al tema que aquí se estudia, es conveniente recordar sumariamente las doctrinas del amor en el Aquinate y en el autor que ahora nos ocupa.[45] Es la clave de la perspectiva de A. Gálvez.

---

[44] A. Gálvez: *Comentarios...*, cit., vol. II, págs. 58–59.

[45] Cfr. una explicación detallada en Juan A. Jorge: *Dios Uno...*, cit., págs. 386–411.

9.4. LOS FINES DE LA CREACIÓN EN A. GÁLVEZ

9.4.2 El amor en Santo Tomás, fundamentado en el trascendental *Bonum*

Creo que la investigación más seria sobre la naturaleza metafísica del amor en el Aquinate la llevó a cabo B. J. Diggs.[46] Santo Tomás ve en el amor una realidad universal. Considerando el amor como la fuente de toda acción, lo encuentra presente en todas las cosas activas de la naturaleza. El amor en este sentido extenso se encuentra en cualquier lugar donde algo exista.[47]

Hay pues una gran diversidad de amores, que se podrían clasificar en tres apartados:

1.– *El amor que se dirige a objetos que proporcionan salud, crecimiento y bienestar.* Es un amor propio de todos los seres vivos, aunque cada uno tiende a esos objetos según su propia naturaleza.

2.– *El amor animal hacia el placer.* Es un amor más elevado que el primero, propio de los animales, que son superiores a las plantas en la escala del ser. El animal tiende a más cosas que a las estrictamente necesarias para satisfacer su hambre o preservar la especie. El animal que necesita comida, busca satisfacer su apetito, y al hacerlo obtiene placer; cuando está herido, siente dolor; cuando está sano, se siente

---

[46]B. J. Diggs: *Love and Being. An Investigation into de Metaphysics of St. Thomas Aquinas*, New York, S. F. Vanni Publishers and Booksellers, 1947.

[47]Santo Tomás de Aquino: *Summ. Theol.*, I^a, q. 60, a. 1, co.; q. 19, a. 1, co.; q. 20, a. 1; q. 37, a. 7; q. 54, a. 2; q. 78, a. 1 co.; q. 82, a. 5, ad 1; I^a–II^ae, q. 26, a. 1, co.; II^a–II^ae, q. 184, a. 2; *De Veritate* 23, 1; *In Sent.*, I, dist. 45, a. 1; *Contra Gent.*, I, 72.73.91; IV, 19; *Compend. Theol.*, cap. 32; I^a, ; *In Sent.*, Lib. III, dist. 32, a. 1, ad 1; *In De Div. Nom.*, c. 4, lect. 9. Ver también, É. Gilson: *God and Philosophy*, New Haven, Yale University Press, 1941; Id.: *St. Thomas d'Aquin*, Lecoffre, Paris 1925.; Id.: *L'Spirit de la Philosophie Médiévale*, Paris, Vrin, 1932; Id.: *Le Thomisme*, Paris, Vrin, 1927; J. E. O'Mahony: *The Desire of God in the Philosophy of St. Thomas Aquinas*, Cork University Press, Dublin, 1929; P. Rousselot: *L'Intellectualisme de St. Thomas*, Paris, Beauchesne, 1936. Id.: *Pour L'Histoire du problème de l'Amour au Moyen Âge*, Münster, Archendorff, 1908.

bien. El amor de un animal tiene a la vez la fuerza para procurar sus necesidades vitales y las de su deseo insaciable.

3.– *El amor propio del ser humano en relación a lo perceptible.* Es superior al del animal porque su capacidad de percepción es mayor, pues utiliza no sólo la vista sino también la mente, y sus objetos parecen no tener límites, como la misma mente humana. Con todo, el hombre no ama todo lo que conoce, sino lo que conoce como bueno, donde quiera que se encuentre. El amor del animal es sólo por los objetos sensibles; el amor del hombre se dirige a lo perceptible como bueno, y va más allá de todo lo meramente sensible porque puede dirigirse a lo que entiende, sea del orden que sea. Además, a diferencia del amor del animal que sólo puede dirigirse a un objeto (se concentra en él y se satisface con él) para después concentrarse, dirigirse y satisfacerse con otro distinto, el amor del hombre puede en cierto modo amar y guardar todos sus amores; en la medida en que se va haciendo sabio ante la verdad, obtiene el poder de mantenerse en completa admiración de la bondad de las cosas.[48] Como el entendimiento del hombre es débil en su veracidad, con frecuencia se equivoca, por lo que a veces puede desear bienes aparentes como si fueran verdaderos; pero incluso así, los ama porque los considera buenos.

Como se puede apreciar, Santo Tomás no limitó en absoluto la significación de la palabra *amor* al amor humano.[49] Para Santo Tomás el hecho de que *Amor* sea un nombre propio de Dios (hecho establecido por la Revelación y por la razón) basta para afirmar que el amor no

---

[48] Cfr. B. J. Diggs: *Love...*, cit., págs. 12–15. Santo Tomás: *Summ. Theol.*, Iª–IIæ, q. 18, a. 4 y 1; Iª, q. 83, a. 1, 3.

[49] Santo Tomás de Aquino: *Summ. Theol.*, Iª, q. 60, a. 1, co.; *De Veritate*, 23, 1 c.

9.4. LOS FINES DE LA CREACIÓN EN A. GÁLVEZ

se limita a una clase especial de seres o a un tipo especial de género o especie.[50]

Partiendo de las diferentes descripciones que hace el Santo del amor, Diggs concluye:

> "Love, then, in created things is inclination, and an inclination that in no way conflicts with the delight in possession of the good, but rather one that is the foundation and principle of delight. It is an inclination that moves to the desire for a good when it is absent, and an inclination which while remaining as an inclination is satisfied by the delight in a good when it is present. Love is inclination as an activity about goodness; it is inclination as an activity regarding the perfection of existence. That it is that St. Thomas, in order to distinguish love from desire, designates love simple as 'joining together of the appetite and the good' (*coaptatio*),[51] and the presence of the loved to the lover such that it is found to harmonize and agree with, and be pleasant to the lover (*complacentia*). And love in general, such as it si found in all natural things, is designated as the product of the natural tendency of the good to radiate, exude, and communicate its goodness, and the natural tendency of the lover to incline itself to the perfection of this goodness (*connaturalitas*). Love then is an inclination, an operation respecting existence, a skillful joining

---

[50] Santo Tomás de Aquino: *Summ. Theol.*, Iª, q. 19, a. 1; q. 20, a. 1; q. 60, a. 1, co.; *De Veritate*, 23, 1, c.

[51] Santo Tomás de Aquino: *De Veritate*, 26, 4.

together, a harmony of existences, an aptitude to receive the perfection of goodness".[52]

De lo cual deduce Diggs que existen dos características esenciales y necesarias para que haya amor según Santo Tomás:

a) El amor tiene que ser algún tipo de presencia del bien en el amante.

b) El amor tiene que ser la primera presencia del bien en el amante; todos los otros actos del ser humano relativos a un bien (deseo, tendencia, gozo) proceden del amor como de su principio.[53]

Por eso, Santo Tomás definía el amor de modos diversos, por ejemplo:

1. "Primus enim motus voluntatis, et cuiuslibet appetitivæ virtutis, est amor".[54]

2. "In unoquoque autem horum appetitivum, amor dicitur illud quod est principium motus tendentis in finem amatum".[55]

3. "Unde amor naturaliter est primum actus voluntatis et appetitus".[56]

4. "Et propter hoc, omnes alii motus appetitivi præsupponunt amorem, quasi priman radicem".[57]

---

[52] B. J. Diggs: *Love...*, cit., págs. 30–31.
[53] *Ibidem*, pág. 31.
[54] Santo Tomás de Aquino: *Summ. Theol.*, Iª, q. 20, a. 1.
[55] Santo Tomás de Aquino: *Summ. Theol.*, Iª–IIª, q. 26, a. 1.
[56] Santo Tomás de Aquino: *Summ. Theol.*, Iª, q. 20, a. 1.
[57] Santo Tomás de Aquino: *Summ. Theol.*, Iª, q. 20, a. 1.

9.4. LOS FINES DE LA CREACIÓN EN A. GÁLVEZ

Con todo, la definición más adecuada según Diggs, es la siguiente:

"Prima ergo immutatio appetitus ab appetibili vocatur amor, qui nihil est aliud quam complacentia appetibilis..." [58]

En conclusión, parece que para Santo Tomás el amor en su realidad metafísica vendría descrito por los siguientes rasgos:

1. Se inserta dentro del "apetito" de los seres dinámicos o activos.

2. Responde a la manifestación del trascendental bueno.

3. Se da en todos los seres activos analógicamente.

4. Es una "operación del ser".

5. Es un "accidente propio" de la sustancia de esos seres.

Sobre esta naturaleza común del amor, el Santo desarrolla las diferentes clases de amor (benevolencia, concupiscencia; amor, *amicitia* y *caritas*), sus cualidades, las notas características del amor Divino o del amor humano, efectos, etc.[59]

9.4.3 El amor en A. Gálvez

¿Hemos llegado con esta visión a lo más profundo de la realidad del amor? Tal vez su razón última sea distinta y su naturaleza de

---

[58]Santo Tomás de Aquino: *Summ. Theol.*, Iª, q. 20, a. 1.

[59]É. Gilson: *God...*, cit.; Id.: *L'Spirit de la Philosophie...*cit.; Id.: *Le Thomisme*, cit; J.E. O'Mahony: *The Desire...*, cit.; P. Rousselot: *L'Intellectualisme...*, cit.; Id.: *Pour L'Histoire...*, cit.; R. G. Hazo: *The idea of Love*, New York, Frederick A. Praeger Publishers, 1967, págs. 107–110; 224–238; 465.

mayor calado. La posición de A. Gálvez, como veremos, conservando gran parte de los logros del Aquinate y remitiéndose a él en varias ocasiones, sin embargo enfoca su estudio desde una perspectiva distinta, que, pienso, enriquece los logros del Doctor Común. Este esfuerzo por profundizar en la más apasionante y misteriosa de las realidades es plenamente válido, y muy necesario. En efecto, sólo cuando se intenta llegar hasta su última justificación y verdad se pueden comprender su importancia y todas sus virtualidades.

Baste por el momento con afirmar básicamente y de un modo general, que, mientras que el Santo sostiene toda su indagación sobre la metafísica del amor en la idea central del trascendental bueno (de modo que el amor es la tendencia hacia el bien que existe en todo ser), A. Gálvez, sin negar tal tendencia y la evidente realidad del trascendental bueno, sin embargo reserva la categoría del amor a la relación de entrega total y recíproca *entre las personas*, que se sustenta sobre la concepción de la persona como "potencia activa de amar".

En efecto, no se puede llegar a la realidad última del amor, sin vincularlo con el concepto de persona. El amor es siempre entre personas. El amor es personal. Véanse, entre otros, los siguientes textos:

> "Se viene a parar de nuevo a la doctrina de que el amor mira siempre a la persona, que es el término último y sujeto de atribución de todo".[60]

> "El amor verdadero mira al otro como persona, mientras que para el falso amor no existen propiamente otras personas, sino solamente cosas, de las que él se puede apropiar para utilizarlas".[61]

---

[60] A. Gálvez: *Comentarios...*, cit., vol. I, pág. 25.

[61] A. Gálvez: *Comentarios...*, cit., vol. I, pág. 59.

9.4. LOS FINES DE LA CREACIÓN EN A. GÁLVEZ

"El verdadero amor, en efecto, desea también poseer a la persona amada, pues su naturaleza es tal que las cosas no pueden ser de otro modo. Pero no existe parangón entre él y el falso amor...el verdadero amor desea poseer al otro como persona, mientras que al falso solamente le interesa el otro como cosa".[62]

"Aunque es verdad que en el amor se dan juntamente la atracción del bien, la satisfacción por la posesión de la verdad, y el gozo del placer estético, aún necesita sin embargo otro elemento que es esencial o fundamental: El bien que atrae en el amor, la verdad comprendida, y la belleza contemplada, pertenecen aquí en realidad a una persona, que es la que verdaderamente atrae por medio del amor. Y atrae precisamente porque, para el que ama, esa persona significa la verdad, irradia la belleza, y contiene el bien; todo a la vez y en grado sumo. Con lo que se llega a la importante conclusión de que, puesto que el agente que atrae aquí es una persona, es imposible para el que ama no contar con la reciprocidad. Por eso desea ser poseído por ella y poseerla él a su vez".[63]

"En el amor, siempre se trata de la búsqueda de una persona".[64]

"La perfecta identidad y la clara distinción de cada una de las personas son esenciales en el amor. Lo cual, no

---

[62] A. Gálvez: *Comentarios...*, cit., vol. I, pág. 60.
[63] A. Gálvez: *Comentarios...*, cit., vol. I, págs. 72–73.
[64] A. Gálvez: *Comentarios...*, cit., vol. I, pág. 79.

solamente no es óbice para él, sino que es una condición necesaria para que pueda darse... Jn 13: 12–14".[65]

"Es esencial en el amor que cada uno de los amantes mantenga inalterada su condición de persona como tal persona, que es lo que efectivamente sucede en el seno mismo de la Trinidad".[66]

"El Amor, que se identifica con el Ser infinito y con el Sumo Bien, es un ser personal, en el que se dan, además, pluralidad de personas, sin que eso sea obstáculo a la perfecta simplicidad y a la absoluta unicidad de su esencia..."[67]

"Como corresponde a algo tan eminentemente personal como es el amor, y que goza, por lo tanto, de los atributos o notas propios de la personalidad, cuales son la unicidad, la individualidad y la incomunicabilidad".[68]

"Si el amor es lo más íntimo y personal que hay en el corazón del ser que ama, nadie puede conocerlo sino él mismo y, por supuesto, aquél que es hecho objeto de ese amor —aquél a quien le es otorgado— en una donación también estrictamente personal y única..."[69]

"El amor tiene siempre como objeto y término a una persona, distinta en cuanto tal de la persona que ama.

---

[65] A. Gálvez: *Comentarios...*, cit., vol. I, pág. 108, nota 8.
[66] A. Gálvez: *Comentarios...*, cit., vol. I, pág. 115.
[67] A. Gálvez: *Comentarios...*, cit., vol. I, pág. 112.
[68] A. Gálvez: *Comentarios...*, cit., vol. I, págs. 89–90.
[69] A. Gálvez: *Comentarios...*, cit., vol. I, pág. 193.

9.4. LOS FINES DE LA CREACIÓN EN A. GÁLVEZ

Nadie se enamora jamás de un cuerpo o de un alma, y ni siquiera de ambos en conjunto, sino de esa entidad sutil y difícil de calificar que es precisamente la persona".[70]

"Así como en el seno de la Trinidad, o Amor substancial, el Espíritu Santo es esencialmente Don, como donación mutua que es entre Personas —*Qui ex Patre Filioque procedit*—, del mismo modo el amor participado tiene que consistir en una mutua y recíproca entrega que también tiene lugar entre personas".[71]

"Pero en modo alguno basta con la contemplación, pues el amor no se sacia si el amante no se entrega enteramente a la persona amada y la posee además en reciprocidad. Sin esa mutua entrega, o no hay amor, o tal vez se trata de algo tan imperfecto que apenas merece ese nombre".[72]

"La doctrina de la contemplación saciativa de la verdad ha de tener en cuenta que ahora la Verdad es una Persona (Jn 14:6; 17:17; 5:32), la cual ha hecho suya además una naturaleza humana para poder ser amada de la única manera según la cual el hombre es capaz de amar. A su vez la persona no puede ser considerada meramente como objeto último de contemplación, sino como el término final de la posesión y de la entrega. La capacidad de contemplar a otra persona —y de ser contemplado también por ella— culmina con la capacidad de poseerla —y de ser poseído igualmente por ella—".[73]

---

[70] A. Gálvez: *Comentarios...*, cit., vol. I, pág. 249.
[71] A. Gálvez: *Comentarios...*, cit., vol. I, pág. 251.
[72] A. Gálvez: *Comentarios...*, cit., vol. I, págs. 252–253.
[73] A. Gálvez: *Comentarios...*, cit., vol. I, pág. 256.

"Siempre es fácil seguir a la persona de quien se está profundamente enamorado, vaya donde vaya. Y el amor —conviene decirlo una vez más— solamente se da entre personas, lo que equivale a decir que es un maravilloso intercambio entre un yo y un tú que se entregan y se poseen mutuamente. La verdad puede ser objeto de amor, y aun de especial amor, pero nadie se enamora de ella, a no ser que sea percibida también como persona".[74]

"Dios sabe que el hombre, si bien no suele ofrecer el corazón a una mera abstracción, puede entregarlo en cambio a otra persona que va a dar también el suyo en reciprocidad. De este modo llegan ambos amantes, mediante la mutua entrega, a la alegría perfecta de la beatitud total".[75]

Amor y persona en el concepto de amor de A. Gálvez

El amor por tanto se da en la persona y sólo entre personas. ¿Qué lugar ocupa en ella? ¿Cuál sería su calificación metafísica? La pregunta tiene más calado que el que pueda parecer a primera vista. Para probar lo cual, nos remitimos ahora a las consideraciones que se harán por extenso en el capítulo dedicado al estudio de la persona en la antropología teológica,[76] rescatando de ahí la definición del constitutivo formal de la persona como "potencia activa de amar"; el estudio de

---

[74] A. Gálvez: *Comentarios...*, cit., vol. I, pág. 257.

[75] A. Gálvez: *Comentarios...*, cit., vol. I, págs. 257–258.

[76] Cfr. También las consideraciones sobre la persona en Santo Tomás de Aquino y en A. Gálvez, desde la perspectiva de la teología Trinitaria, en J. A. Jorge: *Dios Uno....*, cit., págs. 581–697.

9.4. LOS FINES DE LA CREACIÓN EN A. GÁLVEZ

este concepto en A. Gálvez fue realizado *in extenso* desde el punto de vista de la metafísica por F. Ruiz.[77]

Diferencias entre la teoría del amor de Santo Tomás y de A. Gálvez

Finalmente, sin ánimo de ser exhaustivos y sólo como indicativo y a modo de resumen, se podría presentar el siguiente listado de las principales diferencias entre las posiciones que en torno al amor se dan entre Santo Tomás y A. Gálvez:

1. Dios es considerado ante todo, como el Ser por Sí (Santo Tomás); Dios es considerado ante todo como el Ser en el que su Ser por Sí y el Amor coinciden (A. Gálvez).

2. El amor se da en todos los seres activos analógicamente (Santo Tomás); el amor se da sólo entre personas (seres racionales), aunque analógicamente en Dios, los ángeles y los hombres (A. Gálvez).

3. El amor es la primera presencia del bien al apetito (Santo Tomás); el amor es relación de entrega total y recíproca entre personas (A. Gálvez).

4. El amor surge ante la presencia del bien en general —o belleza o verdad en general— (Santo Tomás); el amor surge ante la presencia del bien —o belleza o verdad personal— de la persona del amante ofrecido a la persona del amado (A. Gálvez).

5. El amor en el ser humano es un hábito de la voluntad (Santo Tomás);[78] el amor en el ser humano es la actividad propia y más

---

[77]F. Ruiz: *El Estatuto...*, cit. Sus principales conclusiones serán revisadas en el capítulo señalado.

[78]Aunque Santo Tomás, siguiendo a Aristóteles, no considera la amistad como una virtud, sin embargo al hablar de la caridad, por ser virtud infusa, entra dentro de los hábitos.

elevada de la persona humana a la que se subordinan y cooperan todas sus potencias y realidades —la persona se puede entender como "potencia activa de amar"— (A. Gálvez).

6. La virtud de la caridad es creada en nuestra alma como virtud infusa teologal (Santo Tomás); el amor, en el grado máximo entre el hombre y Dios, es en última instancia, la misma presencia del Amor de Dios en nosotros y la inhabitación de la Trinidad en el alma del justo (A. Gálvez).

7. El amor divino–humano ha de ser descrito en términos de amor de concupiscencia y de benevolencia (Santo Tomás); el amor divino–humano supera la clasificación entre el amor de concupiscencia y de benevolencia (A. Gálvez).

8. La bienaventuranza del Cielo es sobre todo contemplación de la verdad, por la facultad más elevada que tiene el hombre, cual es la del entendimiento.[79] La bienaventuranza en cuanto bien, es el objeto de la voluntad. Pero el objeto es conocido antes del acto de la potencia. Por eso, según nuestro modo de entender, la bienaventuranza divina es anterior al acto de la voluntad que descansa en ella. Y esto no puede darse más que por el acto del entendimiento. Por eso la bienaventuranza está situada en el acto del entendimiento. Dice Gilson en el capítulo dedicado al fin último del hombre en *El Tomismo* que es inevitable en el tomismo esta conclusión: "La esencia misma de la bienaventuranza consiste, pues, en un acto del intelecto; únicamente la delectación que le acompaña puede considerarse como un acto de la voluntad".

---

[79]Santo Tomás de Aquino: *Summ. Theol.*, Iª, q. 26, a. 2, co.

En cambio, para A. Gálvez, la bienaventuranza del Cielo es sobre todo la posesión y gozo del Amado.

9.4.4 Los fines de la creación en el pensamiento de A. Gálvez

La aplicación de los conceptos mencionados al problema de los fines de la creación, conduce a conclusiones muy sugerentes. Conviene insistir en la diferente posición sobre el concepto de amor que encontramos en Santo Tomás y en A. Gálvez.

Para Santo Tomás, el amor es el impulso que lleva a los seres a buscar el bien (*id quod omnes appetunt*), que al conseguirlo, les produce la felicidad. El amor para Santo Tomás es ese impulso que lleva a movernos hacia el bien. Por eso, el amor puede encontrarse en toda creatura activa, en la irracional (que lo busca de un mondo automático y natural aunque no sea consciente de ello, amor natural) y en la racional (que busca su bien de un modo natural y de un modo consciente o elícito). Por eso toda creatura busca a Dios con un amor natural que tiende a Él, lo sepa o no; aunque a la creatura racional se le ha otorgado la posibilidad de rechazarlo a través del amor elícito, consciente, voluntario (cuando así ocurre, la creatura no alcanza el fin para el que fue creada, y se frustra en el amplio sentido de la palabra).

Para A. Gálvez, la doctrina del Santo puede ser profundizada. El amor es circunscrito a las personas (Divinas, angélicas o humanas). Y el amor es definido como la capacidad de entregar todo a la persona amada, menos la misma capacidad de entregar. La relación entre amor y persona es tan íntima en la teología de A. Gálvez, que F. Ruiz, como ya se mencionaba, en su estudio de la naturaleza de la persona en el pensamiento de ese autor, señala como el constitutivo formal de la misma el ser "potencia activa de amar". Ahora bien, la entrega amorosa tiene varias características esenciales: es recíproca, total, in-

condicional, absolutamente libre, de unión íntima entre los amantes, que tiende a la eternidad y aborrece de la separación y la distancia, etc.

Presuponiendo la doctrina clásica que Dios ama a todo en su propio Ser, en su propia Bondad, y que Dios crea por amor de su propia Bondad, sin embargo, tales afirmaciones pueden ser matizadas si se profundiza sobre las virtualidades y notas propias del amor.

Finis operantis

El dogma y la teología perenne señalan que el fin de Dios al crear es el amor a su propia bondad infinita.[80]

Ahora bien, si profundizamos en el concepto de amor, encontraremos que el amor se da solo entre personas. Uno no se enamora directamente de las cualidades de una persona por excelsas que sean, de su bondad, belleza, magnificiencia, etc., sino de la persona que contiene esa bondad, belleza, magnificiencia, etc., en tan excelso grado. Si profundizamos en el misterio de Dios (siempre con el correctivo de la analogía y aceptando la absoluta insuficiencia de nuestro lenguaje y pensamiento para llegar al más profundo misterio de nuestra fe), y nos acercamos a él, no tanto desde la perspectiva del Dios Uno (su naturaleza), sino desde la Trinidad (su realidad tri–personal), podríamos recordar que el Dios que es Amor (en su naturaleza) es Trinitario (el amor se da entre el Padre y el Hijo en el Espíritu Santo). ¿Se podrían vincular ambos aspectos al tratar del "finis operantis" de la creación? Nos atrevemos a proponer lo siguiente:

---

[80]Cfr. Concilio de Colonia del año 1860: el motivo que indujo Dios a crear fue: "amor bonitatis suæ absolutæ"; en el Concilio Vaticano I se definió: "Hic solus verus Deus bonitate sua et 'omnipotenti virtute' non ad augendam suam beatitudinem nec ad acquirendam, sed ad manifestandam perfectionem suam per bona, quæ creaturis impertitur, liberrimo consilio 'simul ab initio temporis utramque de nihilo condidit creaturam,..." (D. S. 3002).

9.4. LOS FINES DE LA CREACIÓN EN A. GÁLVEZ

El amor a su propia bondad debería ser entendido dentro de las relaciones interpersonales divinas. El amor es siempre interpersonal. Y sabemos que en el interior de Dios, el Padre ama al Hijo, y éste al Padre desde toda la eternidad; el amor entre ambos es el Espíritu Santo. El Padre contempla y ama su Bondad en el Hijo. El Padre comunica la divinidad (y por tanto, la infinita bondad y todos los otros atributos divinos en la simplicísima unidad de la naturaleza) al Hijo desde toda la eternidad (es "fons et origo totius trinitatis", Principio sin principio, en el orden de procedencia sin tiempo y sin subordinación real). El fin del Creador podría encontrar sus raíces más profundas en la relación de amor entre el Padre y el Hijo: Dios Padre realizó la creación por amor al Hijo, en donde "veía" su infinita Bondad, Belleza, Santidad, etc. El amor a su propia Bondad, quedaría especificado por ser la propia Bondad del Padre contemplada en el Hijo, dentro de la simplicísima unidad divina. Dios comunica al Hijo la divinidad, y en ella, todo lo que contiene: también la idea de la creación.

El Padre crea en el Hijo y para el Hijo en una manifestación de entrega amorosa, que no se queda solo en la comunicación de la única esencia divina, sino que se manifiesta también en la obra creadora. Pero el Hijo también entrega toda la creación de vuelta al Padre, por amor a Él, en reciprocidad de amor: "...pues así como en Adán todos mueren, así también en Cristo serán todos vueltos a la vida. Cada uno en el orden que le corresponde: las primicias, Cristo; después, los de Cristo en su parusía. Después, será el final: cuando entregue el reino a Dios Padre, y destruya todo principado y toda potestad y poder. Porque él tiene que reinar hasta que ponga a todos sus enemigos a sus pies. La muerte será el último enemigo destruido. En efecto: Todas las cosas las sometió bajo sus pies. Pero al decir que todas las cosas están sometidas, está claro que será con excepción del que

se las sometió todas. Y cuando se le hayan sometido todas las cosas, entonces también el mismo Hijo se someterá al que se lo sometió todo, para que Dios sea todo en todos" (1 Cor 15: 22–28).

Si esto fuera cierto, cobrarían una nueva y profunda realidad los textos neotestamentarios del cristocentrismo de la creación,[81] donde el papel de Cristo en la misma es fundamental: baste con recordar aquí el importante texto de Col 1: 15–17, "El cual es...primogénito (πρωτότοκος) de toda creación, porque en él (ἐν αὐτω) fueron creadas todas las cosas (τὰ πάντα)...Todo ha sido creado por él (διά αὐτοῦ) y para él (εἰς αὐτόν). Él es antes que todas las cosas y todas subsisten en él (ἐν αὐτῷ)".

1. En este texto, es Cristo el que aparece solo como principio y fin, siendo más y antes que todos los seres creados. Por un lado, es causa ejemplar, o sea, el arquetipo o modelo increado de toda la creación; y, por otro, es causa final, es decir, sólo en Él, la creación encuentra su origen, su unidad y su destino.

2. Cristo es "Primogénito de toda la creación" (πρωτότοκος πάσης κτίσεως). No hay aquí un sentido arriano, sino la declaración de la superioridad ontológica del Hijo sobre cualquier ser creado, material o inmaterial.

3. "En él fueron creadas todas las cosas" (ἐν αὐτῷ ἐκτίσθη τὰ πάντα). No es mera causalidad instrumental, sino también principio vital de toda la creación.

4. "Toda fue creado por él y para él" (τὰ πάντα διά αὐτοῦ καὶ εἰς αὐτόν ἐκτίσται). Jesucristo es la meta de toda la creación, tanto estática (Señor de toda la creación) como dinámicamente (meta oculta de toda la creación, en el sentido de Ef 1: 3ss).

---

[81]Cfr. supra cap. 2.3.

9.4. LOS FINES DE LA CREACIÓN EN A. GÁLVEZ

El prólogo de San Juan adquiriría también una nueva perspectiva: "Omnia per ipsum facta sunt, et sine ipso factum est nihil, quod factum est" (Jn 1:3), así como todos los textos cristocéntricos que fueron señalados en su lugar.

Conviene hacer dos precisiones:

- Nunca se puede entender este *finis operantis* al modo de Arrio: Dios Padre engendró al Hijo para realizar la creación, considerado como una especie de demiurgo neoplatónico y gnóstico, un "deutero zeos", que no existió siempre junto al Padre.

- Por otro lado, aunque es verdad que las obras "ad extra" de Dios son comunes a las tres divinas Personas,[82] puesto que se hacen conforme a la naturaleza del agente, que en este caso es única y unicísima, sin embargo ahora no se trata de este aspecto, sino de indagar sobre el motivo más íntimo de la decisión de crear: más que el simple amor a su Bondad, diríamos que es el amor a su Bondad en el Hijo, al que el Padre ama eternamente con amor infinito.

San Juan de la Cruz apuntaba también al amor del Padre al Hijo como causa del actuar de Dios en la creación:

De la creación

Una esposa que te ame,
mi Hijo, darte quería,
que por tu valor merezca
tener nuestra compañía

---

[82] Aunque por la doctrina de las apropiaciones, la Sagrada Escritura atribuye alguna de las obras "ad extra" de Dios a una u otra de las Personas, porque de algún modo, manifiestan la realidad intratrinitaria de las divinas personas y procesiones.

> y comer pan a una mesa,
> del mismo que yo comía,
> porque conozca los bienes
> que en tal Hijo yo tenía,
> y se congracie conmigo
> de tu gracia y lozanía.
> Mucho lo agradezco, Padre,
> el Hijo le respondía;
> a la esposa que me dieres
> yo mi claridad daría,
> para que por ella vea
> cuánto mi Padre valía,
> y cómo el ser que poseo
> de su ser le recibía.
> Reclinarla he yo en mi brazo,
> y en tu ardor se abrasaría,
> y con eterno deleite
> tu bondad sublimaría.[83]

Finis operis

La teología clásica habla de dos fines. El fin primario es la manifestación de las perfecciones divinas y la subsiguiente glorificación de Dios[84]; el fin secundario es colmar de beneficios a las creaturas y sobre todo hacer felices a las creaturas racionales.[85]

---

[83]San Juan de la Cruz: *Romances*, 3, versos 77–99.

[84]Cfr. Concilio Vaticano I: "Si quis... mundum ad Dei gloriam conditum esse negaverit, a. s." (D. S. 3025).

[85]Concilio Vaticano I: "Sed ad manifestandam perfectionem suam (fin primario) per bona, quæ creaturis impertitur (fin secundario)" (D. S. 3002).

9.4. LOS FINES DE LA CREACIÓN EN A. GÁLVEZ

También estos principios se podrían profundizar con la ayuda de la teología del amor.

Con relación al *finis operis* primario, hay que recordar que la más característica de las perfecciones divinas según el Nuevo Testamento, y siempre aceptando las insuficiencias de nuestro lenguaje y conocimiento sobre Dios, es el Amor (que se identifica con su *Esse*, como todo en Dios). La gloria externa de Dios, por parte de las creaturas racionales (ángeles u hombres) se realiza no solo con el conocimiento de su Bondad ("magna cum laude notitia") sino sobre todo con el reconocimiento de la infinitud de su amor y, en consecuencia, con la posibilidad dada a la creatura de devolver recíprocamente un amor total al Creador.[86] La creatura, amando al Creador, lo glorifica máximamente ya que no solo reconoce su grandeza, sino que lo ama en reciprocidad, haciendo posible un amor verdadero, recíproco y total, y cumpliendo los planes de Dios (a la creatura se le ha concedido la increíble posibilidad de afirmar y devolver el amor de Dios, llevando la realidad del amor divino–humano a su compleción, o, por el contrario, frustrarlo —aunque solo sea por fallo de la contraparte creatural— por no responder la creatura a ese amor al desconocerlo o rechazarlo).

Con relación al *finis operis* secundario, la participación de la bondad de Dios en las creaturas racionales y su consiguiente felicidad, han de ser explicadas, sobre todo por la realidad del amor divino que es participado por las creaturas. En efecto, la "imagen y semejanza" del ser humano con respecto a Dios, estriba en su capacidad de amar, es decir, la participación que ha recibido del Amor Esencial que es Dios, como veremos.[87] Si aceptamos que la persona creada se realiza sobre todo por la vivencia del amor, en el que se encuentran impli-

---

[86] Aunque, desde el punto de vista de la creatura, no pueda ser infinito, sin embargo sí puede ser total. De hecho es el primer mandamiento de la Ley: amar a Dios con todo el corazón, con toda el alma, con todas las fuerzas y con todo el ser.

[87] Cfr. *infra* cap. 11, 2.2.

cadas todas las otras potencialidades de su naturaleza (inteligencia, voluntad, sensibilidad, corporalidad, etc.), es amando en reciprocidad a Dios como cumple su *finis operis* secundario. El ser humano, glorifica a Dios no solo por su inteligencia y sumisión a la divinidad, no solo viviendo todas las virtudes que le hacen desarrollarse, sino sobre todo actualizando al máximo la capacidad de amar. Siendo el amor el "Summun Bonum" (Dios es amor; para la creatura, lo más íntimo y determinante de su naturaleza, hecha "imagen y semejanza" de Dios), es también la razón y causa última de su felicidad en este mundo que tendrá su consumación en la felicidad eterna del Cielo.

Dentro de este esquema, las creaturas irracionales (materiales, o con simple vida vegetativa o sensitiva) no son amadas ni aman en sentido estricto, pues no son personas. Por eso realizan su *finis operis* de un modo diferente a las racionales. Tal y como sostiene la doctrina clásica, glorifican a Dios por el hecho de su existencia, de un modo natural y sin consciencia de que lo hacen, por la participación que tienen de la bondad divina. Con todo, las creaturas irracionales, también están relacionadas con la misteriosa realidad del amor, ya que las creaturas irracionales no solo manifiestan la perfección de la divinidad, sino que principalmente proclaman el amor infinito de Dios, de tres maneras:

1. Por un lado, porque fue su amor el que las ha creado tan bellas.

2. Por otro lado, porque además las ha constituido en realidad como verdaderos regalos de su amor a las creaturas racionales, haciéndolas ricas, para que ellas, en reciprocidad de amor, puedan devolverle voluntaria y amorosamente esos mismos regalos.

> "La belleza y la bondad de las cosas no serían tales
> ni de tal magnitud si no hubieran sido hechas para ser
> regaladas a la esposa. A fin de que ella, a su vez, pueda

9.4. LOS FINES DE LA CREACIÓN EN A. GÁLVEZ

también ofrecerlas al Esposo. La más íntima esencia de las cosas consiste en ser un don. Por eso advertía el Apóstol: *Conocéis la gracia de nuestro Señor Jesucristo, que siendo rico se hizo pobre por vosotros, para que os enriquecierais con su pobreza... (2 Cor 8:9)*".[88]

E incluso mayores todavía, al hacerlos producir abundantemente, según la capacidad de cada persona.[89] La misma Encarnación y Redención tienen como motivo y finalidad el amor que Dios ha querido tener con el hombre.

En efecto, dando por supuesta la polémica entre las posturas tomistas y escotistas sobre el motivo determinante de la Encarnación, A. Gálvez sin empequeñecer la posición tomista[90], sin embargo parece inclinarse hacia la posición de que la Encarnación pudo deberse no solo a la redención del pecado:

"Pero tal vez debiera haber insistido más en las abundantes, a la vez que complejas y admirables, implicaciones del misterio de la Encarnación. Es difícil descartar la idea de que la constante y unilateral consideración, en un primer plano, de la finalidad fundamental de la Redención puede haber contribuido a difuminar otras posibles motivaciones. Si es cierto que la exclusiva consideración del dogma de la Redención —consideración, por otra parte, tan verdadera como justificada— ha olvidado resaltar otros aspectos también importantes, todo parecería indicar, una vez más,

---

[88] A. Gálvez: *Comentarios...*, vol. II, cit., pág. 27.

[89] Cfr. la idea del *combate de amor*, en A. Gálvez, y la asombrosa posibilidad que, por gracia, se le ha concedido al hombre de poder "vencer" a Dios, en un torneo de generosidades, impulsado por el amor.

[90] Cfr. por ejemplo, A. Gálvez: *El Invierno....*, cit., pág. 334: "La verdad es que, sin corredención, no hay participación en el Sacerdocio de Jesucristo (Heb 9:22); si es que se admite que la Redención constituye el motivo principal de la Encarnación y de la unción de Jesucristo como Sumo y Único Sacerdote. De ahí el importante texto de Col 1:24, al cual se podrían sumar 2 Cor 1: 5.7; Flp 3:10; 1 Pe 4:13; etc." Cfr. A. Gálvez: *Esperando....*, cit. pág. 44.

que la vista de los árboles ha estorbado la visión del bosque" (A. Gálvez: *Comentarios...*, cit., vol. II, pág. 264, nota 22.)

"...[Es necesario] calar en lo profundo del misterio de la Encarnación: según el cual, si bien es verdad que el Verbo se hizo Hombre para redimir a la humanidad, no es menos cierto que también hizo posible la verdadera relación de amor entre Dios y el hombre. Si los textos hablan de una actitud de servicio, por parte del Verbo Encarnado, es precisamente para subrayar el salto infinito que, impulsado por el Amor, hubo de llevar a cabo a fin de tomar para sí la naturaleza humana: *semetipsum exinanivit*. Y de ahí que sean los mismos textos los que insisten en la paradoja: *Me habéis llamado Maestro y Señor, y con razón, porque lo soy. Pues si yo, que soy el Señor y el Maestro, os he lavado los pies...*[91]"[92]

3. Finalmente, porque el mundo irracional es el "escenario" en el que Dios manifiesta su amor verdadero a las creaturas racionales y en el que las personas creadas pueden libremente afirmar su amor a Dios; son el ámbito donde se desarrolla la historia de amor entre Dios y sus creaturas en el eon presente, para consumarse en el Cielo, después de haber acrisolado tal amor y haberles permitido la elección libre de responder al Amor que Dios les profesa. Si los seres personales no hubiesen existido en el mundo y hubiesen sido creados en el Cielo, no podrían haber amado verdaderamente a Dios, pues no serían libres para responder al amor: estarían obligados a amarlo, ante la realidad de la Infinitud de la Bondad de Dios; pero un amor obligado y forzado, no es amor creatural. El amor es esencialmente libre por naturaleza. Para los seres creados, su mundo es el ámbito

---

[91] Jn 13: 13–14.
[92] A. Gálvez: *Siete Cartas...*, cit., pág. 240

donde pueden ejercer, probar y decidir responder en libertad al amor de Dios.[93]

9.5 Calificaciones teológicas

Estas son las tesis teológicas y su calificación sobre el fin del acto creador.

El fin de Dios en su acto creador, es decir, la razón porque se movió Dios a crear, es su bondad, no para aumentar su bienaventuranza sino para manifestar su perfección. De fe divina y católica definida. Censura: herejía.

- Magisterio:
  - Concilio Vaticano I.
  - Concilio de Florencia.
- Sagrada Escritura:
  - Job 22:3.
  - Is 15:2.
  - Lc 17:10.
  - Sal 103:24.
  - Eco 17: 7–8.
  - Ro 1: 19–21.
- Tradición:
  - San Ireneo.[94]

---

[93]En este sentido se verá cómo Dios creó por amor a los ángeles en el mundo angélico para invitarles a vivir el amor con Él y posibilitar ese amor creatural; una vez, hecha su libre elección, los ángeles buenos entraron en el Cielo y los malos fueron condenados al Infierno.

[94]*Adv. Hær.*, IV, 14, 1.

- Orígenes.[95]
- San Hilario.[96]
- San Agustín.[97]
- San Juan Damasceno.[98]

El fin de la obra creadora es la bondad de Dios participada por la criatura cuyo esplendor produce la gloria externa de Dios. De fe divina y católica definida. Censura: herejía.

- Magisterio:
    - Concilio Vaticano I.
- Sagrada Escritura:
    - Is 43:7.
    - 1 Cor 10:31.
- Tradición:
    - Tertuliano.[99]
    - San Gregorio de Nisa.[100]
    - Todos los textos de la tesis anterior.

---

[95] *De Princ.*, II, 9, 6.
[96] *In Ps.*, 2, 15.
[97] *De Doctr. Christ.*, I 32, 35; *De Civ. Dei*, XI, 24.
[98] *De Fide Orth.*, 11, 2.
[99] *Apol.*, 17.
[100] *P. G.*, 44, 282.

Capítulo 10

La creatura invisible. Angelología

10.1 Importancia

Hoy en día, muchos piensan que los ángeles son un puro mito, posición que sostienen, con frecuencia, empujados por la influencia de la cultura atea y materialista. En efecto, los modernos racionalistas explican la creencia en los ángeles de variados modos, ya sea como personificaciones de atributos o actividades divinos, o como personificaciones de fenómenos psicológicos, o como manifestaciones del politeísmo original de la religión judía, o como préstamos de leyendas babilónicas o persas, etc. Se mezcla en este sentido, la incredulidad, con la superstición y la falsa ciencia.

Como dice J. Morales:

> "Los ángeles son una cuestión de actualidad. Han atraído la atención de la literatura y de la poesía modernas, y han sido objeto de recientes declaraciones por parte de la Iglesia. Hoy resulta oportuno referirse a ellos porque cons-

tituyen un aspecto de la fe cristiana, testimoniado en los textos bíblicos que reflejan las grandes líneas y los pormenores de la Historia de la salvación, y porque muchos hombres y mujeres de nuestra época no aceptan con facilidad la realidad de esos seres invisibles que desempeñan ministerios divinos en el marco de la Providencia".[1]

Por su parte, A. Fernández también subraya lo controvertido del tema en la actualidad:

"Parece haber sido el caso de que la centralidad de la mediación cristológica oscureció la verdad en torno a la existencia, naturaleza y misión de los ángeles.

Pero en otros ambientes más *naif* —lejanos a cualquier consideración teológica— se hace notar un retorno a los ángeles, pero se hace de un modo imaginativo, ilusorio y no exento de cierta poesía, sin vínculo alguno religioso. Se habla de los ángeles como seres fantásticos y novelescos, a modo de mitos que elevan la visión más allá de lo inmediato, sin referencia alguna a su calidad de mensajeros de Dios, sino más bien como ideales o utopías humanas".[2]

Sí que es curiosa la contradicción que presentan el mundo y la sociedad contemporáneos, que por un lado afirman el rechazo de la creencia en los ángeles, y por otro asisten al florecimiento de la demonología, brujas, espiritismo, astrología, médiums, cultos e ideas de la New Age, etc.

La importancia de la angelología es grande por ser en sí misma parte esencial de la fe cristiana, pero además porque ayuda a entender mejor:

---

[1] J. Morales: *El Misterio...*, cit., págs. 187–188.
[2] A. Fernández: *Teología...*, cit., pág. 591.

10.1. IMPORTANCIA

- El mundo sobrenatural.

- La realidad, origen y existencia del mal.

- La naturaleza de Dios y del hombre.

Es por eso, por lo que las consideraciones sobre los ángeles ocupan un lugar muy destacado en la obra del Aquinate, a quien no sin razón, también por este motivo, se le llama el "Doctor Angélico". Como dice A. Martínez:

> "Para el llamado con razón *Doctor Angélico* por antonomasia... es este tratado verdaderamente egregio, y en él Santo Tomás, con su penetración de ingenio, no sólo llega a la sublimidad angélica en el raciocinio, sino que establece por decirlo así, y desarrolla toda la trama de su sistema intelectualista realista, sentando o más bien haciendo acertada aplicación en cada caso de las doctrinas y principios metafísicos y psicológicos que integran el todo orgánico del insuperable sistema tomista".[3]

---

[3] A. Martínez: *Introducción al Tratado de los Ángeles*, en "Suma Teológica de Santo Tomás de Aquino", tomo III, BAC, Madrid, 1950, pág. 608. En las págs. 608–611, se pueden encontrar todas las referencias a las obras del Santo que tratan de los ángeles. Cfr. A. Vacant: *Ange*, en DTC, vol. I, cols. 1189–1248; J. F. Sagües: *Sacræ Theol. ...*, cit., trad. inglesa, págs. 140–228; A. L. Lépicier: *Tractatus de Angelis*, Paris, Lethielleux, 1909; J. Collins: *The Thomistic Philosophy of the Angels*, Washington, The Catholic University of America Press, 1947; P. B. D'Azy: *Le Christ et ses Anges dans L'Oeuvre de Saint Thomas*, Toulouse, 1942; Id.: *Le Christ et ses Anges dans L'Oeuvre de Saint Thomas*, en "Bulletin de Littérature Ecclésiastique", 44 (1943) 93–117, 121–136; E. Peterson: *El Libro de los Ángeles*, Madrid, Rialp, 1957; J. Philippi Izquierdo: *Ángeles y Demonios*, Ed. Patris, Santiago de Chile, 1996.

10.2 Las nuevas angelologías

La influencia del Neo–Modernismo se ha hecho presente también en el estudio de los ángeles.[4] Se pueden agrupar estas nuevas teologías en cuatro tendencias:

En primer lugar, la teología que pretende prescindir por completo de los ángeles, como mitos copiados de las religiones extrabíblicas o de la teología judía intertestamentaria. Son todos aquellos autores que se agrupan en torno a las ideas de Haag.[5] Sus afirmaciones van dirigidas sobre todo a la demonología, y básicamente sostienen que el Satanás bíblico es una simple personificación del pecado, que las afirmaciones de la Sagrada Escritura sobre ángeles y demonios derivan de un mundo cultural no–bíblico por lo que no pueden ser nunca objeto de fe o dogma alguno, y finalmente llega a sostener que la creencia en el Diablo es incompatible con la fe verdadera cristiana.[6]

En segundo lugar, se encuentra la posición de los que explican la realidad angélica de un modo ambiguo y dubitativo, o simplemente silencian el problema. Es el caso, por ejemplo, del *Nuevo Catecismo de Adultos* (1966) también conocido como el *Catecismo Holandés*, con su inspirador Schillebeeckx, donde se hace una exposición de la angelología absolutamente inaceptable. De hecho Pablo VI salió al paso del

---

[4]Para las tendencias de la angelología del siglo XX, cfr. G. Par Bozzelino: *Ángeles y Demonios. Las Criaturas Invisibles y las Vicisitudes Humanas*, Bogotá, San Pablo, 2006, págs. 98–107; M. Suárez Ricondo: *La Renovación de la Angelología Católica en la Segunda Mitad del Siglo XX*, en "Sapientia Crucis", 8 (2008) 93–145.

[5]H. Haag: *La Liquidazione del Diavolo?* Brescia, Queriniana, 1970. Su pensamiento se estudiará más adelante.

[6]Cfr. H. Küng: *Vita Eterna?* Milan, ed. Mondadori, 1983, pág. 177; E. Lussier: *Satan*, en "Chicago Studies" 13 (1974) 3–19; R. Mayer: *Il Magisterio sugli Angeli e sui Demoni*, en "Concilium" 3 (1975) 94–103; G. Franzoni: *Il Diavolo, mio Fratello*, Rubbettino, Soveria Mannelii, 1986; A. Colombo: *El Diavolo*, Bari, ed. Dedalo, 1999; etc.

10.2. LAS NUEVAS ANGELOLOGÍAS

Catecismo Holandés que silenciaba la existencia de ángeles y demonios con su *Credo del Pueblo de Dios*,[7] y con una Comisión encargada de la revisión del *Catecismo Holandés* que demandó la corrección de algunas expresiones sobre los ángeles e incluso juzgó insuficientes las correcciones finales.[8] Dentro de esta línea se sostiene que no importa el hecho de que el ángel o el demonio sean realidades personales o símbolos de la bondad o maldad que hay en el universo; aunque no lleguen a afirmar la condición de puro mito que hubiera que descartar.[9]

Una tercera tendencia pretende dar a la angelología un giro antropológico, dentro de la tendencia general del Neo–Modernismo a

---

[7]Cfr. J. A. Sayés: *Teología de la Creación*, cit., pág. 332.

[8]Cfr. A. Fernández: *Teología Dogmática* (II), cit., pág. 184. En efecto en el famoso *Catecismo* se replantean, más o menos abiertamente, casi todos los errores y ambigüedades del Modernismo, aunque a veces, para llegar a las mismas conclusiones, se empleen argumentaciones diversas, más sofisticadas. Por eso puede considerarse que el *Catecismo Holandés* es el manual neo-modernista que más ha influido en el pensamiento católico desviado de los decenios siguientes. Casi todos los errores actuales en el campo católico ya fueron expresados o sugeridos en aquel *Catecismo* y concretamente en la obra del profesor Schillebeeckx. El Catecismo contenía tantos errores y ambigüedades, que fueron denunciados a Roma por católicos holandeses, y Pablo VI estableció para examinarlo una Comisión de Cardenales, que emitió una Declaración (15–X–1968), en la que se indicaba un gran número de correcciones y adiciones necesarias. Entre los errores y ambigüedades señalados por la Comisión se indicaba el tema de la existencia de ángeles y demonios (Cfr. J. M. Iraburu: *Grandes rebajas del cristianismo –II. Schillebeeckx*, en Blog "Reforma o Apostasía", 17.01.10).

[9]Es el caso de J. P. Jossua (*L'Antico Serpente fu Precipitato sulla Terra, Ap. 12, 9*, en "Concilium" 11 (1975) 146–161), P. Schoonenberg (*Osservazioni Filosofiche e Teologiche su Angeli e Diavoli*, en AA. VV.: "Angeli e Diavoli", Queriniana, Brescia, 1972, págs. 93–128), R. van der Hart (*Teologia degli Angeli e dei Demoni*, Catania, ed. Paoline, 1971), K. P. Fishcer, H. A. Kelly (*La Morte di Satana. Sviluppo e Declino della Demonologia Cristiana*, Milán, Bompiani, 1969). C. Duquoc, en esta misma línea sostiene que el "teólogo no podría aseverar con plena certeza que la revelación afirme con la autoridad que le confiere la Palabra de Dios, la existencia personal de Satanás" (*Satan: Symbole ou Réalité*, en "Lumière et Vie", 15 (1966) 99–105).

superar el teocentrismo teológico. El mayor representante de esta corriente es K. Rahner,[10] quien llega a decir que la fe en los ángeles no es fruto de una revelación primitiva, sino que tiene su origen en restos de antiguas creencias del pueblo cananeo, en divinidades extranjeras que se van desvaneciendo hasta someterse al servicio de Yahveh o en representaciones babilónicas e ideas tardías del Irán. Es una categoría prebíblica que depurará la Revelación. Aplica su teología antropológica trascendental a la angelología, por lo que ésta solo mostraría al hombre que se encuentra en una comunidad de salvación o de condenación más amplia que la comunidad humana. Incluso, en uno de sus estudios sobre los ángeles, Rahner afirmará que para resolver el problema de la angelología y de la demonología, no partirá de la Escritura, de la Tradición o del Magisterio, es decir, teológicamente, sino que se quedará en el nivel formal de la hermenéutica y de la metodología.[11] Siguiendo su costumbre de exponer dudas sobre la doctrina tradicional, pero no queriendo extraer tampoco las consecuencias que le pudieran llevar a una declaración abierta de tipo herético, Rahner —y junto a él otros, como Semmelroth o Beinert—, declara que no opta ni por la doctrina tradicional, ni por los que la niegan o la ponen en duda, confiando la solución de la cuestión al futuro de la fe y de la teología.[12]

En cuarto lugar hay otros intentos de presentar una nueva angelología desde la perspectiva de la Historia de la Salvación, lo que, en principio, no tendría que suponer problema alguno, ya que ciertamen-

---

[10]Cfr. su angelología en I. M. Suárez Ricondo: *La Renovación de la Angelología Católica en la Segunda Mitad del Siglo XX*, en "Sapientia Crucis", 8 (2008) 129–144; J. E. Martins Terra: *A angelologia de Karl Rahner à Luz dos seus Princípios Hermenêuticos*, Aparecida, São Paulo, 1996.

[11]K. Rahner: *Ángel*, en "Sacramentum Mundi", I, col. 158.; Id.: *Über Engel*, en "Schriften zur Theologie. Gott und Offenbarung", XIII, Einsideln, 1978, pág. 384.

[12]Cfr. G. Gozzelino: *Ángeles...*, cit., pág. 107.

10.2. LAS NUEVAS ANGELOLOGÍAS

te nuestra Religión es una *Historia Salutis*; el problema proviene de que, con frecuencia, estas nuevas tendencias están sostenidas por un historicismo relativista y una desconfianza hacia la teología sistemática, que no pueden ser aceptados sin provocar un grave daño. Por eso, adolecen de insuficiencias tanto en el trasfondo teológico sobre el que se sustentan, como en los aspectos del estudio de los seres puramente espirituales que se dejan sin considerar.

Es el caso de los estudios de Flick y Alszeghy quienes desde su peculiar entendimiento de la teología de la Historia de la Salvación como contrapuesta a la escolástica, sostienen que los problemas que la angelología coloca en el campo teológico no se solucionan volviendo a las angelologías de la escolástica, que más que nada se asemejaban a especulaciones filosóficas, sino a aquello que las fuentes de la fe nos quieren enseñar, por lo que "la teología de los ángeles exige que el teólogo distinga con cuidado el ropaje literario y los 'teologúmenos' de aquello que las fuentes de la fe quieren enseñarnos realmente";[13] o el de G. Tavard, con su método teológico del diálogo,[14] o el de M. Seemann, desde su perspectiva de la teología ecuménica.[15] En este grupo, puede ser incluida la angelología de M. Schmaus,[16] quien en una de

---

[13] M. Flick –A. Alszeghy: *Los Ángeles*, en "Los Comienzos de la Historia de la Salvación", Barcelona, Herder, 1965, pág. 550; cfr. págs. 543–785. Los dos autores, realizan la exposición angelológica basándose en lo que atañe al hombre y a su vocación a la vida sobrenatural y no en la superioridad de la naturaleza de los ángeles o en la consideración de que los ángeles constituyen la parte más perfecta del universo creado por Dios.

[14] G. Tavard: *Los Ángeles*, en: AA.VV., "Historia de los dogmas", Madrid, 1973, II/2b, Madrid, 1973, 19–91.

[15] M. Seemann: *Cuestiones previas al tratado de ángeles y demonios*, en "Mysterium Salutis" II/2, 1045-1053; Id.: *Los ángeles*, en "Mysterium Salutis" II/2, 1054-1096.

[16] M. Schmaus: *Los ángeles*, en: "Teología dogmática. Dios Creador", II, Madrid, 1966, págs. 241–266.

sus obras de madurez[17] afirma la necesidad de exponer una *teología existencial* —contrapuesta a una teología esencial o conceptual— que "centra primariamente su mirada en el hombre llamado por la Revelación".[18] La teología existencial tendría su punto de arranque en la Biblia, mientras la teología esencial o conceptual estaría esencialmente condicionada por la filosofía griega. Más que caer en errores doctrinales se mueve en una continua ambigüedad: lo que afirma unas veces lo niega poco después casi textualmente. En conjunto, sin embargo, el libro está caracterizado por numerosas afirmaciones que o son erróneas o llevan al error.

La crítica a estas angelologías es clara: en la medida que nieguen el dogma, son heréticas, lo que se podría aplicar con claridad a las dos primeras tendencias. La de Rahner habría de ser enjuiciada del mismo modo, aunque su forma de proceder es siempre ambigua y cauta; pero es el inspirador de muchas de las posiciones abiertamente heréticas.

Por otro lado, es un lugar común de las nuevas teologías, la crítica al modo de exposición del tratado clásico escolástico de la angelología, al que consideran como una construcción más metafísica que teológica porque no se centraría tanto en la Revelación bíblica, cuanto en especulaciones racionales. Siguiendo sus principios historicistas y relativistas, sostienen que si bien el tratado clásico fue adecuado para la época en la que se construyó, ahora es necesaria una nueva presentación en base a la nueva cultura y parámetros del mundo moderno (que piensa con categorías diferentes al del mundo medieval o clásico), y a los avances de los estudios sobre la Sagrada Escritura. Finalmente señalan que las referencias que la escolástica hace a los Santos Padres no son válidas, porque los mismos Santos Padres estarían más bien

---

[17]M. Schmaus: *Los ángeles*, en: "El Credo de la Iglesia católica. Orientación Posconciliar", I, Madrid, 1967, págs. 441–450.

[18]M. Schamus: El Credo..., cit., pág. 159.

10.2. LAS NUEVAS ANGELOLOGÍAS

influenciados por el pensamiento apocalíptico de la literatura intertestamentaria, o de las ideas de su época, que por los datos propiamente bíblicos.

El resultado final de esta crítica es el rechazo del método escolástico y la construcción de unas angelologías que acumulan citas bíblicas, pero están muy menguadas en cuanto a la construcción sistemática propiamente teológica, pues ya de entrada sostienen que la Biblia nada dice sobre la naturaleza de los ángeles, ni sobre muchas de sus características o de su propia historia de salvación. Es cierto que algunos autores sostienen los datos dogmáticos, pero, da la impresión que sin profundizar en ellos, o sin extraer todas sus consecuencias.

Creo que tales presentaciones suponen una injusticia con el método escolástico, además de un desenfoque y una limitación. Son injustos con el método escolástico, porque basta con leer, por ejemplo, la angelología de la Suma Teológica, para comprobar que las referencias bíblicas y el diálogo con la Tradición son constantes;[19] son desenfocados y limitados, porque dejan bastantes aspectos sin tratar o sumidos en la ambigüedad, perdiendo la riqueza y precisión que sí tienen los tratados más clásicos, donde los alcances de la teología sobre los ángeles, sirven para profundizar en la teología sobre Dios, el hombre, el mal en el mundo, el pecado, la Providencia divina, etc.

---

[19] A. Martínez: *Introducción...*, cit., págs. 612–615, hace un estudio detallado de todas las fuentes utilizadas por Santo Tomás en este tratado, y concluye: "La fuente principal y la autoridad más invocada es la Sagrada Escritura, citada veintitrés veces en los argumentos sed contra, cincuenta y ocho veces en las dificultades y respuestas a las mismas, y diecinueve en el cuerpo de los artículos...Vienen en segundo lugar, por orden de dignidad, los Santos Padres y Escritores Eclesiásticos, cuyas obras eran bien familiares al santo Doctor y de las cuales cita a catorce, refiriéndose a ellos explícitamente en ciento noventa y un pasajes...".

Por eso, Gilson es muy certero cuando criticaba a ciertos historiadores de Santo Tomás, con unas palabras que podríamos aplicar también a las nuevas angelologías teológicas:

> "Sucede que los historiadores de Santo Tomás pasan en silencio sobre esta parte de la doctrina o se contentan con hacer alusión a ella. Su omisión es tanto más lamentable cuanto que la doctrina tomista sobre los ángeles no constituye, en el pensamiento de su autor, una investigación de orden exclusivamente teológico. Los ángeles son criaturas conocidas por los filósofos; su existencia puede ser demostrada e incluso, en ciertos casos excepcionales, constatada; su supresión rompería el equilibrio del universo considerado en su conjunto; finalmente, la naturaleza y la operación de las criaturas inferiores, tales como el hombre, no pueden ser perfectamente comprendidas más que por comparación y, a menudo, por oposición a la del ángel. En una palabra, en una doctrina en la que razón última de los seres se obtiene lo más a menudo del lugar que ocupan en el universo, no se puede omitir la consideración de un orden entero de criaturas sin que corra peligro el equilibrio del sistema".[20]

10.3 La realidad de los ángeles

10.3.1 La existencia de los ángeles

En la teología clásica se califica de verdad de fe divina y católica definida, la siguiente tesis: "Dios, desde el principio del tiempo, creó de la nada unas sustancias espirituales que son los ángeles".[21]

---

[20] É. Gilson: *El Tomismo*, cit., págs. 213–214.

[21] J. Ibáñez y F. Mendoza: *Dios Creador...*, cit., pág. 87; L. Ott: *Manual...*, cit., pág 193; A. Fernández: *Teología Dogmática...*, cit., pág. 190. Etc.

10.3. LA REALIDAD DE LOS ÁNGELES

En la Biblia

Los ángeles aparecen en toda la Biblia, incluso en los libros más antiguos, como seres verdaderos, no meros símbolos. Siempre subordinados a Dios, creaturas, que le obedecen, alaban y sirven; nunca como divinidades, a diferencia de la visión que tienen otras culturas vecinas.[22]

1. El ángel del Señor y los ángeles aparecen en el Pentateuco desde Ge 3:24, donde los querubines cierran la puerta del Paraíso, visitan a Abraham (Ge 19:1), impiden el sacrificio de Isaac (Ge 22:11), conducen al pueblo de Israel desde Egipto a la tierra de Canaan (Ex 14:19; 23:20; 32:34), avisan sobre la zarza ardiente a Moisés (Ex 3:2); etc. Glorifican a Dios y son sus siervos y mensajeros. Algunos se individualizan por sus obras especiales, como el *ángel exterminador* (Ex 12:23) o el *jefe de los ejércitos del Señor* (Jos 5: 13–15).

2. En los Salmos se describen sobre todo como los que alaban a Dios en el Cielo (Sal 103:20; 148:2) formando una suerte de corte de Dios, pero también como ejecutores de la voluntad de Dios (Sal 78:49) y protectores de los siervos de Dios (Sal 91:11). Se describen por algunas de sus cualidades: "los fuertes" (Sal 78:25), "los santos" (Sal 89:6), "los hijos de Dios" (Sal 29:1).

---

[22]Un extenso elenco de textos en J. Morales: *El Misterio...*, cit., págs. 189–196; A. Fernández: *Teología...*, cit., págs. 593–596; A. Caquot: *La Angelología Bíblica. El A. Testamento, Historia de los Dogmas. Los Ángeles*, Madrid, 1973; H. Cazelles: *Fondements Bibliques de la Théologie des Anges*, en "Revue Thomiste" 90 (1990) 181–193; H. Schlier: *Les Anges dans le N. Testament, Essais sur le N. Testament*, Paris, Éditions du Cerf, 1968, 187–204; G. W. Heidt: *Angelology of the Old Testament*, Washington, 1949; J. L. Cunchillos Ylarri: *Ángeles. II. Sagrada Escritura*, en GER, vol. II, págs. 241–243.

3. En los profetas mayores aparecen vinculados a la gloria divina, como serafines (Is 6: 2–7) o querubines (Ez 28:11).

4. En los libros más cercanos al Nuevo Testamento se dan nombres propios a algunos ángeles (Tob 3: 16.17; 8:3; 12:15 "Rafael" es decir, "medicina de Dios"; Da 8:16; 9:21 "Gabriel" es decir, "fuerza de Dios"; Da 10: 13ss; 12:1, "Miguel" es decir, "¿quién como Dios?") y se les individualiza con misiones muy particulares (Zac 1: 11–12).

5. Los ángeles en la vida del Señor: en los momentos claves de su vida, los ángeles rodean a Cristo o lo acompañan para cumplir su misión salvadora con relación a la humanidad.

- Anunciación (Lc 1:26ss).
- San José (Mt 1:20ss).
- Pastores (Lc 2:9ss).
- Sagrada Familia (Mt 2:13ss).
- Tentaciones (Mc 1:13ss).
- Predicación de Jesús.
    - Y los niños (Mt 18:10).
    - Almas en el Cielo (Mc 12:25).
    - Rechazo a Cristo (Lc 12:9).
    - Los pecadores arrepentidos (Lc 15:10).
- El demonio como enemigo (Jn 12:31).
- Getsemaní (Lc 22:43).
- Resurrección (Jn 20:12; Lc 24:4).
- Ascensión (Hech 1:10).
- Parusía (Mt 13:19; 16:26; 24:31; Mc 8:38; 1 Tes 4:16).

10.3. LA REALIDAD DE LOS ÁNGELES

- Juicio Final (Mc 13:27; 8:38).[23]

6. También están presentes en la vida de la Iglesia naciente, donde actúan como servidores de la definitiva economía de la salvación; son objeto de especial atención tanto en los Hechos de los Apóstoles (Hech 5:19; 8:26; 10: 3–7; 12: 7.15; etc.), como en las Cartas de San Pablo (Ro 8:38; 1 Cor 4:9; 13:1; Ga 1:8; 4:14; 1 Tim 3:16; etc.), los tres primeros capítulos de la Carta a los Hebreos y el Apocalipsis (*passim*).

7. Entre los rasgos de su naturaleza y de su Historia de salvación —frente a la insistencia de la teología neo–modernista que relativiza o niega estos aspectos como revelados—, sobresalen (en el Nuevo Testamento, aparte de los datos consignados en el Antiguo) los siguientes:

- Son creaturas de Dios (Col 1:16), espirituales que habitan en el Cielo. Rodean el trono divino y le dirigen una alabanza incesante (Mt 18:10; Lc 1:19).

- Transcienden lo visible y lo temporal. No tienen cuerpo (Lc 20:34ss); son seres espirituales (Heb 1:14; Ap 1:4; etc.).

- Son muy numerosos (Heb 12:22; Ap 5:11; 9:16), pero solo menciona como nombres propios a Gabriel (Lc 1:19) y Miguel (Jud 9; Ap 12:7).

- Tienen un gran poder y energía (2 Tes 1:7; Mt 25:31), pero no conocen los secretos de Dios (1 Cor 2:11).

- Están relacionados con la gloria divina (Lc 9:26; 2:9; Mc 16:5; Hech 1:10; Jn 20:12).

- Colaboran con las acciones de Dios y de Jesucristo (Cfr. supra). Son inferiores a Jesús (Heb 1: 3–4). Son superiores

---

[23]*Catecismo de la Iglesia Católica*, n. 331–333.

a los hombres (Heb 2: 6–9; 2 Pe 2:11), pero inferiores a Dios (Mt 24:36; Heb 1: 4–14).

- Consta que algunos pecaron (2 Pe 2:4; Jds 6; 1 Jn 3:8; Mt 25:41; Jn 8:44).

En la Tradición

Los Santos Padres atestiguan la fe en la existencia de los ángeles, aunque también matizan los errores que se encuentran en el mundo judío o pagano.[24]

1. Los precedentes de la profundización teológica patrística se pueden encontrar en la angelología desarrollada por el judeo–cristianismo (los apócrifos, Ascensión de Isaías; I y II de Henoc; El testamento de los Doce Patriarcas, El Evangelio de Pedro, etc).

---

[24]Cfr. J. Daniélou: *Les Anges et leur Mission d'après les Pères de l'Église*, Editions de Chevetogne, Chevetogne 1953; F. Andrés: *Die Engel –und Dämonenlehre des Klemens von Alexandrien*, en "Romische Quartalschrift" 34 (1926) 13–27, 129–140, 307–329; E. Schnewbis: *Angels and Demons according to Lactantius*, Washington 1944; M. Pastore: *Gli Angeli in S. Ambrogio*, Romae 1949; K. Pelz: *Die Engellehre des hl. Augustinus*, Munster, 1913; J. Stiglmayr: *Die Engellehre des sog. Dyonisius Areopagita*, en "Compte Rendu du IV Congrès Scientifique International des Catholiques", Friburgo, 1898, 1 403–414; L. Kurz: *Gregors des Grossen Lehre von den Engeln*, Rotemburgo, A. Bader, 1938; G. Bareille: *Angélologie d'Après les Pères*, en artíc. "Ange" del DTC, t.I, cols 1192–1222; Id.: *Le Culte des Anges à l'époque des Pères de l'Église*, en "Revue Thomiste" 8 (1900) págs. 41 ss.; A. Brand: *S. Aurelii Hipponensis Episcopi de Angelis Doctrina*, Paderbornae, 1893; L. Kleinheidt: *S. Gregorii Nysseni Doctrina de Angelis*, Friburgi, Friburgi Brisigavorum: Sumptibus Herder 1860; J. Turmel: *Histoire de l Angélologie des Temps Apostoliques à la Fin du V siècle*, en "Revue d'Histoire et de Littérature Religieuse", t.3 (1898) y 4 (1899) págs. 289 ss., 407 ss., 533 ss.

10.3. LA REALIDAD DE LOS ÁNGELES

2. Ya dentro del cristianismo, ejercerán una gran influencia la Epístola de Bernabé, la Carta a los Corintios de San Clemente Romano[25] y el Pastor de Hermas.[26]

3. Muchos autores cristianos posteriores depuran las exageraciones y errores que se derivaban de la influencia gnóstica o pagana. La angelología en la doctrina gnóstica apuntaba en una dirección totalmente opuesta a la angelología cristiana. Algunas cuestiones resultaban peligrosas para la doctrina cristiana: la creación de la materia por los ángeles; la salvación debida a la unión con ángeles; la emanación y no creación de los ángeles. La réplica a las especulaciones gnósticas viene principalmente de San Ireneo de Lyon en las Galias y de la angelología alejandrina de San Clemente de Alejandría que culminó en su discípulo Orígenes.[27]

4. Hay una gran presencia de los ángeles en la liturgia cristiana, lo que manifiesta el carácter oficial y solemne de la fe en ellos. Su papel se fundamenta en los contenidos de la Carta a los Hebreos y del Apocalipsis. Así, Orígenes señala:

> "No dudo en afirmar que en nuestra asamblea se hallan también presentes los ángeles, no solo de modo

---

[25] San Clemente Romano: *Carta a los Corintios*, XXXIV, 5; cfr. D. Ruiz Bueno: *Padres Apostólicos*, Madrid, BAC, 1985, pág. 209.

[26] Hermas: *El Pastor*, Mandamientos VI, 2, 2–5 (cfr. D. Ruiz Bueno: *Padres Apostólicos*, cit., 984–985). Hermas ejercerá una gran influencia en Orígenes (*De Principiis*, I, 8, P. G., 11, 176–182), San Atanasio de Alejandría y San Gregorio de Nisa (*Oratio Catechetica Magna*, XVIII–XXIV, P. G., 45, 54–65).

[27] Así, hay Santos Padres que no conceden a los ángeles un papel importante, como San Ireneo de Lyon (cfr. J. Morales: *El Misterio...*, cit., pág. 197; A. Orbe: *Supergrediens angelos*, en "Gregorianum" 53 (1972) 5–58); J. Michel: *La Angelología bíblica. El Nuevo Testamento*, en: G. Tavard: *Los Ángeles,...*, cit., págs. 25–26; I. M. Suárez Ricondo: *La Renovación...*, cit., pág. 126.

general respecto a toda la Iglesia, sino también individualmente, esos mismos ángeles de quienes el Señor ha dicho que 'ven sin cesar el rostro de mi Padre que está en el Cielo'. Hay efectivamente una doble Iglesia, la de los ángeles y la de los hombres. Si lo que decimos es conforme a la intención y al pensamiento de las Escrituras, los ángeles se alegran y oran con nosotros".[28]

5. La primera gran monografía es la del Pseudo–Dionisio "De Cælesti Hierarchia", que presenta una angelología muy cuidada, con influencia del pensamiento neo–platónico. Los ángeles ocupan una posición intermedia entre la Trinidad y la Iglesia, a la que iluminan y sirven.[29]

En el Magisterio

1. Los dos primeros concilios ecuménicos afirman que Dios creó "las cosas visibles e invisibles" y bajo el término "invisible" se entendían los ángeles.[30]

---

[28] Orígenes (*Hom. in Lc.* 23). Cfr. San Juan Crisóstomo: "los ángeles rodean al celebrante. Todo el santuario y el espacio en torno al altar se llena de potencias celestiales, que acuden para honrar a Aquél que se hace presente sobre el ara" (*De Sac.* 6, 4); "Hazte cargo de los coros en los que vas a entrar. Revestido de un cuerpo, has sido juzgado digno de celebrar con las potencias del Cielo al Señor común de todos" (*Sobre la Incomprensibilidad de Dios*, 4, cit. por J. Morales: *El Misterio...*, cit., pág. 199); cfr. también *Homilía 7 ad Ephesios* (P. G., 62, 49–52); *In Joa. Homilia* 1 (P. G., 59, 26–30).

[29] Pseudo–Dionisio Areopagita: *De Cælesti Hierarchia* (P. G., 3: 119–370); Cfr. Pseudo Dionisio Areopagita: *Obras Completas: Los nombres de Dios. Jerarquía celeste. Jerarquía eclesiástica. Teología mística. Cartas varias*, Madrid, BAC, 2002.

[30] D. S. 125 y 150.

10.3. LA REALIDAD DE LOS ÁNGELES

2. Concilio Lateranense IV: "Creator omnium visibilium et invisibilium, spiritualium et corporalium: qui sua omnipotenti virtute simul ab initio temporis utramque de nihilo condidit creaturam, spiritualem et corporalem, angelicam videlicet et mundanam: ac deinde humanam, quasi communem ex spiritu et corpore constitutam".[31]

3. Vaticano I, que cita al Lateranense IV.[32]

4. Pío XII, en la *Humani Generis*, rechaza "las nuevas tendencias teológicas" que sostienen la idea errónea de quienes plantean "la cuestión de si los ángeles son criaturas personales y si la materia difiere esencialmente del espíritu".[33]

5. Pablo VI: *Credo del Pueblo de Dios*: "Creemos en un solo Dios, Padre, Hijo y Espíritu Santo, Creador de las cosas visibles —como es este mundo en que pasamos nuestra breve vida— y de las cosas invisibles —como son los espíritus puros, que llamamos también ángeles— y también Creador, en cada hombre, del alma espiritual e inmortal".[34]

6. El *Catecismo de la Iglesia Católica*: "La existencia de seres espirituales, no corporales, que la Sagrada Escritura llama habitualmente ángeles, es una verdad de fe. El testimonio de la Escritura es tan claro como la unanimidad de la Tradición".[35]

---

[31] D. S. 800.

[32] D. S. 3002; y cánones 2 y 5, en D. S. 3022 y 3025.

[33] D. S. 3891.

[34] *Credo del Pueblo de Dios*, n. 8; cfr. la explicación de C. Pozo: *El Credo del Pueblo de Dios. Comentario Teológico*, Madrid, BAC, 1968, págs. 67–68: "Hoy Pablo VI ha creído necesario insistir en esta explicación, incluso con ulterior claridad, para salir al paso a cierta tendencia a poner en duda la existencia de los ángeles".

[35] *Catecismo de la Iglesia Católica*, 328.

De este modo, la Iglesia siempre se ha opuesto a los que niegan su existencia, postura que ya aparece entre los saduceos (Hech 23:8), y ha seguido a lo largo de los siglos: con los anabaptistas del s. XVI (que solo veían en ellos una personificación del poder divino o puros hombres que tenían alguna misión especial divina), con los espiritismos (quienes afirman que los ángeles son las almas de los muertos que entran en contacto con los hombres), los materialismos (que rechazan por principio todo lo espiritual) y racionalismos de todos los tiempos (que rechazan toda explicación sobrenatural de la fe en los ángeles y la pretenden justificar como creencias en fuerzas ocultas de la naturaleza, o copia de creencias de antiguas culturas politeístas que pasó al cristianismo).

Razón natural

- No hay una prueba puramente racional de la existencia de los ángeles, porque:

    - La creación es un acto libre de Dios.
    - Los hombres no podemos tener experiencia sensible de los espíritus puros.[36]

- Pero se podría inferir, con un alto grado de probabilidad, su existencia de la consideración de la secuencia progresiva de los estados de las perfecciones en las creaturas (creaturas puramente materiales; creaturas materiales y espirituales; creaturas pura-

---

[36] No sirven como pruebas racionales de su existencia el argumento de que serían necesarios para que perfectamente pudieran dar gloria externa a Dios por su inteligencia natural poderosísima, puesto que los seres humanos solo lo pueden hacer imperfectamente; o la necesidad de los ángeles para explicar ciertos fenómenos que superan las fuerzas humanas y no pueden ser atribuidos a Dios; o la creencia en los mismos por muchas culturas; etc. Cfr. A. Martínez: *Introducciones...*, cit., pág. 908.

10.3. LA REALIDAD DE LOS ÁNGELES

mente espirituales), que se aproximan cada vez más a la perfección infinita de Dios; y así se podría decir que hay seres que se parecen a Dios en algún aspecto, de menos a más:

- En el puro existir (creaturas puramente materiales).
- En tener vida (creaturas vivas irracionales).
- En el entender... aunque sea con abstracción desde el conocimiento sensible (seres humanos).
- Y, finalmente, en el entender directamente sin abstracción... aunque no sea un acto puro de entender (ángeles).

Santo Tomás observaba que para la perfección del universo era muy conveniente la existencia de creaturas puramente espirituales, que de un modo más propio que otras creaturas asemejen al Creador, que obra por su pura inteligencia y voluntad. Los ángeles son aquellos seres puramente intelectuales que realizan esa semejanza:

"Respondeo dicendum quod necesse est ponere aliquas creaturas incorporeas. Id enim quod præcipue in rebus creatis Deus intendit est bonum quod consistit in assimilatione ad Deum. Perfecta autem assimilatio effectus ad causam attenditur, quando effectus imitatur causam secundum illud per quod causa producit effectum;

"Hay que decir: Es necesario admitir la existencia de algunas creaturas incorpóreas. Lo que sobre todo se propone Dios en las creaturas es el bien, que consiste en parecerse a Dios. Pero la perfecta semejanza del efecto con la causa es tal cuando el efecto la imita en aquello por lo que la causa produce su efecto, como el calor produce lo caliente. Pero Dios produce a la criatura por

sicut calidum facit calidum. Deus autem creaturam producit per intellectum et voluntatem, ut supra ostensum est. Unde ad perfectionem universi requiritur quod sint aliquæ creaturæ intellectuales. Intelligere autem non potest esse actus corporis, nec alicuius virtutis corporeæ, quia omne corpus determinatur ad hic et nunc. Unde necesse est ponere, ad hoc quod universum sit perfectum, quod sit aliqua incorporea creatura. Antiqui autem, ignorantes vim intelligendi, et non distinguentes inter sensum et intellectum, nihil esse existimaverunt in mundo, nisi quod sensu et imaginatione apprehendi potest. Et quia sub imaginatione non cadit nisi corpus, existimaverunt quod nullum ens esset nisi corpus; ut philosophus dicit in IV Physic. Et ex his processit Sadducæorum error, dicentium non esse spiritum. Sed hoc ipsum quod intellectus est altior sensu, rationabiliter ostendit esse

su entendimiento y su voluntad, como quedó demostrado anteriormente (q. 14, a. 8; q. 19, a. 4). Por lo tanto, para la perfección del universo se requiere que haya algunas criaturas intelectuales. Pero entender no puede ser acto del cuerpo ni de ninguna facultad corpórea, porque todo el cuerpo está sometido al aquí y al ahora. Por lo tanto, para que el universo sea perfecto, es necesario que exista alguna criatura incorpórea. Los antiguos, que ignoraban la existencia de la capacidad intelectual y que no distinguían entre el entendimiento y el sentido, estimaron que en el mundo no existe más que lo que es percibido por el sentido y por la imaginación. Y como en el campo de la imaginación no cabe más que el cuerpo, estimaron que no había más ser que el cuerpo, como dice el Filósofo en IV Physic. De aquí surgió el error de los saduceos, quienes decían que no había espíritu (Hech 23:8). Pero sólo por el hecho de que el entendimiento es superior al sentido, demuestra razonablemente la existencia de algunas realidades incor-

10.3. LA REALIDAD DE LOS ÁNGELES

aliquas res incorporeas, a solo intellectu comprehensibiles".[37]

póreas, comprehensibles sólo por el entendimiento".

10.3.2 Origen: Creación por Dios

La Biblia pone el origen de los ángeles en la creación de Dios. Todo fue creado por Dios, las creaturas visibles y también las invisibles.

- Ex 20:11, "Pues el Señor en seis días hizo el cielo y la tierra, el mar y todo lo que contiene, pero el día séptimo descansó. Por eso el Señor bendijo el día del sábado y lo santificó".

- Col 1:16, "Porque en Él fueron creadas todas las cosas en los cielos y sobre la tierra, las visibles y las invisibles, sean los tronos o las dominaciones, los principados o las potestades. Todo ha sido creado por Él y para Él".

La verdad sobre la creación de los ángeles por Dios es uno de los pilares de la especulación patrística, enfrentando claramente ideas del momento de tipo gnóstico. San Agustín, aún reconociendo que el Antiguo Testamento no afirma en concreto y formalmente que han sido creados por Dios ni el momento en que lo fueron,[38] sostendrá, sin embargo que:

> "Es necesario que creamos que los ángeles son criaturas de Dios y que por Él fueron hechos".[39]

---

[37] Santo Tomás de Aquino: *Summ. Theol.*, Iª, q. 50, a. 1, co. Cfr. *Contra Gent.*, II, cap. 46 y 49; *De Subst. Separatis*, cap. 18. P. Zammit: *De Existentia Substantiarum Intellectualium*, en "Angelicum" 10 (1933) 513–523. É. Gilson: *El Tomismo*, cit., págs. 216–218.

[38] San Agustín: *De Civitate Dei*, 11, 9 (P. L., 41, 323).

[39] San Agustín: *De Gen. ad Litt. Imperfectus*, 3, 7 (P. L., 34, 222).

Y es que el contexto todo de la Biblia supone, como se ha señalado, la creación de todo —también de lo invisible, de lo celeste—, por Dios. El mismo nombre de los seres espirituales, como "ángel de Dios", "hijos de Dios", "ejércitos de Yahveh", y sus oficios expresan su íntima dependencia de Dios. Además la idea de Dios como ser necesario y eterno, y de todo lo demás como creaturas suyas, es otra de las constantes bíblicas. San Pablo, en lucha contra corrientes sincretistas judías que pretendían identificar a los ángeles con los dioses astrales y elementos cósmicos paganos (Col 2: 8.18 y 20; Ga 4: 3–9) dándoles un culto exagerado, corrige con fuerza los errores, destacando su creación por Dios y la primacía de Cristo:[40] "Porque en Él fueron creadas todas las cosas en los cielos y sobre la tierra, las visibles y las invisibles, sean los tronos o las dominaciones, los principados o las potestades" (Col 1: 16–17).

Santo Tomás trata de la causa eficiente de los ángeles en la cuestión 61 de la *Suma Teológica*, sosteniendo que solo Dios pudo crear a los ángeles, puesto que todo lo que no es Dios, necesariamente hubo de ser hecho por Dios, ya que solo Dios es su Ser, mientras que en todas las demás cosas su ser difiere de su esencia, siendo seres por participación, y por tanto, contingentes. Todo ser contingente ha de tener su causa en el Ser por esencia.[41]

Sabemos por la Revelación que la creación entera se hizo en el tiempo, por lo que la de los ángeles no fue desde toda la eternidad.[42] Además, el Aquinate se inclina a pensar que no fueron creados antes del mundo corpóreo, a pesar de reconocer que entre los Santos Padres había opiniones encontradas; la razón estriba en que las substancias

---

[40] Cfr. J. Sancho Bielsa: *Ángeles. III. Teología Sistemática*, en GER, vol. II, pág. 245.

[41] Santo Tomás de Aquino: *Summ. Theol.*, Iª, q. 61, a. 1, co. Cfr. q. 44, a 1; *De Subst. Separatis*, cap. 9 y 17.

[42] Santo Tomás de Aquino: *Summ. Theol.*, Iª, q. 61, a. 2, co.

10.3. LA REALIDAD DE LOS ÁNGELES

espirituales forman con las corporales un único universo, donde existe un orden en el que todas y cada una de sus partes contribuyen a la perfección del todo, por lo que convenía que existieran al mismo tiempo.[43]

10.3.3 Número

Dice Santo Tomás que Dios busca la perfección del universo, por lo que, cuanto más perfectos sean los seres, con mayor profusión fueron creados. La grandeza de los seres corporales se aprecia por su magnitud; la de los seres incorpóreos, por su multitud. Como la grandeza de los seres inmateriales es mayor que la de los materiales, incluyendo la de los cuerpos incorruptibles, es razonable pensar que en orden a la perfección del universo, Dios creó las substancias espirituales en un número que excede al de las materiales casi sin comparación:

"... cum perfectio universi sit illud quod præcipue Deus intendit in creatione rerum, quanto aliqua sunt magis perfecta tanto in maiori excessu sunt creata a Deo. Sicut autem in corporibus attenditur excessus secundum magnitudinem, ita in rebus incorporeis potest attendi excessus secundum multitudinem. Videmus autem quod corpora incorruptibilia, quæ sunt perfectiora inter corpora, exce-

"... sobre todo lo intentado por Dios al crear las cosas es la perfección del universo, cuanto más perfectas sean las cosas, en mayor cantidad son creadas por Dios. Pero como, tratándose de los cuerpos, la grandeza responde a la magnitud, al hablar de los seres incorpóreos puede decirse que la grandeza responde a la multitud. Podemos comprobar que los cuerpos incorruptibles, los más perfectos, son de una magnitud que so-

---

[43]Santo Tomás de Aquino: *Summ. Theol.*, I^a, q. 61, a. 3, co. Cfr. *Sent.*, II, dist. 2, q. 1, a. 3; *De Pot.*, q. 3, a. 18; *De Subst. Separatis*, cap. 17.

dunt quasi incomparabiliter secundum magnitudinem corpora corruptibilia, nam tota sphæra activorum et passivorum est aliquid modicum respectu corporum cælestium. Unde rationabile est quod substantiæ immateriales excedant secundum multitudinem substantias materiales, quasi incomparabiliter".[44]

brepasa incomparablemente la de los corruptibles, puesto que toda la esfera de los elementos activos y pasivos resulta ser algo pequeño comparado con los cuerpos celestes. Consecuentemente, es razonable pensar que las sustancias inmateriales excedan en número a las materiales, de tal forma que casi ni se pueden comparar".

El Santo apoya este argumento en la Biblia (Da 7:10).[45]

Con todo, su número concreto, siendo enorme, nos es para nosotros por ahora desconocido.[46]

En la Biblia

En efecto, la Sagrada Escritura, cuando habla de los ángeles, refiere su gran número, utilizando diversas expresiones:

- Un gran número:

    – Da 7:10, "Corría un río de fuego que surgía delante de él. Miles de millares le servían, miríadas y miríadas permanecían ante él. El tribunal se sentó y se abrieron los libros".
    – Mt 26:53, legiones.
    – Heb 12:22, miríada.

---

[44]Santo Tomás de Aquino: *Summ. Theol.*, Iª, q. 50, a. 3, co. Cfr. *Sent.*, II, dist. 3, q. 1, a. 3; *Contra Gent.*, II, cap. 92; *De Pot.*, q. 6, a. 6; *De Subst. Separatis*, cap. 2.

[45]Santo Tomás de Aquino: *Summ. Theol.*, Iª, q. 50, a. 3, sed contra.

[46]"Multi Angeli sub uno ordine continentur... etsi nos lateat" (Santo Tomás de Aquino: *Summ. Theol.*, Iª, q. 108, a. 3).

10.3. LA REALIDAD DE LOS ÁNGELES

- Ap 5:11, miríadas de miríadas, y millares de millares.

• Varios nombres:

- Propios: Miguel, Rafael, Gabriel.
- Clases: Col 1:16 y Ef 1:21 (tronos, dominaciones, virtudes, potestades y principados); Ge 3:24 (querubines); Is 6:2 (serafines); Jds 9 (arcángeles); passim (ángeles).

Clasificaciones clásicas

La clasificación de los distintos ángeles más conocida y comentada por la teología escolástica, es la del Pseudo–Dionisio en su *De Cælesti Hierarchia*. Distinción que sigue también Santo Tomás.[47] Es verdad que es una clasificación que no es fe expresa de la Iglesia y algunos de sus puntos no son ni siquiera ciertos en teología. Con todo no es una simple imaginación o elucubración sin sentido. El Aquinate no inventa nada, sino que a falta de una revelación expresa, la deduce de los datos que hay en la Sagrada Escritura, en los Padres, en la liturgia, en la Tradición y en los fundamentos metafísicos de su teología.[48]

Relación con Divinas Personas	PADRE (infinitamente poderoso)	HIJO (inteligencia y obediencia)	ESPÍRITU SANTO (voluntad amor)
Primera Jerarquía	Serafines	Querubines	Tronos
Segunda Jerarquía	Dominaciones	Virtudes	Potestades
Tercera Jerarquía	Principados	Arcángeles	Ángeles

---

[47] Santo Tomás de Aquino: *Summ. Theol.*, Iª, q. 108, a. 1 y 2, co.
[48] J. Valbuena: *Introducciones al Tratado del Gobierno del Mundo*, en "Suma Teológica de Santo Tomás de Aquino", tomo III, Madrid, BAC, 2010, págs. 837–838.

Las jerarquías se establecen sobre la base a la mayor o menor aproximación a Dios en el ejercicio de los propios ministerios de cada uno de los tres grupos angélicos.

Los seres angélicos de la primera jerarquía, asisten al Señor en su gloria; la segunda tiene como misión el gobierno del mundo; la tercera, ejecutar los decretos divinos para los hombres.

Los nueve nombres de clases de ángeles se toman de las diferentes propiedades y funciones de cada una de ellas.[49] Dentro de cada coro hay diversidad de especies de ángeles, pero no las conocemos en concreto.[50] La distinción entre los coros angélicos permanecerá también después del Juicio Final en cuanto a la distinta naturaleza y a los distintos grados de gracia y de gloria de cada clase, pero no en cuanto a la función de dirigir a otros seres a su fin definitivo.[51] Los seres humanos que se salven no se convertirán en ángeles en el Cielo sino que conservan su naturaleza específica,[52] pero por gracia divina llegarán a formar una misma sociedad con todos los ángeles en la visión divina.[53]

Principio de individuación

Los ángeles no tienen materia (por la que se individúan las sustancias corporales y el hombre), por lo que su principio de individuación tiene que ser diferente. Los autores clásicos se dividieron a la hora de señalar tal principio. Las principales posiciones son:

1.– Santo Tomás de Aquino: cada ángel es una especie diferente, ya que las cosas que tienen la misma especie y difieren numéricamente,

---

[49]Santo Tomás de Aquino: *Summ. Theol.*, Iª, q. 108, a. 5.

[50]Santo Tomás de Aquino: *Summ. Theol.*, Iª, q. 108, a. 3.

[51]Santo Tomás de Aquino: *Summ. Theol.*, Iª, q. 108, a. 7.

[52]Santo Tomás de Aquino: *Summ. Theol.*, Iª, q. 108, a. 8. En contra de lo que afirmaba Orígenes.

[53]Santo Tomás de Aquino: *Summ. Theol.*, Iª, q. 108, a. 8.

10.3. LA REALIDAD DE LOS ÁNGELES

convienen en la forma y se distinguen por la materia; pero los ángeles son puros espíritus, por lo que es imposible que existan dos ángeles de la misma especie:

"Respondeo dicendum quod quidam dixerunt omnes substantias spirituales esse unius speciei, etiam animas. Alii vero quod omnes Angeli sunt unius speciei, sed non animæ. Quidam vero quod omnes Angeli unius hierarchiæ, aut etiam unius ordinis. Sed hoc est impossibile. Ea enim quæ conveniunt specie et differunt numero, conveniunt in forma, et distinguuntur materialiter. Si ergo Angeli non sunt compositi ex materia et forma, ut dictum est supra, sequitur quod impossibile sit esse duos Angelos unius speciei. Sicut etiam impossibile esset dicere quod essent plures albedines separatæ, aut plures humanitates; cum albedines non sint plures nisi secundum quod sunt in pluribus substantiis. Si tamen Angeli haberent materiam, nec sic possent esse plures Angeli unius speciei.

"Hay que decir: Algunos sostuvieron que todas las sustancias espirituales, también las almas, son de la misma especie. Otros, por su parte, dijeron que todos los ángeles son de la misma especie, pero no las almas. Hubo otros que dijeron que son de la misma especie todos los ángeles de la misma jerarquía o del mismo orden. Pero esto es imposible. Pues las cosas que tienen la misma especie y difieren numéricamente, coinciden en la forma y se distinguen materialmente. Por lo tanto, si los ángeles no están compuestos a partir de la materia y de la forma, como dijimos anteriormente (a. 2), hay que concluir que es imposible que haya dos ángeles de la misma especie. Como imposible es decir que hay muchas blancuras separadas, o muchas humanidades, puesto que las blancuras no son muchas a no ser en cuanto que están en muchas sustancias. Sin embargo, incluso si los ángeles tuvieran materia, no podría decirse

"Sic enim oporteret quod principium distinctionis unius ab alio esset materia, non quidem secundum divisionem quantitatis, cum sint incorporei, sed secundum diversitatem potentiarum. Quæ quidem diversitas materiæ causat diversitatem non solum speciei, sed generis".[54]

"Ad primum ergo dicendum quod differentia est nobilior genere, sicut determinatum indeterminato et proprium communi; non autem sicut alia et alia natura. Alioquin oporteret quod omnia animalia irrationalia essent unius speciei; vel quod esset in eis aliqua alia perfectior forma quam anima sensibilis. Differunt ergo specie animalia irrationalia secundum diversos gradus determinatos naturæ sensitivæ. Et similiter omnes Angeli differunt specie secun-

que hay muchos de la misma especie. Pues, de ser así, sería necesario que el principio de distinción entre uno y otro fuese la materia, y no por la división de la cantidad, ya que son incorpóreos, sino por la diversidad de potencias. Ahora bien, la diversidad de la materia produce no sólo diversidad de especie, sino también de género".

"A la primera hay que decir: La diferencia es más noble que el género, como lo determinado que lo indeterminado, y lo propio que lo común. Pero no como naturalezas distintas. De lo contrario, sería necesario que todos los animales irracionales fueran de la misma especie, o que hubiera en ellos alguna otra forma más perfecta que el alma sensible. Por lo tanto, los animales irracionales se diferencian en la especie según los diversos y determinados grados de la naturaleza sensitiva. De forma parecida, todos los ángeles se difieren en la especie

---

[54]Santo Tomás de Aquino: *Summ. Theol.*, Iª, q. 50, a. 4, co. Cfr. *Sent.*, II, dist. 3, q. 1, a. 4; dist. 32, q. 2, a. 3; IV, dist. 12, q. 1, a. 1; *Contra Gent.*, II, cap. 93; *De Ente et Essentia*, cap. 5; *De Anima*, a. 3.

dum diversos gradus naturæ intellectivæ".[55]

según los diversos grados de la naturaleza intelectiva".

2.– San Alberto y San Buenaventura: todos los ángeles juntos forman una sola especie.[56]

3.– Escuela franciscana y Suárez: las jerarquías o coros forman las especies particulares.[57]

Para Santo Tomás no es objeción el que el hecho de no poder multiplicar los individuos angélicos en el seno de cada especie de ángeles supusiera un empobrecimiento de la perfección total del universo, porque la multiplicación de las especies añade en realidad más nobleza y perfección al conjunto del universo que la mera multiplicación de los individuos en el seno de una misma especie. La perfección del universo queda, de este modo, acrecentada y multiplicada.[58]

10.4 Naturaleza

La naturaleza angélica está caracterizada por tres rasgos: la inmaterialidad, la inmortalidad y la simplicidad.

---

[55]Santo Tomás de Aquino: *Summ. Theol.*, Iª, q. 50, a. 4, ad 1.

[56]San Buenaventura: *In Sent.*, Lib. II, dist. III, P. 1, a. 2, q. 1; San Alberto Magno: *In Sent.*, Lib. II, dist. IX, a 7; dist, XXV, a, 5; *Summ. Theol.*, P. II, tra. 2, q. 8. Estos autores sostenían que este principio no se aplicaba a las almas humanas, sino solo a los ángeles. Orígenes parece que también lo aplicaba a las almas humanas (cfr. *Peri Archon*, 2, 95, en P. G., 11, 176).

[57]Alejandro de Hales: *Summ. Theol.*, Iª–IIæ, n. 113 y 114.

[58]Santo Tomás de Aquino: *Contra Gent.* II, a. 93.

10.4.1 Inmaterialidad

La naturaleza de los ángeles es espiritual (de fe).[59] Para comprender esta verdad conviene tener en cuenta que entre los seres creados encontramos los:

- Puramente materiales: constan de partes sensibles (plantas, animales, cuerpo humano).

- Espirituales, pero no puramente espirituales: el alma humana, destinada a unirse a un cuerpo para formar a un hombre.

- Puramente espirituales: sin materia y sin destino a la unión con un cuerpo. Es el caso de los ángeles.

Sagrada Escritura

La Sagrada Escritura atestigua el carácter inmaterial de los ángeles cuando los llama "espíritus" simplemente, a diferencia del modo cómo se refiere al alma humana, que la llama "mi espíritu" o "espíritu que está en el hombre";[60] esa denominación sin complemento es parecida a la que se utiliza para Dios ("Dios es espíritu..." Jn 4:24), lo que indica que no tienen materia ni están unidos naturalmente a la materia para formar con ella un ser:

---

[59] Según L. Ott (*Manual...*, cit., pág. 195) es doctrina de fe; en cambio J. Ibáñez y F. Mendoza (*Dios Creador...*, cit., pág. 93), afirman que la naturaleza espiritual de los ángeles no sería estrictamente una verdad de fe divina y católica, sino sólo doctrina católica, ya que el IV Concilio de Letrán no intentaba definir la naturaleza de las cosas, sino sólo que la creación entera —material y espiritual— fue hecha por Dios, frente a las tesis de los maniqueos.

[60] Cfr. Lc 23:46, Cristo en la cruz entrega su espíritu; 10:21, se alegra en su espíritu; Hech 7:59, San Esteban entrega a Dios su espíritu.

10.4. NATURALEZA

- Mt 8:16, "Al atardecer, le trajeron muchos endemoniados; expulsó a los espíritus con su palabra y curó a todos los enfermos".

- Lc 6:18; 11: 24.26.

- Heb 1:14, "¿Acaso no son todos ellos espíritus destinados al servicio, enviados para asistir a los que tienen que heredar la salvación?"

- Ap 1:4, "Juan, a las siete iglesias que están en Asia: la gracia y la paz estén con vosotros, de parte de aquel que es, que era y que va a venir; de parte de los siete espíritus que están delante de su trono..."

- Etc.

Magisterio

Por su parte el Magisterio ha declarado esta verdad en textos ya conocidos:

- Concilio Lateranense IV.[61]

- Concilio Vaticano I.[62]

- Catecismo de la Iglesia Católica.[63]

---

[61] D. S. 800.
[62] D. S. 3002.
[63] *Catecismo de la Iglesia Católica*, n. 330.

Razón teológica

A pesar de lo dicho, no siempre se ha aceptado la absoluta inmaterialidad de la naturaleza angélica. Y así, algunos Santos Padres explicaron las apariciones corpóreas de los ángeles, sosteniendo que los ángeles tenían alma y cuerpo, aunque un cuerpo sutil, diferente del humano, comparable a la materia ignea.

Posteriormente, en plena escolástica, la escuela franciscana afirmaba tanto la incorporalidad de los ángeles (no tienen cuerpo como los seres humanos), como su composición de "materia" y de "forma".[64] Se entendía la "materia", no como cuerpo, sino en sentido amplio, como toda potencia que entra en composición con un acto en la constitución de un ente dado. Y, para probarlo, se aducían los siguientes razones:[65]

- El único principio de cambio y movimiento se encuentra en la materia, luego hay necesariamente una materia en toda cosa movida. Siendo la sustancia creada móvil y mutable (solo Dios es inmutable, puro acto), tiene que haber necesariamente una materia en toda sustancia espiritual creada.[66]

- Nada es agente y paciente a la vez y bajo el mismo aspecto. Pero nada obra sino por su forma, ni padece sino por su materia. Pero el ángel obra (por ejemplo, iluminando al ángel inmediatamente inferior) y padece (por ejemplo, en cuanto iluminado por el ángel inmediatamente superior). Por eso, la sustancia espiritual creada, tiene que tener forma y materia.[67]

---

[64]Cfr. É. Gilson: *La Philosophie de Saint Bonaventure*, 2 ed., Paris, J. Vrin, 1943, págs. 197–201; Id.: *El Tomismo*, cit., pág. 218.

[65]Santo Tomás enfrentará esas razones en *De Spiritualibus Creaturis*, q. 1, a. 1, 3. 16 y 17.

[66]San Buenaventura: *In II Sent.* dist. 3, p. 1, a. 1, q. 1, *ad ultrum angelus*.

[67]San Buenaventura: *In II Sent.* dist. 3, p. 1, a. 1, q. 1, *ad item hoc ipsum ostenditur*.

10.4. NATURALEZA

- Todo lo que existe es una de estas tres cosas: acto puro (Dios), potencia pura (materia prima) o compuesto de potencia y acto. La sustancia espiritual creada no es ni acto puro, ni potencia pura, sino que está compuesta de potencia y acto, por tanto de materia y forma.[68]

Santo Tomás enfrenta esa posición, afirmando que los ángeles son formas que subsisten sin materia alguna. La razón estriba en que la naturaleza de las sustancias espirituales puras creadas debe ser adecuada a su operación, y la operación propia de estas substancias es el conocer; ahora bien, las cosas son aptas para caer bajo el poder de la inteligencia en la medida en que estén exentas de materia; las formas insertas en la materia son individuales y no podrían ser aprehendidas como tales por el entendimiento. La inteligencia pura, cuyo objeto es lo inmaterial en tanto que tal, debe estar también libre de toda materia; la inmaterialidad total de los ángeles es pues necesaria:[69]

"Respondeo dicendum quod quidam ponunt Angelos esse compositos ex materia et forma. Et hanc opinionem astruere nititur Avicebron in libro fontis vitæ. Supponit enim quod quæcumque distinguuntur secundum intellectum, sint etiam in rebus distincta. In substantia autem incorporea intellectus apprehendit aliquid per quod distinguitur a sub-

"Hay que decir: Algunos sostienen que los ángeles están compuestos a partir de la materia y de la forma. Esta opinión es la que Avicebrón se empeñó en demostrar en el libro *Fontis vitæ*. Pues supone que todo lo que intelectualmente es distinto, también lo es en la realidad. En la sustancia incorpórea, el entendimiento aprehende algo por lo que se distingue de la sustancia corpórea, y algo por lo que coin-

---

[68]San Buenaventura: *In II Sent.* dist. 3, p. 1, a. 1, q. 1, *ad Resp.*
[69]Cfr. É. Gilson: *El Tomismo*, cit., págs. 218–219.

stantia corporea, et aliquid per quod cum ea convenit. Unde ex hoc vult concludere quod illud per quod differt substantia incorporea a corporea, sit ei quasi forma, et illud quod subiicitur huic formæ distinguenti quasi commune, sit materia eius. Et propter hoc ponit quod eadem est materia universalis spiritualium et corporalium, ut intelligatur quod forma incorporeæ substantiæ sic sit impressa in materia spiritualium, sicut forma quantitatis est impressa in materia corporalium. Sed primo aspectu apparet esse impossibile unam esse materiam spiritualium et corporalium. Non enim est possibile quod forma spiritualis et corporalis recipiatur in una parte materiæ, quia sic una et eadem res numero esset corporalis et spiritualis. Unde relinquitur quod alia pars materiæ sit quæ recipit formam corporalem, et alia quæ recipit formam spiritualem. Materiam autem dividi in partes

cide con ella. Por eso, y a partir de esto, quiere concluir que aquello por lo que la sustancia incorpórea se distingue de la corpórea es para ella algo así como la forma. Y aquello que por su especificidad común sustenta la forma que la distingue es su materia. Fundamentándose en esto, sostiene que la materia universal que se encuentra en los seres espirituales y corporales es la misma. Y estima que la forma de la sustancia incorpórea está impresa en la materia de los seres espirituales, como la forma cuantitativa está impresa en la materia de los seres corporales. Pero a simple vista se puede advertir que es imposible el que la materia de los seres espirituales y los seres corporales sea la misma. Pues no es posible que la forma espiritual y la corporal sean recibidas en la misma parte de la materia, porque, de ser así, lo mismo sería material y espiritual. Por eso, hay que concluir que una es la parte de la materia que recibe la forma corporal y otra la que recibe la forma espiritual. La materia no se divide en

10.4. NATURALEZA

non contingit nisi secundum quod intelligitur sub quantitate, qua remota, remanet substantia indivisibilis, ut dicitur in I Physic. Sic igitur relinquitur quod materia spiritualium sit subiecta quantitati, quod est impossibile. Impossibile est ergo quod una sit materia corporalium et spiritualium. Sed adhuc ulterius impossibile est quod substantia intellectualis habeat qualemcumque materiam. Operatio enim cuiuslibet rei est secundum modum substantiæ eius. Intelligere autem est operatio penitus immaterialis. Quod ex eius obiecto apparet, a quo actus quilibet recipit speciem et rationem, sic enim unumquodque intelligitur, inquantum a materia abstrahitur; quia formæ in materia sunt individuales formæ, quas intellectus non apprehendit secundum quod huiusmodi. Unde relinquitur quod omnis substantia intellectualis est omnino immaterialis. Non est autem necessarium quod ea

partes más que en tanto en cuanto se concibe como sometida a la cantidad. Si ésta desaparece, queda la sustancia indivisible, como se dice en I Physic. Así, pues, habría que concluir que la materia de los seres espirituales está sometida a la cantidad. Esto es imposible. Por lo tanto, también es imposible que la materia de los seres corporales y espirituales sea la misma. Pero podemos añadir algo más. Es imposible que la sustancia intelectual tenga ningún tipo de materia. Pues la operación de cualquier ser se realiza según el modo de su sustancia. El acto de entender es una operación totalmente inmaterial. Esto se comprueba examinando su objeto, que es donde todos los actos encuentran su naturaleza y especie. Pues cualquier cosa es entendida en cuanto que se la abstræ de la materia, porque, en la materia, las formas son formas individuales que no son percibidas en cuanto tales por el entendimiento. Por lo tanto, hay que concluir que toda sustancia intelectual es completamente inmaterial. Tampoco es necesa-

quæ distinguuntur secundum intellectum, sint distincta in rebus, quia intellectus non apprehendit res secundum modum rerum, sed secundum modum suum. Unde res materiales, quæ sunt infra intellectum nostrum, simpliciori modo sunt in intellectu nostro, quam sint in seipsis. Substantiæ autem angelicæ sunt supra intellectum nostrum. Unde intellectus noster non potest attingere ad apprehendendum eas secundum quod sunt in seipsis; sed per modum suum, secundum quod apprehendit res compositas. Et sic etiam apprehendit Deum, ut supra dictum est".[70]

rio que las cosas que se distinguen intelectualmente sean distintas en la realidad, porque el entendimiento no aprehende las cosas según el modo de ser de ellas, sino según el suyo propio. Por eso, las cosas materiales, sometidas a nuestro entendimiento, pueden tener en él un modo de ser mucho más simple del que son en sí mismas. Por su parte, las sustancias angélicas están por encima de nuestro entendimiento. Por eso, nuestro entendimiento no puede aprehenderlas tal y como son en sí mismas, sino sólo a su modo, es decir, tal como aprehende las cosas compuestas. Así es como aprehende a Dios, como dijimos anteriormente (q. 3, a. 3, ad 1)".

Por eso, las tres objeciones anteriores no prueban la necesidad de una composición de materia y forma en los ángeles:

1.– En primer lugar, las modificaciones que sufren los ángeles no afectan a su ser mismo, sino a su inteligencia y voluntad. Éstos pueden pasar de la potencia al acto, sin que sea obligada ninguna distinción entre materia y forma en el seno de una esencia que no cambia.[71]

---

[70]Santo Tomás de Aquino: *Summ. Theol.*, Iª, q. 50, a. 2, co.; *De Spirit. Creat.*, q. 1, a. 1, ad resp.

[71]Santo Tomás de Aquino: *De Spirit. Creat.*, q. 1, a. 1, ad 3.

10.4. NATURALEZA

2.- En segundo lugar, la imposibilidad de una actividad y pasividad simultáneas tampoco exigen la composición que nos ocupa. La iluminación que un ángel recibe de otro y la que transmite suponen un intelecto que a veces está en acto y otras en potencia; pero en modo alguno supone un ser compuesto de forma y materia.[72]

3.- En tercer lugar, aunque es verdad que los ángeles no son acto puro, como sí lo es Dios, sin embargo, la distinción entre el ser espiritual de los ángeles y el de Dios no supone la introducción en el ser de los ángeles de una materia junto con una forma. La potencia no siempre se identifica con la materia.

Lo cual se puede ver si consideramos la composición metafísica de los seres materiales. Desde la perspectiva de su naturaleza, sí es necesario en los seres materiales distinguir entre materia (potencia) y forma (acto); pero los seres materiales pueden ser considerados desde otra perspectiva: como esencia (potencia) y "esse" (acto), binomio en el que la potencia no se identifica directamente con la materia.

Pasando al caso de las esencias creadas puramente espirituales que son los ángeles, hay que afirmar, que subsistiendo por sí fuera de toda materia, estas substancias están también respecto a su existir ("esse") en relación de potencia a acto, por lo que se encuentran a una distancia infinita del "Ipsum Esse Subsistens", sin necesidad de considerar la necesidad de cualquier composición material:

"Licet in Angelo non sit compositio formæ et materiæ, est tamen in eo actus et potentia. Quod quidem manifestum potest esse ex consideratione rerum ma-	"Aun cuando en el ángel no haya composición de forma y de materia, sin embargo, sí se da en él el acto y la potencia. Esto resulta evidente si partimos del análisis de las cosas materiales, en las cuales se encuentra

---

[72]Santo Tomás de Aquino: *De Spirit. Creat.*, q. 1, a. 1, ad 16.

terialium, in quibus invenitur duplex compositio. Prima quidem formæ et materiæ, ex quibus constituitur natura aliqua. Natura autem sic composita non est suum esse, sed esse est actus eius. Unde ipsa natura comparatur ad suum esse sicut potentia ad actum. Subtracta ergo materia, et posito quod ipsa forma subsistat non in materia, adhuc remanet comparatio formæ ad ipsum esse ut potentiæ ad actum. Et talis compositio intelligenda est in Angelis. Et hoc est quod a quibusdam dicitur, quod Angelus est compositus ex quo est et quod est, vel ex esse et quod est, ut Boetius dicit, nam quod est est ipsa forma subsistens; ipsum autem esse est quo substantia est, sicut cursus est quo currens currit. Sed in Deo non est aliud esse et quod est, ut su-

una doble composición. La primera, la de la materia y la forma, a partir de las cuales se constituye alguna naturaleza, y la naturaleza compuesta de esta forma no es su propio ser, sino que el ser es su acto. Por eso, la misma naturaleza se relaciona con su ser como la potencia con el acto. Por lo tanto, suprimida la materia, y suponiendo que la forma subsista sin materia, todavía permanece la relación de la forma con su mismo ser, tal como la potencia se relaciona con el acto. Este tipo de composición es el que hay que entender en los ángeles. Esto es lo que sostienen algunos cuando dicen que el ángel está compuesto de aquello por lo que es y de aquello que es o, como dice Boecio con otras palabras, del ser y de aquello que es. Pues, en efecto, lo que es constituye la misma forma subsistente y su ser es aquello por lo que la sustancia existe, como la carrera es aquello por lo que quien corre es corredor. En Dios, sin embargo, el ser y aquello por lo que es no son cosas distintas, como quedó demostrado (q. 3,

---

[73]Santo Tomás de Aquino: *Summ. Theol.*, Iª, q. 50, a. 2, ad 3.

10.4. NATURALEZA

pra ostensum est. Unde solus Deus est actus purus".[73]

a. 4). Por lo tanto, sólo Dios es acto puro".

Conviene insistir en la importancia de la distinción entre esencia y acto de ser de Santo Tomás, pues es la clave del tomismo más prístino, esta vez aplicada a la concepción de la verdadera naturaleza de los ángeles. En el fondo de la exigencia de una composición de materia y forma en los ángeles por parte de la escuela franciscana, se encontraba la concepción de que el único ser que era forma pura era Dios. Si los ángeles no tuvieran algo de materia, se confundirían con Dios, lo que es inaceptable.

A esta conclusión se llegaba por entender que los entes se dividían, según la filosofía griega, entre los que tienen una naturaleza y los que no la tienen. Los primeros son los que están compuestos de materia y forma, y por ello tienen en sí mismos el principio de su propio movimiento y su propio reposo: su forma es el principio activo del movimiento, que se logra llevando al acto su principio pasivo o potencial que es la materia; la unión de forma y materia constituye su "naturaleza" que es la causa del movimiento y el reposo. Los segundos son los seres que se encuentran más allá de los seres físicos: exentos de toda materia son actos puros inmóviles; sustraídos al movimiento, tales entes no tienen naturaleza, son "meta–naturales". Es el plano de lo divino.

Las formas puras que eran los ángeles, para los teólogos cristianos, entraban plenamente en el ámbito de los entes que Aristóteles llamaba dioses. Como dice É. Gilson:

> "De ahí la perplejidad de estos teólogos. Negar la existencia de los ángeles, lo prohibía la Biblia. Hacer de ellos entes corporales se pudo intentar algún tiempo, pero los textos sagrados que invitaban a hacer de ellos espíritus puros eran demasiados para que esta tesis pudiera a la postre triunfar. Hacer de ellos lo mismo que dioses, hubiera sido recaer en el politeísmo. El tratado de Santo Tomás, *De substantiis separatis*, obra de una riqueza histórica incomparable, permite seguir en cierto modo paso a paso la evolución de este problema y extraer las enseñanzas doctrinales que implicaba su historia. El problema para los pensadores cristianos consistía evidentemente en encontrar otro criterio de lo divino que la inmaterialidad. Pero hizo falta tiempo para darse cuenta de ello. De hecho, fue preciso esperar a la metafísica del ser de Santo Tomás de Aquino".[74]

---

[74]É. Gilson: *El Tomismo*, cit., pág. 222.

La grandeza de Santo Tomás consistió en llevar el análisis del ente hasta el existir, superando el plano de la esencia. En efecto, si se identifica lo divino con lo inmaterial, y el ser con la esencia, todo ser cuya esencia sea puramente inmaterial tiene derecho al título de Dios. Pero si se sitúa la raíz de la esencia en el acto de existir ("esse") se ve que hay otras distinciones entre los mismos seres inmateriales, puesto que aunque una sustancia inmaterial esté plenamente en acto en el orden de la forma, no lo está necesariamente en el orden del existir. Libre de toda potencialidad respecto de la materia, esa substancia permanece, no obstante en potencia respecto a su propio "esse". Solo Dios es la única substancia cuya esencia es su propio "esse". Los ángeles reciben su "esse" de Dios.[75]

Las apariciones angélicas

La inmaterialidad de los ángeles parece ser contradicha por las apariciones angélicas (angelofanías). En efecto, los ángeles se muestran con frecuencia en la Biblia no solo con figura humana, sino también actuando como los hombres: hablando, comiendo, etc. (To 3:25; 5: 5ss.; etc.).[76] ¿Cómo explicar las mismas? Algunos teólogos pensaron que los ángeles no podrían aparecerse en forma corpórea, bien fuera real o aparente; sino que serían una forma de visión profética o de imaginación.[77]

Santo Tomás afirmó que sí podrían tomar forma corpórea, tal y como aparecen en la Biblia, puesto que eran vistos por varios sujetos a la vez, lo cual solo es posible cuando lo que se ve está fuera del vidente y se utiliza la visión corporal (la visión profética o la imaginación es percibida solo por la persona que la recibe de Dios). Fue el caso de los ángeles que se aparecieron a Abraham, y los vistos por Lot, su familia y los habitantes de Sodoma; o el caso que se narra en el libro de Tobías:

---

[75] É. Gilson: *El Tomismo*, cit., pág. 223.

[76] Recuérdese también que el Espíritu Santo se aparece en forma de paloma (Lc 3:32) o de lenguas de fuego (Hech 2:3).

[77] Es la explicación de Maimonides: *Doct. Perplex.*, P. II, cap. 6.

10.4. NATURALEZA

"Respondeo dicendum quod quidam dixerunt Angelos nunquam corpora assumere, sed omnia quæ in Scripturis divinis leguntur de apparitionibus Angelorum, contigisse in visione prophetiæ, hoc est secundum imaginationem. Sed hoc repugnat intentioni Scripturæ. Illud enim quod imaginaria visione videtur, est in sola imaginatione videntis, unde non videtur indifferenter ab omnibus. Scriptura autem divina sic introducit interdum Angelos apparentes, ut communiter ab omnibus viderentur; sicut Angeli apparentes Abrahæ, visi sunt ab eo et tota familia eius, et a Loth, et a civibus Sodomorum. Similiter Angelus qui apparuit Tobiæ, ab omnibus videbatur. Ex quo manifestum fit huiusmodi contigisse secundum corpoream visionem, qua videtur id quod positum est extra videntem, unde ab omnibus videri potest. Tali autem visione non videtur nisi corpus. Cum igitur Angeli neque corpora sint, ne-

"Hay que decir: Algunos sostuvieron que los ángeles nunca toman cuerpo, sino que todo lo que se lee en las Escrituras Sagradas sobre apariciones de ángeles sucedió en visión profética, esto es, de forma imaginativa. Pero esto contradice el objetivo mismo de la Escritura. Pues lo que es visto imaginativamente no existe más que en la imaginación del que lo ve, y, por lo tanto, no puede ser visto por todos indistintamente. Pero la Sagrada Escritura menciona a veces apariciones de ángeles que fueron vistos por todos, como los ángeles que se aparecieron a Abraham, fueron vistos por él y toda su familia; y también por Lot y por los habitantes de Sodoma. Lo mismo sucedió con el ángel que se apareció a Tobías, que fue visto por todos. Resulta evidente que tales apariciones se realizaron con visión corporal, en la cual lo que se ve está fuera del que ve. Así es como algo puede ser visto por todos. Pero este tipo de visión no presenta más que cuerpos. Así, pues, como quiera que los ángeles ni son cuerpos

que habeant corpora naturaliter sibi unita, ut ex dictis patet, relinquitur quod interdum corpora assumant".[78]

ni están unidos naturalmente a los cuerpos, como dijimos (a. 1, q. 50, a. 1), hay que concluir que, algunas veces, toman cuerpo".

Con todo cuando los ángeles toman forma corpórea, lo hacen sin "informar" el cuerpo que asumen (a diferencia del papel del alma humana con respecto al cuerpo, que es unión sustancial; en el caso de los ángeles es una unión accidental, como el uso de un instrumento), de tal modo que no necesitan realizar funciones vitales:

"Ad secundum dicendum quod corpus assumptum unitur Angelo, non quidem ut formæ, neque solum ut motori; sed sicut motori repræsentato per corpus mobile assumptum. Sicut enim in sacra Scriptura proprietates rerum intelligibilium sub similitudinibus rerum sensibilium describuntur, ita corpora sensibilia divina virtute sic formantur ab Angelis, ut congruant ad repræsentandum Angeli intelligibiles proprietates. Et hoc est Angelum assumere corpus".[79]

"A la segunda hay que decir: El cuerpo asumido se une al ángel no como a su forma ni como a su motor solamente, sino como a un motor representando por el cuerpo móvil asumido. Pues, así como en la Sagrada Escritura son descritas las propiedades de los seres intelectuales con formas o representaciones sensibles, así también, y por virtud divina, los ángeles toman cuerpos sensibles aptos para representar las propiedades inteligibles del ángel. Esto es lo que significa que el ángel tome cuerpo".

Y cuando toman un cuerpo, lo hacen por nuestro beneficio y no por el suyo propio:

---

[78]Santo Tomás de Aquino: *Summ. Theol.* cit., I\ª, q. 51, a. 2, co.; cfr. *Sent.*, II, dist. 8, a. 2; *De Pot.*, q. 6, a. 7.

[79]Santo Tomás de Aquino: *Summ. Theol.* cit., I\ª q. 51, a. 2, ad 2.

10.4. NATURALEZA

"Ad primum ergo dicendum quod Angeli non indigent corpore assumpto propter seipsos, sed propter nos; ut familiariter cum hominibus conversando, demonstrent intelligibilem societatem quam homines expectant cum eis habendam in futura vita. Hoc etiam quod Angeli corpora assumpserunt in veteri testamento, fuit quoddam figurale indicium quod verbum Dei assumpturum esset corpus humanum, omnes enim apparitiones veteris testamenti ad illam apparitionem ordinatæ fuerunt, qua filius Dei apparuit in carne".[80]	"A la primera hay que decir: Los ángeles no necesitan tomar cuerpo para su propio bien, sino para el nuestro. Al convivir familiarmente con los hombres y conversando con ellos forman una comunidad de comprensión que es la que los hombres esperan formar con ellos en la vida futura. El hecho de que en el Antiguo Testamento los ángeles hayan tomado cuerpo, fue como una figura anticipada de que la Palabra de Dios iba a tomar cuerpo humano. Pues todas las apariciones del Antiguo Testamento están orientadas a aquella otra aparición por la que el Hijo de Dios apareció carnalmente".

Ubicación de los ángeles

Por lo mismo que son seres puramente espirituales, los ángeles no ocupan ningún espacio. Pero se dice que están en un lugar cuando ejercen en él una acción.

Conviene distinguir los diversos modos en que una cosa puede estar en la otra:[81]

1. *Sobrenaturalmente*: que puede ocurrir de tres modos.

    (a) *Por la gracia*: Dios en el alma del justo.

---

[80]Santo Tomás de Aquino: *Summ. Theol.* I\ua, q. 51, a. 2, ad 1.
[81]A. Martínez: *Introducciones...*, cit., págs. 661–662.

(b) *Por unión hipostática*: Dios en la naturaleza humana de Cristo.

(c) *Sacramentalmente*: Cristo en la Eucaristía.

2. *Naturalmente*: que se produce de un doble modo:

    (a) *Intencionalmente*: el objeto conocido en la facultad cognoscitiva.

    (b) *Realmente*, que puede darse a su vez de dos maneras:

        i. *Circunscriptivamente* o localmente: por el contacto de la cantidad. Así están los cuerpos en el lugar.

        ii. *No circunscriptivamente*, sino por aplicación de la virtud operativa. Puede ser de dos modos:

            A. *Definitivamente*: no pudiendo estar en otro lugar a la vez. Puede ser:

- *Informativamente*: el alma en el cuerpo.
- *No informativamente*: los ángeles en el lugar donde obran.

            B. *No definitivamente*, es decir, *por ubicuidad*: está a la vez en todos los lugares; se da solamente en Dios.

Las distinciones realizadas ayudan a entender el razonamiento del Aquinate, cuando, para determinar el modo de la ubicación de los ángeles, especifica tres situaciones posibles con relación al lugar que ocupan los seres, según sean materiales, puramente espirituales o Dios:

1.- Los cuerpos materiales están en un lugar "circunscriptivamente", porque están delimitados por el lugar donde se encuentran, al tener la cantidad extensiva:

"Respondeo dicendum quod Angelo convenit esse in loco, æquivoce tamen dicitur Angelus esse in loco, et corpus. Corpus enim est in loco per hoc, quod applicatur loco secundum

"Hay que decir: Al ángel le corresponde ocupar un lugar. Sin embargo, se dice equívocamente que el ángel y el cuerpo ocupan un lugar. El cuerpo ocupa un lugar debido a que está unido al lu-

10.4. NATURALEZA

contactum dimensivæ quantitatis..."[82] gar por contacto de su cantidad dimensiva..."

2.- Los ángeles se encuentran en un lugar "definitivamente", porque si están en un lugar, no pueden estar simultáneamente en otro pues su obrar es finito. Al no tener la cualidad de la cantidad "extensiva", sino "virtual" se localizan en el lugar donde actúan:

"Corpus enim est in loco per hoc, quod applicatur loco secundum contactum dimensivæ quantitatis. Quæ quidem in Angelis non est; sed est in eis quantitas virtualis. Per applicationem igitur virtutis angelicæ ad aliquem locum qualitercumque, dicitur Angelus esse in loco corporeo. Et secundum hoc patet quod non oportet dicere quod Angelus commensuretur loco; vel quod habeat situm in continuo. Hæc enim conveniunt corpori locato, prout est quantum quantitate dimensiva. Similiter etiam non oportet propter hoc, quod contineatur a loco. Nam substantia incorporea sua virtute contin-

"El cuerpo ocupa un lugar debido a que está unido al lugar por contacto de su cantidad dimensiva. Esta no se da en el ángel, que sí tiene, en cambio, la cantidad virtual. Así, pues, se debe a la aplicación de la virtud angélica a un lugar, por lo que se dice que el ángel ocupa un lugar corpóreo. De este modo resulta evidente que no es necesario decir que el ángel es delimitado por el lugar, ni que ocupa un sitio en el espacio. Esto le corresponde específicamente al cuerpo situado, en cuanto que tiene cantidad dimensiva. Igualmente, tampoco es necesario decir que está contenido por el lugar. Pues la sustancia incorpórea que se pone en contacto con lo

---

[82]Santo Tomás de Aquino: *Summ. Theol.*, Iª, q. 52, a. 1, co. Cfr. *Sent.*, I, dist. 37, q. 3, a. 1; II, dist. 6, q. 1, a. 3; *De Pot.*, q. 3, a. 19, ad 2; *De Subst. Separatis*, cap. 18; *Quodlib.* I, q. 3, a. 1.

gens rem corpoream, continet ipsam, et non continetur ab ea, anima enim est in corpore ut continens, et non ut contenta. Et similiter Angelus dicitur esse in loco corporeo, non ut contentum, sed ut continens aliquo modo".[83]

corpóreo por su virtud, la contiene sin estar contenida por ella. Así es como el alma está en el cuerpo como continente y no como contenido. Igualmente, se dice que el ángel ocupa un lugar corpóreo, no como contenido, sino como el que de algún modo lo contiene".

En efecto, los ángeles no pueden estar simultáneamente en varios sitios, porque no son seres infinitos. Solo a Dios le corresponde la omnipresencia porque su esencia y poder son infinitos:

"Respondeo dicendum quod Angelus est virtutis et essentiæ finitæ. Divina autem virtus et essentia infinita est, et est universalis causa omnium, et ideo sua virtute omnia contingit, et non solum in pluribus locis est, sed ubique. Virtus autem Angeli, quia finita est, non se extendit ad omnia, sed ad aliquid unum determinatum. Oportet enim quidquid comparatur ad unam virtutem, ut unum aliquid comparari ad ipsam. Sicut igitur universum ens comparatur ut unum aliquid ad universalem Dei virtutem, ita

"Hay que decir: El ángel es de esencia y poder finitos. Puesto que la esencia y el poder de Dios son infinitos y causa universal de todas las cosas; con su poder llega a todas, no solamente en muchos lugares, sino en todas partes. Por su parte, el poder del ángel, porque es finito, no llega a todo, sino a una sola cosa concreta. Pues resulta necesario que todo lo que se relaciona con algún poder, se relacione con él como uno. Así, pues, como la universalidad de todos los seres constituye un único todo con respecto al poder universal de Dios, así también un

---

[83] Santo Tomás de Aquino: *Summ. Theol.*, I^a, q. 52, a. 1, co.

10.4. NATURALEZA

et aliquod particulare ens comparatur ut aliquid unum ad Angeli virtutem. Unde cum Angelus sit in loco per applicationem virtutis suæ ad locum, sequitur quod non sit ubique, nec in pluribus locis, sed in uno loco tantum..."[84]

ser particular constituye un único todo con respecto al poder del ángel. Por eso, como el ángel está en un lugar por la aplicación de su virtud en aquel lugar, hay que concluir que no está en todas partes, ni en muchos lugares, sino solamente en uno".

3.– Dios no está en un lugar ni "circunscriptivamente" ni "definitivamente" porque Dios está en todo lugar del mundo creado (ubicuidad, omnipresencia).

"Sic igitur patet quod diversimode esse in loco convenit corpori, et Angelo, et Deo. Nam corpus est in loco circumscriptive, quia commensuratur loco. Angelus autem non circumscriptive, cum non commensuretur loco, sed definitive, quia ita est in uno loco, quod non in alio. Deus autem neque circumscriptive neque definitive, quia est ubique".[85]

"Así, pues, resulta evidente que estar en un lugar le corresponde de distinta manera al cuerpo, al ángel y a Dios. El cuerpo está en un lugar circunscribiéndose a él, ya que sus dimensiones se adaptan al lugar. El ángel no se circunscribe al lugar, ya que sus dimensiones no se adaptan al lugar, sino que se delimita a él, puesto que está en un lugar de tal modo que no está en otro. Dios no está ni circunscrito ni delimitado, porque está en todas partes".

Debido al modo de estar el ángel en un sitio (definitivamente, es decir, por su obrar y no como contenido en ese lugar, sino como conti-

---

[84] Santo Tomás de Aquino: *Summ. Theol.*, I^a, q. 52, a. 2, co. Cfr. q. 8, a. 2, ad 2; q. 112, a. 1; *Sent.* I, dist. 37, q. 3, a. 2; IV, dist. 10, q. 1, a. 5; *De Anima*, a. 10, ad 18.

[85] Santo Tomás de Aquino: *Summ. Theol.*, I^a, q. 52, a. 2, co.

nente, "al modo como el alma está en el cuerpo como continente y no como contenida"),[86] no pueden haber varios ángeles simultáneamente en el mismo lugar, pues no pueden existir dos causas completas e inmediatas del mismo e idéntico efecto.[87]

El movimiento de los ángeles

En cuanto al movimiento local de los ángeles hay que subrayar que se produce por el cambio del lugar en que actúan. Solo Dios es inmutable;[88] en todos los demás seres hay algún grado de mutación o cambio, sea substancial o accidental. Cuando aquí se habla de movimiento, se entiende no en general, como cualquier clase de mutación (vgr. paso de la potencia al acto), sino como movimiento local (una de las clases de mutación accidental), es decir, del cambio de lugar, el estar primero en un sitio y luego en otro. La respuesta deriva del modo de estar los ángeles en un lugar, es decir, por su actuación en él:

"...Quia enim Angelus non est in loco nisi secundum contactum virtutis, ut dictum est, necesse est quod motus Angeli in loco nihil aliud sit quam diversi contactus diversorum locorum successive et non simul, quia Angelus non potest simul	"Puesto que el ángel no está en un lugar más que por contacto virtual, como dijimos (q. 52, a. 1), es necesario que el movimiento local del ángel no consista más que en diversos contactos sucesivos y no simultáneos, ya que el ángel no puede estar simultáneamente en

---

[86]Santo Tomás de Aquino: *Summ. Theol.*, I*, q. 52, a. 1, co.
[87]Santo Tomás de Aquino: *Summ. Theol.*, I*, q. 52, a. 3, co.
[88]Santo Tomás de Aquino: *Summ. Theol.*, I*, q. 9, a. 2, co.

10.4. NATURALEZA

esse in pluribus locis, ut supra dictum est..."[89]   muchos lugares, como dijimos anteriormente (q. 52, a. 2)...".

Y no puede ser un movimiento instantáneo, aunque sí rapidísimo,[90] porque dos operaciones no pueden realizarse en el mismo instante.

10.4.2 Inmortalidad

Los ángeles son por naturaleza inmortales (sentencia común).[91] Hay tres clases de incorruptibilidad:

- Esencial: sólo le pertenece a Dios, Acto Puro, porque ni Él puede perder su existencia, ni nadie se la puede quitar.

- Natural: la propia de los espíritus, que ellos no pueden perder pero Dios sí se la puede quitar.

- Preternatural o gratuita: la propia de los cuerpos bienaventurados después de la resurrección, que ellos no la tienen naturalmente, pero Dios se la concede por gracia.

Así se puede concluir de algunos textos de la Biblia:

- Lc 20:36, "*Porque ya no pueden morir otra vez*, pues son iguales a los ángeles e hijos de Dios, siendo hijos de la resurrección".

- Mt 18:10, "Guardaos de despreciar a uno de estos pequeños, porque os digo que sus ángeles en los Cielos están viendo *siempre* el rostro de mi Padre que está en los Cielos".

---

[89]Santo Tomás de Aquino: *Summ. Theol.*, I^a, q. 53 , a. 1, co. Cfr. *Sent.*, I, dist. 37, q. 4, a. 1; *De Subst. Separatis*, cap. 18.

[90]Santo Tomás de Aquino: *Summ. Theol.*, I^a, q. 53, a. 3; Cfr. *Sent.*, I, dist. 37, q. 4, a. 3; *Quodlib.*, IX, q. 4, a. 4; XI, q. 4, a un.

[91]L. Ott: *Manual...*, cit., pág. 196.

- Mt 25:41, "Entonces dirá a los que estén a la izquierda: 'Apartaos de mí, malditos, al fuego *eterno* preparado para el Diablo y sus ángeles'".

La razón de tal inmortalidad es una consecuencia de su espiritualidad, su falta de composición de materia y forma. Como la corrupción o muerte se produce por la separación de la materia y la forma, y el ángel es una pura forma subsistente, es imposible que su substancia se corrompa por sí misma. La inmortalidad angélica se debe por naturaleza (Santo Tomás) y no es un regalo de la gracia, como sostenían S. Juan Damasceno,[92] Scoto o Biel. En efecto, como explica el Doctor Angélico:

"Respondeo dicendum quod necesse est dicere Angelos secundum suam naturam esse incorruptibiles. Cuius ratio est, quia nihil corrumpitur nisi per hoc, quod forma eius a materia separatur, unde, cum Angelus sit ipsa forma subsistens, ut ex dictis patet, impossibile est quod eius substantia sit corruptibilis. Quod enim convenit alicui secundum se, nunquam ab eo separari potest, ab eo autem cui convenit per aliud, potest separari, separato eo secundum quod ei conveniebat. Rotunditas enim a circulo separa-	"Hay que decir: Es obligatorio afirmar que los ángeles por naturaleza son incorruptibles. La razón de esto se debe a que nada se corrompe a no ser que su forma se separe de la materia. Pero como quiera que el ángel es su misma forma subsistente, según se dijo (a. 2), es imposible que su sustancia sea corruptible. Pues lo que le corresponde a un ser por su misma naturaleza es inseparable de él. Y, en cambio, lo que le conviene por cualquier otra razón, se puede separar al desaparecer aquello por lo que le conviene. Ejemplo: La redondez es inseparable de la cir-

---

[92]San Juan Damasceno: *De Fide Orth.* II, 3 (P. G., 94, 868).

10.4. NATURALEZA

ri non potest, quia convenit ei secundum seipsum, sed æneus circulus potest amittere rotunditatem per hoc, quod circularis figura separatur ab aere. Esse autem secundum se competit formæ, unumquodque enim est ens actu secundum quod habet formam. Materia vero est ens actu per formam. Compositum igitur ex materia et forma desinit esse actu per hoc, quod forma separatur a materia. Sed si ipsa forma subsistat in suo esse, sicut est in Angelis, ut dictum est, non potest amittere esse. Ipsa igitur immaterialitas Angeli est ratio quare Angelus est incorruptibilis secundum suam naturam. Et huius incorruptibilitatis signum accipi potest ex eius intellectuali operatione, quia enim unumquodque operatur secundum quod est actu, operatio rei indicat modum esse ipsius. Species autem et ratio operationis ex obiecto comprehenditur. Obiectum autem intelligibile, cum sit supra tempus, est sempiternum.

cunferencia, porque, por ser tal, le corresponde. No obstante, una circunferencia de metal puede perder su redondez si el metal pierde su forma circular. El existir, en cuanto tal, le conviene a la forma, ya que cada cosa es ser en acto en cuanto que tiene forma, y la misma materia es ser en acto por la forma. Por lo tanto, el ser compuesto a partir de la materia y de la forma deja de existir en acto cuando la forma se separa de la materia. Pero si es la misma forma la que subsiste en su ser, y esto es lo que sucede en los ángeles, como dijimos (a. 2), no puede perder el ser. Así, pues, la misma inmaterialidad del ángel es la razón por la que el ángel es incorruptible por naturaleza. Un signo de dicha incorruptibilidad puede encontrarse a partir de su operación intelectual. Pues, porque todo ser obra tal cual es, la operación de algo indica su modo de ser. Pero la especie y la razón de la operación son comprehendidas a partir del objeto. Y el objeto inteligible, al estar por encima del tiempo, es

Unde omnis substantia intellectualis est incorruptibilis secundum suam naturam".[93]

sempiterno. Por eso, toda sustancia intelectual es incorruptible por naturaleza".

10.4.3 Simplicidad

Debido a su espiritualidad pura, los ángeles son simples. Pero no con una simplicidad como la divina (Dios es Acto Puro), porque en ellos existe una cierta composición, que no es de materia y forma.[94] Como ya se ha señalado, la escuela franciscana, en concreto San Buenaventura, sostenía la existencia de una composición física sustancial, del tipo de la unión entre el cuerpo y el alma en el ser humano; esta composición sería de una realidad determinable a modo de materia y algo determinante a modo de forma.

La composición de los espíritus puros, que no son acto puro de ser, es de otro tipo, a saber:

1. Composición física accidental:

   - Natural: esencia, potencia, operación.
   - Sobrenatural: sustancia y dones sobrenaturales.

---

[93]Santo Tomás de Aquino: *Summ. Theol.*, Iª, q. 50, a. 5, co. Cfr. *Sent.* Lib. II, dist. VII, q. 1, a. 1; *Contra Gent.* Lib. II, cap. 55; *De Pot.* q. 5, a. 3; *Compend. Theol.* cap. 74.

[94]Como ya se expuso explicando la tesis de Santo Tomás en torno a la razón de la inmaterialidad de los ángeles (cfr. *supra* la cita completa del Aquinate: *Summ. Theol.*, Iª, q. 50, a. 2, ad 3), en los seres materiales caben dos perspectivas para explicar su composición: una es desde el punto de vista de la naturaleza de esos seres, donde la materia actúa como potencia y la forma como acto; y la otra, es desde el punto de vista del acto de ser, donde la esencia actúa como potencia y el "esse" como acto. En cambio en los seres inmateriales su composición se entiende solo desde la segunda de las perspectivas. Esta composición los situa a una distancia y con una diferencia infinitas con respecto a Dios.

2. Composición metafísica:

- Acto y potencia.
- Naturaleza y persona.
- Sustancia y accidentes.

10.5 Operaciones angélicas

Una vez que se han estudiado la existencia y la naturaleza de los ángeles, estamos preparados para abordar su modo de actuar, que debe ser conforme a su naturaleza.

Siendo sustancias espirituales inmateriales, su obrar propio es el de su inteligencia y su voluntad. Lo cual se puede apreciar en la Sagrada Escritura, donde se dice, por ejemplo, en 2 Sam 14:20: "Pero mi señor tiene sabiduría como la de un ángel de Dios y sabe todo lo que sucede en la tierra". Por su lado, Mt 24:36 también afirma el conocimiento angélico: "Pero nadie sabe de ese día y de esa hora: ni los ángeles de los Cielos, ni el Hijo, sino sólo el Padre".

10.5.1 Grado de perfección en la operación angélica

Los ángeles (que son mudables y compuestos en cuanto a sus operaciones inmanentes) tienen las operaciones del entendimiento y de la voluntad, que si bien son inmensamente superiores a los de los hombres (ya que los ángeles son perfectamente espirituales y completamente inmateriales y no dependen de lo material y sensible para conocer), sin embargo las poseen en un grado de perfección infinitamente inferior a las de Dios (que es perfectamente simple e inmutable en todos los órdenes, identificándose en Él su ser y su obrar).

En efecto, debido a la pura espiritualidad de su naturaleza, el conocimiento y voluntad angélicos son más perfectos que los de los hom-

bres, ya que éstos, con un entendimiento de grado ínfimo en la escala de los seres intelectivos, solo llegan a la verdad de un modo gradual y a pasos, por diversas operaciones, a través de los sentidos, extrayendo de los individuos...[95] Verdad, que se alcanza no sin dificultad:

"Ad ea etiam quæ de Deo ratione humana investigari possunt, necessarium fuit hominem instrui revelatione divina. Quia veritas de Deo, per rationem investigata, a paucis, et per longum tempus, et cum admixtione multorum errorum, homini proveniret, a cuius tamen veritatis cognitione dependet tota hominis salus, quæ in Deo est".[96]

"Lo que de Dios puede comprender la sola razón humana, también precisa la revelación divina, ya que, con sola la razón humana, la verdad de Dios sería conocida por pocos, después de muchos análisis y con resultados plagados de errores. Y, sin embargo, del exacto conocimiento de la verdad de Dios depende la total salvación del hombre, pues en Dios está la salvación".

La diferencias entre el conocimiento humano y el angélico estriban fundamentalmente en que los ángeles:

1. Se conocen a sí mismos en su propia sustancia. Siendo el ángel inmaterial, es forma inteligible subsistente por sí, y se entiende a sí mismo por su forma, que es su substancia.[97]

---

[95]Nosotros estamos en estado de pura potencia para conocer y nuestro entendimiento es "tamquam tabula rasa" cuando nacemos; experimentamos el paso del acto a la potencia en el entender; caemos en el error con frecuencia; etc.

[96]Santo Tomás de Aquino: *Summ. Theol.*, Iª, q.1, a. 1, co.

[97]Santo Tomás de Aquino: *Summ. Theol.*, Iª, q. 56, a. 1, co. Cfr. *De Ver.*, q. 8, a. 6; *Contra Gent.*, II, cap. 98. Cfr. A. Gardeil: *Examen de Conscience. Du Verbe dans la Connaissance que l'Ange a de soi–même*, en "Revue Thomiste" 12 (1929) 70–84; H. D. Simonin: *La Connaissance de l'Ange par soi–même* en "Angelicum" 9 (1932)43–62.

10.5. OPERACIONES ANGÉLICAS

2. Tienen conocimiento natural de Dios en su propia sustancia angélica con sus propios recursos naturales (no pueden conocer naturalmente y de un modo inmediato la esencia divina). Hay que tener en cuenta que una cosa puede ser conocida de tres maneras, a saber, por la presencia de su esencia en el cognoscente (es el modo normal de conocimiento del ángel de todas las cosas creadas y de sí mismo), por la presencia de la imagen del objeto en la facultad cognoscitiva (como una piedra es vista por el ojo) y finalmente, cuando la imagen del objeto a conocer se extrae no del mismo objeto, sino de otra cosa en la que aparece (como se ve a un hombre en un espejo). Santo Tomás afirma que el modo de conocer natural de los ángeles con respecto a Dios se parece al último, ya que el ángel tiene impresa en su propia naturaleza la imagen de Dios; el ángel conoce a Dios en su esencia en cuanto que es una semejanza divina y sin embargo no ve la esencia divina de un modo natural. Su conocimiento se parece al adquirido a través de la imagen de alguien en un espejo, ya que la naturaleza angélica es un modo de espejo que reproduce la imagen de Dios.[98]

3. Conocen todas las cosas materiales a través de las "especies" infundidas por Dios en ellos, al crearlos.

Pero los ángeles tienen un conocimiento esencialmente más imperfecto que el divino:[99]

1. No conocen los secretos de Dios por su conocimiento natural: 1 Cor 2:11, "¿Pues qué hombre conoce lo que en el hombre hay, sino el espíritu del hombre, que en él está? Así también las cosas

---

[98]Santo Tomás de Aquino: *Summ. Theol.*, I\ª, q. 56, a. 3, co. Cfr. *Sent.*, II, dist. 23, q. 2, a. 1; *De Verit.* q. 8, a. 3; *Contra Gent.*, III, cap. 41 y 49.

[99]Santo Tomás de Aquino: *Summ. Theol.*, I\ª, q. 57, a. 3–5.

de Dios nadie las conoce sino el Espíritu de Dios". Santo Tomás distingue entre el conocimiento natural de los ángeles (por el que conocen las cosas, bien por sus esencias o también por las especies innatas en ellos) y el conocimiento sobrenatural (el que tienen en el Cielo propio de los bienaventurados, por el cual ven al Verbo y las cosas en el Verbo). Por el primer modo de conocimiento no pueden conocer los misterios de la gracia porque éstos dependen de la sola voluntad de Dios; en cambio, por el segundo modo de conocimiento, sí conocen los misterios de la gracia, aunque no todos los misterios ni todos los ángeles por igual, sino en la medida en que Dios haya querido revelárselos (1 Cor 2:10). Además algunos de estos misterios los conocieron desde el principio, y otros les fueron enseñados posteriormente, según lo iba exigiendo el ejercicio de sus ministerios.[100]

2. No poseen el conocimiento de los corazones de los hombres: 2 Cr 6:30, "Óyele (Dios al hombre que hace oración) desde los Cielos, desde el lugar de tu morada, y perdona y da a cada uno conforme a sus caminos, según su corazón; pues sólo Tú conoces el corazón de los hijos de los hombres". Santo Tomás insiste en que conocer los pensamientos conforme están en el entendimiento, y los afectos, como están en la voluntad del hombre, es solo propio de Dios, ya que la voluntad de la creatura racional está sometida solo a Dios; y de la voluntad sola depende el que alguien piense de hecho alguna cosa. No puede ser conocida por otra inteligencia que Dios o el propio sujeto que conoce; nunca por los ángeles.[101] En cambio sí pueden los ángeles u otros

---

[100]Santo Tomás de Aquino: *Summ. Theol.*, I^a, q. 57, a. 5, co.; cfr. *Sent.*, IV, dist. 10, a 4, q. 4; *In Ephes.*, cap. 3, lect. 3.

[101]Santo Tomás de Aquino: *Summ. Theol.*, I^a, q. 57, a. 4, co.; *De Ver.* q. 8, a. 13; *De Malo*, q. 16, a. 8; *In I Cor.*, cap. 2, lect. 2.

10.5. OPERACIONES ANGÉLICAS

hombres intuir algo del pensamiento del corazón de los hombres por los efectos que se producen en el exterior (algún acto externo, la alteración de las facciones, etc.). Como dice Santo Tomás: "Los ángeles, pues, y los mismos demonios las conocerán tanto más cuanto con mayor penetración escudriñan esta clase de alteraciones corporales ocultas".[102]

3. No tienen conocimiento cierto de las acciones libres en el futuro: Is 46: 9–10; Mt 24:36; Mc 13:32. El Aquinate distinguirá dos modos de conocer el futuro. El primero es en su causa, y de este modo se conocen con ciencia cierta los futuros que provienen necesariamente de sus causas, como por ejemplo, que mañana saldrá el sol; este modo de conocer el futuro puede ser propio de los seres creados racionales, aunque los ángeles lo conocen mejor que los hombres, porque conocen las causas universales de las cosas con mayor perfección. El segundo modo de conocer el futuro es en sí mismos, y no en sus causas; y de este modo solo Dios conoce los futuros, no solo los que provienen necesariamente de sus causas, sino también los casuales y fortuitos, porque Dios ve todas las cosas en su eternidad, la cual al ser simple, está presente en todos los tiempos y los incluye. Los ángeles o cualquier otro entendimiento creado, no alcanzan a igualarse con la eternidad divina, y por tanto, no hay entendimiento creado que pueda conocer los futuros tal como son en sí mismos.[103]

Por su parte, la voluntad angélica posee un gran perfección: es más libre y perfecta que la humana, porque conocen de un modo más

---

[102] *Ibidem*.

[103] Santo Tomás de Aquino: *Summ. Theol.*, Iª, q. 57, a. 3, co.; q. 86, a. 4; *Sent.*, I, dist. 38, a. 5; II, dist. 3, p. II, q. 2, a. 4, ad 4; dist. 7, q. 2, a. 2; *De Ver.*, q. 8, a. 12; *Contra Gent.*, III, cap. 154; *Quodl.*, VII, q. 1, a. 3, ad 1; *De Spirit. Creat.*, a. 5, ad 7; *De Anima*, a. 20, ad 4; *De Malo*, q. 16, a. 7; *Compend. Theol.*, cap. 134.

perfecto; y no poseen la infinita perfección de la voluntad de Dios, porque son creaturas de Dios.

10.5.2 Modo de conocimiento

Corresponde al modo de su naturaleza puramente espiritual, y por tanto es puramente espiritual: no intervienen los sentidos y no utilizan la composición o la división para abstraer ideas. Reciben los conceptos junto con su poder de inteligencia y voluntad en el momento de su creación. Por su parte, la inteligencia de Dios se confunde con su esencia y con su existir porque siendo pura y simplemente infinito, el existir divino comprende en sí la totalidad del ser; pero el ser del ángel es una esencia finita dotada por Dios de cierto existir, por lo que su conocimiento no se extiende a todo el ser completo.

Mientras que los hombres extraen de lo sensible, lo inteligible que aquél contiene, los ángeles lo perciben inmediatamente y en su pureza inteligible. El ángel es una inteligencia pura, que no está naturalmente unida a un cuerpo, por lo que no puede captar lo sensible como tal. Las cosas sensibles caen bajo el alcance del sentido, como las cosas inteligibles caen bajo el alcance del entendimiento. Toda substancia que extrae su conocimiento de lo sensible está naturalmente unida a un cuerpo, puesto que el conocimiento sensitivo requiere de los sentidos, y, por tanto, de los órganos corporales; las sustancias angélicas, separadas de todo cuerpo, no pueden encontrar por consiguiente en lo sensible el medio de su conocimiento.[104] Su conocimiento, no puede ser por tanto, nada parecido a la abstracción por la que el ser humano descubre lo inteligible escondido en lo sensible. ¿De dónde extrae las especies que le permiten conocer? La respuesta es que son especies que le son connaturales, es decir innatas. En efecto, el Aquinate así

---

[104]Santo Tomás de Aquino: Contra Gent. Lib. II, cap. 96. É. Gilson: *El Tomismo*, cit., pág. 224.

10.5. OPERACIONES ANGÉLICAS

lo establece de un modo claro en el artículo 2 de la cuestión 55 de la Suma:

"Respondeo dicendum quod species per quas Angeli intelligunt, non sunt a rebus acceptæ, sed eis connaturales...habent species intelligibiles connaturales ad omnia intelligenda quæ naturaliter cognoscere possunt. Et hoc etiam ex ipso modo essendi huiusmodi substantiarum apparet. Substantiæ enim spirituales inferiores, scilicet animæ, habent esse affine corpori, inquantum sunt corporum formæ, et ideo ex ipso modo essendi competit eis ut a corporibus, et per corpora suam perfectionem intelligibilem consequantur, alioquin frustra corporibus unirentur. Substantiæ vero superiores, idest Angeli, sunt a corporibus totaliter absolutæ, immaterialiter et in esse intelligibili subsistentes, et ideo suam perfectionem intelligibilem consequuntur per intelligibilem effluxum, quo a Deo species rerum cognitarum

"Hay que decir: Las especies por las que los ángeles entienden no están tomadas de lo sensible, sino que les son connaturales. Es necesario saber que hay distinción y orden entre las sustancias espirituales, como hay orden y distinción entre los corporales. En éstas sucede que los cuerpos supremos tienen la potencia de su naturaleza totalmente colmada por la forma; mientras que en los cuerpos de aquí abajo, la potencia no está totalmente colmada por la forma, sino que, por la acción de algún agente, unas veces adquieren una forma, y, otras veces, otra. Asimismo, las sustancias intelectuales inferiores, esto es, las almas humanas, tienen la potencia intelectual naturalmente incompleta; y se va completando gradualmente conforme toman las especies inteligibles de las cosas. Pero la potencia intelectual de las sustancias espirituales superiores, o sea, la de los ángeles, por naturaleza está repleta de especies inteligibles, por cuanto que poseen especies inteligibles

acceperunt simul cum intellectuali natura..."[105] connaturales para entender todo lo que naturalmente pueden conocer".

Santo Tomás hará ver, como señala É. Gilson,[106] que todas las especies inteligibles (por las que conocen los hombres y los ángeles) que preexistían eternamente en Dios en forma de ideas, han procedido de Él en el momento de la creación según dos líneas a la vez distintas y paralelas. Por una parte, unas han llegado a individuarse en los seres materiales cuyas formas constituyen; por otra, han brotado en las sustancias angélicas confiriéndoles así el conocimiento de las cosas. Se puede, pues, afirmar que el intelecto de los ángeles aventaja a nuestro intelecto humano, tanto como el ente acabado y dotado de su forma aventaja a la materia informe. Y si nuestro intelecto es comparable a la tabla rasa sobre la que nada está inscrito, el del ángel se compararía más bien al cuadro recubierto de su pintura, o mejor todavía, a algún espejo en el que se reflejasen las esencias luminosas de las cosas.[107]

Por eso, el entendimiento del ángel no está en potencia con respecto a las cosas que puede entender con su conocimiento natural;[108] pero sí puede estarlo con respecto al conocimiento de las cosas sobrenaturales.[109] Los ángeles no conocen tampoco por conocimiento a

---

[105] Santo Tomás de Aquino: *Summ. Theol.*, I\ua, q. 55, a. 2, co. Cfr. *In Sent.*, II, dist. 3, p. 2. a q.2, a. 1, ad 2; *De Verit.*, q. 8, a. 9; *Cont. Gentes*, II, 96.

[106] É. Gilson: *El Tomismo*, cit, pág. 225.

[107] Santo Tomás de Aquino: *De Ver.* q. 8, a. 9, ad resp.; *Summ. Theol.*, I\ua, q. 55, a. 2, co. y ad 1. Cfr. q. 57, a. 2, co.

[108] Aunque, considerado este entendimiento natural antes de aprender o descubrir, es decir antes de adquirir el hábito de la ciencia; pero si se considera como cuando ya adquirió el hábito, puede estar en potencia ya que el entendimiento angélico no está siempre en pensando en acto todo lo que naturalmente conoce.

[109] Santo Tomás de Aquino: *Summ. Theol.*, I\ua, q. 58, a. 1, co.; *Contra Gent.*, II, cap. 97, 98 y 101; *De Malo*, q. 16, a. 5 y 6.

10.5. OPERACIONES ANGÉLICAS

modo de juicio (por composición o división, afirmando o negando);[110] ni tampoco conocen por raciocinio, por discurso, porque en las cosas que conocen por su conocimiento natural ven en el acto todo lo que de ellas se puede conocer.[111] Como explica el Aquinate:

"Unde discursiva cognitio attenditur secundum quod ex aliquo prius noto devenitur in cognitionem alterius posterius noti, quod prius erat ignotum. Si autem in uno inspecto simul aliud inspiciatur, sicut in speculo inspicitur simul imago rei et res; non est propter hoc cognitio discursiva. Et hoc modo cognoscunt Angeli res in Verbo".[112]	"Por lo tanto, habrá conocimiento discursivo cuando de algo previamente conocido se llegue al conocimiento de otra cosa que se conoce después y que antes no se conocía. Pero si al contemplar una cosa en ella se ve simultáneamente otra, como cuando se mira un espejo a un tiempo se ve el espejo y lo reflejado en él, no por esto hay conocimiento discursivo. Así es, precisamente, como los ángeles conocen en la Palabra".

Los ángeles, siendo substancias puramente intelectuales y espirituales, sin embargo también son capaces de conocer las cosas materiales y los singulares. La solución que aporta el Aquinate tiene un

---

[110]Santo Tomás de Aquino: *Summ. Theol.*, Iª, q. 58, a. 4, co. Cfr. q. 85, a. 5; *De Malo*, q. 16, a 6, ad 19. La razón estriba en que, al percibir la esencia de una cosa, adquiere al punto todo lo que se le puede atribuir o negar, por lo que entiende contemplando tal esencia, sin dividir ni componer.

[111]Santo Tomás de Aquino: *Summ. Theol.*, Iª, q. 58, a. 3, co. Cfr. q. 79. a. 8; q. 85, a. 5; De Ver. q. 8, a. 15; q. 15, a. 1.

[112]Santo Tomás de Aquino: *Summ. Theol.*, Iª, q. 58, a. 3, ad. 1.

cierto paralelismo con el modo de conocer Dios el "objeto secundario" de su ciencia divina.[113]

Dios conoce las cosas materiales en su esencia, ya que en Él preexiste todo en forma sobre-substancial en la absoluta simplicidad de su ser. Los ángeles son las creaturas más cercanas y semejantes a Dios y que participan más especialmente de su perfección, por lo que todo lo que hay en las cosas materiales preexiste en los ángeles de modo más simple e inmaterial que en las cosas mismas, si bien menos simple y más imperfectamente que en Dios; las cosas materiales están en ellos por sus especies inteligibles innatas creadas por Dios.[114]

Pero no solo conocen los ángeles las cosas materiales, sino también los singulares, como se ve en la Biblia, donde los ángeles actúan como espíritus administradores (Heb 1:14), y como agentes de hecho de la providencia de Dios en las cosas del mundo, lo cual exige el conocimiento de lo particular. No sería suficiente con que conocieran lo singular en sus causas universales, sobre el presupuesto de que en éstas se encuentran "in nuce" todos los efectos particulares posibles, porque no conocerían realmente lo concreto en cuanto a su "hic et nunc", por lo que no podrían ejercer su ministerio (administración, providencia, movimiento, etc.). La manera de hacerlo vuelve a explicarse por la semejanza con el modo con que Dios conoce lo singular. En efecto, las cosas proceden de Dios para que subsistan en sus naturalezas propias y para que estén en el conocimiento angélico; y de Dios fluye no solamente lo que constituye su naturaleza universal, sino también lo que es principio de individuación puesto que es causa de toda su substancia, lo mismo por parte de la materia como de la forma. Los ángeles, por medio de las especies infundidas por Dios, conocen las cosas no

---

[113]Cfr. Santo Tomás de Aquino: *Summ. Theol.*, Iª, q. 14, a. 11 y 13. Juan A. Jorge: *Dios Uno...*, cit., págs. 336–341.

[114]Santo Tomás de Aquino: *Summ. Theol.*, Iª, q. 57, a. 1, co.; *De Ver.*, q. 8, a. 8; q. 10, a. 4; *Contra Gent.*, II, cap. 99.

10.5. OPERACIONES ANGÉLICAS

solo en cuanto a su naturaleza universal, sino también en cuanto a su singularidad, ya que estas especies son representaciones múltiples de la única y simple esencia divina:

"Sicut a Deo effluunt res ut subsistant in propriis naturis, ita etiam ut sint in cognitione angelica. Manifestum est autem quod a Deo effluit in rebus non solum illud quod ad naturam universalem pertinet, sed etiam ea quæ sunt individuationis principia, est enim causa totius substantiæ rei, et quantum ad materiam et quantum ad formam. Et secundum quod causat, sic et cognoscit, quia scientia eius est causa rei, ut supra ostensum est. Sicut igitur Deus per essentiam suam, per quam omnia causat, est similitudo omnium, et per eam omnia cognoscit non solum quantum ad naturas universales, sed etiam quantum ad singularitatem; ita Angeli per species a Deo inditas, res cognoscunt non solum quantum ad naturam universalem, sed etiam secundum earum singularita-

"El modo como el ángel conoce lo singular se explica considerando que las cosas proceden de Dios para que subsistan en sus propias naturalezas y también para que estén en el conocimiento del ángel. Además, es evidente que de Dios emana hasta los seres no solamente lo que constituye su naturaleza universal, sino también lo que es principio de individuación, ya que es causa de toda su sustancia tanto por parte de la materia como de la forma. Ahora bien, Dios causa según conoce, porque su ciencia es causa de los seres, como quedó demostrado (q. 14, a. 8). Por lo tanto, así como Dios, por su esencia, por la que causa todo lo existe, es la semejanza de todo, y todo lo conoce por ella, no sólo en cuanto a las naturalezas universales, sino también en cuanto a su singularidad; así también los ángeles, por medio de especies infundidas por Dios, conocen las cosas, no sólo en cuanto a su naturaleza universal,

tem, inquantum sunt quædam repræsentationes multiplicatæ illius unicæ et simplicis essentiæ."[115]

sino también en cuanto a su singularidad, por ser estas especies representaciones múltiples de aquella única y simple esencia".

Siendo una inteligencia creada, aunque muy poderosa, se discute sobre si pueden caer en el error o no. Hay que distinguir:

1. En el plano del conocimiento natural no existe tal posibilidad, debido al modo divino de recibir sus conceptos. Como vimos los ángeles no entienden a modo de juicio, componiendo o dividiendo, por lo que en su conocimiento natural no pueden errar.

2. En el plano del conocimiento sobrenatural sí existe tal posibilidad, porque este conocimiento depende de la revelación divina que ha de ser aceptada con humildad (tal sería la causa de la rebelión de los ángeles).

En efecto:

"Intelligendo quidditates simplices, ut dicitur in IX Metaphys., non est falsitas, quia vel totaliter non attinguntur, et nihil intelligimus de eis; vel cognoscuntur ut sunt. Sic igitur per se non potest esse falsitas aut error aut deceptio in

"Pero al entender las esencias simples no hay falsedad, como se dice en IX Metaphys.; porque, o bien no se las concibe totalmente, y en este caso nada se entiende de ellas, o se conocen como ellas son. Por lo tanto, el error o el engaño no pueden estar en cuanto ta-

---

[115]Santo Tomás de Aquino: *Summ. Theol.*, Iª, q. 57, a. 2, co.; *Sent.*,II, dist. 3, P. II, q. 2, a. 3; *De Ver.*, q. 8, a. 11; q. 10, a. 5; *Contra Gent.*, II, cap. 100; Quodl. VII, q. 1, a. 3; *De Subst. Separatis*, cap. 13 y 15; *De Anima*, a. 20. Cfr. J. Péghaire: *L'Intellection du Singulier Matériel chez les Anges et chez l'Homme*, en "Rev. Dominicaine" 39 (1933) 134–144.

10.5. OPERACIONES ANGÉLICAS

intellectu alicuius Angeli; sed per accidens contingit. Alio tamen modo quam in nobis. Nam nos componendo et dividendo quandoque ad intellectum quidditatis pervenimus, sicut cum dividendo vel demonstrando definitionem investigamus. Quod quidem in Angelis non contingit; sed per quod quid est rei cognoscunt omnes enuntiationes ad illam rem pertinentes. Manifestum est autem quod quidditas rei potest esse principium cognoscendi respectu eorum quæ naturaliter conveniunt rei vel ab ea removentur, non autem eorum quæ a supernaturali Dei ordinatione dependent. Angeli igitur boni, habentes rectam voluntatem, per cognitionem quidditatis rei non iudicant de his quæ naturaliter ad rem pertinent, nisi salva ordinatione divina. Unde in eis non potest esse falsitas aut error. Dæmones vero, per voluntatem perversam subducentes intellectum a divina sapientia, absolute inter-

les en el entendimiento del ángel, sino sólo accidentalmente. Con todo, de manera distinta que en nosotros, porque nosotros, por medio de la composición y división, llegamos algunas veces al conocimiento de la esencia de algo, como sucede cuando investigamos una definición dividiendo y demostrando, cosa que no sucede en los ángeles, los cuales, por aquello que algo es, conocen todas las atribuciones que le corresponden. Es evidente que si la esencia de una cosa puede ser principio de conocimiento suficiente con respecto a lo que naturalmente cuadra o es incompatible con ella, no puede serlo respecto de lo que depende de la ordenación sobrenatural. Por lo tanto, los ángeles buenos, cuya voluntad es recta, vista la esencia de una cosa, no juzgan lo que por naturaleza les corresponde a no ser una vez que se ha salvado el ordenamiento divino. Por eso no pueden incurrir en la falsedad o en el error. En cambio, los demonios, que por una voluntad desenfocada no someten su entendimiento a la sabiduría divi-

> dum de rebus iudicant secundum naturalem conditionem. Et in his quæ naturaliter ad rem pertinent, non decipiuntur. Sed decipi possunt quantum ad ea quæ supernaturalia sunt, sicut si considerans hominem mortuum, iudicet eum non resurrecturum; et si videns hominem Christum, iudicet eum non esse Deum".[116]

> na, juzgan a veces las cosas simplemente según su condición natural. Entonces ocurre que, con respecto a lo que les es propio por naturaleza, no se engañan; pero sí pueden engañarse en lo que se refiere a lo sobrenatural, como, por ejemplo, si viendo un hombre muerto consideran que no ha de resucitar; o si, al ver al hombre Cristo, consideraran que no era Dios".

En cuanto a la comunicación entre los ángeles, lo hacen de un modo inmediato sin necesidad de signos sensibles.[117] Este modo es desconocido para el ser humano.

10.5.3 Voluntad angélica

Se presupone su existencia, como explicación a la caída en el pecado de los ángeles (2 Pe 2:4): "Porque, si Dios no perdonó a los ángeles que pecaron, sino que, precipitados en el tártaro, los entregó a las prisiones tenebrosas, reservándolos para el juicio..." Es una verdad de fe, implícitamente definida en el IV Concilio de Letrán,[118] como presupuesto necesario para que los ángeles pudieran pecar:

> "Diabolus enim et alii dæmones a Deo quidem natura creati sunt boni, sed ipsi per se facti sunt mali".[119]

---

[116]Santo Tomás de Aquino: *Summ. Theol.*, Iª, q. 58, a. 5, co. *Contra Gent.*, III, cap. 108; *De An.*, III, lect. II; *De Malo*, q. 16, a. 6.

[117]Santo Tomás de Aquino: *Summ. Theol.*, Iª, q. 56, a. 2, co.

[118]J. Ibáñez y F. Mendoza: *Dios Creador...*, cit., pág. 105.

[119]D. S. 800.

10.5. OPERACIONES ANGÉLICAS

Existencia y características

La existencia de la voluntad en los ángeles es también una consecuencia de la realidad de su inteligencia, por la que conocen la razón universal de bien. Y al bien conocido se tiende por la voluntad. Santo Tomás distinguirá entre los tres modos en que un ser creado tiende al bien: los que tienden al bien en virtud de un apetito natural, pero sin conocimiento como sucede con las plantas o seres inanimados; los que tienden al bien en virtud de algún conocimiento, pero no por conocer la razón misma del bien, sino porque conocen algún bien particular y se inclinan a él por el "apetito sensitivo", como ocurre con los seres animados irracionales; finalmente otras creaturas se inclinan al bien en virtud de un conocimiento que alcanza la razón misma de bien, que es lo propio del entendimiento, humano o angélico. A ésta última inclinación al bien de un modo perfectísimo, es lo que se llama voluntad. Por tanto, los ángeles la poseen.[120]

A diferencia de Dios, donde su inteligencia y su voluntad se identifican, en los ángeles y los hombres, esas potencias se distinguen. En efecto, el conocimiento se verifica en cuanto lo conocido está en el cognoscente; en cambio la voluntad se extiende a lo que está fuera de ella. Ahora bien, el que un ser obtenga en sí lo que está fuera de él y el que tienda a algo exterior a él son cosas que pertenecen a distintas virtudes, por lo que en la creatura es preciso distinguir la inteligencia de la voluntad.[121]

Por lo mismo, en los ángeles existe el libre albedrío. Solo los seres que tienen entendimiento pueden obrar en virtud de un juicio libre, en cuanto que conocen la razón universal del bien por el cual pueden

---

[120]Santo Tomás de Aquino: *Summ. Theol.*, I\ua, q. 59, a. 1, co. *De Ver.*, q. 23, a. 1; *Contra Gent.*, II, cap. 47.

[121]Santo Tomás de Aquino: *Summ. Theol.*, I\ua, q. 59, a. 2, co. *Sent.*, I, dist. 42, q. 1, a. 2, ad. 3; *De Ver.* q. 22, a. 10.

juzgar que esto o aquello es bueno. Por eso, en los ángeles hay libre albedrío y en un grado más excelente que en los hombres, porque su entendimiento es también más excelente.[122]

El acto propio: el amor

Se puede considerar en la voluntad angélica dos aspectos: el amor que viven y el poder que ejercen.

En cuanto al objeto del amor de los ángeles, hay que afirmar que en ellos se da el *amor natural*, que para Santo Tomás es la inclinación hacia el bien, un impulso natural que se da de formas diferentes según la naturaleza de las creaturas: en las irracionales, es solo un orden que dicen a alguna cosa, en las creaturas sensitivas la inclinación es según el apetito sensitivo, y en las intelectuales, según la inclinación de la voluntad;[123] y también el *amor electivo* que, para Santo Tomás, es *todo otro amor derivado* del natural[124] y que se refiere a un bien querido por razón del fin. En efecto, unas cosas son buenas por sí mismas y por ello apetecibles de por sí, y otras toman la razón de su bondad del orden que dicen a otro, y por tanto son apetecibles por otro; de donde se sigue que el apetente quiere naturalmente una cosa como fin —amor natural—, y electivamente —amor electivo— otra

---

[122]Santo Tomás de Aquino: *Summ. Theol.*, I^a, q. 59, a. 3, co. *Sent.*, II, dist. 25, q. 1, a. 1; *De Ver.*, q. 23, a. 1; q. 24, a. 3; *Contra Gent.*, II, cap. 48; *De Malo*, q. 16, a. 5; *Comp. Theol.*, cap. 76. No existe en los ángeles la distinción entre apetito concupiscible e irascible, porque no hay en ellos apetito sensitivo; su único apetito es el intelectivo, que se llama voluntad (Santo Tomás de Aquino: *Summ. Theol.*, I^a, q. 59, a. 4, co.; *Sent.*, II, dist. 7, q. 2, a. 1; *De Malo*, q. 16, a. 1, ad. 3).

[123]Santo Tomás de Aquino: *Summ. Theol.*, I^a, q. 60, a. 1, co.; I^a, II^{ae}, q. 10, a. 1; *Sent.*, III, dist. 27, q. 1, a. 2.

[124]El amor natural, como se acaba de señalar, es el amor del bien que la criatura racional quiere naturalmente como fin.

10.5. OPERACIONES ANGÉLICAS

en cuanto ordenada a ese fin.[125] Son, pues, amores que no se refieren al mismo bien, sino a bienes distintos.[126]

Aplicando la doctrina anterior a los diferentes objetos que los ángeles pueden amar, se pueden distinguir los siguientes casos:

1.- Se aman *a sí mismos* con amor natural y electivo:

"Angelus et homo naturaliter appetunt suum bonum et suam perfectionem. Et hoc est amare seipsum. Unde naturaliter tam Angelus quam homo diligit seipsum, inquantum aliquod bonum naturali appetitu sibi desiderat. Inquantum vero sibi desiderat aliquod bonum per electionem, intantum amat seipsum dilectione electiva".[127]

"El hombre y el ángel apetecen naturalmente su bien y su perfección, y en esto consiste amarse a sí mismos. Por lo tanto, el hombre y el ángel se aman a sí mismos naturalmente, por cuanto tienden a desear algún bien para sí. En cambio, en cuanto por elección se desean a sí mismos algún bien, se aman con amor electivo".

2.- Se aman *entre ellos* con amor natural, en la medida en que convienen entre ellos en la misma naturaleza, ya que el que se ama a sí mismo —como se ha dicho, es lo que ocurre en el caso de los ángeles—, ama a lo que es uno en naturaleza con ese ser; si tienen la

---

[125] Santo Tomás de Aquino: *Summ. Theol.*, Iª, q. 60, a. 1, co.; Iª, IIæ, q. 10, a. 1; *De Ver.*, q. 22, a. 5.

[126] Santo Tomás de Aquino: *Summ. Theol.*, Iª, q. 60, a. 3, ad 1.

[127] Santo Tomás de Aquino: *Summ. Theol.*, Iª, q. 60, a. 3, co.; cfr. Iª, IIæ, q. 26, a. 4; *De Div. Nom.*, cap. 4, lect. 9 y 10.

misma naturaleza, se aman con amor natural.[128] Si son ángeles buenos, se aman además con amor electivo (no aman así a los demonios).[129]

3.- El ángel ama *a Dios* con amor natural y electivo más de lo que se ama a sí mismo. El demonio ama a Dios con amor natural, pero radicalmente lo rechaza con amor electivo.[130]

En cuanto al poder de los ángeles, es el más excelso de todas las creaturas debido a la naturaleza más perfecta que poseen (2 Pe 2:11). Pero no tienen el poder creador ni el de hacer milagros que en sentido estricto pertenece solo a Dios.

10.6 La persona angélica y la teoría del amor: aporte de A. Gálvez

Uno de los aspectos que no ha sido suficientemente profundizado en la angelología es el de la persona. Los ángeles, siendo creaturas racionales, son personas. Como ya se ha señalado, Santo Tomás, afirmando en principio la importancia de la persona,[131] y anclando su constitutivo formal en el acto de ser, sin embargo no parece extraer toda la importancia que tiene en el estudio del ser humano, por ejem-

---

[128]Santo Tomás de Aquino: *Summ. Theol.*, I^a, q. 60, a. 4, co.; *De Div. Nom.*, cap. 4, lect. 9.

[129]Incluso el amor natural no puede desaparecer en los ángeles malos, los cuales no dejan de tener amor natural a los otros ángeles en cuanto convienen con ellos en la naturaleza, aunque con amor electivo los odian en cuanto difieren con ellos como la injusticia de la justicia. Cfr. Santo Tomás de Aquino: *Summ. Theol.*, I^a, q. 60, a. 4, ad 3.

[130]Santo Tomás de Aquino: *Summ. Theol.*, I^a, q. 60, a. 5, co.; I^a–II^{ae}, q. 109, a. 3; II^a–II^{ae}, q. 26, a. 3; *Sent.*, II, dist. 3, P. II, q. 3; III, dist. 29, a. 3; *De Div. Nom.*, cap. 4, lect. 9 y 10; *Quodl.*, I, q. 4, a. 3.

[131]Santo Tomás de Aquino: Summ. Theol., I^a, q. 29, a. 3, co.: "... persona significat id quod est perfectissimum in tota natura, scilicet subsistens in rationali natura".

10.6. A. GÁLVEZ: PERSONA Y AMOR ANGÉLICOS

plo.[132] Así, al tratar del ser humano, centra el estudio en el "De anima", y no en un hipotético "De persona hominis".

Igual olvido ocurrió en el estudio de la naturaleza angélica. Santo Tomás trata de los ángeles extensamente y desde múltiples puntos de vista, pero no se centró en la meditación de su realidad como personas. Esto hace que su angelología se resienta de ese olvido, y que, tal vez, algunos temas puedan profundizarse más.

Con el advenimiento de las filosofías personalistas, se hicieron varios intentos de re–interpretar el tomismo desde esas filosofías. Los resultados no fueron buenos, pues el personalismo se fundamentaba más en el pensamiento racionalista e idealista que en el realismo verdaderamente tomista. El desafío es pues reivindicar la importancia de la realidad de la persona pero dentro del marco del verdadero tomismo, que tiene su centro en la doctrina del "esse", como demostró muy bien É. Gilson.

Uno de los autores que más ha insistido en la fundamental importancia de la doctrina de la persona en el ser humano es A. Gálvez, sobre todo por ser pilar fundamental de la construcción de su teoría del Amor.[133] Ya estudiamos, al tratar del capítulo sobre los fines de la creación, la diferencia entre la doctrina del amor de Santo Tomás de Aquino, y la de A. Gálvez. Allí se señalaba la centralidad que la reali-

---

[132]Su principal preocupación sobre la persona es más bien en la teología trinitaria y cristológica, por ser concepto clave para una explicación ortodoxa de las mismas, y pilar de las declaraciones dogmáticas magisteriales.

[133]Conviene recordar que A. Gálvez dedicó varios estudios a distanciar y distinguir su teoría del amor y de la persona, de esas filosofías personalistas contemporáneas. Cfr. A. Gálvez: *Siete...*, cit., págs 170-182; Juan A. Jorge: *Dios Uno...*, cit., págs. 643-649.

dad de la persona tiene en la construcción de una metafísica realista del Amor, la definición que aporta, y su constitutivo formal.[134]

Si examinamos las consideraciones sobre el amor en los ángeles en la obra tomista, veremos que toda su doctrina pivota, lógicamente, sobre su concepción de la naturaleza del amor (impulso de la voluntad hacia el bien); para el Aquinate, la doctrina de la persona angélica no es relevante.

A. Gálvez, sin embargo, ha señalado que el amor solo puede darse entre personas. Por tanto, el amor en los ángeles debería de estar contemplado desde esta perspectiva. El amor angélico es la relación interpersonal de entrega total y recíproca entre la persona de un ángel y otra persona a la que ama, sea Dios, otro ángel o un ser humano. Toda la naturaleza del ángel con todas sus potencias, se dirige hacia esa finalidad: el ángel, como persona, ama con todo lo que él es, con su inteligencia y con su voluntad. La persona angélica sería definida del mismo modo que la humana: *potencia activa de amar*.[135] Siendo aceptable la definición clásica de Boecio ("substancia individual de naturaleza racional"), sin embargo, queda profundizada desde la perspectiva del amor. Amando es como el ángel se realiza como tal.

La investigación y la ponderación sobre el amor en los ángeles, lleva a descubrir la importancia fundamental de la doctrina de la persona angélica en la angelología. Estas consideraciones tienen profundas consecuencias. Veamos algunas de ellas:

1. Los ángeles como creaturas que son de Dios, que es Amor, tienen su semejanza de Él, no tanto en su realidad espiritual, cuanto en su ser amoroso.

---

[134]Desde la perspectiva trinitaria, se puede ver también Juan A. Jorge: *Dios Uno...*, cit., págs. 635–697.

[135]Cfr. F. Ruiz: *El Constitutivo...*, cit., págs. 288–305.

10.6. A. GÁLVEZ: PERSONA Y AMOR ANGÉLICOS

2. Los ángeles se individúan, no tanto por ser compuestos de materia y forma (según la tesis franciscana), ni tampoco por ser cada uno una especie diferente (tesis del Aquinate), cuanto por ser personas diferentes.

El problema: ¿Cómo se constituyen los ángeles en personas? Para arrojar luz sobre este interrogante, tal vez es de ayuda recordar el caso de las personas humanas. Para el Angélico la persona solo se da cuando el ser humano aparece por la unión del cuerpo y el alma; de tal manera que el alma separada del cuerpo, no es persona.

Sin embargo, A. Gálvez, F. Ruiz y otros han cuestionado esa conclusión. El alma separada del cuerpo, continúa siendo persona, "persona anímica", que le permite conocer, querer y amar personalmente en la otra vida, al tiempo que espera su vuelta a la unión con su cuerpo al final de los tiempos. Cristo dijo que Dios no es Dios de muertos sino de vivos, el Dios de Abraham, de Isaac y de Jacob, porque para Él todos están vivos. ¿Cómo se podría amar, conocer o querer sin ser personas? ¿Cómo amar "impersonalmente", si el amor es una realidad eminentemente personal? Luego, también sin cuerpo, el espíritu puede ser persona.

Trasladando estos principios a la creatura angélica, diríamos que una vez constituido en su naturaleza angélica, éste sería persona. ¿Cómo se "constituye" un ángel? Por creación directa de Dios, como sabemos, al igual que ocurre con las almas humanas, que no pueden proceder por generación porque los seres espirituales son indivisibles. Santo Tomás individua los ángeles solamente por la creación de especies diferentes, que pasarían a ser personas angélicas.

¿Cabría pensar en otro modo de individuar la naturaleza angélica que no fuera por la composición de cierta materia o por la creación de especies individuales diferentes? Ya conocemos el caso de las almas humanas separadas de sus cuerpos por la muerte, situación en que se podría sostener que conservan su estatuto personal. No tienen materia individualizadora, y sin embargo serían personas; no son almas humanas específicamente diferentes unas de otras al estilo de la teología clásica tomista sobre los ángeles. Y sin embargo, son perfectamente individuales y pertenecientes todas a una sola especie humana.

En el caso de los ángeles, superando el problema de si existen muchas o pocas especies diferentes de los mismos, tal vez se podría afirmar que la individuación se operaría en el acto creador de Dios, que los constituye a cada uno como persona diferente en el momento de su creación.

Si aceptamos este principio individualizador de los seres angélicos, se podría, en un segundo momento, pensar si Dios creó varias especies diferentes (con individuos diferentes dentro de cada especie), al modo como Dios creó la naturaleza animal, con diferentes especies (con individuos diferentes dentro de cada especie); o bien, solo creó una sola especie angélica (al modo como existe solo una especie humana, con todos los individuos humanos, pertenecientes a esa sola naturaleza) a la que pertenecerían todos los individuos (personas) angélicos, quienes podrían tener diferentes oficios o más o menos cualidades según la voluntad creadora de Dios en cada caso, pero siendo esencialmente idénticos: seres puramente espirituales, simples e inmortales creados por Dios.

3. El constitutivo formal de la persona angélica sería pues el de ser *potencia activa de amar*.

4. La distinción entre amor natural y amor electivo, quedaría superada, en favor de un amor que siempre ha de ser entre personas y esencialmente voluntario. Una cosa es la atracción universal de todo ser (Dios y todas las creaturas, espirituales, psicosomáticas, sensitivas o puramente materiales, con el debido uso de la analogía) hacia el bien, y otra el amor, que solo se da entre personas y en plena libertad (amor electivo). Una cosa es el fin de la creación objetivo, y otra el fin específico de los seres que son personas.

5. La distinción entre amor de concupiscencia y el de benevolencia en los ángeles también queda superada: el amor es entrega y recepción de la persona amada. De primera intención el amor es entrega total del amante (menos la propia capacidad de amar) a la persona amada; pero siendo el amor reciprocidad perfecta, la entrega a la persona amada, no se puede dar en plenitud sin la consiguiente recepción por parte del amante de la entrega total que hace la persona amada (menos su propia capacidad de amar).

6. La prueba a la que el mundo angélico fue sometido, tuvo como objetivo fundamental la elección amorosa del amor de Dios, que fue aceptado por los ángeles buenos y rechazado por los demonios.

7. El demonio no puede amar a Dios propiamente hablando. El amor es elícito. Y electivamente, el demonio rechazó y rechaza a Dios con toda libertad. Por eso su condenación es eterna. Si el demonio pidiera a Dios perdón y aceptara su amor, podría,

en principio, ser salvado. Pero su voluntad está petrificada en el des–amor (odio, egoísmo).[136]

8. El demonio no puede perder su personalidad, pero sí puede llegar a quedar casi inoperante, diluida. Siendo el constitutivo formal de la persona la potencia de amar, y rechazando ese amor, el demonio se "des–personaliza" de hecho, aunque no de derecho. De ahí las conclusiones interesantes que se pueden extraer del diálogo de Cristo con el demonio de Gerasa, cuando le pregunta por su nombre, y el demonio responde "legión" porque somos muchos. La condición de persona del ser humano condenado en el Infierno sufre la misma suerte despersonalizadora que los demonios:

> "Dios, que es Amor, creó al hombre a su imagen y semejanza y lo dotó de la capacidad de amar como fin suyo propio, peculiar y último. Si, a pesar de eso, el hombre no ama, se cierra sobre sí mismo y pierde en cierto modo su esencialidad —o la orientación a la que fundamentalmente está destinada su naturaleza—, quedando reducido a una condición que ya se hace definitiva cuando la imposibilidad de amar es para siempre, como es el caso de los condenados o de los demonios en el Infierno.[137] A los cuales no les corresponde ya propiamente el carácter de persona ni

---

[136] La explicación de A. Gálvez del la condenación eterna y del Infierno desde la perspectiva del amor libremente rechazado, en *El Amigo Inoportuno...*, cit., págs. 89–106.

[137] Con esto no se afirma que los condenados en el Infierno han perdido su condición personal. Pero el destino de la persona consiste en abrirse a los demás en donación de amor, lo cual es ya imposible para el condenado, que se ha encerrado en sí mismo en una soledad que es ya para siempre. Como consecuencia de ello, la personalidad del condenado, más bien que aniquilada, se encuentra rota y partida, dividida y ahogada en una especie de inimaginable esquizofrenia que se desgarra a sí misma al contemplar el fracaso de su existencia.

10.6. A. GÁLVEZ: PERSONA Y AMOR ANGÉLICOS

> la posesión de un nombre individual y único, y sí más bien un nombre colectivo o multitudinario, propio y característico de una *massa damnata* que se ha apartado a sí misma, voluntariamente y para siempre, de cualquier posibilidad de amar: *Mi nombre es Legión, porque somos muchos*, contesta el espíritu inmundo a Jesús cuando éste le requiere para que le diga su nombre[138]".[139]

9. Esto nos proporciona un nuevo acercamiento a la naturaleza y razón de las penas que sufren los condenados en el Infierno, entre las que se encuentra la de la eterna soledad, en la que el condenado ya no encontrará a nadie con el que compartir su desesperación, pues la posibilidad de relacionarse con otro, necesaria para el amor, se habrá perdido para siempre. Esté modo de pena, puede dar luz a la naturaleza de la llamada "pena de sentido", como distinta de la de "daño". Algunos teólogos la consideraban como el resultado de la experiencia del desorden introducido en la obra creadora ("conversio ad creaturas...") por parte del condenado; la tesis de A. Gálvez delimita y explica mejor la causa y el efecto de ese desorden:

---

[138] Mc 5:9. Es curioso observar, acerca de la exégesis de este episodio evangélico, que el autor de la narración habla del demonio en singular, con la única excepción del verso 13 y tal vez la del 15; mientras que Jesús habla siempre en singular cuando amonesta al demonio, sin excepción alguna. El texto paralelo de San Lucas (8: 27–33) es algo más vacilante, y el narrador habla unas veces en singular y otras en plural, a diferencia de Jesús, que no duda nunca. Las leves vacilaciones del texto tal vez puedan explicarse por la misma singularidad del hecho, tan asombrosamente extraño para los cronistas. Textos aún más claros en este sentido son el de Mc 1: 21–28 y su paralelo Lc 4: 31–37.

[139] A. Gálvez: *Comentarios...*, cit., vol I, pág. 351.

"Entre las penas que sufrirán los condenados en el Infierno está la eterna soledad de su *yo*, que jamás encontrará a nadie con quien *compartir* su desesperación. Nadie habrá que lo escuche, ni nadie que lo comprenda o que se considere compartiendo sus tormentos. El condenado ni siquiera podrá compadecerse de sí mismo, puesto que todas las cualidades positivas derivadas naturalmente del *yo* (como la posibilidad de la compasión) habrán desaparecido. Incluso la posibilidad de *relacionarse con otro*, punto de partida necesario en el amor, habrá quedado perdida para siempre".[140]

10.7 Gracia

10.7.1 Elevación al estado de gracia

Dios dio a los ángeles un fin sobrenatural —la visión inmediata de Dios—, y les dotó de la gracia santificante para que pudieran conseguir tal fin.[141]

El sentido de esta verdad es que los ángeles fueron elevados al orden sobrenatural y no permanecieron en el puro orden natural.

---

[140] A. Gálvez: *El Misterio de la Oración*, New Jersey, Shoreless Lake Press, 2014, pág. 143.

[141] J. Ibáñez y F. Mendoza: *Dios Creador*..., cit., pág. 109 califican la tesis "Dios destinó a todos los ángeles a un fin último sobrenatural, que es la visión beatífica, y para este fin les dotó con la gracia santificante", como doctrina católica y su negación como error en doctrina católica.

Biblia

- Jn 8:44, "Vosotros tenéis por padre al Diablo, y queréis hacer los deseos de vuestro padre. Él es homicida desde el principio y no se mantuvo en la verdad, porque la verdad no estaba en él. Cuando habla la mentira, habla de lo suyo propio, porque él es mentiroso y padre de la mentira". La *verdad* es santidad sobrenatural en San Juan, como se puede ver en Jn 1:14.

- Jds 6, "Y como a los ángeles que no guardaron su dignidad y abandonaron su propia morada, los tiene reservados en perpetua prisión, en el orco, para el juicio del gran día". Siguiendo la interpretación de que los términos *dignidad y morada propia* significan algún tipo de excelencia sobrenatural, porque los dones naturales de los ángeles caídos permanecieron y no se perdieron.

- Mt 18:10, "Mirad que no despreciéis a uno de esos pequeños, porque en verdad os digo que sus ángeles ven de continuo en el Cielo la faz de mi Padre, que está en los Cielos". Aquí se habla de la visión beatífica. Pero los ángeles no tendrían visión beatífica si antes no hubieran sido elevados a la gracia santificante.

Santos Padres

Se encuentran afirmaciones de la elevación al orden sobrenatural desde su creación en San Basilio;[142] en San Agustín, quien sostuvo que todos los ángeles sin excepción fueron creados en estado de gracia habitual, para que pudieran ser buenos, y fueron constantemente ayudados con gracias actuales para que pudieran permanecer en el bien;[143] o en el "De Fide Orthodoxa" de San Juan Damasceno, donde

---

[142] San Basilio: *In Ps. Hom.*, 32, 4 (P. G., 29, 333; cfr. 32, 136).
[143] San Agustín: *De Civitate Dei*, 12, 9, 2 (P. L., 41, 357).

se enseña que los ángeles fueron creados por el Logos y perfeccionados por el Espíritu Santo para su santificación, y dependiendo de su dignidad y rango en el orden angélico, así recibieron la participación en la iluminación y en la gracia.[144]

Magisterio

El Magisterio ordinario se hace eco de esta proposición en las sentencias que rechazan la doctrina de Bayo,[145] quien afirmaba que Dios destinó a la visión beatífica a los ángeles no como un don sobrenatural de la gracia, sino como recompensa a las obras naturales buenas. Se condenan las siguientes sentencias:

- "Ni los méritos del ángel ni los del primer hombre aún íntegro, se llaman rectamente gracia".[146]

- "Tanto para los ángeles buenos como para el hombre, si hubiera perseverado en aquel estado hasta el fin de su vida, la felicidad hubiera sido retribución, no gracia".[147]

- "La vida eterna fue prometida al hombre íntegro y al ángel en consideración de las buenas obras; y por ley de naturaleza, las buenas obras bastan por sí mismas para conseguirla".[148]

---

[144]San Juan Damasceno: *De Fide Orthodoxa*, II, 3 (cfr. P. G., 94, 865–873).

[145]San Pio V, Bulla "Ex omnibus afflictionibus" de 1 octubre de 1567. Conviene recordar que Pedro Lombardo, Alejandro de Hales y algún otro autor medieval rechazaron que Dios hubiera admitido al orden de la gracia a los ángeles antes de pecar. Solo lo fueron aquéllos que fueron fieles a Dios tras su prueba inicial.

[146]"Nec angeli nec primi hominis adhuc integri merita recte vocantur gratia" (D. S. 1901).

[147]"Et bonis angelis et primo homini, si in statu illo perseverasset usque ad ultimum vitæ, felicitas esset merces, et non gratia" (D. S. 1903).

[148]"Vita æterna homini integro et angelo promissa fuit intuitu bonorum operum, et bona opera ex lege naturæ ad illam consequendam per se sufficiunt" (D. S. 1904).

10.7. GRACIA

- "En la promesa hecha tanto al ángel como al primer hombre, se contiene la constitución de la justicia natural, en la cual, por las buenas obras, sin otra consideración, se promete a los justos la vida eterna".[149]

Por su parte el Catecismo Romano también sostendrá la elevación al estado de la gracia santificante:

"Juntamente con el cielo corporal, creó Dios innumerables ángeles, que son naturalezas espirituales, para que le sirviesen y asistiesen; a los cuales, desde el primer instante de su ser, adornó con su gracia santificante, y los dotó de elevada ciencia (2 Sam 14:20) y de gran poder (Sal 103:20). Pero muchísimos de ellos se rebelaron por soberbia contra Dios, su Padre y Creador, por lo que al punto fueron arrojados al Infierno, donde son castigados eternamente (2 Pe 2:4)".[150]

Por su parte el Catecismo de la Iglesia Católica también presupone la misma verdad al reconocer el destino eterno al que estaban llamados:

"Los ángeles y los hombres, criaturas inteligentes y libres, deben caminar hacia su destino último por elección libre y amor de preferencia. Por ello pueden desviarse. De hecho pecaron..."[151]

---

[149]"In promissione facta (et) angelo et primo homini continetur naturalis iustitiæ constitutio, qua pro bonis operibus, sine alio respectu, vita æterna iustis promittitur" (D. S. 1905).

[150]*Catecismo Romano*, I, 2, 17.

[151]*Catecismo de la Iglesia Católica*, n. 311.

Razón teológica

Se puede fundamentar esta afirmación por analogía con lo ocurrido con los hombres. Todos los hombres estaban destinados a un fin sobrenatural en Adán; parece lógico que las creaturas racionales superiores también lo estuvieran; y este fin sobrenatural es la visión beatífica. Pero la visión beatífica está más allá del poder de cualquier naturaleza creada: la voluntad natural no puede mover hacia un fin que está más allá del alcance de la inteligencia natural sin una ayuda sobrenatural (gracia sobrenatural). Por tanto, los ángeles fueron elevados al orden sobrenatural (recibieron la gracia santificante), de tal modo que pudieran merecer y alcanzar su fin sobrenatural (la visión beatífica de Dios).

Santo Tomás distinguirá entre la perfección última natural y la perfección última sobrenatural:

"Ultima autem perfectio rationalis seu intellectualis naturæ est duplex. Una quidem, quam potest assequi virtute suæ naturæ, et hæc quodammodo beatitudo vel felicitas dicitur. Unde et Aristoteles perfectissimam hominis contemplationem, qua optimum intelligibile, quod est Deus, contemplari potest in hac vita, dicit esse ultimam hominis felicitatem. Sed super hanc felicitatem est alia felicitas, quam in futuro expectamus, qua vide-

"Pero la naturaleza racional o intelectual tiene dos perfecciones últimas. 1) Una, la que puede alcanzar con sus solas fuerzas naturales, y que, de algún modo, puede llamarse bienaventuranza o felicidad. Por eso dice Aristóteles que el acto más perfecto de la contemplación humana por el que se puede contemplar en esta vida el inteligible supremo, Dios, constituye la suprema felicidad del hombre. Pero por encima de esta felicidad hay 2) otra que esperamos para más adelante, por la que veremos a

10.7. GRACIA

bimus Deum sicuti est. Quod quidem est supra cuiuslibet intellectus creati naturam, ut supra ostensum est. Sic igitur dicendum est quod, quantum ad primam beatitudinem, quam Angelus assequi virtute suæ naturæ potuit, fuit creatus beatus. Quia perfectionem huiusmodi Angelus non acquirit per aliquem motum discursivum, sicut homo, sed statim ei adest propter suæ naturæ dignitatem, ut supra dictum est. Sed ultimam beatitudinem, quæ facultatem naturæ excedit, Angeli non statim in principio suæ creationis habuerunt, quia hæc beatitudo non est aliquid naturæ, sed naturæ finis; et ideo non statim eam a principio debuerunt habere".[152]

Dios tal cual es (1 Jn 3:2). Esta, como quedó demostrado (q. 12, a. 4), supera la capacidad de cualquier entendimiento creado. Así, pues, hay que decir: Respecto a la primera bienaventuranza que el ángel pudo tener con sus fuerzas naturales, fue creado bienaventurado. Porque el ángel no adquiere esta perfección por proceso discursivo, como es el caso del hombre, sino que, por la dignidad de su naturaleza, la posee inmediatamente, como ya dijimos (q. 58, a. 3). Pero la última bienaventuranza, que excede sus fuerzas naturales, no la obtuvieron desde el primer momento de su creación, porque esta bienaventuranza no pertenece a alguna naturaleza, sino que es el fin de la naturaleza. Por eso, no debieron tenerla inmediatamente desde el principio".

Para conseguir la primera, no es necesaria la gracia; pero ésta es indispensable para la segunda:

---

[152]Santo Tomás de Aquino: *Summ. Theol.*, I^a, q. 62, a. 1, co. Cfr. *In Sent.*, II, dist. 4, a. 1.

"Cum de Dei cognitione ageretur, quod videre Deum per essentiam, in quo ultima beatitudo rationalis creaturæ consistit, est supra naturam cuiuslibet intellectus creati. Unde nulla creatura rationalis potest habere motum voluntatis ordinatum ad illam beatitudinem, nisi mota a supernaturali agente. Et hoc dicimus auxilium gratiæ. Et ideo dicendum est quod Angelus in illam beatitudinem voluntate converti non potuit, nisi per auxilium gratiæ".[153]	"Cuando se trata del conocimiento de Dios, que es ver a Dios por esencia, y en esto consiste la última bienaventuranza de la criatura racional, hay que decir que supera la naturaleza de todo entendimiento creado. Por eso, la criatura racional no puede tener ordenado su movimiento de la voluntad a esta bienaventuranza, a no ser en cuanto que es movida por un agente sobrenatural. Esto es, precisamente, lo que llamamos ayuda de la gracia. Por lo tanto, hay que decir: El ángel no puede volverse a aquella bienaventuranza por su voluntad a no ser ayudada por la gracia".

En cuanto al momento o tiempo de la elevación al estado de gracia, hay dos opiniones básicas, como se apuntaba más arriba:

1.– Pedro Lombardo y la escuela franciscana sostuvieron que fueron creados en estado de naturaleza pura (sin gracia santificante), y se les pidió que se prepararan a la recepción de ésta última con la ayuda de gracias actuales. La gracia santificante se concedió solo a los ángeles buenos.[154]

---

[153] Santo Tomás de Aquino: *Summ. Theol.*, Iª, q. 62, a. 2, co. Cfr. *In Sent.*, II, dist. 5, q. 2, a. 1.

[154] *Magistrum Sent.* lib. II, dis. III, cap. 4; dis. IV cap. unic. Cfr. Alejandro de Hales: *Summa Theologiæ*, I–II, n. 100; San Buenaventura: *In Sent.* Lib. II, dis. iv, a. 1, q. 2.; Hugo de San Victor: *De Sacram.* Lib. I, p. V, cap. 19.

10.7. GRACIA

2.– Santo Tomás, siguiendo a San Agustín, sostuvo que los ángeles fueron creados en estado de gracia santificante. Lo mismo afirma el Catecismo Romano.

"Respondeo dicendum quod, quamvis super hoc sint diversæ opiniones, quibusdam dicentibus quod creati sunt Angeli in naturalibus tantum, aliis vero quod sunt creati in gratia; hoc tamen probabilius videtur tenendum, et magis dictis sanctorum consonum est, quod fuerunt creati in gratia gratum faciente. Sic enim videmus quod omnia quæ processu temporis per opus divinæ providentiæ, creatura sub Deo operante, sunt producta, in prima rerum conditione producta sunt secundum quasdam seminales rationes, ut Augustinus dicit, *super Gen. ad Litt.*; sicut arbores et animalia et alia huiusmodi. Manifestum est autem quod gratia gratum faciens hoc modo comparatur ad beatitudinem, sicut ratio seminalis in natura ad effectum naturalem, unde I Ioan. III, gratia semen Dei nominatur. Si-

"Hay que decir: Aun cuando en esta materia que estamos tratando hay diversidad de opiniones, pues según algunos los ángeles fueron creados en estado de naturaleza pura; según otros, en estado de gracia, lo que parece más probable y lo que está más en armonía con la doctrina de los Santos es que fueron creados en estado de gracia santificante. Vemos que todo lo que en el transcurso del tiempo fue producido por obra de la providencia divina con la intervención de la criatura, obrando bajo la acción de Dios, en la primera producción de las cosas fue hecho según ciertas razones seminales, como dice Agustín en Super Gen. ad litt. Esto fue lo que sucedió con los árboles, los animales, etc. Pero es evidente que la gracia santificante es, con respecto a la bienaventuranza, lo que la razón seminal con respecto a su efecto natural. Por eso, en 1 Jn 3:9, la gracia es llamada simiente de Dios. Así, pues, de acuerdo

| cut igitur, secundum opinionem Augustini, ponitur quod statim in prima creatione corporalis creaturæ inditæ sunt ei seminales rationes omnium naturalium effectuum, ita statim a principio sunt Angeli creati in gratia".[155] | con la opinión de Agustín se admite que, así como en la primera producción de la criatura corporal inmediatamente se depositaron en ella las razones seminales de todos los efectos naturales, así también los ángeles fueron creados en gracia desde el primer momento". |

10.7.2 Sujeción de los ángeles a una prueba moral

Los ángeles fueron sometidos a una prueba antes de recibir el premio o el castigo que ahora tienen. Ni los ángeles buenos fueron creados en estado de bienaventuranza sobrenatural, ni los malos en estado de condenación, sino que unos y otros merecieron tal situación voluntariamente, tras afirmar su fidelidad a Dios o rechazarla, lo que ocurrió a través de esa prueba en la que Dios los puso.

Sagrada Escritura

La Sagrada Escritura revela que los demonios sufrieron una prueba que no superaron y fueron condenados por ello (2 Pe 2:4; Jds 6); nada se dice de la prueba de los ángeles buenos, pero es congruente con la doctrina del mérito que también la sufrieran y la superaran.

Y por eso, los ángeles que perseveraron en el bien, fueron recompensados con la visión beatífica.[156]

---

[155]Santo Tomás de Aquino: *Summ. Theol.*, Iª, q. 62, a. 3, co. Cfr. *Catecismo Romano*, I, 2, 17.

[156]Esta tesis es calificada por J. Ibáñez y F. Mendoza: *Dios Creador...*, cit., pág. 114, como de fe divina y católica definida, como presupuesto a la caída culpable de los ángeles malos y del culto a los ángeles buenos.

10.7. GRACIA

La Biblia habla de visión beatífica de los ángeles buenos:

- Mt 18:10, "Mirad que no despreciéis a uno de esos pequeños, porque en verdad os digo que sus ángeles ven de continuo en el Cielo la faz de mi Padre, que está en los Cielos".

- Mt 22:30, "Porque en la resurrección ni se casarán ni se darán en casamiento, sino que serán como ángeles en el Cielo".

- Lc 9:26, "Porque quien se avergonzare de mí y de mis palabras, de él se avergonzará el Hijo del hombre cuando venga en su gloria y en la del Padre y de los santos ángeles".

Magisterio

El Catecismo Romano enseña que algunos ángeles por su culpa se convirtieron en malos; por tanto, aunque todos los ángeles estuvieron destinados a la visión beatífica, no pudieron tenerla desde el primer momento de su creación porque la visión beatífica hace imposible el pecar:

> "Pero aunque todos ellos (los ángeles) fueron enriquecidos con celestiales dones, no obstante muchísimos por haberse apartado de Dios, su Padre y Criador, fueron derribados de aquellos sublimes tronos y encerrados en una oscurísima cárcel de la tierra, donde pagan las penas eternas de su soberbia. De ellos escribe así el Príncipe de los Apóstoles: 'No perdonó Dios a los ángeles que pecaron, antes amarrados con las cadenas del Infierno, los entregó a sus tormentos, reservándolos para el juicio'".[157]

---

[157] *Catecismo Romano*, III, 22. Cfr. *Catecismo de la Iglesia Católica*, 311.

Teología

La razón de que los ángeles sufrieran una prueba antes de recibir el premio o el castigo eterno se sustenta en el hecho de que, aunque la Biblia habla de una prueba para los ángeles malos (2 Pe 2:4; Jds 6; cfr. infra) y no dice nada con relación a los buenos, sin embargo se puede utilizar la analogía con lo ocurrido con los otros seres racionales (los hombres). Los ángeles estuvieron en el *status viæ* y con la ayuda de la gracia y su libre cooperación, merecieron la visión beatífica (*status termini*).[158] En efecto, Santo Tomás argumentará la existencia de esa prueba moral de los ángeles para ganar la bienaventuranza sobrenatural eterna en base a la doctrina del mérito: solo en Dios es natural la bienaventuranza perfecta porque en Él es una cosa ser y ser bienaventurado; en cambio en la creatura, ser bienaventurado no es lo propio de su naturaleza, sino de su último fin, que excede a la naturaleza angélica (y también a la humana), y solo se puede obtener por medio del mérito, para lo cual poseyó la gracia santificante. El mérito se consiguió por medio de la superación de la prueba moral.[159]

Por otro lado, en el caso de los ángeles, bastó un solo acto, para merecer eternamente, debido a la perfección de su naturaleza, razón

---

[158] La asimilación sobrenatural a Dios en la tierra se basa en la gracia santificante y es completada en el otro mundo con la visión beatífica, esto es, por una participación en el auto–conocimiento divino y en al fruición que procede del mismo. La gracia y la gloria se relacionan como la semilla con el fruto. Gracia es el principio de la gloria ("gloria inchoata"); gloria es la perfección de la gracia ("gloria consummata"): "gratia et gloria ad idem genus referuntur, quia gratia hihil est aliud quam quædam inchoatio gloriæ en nobis" (*Summ. Theol.* II^a–II^æ, q. 24, a. 3, ad. 2). Las Sagradas Escrituras atestiguan la identidad sustancial de gracia y gloria, enseñando que el justificado ya tiene en sí la vida eterna (Jn 3:15.36; 4:14; 6:54; etc.). Cfr. L. Ott: *Manual...*, cit. pág. 393.

[159] Santo Tomás de Aquino: *Summ. Theol.*, I^a, q. 62, a. 4, co.; cfr. *Sent.*, II, dist. 5, q. 2, a. 2; *Quodl.*, 9, q. 4, a. 3.

10.7. GRACIA

por la que ellos no tienen que experimentar las contradicciones de los humanos en su conocer y en su obrar:

"Respondeo dicendum quod Angelus post primum actum caritatis quo beatitudinem meruit, statim beatus fuit. Cuius ratio est, quia gratia perficit naturam secundum modum naturæ, sicut et omnis perfectio recipitur in perfectibili secundum modum eius. Est autem hoc proprium naturæ angelicæ, quod naturalem perfectionem non per discursum acquirat, sed statim per naturam habeat, sicut supra ostensum est. Sicut autem ex sua natura Angelus habet ordinem ad perfectionem naturalem, ita ex merito habet ordinem ad gloriam. Et ita statim post meritum in Angelo fuit beatitudo consecuta. Meritum autem beatitudinis, non solum in Angelo, sed etiam in homine esse potest per unicum actum, quia quolibet actu caritate informato homo beatitudinem meretur. Unde relinquitur quod statim post unum ac-

"Hay que decir: Después que el ángel realizó el primer acto de amor por el que mereció la bienaventuranza, inmediatamente fue bienaventurado. El porqué de esto radica en que la gracia perfecciona la naturaleza según el modo de ser de cada naturaleza, ya que toda perfección es recibida por lo perfectible según su modo de ser. Pero, como quedó demostrado (q. 58, a. 3), lo propio de la naturaleza angélica es que no adquiere su perfección natural por un proceso discursivo, sino que la alcanza inmediatamente por naturaleza. Por lo tanto, lo mismo que el ángel, por su naturaleza, está ordenado a la perfección natural, así también, por el mérito, está orientado a la gloria. Por eso, inmediatamente después de merecerla, la tuvo. Pero no solamente el ángel, sino también el hombre puede merecer la bienaventuranza con un solo acto, porque la merece por cada acto informado por la caridad. Por lo tanto, hay que concluir que inmediatamente después de un ac-

tum caritate informatum, Angelus beatus fuit".[160]

to informado por la caridad, el ángel fue bienaventurado".

En el estado de visión beatífica, los ángeles no pueden pecar, como ocurre con las almas de los bienaventurados.

"Respondeo dicendum quod Angeli beati peccare non possunt. Cuius ratio est, quia eorum beatitudo in hoc consistit, quod per essentiam Deum vident. Essentia autem Dei est ipsa essentia bonitatis. Unde hoc modo se habet Angelus videns Deum ad ipsum Deum, sicut se habet quicumque non videns Deum ad communem rationem boni. Impossibile est autem quod aliquis quidquam velit vel operetur, nisi attendens ad bonum; vel quod velit divertere a bono, inquantum huiusmodi. Angelus igitur beatus non potest velle vel agere, nisi attendens ad Deum. Sic autem volens vel agens non potest peccare. Unde Angelus beatus nullo modo peccare potest".[161]

"Hay que decir: Los ángeles bienaventurados no pueden pecar. El porqué de esto radica en que su bienaventuranza consiste en que ven a Dios por esencia. La esencia de Dios es la esencia de la bondad. Por lo tanto, el ángel que ve a Dios, con respecto a Dios se comporta como se comporta con respecto a la razón común de bien quien no ve a Dios. Pero es imposible que alguien quiera o haga algo sin su mirada puesta en el bien; como también es imposible que quiera apartarse del bien en cuanto tal. Por lo tanto, el ángel bienaventurado no puede obrar ni querer si no es mirando a Dios. Queriendo y actuando así, no puede pecar. Por lo tanto, el ángel no puede pecar".

Hay diferentes grados de visión de Dios, puesto que solo Dios tiene la comprensión de su propia esencia. Por tanto hay infinitos modos y

---

[160] Santo Tomás de Aquino: *Summ. Theol.*, Iª, q. 62, a. 5, co.

[161] Santo Tomás de Aquino: *Summ. Theol.*, Iª, q. 62, a. 8, co.; cfr. *Sent.*, Lib. II, dist. VII, q. 1, a. 1; *De Ver.*, q. 24, a. 8.

10.7. GRACIA

posibles grados de visión para las creaturas angélicas, siendo asignados unos u otros por predeterminación divina. En efecto:

"Respondeo dicendum quod in unoquoque motu motoris intentio fertur in aliquid determinatum, ad quod mobile perducere intendit, intentio enim est de fine cui repugnat infinitum. Manifestum est autem quod, cum creatura rationalis per suam virtutem consequi non possit suam beatitudinem, quæ in visione Dei consistit, ut ex superioribus patet; indiget ut ad beatitudinem a Deo moveatur. Oportet igitur quod sit aliquid determinatum, ad quod quælibet creatura rationalis dirigatur sicut in ultimum finem. Et hoc quidem determinatum non potest esse, in divina visione, quantum ad ipsum quod videtur, quia summa veritas ab omnibus beatis secundum diversos gradus conspicitur. Sed quantum ad modum visionis, præfigitur diversimode terminus ex intentione dirigentis in finem. Non enim possibile est quod, sicut rationalis crea-

"Hay que decir: En todo movimiento, la intención del que mueve está orientada a algo determinado, intentando llevar hasta ahí al móvil, ya que la intención está puesta en el fin. Pero como la criatura racional con sus solas fuerzas no puede alcanzar la propia bienaventuranza, que consiste en la visión de Dios, como dijimos (a. 1, q. 12, a. 4), es evidente que necesita ser dirigida por Dios a la bienaventuranza. Por lo tanto, es necesario que exista algo determinado a lo que se oriente como a su fin último cualquier criatura racional. Tratándose de la vida divina, este algo determinado no puede ser el mismo objeto visto, porque la suprema verdad es vista en diversos grados por todos los bienaventurados. Por el contrario, si se atiende al modo de visión, encontramos que la intención de quien dirige al fin, establece el fin de distintas maneras. No es posible que, por el hecho de que la criatura racional sea elevada a ver la suma esencia,

tura producitur ad videndum summam essentiam, ita producatur ad summum modum visionis, qui est comprehensio, hic enim modus soli Deo competere potest, ut ex supra dictis patet. Sed cum infinita efficacia requiratur ad Deum comprehendendum, creaturæ vero efficacia in videndo non possit esse nisi finita; ab infinito autem finitum quodlibet infinitis gradibus distet; infinitis modis contingit creaturam rationalem intelligere Deum vel clarius vel minus clare. Et sicut beatitudo consistit in ipsa visione, ita gradus beatitudinis in certo modo visionis. Sic igitur unaquæque creatura rationalis a Deo perducitur ad finem beatitudinis, ut etiam ad determinatum gradum beatitudinis perducatur ex prædestinatione Dei. Unde consecuto illo gradu, ad altiorem transire non potest".[162]

sea elevada también al sumo modo de verla, que es la comprehensión; pues, por todo lo dicho (q. 12, a. 7; q. 14, a. 3), este modo sólo le corresponde a Dios. Pero como para comprender a Dios se precisa una eficacia infinita, la capacidad de visión de la criatura es finita. Entre lo finito y lo infinito hay infinitos grados. Por lo tanto, hay que concluir que los modos de ver a Dios también son infinitos. Unos más claros, otros menos. Como la bienaventuranza consiste en la misma visión de Dios, el grado de la bienaventuranza consiste en un determinado modo de visión. Así, pues, cada una de las criaturas racionales de tal manera es llevada por Dios a la bienaventuranza, que también es llevada por predestinación divina a un determinado grado de bienaventuranza. Por eso, conseguido aquel grado, no puede pasar a otro más elevado".

Los ángeles no pueden aumentar la beatitud esencial, pero sí la accidental ("hay más alegría entre los ángeles del Cielo por un pecador que se convierte..." Lc 15:10):

---

[162]Santo Tomás de Aquino: *Summ. Theol.*, Iª, q. 62, a. 9, co.; cfr. *Sent.*, Lib. II, dist. XI, P. 2, a. 1.

10.7. GRACIA

"Ad tertium dicendum quod, licet Angelus beatus non sit in summo gradu beatitudinis simpliciter, est tamen in ultimo quantum ad seipsum, secundum prædestinationem divinam. Potest tamen augeri Angelorum gaudium de salute eorum qui per ipsorum ministerium salvantur; secundum illud Luc. XV, gaudium est Angelis Dei super uno peccatore pœnitentiam agente. Sed hoc gaudium ad præmium accidentale pertinet, quod quidem augeri potest usque ad diem iudicii. Unde quidam dicunt quod, quantum ad præmium accidentale, etiam mereri possunt. Sed melius est ut dicatur quod nullo modo aliquis beatus mereri potest, nisi sit simul viator et comprehensor, ut Christus, qui solus fuit viator et comprehensor. Prædictum enim gaudium magis acquirunt ex virtute beatitudinis, quam illud mereantur".[163]

"A la tercera hay que decir: Aun cuando el ángel bienaventurado no ocupa el lugar absolutamente supremo de la bienaventuranza, no obstante sí ocupa el supremo que le corresponde según la predestinación divina. Sin embargo, el gozo de los ángeles puede aumentar por la suerte de los que salvan por intervención de su ministerio, según aquello de Lc 15:10, Hay alegría en los ángeles del Señor por un pecador que hace penitencia. Pero dicho gozo pertenece al premio accidental, que puede aumentar hasta el día del juicio. Por eso algunos dijeron que, en cuanto al premio accidental, el ángel puede merecer. No obstante, lo más acertado es decir que ningún bienaventurado en modo alguno puede merecer, a no ser que sea terreno y eterno, como le sucedió a Cristo, el único que fue terreno y eterno a un tiempo. Pues el gozo que experimentan, más que merecerlo, lo adquieren en virtud de su bienaventuranza".

---

[163] Santo Tomás de Aquino: *Summ. Theol.*, Iª, q. 62, a. 9, ad 3.

10.8 Eficacia de los ángeles buenos

Se puede estudiar la acción de los ángeles buenos desde cuatro perspectivas, según el objeto sobre la que recae: Dios, los otros ángeles, el hombre y las cosas materiales.

10.8.1 Actividad en relación con Dios

La misión primaria de los ángeles buenos es la glorificación y el servicio de Dios.[164]

1. Con Dios. Este aspecto está presente en toda la Biblia. El Salmo 103:20 es muy claro: "Bendecid a Yahvéh vosotros, sus ángeles, que sois poderosos y cumplís sus órdenes, prontos a la voz de su palabra" (cfr. Sal 97:7; Is 6; Ez 1; Da 3:58; Heb 1: 6–7; Ap 4:8; 5: 11ss; 7: 11ss; etc.).

    - Adorarlo.
    - Alabarlo.
    - Bendecirlo.
    - Obedecerlo.

2. Con Cristo:

    - Adorarlo como Dios y como hombre también (Flp 2:10; Heb 1:6).
    - Servirle (Mt 4:11).

Todos los ángeles pueden hablar con Dios para recibir órdenes, o para entenderle mejor, admirando la excelencia divina que nunca llegan a comprender; así se parece al modo de hablar del discípulo

---

[164]L. Ott: *Manual...*, cit., pág. 200, califica la sentencia como cierta.

10.8. EFICACIA DE LOS ÁNGELES BUENOS

al maestro. Pero no habla con Dios como el maestro lo hace al discípulo (por tanto no se refiere a la verdad de las cosas, ni de lo que depende de la voluntad creada, ya que Dios es principio y autor de toda verdad y de toda voluntad creada):

"Locutio Angeli est per hoc, quod conceptus mentis ordinatur ad alterum. Sed aliquid ordinatur ad alterum dupliciter. Uno modo, ad hoc quod communicet alteri; sicut in rebus naturalibus agens ordinatur ad patiens et in locutione humana doctor ordinatur ad discipulum. Et quantum ad hoc, nullo modo Angelus loquitur Deo, neque de his quæ ad rerum veritatem pertinent, neque de his quæ dependent a voluntate creata, quia Deus est omnis veritatis et omnis voluntatis principium et conditor. Alio modo ordinatur aliquid ad alterum, ut ab eo aliquid accipiat; sicut in rebus naturalibus passivum ad agens, et in locutione humana discipulus ad magistrum. Et hoc modo Angelus loquitur Deo, vel consultando divinam voluntatem de agendis; vel eius excellentiam, quam nunquam comprehendit, admi-

"La locución del ángel consiste en destinar su concepción mental a otro. Pero destinar puede hacerse de dos modos. 1) El primero, para comunicar algo a otro, como en la naturaleza se ordena el agente al paciente; y en la locución humana, el maestro al discípulo. En este sentido, de ningún modo habla el ángel a Dios, ni sobre lo que pertenece a la verdad de las cosas ni sobre aquello que depende de la voluntad creada, puesto que Dios es principio y autor de toda verdad y de toda voluntad creada. 2) El segundo modo de referir algo a otro es para recibir algo de aquél a quien se refiere; así se debe en la naturaleza el paciente al agente; y, en lo humano, el discípulo al maestro. De este segundo modo habla el ángel a Dios, bien sea para consultar la divina voluntad sobre lo que se ha de hacer, o para admirar la grandeza divina, que nunca

rando; sicut Gregorius dicit, II Moral., *quod Angeli loquuntur Deo, cum per hoc quod super semetipsos respiciunt, in motum admirationis surgunt*".[165]

ha de llegar a comprender, porque, como dice Gregorio en II Moral.: Al contemplar lo que les sobrepasa, los ángeles, en éxtasis de admiración, hablan a Dios".

10.8.2 Actividad en relación con otros ángeles

La actividad de unos ángeles sobre otros puede ocurrir o sobre el entendimiento (*iluminación*) o sobre la voluntad (*fortalecimiento*).

1.– *El modo de actuar sobre el entendimiento es la iluminación* de los ángeles superiores a los inferiores, lo cual se puede hacer de dos maneras.[166]

La primera es fortaleciendo el poder de sus intelectos. Al modo como la fuerza de un cuerpo más imperfecto se vigoriza por la aproximación de otro cuerpo más perfecto, del mismo modo la capacidad intelectiva de un ángel inferior se fortalece por la pura presencia ante él (la *conversión*) de un ángel superior (al modo como la cercanía de lo más caliente, calienta a lo menos caliente). Un ejemplo que puede ayudar a comprender este acto de "confortar" es el que nosotros podemos experimentar cuando ante una dificultad, sufrimiento o soledad, nos sentimos confortados y alentados al ser acompañados por un ser

---

[165] Santo Tomás de Aquino: *Summ. Theol.*, Iª, q. 107, a. 3, co.

[166] "Cum autem ad intelligendum duo concurrant, ut supra diximus, scilicet virtus intellectiva, et similitudo rei intellectæ; secundum hæc duo unus Angelus alteri veritatem notam notificare potest" ("Al darse cita en el acto de entender, y, tal como dijimos (q. 105, a. 3), la virtud intelectiva y la especie de la cosa entendida, en razón de ambas puede un ángel notificar a otro la verdad conocida", Santo Tomás de Aquino: *Summ. Theol.*, Iª, q. 106, a. 1, co.). Cfr. *Sent.*, Lib. II, dist. IX, a. 2; dist. XI, P. II, q. 1, a. 2; *De Ver.*, q. 9, a. 1 y 5; *Compend. Theol.*, cap. 126.

10.8. EFICACIA DE LOS ÁNGELES BUENOS

benéfico o amigo; no se produce un efecto real o físico en el alma, pero sí un mayor rendimiento de la propia capacidad espiritual:

"Primo quidem, fortificando virtutem intellectivam eius. Sicut enim virtus imperfectioris corporis confortatur ex situali propinquitate perfectioris corporis, ut minus calidum crescit in calore ex præsentia magis calidi; ita virtus intellectiva inferioris Angeli confortatur ex conversione superioris Angeli ad ipsum. Hoc enim facit in spiritualibus ordo conversionis, quod facit in corporalibus ordo localis propinquitatis".[167]

"Primero, fortaleciendo su virtud intelectiva; porque, así como la virtud de un cuerpo menos perfecto se robustece con la proximidad local de otro cuerpo más perfecto, por ejemplo, uno menos cálido aumenta en calor con la presencia de otro más cálido, así la virtud intelectiva de un ángel inferior es confortada por la conversión hacia él de un ángel superior. El hecho de esta conversión hace en las cosas espirituales lo que el de la proximidad local en las corporales".

La segunda es mostrándoles la verdad con mayor detalle (como el maestro enseña a sus discípulos), lo cual ocurre porque el ángel superior contempla la verdad de un modo más universal que el inferior, y el superior la propone de manera que pueda comprenderla el ángel inferior:[168]

"Secundo autem unus Angelus alteri manifestat veritatem, ex parte similitudinis intellectæ.

"Manifiesta también un ángel a otro la verdad por parte de la especie intelectiva; porque el

---

[167] Santo Tomás de Aquino: *Summ. Theol.*, Iª, q. 106, a. 1, co.

[168] La iluminación no hace referencia a la esencia divina, que es contemplada directamente por todos los ángeles bienaventurados, sino a las razones a las razones que rigen las acciones divinas en el orden natural, de la gracia y de la gloria. Cfr. Santo Tomás de Aquino: *Summ. Theol.*, Iª, q. 106, a. 1, ad 1.

> Superior enim Angelus notitiam veritatis accipit in universali quadam conceptione, ad quam capiendam inferioris Angeli intellectus non esset sufficiens, sed est ei connaturale ut magis particulariter veritatem accipiat. Superior ergo Angelus veritatem quam universaliter concipit, quodammodo distinguit, ut ab inferiori capi possit; et sic eam cognoscendam illi proponit..."[169]

> "ángel superior recibe el conocimiento de la verdad bajo una forma de concepción universal que sobrepasa la capacidad intelectual del ángel inferior, al cual es connatural conocer la verdad de un modo más particular. El ángel superior divide en cierto modo la verdad que él conoce universalmente, a fin de que la pueda recibir el inferior, y así, se la propone para que la conozca..."

La iluminación puede hacerse solo de los ángeles superiores a los inferiores, sobre todas las cosas que conocen aquéllos y son desconocidas para éstos:

> "Omnes creaturæ ex divina bonitate participant ut bonum quod habent, in alia diffundant, nam de ratione boni est quod se aliis communicet. Et inde est etiam quod agentia corporalia similitudinem suam aliis tradunt, quantum possibile est. Quanto igitur aliqua agentia magis in participatione divinæ bonitatis constituuntur, tanto magis perfectiones suas nituntur in alios transfundere, quantum

> "Todas las criaturas se asemejan a la bondad divina en difundir a otras el bien que poseen; pues comunicarse es propio del bien. Vemos que incluso los agentes corporales comunican a otros su semejanza en la medida de lo posible. Por lo tanto, cuanto más participan las causas de la bondad divina, tanto más aspiran a transmitir a otros sus perfecciones. Por eso, San Pedro amonesta a los que participan por la gracia

---

[169] Santo Tomás de Aquino: *Summ. Theol.*, Iª, q. 106, a. 1, co.

10.8. EFICACIA DE LOS ÁNGELES BUENOS

possibile est. Unde beatus Petrus monet eos qui divinam bonitatem per gratiam participant, dicens, I Petr. IV, unusquisque, sicut accepit gratiam, in alterutrum illam administrantes, sicut boni dispensatores multiformis gratiæ Dei. Multo igitur magis sancti Angeli, qui sunt in plenissima participatione divinæ bonitatis, quidquid a Deo percipiunt, subiectis impartiuntur. Non tamen recipitur ab inferioribus ita excellenter sicut est in superioribus. Et ideo superiores semper remanent in altiori ordine, et perfectiorem scientiam habentes. Sicut unam et eandem rem plenius intelligit magister, quam discipulus qui ab eo addiscit".[170]

la bondad divina, diciéndoles (1 Pe 4:10), El don que cada uno haya recibido, póngalo al servicio de los otros, como buenos administradores de la multiforme gracia de Dios. Con mayor razón, pues, los santos ángeles, que participan plenamente de la bondad divina, comunican a los inferiores todo lo que ellos perciben de Dios. Sin embargo, esto no es recibido por los inferiores de manera tan plena como está en los superiores, por lo cual los superiores permanecen siempre en un orden más elevado y son poseedores de ciencia más perfecta, así como una misma cosa es entendida por el maestro más plenamente que por el discípulo que aprende de él [el maestro]".

Pero los ángeles inferiores sí se pueden comunicar con los superiores, aunque no para iluminarles:

"Inferiores Angeli nunquam illuminant superiores, sed semper ab eis illuminantur. Cuius ratio est quia, sicut supra dictum est, ordo continetur sub

"Los ángeles inferiores nunca iluminan a los superiores, sino que siempre son iluminados por ellos. El porqué de esto radica en que, según lo dicho (q. 105, a. 6),

---

[170]Santo Tomás de Aquino: *Summ. Theol.*, Iª, q. 106, a. 4, co.

ordine, sicut causa continetur sub causa. Unde sicut ordinatur causa ad causam, ita ordo ad ordinem. Et ideo non est inconveniens, si aliquando aliquid fiat præter ordinem inferioris causæ, ad ordinandum in superiorem causam, sicut in rebus humanis prætermittitur mandatum præsidis, ut obediatur principi. Et ita contingit ut præter ordinem naturæ corporalis, aliquid Deus miraculose operetur, ad ordinandum homines in eius cognitionem. Sed prætermissio ordinis qui debetur spiritualibus substantiis, in nullo pertinet ad ordinationem hominum in Deum, cum operationes Angelorum non sint nobis manifestæ, sicut operationes visibilium corporum. Et ideo ordo qui convenit spiritualibus substantiis, nunquam a Deo prætermittitur, quin semper inferiora moveantur per superiora, et non e converso". [171]

un orden se contiene bajo otro como una causa bajo otra. Así, pues, al igual que se ordena una causa a otra, así se ordena un orden a otro. Por eso, nada impide que alguna vez se realice algo fuera del orden de una causa inferior para ordenarlo a una causa superior, como en las cosas humanas se prescinde a veces del mandato del regente para obedecer al príncipe. Así sucede cuando Dios hace milagros fuera del orden de la naturaleza corporal, para dirigir a los hombres a su conocimiento. Pero prescindir del orden establecido para las sustancias espirituales, en nada contribuye a ordenar a los hombres a Dios, porque las operaciones de los ángeles no son evidentes para nosotros, como lo son las de los cuerpos visibles. Por lo tanto, el orden establecido en las sustancias espirituales nunca es derogado por Dios, siendo siempre las inferiores movidas por las superiores, y no al revés".

Del hecho de la iluminación de los ángeles superiores a los inferiores se deduce que debe existir entre ellos un modo de comunicación

---

[171] Santo Tomás de Aquino: *Summ. Theol.*, Iª, q. 106, a. 3, co. Cfr. *De Ver.*, q. 9, a. 2.

10.8. EFICACIA DE LOS ÁNGELES BUENOS

intelectual, un a modo de lenguaje, para que se expresen mutuamente. Es claro que existe tal lenguaje, pues la Biblia nos relata el hecho, como por ejemplo:

- Is 6:3, "Clamaban entre sí diciendo. -¡Santo, Santo, Santo es el Señor de los ejércitos! ¡Llena está toda la tierra de su gloria!".

- Da 8:16, "Oí una voz humana junto al río Ulay, que gritó diciendo: Gabriel, explícale a éste la visión".

- 1 Cor 13:1, "Aunque hablara las lenguas de los hombres y de los ángeles, si no tengo caridad, sería como el bronce que resuena o un golpear de platillos".

- Etc.

El problema está en determinar el modo de comunicación. Las expresiones de *clamar, hablar, lenguaje, idioma,* etc. han de ser entendidas en sentido metafórico, e ir al concepto básico de lo que significan. Santo Tomás dirá que no es otra cosa que manifestar a los demás un concepto de la mente.[172] Pero, ¿cómo ocurre esto entre los ángeles? No se pueden aceptar explicaciones que hagan intervenir elementos sensibles de tipo material para la comunicación, como puede ser el uso de palabras o de sonidos, porque estamos ante seres puramente espirituales. La respuesta de Santo Tomás es que los ángeles voluntariamente ordenan o refieren sus propios conceptos para ser comprendidos por otros ángeles. Los pensamientos de los ángeles son privados, y no se ocultan como en el ser humano mediante la opacidad del cuerpo o de

---

[172]Santo Tomás de Aquino: *Summ. Theol.*, Iª, q. 107, a. 1, co.: "Nihil est enim aliud loqui ad alterum, quam conceptum mentis alteri manifestare". Cfr. J. Valbuena: *Introducciones al Tratado del Gobierno del Mundo*, en "Suma Teológica de Santo Tomás de Aquino", tomo III, BAC, Madrid, 2011, pág. 823.

la materia, sino mediante la voluntad de permanecer ocultos, capacidad que Dios les otorgó al crearlos. Si la causa de la ocultación es la voluntad, también lo será la causa de la comunicación:

"Ad intelligendum igitur qualiter unus Angelus alii loquatur, considerandum est quod, sicut supra diximus cum de actibus et potentiis animæ ageretur, voluntas movet intellectum ad suam operationem. Intelligibile autem est in intellectu tripliciter, primo quidem, habitualiter, vel secundum memoriam, ut Augustinus dicit; secundo autem, ut in actu consideratum vel conceptum; tertio, ut ad aliud relatum. Manifestum est autem quod de primo gradu in secundum transfertur intelligibile per imperium voluntatis, unde in definitione habitus dicitur, quo quis utitur cum voluerit. Similiter autem et de secundo gradu transfertur in tertium per voluntatem, nam per voluntatem conceptus mentis ordinatur ad alterum, puta vel ad agendum aliquid, vel ad mani-

"Hay entre los ángeles algún modo de lenguaje. Pero, como dice Gregorio en II Moral., es justo que nuestra mente, superior a la cualidad del lenguaje corpóreo, quede en suspenso ante los sublimes y desconocidos modos de una locución íntima. Tratando de entender cómo un ángel puede hablar a otro, es preciso tener presente que, como dijimos al tratar de los actos y potencias del alma (q. 82, a. 4), la voluntad mueve a obrar al entendimiento. Pero lo inteligible está en el entendimiento de tres maneras: 1) o habitualmente, es decir, en la memoria, según dice Agustín; 2) o considerado y concebido en acto; 3) o como referido a otro. Es evidente que lo inteligible pasa del primer modo al segundo por el imperio de la voluntad, que por eso se dice en la definición del hábito: Del que usa uno cuando quiere. Del mismo modo se pasa también del segundo grado al tercero, puesto que por la voluntad se ordena a algo el concepto mental,

10.8. EFICACIA DE LOS ÁNGELES BUENOS

festandum alteri. Quando autem mens convertit se ad actu considerandum quod habet in habitu, loquitur aliquis sibi ipsi, nam ipse conceptus mentis interius verbum vocatur. Ex hoc vero quod conceptus mentis angelicæ ordinatur ad manifestandum alteri, per voluntatem ipsius Angeli, conceptus mentis unius Angeli innotescit alteri, et sic loquitur unus Angelus alteri. Nihil est enim aliud loqui ad alterum, quam conceptum mentis alteri manifestare".[173]

por ejemplo, a obrar algo o a manifestarlo a los demás. Cuanto al volverse la mente a considerar en acto lo que posee en hábito, se habla uno a sí mismo; pues el mismo concepto mental se llama realmente palabra interior. Y por el hecho mismo de que el concepto de la mente angélica se ordena por la voluntad del propio ángel a ser manifestado a otro ángel, se le descubre a éste el concepto de la mente del que a él se convierte; y esto es a lo que se dice hablar un ángel a otro. Pues hablar a otro no es más que manifestarle algún concepto de la mente".

2.– En cuanto a la *eficacia sobre la voluntad* de otro ángel, Santo Tomás sostiene que un ángel no puede mover la voluntad de otro de un modo necesario y eficaz (ya que no son en sí mismos el bien universal, ni pueden manifestarlo tal cual es en sí), aunque *puede inclinar* su voluntad por vía de persuasión ofreciéndole un objeto más apetecible, y haciendo que ame más a Dios o a una creatura:

"Voluntas immutatur dupliciter, uno modo, ex parte obiecti; alio modo ex parte ipsius potentiæ. Ex parte quidem obiecti, movet voluntatem

"La voluntad se mueve de dos maneras: por parte del objeto y por parte de la potencia misma. Por parte del objeto, la voluntad es movida por el bien mismo, que

---

[173]Santo Tomás de Aquino: *Summ. Theol.*, Iª, q. 107, a. 1, co. Cfr. *Sent.*, II, dist. 11, P. II, a. 3; *De Ver.*, q. 9, a. 4.

et ipsum bonum quod est voluntatis obiectum, sicut appetibile movet appetitum; et ille qui demonstrat obiectum, puta qui demonstrat aliquid esse bonum. Sed sicut supra dictum est, alia quidem bona aliqualiter inclinant voluntatem; sed nihil sufficienter movet voluntatem, nisi bonum universale, quod est Deus. Et hoc bonum solus ipse ostendit, ut per essentiam videatur a beatis, qui dicenti Moysi, *ostende mihi gloriam tuam*, respondit, *ego ostendam tibi omne bonum*, ut habetur Exod. XXXIII. Angelus ergo non sufficienter movet voluntatem, neque ut obiectum, neque ut ostendens obiectum. Sed inclinat eam, ut amabile quoddam, et ut manifestans aliqua bona creata ordinata in Dei bonitatem. Et per hoc inclinare potest ad amorem creaturæ vel Dei, per modum suadentis. Ex parte vero ipsius potentiæ, voluntas nullo modo potest moveri nisi a Deo. Operatio enim voluntatis est incli-

es su objeto, como el apetito es movido por lo apetecible, y también por aquel que le presente este objeto. Ejemplo: Al hacerle ver que algo es bueno. Pero, como ya se ha dicho, algunos bienes inclinan más o menos la voluntad; pero nada, a no ser el bien universal, que es Dios, es capaz de moverla lo suficiente. Y este bien no puede ser manifestado de tal modo que pueda ser visto en su esencia por los bienaventurados, sino sólo por Dios, quien, al decirle Moisés: Manifiéstame tu gloria, respondió: Yo te mostraré todo bien, según se relata en Ex 33: 18–19. El ángel, pues, no puede mover suficientemente la voluntad, ni como objeto ni como manifestador del objeto. Sin embargo, puede inclinarla en cuanto manifiesta a la voluntad algunos bienes creados que se ordenan a la bondad de Dios. Por eso puede despertar en ella amor de la criatura o de Dios, persuadiéndola. Pero, por parte de la potencia misma, de ningún modo puede la voluntad ser movida si no es por Dios. Porque la operación

10.8. EFICACIA DE LOS ÁNGELES BUENOS

natio quædam volentis in volitum. Hanc autem inclinationem solus ille immutare potest, qui virtutem volendi creaturæ contulit, sicut et naturalem inclinationem solum illud agens potest mutare, quod potest dare virtutem quam consequitur inclinatio naturalis. Solus autem Deus est qui potentiam volendi tribuit creaturæ, quia ipse solus est auctor intellectualis naturæ. Unde unus Angelus voluntatem alterius movere non potest".[174]

de la voluntad es como una inclinación del que quiere hacia lo querido; y esta inclinación solamente la puede mover aquel que confirió a la criatura la virtud de querer, del mismo modo que la tendencia natural sólo puede cambiarla el agente que puede dar la virtud de la que proviene dicha tendencia. Pero sólo Dios da a la criatura la potencia de querer, porque sólo El es autor de la naturaleza intelectual. Por lo tanto, un ángel no puede mover la voluntad de otro".

10.8.3 Actividad en general sobre los hombres

El principio general que preside el pensamiento de Santo Tomás sobre los ministerios humanos de los ángeles consiste en que "es parte integral del orden de la divina Providencia, que los seres inferiores estén sujetos a la acción de los seres superiores",[175] "lo cual se cumple no sólo en los ángeles, sino también en todo el universo".[176]

Es necesario admitir como principio básico que ningún ángel bueno o malo puede directamente (eficazmente y desde dentro) afectar a la voluntad de los hombres. Pueden persuadir solamente de modo intelectual como cualquier hombre lo podría hacer con un semejante; pueden también excitar las pasiones como la lujuria o el enojo. Solo

---

[174]Santo Tomás de Aquino: *Summ. Theol.*, Iª, q. 106, a. 2, co. Cfr. *De Ver.*, q. 22, a. 9; *Contra Gent.*, III, cap. 88; *De Malo*, q. 3, a.3.
[175]Santo Tomás de Aquino: *Summ. Theol.*, Iª, q. 111, a. 1, co.
[176]Santo Tomás de Aquino: *Summ. Theol.*, Iª, q. 112, a. 2, co.

Dios tiene el poder de afectar directamente a la voluntad humana porque Él es el Supremo Bien. En efecto:

1.– *Cualquier ángel puede mover los sentidos humanos*, tanto desde fuera, es decir, presentándoles externamente cualquier objeto sensible; o desde dentro, esto es, haciendo funcionar los centros sensoriales en dirección y sentido inverso a los ordinarios y naturales, lo que ocurre cuando los ángeles hacen que los sentidos internos actúen del interior al exterior sobre los sentidos externos como si éstos fueran realmente impresionados por un objeto exterior.

Los sentidos internos son actuados por su propia naturaleza angélica; los externos, por su poder de mover localmente.

"Sensus immutatur dupliciter. Uno modo, ab exteriori; sicut cum mutatur a sensibili. Alio modo, ab interiori, videmus enim quod, perturbatis spiritibus et humoribus immutatur sensus; lingua enim infirmi, quia plena est cholerico humore, omnia sentit ut amara; et simile contingit in aliis sensibus. Utroque autem modo Angelus potest immutare sensum hominis sua naturali virtute. Potest enim Angelus opponere exterius sensui sensibile aliquod, vel a natura formatum, vel aliquod de novo formando; sicut facit dum corpus

"Los sentidos se alteran de dos maneras. Una, exteriormente, como al ser impresionados por el objeto sensible. Otra, por algo interior. Vemos que, alterados los espíritus y humores, se altera el sentido. Ejemplo: la lengua del enfermo, si está biliosa, todo lo percibe como amargo. Lo mismo sucede con los demás sentidos. Pues de uno y otro modo puede el ángel con su virtud natural alterar los sentidos del hombre. El ángel puede presentar al sentido exteriormente algún objeto sensible, formado por la naturaleza o formándolo él de nuevo, como lo hace al tomar cuerpo, como dijimos (q. 51, a. 2). Pue-

10.8. EFICACIA DE LOS ÁNGELES BUENOS

assumit, ut supra dictum est. Similiter etiam potest interius commovere spiritus et humores, ut supra dictum est, ex quibus sensus diversimode immutentur".[177]

de también, por otra parte, conmover interiormente los espíritus y humores como antes dijimos (a. 3), de cuya conmoción se derivan diversas alteraciones de los sentidos".

2.– *Cualquier ángel puede mover la imaginación del hombre.* El fundamento estriba en que la naturaleza corporal está sometida al ángel en cuanto al movimiento local, por lo que todas las cosas que pueden producirse mediante el movimiento local caen también bajo el poder natural de los ángeles. Para explicar el modo de operar de la imaginación, Santo Tomás acude a la doctrina aristotélica, para la cual la simple alteración de ciertos humores o "espíritus" corporales (el sistema nervioso o el del gran simpático) pueden dar lugar a apariciones y visiones irreales. Los ángeles pueden actuar sobre esas realidades corporales, a las que conocen perfectamente y pueden mover por su poder natural, produciendo imaginaciones.[178]

3.– *Respecto al entendimiento y a la voluntad del hombre,* el ángel solo puede moverlas indirecta y exteriormente, proponiéndoles a estas potencias espirituales de un modo adecuado para ellas, sus objetos, es decir, la verdad y el bien, e influyendo en ellas indirectamente mediante los sentidos, las pasiones, las alteraciones sensibles corporales, etc., sin que puedan nunca llegar a doblegar efectiva y completamen-

---

[177]Santo Tomás de Aquino: *Summ. Theol.*, Iª, q. 111, a. 4, co. Cfr. *Sent.*, II, dist. 8, a. 5; *De Malo,* q. 3, a. 4; q. 16, a. 11.

[178]Santo Tomás de Aquino: *Summ. Theol.*, Iª, q. 111, a. 3, co. Cfr. *Sent.*, Lib. II, dist. VIII, a. 5; *De Malo,* q. 3, a. 4; q. 16, a. 11.

te la voluntad del hombre si se encuentra en un estado normal. La razón estriba en que el ángel no puede penetrar dentro de la potencia espiritual del hombre, pero sí dentro de la potencia corpórea.

En concreto, y centrados en la voluntad, hay que afirmar que hay tres modos de influir en la voluntad libre: presentándola por medio del entendimiento el bien que es su objeto propio; estimulando la voluntad por medio de la parte sensitiva, afectiva o cognoscitiva, y en concreto, por medio de las pasiones o imaginaciones; y moviendo la voluntad a modo de causa eficiente. Los ángeles pueden actuar de los dos primeros modos, por lo que el hombre siempre permanece libre. El único modo en que la captación del bien hace imposible al hombre elegir otra cosa es ante la visión del Bien Infinito visto como es en Sí mismo, que lo atrae irresistiblemente. Pero este modo de percibir el Bien Infinito solo se da en la visión beatífica. Los ángeles no pueden hacer que los hombres perciban de este modo a Dios. Por eso los ángeles no pueden obrar intrínseca y eficazmente en la voluntad humana, sino solo a modo de sugerencia, por lo que el hombre no pierde nunca su libertad interior y, por consiguiente, es capaz de mérito o demérito y es siempre responsable de sus acciones.

"Voluntas potest immutari dupliciter. Uno modo, ab interiori. Et sic cum motus voluntatis non sit aliud quam inclinatio voluntatis in rem volitam, solius Dei est sic immutare voluntatem, qui dat naturæ intellectuali virtutem talis inclinationis. Sicut enim

"La voluntad del hombre puede ser movida de dos modos. 1) Uno, desde dentro de ella misma, y de este modo, el movimiento de la voluntad no es más que una tendencia de la misma hacia lo querido. Sólo Dios es capaz de moverla, por ser El quien da a la naturaleza intelectual la virtud de tal tendencia, pues, co-

10.8. EFICACIA DE LOS ÁNGELES BUENOS

inclinatio naturalis non est nisi a Deo qui dat naturam; ita inclinatio voluntaria non est nisi a Deo, qui causat voluntatem. Alio modo movetur voluntas ab exteriori. Et hoc in Angelo est quidem uno modo tantum, scilicet a bono apprehenso per intellectum. Unde secundum quod aliquis est causa quod aliquid apprehendatur ut bonum ad appetendum, secundum hoc movet voluntatem. Et sic etiam solus Deus efficaciter potest movere voluntatem; Angelus autem et homo per modum suadentis, ut supra dictum est. Sed præter hunc modum, etiam aliter movetur in hominibus voluntas ab exteriori, scilicet ex passione existente circa appetitum sensitivum; sicut ex concupiscentia vel ira inclinatur voluntas ad aliquid volendum. Et sic etiam Angeli, inquantum possunt concitare huiusmodi passiones, possunt voluntatem movere. Non ta-

mo la tendencia natural no procede sino de Dios, que da la naturaleza, así la inclinación voluntaria no viene más que de Dios, que es causa de la voluntad. 2) El otro modo de alterar la voluntad es por algo que está fuera de ella, y este cambio no puede hacerse por el ángel más que de un modo, esto es, por medio de la aprehensión del bien por el entendimiento, de donde se sigue que, en cuanto es posible ser causa de que algo se conciba por el entendimiento como bueno para ser apetecido por la voluntad, en tanto se puede mover la voluntad. Pero así sólo Dios es capaz de mover eficazmente la voluntad; el ángel y el hombre sólo pueden moverlo por persuasión, como ya dijimos (q. 106, a. 2). Pero aún queda otro modo exterior por el que la voluntad del hombre puede ser movida, y es por la pasión del apetito sensitivo. Así se inclina la voluntad, por ejemplo, cuando quiere algo a impulsos de la concupiscencia o de la ira. Y también de este modo puede el ángel mover la voluntad, en cuanto puede excitar tales pasiones, sin que pueda llegar

men ex necessitate, quia voluntas semper remanet libera ad consentiendum vel resistendum passioni".[179]

nunca, sin embargo, a someterla violentamente, ya que la voluntad permanece siempre libre para consentir o para resistir a la pasión".

Con respecto al entendimiento, solo Dios puede conocer el corazón y el pensamiento de los hombres. Los ángeles solo pueden conocerlos en la medida que tales pensamientos ocultos se manifiestan a través de nuestros sentidos o en nuestros cuerpos. Dios respeta al máximo la dignidad de los seres humanos.

El ángel puede iluminar el entendimiento del ser humano de dos modos: proponiéndoles las especies inteligibles que ellos tienen aunque bajo semejanza de cosas sensibles, ya que el hombre no es capaz de captar la verdad en su pura inteligibilidad porque el hombre siempre entiende por medio de "fantasmas" (imágenes); y además, fortaleciendo el entendimiento humano, que es muy inferior al angélico, mediante su presencia y proximidad:

"Intellectus humanus non potest ipsam intelligibilem veritatem nudam capere, quia connaturale est ei ut intelligat per conversionem ad phantasmata, ut supra dictum est. Et ideo intelligibilem veritatem proponunt Angeli hominibus sub similitudinibus sensibilium; secundum illud quod dicit Dionysius, I cap. Cæl.

"El entendimiento humano no puede captar la verdad en su pura inteligibilidad por serle connatural entender por medio de imágenes, como dijimos (q. 84, a. 7). Por eso, los ángeles proponen a los hombres las verdades inteligibles bajo semejanzas de cosas sensibles. Aquí está el por qué dice Dionisio en c.1 De Cæl. Hier., que es imposible que los rayos de la luz divina lleguen a

---

[179]Santo Tomás de Aquino: *Summ. Theol.*, Iª, q. 111, a. 2, co. Cfr. *Sent.*, II, dist. 8, a. 5; *De Ver.*, q. 22, a. 9; *Contra Gent.*, III, cap. 88 y 92; *De Malo*, q. 3, a. 3 y 4.

10.8. EFICACIA DE LOS ÁNGELES BUENOS

Hier., quod impossibile est aliter nobis lucere divinum radium, nisi varietate sacrorum velaminum circumvelatum. Ex alia vero parte, intellectus humanus, tanquam inferior, fortificatur per actionem intellectus angelici".[180]	nosotros a no ser envueltos en variados velos sagrados. Además, el entendimiento humano, como inferior, es fortalecido por la acción del entendimiento angélico. Según estos dos aspectos se ha de entender la iluminación por medio de la que el hombre es iluminado por el ángel".

En conclusión, las intervenciones naturales de los ángeles sobre los hombres que ocurren con previo permiso de Dios son:

- En la vida vegetativa, pueden acelerar o parar la enfermedad.

- En la vida sensitiva, pueden producir toda clase de sensaciones internas y externas.

- En la vida racional, pueden indirectamente mover la inteligencia, la imaginación y la voluntad a través de la persuasión.

10.8.4 Dios envía a ángeles buenos al servicio de los hombres

Se entiende por *misión*, el hecho de que Dios envía a la Tierra a algunos ángeles para realizar ministerios (misiones) concretas entre los hombres. Toda misión supone una persona que ordena o envía (Dios), y otra persona que es enviada en esa misión (en este caso el ángel). Como solo Dios es omnipresente e inmenso, el ángel solo está donde actúa, como se ha visto, por lo que su actuar en misión será siempre concreto y limitado, no obrando a la vez más que en lugares determinados, y pudiendo comenzar, acabar y volver a realizar las

---

[180]Santo Tomás de Aquino: *Summ. Theol.*, Iª, q. 111, a. 1, co. Cfr. *De Ver.*, q. 11, a. 3; *Contra Gent.*, III, cap. 81; *Quodl.*, IX, q. 4, a. 5; *De Malo*, q. 16, a. 12.

misiones que Dios les ordene. La misión angélica es pues una nueva presencia del ángel mediante una nueva acción del mismo sobre las criaturas por mandato divino.[181]

Es una realidad que aparece con frecuencia en la Biblia:

- Ex 23:20, "He aquí que yo mandaré un ángel ante ti para que te defienda en el camino y te haga llegar al lugar que te he dispuesto".

- Sal 34:8, "Acampa el ángel de Yahvé en derredor de los que le temen y los salva".

- Da 6:22, "Mi Dios ha enviado a su ángel, que ha cerrado la boca de los leones para que no me hiciesen mal, porque delante de El ha sido hallada en mí justicia, y aun contra ti, ¡oh rey! nada he hecho de malo".

- Lc 1:26, "En el mes sexto fue enviado el ángel Gabriel de parte dé Dios a una ciudad de Galilea llamada Nazaret..."

- Mt 13:41, "Enviará el Hijo del hombre a sus ángeles y recogerán de su Reino todos los escándalos y a todos los obradores de iniquidad".

- Hech 12:11, "Entonces Pedro, vuelto en sí, dijo: Ahora me doy cuenta de que realmente el Señor ha enviado su ángel y me ha arrancado de las manos de Herodes y de toda la expectación del pueblo judío".

Y hay otros muchos casos, como por ejemplo, la escala de Jacob (Ge 28:12); Elias en el desierto servido por el ángel (1 Re 19:5); la alegría de los ángeles por la penitencia del pecador que se arrepiente

---

[181]Cfr. J. Valbuena: *Introducciones...*, cit., pág. 912; M. Daffara: *De Deo Creatore*, Domus editorialis Marietti, Turín 1947, sect. 2, c. 4, q. 2.

10.8. EFICACIA DE LOS ÁNGELES BUENOS

(Lc 15:10); el ángel que libertó a los apóstoles (Hech 5:19; 8:26; 28:28); el carácter de administradores y enviados que les atribuye San Pablo (Heb 1:14), etc.[182]

Los Santos Padres también consideraron este ministerio de los ángeles como una de las manifestaciones más maravillosas de la providencia divina.[183]

El envío de los ángeles para asistir a los hombres no supone que tengan que perder la contemplación de Dios mientras que realizan tal misión, a diferencia de lo que ocurre con los seres humanos cuyas fuerzas sensitivas que emplean para realizar cualquier ocupación exterior impiden o retardan la fuerza intelectiva que regula la contemplación:

"In nobis exterior occupatio puritatem contemplationis impedit, quia actioni insistimus secundum sensitivas vires, quarum actiones cum intenduntur, retardantur actiones intellectivæ virtutis. Sed Angelus per solam intellectualem operationem regulat suas actiones exteriores. Unde actiones exteriores in nullo impediunt eius contemplationem, quia duarum actionum quarum una

"Las ocupaciones exteriores nos impiden a nosotros la pureza de la contemplación por intervenir en este ejercicio nuestro las facultades sensitivas, cuyas operaciones, cuando son intensas, dificultan la operación de las potencias intelectuales. Pero en las acciones exteriores del ángel intervienen exclusivamente las operaciones intelectuales, y, por lo tanto, dichas acciones exteriores en nada le impiden la contemplación, puesto que dos acciones de las cuales una es regla y razón de la

---

[182]Cfr. J. Valbuena: *Introducciones...*, cit., pág. 897.
[183]Cfr. J. Daniélou: *Les Anges et leur Mission d'Après les Pères de l'Église*, ed. de Chévegtone, Paris, 1952; San Juan Crisóstomo: *In Epist. ad. Hebr.*, 3, 2 (P. G., 63, 30); San Agustín: *Enarr. in Ps.*, 62, n. 6 (P. L., 36, 751); San Juan Damasceno: *De Fide Orth.*, 2, 3 (P. G., 94, 872).

est regula et ratio alterius, una non impedit, sed iuvat aliam. Unde Gregorius dicit, in II Moral., *quod Angeli non sic foris exeunt, ut internæ contemplationis gaudiis priventur".*[184]

otra, lejos de impedirse mutuamente, se ayudan. Por eso dice Gregorio en II Moral. que los ángeles no salen a los ministerios exteriores de tal modo que se priven por ello de los deleites de la contemplación interna".

Tal actividad de los ángeles ha de realizarse aplicando de nuevo la virtud de los mismos al lugar y momento en que se le envía, comenzando a estar donde antes no estaban o estaban de otro modo. Tal acción procede de Dios con cuyo mandato y autoridad proceden los ángeles. Santo Tomás compara este modo de actuar de los ángeles con las llamadas "misiones" de alguna de las Personas divinas:

"Manifestum esse potest quod aliqui Angeli in ministerium mittuntur a Deo. Ut enim supra dictum est, cum de missione divinarum personarum ageretur, ille mitti dicitur, qui aliquo modo ab alio procedit, ut incipiat esse ubi prius non erat, vel ubi prius erat, per alium modum. Filius enim aut spiritus sanctus mitti dicitur, ut a patre procedens per originem; et incipit esse novo modo, idest per gratiam vel per naturam assumptam,

"Puede deducirse claramente que algunos ángeles son enviados por Dios en ministerio. Pues, según se ha dicho al tratar de la misión de las divinas Personas (q. 43, a. 1), se dice ser enviado aquel que de algún modo procede de otro para comenzar a estar donde antes no estaba o estaba de otro modo. Así, el Hijo o el Espíritu Santo se dice que son enviados en cuanto que proceden del Padre por origen y en cuanto comienzan a estar de nueva manera, esto es, por la gracia o por la naturaleza asumida, donde ya es-

---

[184]Santo Tomás de Aquino: *Summ. Theol.*, Iª, q. 112, a. 1, ad 3.

ubi prius erat per deitatis præsentiam. Dei enim proprium est ubique esse, quia cum sit universale agens, eius virtus attingit omnia entia; unde est in omnibus rebus, ut supra dictum est. Virtus autem Angeli, cum sit particulare agens, non attingit totum universum; sed sic attingit unum, quod non attingit aliud. Et ideo ita est hic, quod non alibi. Manifestum est autem per supra dicta, quod creatura corporalis per Angelos administratur. Cum igitur aliquid est fiendum per aliquem Angelum circa aliquam creaturam corpoream, de novo applicatur Angelus illi corpori sua virtute; et sic Angelus de novo incipit ibi esse. Et hoc totum procedit ex imperio divino. Unde sequitur, secundum præmissa, quod Angelus a Deo mittatur. Sed actio quam Angelus missus exercet, procedit a Deo sicut a primo principio, cuius nutu et auctoritate Angeli operantur; et in Deum reducitur sicut in ulti-

taban antes por la presencia de la Deidad, ya que es propio de Dios estar en todas partes, por ser agente universal, cuya virtud llega a todos los seres. De donde se sigue que está presente en todo, como se dijo (q. 8, a. 1). Pero la virtud del ángel, que es agente particular, no llega a todo el universo, sino que de tal manera llega a un ser, que no llega a otros, y, por lo tanto, de tal modo está en un lugar, que no está en otros. Ahora bien, es evidente por lo dicho (q. 110, a. 1) que la criatura corporal es administrada por los ángeles. Luego siempre que es necesario que se haga algo por el ángel cerca de alguna criatura corpórea, de nuevo aplica el ángel a tal cuerpo su virtud y de nuevo comienza el ángel a estar allí. Todo se verifica por un mandato divino. De donde se sigue que el ángel es enviado por Dios. Pero la acción que el ángel enviado ejecuta, procede de Dios como de primer principio, a cuyo arbitrio y autoridad obran los ángeles. Y a Dios se reduce también tal acción como a último fin. Esto es precisamente lo que constituye la

mum finem. Et hoc facit rationem ministri, nam minister est sicut instrumentum intelligens; instrumentum autem ab alio movetur, et eius actio ad aliud ordinatur. Unde actiones Angelorum ministeria vocantur; et propter hoc dicuntur in ministerium mitti".[185]

razón del ministerio, porque el ministro es como un instrumento de carácter racional, y el instrumento es siempre movido por otro y a otro también se ordena su acción. Por eso, las acciones de los ángeles son llamadas ministerios; y por eso también se dice que los ángeles son enviados en ministerio".

10.8.5 Actividad sobre las cosas materiales

La actividad e influjo de los espíritus sobre la materia, no ha sido objeto de declaraciones del Magisterio, ni tampoco hay afirmaciones explícitas en la Revelación. Por otro lado, no podemos percibir tales movimientos por experiencia ni deducirlos apodícticamente por razonamiento. No obstante tampoco es contrario a la enseñanza de la Sagrada Escritura, como se ve en los pasajes del libro de Tobías, el caso del ángel que movía el agua de la piscina probática relatado Jn 5, los casos referidos por los evangelios (Mt 8:16; Mc 1: 32–33; Lc 4:33; etc.), o las tentaciones de Jesús.

Santo Tomás indaga al respecto, sobre la base del principio de que la divina providencia usa de las creaturas superiores para el gobierno de las inferiores:

---

[185]Santo Tomás de Aquino: *Summ. Theol.*, Iª, q. 112, a. 1, co. Santo Tomás dedica los artículos 2 al 4 de esta cuestión a dilucidar que no todos los ángeles son enviados para el ministerio de los hombres (a. 2); que si bien todos los ángeles ven la esencia divina y en este sentido, se dicen que asisten al trono de Dios, sin embargo hay algunos que no son enviados para el ministerio de los hombres, en concreto los de la primera jerarquía (a. 3) y los de la segunda jerarquía (a. 4).

10.8. EFICACIA DE LOS ÁNGELES BUENOS

"In rebus humanis quam in rebus naturalibus, hoc communiter invenitur, quod potestas particularis gubernatur et regitur a potestate universali; sicut potestas ballivi gubernatur per potestatem regis. Et in Angelis etiam est dictum quod superiores Angeli, qui præsunt inferioribus, habent scientiam magis universalem. Manifestum est autem quod virtus cuiuslibet corporis est magis particularis quam virtus spiritualis substantiæ, nam omnis forma corporalis est forma individuata per materiam, et determinata ad hic et nunc; formæ autem immateriales sunt absolutæ et intelligibiles. Et ideo sicut inferiores Angeli, qui habent formas minus universales, reguntur per superiores; ita omnia corporalia reguntur per Angelos et hoc non solum a sanctis doctoribus ponitur, sed etiam ab omnibus philosophis qui in-

"Es norma general, tanto en el orden de las cosas humanas como en el de las naturales, que la potestad particular está gobernada y regida por la potestad universal, como la potestad del bailío está gobernada por la potestad del rey. Hablando de los ángeles, hemos dicho también (q. 55, a. 3; q. 100, a. 1; q. 108, a. 1) que los superiores, que presiden a los inferiores, tienen una ciencia más universal. Ahora bien, es evidente que la virtud de cualquier cuerpo es más particular que la virtud de la sustancia espiritual, porque toda forma corporal está individualizada por la materia y está restringida a determinado lugar y tiempo, mientras que las formas inmateriales no están de ese modo condicionadas y son además inteligibles. Por lo tanto, así como los ángeles inferiores, que tienen formas menos universales, son regidos por los superiores, así también todas las cosas corporales son regidas por los ángeles. Y esto no sólo es doctrina de los santos doctores, sino también

---

[186]Santo Tomás de Aquino: *Summ. Theol.*, Iª, q. 110, a. 1, co. Cfr. *De Ver.*, q. 5, a. 8; *Contra Gent.*, III, cap. 78 y 83.

corporeas substantias posuerunt".[186]

de todos aquellos filósofos que admitieron sustancias incorpóreas".

En general, según Santo Tomás, la materia corpórea no obedece a la voluntad de los ángeles sin condiciones. Solo Dios o un agente material tienen poder directo sobre materias corpóreas.[187] Los ángeles no tienen el poder creador de Dios, ni el poder de cambiar sustancialmente las cosas materiales como sí lo tienen los agentes materiales.[188] Es verdad que los ángeles pueden hacer eso mejor que los agentes corporales, pero solo lo pueden realizar mediante estos agentes corporales:

"Manifestum est autem quod factum est simile facienti, quia omne agens agit sibi simile. Et ideo id quod facit res naturales, habet similitudinem cum composito, vel quia est compositum, sicut ignis generat ignem; vel quia totum compositum, et quantum ad materiam et quantum ad formam, est in virtute ipsius; quod est proprium Dei. Sic igitur omnis informatio materiæ vel est a Deo immediate, vel ab aliquo agen-

"Ahora bien, es evidente que lo hecho se asemeja al que lo hace, porque todo agente hace algo semejante a sí. Y, así, lo que hace las cosas naturales ha de ser semejante al compuesto producido, bien sea porque es específicamente el mismo compuesto, como al producir el fuego, fuego; o porque todo el compuesto, en cuanto a su materia y forma, está contenido dentro de la virtud del que lo hace, lo cual no puede afirmarse más que de Dios. Así, pues, todo acto de recibir la materia nuevas formas viene, o directamente de

---

[187]Santo Tomás de Aquino: *Summ. Theol.*, I\ª, q. 110, a. 2, co.

[188]Solo Dios y otros cuerpos semejantes son capaces de producir algún cuerpo por información substancial.

[189]Santo Tomás de Aquino: *Summ. Theol.*, I\ª, q. 110, a. 2, co. Cfr. *De Pot.*, q. 6, a. 3; *Contra Gent.*, III, 103; *Quodl.*, IX, q. 4, a. 5; *De Malo*, q. 16, a. 9.

10.8. EFICACIA DE LOS ÁNGELES BUENOS

te corporali; non autem immediate ab Angelo".[189]

Dios, o de algún agente corpóreo, pero no directamente del ángel".

Así pues, los ángeles pueden usar las causas naturales para acelerar resultados (como no conocemos todas las causas naturales, algunos atribuyen ciertos efectos sorprendentes al demonio como si fueran milagros, cuando son producidos solo por el uso de causas naturales).

En cuanto al movimiento local, los ángeles pueden mover cosas materiales localmente. Es un hecho que se puede comprobar con los datos bíblicos, como ya sabemos. Pero, como dice Sagües,[190] el modo como se produce tal movimiento es difícil de comprender, ya que es claro que no se puede producir por un contacto en base a la cantidad (que el ángel no tiene), aunque tiene que producirse por algún contacto de poder. En este sentido Santo Tomás acude a las explicaciones del Pseudodionisio y de Aritóteles[191] al afirmar que el punto más alto de la naturaleza inferior está en conjunción con las naturaleza superior; la naturaleza corporal es inferior a la espiritual. Pero entre los movimientos corporales, el más perfecto es el local, porque no afecta intrínsecamente a la cosa movida, sino solo exteriormente, al ponerla simplemente en relación con un lugar. Por eso las naturalezas espirituales pueden mover localmente a las corporales:

"Natura inferior in sui supremo attingitur a natura superiori. Natura autem corporalis est infra naturam spiritualem. Inter omnes autem motus corporeos perfec-

"La naturaleza superior alcanza a la inferior por la parte suprema de ésta. Pero la naturaleza corporal está debajo de la espiritual, y, por otra parte, el movimiento local es el más perfecto entre los corpóreos, según se

---

[190] J. F. Sagües: *Sacræ...*, cit. pág. 176.
[191] *Div. Nom.* VII; *Phys.* VIII, 7.

tior est motus localis, ut probatur in VIII Physic., cuius ratio est, quia mobile secundum locum non est in potentia ad aliquid intrinsecum, inquantum huiusmodi, sed solum ad aliquid extrinsecum, scilicet ad locum. Et ideo natura corporalis nata est moveri immediate a natura spirituali secundum locum. Unde et philosophi posuerunt suprema corpora moveri localiter a spiritualibus substantiis. Unde videmus quod anima movet corpus primo et principaliter locali motu".[192]

demuestra en VIII Physic., alegando por razón que el ser susceptible de movimiento local no está, en cuanto tal, en potencia para algo intrínseco, sino únicamente para algo extrínseco, es decir, para el cambio de lugar. De todo lo cual se sigue que es naturalmente conforme a la naturaleza corporal ser movida directamente por la naturaleza espiritual con movimiento local. Tanto es así que los mismos filósofos afirmaron que, de hecho, los cuerpos supremos son movidos localmente por las sustancias espirituales; y vemos también que el movimiento con que el alma primero y principalmente mueve el cuerpo es el movimiento local".

No pueden hacer milagros ya que éstos no ocurren cuando se rompe una ley de la naturaleza, sino cuando las leyes de la naturaleza creada se sobrepasan. Pero sí pueden ser instrumentos de la divinidad para operar milagros.

"Miraculum proprie dicitur, cum aliquid fit præter ordinem naturæ. Sed non sufficit ad rationem miraculi si aliquid fiat præter ordinem naturæ alicuius

"Milagro es, propiamente, un hecho realizado fuera del orden de la naturaleza. Pero no basta para esto que se haga algo fuera del orden de una naturaleza parti-

---

[192]Santo Tomás de Aquino: *Summ. Theol.*, Iª, q. 110, a. 3, co. Cfr. *De Pot.*, q. 6, a. 3; *Quodl.*, IX, q. 4, a. 5; *De Malo*, q. 16, a. 1. ad 14; a. 10.

particularis, quia sic, cum aliquis proiicit lapidem sursum, miraculum faceret, cum hoc sit præter ordinem naturæ lapidis. Ex hoc ergo aliquid dicitur esse miraculum, quod fit præter ordinem totius naturæ creatæ. Hoc autem non potest facere nisi Deus, quia quidquid facit Angelus, vel quæcumque alia creatura, propria virtute, hoc fit secundum ordinem naturæ creatæ; et sic non est miraculum. Unde relinquitur quod solus Deus miracula facere possit".[193]

cular, porque entonces, al lanzar una piedra hacia arriba, se haría un milagro, ya que esto está fuera del orden natural de la piedra. Se entiende por milagro aquello que se efectúa fuera del orden de toda la naturaleza creada. Evidentemente esto no puede hacerlo más que Dios, porque cualquier cosa que haga el ángel o cualquier otra criatura, con su propia, virtud, cae dentro del orden de la naturaleza creada, y, por lo tanto, no es milagro. Así, pues, resulta evidente que sólo Dios puede hacer milagros".

10.9 Los ángeles de la guarda

Son ángeles enviados por Dios para cuidar de los hombres, material y espiritualmente, con el fin de ayudarles a su salvación eterna. J. Valbuena señala que son parte del cuidado y gobierno que Dios tiene de todas las creaturas:

> "Dios, como parte del cuidado y gobierno que tiene de todas las criaturas, (ha) destinado un ángel protector y tutelar para cada uno de los hombres a fin de que constantemente le acompañe, le ilumine, le custodie, le defien-

---

[193]Santo Tomás de Aquino: *Summ. Theol.*, Iª, q. 110, a. 4, co. Cfr. *Contra Gent.*, III, 102 y 103; *De Pot.*, q. 6, a. 3 y 4; *Compend. Theol.*, cap. 136.

da, le rija y le gobierne desde los primeros instantes de su existencia hasta su entrada en el Cielo para reinar allí después con él por toda la eternidad, si el hombre llega a salvarse y conseguir la bienaventuranza final".[194]

10.9.1 Sagrada Escritura

En efecto, la Biblia nos habla de su actuación en concreto en favor nuestro:

- Ge 48:16, "El ángel que me libró de todo mal, bendiga a estos muchachos".

- Ba 6:6, "Ciertamente mi ángel está con vosotros, y tendrá cuidado de vuestras vidas".

- Sal 91:11, "Porque ha dado órdenes a sus ángeles que te guarden en todos tus caminos".

- Mt 18:10, "Guardaos de despreciar a uno de estos pequeños, porque os digo que sus ángeles en los Cielos están viendo siempre el rostro de mi Padre que está en los Cielos".

- Heb 1:14, "¿Acaso no son todos ellos espíritus destinados al servicio, enviados para asistir a los que tienen que heredar la salvación?"

---

[194]J. Valbuena: *Introducciones...*, cit., pág. 929. Cfr. J. Duhr: *Anges Gardiens*, en "Dict. de Spirit." I, cols. 584–598; L. J. Kerkhofs: *De Angelorum Custodia*, en "Revue Ecclésiastique de Liège" 10 (1928) 282–288; Van Hove: *De Angelis Custodibus*, en "Collectania Mechlianensis" 9 (1935) 58–62; Dom Paul: *Les Anges Gardiens*, en "Vie Spirituelle" 75 (1946) 332–348; I. de S. José: *La Doctrina del Ángel Custodio en el Dogma, en la Teología, en el Arte y en la Espiritualidad*, en "Rev. de Espiritualidad", 8 (1949) 265–287, 438–473; 9 (1950) 451–467; 11 (1952) 67–79; 12 (1953) 24–51, 150–185, 307–335; A. Piolanti: *Angeli y Angeli Custodi*, en "Bibl. Sanct." I, 1196–1223; 1226–1231.

10.9.2 Tradición

También los Santos Padres y Escritores Eclesiásticos de la Iglesia antigua testimonian la creencia en estos ángeles, virtudes buenas, que sirven a Dios para la consumación de la salvación de los hombres:

- Orígenes: "También nos enseña la predicación eclesiástica, que hay algunos ángeles de Dios y virtudes buenas, que le sirven para la consumación de la salvación de los hombres".[195] "Si tuviéramos buenos pensamientos en nuestro corazón, y la justicia apareciere en nuestro animo, no hay duda que nos hablan los ángeles del Señor".[196] "Tiene cada uno de nosotros, aun los más pequeños que están en la Iglesia de Dios, un ángel bueno, el ángel del Señor, el cual nos rige, mueve y gobierna, el cual para corregir nuestros actos y para suplicar misericordia, cada día ve el rostro del Padre celestial".[197]

- San Basilio: "Que cada uno de los fieles tenga un angel bueno como pedagogo y pastor que gobierne la vida, nadie lo dudará si se acuerda de las palabras del Señor que dice: 'No despreciéis uno de estos pequeñitos, porque sus ángeles siempre ven el rostro de mi Padre que esta en los Cielos' (Mt 18:10); y el Salmista dice: 'El ángel del Señor asistirá alrededor de los que le temen, y los librará de mal' (Sal 33:8); y el ángel que me libro desde mi juventud (Ge 48:16), y otros testimonios semejantes".[198]

---

[195] Orígenes: I, *Proef.*, 10 (P. G., 11, 120).
[196] Orígenes: *In Luc. Homil.*, 12 (P. G., 13, 1829).
[197] Orígenes: *Hom. 20 in Num.*
[198] S. Basilio: *Contra Eunom.*, 3, n. 1.

- Teodoreto de Ciro: "Esto nos enseña que cada uno de los ángeles tiene el cuidado de nosotros, para guardarnos y defendernos de las perversas asechanzas del demonio".[199]

- San Jerónimo: "Grande dignidad la de las almas que cada una tenga desde su nacimiento un ángel destinado para su guarda".[200]

- San Agustín: "Los ángeles... nos atienden mientras somos peregrinos y se apiadan de nosotros, y por mandato del Señor nos prestan auxilio para que algún día volvamos a aquella patria común".[201]

- San Juan Damasceno: "Los ángeles tienen fortaleza y están prontos para cumplir la voluntad divina, y, enseguida se encuentran dondequiera les ordene el deseo divino. También guardan las distintas regiones de la tierra, estando al frente de pueblos y comarcas, siguiendo la jerarquía que el Sumo Hacedor estableció entre ellos; gobiernan nuestros asuntos y nos prestan su ayuda".[202]

- San Isidoro: "Que todos los hombres tengan ángeles, se demuestra por lo que dice el Señor en el Evangelio: En verdad os digo, que sus ángeles siempre ven la cara de mi Padre que está en los Cielos. Por lo cual cuando Pedro llamaba a la puerta, según se dice en los Hechos de los Apóstoles, dijeron los Apóstoles que estaban dentro: 'No es Pedro, sino su angel'".[203]

---

[199] Teodoreto de Ciro: *In Dan.*, 10, 13.

[200] San Jerónimo: *In Ev. Matth. Com.* 3, 18, n. 10 (P. L., 27, 130).

[201] San Agustín, *Enarrationes in Psalmos* (P. L., 36, 751).

[202] San Juan Damasceno: *Expositio Accurata Fidei Orthodoxa* (P. G., 94, 872).

[203] San Isidoro: 1. 1, *Sentenc.* c. 10.

10.9. LOS ÁNGELES DE LA GUARDA

- Etc.[204]

10.9.3 Magisterio

Por su parte esta realidad ha quedado reflejada en la Fiesta de los Ángeles Custodios establecida en la Iglesia desde el s. XVI.

El Catecismo Romano, por su parte, vincula la creencia en los ángeles custodios a la Providencia divina:

> "La Providencia divina ha designado a cada hombre, desde su nacimiento, un ángel custodio (Ge 48:16; To 5:21; Sal 90:11) para que lo cuide, lo socorra y proteja de todo peligro grave (Mt 18:10; Act 12:15; Heb 1:14.), y sea nuestro compañero de viaje. Cuán grande sea la utilidad que resulta a los hombres de la guarda de los ángeles, se desprende fácilmente de las Sagradas Escrituras, especialmente de la historia de Tobías, donde se nos cuentan los muchos bienes que concedió a Tobías el ángel San Rafael, y de la liberación de San Pedro de la prisión en que estaba (Act 5: 22–24)".[205]

Por su parte, el *Catecismo de la Iglesia Católica* afirma:

> "Desde su comienzo (cf Mt 18:10) a la muerte (cf Lc 16:22), la vida humana está rodeada de su custodia (la de los ángeles) (cf Sal 34:8; 91:13) y de su intercesión (cf Jb

---

[204]Como señala J. Morales (El Misterio..., cit., pág. 209), el ángel guardián es mencionado en otro muchos escritos, como, Hermas (*Vis.*, 5, 1–4), Clemente de Alejandría (*Strom.*, 6, 17, 161), Eusebio de Cesarea (*Dem. Ev.*, 4, 6), San Basilio (*Adv. Eunomium*, 3, 1), San Hilario (*Tract. Sal.*, 65), San Gregorio de Nisa (*Com. in Cant.*, 14; *De Vita Moysis* (P. G., 44, 337) etc.

[205]*Catecismo Romano*: VII, Preámbulo de la Oración Dominical 4–5. Cfr. n. 1084–1087.

33: 23–24; Za 1:12; To 12:12). 'Cada fiel tiene a su lado un ángel como protector y pastor para conducirlo a la vida' (S. Basilio, *Eun.* 3, 1). Desde esta tierra, la vida cristiana participa, por la fe, en la sociedad bienaventurada de los ángeles y de los hombres, unidos en Dios".[206]

La calificación de la doctrina de los ángeles custodios ha sido debatida. Algunos teólogos, siguiendo a Catarino, la defienden como verdad de fe en todo rigor.[207] Otros, siguiendo a Cayetano, afirman que tiene la calificación de "doctrina católica" y pertenece al magisterio ordinario de la Iglesia católica; la Iglesia no ha definido explícitamente al respecto, pero no puede negarse sin temeridad y sin evidente peligro de error.[208]

10.9.4 Teología

Razones de conveniencia de su existencia

La teología, por su parte, ha señalado razones de conveniencia para la existencia de los ángeles custodios:

1.– Santo Tomás argumentaba sobre la conveniencia de que la Providencia divina decidiera que creaturas estables ayudaran a las variables e inestables. Como el conocimiento y la voluntad del hombre pueden apartarse de la verdad y del bien a la hora de actuar, convenía que se les asignaran seres superiores que los ayudaran y promovieran para conseguir el bien:

---

[206] *Catecismo de la Iglesia Católica*, n. 336.

[207] Así por ejemplo, lo considera J. Ibáñez y F. Mendoza: *Dios Creador...*, cit., pág. 140.

[208] Es el caso de Suárez (*De Angelis*, 6, 17 y 18) y de J. Valbuena (*Introducciones...*, cit., págs. 933–934).

10.9. LOS ÁNGELES DE LA GUARDA

"Secundum rationem divinæ providentiæ, hoc in rebus omnibus invenitur, quod mobilia et variabilia per immobilia et invariabilia moventur et regulantur; sicut omnia corporalia per substantias spirituales immobiles, et corpora inferiora per corpora superiora, quæ sunt invariabilia secundum substantiam. Sed et nos ipsi regulamur circa conclusiones in quibus possumus diversimode opinari, per principia quæ invariabiliter tenemus. Manifestum est autem quod in rebus agendis cognitio et affectus hominis multipliciter variari et deficere possunt a bono. Et ideo necessarium fuit quod hominibus Angeli ad custodiam deputarentur, per quos regularentur et moverentur ad bonum".[209]

"Según el orden de la Providencia divina en todas las cosas, los seres mutables y variables son movidos y gobernados por las inmutables e invariables, como todos los cuerpos por las sustancias espirituales e inmóviles, y los cuerpos terrestres por los celestes, que son sustancialmente invariables. Nosotros mismos tenemos también por regla para las conclusiones, en las que podemos opinar diversamente, los principios, que son invariables. Pues bien, no se puede negar que, respecto al obrar, el conocimiento y afecto del hombre pueden variar mucho y apartarse del bien. Por lo tanto, fue necesario que se destinasen ángeles para la guarda de los hombres, por los cuales fuesen dirigidos y movidos hacia el bien".

2.– Así como los demonios nos tientan, es conveniente que tengamos la ayuda de ángeles buenos. Hubo una polémica sobre la realidad de la asignación de un demonio personal para cada ser humano. En efecto, algunos Santos Padres y Escritores eclesiásticos sostuvieron que junto al ángel custodio, cada hombre tendría un demonio per-

---

[209] Santo Tomás de Aquino: *Summ. Theol.*, I\ª, q. 113, a. 1, co. Cfr. *Sent.*, II, dist. 11, P. I, a. 1.

sonal para acecharlo, acosarlo y aprovechar toda clase de ocasiones para incitarle al pecado. Así pensaron Orígenes[210] y San Gregorio Niseno,[211] por ejemplo. Pero esta idea está basada en una concepción de algunas corrientes de pensamiento paganas que señalaban dos genios o espíritus para cada hombre. Como dice J. Valbuena:

> "No es creíble, sin embargo, ni parece conforme a la benéfica Providencia divina que el paralelismo entre las líneas del bien y del mal se haya de extender hasta este punto. Nunca la Iglesia ni el común de los Santos Padres aceptaron esta doctrina, ni se encontrará para ella fundamento alguno sólido en la Sagrada Escritura o en Santo Tomás. Permite Dios que seamos, a veces sin tregua, instigados al mal por el demonio, el mundo y la carne... Pero no hay ningún argumento ni se ve ninguna conveniencia para creer que nos haya deparado Dios o que haya permitido que nos haya deparado el príncipe cacodemonio un espíritu insidioso que nos acompañe de continuo en los caminos de la vida, como El nos ha destinado un ángel bueno custodio que nos prevenga y nos defienda en todos los peligros..." [212]

3.- Los ángeles tienen la visión beatífica; nosotros estamos destinados a ella; es conveniente que ellos nos ayuden a conseguir nuestro fin.

4.- Los ángeles ayudaron a Cristo; es conveniente que también ayuden a los redimidos.

---

[210] Orígenes: *In Lc.*, Hom. 12 (P. G., 13, 1829).
[211] San Gregorio de Nisa: *De Vita Moysis* (P. G., 44, 337).
[212] J. Valvuena: *Introducciones...*, cit., pág. 933.

10.9. LOS ÁNGELES DE LA GUARDA

Funciones

Se han señalado por parte de la teología y de la espiritualidad tradicional varias funciones que se asignan a los ángeles custodios. A saber:[213]

- Los ángeles custodios libran constantemente a sus protegidos de innumerables males y peligros, así del alma como del cuerpo.[214]

- Contienen a los demonios para que no nos hagan todo el mal que ellos desearían hacernos.[215]

- Ponen ante Dios nuestras oraciones e imploran por sí mismos los auxilios divinos que nos ven necesitar.[216]

- Excitan de continuo en nuestras almas pensamientos santos y consejos saludables.[217]

- Iluminan nuestros entendimientos, proporcionándonos las verdades de modo más fácil de comprender mediante el influjo que pueden ejercer directamente en nuestros sentidos interiores y exteriores.[218]

- Nos asisten particularmente en la hora de la muerte, cuando más lo necesitamos.

- Es opinión piadosa de los teólogos que los ángeles custodios respectivos acompañan las almas de sus protegidos o custodiados al Purgatorio o al Cielo después que éstos mueren.

---

[213]Cfr. J. Valbuena: *Introducciones...*, cit., págs. 934–935.
[214]Cfr. Ge 48:10.
[215]Cfr. la historia de Tobías.
[216]Cfr. Ge 16 y 18; Hech 5: 8 y 10.
[217]Cfr. To 3 y 12; Hech 10.
[218]Cfr. Santo Tomás de Aquino: *Summ. Theol.*, Iª, q. 113, a. 5, ad 2.

- Se cree también que los ángeles custodios atienden las oraciones suplicatorias dirigidas por los fieles a las almas de sus custodiados cuando éstas se encuentran todavía en el Purgatorio "en estado no de socorrer, sino de ser socorridas".[219]

- Acompañarán eternamente en el Cielo a sus custodiados que consigan la salvación "no para protegerlos, sino para reinar con ellos"[220] y "para ejercer sobre ellos algunos ministerios de iluminación".[221]

Número

En cuanto al número hay que decir que, al menos, se suelen asignar a los bautizados. Pero es posible que también los tengan todos los seres humanos. Así lo afirma Santo Tomás, fundándose en que la custodia angélica no es un beneficio del hombre en cuanto cristiano, sino en cuanto hombre:

"Homo in statu vitæ istius constitutus, est quasi in quadam via, qua debet tendere ad patriam. In qua quidem via multa pericula homini imminent, tum ab interiori, tum ab exteriori; secundum illud Psalmi CXLI, in via hac qua ambulabam, absconderunt laqueum mihi. Et ideo sicut hominibus

"El hombre se encuentra en la vida presente como en un camino por el que ha de marchar hacia su patria. En este camino le amenazan muchos peligros, tanto interiores como exteriores, según aquello del Sal 141:4, En la senda por donde voy me han escondido una trampa. Por eso, así como a los que van por caminos insegu-

---

[219]Santo Tomás de Aquino: *Summ. Theol.* II^a–II^æ, q. 83, a. 11, ad 3.

[220]Santo Tomás de Aquino: *Summ. Theol.*, I^a, q. 113, a. 4, co. Cfr. *Sent.*, II, dist. 11, P. I, a. 3.

[221]Santo Tomás de Aquino: *Summ. Theol.*, I^a, q. 118, a. 7, ad 3.

10.9. LOS ÁNGELES DE LA GUARDA

per viam non tutam ambulantibus dantur custodes, ita et cuilibet homini, quandiu viator est, custos Angelus deputatur. Quando autem iam ad terminum viæ pervenerit, iam non habebit Angelum custodem; sed habebit in regno Angelum conregnantem, in Inferno Dæmonem punientem".[222]

ros se les pone guardias, así también a cada uno de los hombres, mientras camina por este mundo, se le da un ángel que le guarde. Pero cuando haya llegado al término de este camino, ya no tendrá ángel custodio, sino que tendrá en el Cielo un ángel que con él reine, o en el Infierno un demonio que le torture".

Se acepta generalmente que cada persona tiene su ángel custodio; pero podría haber un ángel a cargo de varias personas. Santo Tomás sigue la primera opinión en base a la incorruptibilidad de las almas humanas y al objetivo de la Providencia divina sobre las mismas:

"Singulis hominibus singuli Angeli ad custodiam deputantur. Cuius ratio est, quia Angelorum custodia est quædam executio divinæ providentiæ circa homines. Providentia autem Dei aliter se habet ad homines, et ad alias

"Angeles diversos están destinados a la custodia de los diversos hombres custodiados. El porqué de esto radica en que la guarda angélica es una ejecución de la divina Providencia sobre los hombres. Pero la providencia que Dios tiene sobre los hombres es distinta de la que tie-

---

[222] Santo Tomás de Aquino: *Summ. Theol.*, Iª, q. 113, a. 4, co.; cfr. a. 1, co. Incluso le asigna ángel custodio a Cristo en su estado de viador, no para custodiarle como superior, sino para servirle como inferior (a. 4, ad. 1). Los mismos réprobos, infieles y el anticristo tienen custodia angélica ya que si no están privados del auxilio interior de la razón natural, tampoco estarán privados del auxilio exterior concedido por Dios a toda naturaleza humana que es la custodia angélica; y aunque, no les sirve para hacer obras buenas y conseguir su salvación eterna, al menos les sirve para que no hagan tanto mal a sí y a otros como quisieran y pudieran hacer (a. 4, ad. 3).

corruptibiles creaturas, quia aliter se habent ad incorruptibilitatem. Homines enim non solum sunt incorruptibiles quantum ad communem speciem, sed etiam quantum ad proprias formas singulorum, quæ sunt animæ rationales, quod de aliis rebus corruptibilibus dici non potest. Manifestum est autem quod providentia Dei principaliter est circa illa quæ perpetuo manent, circa ea vero quæ transeunt, providentia Dei est inquantum ordinat ipsa ad res perpetuas. Sic igitur providentia Dei comparatur ad singulos homines, sicut comparatur ad singula genera vel species corruptibilium rerum. Sed secundum Gregorium, diversi ordines deputantur diversis rerum generibus; puta potestates ad arcendos Dæmones, virtutes ad miracula facienda in rebus corporeis. Et probabile est quod diversis speciebus rerum diversi Angeli eius-

ne sobre las otras criaturas corruptibles, por tener el hombre y las demás criaturas distinta relación a la incorruptibilidad, pues los hombres no sólo son incorruptibles en cuanto a su especie común, sino también en cuanto a sus propias formas singulares, que son las almas racionales, lo cual no puede decirse de las otras cosas corruptibles. Es evidente, por otra parte, que la providencia de Dios se ocupa principalmente de aquellas cosas que permanecen perpetuamente; en cambio, de las cosas transitorias se ocupa en cuanto las ordena a las perpetuas. Así, pues, la providencia de Dios está en relación con cada uno de los hombres en particular como está en relación con cada uno de los géneros o especies de las cosas corruptibles. Ahora bien, según Gregorio, diversos órdenes angélicos son destinados a los diversos géneros de cosas. Ejemplo: Las Potestades, a ahuyentar a los demonios; las Virtudes, a obrar milagros en las cosas corpóreas; y es también muy verosímil que estén destinados diversos ángeles de un mismo orden a la guarda

10.9. LOS ÁNGELES DE LA GUARDA

dem ordinis præficiantur. Unde etiam rationabile est ut diversis hominibus diversi Angeli ad custodiam deputentur".[223]

de las diversas especies de seres. Por lo tanto, es también muy conforme a razón que sean destinados diversos ángeles en particular para la guarda de los diversos nombres".

Duración de la custodia

Por lo que hace a la duración de tal custodia, habría que afirmar que se produce desde la concepción (aunque algunos teólogos dijeron que era desde el bautismo o desde el nacimiento —Santo Tomás—):

"Respondeo dicendum quod, sicut Origenes dicit super Matthæum, super hoc est duplex opinio. Quidam enim dixerunt quod Angelus ad custodiam homini deputatur a tempore Baptismi, alii vero quod a tempore nativitatis. Et hanc opinionem Hieronymus approbat; et rationabiliter. Beneficia enim quæ dantur homini divinitus ex eo quod est Christianus, incipiunt a tempore Baptismi; sicut perceptio Eucharistiæ, et alia huiusmodi. Sed ea quæ providentur homini a Deo, inquantum habet naturam rationalem, ex tunc ei

"Hay que decir: Como dice Orígenes, sobre esto hay dos opiniones. Pues unos creen que los ángeles custodios se asignan a los hombres al momento de ser bautizados, y otros que al momento de nacer. Por esta segunda opinión se inclina Jerónimo, y no sin razón. Ciertamente que los beneficios conferidos por Dios al hombre en cuanto que es cristiano, comienzan desde el momento del bautismo, como el poder recibir la Eucaristía y otros semejantes; pero los que Dios le otorga en atención a su naturaleza racional, se le confieren desde el momento en

---

[223] Santo Tomás de Aquino: *Summ. Theol.*, Iª, q. 113, a. 2, co.

exhibentur, ex quo nascendo talem naturam accipit. Et tale beneficium est custodia Angelorum, ut ex præmissis patet. Unde statim a nativitate habet homo Angelum ad sui custodiam deputatum".[224]

que, al nacer, recibe la naturaleza. Ahora bien, según lo dicho, el beneficio del ángel custodio pertenece a la segunda clase. Por lo tanto, desde el momento mismo de nacer tiene el hombre asignado su ángel custodio".

La custodia dura siempre en esta vida, y el ángel no se desentiende totalmente del hombre, incluso cuando el hombre peca rehusando su buen consejo;[225] ni tampoco cuando el ángel está en el Cielo contemplando a Dios. La razón estriba en que el ministerio del ángel custodio está vinculado a la realidad de la Providencia divina de la que es instrumento, y ni el hombre ni cosa alguna se sustrae totalmente de dicha Providencia.[226] Se acabaría la custodia solo cuando ya no es necesaria (Cielo o Infierno). En el Purgatorio, los ángeles no guardan, sino que consuelan y animan.

10.10 Culto a los ángeles

La liturgia celebra la fiesta de los arcángeles y la de todos los ángeles, y se mencionan o invocan en los actos de culto con mucha frecuencia. Como dice el Catecismo de la Iglesia Católica:

"En su liturgia, la Iglesia se une a los ángeles para adorar al Dios tres veces santo (cf Misal Romano, "Sanctus");

---

[224] Santo Tomás de Aquino: *Summ. Theol.*, Iª, q. 113, a. 5, co. Cfr. *Sent.*, II, dist. 11, P. I, a. 3.

[225] Aunque sí lo abandona de algún modo al no impedirle que caiga bajo alguna tribulación o pecado, conformándose con esto el ángel al orden de los juicios divinos.

[226] Santo Tomás de Aquino: *Summ. Theol.*, Iª, q. 113, a. 6, co. Cfr. *Sent.*, II, dist. 11, P. I, a. 4.

10.10. CULTO A LOS ÁNGELES

invoca su asistencia (así en el "Supplices te rogamus..." — "Te pedimos humildemente..."— del Canon romano; o el "In Paradisum deducant te angeli..." —"Al Paraíso te lleven los ángeles..."— de la liturgia de difuntos; o también en el "himno querúbico" de la liturgia bizantina) y celebra más particularmente la memoria de ciertos ángeles (san Miguel, san Gabriel, san Rafael, los ángeles custodios)".[227]

Tal culto se sostiene en los siguientes fundamentos:

- La Biblia atestigua la legitimidad del culto a los ángeles (Nú 22:31 "El Señor abrió los ojos a Balaam que vio al ángel del Señor plantado en el camino con su espada desenvainada en la mano; Balaam se inclinó y se postró sobre su rostro"; Jos 5: 14–15, "Él respondió: 'No. Soy el jefe del ejército del Señor y acabo de llegar'. Josué se postró rostro en tierra, lo adoró y le dijo: '¿Qué dice mi señor a su siervo?'". Ju 13:20, "Cuando la llama subía al cielo desde encima del altar, el ángel del Señor se elevó en esa llama; y Manóaj y su mujer, que lo estaban viendo, cayeron rostro en tierra"). El rechazo de la veneración a los ángeles en Col 2:18 se refiere al culto exagerado de los falsos maestros gnósticos.

- Los Santos Padres combatirán tanto a los adoradores como a los despreciadores del culto a los ángeles, enfrentando las exageraciones de la cultura pagana que les rodeaba y aclarando el justo lugar de ese culto, diferenciándolo del de adoración debido a Dios.[228]

- Con respecto al Magisterio, hay que sostener que la doctrina de Trento sobre la veneración a los santos es aplicable a los

---

[227] *Catecismo de la Iglesia Católica*, n. 335.
[228] Cfr. San Justino: *Apolog.*, 6, 2 (P. G., 6, 336); San Agustín: *De Vera Rel.*, 55.

ángeles.²²⁹ Por otro lado, el Concilio II de Nicea definió que era lícito representar a los ángeles en imágenes que pueden ser lícitamente veneradas.²³⁰ El Catecismo Romano defiende el culto a los ángeles así como su invocación.²³¹

- Clase de culto: dulía, como la devoción a los santos.

- Razón: por su relación especial con Dios y con la humanidad. Además, el honor tributado a los ángeles redunda en Dios quien es su creador, por lo que no es obstáculo al culto de latría que solo Dios merece. Por otro lado, los ángeles merecen nuestro culto porque nos superan en naturaleza y disfrutan de la visión beatífica; además ellos merecen nuestra gratitud por sus beneficios y les podemos pedir ayudas nuevas; finalmente, demostramos hacia ellos un amor de caridad para quienes esperamos que sean nuestros coherederos en la gloria.²³²

10.11 Calificaciones teológicas

Conviene finalmente exponer una síntesis conclusiva de la enseñanza dogmática sobre el tema de la angelología. Es doctrina definida solemnemente:

---

²²⁹D. S. 1821–1825.

²³⁰D. S. 302.

²³¹*Catecismo Romano*, III, 1, 9: "No se opone al culto debido únicamente a Dios la veneración e invocación de los ángeles... El mismo Espíritu Santo nos manda honrar a los padres, ancianos, gobernantes, etc. Con mucha más razón deberán ser honrado los ángeles, ministros de Dios en el gobierno de la Iglesia y de toda la Creación. Hemos, por tanto, de invocar a los ángeles, porque están perpetuamente delante de Dios y porque asumen gozosos el patrocinio de salvación de quienes les han sido encomendados".

²³²Cfr. J. Ibáñez y F. Mendoza: *Dios Creador*..., cit., pág. 149–150. J. Morales: *El Misterio*..., cit., págs. 209–210; A. Fernández: *Teología*..., cit., págs. 198–199.

10.11. CALIFICACIONES TEOLÓGICAS

1. Los ángeles existen.

2. Son seres de naturaleza espiritual.

3. Fueron creados por Dios.

4. Fueron creados al principio del tiempo.

5. Los ángeles malos fueron creados buenos, pero se pervirtieron por su propia acción.

Las calificaciones teológicas correspondientes son:

Dios desde el principio del tiempo, creó de la nada unas substancias espirituales que son los ángeles. De fe divina y católica definida. Censura: herejía.

- Magisterio:
    - Concilio IV de Letrán.
    - Concilio Vaticano I.
    - Pablo VI, *Credo del Pueblo de Dios*.
- Sagrada Escritura:
    - Sal 103:4.
    - Tob 12: 17ss.
    - Mt 11:10.
    - Col 1:16.
    - Heb 2: 6–9.
    - Etc.
- Tradición:
    - San Justino.[233]

---

[233] *Apol.*, 1, 6.

- Atenágoras.[234]
- San Agustín.
- Pseudo–Dionisio.[235]

Los ángeles son espíritus puros. Doctrina católica. Censura: error en doctrina católica.

- Magisterio:
    - Concilio Vaticano I.
- Sagrada Escritura:
    - Heb 1:14.
    - Mt 8:16.
- Tradición:
    - Lactancio.[236]
    - Eusebio de Cesarea.[237]
    - San Gregorio de Nisa.[238]
    - San Juan Crisóstomo.[239]
    - San Gregorio Magno.[240]

Los ángeles tienen voluntad libre. De fe divina y católica definida. Censura: herejía.

- Magisterio:
    - Concilio IV de Letrán

---

[234] *Suppl.*, 10.
[235] Cfr. su célebre *De Coelesti Hierarchia*.
[236] P. L., 6, 800.
[237] P. G., 22, 252.
[238] P. G., 44, 1165.
[239] P. G., 53, 188.
[240] *Moralia*, IV 3, 8.

10.11. CALIFICACIONES TEOLÓGICAS

- Sagrada Escritura:
    - Mt 25:41.
    - 2 Pe 2:4.
- Tradición:
    - San Justino.[241]
    - Taciano.[242]
    - Etc.

Dios destinó a todos los ángeles a un fin último sobrenatural, que es la visión beatífica, y para este fin les dotó con la gracia santificante. Doctrina católica. Censura: error en doctrina católica.

- Magisterio:
    - Pio V, Condena de las proposiciones de Bayo, en la bula "Ex Omnibus Afflictionibus".
    - Catecismo Romano.
- Sagrada Escritura:
    - Jn 8:44.
    - Jds 6.
    - Mt 18:10.
- Tradición:
    - San Basilio.
    - San Agustín.[243]
    - San Juan Damasceno.[244]

---

[241] P. G., 6, 713.
[242] P. G., 6, 820.
[243] *De Civ. Dei*, XII 9, 2; *De Corrept. et Gratia*, c. 11, n. 32.
[244] *De Fide Orth.*, II, 3.

Los ángeles que perseveraron en el bien gozan de la visión beatífica. De fe divina y católica definida. Censura: herejía.

- Magisterio:
    - Catecismo Romano.
    - La liturgia de la Iglesia de veneración a los ángeles.
- Sagrada Escritura:
    - Mt 18:10.
    - Mt 22:30.
    - Lc 20:36.
    - Lc 9:26.
    - Mc 8:38.
- Tradición:
    - San Agustín.[245]
    - San Fulgencio de Ruspe.[246]

Dios confía a algunos ángeles buenos la custodia de los hombres. De fe divina y católica definida. Censura: herejía.[247]

- Magisterio:
    - Liturgia: fiesta de los ángeles custodios.
    - Catecismo Romano
- Sagrada Escritura:
    - Sal 33:8.
    - Sal 90: 11ss.

---

[245] P. L., 32, 606.
[246] P. L., 65, 687.
[247] Según el criterio de J. Ibáñez y M. Mendoza: *Dios Creador...*, cit., pág. 140. L. Ott (*Manual...*, cit. pág. 201,) su calificación es de "sentencia cierta".

10.11. CALIFICACIONES TEOLÓGICAS

- Mt 18:10.
- Heb 1:14.

• Tradición:

- Orígenes.[248]
- San Hilario de Poitiers.[249]
- San Basilio.[250]
- San Juan Crisóstomo.[251]
- San Jerónimo.[252]
- San Agustín.[253]
- San Juan Damasceno.[254]

---

[248] P. G., 11, 120.
[249] P. L., 9, 722.
[250] P. G., 29, 656.
[251] P. G., 63, 30.
[252] P. L., 26, 130.
[253] P. L., 36, 751.
[254] P. G., 94, 872.

Capítulo 11

Demonología

11.1 La caída de los ángeles malos

Los ángeles malos se hicieron a sí mismos por su propia culpa, pero fueron creados buenos por Dios.[1]

Con esta verdad, la Revelación y el Magisterio rechazan todo maniqueísmo o emanatismo de tipo gnóstico que considera el mal y su origen, o como producto de un Dios malo, o como una creación de

---

[1] La tesis "El Diablo y los otros demonios, ángeles creados buenos por Dios, se hicieron malos por su propia culpa", es calificada por J. Ibáñez y F. Mendoza: *Dios Creador...*, cit., pág. 118, como de fe divina y católica definida, y su censura como herejía. L. Ott: (*Manual...*, cit., pág. 199) también califica esta verdad como de fe. Para la historia del pensamiento y de las creencias en el demonio, cfr. J. Burton Russel: *El Príncipe de las Tinieblas: el Poder del Bien y del Mal en la Historia*, Santiago de Chile, Andrés Bello, 1994, que es un resumen de su obra principal en cuatro volúmenes: *The Devil, Perceptions of Evil from Antiquity to Primitive Christianity* (1977), *Satan, The Early Christian Tradition* (1981), *Lucifer, The Devil in the Middle Ages* (1984), *Mephistopheles, The Devil in the Modern World* (1986), publicados en Cornell University Press, Ithaca, New York. Cfr. también: M. Guerra: *Ángeles. Religiones no Cristianas*, en GER, vol. II, págs. 237–241.

Dios. El demonio y sus ángeles fueron creados buenos antes de tornarse malos por su propia voluntad, y así ocurre también con el ser humano.

El pecado de los ángeles es un gran misterio. Ya de por sí, el mal en el mundo, y sobre todo el pecado, es un "mysterium iniquitatis". Pero la Revelación (único modo de poder llegar a conocer la realidad que nos ocupa) nos habla de la caída de algunos ángeles en el pecado, lo que les llevó a la condenación eterna. Ahora bien, los ángeles tienen una naturaleza muy superior a la del ser humano, tanto en su inteligencia como en su voluntad; no fueron creados con debilidades ni miserias. ¿Cómo explicar que cayeran en el pecado? ¿De qué clase de pecado se trató?

Hay que afirmar también, que en ellos no existe el mal físico que encontramos en nuestro mundo material, ya que son puros espíritus creados. Pero su naturaleza, a pesar de su perfección, sí es capaz del mal moral, el único en el que son capaces de incurrir (pecado, tanto en su aspecto de culpa como de pena), el propio de las creaturas dotadas de voluntad.

Santo Tomás definirá el mal de culpa o pecado, como *sustracción de la operación debida* ya sea porque se carece en absoluto de ella, ya porque no tiene el modo y el orden debidos; el mal de pena, es la *sustracción de la forma o de alguna parte* necesaria para la integración del ser (como la ceguera o carecer de algún miembro):

"Respondeo dicendum quod malum, sicut supra dictum est, est privatio boni, quod in perfectione et actu consistit principaliter et per se. Actus autem est duplex, primus, et secundus. Actus quidem primus

"Hay que decir: Como se indicó (a. 3), el mal es privación del bien, que, principalmente y en cuanto tal, consiste en la perfección y en el acto. El acto es doble: Primero y segundo. 1) El acto primero es la forma y la inte-

11.1. LA CAÍDA DE LOS ÁNGELES MALOS

est forma et integritas rei, actus autem secundus est operatio. Contingit ergo malum esse dupliciter. Uno modo, per subtractionem formæ, aut alicuius partis, quæ requiritur ad integritatem rei; sicut cæcitas malum est, et carere membro. Alio modo, per subtractionem debitæ operationis; vel quia omnino non est; vel quia debitum modum et ordinem non habet. Quia vero bonum simpliciter est obiectum voluntatis, malum, quod est privatio boni, secundum specialem rationem invenitur in creaturis rationalibus habentibus voluntatem. Malum igitur quod est per subtractionem formæ vel integritatis rei, habet rationem pœnæ; et præcipue supposito quod omnia divinæ providentiæ et iustitiæ subdantur, ut supra ostensum est, de ratione enim pœnæ est, quod sit contraria voluntati. Malum autem quod consistit in subtractione debitæ operationis in rebus voluntariis, habet rationem culpæ. Hoc

gridad del ser. 2) El acto segundo es la operación. Por lo tanto, el mal también es doble: 1) Uno, por la sustracción de la forma o de alguna parte que es necesaria para la integridad del ser. Ejemplo: La ceguera es un mal, carecer de algún miembro también lo es. 2) Dos, por la sustracción de la debida operación o porque no se da en absoluto, o porque no conserva el debido modo y orden. Por su parte, como el bien es absolutamente el objeto de la voluntad, el mal, que es privación del bien, por una especial razón se encuentra en las criaturas racionales, que poseen voluntad. Así pues, el mal que se da por la sustracción de la forma o de la integridad del ser, tiene razón de pena. De modo especial, en el supuesto de que todas las cosas están subordinadas a la providencia y justicia divinas, como se demostró anteriormente (q. 22, a. 2). En el concepto de pena está incluido el que sea contraria a la voluntad. El mal, en cuanto sustracción de la debida operación en las cosas provistas de volun-

enim imputatur alicui in culpam, cum deficit a perfecta actione, cuius dominus est secundum voluntatem. Sic igitur omne malum in rebus voluntariis consideratum vel est pœna vel culpa".[2]

tad, tiene razón de culpa. Pues se imputa a uno como culpa el que falle al actuar, pues en la acción el dominio lo ejerce la voluntad. Así, pues, todo mal en las cosas provistas de voluntad es pena o culpa".

11.1.1 Biblia

La Sagrada Escritura se refiere a la caída de algunos ángeles en el pecado, lo que los convirtió en demonios. Los lugares más claros son:

- 2 Pe 2:4, "Porque, si Dios no perdonó a los ángeles que pecaron, sino que, precipitados en el tártaro, los entregó a las prisiones tenebrosas, reservándolos para el juicio..."

- 1 Jn 3:8, "El que comete pecado, ése es del Diablo, porque el Diablo desde el principio peca. Y para esto apareció el Hijo de Dios, para destruir las obras del Diablo".

- Mt 25:41, "Y dirá a los de la izquierda: Apartaos de mí, malditos, al fuego eterno, preparado para el Diablo y para sus ángeles..."

- Jds 6, "Y cómo a los ángeles que no guardaron su dignidad y abandonaron su propio domicilio, los tiene reservados en perpetua prisión, en el orco, para el juicio del gran día".

- Nombres: espíritus *impuros* (Lc 8:29, los gerasenos); espíritus *malvados* (Lc 11:26 "peor"); espíritu *del mal* (Ef 6:12 "*fuerzas espirituales del mal*").

---

[2]Santo Tomás de Aquino: *Summ. Theol.*, I^a, q. 48, a. 5, co. y ad 2. Cfr. A. Martínez: *Introducciones...*, cit., pág. 824.

11.1. LA CAÍDA DE LOS ÁNGELES MALOS

- Los pasajes de la caída del demonio de Lc 10:18 y Ap 12:7 se refieren al efecto de la Redención de Cristo, al destronamiento del Diablo por la obra del Señor (cfr. Jn 12:31).

11.1.2 Santos Padres

Tratan con frecuencia del pecado de los demonios, aunque difieren a la hora de determinar la clase de pecado. Algunos textos son especialmente claros:

- San Agustín: "Algunos ángeles cuyo jefe es el llamado Diablo, por su libre albedrío huyeron del Señor Dios".[3] "Cuando se busca la causa de la miseria de los ángeles malos no puede ser otra que, apartándose de Aquél que está en lo más alto, se han vuelto hacia sí mismos que no están en lo más alto".[4]

- San Gregorio el Grande: "Él hizo dos creaturas, a saber, la angélica y la humana, pero la soberbia se apoderó de ambas y les separó de su estado original de rectitud... Entonces el Creador tuvo que rechazar a los ángeles apóstatas".[5]

- San León Magno: "La verdadera fe católica profesa que es buena la sustancia de todas las criaturas, tanto espirituales como corporales, y que nada es malo por naturaleza: porque Dios, que es creador de todo, todo lo hizo bueno (no hizo nada malo). Y por eso el Diablo sería bueno si hubiera permanecido en el estado en que fue hecho. Mas como usó mal su excelente naturaleza y no se mantuvo en la verdad..., se apartó del sumo bien al que debía adherirse".[6]

---

[3] San Agustín: *De Correptione*, 10, 27 (P. L., 44, 932).
[4] San Agustín: *De Civitate Dei*, (P. L., 41, 353).
[5] San Gregorio el Grande: *Moralia*, 4, 3, 8 (P. L., 75, 642).
[6] San León Magno: *Epist.*, 15 (P. L., 54, 683).

11.1.3 Magisterio

Los principales hitos magisteriales sobre la caída de algunos ángeles en el pecado son los siguientes:

- Concilio de Braga contra Prisciliano, quien entre otros errores sostenía el emanatismo con relación a las almas y a los ángeles, y el maniqueísmo para explicar la naturaleza del demonio, al que consideraban esencialmente malo desde su creación:

  > "Si alguno dice que el Diablo no fue primero un ángel bueno hecho por Dios, y que su naturaleza no fue obra de Dios, sino que dice que emergió de las tinieblas y que no tiene autor alguno de sí, sino que él mismo es el principio y la sustancia del mal, como dijeron Maniqueo y Prisciliano, sea anatema".[7]

- Lateranense IV contra el dualismo gnóstico–maniqueo de los cátaros y albigenses:

  > "Porque el Diablo y demás demonios, por Dios ciertamente fueron creados buenos por naturaleza; mas ellos, por sí mismos, se hicieron malos".[8]

- Inocencio III en su profesión de fe a los valdenses:

---

[7]"Si quis dicit, diabolum non fuisse prius (bonum) angelum a Deo factum, nec Dei opificium fuisse naturam eius, sed dicit eum ex chao et tenebris emersisse nec aliquem sui habere auctorem, sed ipsum esse principium atque substantiam mali, sicut Manichæus et Priscillianus dixerunt, an. s." (D. S. 457).

[8]"Diabolus enim et alii dæmones a Deo quidem natura creati sunt boni, sed ipsi per se facti sunt mali" (D. S. 800).

11.1. LA CAÍDA DE LOS ÁNGELES MALOS

"Creemos que el Diablo se hizo malo no por naturaleza, sino por albedrío".[9]

- Catecismo de la Iglesia Católica:

    "La Escritura habla de un pecado de estos ángeles (2 Pe 2:4). Esta 'caída' consiste en la elección libre de estos espíritus creados que rechazaron radical e irrevocablemente a Dios y su Reino. Encontramos un reflejo de esta rebelión en las palabras del tentador a nuestros primeros padres: 'Seréis como dioses' (Ge 3:5). El Diablo es 'pecador desde el principio' (1 Jn 3:8), 'padre de la mentira' (Jn 8:44)".[10]

11.1.4 Teología

Es de fe, como se ha señalado, que hay ángeles malos y que Dios creó todo bueno. Por tanto, los espíritus malos se hicieron tales por su propia culpa.

Como dice Santo Tomás:[11]

"Agens autem quod Angelos in esse produxit, scilicet Deus,	"Pero quien produce a los ángeles, Dios, no puede ser causa

---

[9]"Diabolum non per condicionem, sed per arbitrium malum factum esse credimus" (D. S. 797).

[10]*Catecismo de la Iglesia Católica*, n. 392.

[11]Para la doctrina tomista sobre el pecado de los ángeles, cfr. J. de Blic: *St. Thomas et l'Intellectualisme moral. À Propos de la Peccabilité de l'Ange*, en "Mélanges de Science Religieuse", I (1944) 241–280; C. Courtés: *La Peccabilité de l'Ange chez St. Thomas*, en "Revue Thomiste" 53 (1953) 133–163; Id.: *Le Traité des Anges et la Fin Ultime de l'Esprit*, en "Revue Thomiste", 54 (1954) 155–165; Ph. de la Trinité: *Du Péché de Satan et de la Destinée de l'Esprit d'Après St. Thomas d'Aquin*, en "Études Carmélitaines" 27 (1948) 44–85.

non potest esse causa peccati. Unde non potest dici quod Diabolus in primo instanti suæ creationis fuerit malus".[12]

del pecado. Por eso no puede decirse que el Diablo fuera malo desde el primer instante de su creación".

Los demonios no son malos por naturaleza, sino que se hicieron malos

Por tanto, los demonios no son malos por naturaleza, como ya señalaba el Pseudo–Dionisio.[13] Todos los ángeles fueron creados buenos; algunos se hicieron malos. Todo lo que existe por el hecho de existir y tener una naturaleza, tiende naturalmente a algún bien, puesto que procede de un principio bueno, Dios. Toda naturaleza intelectual dice orden al bien universal que puede conocer y que es el objeto de su voluntad. Los demonios son substancias espirituales, y en cuanto a su naturaleza no pudieron ser creados naturalmente con inclinación al mal. En efecto:

"Respondeo dicendum quod omne quod est, inquantum est et naturam habet aliquam, in bonum aliquod naturaliter tendit, utpote ex principio bono existens, quia semper effectus convertitur in suum principium. Contingit autem alicui bono particulari aliquod malum esse adiunctum, sicut igni con-

"Hay que decir: Todo lo que existe, por el simple hecho de existir, tiende naturalmente a algún bien, ya que procede de un principio bueno. El efecto se reduce a su principio. Sin embargo, es posible que a los bienes particulares se una algún mal, como al fuego se

---

[12]Santo Tomás de Aquino: *Summ. Theol.*, Iª, q. 63, a. 5, co. Cfr. IIIª, q. 34, a. 3, ad 1; *Sent.*, II, dist. 3, P. II, q. 1; III, dist. 18, a. 3, ad 4; *De Ver.*, q. 29, a. 8, ad 2; *De Malo*, q. 16, a. 4.

[13]Pseudo–Dionisio Areopagita: *De Divinis Nominibus*, 4, par. 23 (P. G., 3, 724).

iungitur hoc malum quod est esse consumptivum aliorum, sed bono universali nullum malum potest esse adiunctum. Si ergo aliquid sit cuius natura ordinetur in aliquod bonum particulare, potest naturaliter tendere in aliquod malum, non inquantum malum, sed per accidens, inquantum est coniunctum cuidam bono. Si vero aliquid sit cuius natura ordinetur in aliquod bonum secundum communem boni rationem hoc secundum suam naturam non potest tendere in aliquod malum. Manifestum est autem quod quælibet natura intellectualis habet ordinem in bonum universale, quod potest apprehendere, et quod est obiectum voluntatis. Unde cum Dæmones sint substantiæ intellectuales, nullo modo possunt habere inclinationem naturalem in aliquod quodcumque malum. Et ideo non possunt esse naturaliter mali".[14]

le une el mal de consumir lo que toca. Pero el bien universal no puede llevar anexo ningún mal. Por lo tanto, si hay algún ser cuya naturaleza está ordenada a un bien particular, por naturaleza puede tender a un mal, pero no en cuanto mal, sino accidentalmente, esto es, en cuanto que está unido a un bien. Pero si existe algo cuya naturaleza esté ordenada a algún bien bajo la razón de bien, por naturaleza nunca puede tender a algún mal. Es evidente que toda naturaleza intelectual está ordenada al bien universal que puede conocer y que es objeto de la voluntad. Por lo tanto, como los demonios son sustancias intelectuales, no pueden tener tendencia natural al mal. Por lo tanto, por naturaleza no pueden ser malos".

---

[14]Santo Tomás de Aquino: *Summ. Theol.*, Iª, q. 63, a. 4, co. Cfr. *Contra Gent.*, III, cap. 107; *De Div. Nom.*, cap. 4, lect. 19; *De Subst. Separatis*, cap. 19; *De Malo*, q. 16, a. 2.

Tenían la posibilidad de pecar

Los ángeles tenían la posibilidad de pecar antes de la prueba. Solo la voluntad divina es impecable, ya que Dios es la norma de todo, por lo que no puede romper esa norma pues actuaría en contra de Sí. En todas las creaturas la posibilidad de no pecar es don de la gracia, y no condición natural:

"Tam Angelus quam quæcumque creatura rationalis, si in sua sola natura consideretur, potest peccare, et cuicumque creaturæ hoc convenit ut peccare non possit, hoc habet ex dono gratiæ, non ex conditione naturæ. Cuius ratio est, quia peccare nihil est aliud quam declinare a rectitudine actus quam debet habere; sive accipiatur peccatum in naturalibus, sive in artificialibus, sive in moralibus. Solum autem illum actum a rectitudine declinare non contingit, cuius regula est ipsa virtus agentis. Si enim manus artificis esset ipsa regula incisionis, nunquam posset artifex nisi recte lignum incidere, sed si rectitudo incisionis sit ab alia regula, contingit incisionem esse rectam et non rectam. Divina autem voluntas sola est regula sui

"Tanto el ángel como cualquier otra criatura racional, si sólo se considera su naturaleza, puede pecar. Si hay alguno que no pueda pecar, se debe a un don de la gracia y no a la condición natural. El porqué de esto radica en que pecar, trátese del pecado de naturaleza, de profesión o de conducta, consiste en que el acto se desvía de la rectitud que debe tener. El único acto que no puede desviarse de la debida rectitud es aquel cuya regla es la virtud de quien obra. Así, si la mano del artesano fuese la regla de cortar la madera, siempre la cortaría como se debe. Pero si la rectitud del corte está sujeta a otra regla, a veces cortará derecho, y, otras, torcido. Sólo la voluntad de Dios es la regla de sus propias

actus, quia non ad superiorem finem ordinatur. Omnis autem voluntas cuiuslibet creaturæ rectitudinem in suo actu non habet, nisi secundum quod regulatur a voluntate divina, ad quam pertinet ultimus finis, sicut quælibet voluntas inferioris debet regulari secundum voluntatem superioris, ut voluntas militis secundum voluntatem ducis exercitus. Sic igitur in sola voluntate divina peccatum esse non potest, in qualibet autem voluntate creaturæ potest esse peccatum, secundum conditionem suæ naturæ".[15]

acciones, porque no está ordenado a otro fin superior. En cambio, toda voluntad de cualquier criatura no obra rectamente a no ser que esté regulada por la voluntad divina a la que pertenece el último fin. De aquí que toda voluntad del inferior deba ser regulada por la del superior, como la del soldado por la del jefe del ejército. Por lo tanto, sólo la voluntad divina está exenta de pecado; y, en cambio, en toda voluntad de la criatura puede haber pecado por su condición natural".

Fueron creados sin visión beatífica

Una consecuencia del pecado de los ángeles, es la afirmación de que antes de su caída los ángeles no tenían visión beatífica, lo que hubiera hecho imposible el poder pecar.

Naturaleza del pecado de los ángeles

El pecado de los ángeles fue de tipo espiritual y no carnal.

---

[15]Santo Tomás de Aquino: *Summ. Theol.*, Iª, q. 63, a. 1, co. Cfr. *Sent.* , II, dist. 5, q. 1, a. 2; dist. 23, q. 1, a. 1; *De Ver.*, q. 24, a. 7; *Contra Gent.*, III, cap. 108–110; *De Subst. Separatis*, cap. 19; De Malo, q. 16, a. 2.

Hay algunos Santos Padres que hablan del pecado de los ángeles en general sin precisar su contenido.[16] Es el caso de San Ignacio de Antioquía,[17] Taciano,[18] San Hipólito de Roma, San Cirilo de Jerusalén[19] o San Atanasio, quien, por ejemplo, afirmará que Satán y los demonios cayeron del cielo por desavenencia con su Creador.[20]

Durante los tres primeros siglos fue común la sentencia de que el primer pecado de los ángeles había sido o la incontinencia o la envidia. Con respecto al primero hubo escritores eclesiásticos y Padres antiguos que interpretaban Ge 6: 2-5, como referido al pecado de los ángeles, y éste concretado en el de lujuria, y por ello, les otorgaban a los ángeles un cuerpo, aunque fuera sutilísimo. Fue el caso, por ejemplo, de San Justino,[21] Atenágoras,[22] Tertuliano,[23] San Clemente Alejandríno,[24] San Ambrosio, etc. También la tradición judía intertestamentaria y apócrifa seguía esta interpretación.[25]

---

[16]Una lista bastante completa de Padres latinos y griegos que siguen esta posición en A. Martínez: *Introducciones...*, cit., págs. 937-938.

[17]San Ignacio de Antioquía: *Ad Trall.*, 8, 1; *Ad Eph.*, 10:3; *Ad Rom.*, 5, 3; *Ad Smyrn.*, 9. 1.

[18]Taciano: *Orat. Adv. Græc.*, 7 (P. G., 6, 820-821).

[19]San Cirilo de Jerusalén: *Catech.*, II, n. 3-4 (P. G., 33, 385-388).

[20]San Atanasio: *De Synodis*, n. 48 (P. G., 26, 780).

[21]San Justino: *Apol.*, n 5 (P. G., 6, 451-452), quien afirmaba que tras encomendar Dios a los ángeles el cuidado de la humanidad, algunos de ellos tuvieron comercio carnal con las mujeres, siendo sus hijos los demonios e introduciendo todo el mal en el mundo.

[22]Atenágoras: *Legatio pro christ.*, n.24 (P. G., 6, 947), quien afirma que el primer demonio fue culpable de negligencia en la labor encomendada por Dios de cuidar las cosas materiales, mientras que los ángeles caídos inferiores pecaron con las mujeres, de las cuales nacieron los gigantes de Ge 6: 2-5.

[23]Tertuliano: *De Idol.*, 9 (P. L., 1, 671); *De cultu femin.*, 1 (P. L., 2, 1305-1308).

[24]San Clemente Alejandrino: *Strom.*, 3, 7 (P. G., 8, 1161); 5, 1 (P. G., 9, 24).

[25]Cfr. L. Ott: *Manual...*, cit., págs. 199-200. Un estudio detallado de autores griegos y latinos en A. Martínez: *Introducciones...*, cit., págs. 938-941.

11.1. LA CAÍDA DE LOS ÁNGELES MALOS

Es evidente que tal interpretación es insostenible, y fue rechazada por muchos Santos Padres y escritores cristianos antiguos,[26] pues los ángeles son espíritus puros creados. Como dice Santo Tomás:

"Secundum affectum vero illa solum peccata in malis Angelis esse possunt, ad quæ contingit affici spiritualem naturam. Spiritualem autem naturam affici non contingit ad bona quæ sunt propria corpori, sed ad ea quæ in rebus spiritualibus inveniri possunt, nihil enim afficitur nisi ad id quod suæ naturæ potest esse quodam modo conveniens".[27]

"En cuanto al efecto, solamente puede haber en los ángeles malos aquellos pecados a los que puede tender la naturaleza espiritual. Pero la naturaleza espiritual no tiende a los bienes propios del cuerpo, sino a los que pueden encontrarse en las cosas espirituales, ya que nada tiende más que a lo que, de algún modo, puede convenir a su naturaleza".

Con respecto a la clase de pecado espiritual que pudieron haber cometido los ángeles malos, se sostuvieron diferentes posiciones:

1.– Algunos Santos Padres afirmaron que el pecado de los ángeles fue el de la envidia. Así San Ireneo sostuvo que pecaron por envidia

---

[26] Así entre otros, Orígenes, quien rechaza la fábula del libro de Henoch (*De Princ.*, 1.1, c. 5, n. 25, en P. G., 11, 163). San Cirilo de Jerusalén dice que el demonio mismo es el inventor de la fábula de los gigantes (*Catech.*, 2, n.3–4, en P. G., 33, 385–388). Excluyen también el pecado carnal de los ángeles San Gregario Nacianceno (*Poem. moral*, sect. 2, 1, en P. G., 37, 525) y San Gregorio de Nisa (*De Homin. Opif.*, 17, en P. G. 44, 189). Un elenco extenso en A. Martínez: *Introducciones...*, cit., págs. 940–941.

[27] Santo Tomás de Aquino: *Summ. Theol.*, Iª, q. 63, a. 2, co. Cfr. *Sent.*, II, dist. 5, q. 1, a. 3; dist. 22, q. 1, a. 1; dist. 43, a. 6; *Contra Gent.*, II, cap. 109; *De Malo*, q. 16, a. 2, ad 4.

del hombre.[28] Posiciones similares sostienen San Gregorio Niseno,[29] San Máximo,[30] etc.

2.– Otros Santos Padres afirmaron que el pecado de los ángeles fue de orgullo, opinión que acabó imponiéndose de un modo muy general.[31] En efecto, San Atanasio dirá: "Satanás fue arrojado de los cielos, no por lujuria, adulterio o robo, sino que la soberbia lo precipitó a las regiones inferiores del abismo. Así habló en efecto: subiré y pondré mi trono frente a Dios, y seré semejante al Altísimo. Y por este pensamiento fue arrojado y su herencia fue el fuego eterno";[32] según San Basilio el orgullo fue el primer pecado del Diablo, aunque después tuvo envidia del hombre;[33] para San Gregorio Nacianceno, Lucifer fue el primero en pecar, queriendo la gloria misma de Dios, y cayendo después en la envidia a los ángeles buenos y en el odio a Dios y al hombre;[34] San Juan Crisóstomo señaló también la soberbia como el primer pecado;[35] San Cirilo de Alejandría dice que Lucifer pecó por orgullo y arrogancia, creyendo que podría elevarse a la naturaleza del Creador y sentarse en su trono, fundando su sentencia en Isaías (14:14) y en Ezequiel (28:14);[36] San Gregorio Magno[37] y San Agustín afirmaron que el pecado de los ángeles fue de orgullo, basados en Eco 10: 14–15 y To 4:14: "Algunos afirman que el diablo cayó del trono superior porque tuvo envidia del hombre hecho a imagen de Dios. Pero

---

[28]San Ireneo: *Adv. Hæres.*, 1. 4 c.40, n.l–2, y 1. 5, c.24 (P. G., 7, 1113–1114 y 1188).

[29]San Gregorio de Nisa: *De Homin. Opificio*, c. 17 (P. G., 44, 189).

[30]San Máximo: *Capit. cent.*,4, n. 48, (P. G., 90, 1325).

[31]Un estudio detallado en A. Martínez: *Introducciones* ..., cit., págs. 942–945.

[32]San Atanasio: *De Virginitate*, (P. G., 28, 275).

[33]San Basilio: *Adv. Eunom.*, 1, n. 13 (P. G., 29, 541); *In ls.*, 14, 19 (P. G., 30, 609).

[34]San Gregorio Nacianceno: *Poem. Dogmat.*, sect. 1, 66 (P. G., 37, 444–445); *Orat.*, 36, n. 5 y 39, n. 7 (P. G., 36, 269 y 341).

[35]San Juan Crisóstomo: *In lo. hom.*, 16, n. 4 (P. G., 59, 106).

[36]San Cirilo de Alejandría: *Glaphyr. in Gen.*, 1 n.,3 (P. G., 69, 21–24).

[37]San Gregorio Magno: *Moralia*, XXXIV, 21 (P. L., 76).

11.1. LA CAÍDA DE LOS ÁNGELES MALOS

la envidia sigue a la soberbia, no la precede: pues no es la envidia la causa de ensoberbecerse, sino la envidia la causa de la soberbia".[38]

Santo Tomás matiza ese pensamiento, y sostuvo que el pecado fue de soberbia en primer lugar, es decir, querer ser como Dios, no a modo de igualdad, sino a modo de semejanza, pues sabía que lo primero era imposible; imposibilidad que conocía por su conocimiento natural.[39] Además el querer la igualdad con Dios iría contra el deseo natural que tienen todas las cosas de conservar su propia naturaleza, lo que no ocurriría si se convirtieran en otra naturaleza.[40] El deseo de la "semejanza" con Dios estribaría, no en la voluntad de asemejarse a Dios en lo que Dios es imitable por cada creatura, que es un deseo de semejanza bueno, sino, en un deseo desordenado, a saber:

- Cuando se aspira a la semejanza de cosas divinas que no corresponden a la creatura, como tener el poder creador.

- Cuando se aspira a la semejanza de Dios que se obtiene por la gracia (fin último de la creatura sobrenatural) pero utilizando las solas fuerzas de su naturaleza y no con el auxilio divino, según lo que Dios mismo dispuso.

---

[38]San Agustín: *De Genesi ad Litteram*, lib. XI, c. XIV (P. L., 34, 436).

[39]Además porque al primer acto pecaminoso de los ángeles no precedió ningún hábito ni pasión que entorpeciese la virtud cognoscitiva. Cfr. Santo Tomás de Aquino: *Summ. Theol.*, Iª, q. 63, a. 3, co.

[40]Por eso, dice el Aquinate, que no pudo consistir su pecado en no querer estar sometido absolutamente a nadie porque de este modo hubiera querido su propio no ser, ya que ninguna creatura puede existir sino en cuanto participa del ser que Dios le comunica. Cfr. Santo Tomás de Aquino: *Summ. Theol.*, Iª, q. 63, a. 3, co.

- Cuando, se desprecia el fin sobrenatural, aferrándose a la bienaventuranza natural, y desviando el apetito de la bienaventuranza sobrenatural que proviene de la gracia de Dios.[41]

En segundo lugar, una vez cometido el pecado de soberbia, los ángeles pudieron caer también un pecado de envidia, es decir de dolor por el bien del hombre manifestado en la Encarnación: "porque se dolió del bien del hombre y también de la excelencia divina, por cuanto Dios se sirve del hombre para su gloria en contra de la voluntad del demonio":

"In spiritualibus autem bonis non potest esse peccatum dum aliquis ad ea afficitur, nisi per hoc quod in tali affectu superioris regula non servatur. Et hoc est peccatum superbiæ, non subdi superiori in eo quo debet. Unde peccatum primum Angeli non potest esse aliud quam superbia. Sed consequenter potuit in eis esse etiam invidia. Eiusdem enim rationis est quod affectus tendat in aliquid appetendum, et quod renitatur opposito. Invidus autem ex hoc de bono alterius dolet, inquantum bonum alterius æstimat sui bo-

"En los bienes espirituales, cuando alguien se aficiona a ellos, no puede haber pecado, a no ser que en tal afecto no se observe la regla del superior. Pero no someterse a la regla del superior en lo debido es precisamente lo que constituye el pecado de la soberbia. Por lo tanto, el primer pecado del ángel no pudo ser más que el de soberbia. Pero, y como consecuencia, pudo haber en ellos también el de envidia. En efecto, la misma razón que el apetito tiene para inclinarse a una cosa, la tiene para rechazar la contraria. Por eso, el envidioso se duele del

---

[41]Cfr. Santo Tomás de Aquino: *Summ. Theol.*, I\u1d43, q. 63, a. 3, co. Cfr. II\u1d43 II\u1d49 q. 163, a. 2; *Sent.*, II, dist. 5, q. 1, a. 2; dist. 22, q. 1, a. 2; *Contra Gent.*, III, cap. 109; *De Malo*, q. 16, a. 3.

11.1. LA CAÍDA DE LOS ÁNGELES MALOS

ni impedimentum. Non autem bonum alterius poterat æstimari impedimentum boni affectati per Angelum malum, nisi inquantum affectavit excellentiam singularem, quæ quidem singularitas per alterius excellentiam cessat. Et ideo post peccatum superbiæ consecutum est in Angelo peccante malum invidiæ, secundum quod de bono hominis doluit; et etiam de excellentia divina, secundum quod eo Deus contra voluntatem ipsius Diaboli utitur in gloriam divinam".[42]

bien del otro, pues estima que el bien ajeno es un obstáculo para el propio. Pero el bien de otro no pudo ser tenido como obstáculo del bien al que se aficionó el ángel malo, a no ser en cuanto que apeteció una grandeza que quedaba eclipsada por la grandeza de otro. Por eso, tras el pecado de soberbia apareció en el ángel prevaricador el mal de la envidia, porque se dolió del bien del hombre y también de la grandeza divina, en cuanto que Dios se sirve del hombre para su gloria en contra de la voluntad del demonio".

3.- A. Gálvez: pecado de escándalo del amor de Dios manifestado en la Encarnación (Dios decretó hacerse hombre y no ángel) y en la Redención de los hombres (era locura que Dios quisiera dar la vida por seres tan bajos como eran los hombres; era un escándalo que el Hijo de Dios llegara incluso hasta la muerte para salvarnos).

Sobre la categoría del ángel caído

Según Santo Tomás, es probable que el principal ángel caído fuera el más alto en rango debido a la naturaleza del pecado cometido. En efecto, como el pecado de los ángeles no precedió de ninguna propensión de su naturaleza (lo que hubiera supuesto que los ángeles inferiores fueran los que pecaron por su naturaleza más débil, como

---

[42]Santo Tomás de Aquino: *Summ. Theol.*, Iª, q. 63, a. 2, co.

dijeron algunos Santos Padres), sino del libre albedrío por el que cayeron en el pecado de soberbia, parece lógico que pecaran los ángeles superiores, cuya mayor excelencia pudiera inducirles con más facilidad a caer en el mismo.

"Si vero consideretur motivum ad peccandum, maius invenitur in superioribus quam in inferioribus. Fuit enim Dæmonum peccatum superbia, ut supra dictum est; cuius motivum est excellentia, quæ fuit maior in superioribus. Et ideo Gregorius dicit quod ille qui peccavit, fuit superior inter omnes.[43] Et hoc videtur probabilius. Quia peccatum Angeli non processit ex aliqua pronitate, sed ex solo libero arbitrio, unde magis videtur consideranda esse ratio quæ sumitur a motivo ad peccandum. Non est tamen inde alii opinioni præiudicandum, quia etiam in principe inferiorum Angelorum potuit esse aliquod motivum ad peccandum".[44]

"Si se considera el motivo de pecar, encontramos que es mayor en los superiores que en los inferiores. Hemos visto ya (a. 2) que el pecado de los demonios fue la soberbia, cuyo motivo es la grandeza, y que poseyeron en mayor grado los superiores que los inferiores. Por eso Gregorio dice: El que pecó fue el supremo entre todos. Esto parece lo más probable. Porque el pecado del ángel no provino de ninguna propensión, sino sólo del libre albedrío, y por lo tanto, parece que preferentemente se ha de tener en cuenta el motivo de pecar. Sin embargo, no hay que desechar la otra opinión, ya que también en el más elevado de los inferiores pudo haber motivo para pecar".

Es probable que la caída del primer ángel fuera la causa de la caída de los otros (Mt 25:41):

---

[43] San Gregorio Magno: *In Evang.*, Lib. II, hom. XXXIV, en *P. L.*, 76, 1250.
[44] Santo Tomás de Aquino: *Summ. Theol.*, Iª, q. 63, a. 7, co. Cfr. *Sent.*, II, dist. 6, a. 1; *Contra Gent.*, III, cap. 109; *De Subst. Separatis*, cap. 19.

11.1. LA CAÍDA DE LOS ÁNGELES MALOS

"Peccatum primi Angeli fuit aliis causa peccandi, non quidem cogens, sed quadam quasi exhortatione inducens. Cuius signum ex hoc apparet, quod omnes Dæmones illi supremo subduntur; ut manifeste apparet per illud quod dicit dominus, Matth. XXV, ite, maledicti, in ignem æternum, qui paratus est Diabolo et Angelis eius. Habet enim hoc ordo divinæ iustitiæ, ut cuius suggestioni aliquis consentit in culpa, eius potestati subdatur in pœna; secundum illud II Petr. II, a quo quis superatus est, huic servus addictus est".[45]

"El pecado del primer ángel fue para los otros causa de pecar, no coactiva, pero sí como exhortación persuasiva. Un indicio de esto lo tenemos en que todos los demonios están sometidos a aquel primer rebelde, como resulta claro por lo que dice el Señor en Mt 25:41, Id, malditos, al fuego eterno que está preparado para el Diablo y para sus ángeles. En el orden de la justicia divina está dispuesto que, si alguno consiente en la culpa sugestionado por otro, en castigo quede sometido a su poder. Dice 2 Pe 2:19, Cada cual es esclavo de quien le venció".

Número de ángeles caídos

Sobre el número de ángeles que pecaron, Santo Tomás afirma que fueron muchos, pero menos que los que permanecieron fieles, debido a que el pecado es contra la naturaleza de los ángeles, y la naturaleza tiende a alcanzar el objetivo que tiene:

"Respondeo dicendum quod plures Angeli permanserunt quam pec-

"Hay que decir: Los ángeles que perseveraron son más

---

[45]Santo Tomás de Aquino: *Summ. Theol.*, I^a, q. 63, a. 8, co. Cfr. *Sent.*, II, dist. 6, a. 2.

caverunt. Quia peccatum est contra naturalem inclinationem, ea vero quæ contra naturam fiunt, ut in paucioribus accidunt; natura enim consequitur suum effectum vel semper, vel ut in pluribus".[46]

que los que pecaron porque el pecado es contrario a la tendencia natural; y lo que va contra la naturaleza logra su efecto siempre, por lo menos en la mayoría de los casos".

11.2 La existencia del demonio y su negación

La realidad del demonio está presente en toda la Biblia, desde sus primeras páginas hasta en la profecía del Apocalipsis. La vida del Señor Jesucristo fue una lucha y victoria contra el Príncipe de este mundo y su obra.[47]

Su presencia en el mundo se deja sentir con claridad. Como dice J. Medina:

> "No [conviene]... que se olvide la más dura de las frases de la Sagrada Escritura, cuando el Apóstol San Juan dice: 'sabemos que somos de Dios y que el mundo entero yace en el Maligno' (1 Jn 5:19). Otros traducen 'yace' por 'está bajo el poder'. La palabra 'mundo' tiene en las Sagradas Escrituras varios sentidos y en ciertas ocasiones posee una connotación claramente negativa: lo que es ajeno o incluso contrario a los designios de Dios. En todo caso la afirmación es muy grave y la realidad no la desmiente: la

---

[46]Santo Tomás de Aquino: *Summ. Theol.*, Iª, q. 63, a. 9, co. Cfr. *Sent.*, I, dist. 39, q. 2, a. 2, ad 4; II, dist. 1, P. 1, a. 1, ad 3.

[47]Este extremo, se puede comprobar con abundante bibliografía en J. A. Sayés: *El demonio, ¿realidad o mito?*, San Pablo, Madrid, 1997; Id.: *Pecado original y redención de Cristo*, Madrid, Edapor, 1988.

11.2. LA EXISTENCIA DEL DEMONIO Y SU NEGACIÓN 681

> mentira generalizada; las violencias de todo tipo; la idolatría del dinero, con las consecuencias que están a la vista; el asesinato, cada año, de millones de creaturas en el vientre de sus madres, con la complicidad de las autoridades y de las legislaciones; el desenfreno en el ejercicio de la sexualidad; la corrupción en el manejo de los bienes públicos y privados; el socavamiento de la institución familiar a través de la legalización del divorcio, de la protección legal a las uniones de hecho e incluso a las de personas homosexuales; la persecución religiosa; las diversas formas de tiranías, ante las cuales se calla porque quienes las ejercitan son poderosos; el silenciamiento de Dios y de su santa ley... Sería una gran ingenuidad ignorar la pavorosa presencia del mal, fruto de la acción, directa o indirecta del Maligno".[48]

La influencia del demonio para intentar destruir a la propia Iglesia, ya anunciada por Jesucristo ("Simón, Simón, Satanás os busca para ahecharos como trigo; pero yo he rogado por ti para que no desfallezca tu fe, y tú, una vez convertido, confirma a tus hermanos", Lc 22: 31–32; "Y yo te digo a ti que tú eres Pedro, y sobre esta piedra edificaré yo mi Iglesia, y las puertas del Infierno no prevalecerán contra ella", Mt 16:18), fue denunciada en su día ya por el Papa Pablo VI:

> "A través de una fisura el humo de Satanás entró en el templo de Dios".[49]

> "El mal que existe en el mundo es el resultado de la intervención en nosotros y en nuestra sociedad de un agente

---

[48]Cardenal J. A. Medina Estévez: *Satanás y su Obra*, en Cuaderno Humanitas 22, Santiago de Chile, 2010, págs. 4–6.

[49]Pablo VI, 29 de junio 1972, en ocasión su noveno aniversario de su coronación.

oscuro y enemigo, el Demonio. El mal no es ya sólo una deficiencia, sino un ser vivo, espiritual, pervertido y pervertidor. Terrible realidad. Misteriosa y pavorosa. Se sale del marco de la enseñanza bíblica y eclesiástica todo aquel que rehúsa reconocerla como existente; e igualmente se aparta quien la considera como un principio autónomo, algo que no tiene su origen en Dios como toda creatura; o bien quien la explica como una pseudo–realidad, como una personificación conceptual y fantástica de las causas desconocidas de nuestras desgracias".[50]

A. Gálvez ha insistido sobre esta influencia del demonio en algunos miembros de la Iglesia.[51]

11.2.1 Sagrada Escritura

La realidad del demonio está reflejada tanto en el Antiguo como en el Nuevo Testamento, con una claridad y abundancia que prescindir de su figura y realidad, simplemente cambiaría todo el sentido de la Revelación y del *Misterium Salutis* que quedaría sin explicación. Hay bibliografía muy extensa al respecto. Basten aquí algunas consideraciones generales.[52]

---

[50] Alocución de Pablo VI, del 15 de noviembre de 1972.

[51] Cfr. A. Gálvez: *El Invierno Eclesial*, Shoreless Lake Press, New Jersey, 2011, págs. 199–225 (capítulo: "El Diablo reza Maitines"). Juan A. Jorge: *Escatología*, New Jersey, Shoreless Lake Press, 2018, págs. 679–766, 816–824.

[52] Para más detalles, cfr. S. Lyonnet: *Le Démon dans l'Écriture*, en "Dictionnaire de Spiritualité", 3, 1957, 141–152; A. González: *La Demonología del Cuarto Evangelio*, en "Miscelánea Comillas" 48 (1967) 21–40; J. Morales: *El Misterio...*, cit., págs. 191–192 y 195; A. Fernández: *Teología....*, cit., vol. 2, págs. 172–175; S. García-Rodríguez: *Demonio. Sagrada Escritura*, en GER, vol. 7, págs. 385–388; E. Mangenot: *Démon*, en DTC, vol. VI, 321–339; P. van Imschoot: *Los Ángeles y los Demonios*, en "Teología del Antiguo Testamento", Madrid, 1969, 157–189; etc.; todos con abundante bibliografía.

11.2. LA EXISTENCIA DEL DEMONIO Y SU NEGACIÓN

Ya desde las primera páginas de la Biblia se encuentra su presencia, como protagonista principal de la caída del ser humano en el pecado (Ge 3: 1ss.). Su realidad es paralela a la realidad del pecado y de la existencia del mal. Su objetivo es destruir al ser humano apartándole de Dios, como se ve con tanta claridad en el relato mencionado del Génesis o el libro de Job (Jb 1: 6–12; 2: 1–7). En Zacarías se presenta como el acusador ante el trono de dios (Zac 3: 1–9). En el libro de Tobías, aparece como "el que hace perecer" (*Asmoneo*, To 3:8; 6:14), o el que atormenta al hombre y a la mujer (To 6:8). Un buen resumen de su ser y actividad lo presenta el libro de la Sabiduría: "mas por envidia del Diablo entró la muerte en el mundo, y la experimentan los que le pertenecen" (2:24). Etc.

En el Nuevo Testamento los datos son todavía más abundantes. Su actividad está presente en todo el ministerio de Jesucristo, desde su inicio con las tentaciones en el desierto, sus enseñanzas en torno al mismo, su labor exorcizadora, etc. A sus apóstoles les da el poder de expulsar demonios. Su poder sobre los demonios es signo de su mesianismo, etc. Como sostiene A. Fernández:

> "En síntesis, la acción salvadora de Cristo se presenta en el Nuevo Testamento como la victoria contra el demonio (Mt 8:16; 8: 28–34; 9: 32–34; 15: 21–28; Mc 1: 23–36.32–34.39; 3: 11–12.15; 5: 1–17; 7: 24–30; etc.). Y, como se deduce de las tentaciones en el desierto al inicio de su vida pública, el demonio intentó a lo largo de la vida pública torcer la obra salvadora de Jesucristo (Lc 4:13; Mt 16:23)".[53]

Habiendo sido vencido definitivamente por Jesucristo en su Pasión y Resurrección ("Ahora el príncipe de este mundo va a ser arrojado

---

[53] A. Fernández: *Teología*..., cit., vol. 2, pág. 174.

fuera" Jn 12:31; 16:11; cfr. 2 Cor 4:4), sin embargo se le ha concedido todavía poder (Ap 13:7) que ejercerá en el tiempo de la Iglesia y su acción perdurará hasta el fin de los tiempos donde será definitivamente arrojado al Infierno (las profecías del Apocalipsis). Los tiempos de la Iglesia, desde la Resurrección hasta la Parusía, serán, pues, tiempos de lucha contra Satanás; lucha que reviste formas variadas (Hech 5:3; 1 Cor 7:5; 2 Cor 2:11; 1 Tes 2:18; Ap 2:24; etc.). Según Ap 12: 7–9 y Mc 3: 22–27, Satanás y los demonios forman un ejército rebelde a Dios, un grupo y un reino del mal. Su objetivo será hacer esclavos suyos a los seres humanos (1 Jn 2: 8.10; 3:8). Satanás se ha introducido en medio de las Iglesias de Asia (Ap 2: 9.13); se oculta bajo formas de poder, riquezas, ambición, falsa religión (Ap 13: 1–17). Pero es impotente ante el poder de Dios y será derrotado por la victoria del Cordero y de su esposa, la Iglesia (Ap 18–22).

11.2.2 Los nombres del demonio

La existencia del demonio es pues clara, tanto por sus efectos en nuestro mundo, como por el testimonio de la Sagrada Escritura. Para comprobarlo, es útil hacer un elenco de los nombres que recibe en la Biblia.[54]

- *Satanás* (Ap 12:9; Jb 1: 6ss.).

- *Diablo* (Ap 12:9; Jn 8:44).

- *Demonio* (Mt 7:22; Mc 1:34; Lc 4:41).

- *Legión* (Mc 5:9).

- *Príncipe de este mundo* (Jn 12:31; 14:30; 16:11).

---

[54] J. A. Medina Estévez: *Satanás...*, cit., págs. 7–18. A. Fernández: *Teología...*, cit., pág. 583.

11.2. LA EXISTENCIA DEL DEMONIO Y SU NEGACIÓN

- *Príncipe de los demonios* (Mt 9:34; 12:24; Mc 3:22; Lc 15:15).
- *Beelzebub* (Mt 10:25; 12:27; Mc 3:22; Lc 11: 15.18ss).
- *Mentiroso* (Jn 8:44; 1 Jn 2:22).
- *Padre de la mentira* (Jn 8:44).
- *Pecador desde el principio* (1 Jn 3:8).
- *Tentador* (Mt 4:3; 1 Te 3:5).
- *Maligno, Malo* (Mt 5:37; Jn 17:15; 1 Jn 5: 18ss: Ef 6:16).
- *Espíritus malignos* (Hech 19: 12ss: Mt 12:45; Lc 7:21; Ef 6:12).
- *Espíritus inmundos o impuros* (Mt 12:43; Mc 1:26; 9:24; Lc 9:42).
- *Homicida desde el principio* (Jn 8:44).
- *Señor de la muerte* (Heb 2:14).
- *Dragón* (Ap 12:9).
- *Serpiente antigua* (Ap 12:9; Ge 3: 1ss).
- *Belial* (2 Cor 6:15).
- *Enemigo o Adversario* (Mt 13:39; Za 3: 1ss.).
- *Dios de este mundo* (2 Cor 4:4).
- *Poder de las tinieblas* (Lc 22:53; Col 1:13).
- *Seductor del mundo entero* (Ap 12:9).
- *Ángel de Satanás* (2 Cor 12:7).
- *Acusador* (Sal 109:6; Ap 12:10).

11.2.3 La negación de la existencia del demonio

En la actualidad hay sectores de la teología que, separándose de la ortodoxia, afirman que o bien el demonio no es un ser personal, o simplemente no existe. Ya decía Charles Baudelaire, que "el mayor engaño del Diablo es hacernos creer que no existe". En su tiempo, Pío XII señalaba en su *Humani Generis* (1950) el error de los que dudaban si los ángeles eran seres personales. El cardenal Jorge Medina en 1999, durante la presentación del *Nuevo Rito de Exorcismo* reconocía la realidad de esta tendencia en contra de la fe en la existencia del demonio: "Sabemos que hay católicos que no han recibido una buena formación y dudan de la existencia del Diablo".

Así por ejemplo, para el teólogo R. Bultmann, a las figuras cósmicas como ángeles o demonios no les compete ninguna realidad, pues las considera unas figuras míticas. Para este teólogo el pecado es puramente un asunto del hombre. Cuando la Biblia, dice él, habla de "la esclavitud bajo el pecado" (Jn 8:34) quiere decir "esclavitud bajo el Diablo" (1 Jn 3:8). Para Bultmann el pecado y el Diablo son sinónimos. Es decir, cuando uno peca, uno se convierte en Diablo. El Diablo, según él, es nuestro pecado, o nuestra desobediencia a Dios.[55] Por su parte, Herbert Haag, en su obra famosa "Adiós al Demonio",[56] sostuvo que el Diablo es la personificación del mal. Él escribe: "Satanás es la personificación del mal, del pecado. En todos los pasajes del Nuevo Testamento en los que aparece el nombre de Satanás o del Diablo,

---

[55] Por su parte, P. Schoonenberg, siguiendo las ideas de Bultmann, no habla de poderes personales, sino de poderes "personalizados" del pecado y de la muerte. Schoonenberg usa como sinónimos la "esclavitud del pecado" y "esclavitud del Diablo" como lo planteó Bultmann. Su influencia llegó hasta el *Catecismo Holandés*, como ya se ha señalado, y tuvo que ser corregido por Roma: *Las Correcciones al Catecismo Holandés*, BAC, Madrid, 1969, pág. 8.

[56] Trad. castellana H. Haag: *El Diablo. Su Existencia Como Problema*, Herder, Barcelona, 1978, 446 págs.

11.2. LA EXISTENCIA DEL DEMONIO Y SU NEGACIÓN

podemos tranquilamente cambiar esos términos por 'el pecado' o por 'el mal'... La misma función queda resuelta en el vocabulario de Juan con el término 'mundo' (Juan 15:18; 17:14). El Nuevo Testamento utiliza, en fin, alternativamente y con el mismo significado los términos Satanás, Diablo, mundo, pecado, mal".

Se opusieron a tales tesis J. Ratzinger y de L. Scheffizyk, junto con otro grupo de teólogos; y motivó la intervención de Pablo VI del 16-11-1972: el demonio existe; no es co–principio con Dios; no es una pseudo-realidad, personificación conceptual y fantástica de las causas desconocidas de nuestras desgracias, como ya se señalaba más arriba.[57]

Posteriormente la Sagrada Congregación de la Doctrina de la Fe publicó el 26 de junio de 1975 un documento con el título "Fe cristiana y demonología" donde afirmaba: "La existencia del mundo demoníaco se revela como un dato dogmático en la doctrina del Evangelio y en el corazón de la fe vivida". Y el *Catecismo de la Iglesia Católica*, n° 391, vuelve a recordar la enseñanza ortodoxa: "La Escritura y la tradición de la Iglesia ven en este ser a un ángel caído, llamado Satán o Diablo... la Iglesia enseña que primero fue un ángel bueno, creado por Dios". Por eso el cardenal Medina advierte que la existencia del demonio "es un artículo de la fe y parte de la doctrina de la Iglesia católica. Alguien que dice que el Diablo no existe ya no es un creyente".

Finalmente, como ya se ha señalado, la Sagrada Congregación para el Culto Divino promulgó un nuevo *Ritual de Exorcismos*, con fecha de 26 de enero de 1999.[58]

---

[57] Audiencia general del miércoles 15 de noviembre de 1972.

[58] Ya antes, el 29 de septiembre de 1988, la Sagrada Congregación para la Doctrina de la Fe, insistía en la necesidad de los exorcismos en su *Carta a los Ordinarios acerca de las normas sobre los exorcismos*.

11.3 Rechazo eterno de los ángeles malos

Así como la bienaventuranza de los ángeles buenos es eterna (Mt 18:10), también el castigo de los ángeles malos es eterno.[59]

11.3.1 Biblia

La Sagrada Escritura señala este carácter de eternidad de las penas del demonio de variadas formas, por ejemplo:

- Mt 25:41, "fuego eterno".

- Jds 6, "eternamente encadenados".

- Ap 20:10, "el Diablo, su seductor, fue arrojado al lago de fuego y azufre..., y serán atormentados día y noche por los siglos de los siglos".

11.3.2 La herejía de la La *apocatástasis* final

El Magisterio se ha pronunciado sobre la eternidad del Infierno, sobre todo, para condenar la doctrina de la "apocatástasis final", es decir, la idea de que habrá un retorno final de todos los pecadores, incluido el demonio, a la armonía de su primer principio, Dios. Esta doctrina afirma que todas las inteligencias creadas se salvan. En el caso de los seres humanos: los justos, directamente; los impíos, después de un proceso purificador. De este modo, el Infierno o no existe o queda reducido a una situación purgatoria y temporal.[60] Se hacía una interpretación errónea de Hech 3:21, "... a quien el cielo debía

---

[59]La tesis "El castigo de los demonios no tendrá fin", es calificada por J. Ibáñez y F. Mendoza: *Dios Creador*..., cit., pág. 128, como de fe divina y católica definida, y su censura como herejía.

[60]Cfr. Juan A. Jorge: *Escatología*, cit., págs. 724–728.

11.3. RECHAZO ETERNO DE LOS ÁNGELES MALOS

recibir hasta llegar los tiempos de la restauración de todas las cosas (ἀποκαταστάσεως πάντων), de que Dios habló desde antiguo por boca de sus santos profetas".

Esta tesis tuvo seguidores entre algunos Santos Padres y escritores eclesiásticos (Orígenes,[61] Gregorio Niseno,[62] Dídimo el Ciego, Evagrio Póntico, Diodoro de Tarso, Teodoro de Mopsuestia).[63] Pero Rouet de Journel demostró que la doctrina de la obstinación perpetua de los demonios y de su eterna condenación fue siempre sostenida por los Santos Padres desde los tiempos de los apologistas.[64]

Posteriormente también sostuvieron este error:

1. *Los albigenses*, para los que todos los hombres se salvan, purificándose de sus pecados a través de sucesivas re–encarnaciones. Por lo tanto, el Infierno no existe.

2. *Algunos anabaptistas* del s. XVI, quienes defendieron la "apocatástasis".

3. *Muchos teólogos liberales* del s. XIX, bajo la influencia de Schleiermacher.

4. *Algunos teólogos protestantes del s. XX*, como W. Michaelis o K. Barth, quien afirma que no se puede excluir esta posibilidad.

---

[61]Orígenes: *De Princ.*, 1, c. 5–6 (P. G., 11, 160s); 3, c. 6, n. 5 (P. G., 11, 338).

[62]San Gregorio Niseno: *De Anima et Resurrectione* (P. G., 46, 72); *Orat. Catech.*, c. 6 y 26 (P. G., 45, 25 y 68); *De Mortuis* (P. G., 46, 522); *De Pauperibus* (P. G., 46, 456).

[63]En occidente sostendrán esta posición también Escoto Erígena y Schleiermacher. Cfr. J. Ibáñez: *Apocatástasis*, en GER, vol. II, págs. 472–473.

[64]Rouet De Journel: *Enchiridion Patristicum*, ind. theol. n. 594–596; un largo elenco de sus opiniones y escritos al respecto en A. Martínez: *Introducciones...*, cit., págs. 945–949.

11.3.3 Magisterio

El Magisterio fue claro siempre, teniendo como principales momentos los siguientes:

- Sínodo de Constantinopla *Endemousa* del año 543:

  "Si alguno dice o siente que el castigo de los demonios o de los hombres impíos es temporal y que en algún momento tendrá fin, o que se dará la reintegración de los demonios o de los hombres impíos, sea anatema".[65]

- Concilio de Constantinopla II (a. 553), en su condena de la teología de Orígenes.[66]

- Concilio IV de Letrán (a. 1215), contra cátaros y albigenses:

  "Todos los cuales resucitarán con sus propios cuerpos que ahora llevan, para recibir según sus obras, ora fueren buenas, ora fueren malas; aquéllos, con el Diablo, castigo eterno; y éstos, con Cristo, gloria sempiterna".[67]

---

[65]"Si quis dicit aut sentit, ad tempus esse dæmonum et impiorum hominum supplicium, eiusque finem aliquando futurum, sive restitutionem et redintegrationem esse (fore) dæmonum aut impiorum hominum, an. s." (Edicto del emperador Justiniano a Menas, Patriarca de Constantinopla, publicado en el Sínodo de Constantinopla del 453, conteniendo los anatematismos contra orígenes. D. S. 411).

[66]D. S. 433.

[67]"Iesus Christus... venturus in fine sæculi, iudicaturus vivos et mortuos, et redditurus singulis secundum opera sua, tam reprobis quam electis: qui omnes cum suis propriis resurgent corporibus, quæ nunc gestant, ut recipiant secundum opera sua, sive bona fuerint sive mala, illi cum diabolo pœnam perpetuam, et isti cum Christo gloriam sempiternam" (D. S. 801).

11.3. RECHAZO ETERNO DE LOS ÁNGELES MALOS

- La Constitución "Benedictus Deus", (a. 1336) de extraordinaria importancia para los dogmas escatológicos.[68]

- *Constitución Lumen Gentium* (a. 1964), c. 7, n. 48, donde se reitera la pena eterna del Infierno (Mt 25: 26.30.41; 22:13) y la resurrección de condenación (Jn 5:29): "...y no nos mandarán ir, como siervos malos y perezosos (cfr. Mt 25:26) al fuego eterno (cfr. Mt 25:41), a las tinieblas exteriores, donde habrá llanto y rechinar de dientes (Mt 22:13; 25:30)... Al fin del mundo 'los que hicieron el mal resucitarán para el juicio' (Jn 5:29; Cfr. Mt 25:46)".[69]

- *Profesión de Fe* (a. 1968), de Pablo VI, confesando la recta doctrina frente a diferentes errores del momento, afirma la eternidad del Infierno al declarar que la pena de daño es para toda la eternidad: "Subió al Cielo, de donde ha de venir de nuevo, entonces con gloria, para juzgar a los vivos y a los muertos, a cada uno según los propios méritos: los que hayan respondido al amor y a la piedad de Dios irán a la vida eterna, pero los que los hayan rechazado hasta el final serán destinados al fuego que nunca cesará".[70]

- *El Catecismo de la Iglesia Católica* (a. 1997): La enseñanza de la Iglesia que afirma la existencia, eternidad, "mox post mortem", clases de penas, siendo la principal la separación eterna de Dios.[71]

---

[68] D. S. 1002.
[69] D. H., 4168.
[70] Num. 12, *A. A. S.*, 60 (1968) 438.
[71] *El Catecismo de la Iglesia Católica*, nº 1035.

11.3.4 A. Gálvez y su crítica a las "teologías de la bondad"

En nuestros días, esta idea de unas penas infernales que no son eternas, ha sido retomada por los pensadores que sostienen lo que A. Gálvez denomina "teologías de la bondad", para los cuales o el Infierno no puede existir (Schillebeeckx niega el Infierno), o, si existe, estaría vacío, por considerar que la eternidad del mismo o su existencia estarían reñidas con la Bondad infinita de Dios (es el caso, por ejemplo, de Teilhard de Chardin, Rahner, y von Balthasar,[72] que consideran

---

[72]H. U. von Balthasar, por ejemplo, afirma: "Il Crocifisso non soffre semplicemente l'inferno meritato dai peccatori; egli soffre qualcosa che é al di lá e al di sotto de essi: un abbandono da parte di Dio in pura obbedienza di amore, cui egli soltanto é capace in quanto é il Figlio, e che abbraccia da sotto qualitativamente ogni possibile inferno. Ció elimina in un modo ancora piú radicale la simmetria giudiziaria veterotestamentaria" (*TeoDrammatica. L'Ultimo Atto*, V. 5, ed. Jaca Book, 1986, pág. 237). "Previamente si deve avvertire che tutte le parole del Signore indicanti la possibilitá di una eterna dannazione sono prepasquali" (idem, p.238). "Il Signore non é morto soltanto per i buoni che subito si aprono a lui, ma anche per i cattivi e gli si negano. Egli ha tempo di aspettare fino a che anche i dispersi figli de Dio siano raggiunti dalla sua luce. Giacché anche il cattivo non é fuori dalla zona del suo potere, e la dispersione del Signore abbraccia e supera anche la dispersione dei peccatori" (idem, p. 239). "Nella passione egli deve soffrire per tutti coloro che senza di lui avrebbero meritato l'inferno. Cosí la tenebra dei peccati rimane recinta dalla tenebra dell' amore, come la patisce il Figlio nell'abbandono di Dio" (idem, p. 241). "Nell'inferno rimarrebbe, come realtá dannata difinitiva il peccato staccato dal peccatore mediante l'opera della croce, una realtá non assolutamente nulla a causa della forza in essa investita dall'uomo. I peccati vengono rimessi, divisi da noi, da noi distolti. Vengono rinciati lá dove é tutto ció che Dio non vuole a che condanna: nell'inferno. Questo é il loro luogo. Che un luogo simile ci sia é, nella storia che va dal peccato originale alla redenzione, molto piú importante che se non ci fosse, perché é la permanente testimonianza della remissione dei peccati. In questo censo l'inferno é addirittura un regalo della grazia divina" (idem, p.269).

11.3. RECHAZO ETERNO DE LOS ÁNGELES MALOS

el Infierno como una posibilidad real de desastre final pero, al mismo tiempo, insisten en el deber de "esperar para todos").[73]

En medio de una cultura y un mundo que rechaza la idea del Infierno y su eternidad, y piensa que es incompatible con la imagen de un Dios bueno y cuya esencia es el amor, y considerando que la negación de su existencia es teológicamente imposible por la abundancia de datos de la Revelación y el Magisterio, algunos teólogos, como vimos, han intentado propugnar la idea de que todos los hombres se salvan por lo que el Infierno estaría vacío y su sentido teológico no sería sino el de una mera posibilidad real para los hombres.

Como ya se adelantaba, A. Gálvez ha profundizado en las graves falencias de este modo de pensar, y que él denomina "teologías de la bondad".[74] En el fondo, más allá de toda apariencia de "bondad", esas teologías destruyen la verdadera bondad y el auténtico amor divinos. De ahí que la crítica de A. Gálvez es contundente, pues descubre el problema de raíz que obliga a desechar esas teorías. Su razonamiento sirve como colofón de esta sección porque muestra la congruencia enorme de la existencia del Infierno con la bondad de Dios, y, cuando se descubre tal convergencia, entonces desaparecen la mayor parte de las razones que sostenían muchos de los errores y herejías sobre la retribución del impío.

A. Gálvez parte su razonamiento teológico describiendo las "teologías de la bondad":

> "...las teologías a las que yo suelo llamar *teologías de la bondad*. Estas teologías, propugnadoras de que el Infierno es una mera posibilidad real, del llamado *cristianismo anó-*

---

[73]Cfr. R. Gibelli: *La teología de XX secolo*, Queriniana, Brescia 1992, p. 368: "...lo stesso Von Balthasar, che prospettano l'inferno come una reale possibilita del fallimento finale, ma insieme insistono sul dovere di 'sperare per tutti'".

[74]Cfr. Juan A. Jorge: *Escatología*, cit., págs.766–781.

> *nimo* y de la salvación para todo el mundo —porque Dios es bueno y quiere la salvación de todos—, no estarán seguramente de acuerdo con esta doctrina".[75]

> "Ahora se comprende mejor la razón por la que llamo *teologías de la bondad* a estas doctrinas que, por otra parte, gozan de enormes posibilidades de ser aceptadas. Parecen satisfacer mejor las exigencias del corazón humano, que desea a toda costa la felicidad, a ser posible sin esfuerzo y sin estar pendiente del temor al castigo. También parecen acomodarse mejor al carácter de la bondad divina, la cual quiere que todos los hombres se salven; y hasta a las exigencias de la justicia divina, pues no parece justo que una simple criatura se pueda condenar para toda la eternidad a pesar de que haya pecado. Todo lo cual hace que estas teologías aparezcan a la vista de todo el mundo como más cristianas, más progresistas, más humanas, y más conformes al Mensaje de Salvación".[76]

Este tipo de pensamiento no respeta ni la Sagrada Escritura, ni la Tradición ni el Magisterio auténtico de la Iglesia:

> "Por otra parte, para estas teologías no significa mucho que el Señor hable en el Evangelio con frecuencia del fuego del Infierno, o de los que serán arrojados a ese fuego y del Juicio Final. Tampoco se sienten inquietas por la doctrina clara que contienen sobre el tema los restantes libros del Nuevo Testamento; y menos aún por la circunstancia de

---

[75] Se refiere el autor a la revelación neotestamentaria por la que parece que es más fácil perderse que salvarse eternamente. Cfr. A. Gálvez: *El Amigo...*, cit., págs. 89–91.

[76] A. Gálvez: *El Amigo...*, cit., pág. 94.

11.3. RECHAZO ETERNO DE LOS ÁNGELES MALOS

que el Magisterio la haya enseñado ininterrumpidamente a lo largo de toda la historia de la Iglesia...

A pesar de lo cual insisto en que las *teologías de la bondad* deben ser rechazadas, puesto que no están de acuerdo con la doctrina, bien clara por otra parte y avalada por el Magisterio, del Nuevo Testamento y de la Tradición.

La doctrina contenida en el Nuevo Testamento, interpretada y enseñada por la Iglesia durante veinte siglos, es indudablemente una doctrina revelada. Las buenas escuelas de exégesis, que tanto han contribuido al mejor conocimiento de la Biblia gracias a una ardua tarea de investigación, cumplen una misión importante y son insustituibles.[77] Pero los trabajos y avances de la exégesis no pueden ser un obstáculo que nos impida seguir creyendo, con toda tranquilidad, que la Biblia ha sido escrita *para que la gente la entienda* —y además sin necesidad de romperse la cabeza—, y que lo que en ella se contiene *es sencillamente la verdad*. Lo definitivamente cierto, en último término, es la palabra de Dios, *y no la de los eruditos*. En todo caso una Palabra de Dios interpretada por la Iglesia, cuando haya necesidad de hacerlo, por la sencilla razón de que es a ella a quien le corresponde esa tarea y la que tiene que decidir en última y suprema instancia.

Nada de lo cual está claro para estas teologías. Arrogándose el juicio último sobre la Revelación, y sustituyendo la doctrina de la Iglesia por la de los teólogos,[78] se han reconocido a sí mismas como la suprema instancia de toda

---

[77]De hecho, los avances de la verdadera exégesis, además de los logros conseguidos en la depuración del texto bíblico en los últimos años, son muy consoladores. Ahí están, por ejemplo, los trabajos que han concluido en el texto de la *Neovulgata*.

[78]O sea, por la de los mismos que han elaborado esas teologías.

exégesis. Por lo que hace a la *fe del carbonero*, que en otros tiempos era considerada como algo venerable, ahora es objeto de ironías y de sospechas. Han llegado las cosas a tal punto que, cualquier acto de fe sin más ni más —del carbonero o de quien sea—, es catalogado con la poca estima que merece todo lo que no es *científico* o no es *racional*".[79]

En el fondo, las "teologías de la bondad" se sustentan sobre un pensamiento idealista, subjetivista, historicista y antropocéntrico, que es el que alimenta la nueva herejía del Neo–modernismo que tanto está influyendo en la teología contemporánea:

"Las *teologías de la bondad* practican lo que se dice que hace el avestruz cuando se encuentra ante el cazador: dejan de ver las cosas como son para imaginarlas al gusto propio. Aunque en este caso no se trata tanto de imaginar las cosas cuanto de crearlas, siguiendo los dictados de la mejor línea de las filosofías idealistas. Es bastante grande el número de los que se empeñan en que las cosas no sean como son en realidad, sino como ellos desean imaginarlas. De ahí pasan en seguida a crear una extraña ficción, que consiste en considerar como real lo que es puramente imaginario y olvidar que no es sino un producto de su propia fantasía. Con lo que se llega a la conclusión de que las cosas no sean sino lo que piensan los partidarios de estas ficciones, sin posibilidad de que exista ninguna otra realidad.

En el fondo de todo esto yace el convencimiento de que las cosas están mal hechas y de que, por lo tanto, tendrían que ser de otra manera. O mejor dicho: puesto que *deben ser* de otra manera, *lo son efectivamente*. El sol, por

---

[79] A. Gálvez: *El Amigo...*, cit., págs. 91–93.

11.3. RECHAZO ETERNO DE LOS ÁNGELES MALOS

> ejemplo, podría salir por el oeste, o por el sur, en vez de hacerlo siempre por el este, con una monótona regularidad que parece maníaca; además podría salir por la tarde, o tal vez por la noche, siquiera de vez en cuando: los primeros jueves del mes, o los terceros martes, digamos por caso. Y si el ejemplo parece disparatado se puede echar mano de otros muchos más verosímiles. ¿Quién va a ponerse a dudar de que si el Infierno fuera una simple posibilidad y estuviera vacío sería mucho mejor? En este sentido es evidente que es más conforme con la bondad divina que todo el mundo se salve y que nadie se condene. ¿O acaso es mejor que la gente vaya a parar al Infierno...? Está claro, por lo tanto, que el Infierno no puede existir. A lo más, por si alguien se empecina en lo contrario, puede dejarse en una simple posibilidad real; o incluso concederse la existencia del Infierno, para los obstinados que se empeñen en mantenerla, con tal de que se admita que está vacío. Que es lo verdaderamente conforme con la infinita bondad de Dios y con su voluntad salvífica universal..."[80]

La gravedad de este modo de pensar es que rechaza la verdad y el ser, para sustituirlo por el punto de vista, la opinión o el parecer del teólogo de turno:

> "Sin embargo tropiezan con una dificultad tan grave que es más que suficiente para descalificarlas: no se ajustan a la verdad. Lo cual, por sí solo, haría inútil e innecesario continuar discutiendo el problema...
>
> Para estas teologías no se trata ya de cómo son las cosas en la realidad, sino de cómo deben ser *según lo que*

---

[80] A. Gálvez: *El Amigo...*, cit., págs. 93–94.

ellas piensan que deben ser. El paso siguiente consiste en decidir que son efectivamente así y que no pueden ser de otra manera. Según la Revelación, por ejemplo, está bastante claro que existe el Infierno y que hay gente que va a parar a él. Estas doctrinas estiman, sin embargo, que las exigencias del amor y de la justicia divinos hacen imposible tal cosa. Hay que buscar por lo tanto una explicación satisfactoria. Tarea que intentan llevar a cabo cumplidamente, pues para algo son las teologías de la bondad, del amor, de la comprensión, de la paz de la conciencia y de la exaltación de la dignidad humana.

Pero el problema no es tan sencillo. Podría suceder que la necesidad de que todo el mundo se salve, proclamada por estas teologías y fundamentada en unas supuestas exigencias de la justicia y del amor divinos, fuera desmentida por el hecho de que el amor y la justicia de Dios *no son como los imaginan* los promotores de las teologías de la bondad. Puesto que la Revelación y la doctrina de la Iglesia son bastante claras en este sentido, hay que admitir al menos la posibilidad de que las cosas no sean como las explican estos teólogos de avanzada. Si el problema de la salvación es también un problema de posible condenación —en cuanto que la salvación ha de ser aceptada libremente, existiendo por lo tanto la posibilidad de que también sea rechazada libremente—, y si de hecho resultara que Dios hubiera creado efectivamente el Infierno y permitido la condenación, nadie podría tener la arrogancia de juzgar a Dios y de decidir que las cosas han de ser de otra manera. Porque eso equivaldría a la fatua pretensión de pensar que el hombre sabe hacer las cosas mejor que Dios. Pretender

11.3. RECHAZO ETERNO DE LOS ÁNGELES MALOS

que la condenación *no puede existir*, en contra de lo que dice claramente la Revelación, no es sino sustentar la vana creencia de que se le puede enmendar a Dios la plana". [81]

Estos teologías suponen una profunda crisis de fe y un rechazo, en el fondo, de Dios mismo, pues estos teólogos llegan a considerarse más sabios y buenos que el mismo Señor, y desean ocupar su lugar, en una actitud que recuerda a la del mismo demonio:

"Como he dicho antes, aparte de lo que suponga la crisis de fe, existe el deseo inconfesado de que Dios *no sea* y de que, consiguientemente, las cosas *tampoco sean lo que son.* Una vez que el hombre se ha erigido en árbitro de todo, después de haber desplazado a Dios, es natural que quiera que las cosas sean como él las piensa y solamente como él las piensa. Y tal como lo desea, así lo dispone. Desde ahora, lo que es justo o injusto, bueno o malo, y hasta lo que es o no es, solamente lo decide el hombre. Con lo que se llega a la situación en la que el hombre decide, por ejemplo, si es justo o no es justo que exista el Infierno, después de haber determinado si tal cosa es o no conforme con la verdadera bondad y el auténtico sentido de la justicia. Puestas así las cosas, la cuestión de hecho —la conformidad con la verdad— ya no tiene relevancia alguna, una vez que se ha decidido que no hay más hechos ni más verdades que los que el hombre considera como tales.

No se trata por lo tanto de que estas teologías pretendan haber elaborado unos conceptos, acerca de la bondad y de la justicia, más acordes con la verdad que los que

---

[81] A. Gálvez: *El Amigo...*, cit., págs. 94–96.

Dios mismo posee. Eso sería una tontería propia de ingenuos. De lo que se trata ahora es de que ya no existen otra justicia, ni otra bondad, y ni siquiera otra verdad, que las que estas doctrinas determinan. Con lo que llegamos definitivamente a tocar fondo en las últimas consecuencias del idealismo: Para Hegel, el único Absoluto (fuese lo que fuese el Absoluto para Hegel) dependía enteramente del pensamiento del hombre. De ahí la consecuencia de que, en el caso de que exista algo que pueda ser llamado Dios, ese Dios no puede ser otro que el hombre".[82]

Estas teologías contienen además profundos errores teológicos sobre extremos importantísimos de la Revelación y del Magisterio, como son una falsa concepción de la justicia, de la misericordia divinas o del amor divinos, que más allá de desenfocarlos acaban en realidad negándolos y destruyéndolos:

"Aparte de eso, que ya es bastante, ciertas doctrinas como las del cristianismo anónimo o la del Infierno como mera posibilidad real, por ejemplo, a pesar de su aparente progresismo aperturista a la bondad y a la justicia, cometen un estrepitoso error con respecto al concepto del amor. Un error grave que suele escapar, por desgracia, a la apreciación del hombre de la calle, poco ilustrado por lo general; e incluso a los que, siendo más cultos, están empeñados en vivir una moral propia de libertinaje y olvidados de la molesta sombra de un castigo eterno. Sin embargo, la concepción de unos conceptos mucho más avanzados de la bondad y de la justicia —fabricación de una nueva Torre de Babel—, no solamente acaba con toda idea del Amor,

---

[82] A. Gálvez: *El Amigo...*, cit., pág. 97.

11.3. RECHAZO ETERNO DE LOS ÁNGELES MALOS

sino también con todo vestigio de auténtica bondad y de verdadera justicia. ¿Justicia y bondad sin amor...?"[83]

La crítica fundamental a las "teologías de la bondad" es que acaban destruyendo el concepto, central para todo el cristianismo y verdadera clave de toda la teología católica, del verdadero amor, con sus notas esenciales, entre otras, las de reciprocidad, entrega total, libertad y eternidad:

> "Porque el concepto de condenación, debido a sus justas y evidentes connotaciones negativas, tiende a dejar en un segundo plano la realidad en la que radica su verdadera esencia, la cual consiste precisamente en el *rechazo de un amor que previamente se había ofrecido a sí mismo para ser aceptado*.[84] Pertenece a la esencia del amor que el que ama se ofrezca a sí mismo, *libérrimamente*, a la persona amada; y de tal manera el amor tiene que realizarse en la libertad que *nadie absolutamente puede ser constreñido a amar*.[85] Pero, si se ofrece en libertad, y debido a la condición de *total reciprocidad* que es igualmente esencial al amor, *también tiene que ser aceptado en la libertad*. La conclusión entonces es patente: dada la innegable condición de libertad imperfecta que le es propia, el hombre solamente puede aceptar libremente el amor en la medida

---

[83] A. Gálvez: *El Amigo...*, cit., págs. 97–98.

[84] Pongo deliberadamente la palabra *amor* con minúscula, a pesar de que aquí tendría que haberla escrito con mayúscula. Lo hago así para evitar el equívoco de que alguien pueda creer que me estoy refiriendo directamente a Dios; porque lo que interesa hacer ver aquí es la corrupción del concepto del amor (del amor como tal, y concretamente del amor creado, prescindiendo ahora de su fuente y de que Dios es el Amor perfecto e increado) al que han llegado estas doctrinas.

[85] *Donde está el Espíritu del Señor, allí está la libertad* (2 Cor 3:17).

en que también puede rechazarlo libremente.[86] La condenación, por lo tanto, es la situación a la que se llega cuando el Amor, que se había ofrecido de una manera libérrima, total y definitiva, es rechazado también de una manera libérrima, total y definitiva. Dentro de este planteamiento, hay que reconocer que la palabra *condenación* implica unas connotaciones negativas —de castigo y penalización vindicativa— que, aunque verdaderas, pueden impedir una visión serena del problema. Podría decirse, empleando un lenguaje quizá no demasiado preciso pero verdadero, que

---

[86]Dios se ama a sí mismo necesariamente, pero con una necesidad que no es más que la expresión de su infinita libertad. El Espíritu Santo *procede* necesariamente del Padre y del Hijo, sin que eso obste para que el Padre y el Hijo se amen en infinita libertad. De hecho el Espíritu Santo es libertad. La voluntad de Dios es su misma esencia, en identificación plena. Pero la naturaleza de Dios es necesaria (en el sentido de que no podría ser de otra manera: el Ser no puede ser sino Ser, y nada es diferente del Ser), al mismo tiempo que su voluntad es soberanamente libre. La infinita perfección de su voluntad se traduce también en que no podría ser sino libre, y por eso se ama *necesariamente en libertad perfecta*. En cuanto a las criaturas, dado que no gozan de la condición de necesariedad, el amor que Dios les tiene depende de su libre determinación de crearlas. Pero, una vez que decide crearlas, la condición de libertad en su amor por ellas se manifiesta también en el hecho de que pudo no haberlas creado. Aquí hay sin duda una elección, no solamente entre la nada y el ser, sino también entre una serie de infinitas posibilidades, entre las cuales se ha escogido. Y así es como aparece otra condición esencial al amor creado o al que se refiere a las criaturas: la elección, la cual no tendría sentido alguno si no se lleva a cabo en la libertad; porque elegir es escoger (o decidirse libremente) entre varios y diversos posibles. Dios elige libremente a su criatura, la crea libremente, y luego la ama también libremente. En justa reciprocidad (porque se trata de un negocio de amor) a la criatura se le concede la posibilidad de que pueda elegir también a su Dios o rechazarlo; pero de tal manera que, puesto que ha sido hecha para el amor, necesariamente tiene que elegirlo o rechazarlo (volviéndose a otra cosa): *Nadie puede servir a dos señores*. De este modo, si el que ama lo hace *porque quiere*, es sin duda porque existe también la posibilidad de que *no quiera*. El idioma español, con feliz intuición, emplea el verbo *querer* para expresar también la idea de amar.

11.3. RECHAZO ETERNO DE LOS ÁNGELES MALOS

no se trata tanto de un castigo cuanto de poner las cosas en su lugar: el condenado recibe lo que quiere, y es puesto para siempre en la situación que él ha elegido libremente *y que continúa eligiendo.* En este sentido se trata menos de decretar un castigo que de llevar a cabo un acto de justicia. El desenfoque, y consiguiente rechazo, del concepto de condenación, son la consecuencia de la corrupción del concepto de amor. No existe la posibilidad de dar una respuesta *a medias* a un Amor que se ofrece de un modo tan categórico y absoluto.[87] El Amor que se ofrece en totalidad solamente puede ser aceptado o rechazado en totalidad.[88] Ahora bien, este amor, puesto que es el Amor Perfecto, en el caso de que decidiera ofrecerse (o darse, que es lo mismo), parece que habría de hacerlo *en la totalidad.* ¿Y de qué otro modo podría darse el Amor Perfecto sino perfecta y totalmente? ¿Ha de verse sometido y limitado el

---

[87] *Nadie puede servir a dos señores; porque, o bien tendrá aversión a uno y amará al otro, o bien se allegará a uno y despreciará al otro* (Mt 6:24).

[88] Con una totalidad que, como es lógico, incluye también el tiempo y el más allá del tiempo. Ya el mero amor humano intuye de alguna manera estas realidades cuando dice cosas como las de *te amaré siempre,* o *no me separaré jamás de ti,* por ejemplo, que son expresiones no catalogables fácilmente en la categoría de simples metáforas. La dificultad con que tropieza el mundo moderno para entender todo esto se debe a que ha perdido de vista el concepto del amor. A este respecto, creo que la única defensa (con posibilidades de éxito) de la indisolubilidad del matrimonio hay que hacerla desde esta perspectiva; lo que equivale a decir que el divorcio debe ser combatido partiendo de la base de una revalorización del verdadero concepto del amor... Si llegara a producirse el desconocimiento u olvido del auténtico concepto del amor, se habría llegado a una situación en la que el olvido o el desconocimiento de Dios serían ya una realidad: *El que no ama no conoce a Dios, porque Dios es amor* (1 Jn 4:8). Lo que aquí está en juego es algo mucho más importante aún que el sacramento del matrimonio. Lo que está en juego ahora es la idea del amor e incluso la de Dios mismo.

Amor Perfecto, en su decisión de entregarse (de entregarse a su modo, que es lo mismo que decir *perfectamente*) a la persona amada, por las barreras del tiempo? ¿Podemos nosotros imaginar siquiera lo que es un amor destinado a acabarse y perecer? Y si podemos imaginarlo así, ¿no será porque desconocemos lo que es el amor...? Por eso he dicho antes que al ofrecimiento del amor, hecho en estas condiciones, solamente se le puede dar una respuesta, de aceptación o de rechazo, *en las mismas condiciones*".[89]

"De manera que el Infierno y su eternidad, que tanto escandalizan a las *teologías de la bondad*, solamente pudieron ser hechos por un Supremo y Primer Amor que decidió ofrecerse y entregarse al hombre. Sólo el Perfecto Amor, entregándose en totalidad, y por lo tanto también para siempre, es susceptible de recibir un rechazo *perfecto*, que es lo mismo que decir total y definitivo. Una vez más nos tropezamos con la reciprocidad absoluta del amor. Por eso la eternidad del Infierno no es sino la otra cara de un amor perfecto que, habiéndose ofrecido en totalidad y para siempre, ha sido rechazado también en totalidad y para siempre. La perfección del Amor la pone Dios, mientras que la totalidad del rechazo (y por lo tanto la eternidad del Infierno) la pone el hombre; que se hace así capaz de una obra de eternidad precisamente porque le ha sido ofrecido un amor de eternidad. En este sentido, el Infierno es obra del poder de Dios en cuanto que solamente Él pudo ofrecerse de esa manera. Pero, una vez que el hombre ha rechazado definitivamente el Amor, el Infierno no es sino la eclosión de esa situación. Y resulta difícil imaginar que

---

[89] A. Gálvez: *El Amigo...*, cit., págs. 97–98.

11.3. RECHAZO ETERNO DE LOS ÁNGELES MALOS

el problema pueda tener una salida más lógica, o más justa, que la que le ha señalado la misma sabiduría divina. Es comprensible el sentimiento de asombro de Dante ante la inscripción esculpida en las puertas del Infierno: *Me hicieron la divina potestad, la suma sabiduría y el amor primero*".[90]

Ahora bien, rechazar el verdadero amor, supone en realidad, el rechazo de Dios, y con Él, la negación de la Verdad y de la Bondad. Los hombres quisieron buscar una verdad y una bondad mejores que las de Dios, y acabaron en la mentira y la malicia:

"El rechazo del Infierno, como he dicho antes, no es sino la consecuencia de la corrupción (o quizá del olvido) del concepto del verdadero Amor. Así es como se ha llegado a una situación en la que el Infierno resulta incomprensible. Como el Amor primero es Dios, resulta de ahí que el olvido o desconocimiento de tal Amor equivale al olvido o desconocimiento de Dios. Y como Dios es también la suma Verdad, la ausencia de Dios conduce igualmente a la privación de la verdad. No en vano el Nuevo Testamento relaciona tan estrechamente a la verdad y al Amor: El mismo Espíritu Santo es llamado allí Espíritu de Verdad; el cual, según San Juan, no puede ser recibido por el mundo, porque ni lo ve ni lo conoce (Jn 14:17). Si se tiene en cuenta que San Juan también contrapone el espíritu de la verdad al espíritu del error (1 Jn 4:6),[91] puede suponerse, con bastante fundamento, que no poseer el primero equivale a caer en el segundo. San Juan no se limita

---

[90] A. Gálvez: *El Amigo...*, cit., págs. 102–103.
[91] *Ninguna mentira viene de la verdad* (1 Jn 2:21).

a contraponer simplemente la verdad al error, sino que enfrenta *el espíritu de verdad con el espíritu del error*; como si quisiera indicar que, tanto la verdad como la mentira, son algo más que un simple y concreto acto humano. Parece que, para el apóstol del amor, la verdad y la mentira son como un espíritu, o como un hálito, que envuelven al hombre y se hacen para él como el aire que respira, convirtiendo todas las obras que realiza en verdad o en mentira. Unos espíritus que incluso pueden ser personificados como el Espíritu de Verdad o el Espíritu del mal, considerado este último por el Señor como el padre de toda mentira (Jn 8:44). De manera que a la verdad se llega por el camino del amor, mientras que a la mentira se llega por el del desamor (o rechazo del amor). La *divina potestad* no habría creado el Infierno si no hubiera sido también, y al mismo tiempo, *el Amor primero*, pues el Amor rechazado ha sido antes el Amor ofrecido".[92]

Como consecuencia de la pérdida o el rechazo del Amor (por y para el que el ser humano había sido creado), el hombre pierde el sentido de su vida, que queda vacía y sin sentido, sin alegría ni ideales gigantescos, sin nada que esperar ni nada que lo llene de verdad. El ser humano se habrá encontrado en esta vida con un adelanto de la soledad y el vacío inmensos y eternos del propio Infierno que quería rechazar:

> "Con lo cual la vida cristiana se queda vacía y sin sentido. Ahora ya todo es fácil. No hay nada que buscar ni nada que desear. La aventura del amor ha dejado de ser

---

[92] A. Gálvez: *El Amigo...*, cit., págs. 103–104.

una aventura en la que el hombre podía arriesgar su existencia...

Si no hay nada que encontrar, ¿para qué buscar? Si no hay nada que entregar, ¿qué sentido tiene ya la vida? Si no hay nada que perder, ¿qué sentido tiene el arriesgar? Si el cristianismo ya no supone esfuerzo, y si el Reino de los Cielos no sufre ya violencia ni es de los violentos (Mt 11:12), ¿para qué sirve y en qué consiste...? Las *teologías de la bondad* habrán quizá tranquilizado las conciencias; pero han vaciado de sentido la vida del hombre. Habrán desterrado, tal vez, del horizonte de las preocupaciones del hombre moderno el temor del Infierno; pero han dejado también a ese hombre sin el Amor. Colocándose a sí mismas la etiqueta de progresistas y de avanzadas, han hecho retroceder al hombre a la época oscura en la que aún no le había sido anunciado el misterio del Amor Perfecto y la posibilidad de poseerlo. A las *teologías de la bondad* les ocurre con su mensaje lo mismo que a las *teologías de la liberación*. Éstas últimas, que pretenden liberar al hombre de la opresión y de la injusticia (social), ¿qué clase de libertad es la que propugnan en realidad? Puesto que su única filosofía es la marxista, es de suponer que se trata de la libertad y de la justicia que existen en los países comunistas; por cierto bien conocidas en todo el mundo. Pero volviendo a las *teologías de la bondad*: ¿qué clase de bondad y de felicidad pueden proporcionarle al hombre desde el momento en que le han privado del verdadero Amor?"[93]

---

[93] A. Gálvez: *El Amigo...*, cit., págs. 105–106.

11.3.5 Sobre la imposibilidad de su conversión

Hay otra cuestión teológica: la de si los ángeles tendrían la posibilidad de arrepentirse de su decisión tomada en contra de Dios. Los seres humanos pueden arrepentirse de sus pecados antes de la muerte. Sin embargo, es un hecho revelado que los ángeles malos no tuvieron una segunda oportunidad: su única decisión fue para ellos lo que la muerte es para los humanos. Así aparece en 2 Pe 2:4. La razón última de por qué esto es así, estriba en la libérrima voluntad de Dios. Las razones de conveniencia para tal decisión divina, podrían ser:

1.- Debido a la extrema maldad de su pecado: porque cometieron su pecado, sin error, pasión y con total deliberación.

2.- Santo Tomás cifra la causa en la perfección de la naturaleza del conocimiento y la voluntad angélicas, lo que hace que una vez adheridos a la realidad entendida (con la inteligencia) o amada (con la voluntad), son incapaces de retractación. Santo Tomás rechaza la opinión de Orígenes como errónea y contraria a la fe, para sostener que la voluntad de los ángeles malos está obstinada en el mal, lo cual se explica, no por la gravedad de la culpa sino por el estado de la naturaleza angélica.

Para entender esto es necesario recordar que cada ser actúa conforme a la realidad de su naturaleza. En los seres racionales el poder de su apetito racional es proporcional al poder cognoscitivo, que es el que mueve al apetito. El apetito sensitivo (en los seres racionales corporales) se mueve por el bien particular, mientras que el apetito racional (voluntad) se mueve por el bien universal; del mismo modo ocurre con la facultad de conocer: los sentidos tienen como objeto lo individual, y el entendimiento, lo universal. Ahora bien, nosotros conocemos de una manera mudable, poco a poco, y no siempre con acierto; del mismo modo nuestra voluntad se adhiere a sus objetos

11.3. RECHAZO ETERNO DE LOS ÁNGELES MALOS

de una manera mudable, pues puede adherirse a uno o unirse a su contrario.

El ángel en cambio, conoce en su entendimiento natural de un modo inmutable, por las especies impresas; y se adhiere al bien de un modo fijo e inmutable con relación a las cosas que quiere naturalmente, pues las conoce perfectamente. En cambio, con relación a las cosas que no quiere de un modo natural, sino sobrenatural, el ángel es libre de tomar una posición (aceptar la voluntad de Dios) o su contraria (no aceptarla), pero una vez tomada, la voluntad es inmutable, por su propio modo de actuar natural. Por eso concluye Santo Tomás:

"...Et ideo consuevit dici quod liberum arbitrium hominis flexibile est ad oppositum et ante electionem, et post; liberum autem arbitrium Angeli est flexibile ad utrumque oppositum ante electionem, sed non post. Sic igitur et boni Angeli, semper adhærentes iustitiæ, sunt in illa confirmati, mali vero, peccantes, sunt in peccato obstinati. De obstinatione vero hominum damnatorum infra dicetur".[94]

"...Por esto suele decirse que el libre albedrío del hombre es flexible en sentidos opuestos antes de la elección y después de ella; mientras que el libre albedrío del ángel lo es antes de la elección, pero no después. Así, pues, los ángeles buenos, adheridos desde siempre a la justicia, están confirmados en ella, mientras que los malos, los pecadores, están obstinados en su pecado. Sobre la obstinación de los hombres condenados, hablaremos más adelante (Supl. q. 98, a. 1.2; In Sent. IV, dist. 50, q. 2)".

3.– Scoto fundamenta la incapacidad de arrepentimiento de los demonios en la ausencia de la gracia habitual que les haría arrepentirse.

---

[94] Santo Tomás de Aquino: *Summ. Theol.*, Iª, q. 64, a. 2, co. Cfr. *Sent.*, II, dist. 7, q. 1, a. 2; *De Ver.*, q. 24, a. 10; *De Malo*, q. 16, a. 5.

4.- Durando y Vázquez lo basan en la ausencia de una gracia actual.

Todo lo cual no va contra la misericordia divina. El castigo eterno responde a una decisión en totalidad en contra del amor, como ya señalara A. Gálvez un poco antes.

11.4 Naturaleza de los ángeles malos

Una vez considerado el pecado de los ángeles, conviene indagar sobre los efectos de ese pecado en los mismos, que, siendo espíritus puros, afecta a su voluntad e inteligencia.

11.4.1 Voluntad del Diablo

La voluntad del demonio está obstinada en el mal, como se acaba de explicar en relación a la imposibilidad de su conversión. No obstante, no pierde la voluntad, puesto que puede elegir entre varios males, pero no puede elegir el bien. Al igual que ocurre con su entendimiento, su voluntad natural no puede disminuir a causa del pecado (como sí ocurrió con el pecado original de los hombres, que debilitó la voluntad humana, aunque no la destruyó), porque al ser el ángel una naturaleza espiritual y simple no tiene partes. Por eso, su voluntad permaneció íntegra.[95]

11.4.2 Conocimiento del Diablo

Hay que distinguir entre el conocimiento natural y el sobrenatural.

Con respecto al primero, el conocimiento natural permanece igual que el de los ángeles buenos, y no disminuyó a causa de su pecado, porque pertenece a una naturaleza espiritual y simple; y no se puede

---

[95]Santo Tomás de Aquino: *Summ. Theol.*, Iª, q. 64, a. 2, co.

11.4. NATURALEZA DE LOS ÁNGELES MALOS

disminuir o sustraer algo de esa clase de naturaleza, ya que el espíritu no tiene partes.

En cambio, sí sufre variación, el segundo. En efecto, el conocimiento especulativo sobrenatural fue disminuido pero no destruido, porque depende de la voluntad reveladora de Dios y no de la naturaleza angélica. De los secretos divinos solamente le son revelados los convenientes, aunque no como a los ángeles buenos que les son revelados más secretos y con más claridad.

El conocimiento afectivo sobrenatural está totalmente perdido, porque supone la gracia y la caridad, que ellos perdieron irremisiblemente.

Santo Tomás lo expresa con su habitual claridad:

"Duplex est cognitio veritatis, una quidem quæ habetur per gratiam; alia vero quæ habetur per naturam. Et ista quæ habetur per gratiam, est duplex, una quæ est speculativa tantum, sicut cum alicui aliqua secreta divinorum revelantur; alia vero quæ est affectiva, producens amorem Dei; et hæc proprie pertinet ad donum sapientiæ. Harum autem trium cognitionum prima in Dæmonibus nec est ablata, nec diminuta. Consequitur enim ipsam naturam Angeli, qui secundum suam naturam est quidam intellectus

"Hay dos clases de conocimiento de la verdad. 1) Uno, se obtiene por la gracia. 2) Otro, por la naturaleza. El que se obtiene por la gracia, a su vez, se divide en otros dos: Uno que es solamente especulativo, como el de aquel a quien se le revela algún secreto divino. 3) Otro, que es afectivo y produce el amor de Dios. Este es el que propiamente pertenece al don de la sabiduría. De estos tres géneros de conocimiento, 1) el primero ni fue suprimido ni tan siquiera atenuado en los demonios. Pues deriva de la misma naturaleza del ángel, el cual por su naturaleza es un determinado entendimiento o mente. En efecto, como debido

vel mens, propter simplicitatem autem suæ substantiæ, a natura eius aliquid subtrahi non potest, ut sic per subtractionem naturalium puniatur, sicut homo punitur per subtractionem manus aut pedis aut alicuius huiusmodi. Et ideo dicit Dionysius quod dona naturalia in eis integra manent. Unde naturalis cognitio in eis non est diminuta. Secunda autem cognitio, quæ est per gratiam, in speculatione consistens, non est in eis totaliter ablata, sed diminuta, quia de huiusmodi secretis divinis tantum revelatur eis quantum oportet, vel mediantibus Angelis, vel per aliqua temporalia divinæ virtutis effecta, ut dicit Augustinus, IX de Civ. Dei; non autem sicut ipsis sanctis Angelis, quibus plura et clarius revelantur in ipso verbo. A tertia vero cognitione sunt totaliter privati, sicut et a caritate".[96]

a la simplicidad de su sustancia nada de ella puede ser substraído, es imposible castigarle privándole de una parte de su naturaleza, como se castiga al hombre amputándole una mano, un pie o cualquier otra parte del cuerpo. Por esto dice Dionisio que en ellos permanecieron íntegros los dones naturales. Por lo tanto, su conocimiento natural no pudo ser disminuido. 2) Por lo que se refiere al segundo género de conocimiento, el puramente especulativo, obtenido por gracia, no fue totalmente borrado, sino disminuido, porque de estos secretos divinos solamente los más convenientes les son revelados, o por medio de los ángeles, o por medio de algunos efectos temporales de la virtud divina, como dice Agustín en IX De civ. Dei. Aunque no les son revelados como a los ángeles santos, a quienes en la Palabra les son revelados más secretos y con mayor claridad. 3) En cuanto al tercer género de conocimiento, están totalmente privados, como también lo están de la caridad".

---

[96]Santo Tomás de Aquino: *Summ. Theol.*, Iª, q. 64, a. 1, co. Cfr. *Sent.*, II, dis. 7, q. 2, a. 1; *De Malo*, q. 16, a. 6.

11.4.3 Sufrimiento del Diablo

Es grande el sufrimiento de los ángeles malos, tanto a nivel intelectual como afectivo. Es verdad que no pueden sentir el dolor u otras afecciones que son pasiones del apetito sensitivo, que supone la existencia de órganos corporales. Pero sí existe el sufrimiento y el dolor si se toman como actos de la voluntad. La causa del sufrimiento en los demonios se debe a que:

- Tienen una voluntad que rechaza el bien de las cosas que existen y que ellos no pueden cambiar (bienaventuranza en el Cielo, santos, etc.).

- Están privados de la bienaventuranza a la que naturalmente tienden.

- No pueden hacer el mal que quisieran en muchas ocasiones.

Santo Tomás tratará de esto en el artículo 3 de la cuestión 64 de la Primera parte de la Suma Teológica:

"Timor, dolor, gaudium, et huiusmodi, secundum quod sunt passiones, in Dæmonibus esse non possunt, sic enim sunt propriæ appetitus sensitivi, qui est virtus in organo corporali. Sed secundum quod nominant simplices actus voluntatis, sic possunt esse in Dæmonibus. Et necesse est dicere quod in eis sit dolor. Quia dolor, secundum

"Si el temor, el dolor, la alegría y, en general, las afecciones de este género se toman como pasiones, no pueden atribuirse a los demonios, puesto que en este sentido son propias del apetito sensitivo, que es una facultad unida a algún órgano corporal. Pero si, en cambio, se toman como simples actos de la voluntad, pueden existir en los demonios. Hay que decir: En ellos hay dolor. El porqué de esto radica en que el

quod significat simplicem actum voluntatis, nihil est aliud quam renisus voluntatis ad id quod est vel non est. Patet autem quod Dæmones multa vellent non esse quæ sunt, et esse quæ non sunt, vellent enim, cum sint invidi, damnari eos qui salvantur. Unde oportet dicere quod in eis sit dolor, et præcipue quia de ratione pœnæ est, quod voluntati repugnet. Privantur etiam beatitudine quam naturaliter appetunt; et in multis eorum iniqua voluntas cohibetur".[97]

dolor, en cuanto simple acto de la voluntad, no es otra cosa que una reacción contra lo que es y lo que no es. Pero es indudable que los demonios quisieran que muchas cosas que existen, no existieran. Así, por ejemplo, y por estar llenos de envidia, quisieran la condenación de los que se salvan. Por lo tanto, hay que decir: En los demonios hay dolor. Primero, porque es esencial a la pena el que sea contraria a la voluntad. Además, porque están privados de una bienaventuranza que desean naturalmente, y también porque en muchas ocasiones encuentran cohibida su perversa voluntad".

Con respecto a la pena del "fuego del Infierno" como castigo preparado para los ángeles malos (cfr. Mt 25:41) se plantea el problema de cómo pueden sufrir los espíritus puros una pena "física". El Suplemento a la Suma de Santo Tomás lo resuelve interpretando el "fuego" como la atadura o retención de las potencias del demonio para que no puedan intervenir donde y cuando quieran, lo que supone un encadenamiento y un tormento "físico" y no una simple aprehensión intelectual de que el fuego es algo nocivo, como sostuvieron algunos.[98] El fuego no es así algo metafórico, sino verdadero fuego corpóreo. El único modo en que una substancia espiritual pura está referida a algo físico es por su

---

[97]Santo Tomás de Aquino: *Summ. Theol.*, I\ª, q. 64, a. 3, co.
[98]Cfr. San Gregorio Magno: *IV Dialog.*, cap. 29 (P. L., 77, 368).

acción o movimiento. El ser impedido, supone una coacción física que explicaría el tipo de fuego "físico" para los ángeles.[99]

11.5 Eficacia de los ángeles malos

Así como los ángeles buenos actúan unos con otros y también con los hombres, del mismo modo hacen los demonios. Pero su finalidad es siempre el mal.[100]

11.5.1 Actividad de los demonios entre ellos mismos

En primer lugar, hay que subrayar la existencia por naturaleza de diferentes clases de demonios. Al caer en el pecado, los ángeles malos no perdieron su naturaleza angélica, y ésta fue creada con distintos grados de perfección:

"Ordo angelicus consideratur et secundum gradum naturæ, et secundum gradum gratiæ. Gratia vero habet duplicem statum, scilicet imperfectum, qui est status merendi; et perfectum, qui est status gloriæ consummatæ. Si ergo consi-

"Los órdenes angélicos son entendidos según los grados de naturaleza y según los grados de gracia. Pero en la gracia se dan dos estados: uno imperfecto, que es el estado de merecer; y otro perfecto, que es el estado de la gloria final. Si se atiende a los órdenes angéli-

---

[99]Santo Tomás de Aquino: *Summ. Theol.*, *Suppl.*, q. 70, a. 3, co. Cfr. para el entendimiento del fuego del Infierno para los condenados, Juan A. Jorge: *Escatología*, cit., págs. 761–763; A. Michel: *Feu de l'Enfer*, en DTC, V, cols. 2199-2212. Para A. Gálvez, el "fuego del Infierno es en realidad el fuego de una sed infinita de amor que alguien no quiso apagar" (A. Gálvez: *Comentarios...*, cit., vol. I, pág. 92).

[100]Se va a resumir en este punto la doctrina del Aquinate, quien dedica la cuestión 109 de la Primera Parte de su *Suma Teológica*.

> "derentur ordines angelici quantum ad perfectionem gloriæ, sic Dæmones neque sunt in ordinibus angelicis, neque unquam fuerunt. Si autem considerentur quantum ad id quod est gratiæ imperfectæ, sic Dæmones fuerunt quidem aliquando in ordinibus Angelorum, sed ab eis ceciderunt; secundum illud quod supra posuimus, omnes Angelos in gratia creatos fuisse. Si autem considerentur quantum ad id quod est naturæ, sic adhuc sunt in ordinibus, quia data naturalia non amiserunt, ut Dionysius dicit".[101]

> "cos con respecto a la perfección de la gloria, de este modo los demonios ni están ni estuvieron nunca en los órdenes angélicos. Pero, si se consideran con respecto al estado imperfecto de la gracia, sí estuvieron en algún tiempo en los órdenes de los ángeles, de los cuales cayeron, según aquello que dejamos asentado (q. 62, a. 3): Todos los ángeles fueron creados en gracia. Si, por último, se consideran los órdenes por razón de la naturaleza, de este modo los demonios están todavía en los órdenes, puesto que no perdieron los dones naturales, como dice Dionisio".

Hay una jerarquía entre los demonios, no por amor entre ellos, sino por el común odio a Dios y a los hombres. La jerarquía no es signo de honor sino de miseria:

> "Cum actio sequatur naturam rei, quorumcumque naturæ sunt ordinatæ, oportet quod etiam actiones sub invicem ordinentur. Sicut patet in rebus corporalibus, quia enim inferiora corpora

> "Al ser el obrar según es la naturaleza de las cosas, aquellos seres cuyas naturalezas están ordenadas tienen también naturalmente sus acciones unas bajo otras, como se ve en las cosas corporales, donde, estando naturalmente los cuerpos in-

---

[101]Santo Tomás de Aquino: *Summ. Theol.*, Iª, q. 109, a. 1, co. Cfr. *Sent.*, II, dist. 6, a. 4; IV, dist. 47, q. 1, a. 2.

11.5. EFICACIA DE LOS ÁNGELES MALOS

naturali ordine sunt infra corpora cælestia actiones et motus eorum subduntur actionibus et motibus cælestium corporum. Manifestum est autem ex præmissis quod Dæmonum quidam naturali ordine sub aliis constituuntur. Unde et actiones eorum sub actionibus superiorum sunt. Et hoc est quod rationem prælationis facit, ut scilicet actio subditi subdatur actioni prælati. Sic igitur ipsa naturalis dispositio Dæmonum requirit quod sit in eis prælatio. Convenit etiam hoc divinæ sapientiæ, quæ nihil in universo inordinatum relinquit, quæ attingit a fine usque ad finem fortiter, et disponit omnia suaviter, ut dicitur Sap. VIII".[102]

"Concordia Dæmonum, qua quidam aliis obediunt, non est ex amicitia quam inter se habeant; sed ex communi nequi-

feriores bajo los cuerpos celestes, las acciones y movimientos de los primeros están sometidos a las acciones y movimientos de los segundos. Ahora bien, de lo dicho (a. 1), resulta evidente que algunos de los demonios están naturalmente constituidos bajo otros. Por lo tanto, también las acciones de unos están bajo las acciones de otros. Y esto es precisamente lo que constituye la razón de prelacía, es decir, que la acción del subdito esté sometida a la acción del prelado. Por lo tanto, la misma disposición natural de los demonios exige que haya entre ellos alguna prelacía. Esto es, por otra parte, muy conforme con la Sabiduría divina, que no deja en el universo cosa alguna sin orden y que, como se dice en Sab 8:1, se extiende poderosa del uno al otro confín y lo gobierna todo con suavidad".

"La concordia de los demonios, por la que algunos de ellos obedecen a otros, no procede de la amistad que tengan entre sí, sino de la

---

[102]Santo Tomás de Aquino: *Summ. Theol.*, Iª, q. 109, a. 2, co. Cfr. *Sent.*, II, dist. 6, q. 1, a. 4; IV, dist. 47, q. 1, a. 2.

tia, qua homines odiunt, et Dei iustitiæ repugnant. Est enim proprium hominum impiorum, ut eis se adiungant et subiiciant, ad propriam nequitiam exequendam, quos potiores viribus vident".[103]

maldad común con que odian a los hombres y contradicen a la justicia de Dios. Vemos, en efecto, que es propio de los hombres impíos, para ejecutar su propia iniquidad, unirse y someterse a aquellos que ven más fuertes y poderosos".

Hay comunicación entre los demonios para profundizar su miseria y no para ayudar.

"In Dæmonibus non potest esse illuminatio proprie. Dictum est enim supra quod illuminatio proprie est manifestatio veritatis, secundum quod habet ordinem ad Deum, qui illuminat omnem intellectum. Alia autem manifestatio veritatis potest esse locutio; sicut cum unus Angelus alteri suum conceptum manifestat. Perversitas autem Dæmonum hoc habet, quod unus alium non intendit ordinare ad Deum, sed magis ab ordine divino abducere. Et ideo unus Dæmon alium non illuminat; sed unus alii suum conceptum per

"No puede haber en los demonios iluminación propiamente tal. Dijimos (q. 107, a. 2), que la iluminación es propiamente una manifestación de la verdad en cuanto ésta se refiere a Dios, que ilumina todo entendimiento. Puede también tomarse la iluminación en el sentido de simple locución, como en el caso de manifestar un ángel a otro su pensamiento. Pero la perversidad de los demonios lleva consigo el que no intenten llevarse unos a otros a Dios, sino más bien sustraerse del orden divino. Por lo tanto, un demonio no ilumina a otro, aunque sí pueden manifes-

---

[103]Santo Tomás de Aquino: *Summ. Theol.*, Iª, q. 109, a. 2, ad 2.

11.5. EFICACIA DE LOS ÁNGELES MALOS

modum locutionis intimare potest".[104]

tarse unos a otros su pensamiento a modo de locución".

Finalmente, los ángeles buenos tienen dominio sobre los malos:

"Totus ordo prælationis primo et originaliter est in Deo, et participatur a creaturis secundum quod Deo magis appropinquant, illæ enim creaturæ super alias influentiam habent, quæ sunt perfectiores et Deo propinquiores. Maxima autem perfectio, et per quam maxime Deo appropinquatur, est creaturarum fruentium Deo, sicut sunt sancti Angeli, qua perfectione Dæmones privantur. Et ideo boni Angeli super malos prælationem habent, et per eos reguntur".[105]

"Todo el orden de prelacía está primera y originalmente en Dios, y es participado por las criaturas según que se aproximan más a Dios; de modo que las criaturas más perfectas y más próximas a Dios ejercen influencia sobre las demás. Ahora bien, la perfección máxima y por la que hay la aproximación mayor a Dios es la de las criaturas que disfrutan de Él, como son los ángeles buenos, de cuya perfección están privados los demonios. Por lo tanto, los ángeles buenos tienen prelacía sobre los malos y los rigen".

Incluso los ángeles inferiores tienen dominio sobre los demonios de naturaleza superior a ellos porque el poder de la justicia divina a la que aquéllos están unidos es más fuerte que el poder natural de los demonios. Pero no siempre los ángeles buenos impiden la acción de los malos porque, al estar al servicio de la Sabiduría divina, ésta puede permitir la actuación de los demonios, siempre para nuestro bien.

---

[104]Santo Tomás de Aquino: *Summ. Theol.*, Iª, q. 109, a. 3, co.
[105]Santo Tomás de Aquino: *Summ. Theol.*, Iª, q. 109, a. 4, co.

"Angelus qui est inferior ordine naturæ, præest Dæmonibus, quamvis superioribus ordine naturæ; quia virtus divinæ iustitiæ, cui inhærent boni Angeli, potior est quam virtus naturalis Angelorum. Unde et apud homines, spiritualis iudicat omnia, ut dicitur I ad Cor. II. Et philosophus dicit, in libro Ethic., quod virtuosus est regula et mensura omnium humanorum actuum".[106]

"El ángel de condición natural inferior tiene dominio sobre los demonios, a pesar de que éstos le excedan en naturaleza, porque el poder de la divina justicia, a la que están unidos los ángeles buenos, es más fuerte que toda virtud natural de los ángeles. Incluso entre los hombres, el espiritual juzga de todo, como se dice en 1 Cor 2:15. Y el Filósofo en el libro Ethic. dice que el virtuoso es regla y medida para todos los actos humanos".

"Sancti Angeli sunt ministri divinæ sapientiæ. Unde sicut divina sapientia permittit aliqua mala fieri per malos Angelos vel homines, propter bona quæ ex eis elicit; ita et boni Angeli non totaliter cohibent malos a nocendo".[107]

"Los santos ángeles son ministros de la sabiduría divina, y por lo tanto, como ésta tolera que se hagan ciertos males por los malos ángeles o por los hombres, en atención a los bienes que de ello puede sacar, por esto mismo los buenos ángeles no impiden totalmente a los malos hacer daño".

---

[106] Santo Tomás de Aquino: *Summ. Theol.*, Iª, q. 109, a. 4, ad 3.
[107] Santo Tomás de Aquino: *Summ. Theol.*, Iª, q. 109, a. 4, ad 2.

11.5.2 Actividad de los demonios sobre los hombres

Es una verdad de fe, que el demonio tiene cierto dominio sobre la humanidad por razón del pecado de Adán.[108]

En efecto, en la Biblia, Cristo designa al demonio como "príncipe de este mundo" (Jn 12:31; 14:30). San Pablo lo llama, "el dios de este mundo" (2 Cor 4:4). Por el acto redentor de Cristo, el dominio del Diablo fue, en principio, conquistado (Jn 12:31; Heb 2:14; Col 1:13; 2:15; 1 Jn 3:8); en el juicio final, su dominio será totalmente destruido (2 Pe 2:4; Jds 6).

- Ro 6: 16–20, "¿Es que no sabéis que si os ofrecéis vosotros mismos como esclavos para obedecer a alguien, quedáis como esclavos de aquel a quien obedecéis, bien del pecado para la muerte, bien de la obediencia para la justicia? Pero, gracias a Dios, vosotros, que fuisteis esclavos del pecado, obedecisteis de corazón a aquel modelo de doctrina al que fuisteis confiados y, liberados del pecado, os hicisteis siervos de la justicia. Hablo a lo humano en atención a la flaqueza de vuestra carne. Igual que ofrecisteis vuestros miembros al servicio de la impureza y de la iniquidad para cometer iniquidades, ofreced ahora vuestros miembros al servicio de la justicia para la santidad. Cuando erais esclavos del pecado, estabais libres respecto de la justicia".

- Ro 8: 19–21, "En efecto, la espera ansiosa de la creación anhela la manifestación de los hijos de Dios. Porque la creación se ve sujeta a la vanidad, no por su voluntad, sino por quien la sometió, con la esperanza de que también la misma creación será liberada

---

[108] La tesis "El Demonio, por razón del pecado de Adán, posee cierto dominio sobre los hombres" es calificada por J. Ibáñez y F. Mendoza (*Dios Creador...*, cit., pág. 155), como de fe divina y católica definida, y su censura como herejía. En el mismo sentido L. Ott: *Manual...*, cit., pág. 202.

de la esclavitud de la corrupción para participar de la libertad gloriosa de los hijos de Dios".

- Ga 4: 8.9.25.

El Magisterio enseña esta verdad en dos Concilios ecuménicos:

* Concilio Letrán IV: "Porque el Diablo y demás demonios, por Dios ciertamente fueron creados buenos por naturaleza; mas ellos, or sí mismos, re hicieron malos. El hombre, empero, pecó, por sugestión del Diablo".[109]

* Concilio de Trento, donde se declara esta verdad para entender correctamente la doctrina católica de la justificación, contra los protestantes quienes sostuvieron que las malas inclinaciones son consecuencia de la concupiscencia humana por la corrupción de la naturaleza humana por el pecado, y no son debidas a la influencia del Diablo:

> "Si alguno no confiesa que el primer hombre Adán, al transgredir el mandamiento de Dios en el paraíso, perdió inmediatamente la santidad y justicia en que había sido constituido, e incurrió por la ofensa de esta prevaricación en la ira y la indignación de Dios y, por tanto, en la muerte con que Dios antes le había amenazado, y con la muerte en el cautiverio bajo el poder de aquel que tiene el imperio de la muerte [Hebr. 2:14], es decir, del Diablo, y que toda la persona de Adán por aquella ofensa de prevaricación

---

[109]"Diabolus enim et alii dæmones a Deo quidem natura creati sunt boni, sed ipsi per se facti sunt mali. Homo vero diaboli suggestione peccavit" (D. S. 800).

11.5. EFICACIA DE LOS ÁNGELES MALOS

fue mudada en peor, según el cuerpo y el alma (cfr. D. S. 371): anathema sit".[110]

"En primer lugar declara el santo Concilio que, para entender recta y sinceramente la doctrina de la justificación es menester que cada uno reconozca y confiese que, habiendo perdido todos los hombres la inocencia en la prevaricación de Adán [Ro 5:12; 1 Cor 15:22 (D. S. 239)], hechos inmundos [Is 64:4] y (como dice el Apóstol) hijos de ira por naturaleza [Ef 2:3], según expuso en el decreto sobre el pecado original, hasta tal punto eran esclavos del pecado [Ro 6:20] y estaban bajo el poder del Diablo y de la muerte, que no sólo las naciones por la fuerza de la naturaleza [Can. 1], mas ni siquiera los judíos por la letra misma de la Ley de Moisés podían librarse o levantarse de ella, aun cuando en ellos de ningún modo estuviera extinguido el libre albedrío [Can. 5], aunque sí atenuado en sus fuerzas e inclinado (D. S. 378)".[111]

---

[110]"Si quis non confitetur, primum hominem Adam, cum mandatum Dei in paradiso fuisset transgressus, statim sanctitatem et iustitiam, in qua constitutus fuerat, amisisse incurrisseque per offensam prævaricationis huiusmodi iram et indignationem Dei atque ideo mortem, quam antea illi comminatus fuerat Deus, et cum morte captivitatem sub eius potestate, 'qui mortis' deinde 'habuit imperium' (Hebr 2, 14), hoc est diaboli, 'totumque Adam per illam prævaricationis offensam secundum corpus et animam in deterius commutatum fuisse' (cf. D. S. 371): anathema sit" (D. S. 1511).

[111]"Primum declarat sancta Synodus, ad iustificationis doctrinam probe et sincere intelligendam oportere, ut unusquisque agnoscat et fateatur, quod, cum omnes homines in prævaricatione Adæ innocentiam perdidissent (Ro 5:12; 1 Cor 15:22; cfr. D. S. 239), 'facti immundi' (Is 64:6) et (ut Apostolus inquit) 'natura filii iræ' (Ef 2:3), quemadmodum in decreto de peccato originali exposuit, usque adeo 'servi erant peccati' (Rom 6, 20) et sub potestate diaboli ac mortis, ut non modo gentes per vim naturæ (can. 1), sed ne Iudæi quidem per ipsam etiam litteram Legis Moysi inde liberari aut surgere possent, tametsi in eis liberum arbitrium minime exstinctum (can. 5) esset, viribus licet attenuatum et inclinatum (cfr. D. S. 378)" (D. S. 1521).

En cuanto a las formas de la actividad de dominio del Diablo con la cual trata de perjudicar al hombre, hay que distinguir entre la de orden moral, esto es, la tentación (*tentatio seductionis*), y las de orden físico, esto es: la infestación (*infestatio*), la obsesión (*obsessio*), la posesión (*posessio*). Mención aparte merece la magia.

Tentación: los espíritus malignos buscan hacer daño moral a la humanidad a través de la tentación para pecar (de fe).[112]

La tentación (experimentar, poner a prueba) en sí puede ser algo bueno o malo.

"Tentare est proprie experimentum sumere de aliquo. Experimentum autem sumitur de aliquo, ut sciatur aliquid circa ipsum, et ideo proximus finis cuiuslibet tentantis est scientia. Sed quandoque ulterius ex scientia quæritur aliquis alius finis, vel bonus vel malus, bonus quidem, sicut cum aliquis vult scire qualis aliquis sit, vel quantum ad scientiam vel quantum ad virtutem, ut eum promoveat; malus au-

"Tentar es propiamente hacer examen de alguno a quien se le pone a prueba para descubrir algo acerca de él. El fin próximo, pues, del que tienta es saber. Pero, a veces, se busca, además del saber, algún otro fin, bueno o malo. Bueno, como al intentar saber cómo es uno respecto de la ciencia o de la virtud con la intención de estimularle al bien. Malo, si se

---

[112] La tesis "Los demonios tientan moralmente a los hombres" es calificada por J. Ibáñez y F. Mendoza (*Dios Creador...*, cit., pág. 163), como de fe divina y católica definida, y su censura como herejía. Cfr. C. S. Lewis: *Cartas del Diablo a su Sobrino*, Rialp, Madrid, 1994; L. Fanzaga: *The Deceiver: Our Daily Struggle with Satan*, Roman Catholics Books, Colorado, 2000; S. Weber: *De Singulorum Hominum Dæmone Impugnatore*, Pontificia Facultas Theologica O.FF.MM. Conv., Roma, 1938; R. Brouillard: *Tentation*, en DTC, XV, I, cols. 118–127; T. Carlesi: *La Tentazione nel Pensiero di S. Tommaso D'Aquino*, en "Sapienza" 10 (1957) 25–31, 200–225; 461–480.

11.5. EFICACIA DE LOS ÁNGELES MALOS

tem, quando hoc scire vult, ut eum decipiat vel subvertat..."[113]	quiere saber esto mismo para engañarle o inducirle al mal".

Según los diversos sentidos, se puede decir que Dios tienta (Dios siempre tienta para el bien, es decir, explora la voluntad y las disposiciones del hombre, no para conocerlas Él mismo que es omnisciente, sino para hacerlas conocer al hombre); que tientan la carne y el mundo (que lo hacen solo en cuanto son materia o instrumento de la tentación); que tienta el hombre a Dios (cuando pretende temerariamente explorar la voluntad o el poder divinos); que tienta el hombre al hombre (a veces para saber o por curiosidad, a veces para ayudarle o, a veces, también para dañarle); y finalmente, que tienta el demonio (para el cual la tentación siempre es instrumento para inducir al mal):

"Et per hunc modum potest accipi quomodo tentare diversis diversimode attribuatur. Homo enim tentare dicitur, quandoque quidem ut sciat tantum, et propter hoc, tentare Deum dicitur esse peccatum; quia homo, quasi incertus, experiri præsumit Dei virtutem. Quandoque vero tentat ut iuvet, quandoque vero, ut noceat. Diabolus autem semper tentat ut noceat, in peccatum præcipitando. Et secundum hoc, dicitur proprium of-	"Pues de aquí se debe deducir cómo a diversos sujetos se les atribuye de diversa manera el tentar. Así, el hombre se dice que unas veces tienta con el único fin de saber, y por eso se dice que tentar a Dios es pecado, porque el hombre presume al hacerlo; como dudando, intenta explorar el poder de Dios; otras veces el hombre tienta para ayudar; y algunas también para dañar. El Diablo tienta siempre para dañar, precipitando al pecado. Este es el sentido en el que se dice que el tentar es oficio pro-

---

[113]Santo Tomás de Aquino: *Summ. Theol.*, Iª, q. 114, a. 2, co. Cfr. *Sent.*, II, dist. 21, q. 1, a. 1; *In Matth.*, cap. 4; *In I Thess.*, cap. 3; *In Hebr.*, cap. II, lect. 4.

ficium eius tentare, nam etsi homo aliquando sic tentet, hoc agit inquantum est minister Diaboli. Deus autem tentare dicitur ut sciat, eo modo loquendi quo dicitur scire quod facit alios scire. Unde dicitur Deut. XII, tentat vos dominus Deus vester, ut palam fiat utrum diligatis eum. Caro autem et mundus dicuntur tentare instrumentaliter, seu materialiter, inquantum scilicet potest cognosci qualis sit homo, ex hoc quod sequitur vel repugnat concupiscentiis carnis, et ex hoc quod contemnit prospera mundi et adversa; quibus etiam Diabolus utitur ad tentandum".[114]

pio de los demonios, porque, aunque también el hombre alguna vez tienta de este modo, lo hace como ministro del demonio. En cambio, se dice que Dios tienta para saber, pero del modo en que se dice que viene El a saber lo que hace que otros conozcan. Así se dice en el Dt 13:3, El Señor Dios vuestro os tienta a fin de que se haga manifiesto si le amáis. La carne y el mundo se dice que tientan como instrumentos o materialmente, es decir, en cuanto puede conocerse cuál sea el hombre por el hecho de seguir o de resistir a las concupiscencias de la carne o por despreciar las cosas prósperas y adversas del mundo, de las cuales se sirve también el demonio para tentar".

Puede ser interior (cuando el demonio mueve la fantasía o el apetito sensitivo, la imaginación y los sentidos para inducir al pecado), y exterior (cuando se sirve de realidades externas, como la prosperidad para inducir a la soberbia, o la desgracia para provocar la desesperación, o los malos ejemplos humanos para confundir las mentes con doctrinas perversas, etc.).[115] Alcanza a todos los hombres siempre que

---

[114]Santo Tomás de Aquino: *Summ. Theol.*, Iª, q. 114, a. 2, co.

[115]Un elenco de las distintas clases de tentaciones que puede alcanzar al ser humano, sin ánimo de ser exhaustiva, en J. A. Medina Estévez: *Satanás...*, cit., págs. 39-53. Para el modo de defenderse y superar las tentaciones, cfr. págs. 53-59.

11.5. EFICACIA DE LOS ÁNGELES MALOS

tengan uso de razón y no sean especialmente preservados por Dios. Hay muchas clases y afectan a cada persona en formas diversas.

Aunque la tentación procede directamente de la malicia del demonio, sin embargo en última instancia se debe a la permisión de Dios que sabe servirse del mal para ordenarlo al bien. El hombre tentado que vence la tentación, aumenta en mérito y en virtud.

"Angeli, secundum suam naturam, medii sunt inter Deum et homines. Habet autem hoc divinæ providentiæ ratio, quod inferiorum bonum per superiora procuret. Bonum autem hominis dupliciter procuratur per divinam providentiam. Uno modo directe, dum scilicet aliquis inducitur ad bonum et retrahitur a malo, et hoc decenter fit per Angelos bonos. Alio modo indirecte, dum scilicet aliquis exercetur, impugnatus, per impugnationem contrarii. Et hanc procurationem boni humani conveniens fuit per malos Angelos fieri, ne totaliter post peccatum ab utilitate naturalis ordinis exciderent. Sic ergo Dæmonibus duplex locus pœnalis debetur. Unus quidem ratione suæ culpæ, et

"Los ángeles, por naturaleza, ocupan el lugar medio entre Dios y los hombres. Ahora bien, en el plan de la Providencia divina entra el procurar el bien de los seres. Pero Dios procura el bien de los seres superiores por medio de los inferiores. Pero Dios procura el bien del hombre de dos maneras. 1) Una, directamente, esto es, siempre que alguien es atraído al bien o alejado del mal. Esto es hecho dignamente por los ángeles buenos. 2) Otra, indirectamente, o sea, cuando alguno que es atacado se esfuerza en rechazar al adversario. Esta manera de procurar el bien del hombre fue conveniente que se llevara a cabo por medio de los ángeles malos, a fin de que, después de su pecado, no quedasen totalmente excluidos de colaborar en el orden del universo. Así, pues, los demonios deben tener dos lugares de tormento: Uno

hic est Infernus. Alius autem ratione exercitationis humanæ, et sic debetur eis caliginosus aer. Procuratio autem salutis humanæ protenditur usque ad diem iudicii, unde et usque tunc durat ministerium Angelorum et exercitatio Dæmonum. Unde et usque tunc et boni Angeli ad nos huc mittuntur, et Dæmones in hoc aere caliginoso sunt ad nostrum exercitium, licet eorum aliqui etiam nunc in Inferno sint, ad torquendum eos quos ad malum induxerunt; sicut et aliquis boni Angeli sunt cum animabus sanctis in cælo. Sed post diem iudicii omnes mali, tam homines quam Angeli, in Inferno erunt; boni vero in cælo".[116]

por razón de su culpa: el Infierno; otro por razón de las pruebas a las que someten a los hombres: la atmósfera tenebrosa. Pero la obra de procurar la salvación de los hombres durará hasta el día del juicio. Por lo tanto, hasta entonces deberá durar el ministerio de los ángeles y la función de los demonios. Por eso y hasta entonces nos serán enviados los ángeles buenos. Y hasta entonces estarán también los demonios en nuestro aire tenebroso para someternos a prueba; si bien algunos están ya en el Infierno para atormentar a los que arrastraron al mal, como también hay ángeles que están en el Cielo en compañía de las almas santas. Pero, a partir del día del juicio, todos los malos, hombres o ángeles, estarán en el Infierno; y todos los buenos, en el Cielo".

Por eso se puede decir que el demonio es propiamente el tentador, y de él procede todo pecado humano, bien sea porque él instiga al hombre a pecar directa y actualmente, o porque el demonio ha causado la mala inclinación o disposición del hombre que le lleva a pecar movido por su libre albedrío junto con los estímulos de la carne y del mundo. Sin embargo, en el estado de naturaleza caída, el hombre no

---

[116]Santo Tomás de Aquino: *Summ. Theol.*, I^a, q. 64, a. 4, co. Cfr. *Sent.*, II, dist. 6, q. 1, a. 3; IV, dist. 45, q. 1 , a. 3.

11.5. EFICACIA DE LOS ÁNGELES MALOS

necesita siempre la tentación para pecar, pues a veces le basta para hacerlo su libre albedrío y la mala inclinación de su voluntad caída:

"Causa alicuius potest dici aliquid dupliciter, uno modo, directe, alio modo, indirecte. Indirecte quidem, sicut cum aliquod agens causans aliquam dispositionem ad aliquem effectum, dicitur esse occasionaliter et indirecte causa illius effectus; sicut si dicatur quod ille qui siccat ligna, est causa combustionis eorum. Et hoc modo dicendum est quod Diabolus est causa omnium peccatorum nostrorum, quia ipse instigavit primum hominem ad peccandum, ex cuius peccato consecuta est in toto genere humano quædam pronitas ad omnia peccata. Et per hunc modum intelligenda sunt verba Damasceni et Dionysii. Directe autem dicitur esse aliquid causa alicuius, quod operatur directe ad illud. Et hoc modo Diabolus non est causa omnis peccati non enim omnia peccata committuntur Diabolo instigante, sed quædam ex libertate arbitrii et carnis corrup-

"De dos modos se puede ser causa de algo: directa o indirectamente. 1) Indirectamente, del modo en que un agente se dice que es causa ocasional o indirecta del efecto para el que produce una disposición, como si se dijera que el que seca la leña es causa de su combustión. En este sentido sí se debe decir que el Diablo es causa de todos nuestros pecados, por haber instigado al primer hombre a pecar, de cuyo pecado se siguió en todo el género humano cierta tendencia a todos los pecados. Y así deben entenderse las palabras del Damasceno y de Dionisio. 2) Directamente, se dice que el agente es causa de una cosa cuando obra intentándola directamente. Y de este modo, el Diablo no es causa de todos los pecados, porque no todos los pecados se cometen por instigación directa del Diablo, sino que algunos provienen del libre albedrío y de la corrupción de la carne. Efectivamente, como dice Orígenes, aunque no existiese

tione. Quia, ut Origenes dicit, etiam si Diabolus non esset, homines haberent appetitum ciborum et venereorum et huiusmodi; circa quæ multa inordinatio contingit, nisi per rationem talis appetitus refrænetur; et maxime, supposita corruptione naturæ. Refrænare autem et ordinare huiusmodi appetitum, subiacet libero arbitrio. Sic ergo non est necessarium omnia peccata ex instinctu Diaboli provenire. Si qua tamen ex instinctu eius proveniunt, ad ea complenda eo blandimento decipiuntur homines nunc, quo primi parentes, ut Isidorus dicit".[117]

el Diablo, los hombres tendrían el apetito de la gula y de la carne y otros semejantes, a los que acompaña gran desorden si no son frenados por la razón, particularmente después de la corrupción de nuestra naturaleza. Pero el frenar y ordenar tales apetitos es materia del libre albedrío. Así, pues, no es necesario que todos los pecados provengan de la instigación del demonio. Si algunos, no obstante, provienen de dicha instigación, para consumarlos se dejan los hombres seducir en tal acto por el mismo estímulo por el que se dejaron los primeros padres, como dice Isidoro".

En la Biblia aparece con toda claridad y de múltiples formas. Baste con recordar las más conocidas:

- Ge 3: 1ss (Adán y Eva).
- Ge 4:1 (Caín).
- Lc 22:31 (Simón Pedro).
- Mt 4: 1-3 (Cristo).
- Hech 5:3 (Ananías).

---

[117]Santo Tomás de Aquino: *Summ. Theol.*, Iª, q. 114, a. 3, co. Cfr. Iª–IIæ, q. 80, a 4; *De Malo*, q. 3, a. 5.

11.5. EFICACIA DE LOS ÁNGELES MALOS

- 1 Cor 7:5 (Satanás...tienta por incontinencia).
- Ef 6: 11–16 (armadura contra el Diablo).
- 1 Te 3:5 (el tentador hubiese tentado).
- 1 Pe 5:8 (león rugiente).
- Etc.

Los Santos Padres atribuyen los males morales a las insidias del Diablo que tienta a los hombres para apartarlos de Dios,[118] y la liturgia pide a Dios que nos libre de las insidias del demonio.[119]

El Magisterio se ha referido a las tentaciones de modo solemne en dos ocasiones: en el Concilio IV de Letrán: "El hombre, empero, pecó, por sugestión del Diablo";[120] y en el Concilio de Trento:

> "Sin embargo, los que creen que están firmes, cuiden de no caer (1 Cor 10:12) y con temor y temblor obren su salvación (Flp 2:12), en trabajos, en vigilias, en limosnas, en oraciones y oblaciones, en ayunos y castidad (cfr. 2 Cor 6: 3ss). En efecto, sabiendo que han renacido a la esperanza (cfr. 1 Pe 1:3) de la gloria y no todavía a la gloria, deben temer por razón de la lucha que aún les aguarda con la carne, con el mundo, y con el Diablo, de la que no pueden salir victoriosos, si no obedecen con la gracia de Dios, a las palabras del Apóstol: Somos deudores no de la carne, para vivir según la carne; porque si según la carne viviereis,

---

[118] Cfr. por ejemplo, San Ireneo (*Adv. Hæres.*, P. G., 7, 1188), Orígenes (*Strom.* Lib. I, P. G., 11, 118); San Jerónimo (P. L., 26, 860) o Teodoreto de Ciro (*Commentarius in Visiones Danielis Prophetæ*, P. G., 81, 1496).

[119] *Passim*.

[120] "Homo vero diaboli suggestione peccavit" (D. S. 800).

moriréis; mas si por el espíritu mortificarais los hechos de la carne, viviréis (Ro 8: 12ss.)".[121]

"Porque, si bien nuestro adversario, durante toda la vida busca y capta ocasiones, para poder de un modo u otro devorar nuestras almas (cfr. 1 Pe 5:8); ningún tiempo hay, sin embargo, en que con más vehemencia intensifique toda la fuerza de su astucia para perdernos totalmente, y derribarnos, si pudiera, de la confianza en la divina misericordia. como al ver que es inminente el término de la vida".[122]

"Ahora bien, la realidad y el efecto de este sacramento se explican por las palabras: Y la oración de la fe salvará al enfermo y le aliviará el Señor; y si estuviera en pecados, se le perdonarán (San 5:15). Porque esta realidad es la gracia del Espíritu Santo, cuya unción limpia las culpas, si alguna queda aún para expiar, y las reliquias del pecado, y alivia y fortalece el alma del enfermo (Can. 2), excitando en él una grande confianza en la divina miseri-

---

[121]"Verumtamen qui se existimant stare, videant, ne cadant (I Cor 10:12), et cum timore ac tremore salutem suam operentur (Flp 2:12), in laboribus, in vigiliis, in eleemosynis, in orationibus et oblationibus, in ieiuniis et castitate (cfr. 2 Cor 6:3ss). Formidare enim debent, scientes, quod in spem (cfr. 1 Pe 1:3) gloriæ et nondum in gloriam renati sunt, de pugna, quæ superest cum carne, cum mundo, cum diabolo, in qua victores esse non possunt, nisi cum Dei gratia Apostolo obtemperent dicenti: 'Debitores sumus non carni, ut secundum carnem vivamus. Si enim secundum carnem vixeritis, moriemini. Si autem spiritu facta carnis mortificaveritis, vivetis' (Ro 8: 12ss)" (D. S. 1541).

[122]"Nam etsi adversarius noster occasiones per omnem vitam quærat et captet, ut devorare (cf. 1 Pe 5:8) animas nostras quoquo modo possit: nullum tamen tempus est, quo vehementius ille omnes suæ versutiæ nervos intendat ad perdendos nos penitus, et a fiducia etiam, si possit, divinæ misericordiæ deturbandos, quam cum impendere nobis exitum vitæ prospicit (perspicit)" (D. S. 1694).

11.5. EFICACIA DE LOS ÁNGELES MALOS

cordia, por la que, animado el enfermo, soporta con más facilidad las incomodidades y trabajos de la enfermedad, resiste mejor a las tentaciones del demonio que acecha a su talón (Ge 3:15) y a veces, cuando conviniera a la salvación del alma, recobra la salud del cuerpo".[123]

Infestación, obsesión y posesión: son las actividad físicas del demonio sobre el cuerpo humano. Aunque las tentaciones, que son ataques morales o espirituales, son mucho más peligrosas que los ataques físicos, sin embargo por su espectacularidad son normalmente más temidos. Estos tres tipos de ataques son formas progresivas, según su menor a mayor proximidad y acción sobre el hombre.

La infestación o asedio es una acción del demonio contra el hombre desde fuera, como cercándolo, provocando ruidos nocturnos para amedrentar, haciendo llamadas misteriosas en paredes o puertas, rompiendo enseres domésticos, etc.[124]

La obsesión es un ataque personal con injurias, daños al cuerpo o actuando sobre miembros y sentidos.

La posesión es la ocupación por el demonio de las facultades físicas del hombre, llegándole a privar de la libertad sobre su cuerpo. Como dice el *Ritual de los Exorcismos*:

---

[123]"Res porro et effectus huius sacramenti illis verbis explicatur: Et oratio fidei salvabit infirmum, et alleviabit eum Dominus; et, si in peccatis sit, dimittentur ei (San 5:15.) Res etenim hæc gratia est Spiritus Sancti, cuius unctio delicta, si qua(e) sint adhuc expianda, ac peccati reliquias abstergit, et ægroti animam alleviat et confirmat (can. 2), magnam in eo divinæ misericordiæ fiduciam excitando, qua infirmus sublevatus et morbi incommoda ac labores levius fert, et tentationibus dæmonis 'calcaneo insidiantis' (Ge 3:15) facilius resistit, et sanitatem corporis interdum, ubi saluti animæ expedierit, consequitur" (D. S. 1696).

[124]Son conocidos este tipo de fenómenos, por ejemplo, en la vida del Cura de Ars.

"Los signos de la posesión del demonio son estos: hablar en un lenguaje desconocido, con muchas palabras, o entender al que lo habla; descubrir acontecimientos distantes y secretos; demostrar unas fuerzas superiores a su naturaleza o edad. Estos signos pueden ser un indicio, pero dado que ellos no deben ser necesariamente considerados como provenientes del Diablo, conviene prestar también atención a otros, especialmente de orden moral o espiritual, que manifiestan de otro modo la posesión diabólica, como, por ejemplo, una aversión vehemente hacia Dios, al santísimo nombre de Jesús, a Santa María, la Virgen Madre de Dios y a los Santos, a la Iglesia, a la Palabra de Dios, a los objetos sagrados, a los ritos litúrgicos o sacramentales, y a las sagradas imágenes".[125]

Tanto en la obsesión como en la posesión, el demonio no se introduce para cumplir las funciones del alma (forma *sustancial* del hombre), sino que realiza su acción de forma *accidental* (como el conductor mueve un vehículo). No son pecados necesariamente en sí mismas, sino solo mal físico permitido por Dios para un bien: ya sea para manifestar su gloria, o como castigo por el pecado o para santificación de la persona que las sufre.

Contra la obsesión y la posesión se aplica el exorcismo (Canon 1172 del Código de Derecho Canónico), de los que hay tres clases:

- El público y solemne: se han de seguir las condiciones del ritual aprobado[126] y la legislación eclesiástica. Es necesario examinar

---

[125] *Ritual de los Exorcismos*, n. 16.

[126] El vigente es el *Ritual de los Exorcismos* es del 22 de noviembre de 1998, promulgado por la Sagrada Congregación para el Culto Divino y la Disciplina de los Sacramentos.

11.5. EFICACIA DE LOS ÁNGELES MALOS

bien el caso siendo necesaria la absoluta certeza moral para proceder al exorcismo, nunca se puede actuar sin consentimiento de la autoridad competente del lugar; y sólo puede ser hecho por un sacerdote especialmente señalado por el Obispo (el exorcista de la diócesis).[127]

- El público y simple: que se hace en el ritual del bautismo por el ministro ordinario del mismo.

- El privado, que son los que pueden hacer cualquier persona con su oración. Éste no es un sacramental; los dos anteriores sí lo son.

"Cuando la Iglesia pide públicamente y con autoridad, en nombre de Jesucristo, que una persona o un objeto sea protegido contra las asechanzas del maligno y sustraída a su dominio, se habla de exorcismo. Jesús lo practicó (cf Mc 1: 25ss; etc.), de él tiene la Iglesia el poder y el oficio de exorcizar (cf Mc 3:15; 6: 7.13; 16:17). En forma simple, el exorcismo tiene lugar en la celebración del Bautismo. El exorcismo solemne sólo puede ser practicado por un sacerdote y con el permiso del obispo. En estos casos es preciso proceder con prudencia, observando estrictamente las reglas establecidas por la Iglesia. El exorcismo intenta expulsar a los demonios o liberar del dominio demoníaco gracias a la autoridad espiritual que Jesús ha confiado a su Iglesia. Muy distinto es el caso de las enfermedades, sobre

---

[127] Cfr. *Ritual de los Exorcismos*, n. 13. En dicho Ritual se aconseja que "se proceda con la necesaria y máxima circunspección y prudencia... el exorcista no proceda a celebrar el exorcismo hasta que no esté seguro, con certeza moral, de que quien va a ser exorcizado está realmente poseído por el demonio y, si es posible, cuente con su consentimiento" (nn. 14–15).

todo síquicas, cuyo cuidado pertenece a la ciencia médica. Por tanto, es importante, asegurarse , antes de celebrar el exorcismo, de que se trata de un presencia del Maligno y no de una enfermedad (cf. CIC, can. 1172)".[128]

Es importante saber distinguir bien las verdaderas de las falsas posesiones diabólicas. En este sentido son de gran claridad las consideraciones que hace A. Gálvez al respecto:

"Pero, ¿es que acaso existen falsas posesiones diabólicas?

Y la manera mejor de responder a la pregunta es comenzar por un buen planteamiento del problema.

Existen, en primer lugar, un número de aparentes posesiones demoníacas que en realidad no son tales, sino meros trastornos de orden psíquico o de tipo nervioso, unas veces. Mientras que otras se trata simplemente de farsas organizadas por desvergonzados casi siempre con fines lucrativos.

Son fácilmente detectables unos y otros y en realidad no hacen para nada al caso.

En cuanto a las auténticas posesiones diabólicas podríamos dividirlas en dos clases: las verdaderas y las falsas. Por supuesto que esta clasificación no dejará de causar

---

[128]*Catecismo de la Iglesia Católica*, n. 1673; cfr. también los números 517 y 550 (referidos a Cristo) y 1237 (relativo al del bautismo). Es de interés la tesis doctoral de C. Bonaldi: *L'esorcismo. Confronto storico e interpretazione teologica dei rituali esorcistici per ossessi*, en http://www.tesionline.it/consult/preview.jsp.pag=1.idt=6735. También es muy útil, M. Martin: *Hostage to the Devil*, Harper, San Francisco, 1992 y ; M. A. Fuentes: *Santidad, Superchería y Acción Diabólica. Principios de Discernimiento de los Fenómenos Extraordinarios*, Mendoza, Argentina, Edive, 2011

11.5. EFICACIA DE LOS ÁNGELES MALOS

extrañeza, pues ¿qué es eso de posesiones diabólicas auténticas y sin embargo falsas...? Pero procure todo el mundo calmar los ánimos hasta que todo haya sido explicado.

Efectivamente, porque las posesiones diabólicas que aparecen de vez en cuando con aire de tales, acompañadas del gran aparato escénico que Satanás suele utilizar en sus actuaciones, como hablar lenguas extrañas, blasfemar ante el crucifijo, realizar aparentes prodigios, rechazar al exorcista, etc., son realmente auténticas.

Y lo son ciertamente, aunque forman parte del *tinglado de la antigua farsa*, que diría Benavente, o de la moderna, que diríamos nosotros. Resultan utilísimas para el plan de Satanás, el cual las utiliza como un buen elemento de distracción para atacar impunemente por otra ala de las Defensas. Que se trata de una hábil estrategia para engañar, es efectivamente fácil de adivinar para quien piense con serenidad e inteligencia. Porque, ¿cuándo se ha visto que el Demonio actúe a cara descubierta, que acompañe sus actuaciones o que se presente a bombo y platillo para causar admiración? ¿Por qué se olvida tan fácilmente que Satanás es el Padre de la Mentira, del histrionismo, del disfraz o de los *cuentos de viejas* de los que hablaba San Pablo (2 Tim 4:4)? ¿Y quién ha dicho que no es capaz de utilizar las medio verdades, o incluso las verdades cuando le conviene, a fin de colar mediante ellas las grandes mentiras?

Por supuesto que se trata de verdaderas posesiones diabólicas, en la mayoría de los casos al menos. Pero que sirven a los propósitos del Gran Mentiroso, como después explicaremos. Por otra parte, como una farsa bien monta-

da que es, no le falta ningún detalle. Como en los grandes espectáculos del Teatro Griego en los que intervenía el coro y a veces también los espectadores; o en los magníficos montajes medievales de los Autos Sacramentales, con su triple escenario montado en pirámide y el concurso de coros y numerosos personajes, pues igual sucede aquí.

Pues aparecen enseguida los *exorcistas* a poner remedio al problema. El exorcista fue siempre una figura venerable en la Iglesia, extraordinariamente restringida y que llevaba a cabo su papel dignamente, aunque cumpliendo siempre las debidas condiciones las cuales eran muy estrictas y severas. Después del Concilio, y utilizando la nueva arma de los modernos Rituales, los exorcistas son una extraordinaria ocasión de diversión para Satanás, quien se ríe de ellos en la medida en que le es concedida a un Diablo la capacidad de reír. Algo parecido a lo que sucede con el sacramental del agua ahora bendecida con los nuevos Rituales, la cual es por el momento el dispositivo más adecuado que se conoce para atraer los demonios en masa.

A finales de este mes se va a celebrar en Roma un Congreso con asistencia de trescientos exorcistas a fin de discutir problemas de procedimiento, según se ha anunciado, y seguramente para recibir instrucciones del Papa. Hay quien mantiene dudas —siempre hay gente mal pensada— acerca del origen y procedencia de la idea, y hasta piensa que la cosa quizá no tenga mucho que ver con el Espíritu Santo. Allí acudirán un montón de sacerdotes, es de suponer que todos con buena voluntad, pero también la mayoría de ellos carentes de formación, de vida interior y por supuesto sin práctica de oración. Es probable que un

11.5. EFICACIA DE LOS ÁNGELES MALOS

verdadero exorcista, caso de que exista, *no hubiera sentido la necesidad de asistir a ese Congreso.*

Por supuesto que cuando los tales se lanzan a practicar sus exorcismos, en los casos de verdaderas posesiones diabólicas cuando Dios así lo permite, obtienen resultados variables, buenos a veces y de tremendos fracasos no pocas. Como es de suponer, tampoco el Demonio va a levantar la liebre y va a descubrir claramente que allí no se hace sino lo que él quiere (al menos mientras Dios lo permite). Le interesa mucho que siga la farsa de las *posesiones*, por su utilidad como elemento de distracción *para ocultar las más auténticas* y también, por otra parte, por lo que le sirven como abundante alimento de diversión. Por lo demás, las posesiones diabólicas y los exorcismos (con los resultados que fueren) jamás han servido de ocasión de conversión a nadie, circunstancia que también agrada a Satanás. Dios las permite por sus secretos designios y porque tampoco hacen daño a nadie; a excepción de la pobre víctima cuando no es culpable, de la cual podemos estar seguros que, de una forma o de otra, Dios acabará teniendo misericordia de ella y liberándola.

El mundo moderno está acostumbrado a pactar con la mentira y a rechazar la verdad. A lo más en no pensar en ella o a mirar para otro lado. Lo que ha dejado al Diablo las manos enteramente libres para actuar, cosa para la que ha contado también con poderosos auxiliares incluso de donde menos cabía esperar.

Las auténticas posesiones diabólicas, en aquellos que son verdaderos *adoradores y servidores de Satanás*, se encuentran justamente allí donde la gente no suele mirar, a

pesar de que están bien presentes en el candelero. Son quienes realmente ordenan el Mundo (o lo desordenan) y rigen la Sociedad y todas las diversas Agrupaciones humanas. Son *los líderes políticos y religiosos del mundo*, quienes lo gobiernan y mandan y manejan, e incluso controlan el cerebro y el pensamiento de las multitudes. Dictan las leyes, dirigen las costumbres, establecen los criterios y normas de pensamiento y de conducta, encumbran a sus seguidores y condenan sin compasión a quienes se oponen. Con frecuencia se organizan en grandes lobbys y Organizaciones multinacionales extraordinariamente poderosas, con suficiente y sobrada influencia para controlar toda actividad humana: el Mundo del Cine, y particularmente el norteamericano con todo sus inmenso poder, o el Mundo de las Comunicaciones con las poderosas Agencias de Prensa que dictan los criterios para una nación y para todo el mundo (es bien conocida en España quién es la que dicta las consignas). Fácilmente podríamos citar aquí nombres y apellidos de gobernantes y prohombres, lo mismo en el orden político que en el religioso, tanto por lo que se refiere a España como a otras naciones, si poderosas razones que cualquiera puede comprender no lo impidieran. Bien entendido, sin embargo, que cuando aquí se habla de verdaderos siervos de Satanás no se pretende hacerlo en sentido metafórico, sino con significado enteramente real.

Mientras tanto, todo pasa desapercibido, como corresponde a la obra del Gran Histrión y Padre de la Mentira. ¿La Apostasía General, la destrucción de la Iglesia y su reducción al mínimo, la persecución de los creyentes, la prohibición del sacrificio cotidiano, los signos de el Final

11.5. EFICACIA DE LOS ÁNGELES MALOS

de los Tiempos, el invencible poder de El Falso Profeta,...? Todo eso pertenece al orden de las profecías, y ya se sabe que las profecías pertenecen al futuro y nadie sabe cuando se van a cumplir. Y por supuesto que nadie piense que el Final de la Historia va a comenzar el día tal, del mes cual, del año tal y a una hora ya fija. Comenzará, o estará ya comenzado, cuando menos se piense, como tan repetidamente anunció Jesucristo. ¿O alguien cree que Satanás iba anunciar solemnemente al Mundo: *¡Señores, prepárense porque ya ha comenzado el Final!*, cuando ni siquiera Dios lo iba a proclamar?

Y el tinglado de la antigua y de la moderna farsa de Satanás, como corresponde a un tablado bien montado, funciona como debe, integrado por todo un conjunto de corifeos que son también sus colaboradores, un buen número de los cuales ha sido proporcionado por la misma moderna Iglesia: Cardenales, Obispos, y multitud de sacerdotes y religiosos que parecen convencidos de haber descubierto, al fin, la verdadera religión. Antes hemos hablado de los exorcistas, pero podríamos también traer a colación a multitud de apóstoles, profetas, visionarios y visionarias, que parecen abundar como los hongos en otoño. Existen, por ejemplo, los predicadores del Vaticano, que tienen a bien predicar las glorias de Lutero ante toda la Corte Pontificia; de la eficiencia del predicador se podría juzgar aplicando la regla de Jesucristo y atendiendo a los frutos producidos, para lo cual no hay sino examinar el estado en que se encuentra el mismo Vaticano. En cuanto a visionarios a la moda del día, podría traerse a colación lo que sucede en Medjugorje, cuya visionaria principal aseguró, según le

había revelado la Virgen, que el Papa Francisco era el mejor Pontífice que Dios había regalado a su Iglesia en toda la Historia. Y dado que todo el mundo sabe que han existido Papas todavía mejores que Francisco, e incluso mucho mejores, no cabe deducir sino tres opciones, puesto que no existen otras: o que la Virgen ignora la historia de la Iglesia, o que la Virgen miente, o en todo caso que la que miente descaradamente es la misma vidente.

Decía San Pablo que Dios proporciona un espíritu seductor, a fin de que crean en la mentira y sean condenados, todos aquellos que no creyeron en la verdad y pusieron su complacencia en la injusticia (2 Te 2:11)."[129]

Magia: relación del Diablo con el hombre para producir efectos sensibles sorprendentes e inusuales.[130] Se distingue entre la magia "blanca o natural", cuando tales efectos se producen por las fuerzas naturales (por ejemplo, mediante la aplicación del ingenio o de resortes psicológicos más o menos conocidos —parapsicológicos—), de la magia "diabólica o negra", cuando tales efectos se producen por la intervención del demonio. Ésta puede ser:

- Maleficio: se intenta dañar a un tercero.

- Adivinación: se intenta el conocimiento de cosas ocultas o futuras.

- Vana observancia: se pretende lograr efectos maravillosos sin la debida proporción de los medios.

---

[129] A. Gálvez: http://www.alfonsogalvez.com/es/editoriales/2583-verdaderas-y-falsas-posesiones-diabolicas. Consultado el 30-10-2015.

[130] Cfr. L. Gardette: *Magie*, en DTC, IX, 1510–1550; H. Lasetre: *Magie*, en "F. Vigoroux Dictionnaire de la Bible", Letouzey Et Ane, Editeurs, Paris, 1912, vol. 4, 562–569; P. Sejoruné: *Superstition*, en DTC, vol 14, 2788–2823.

11.6. RESUMEN

La Iglesia siempre ha legislado contra la magia diabólica.[131] Y en general contra toda clase de magia (cfr. Catecismo de la Iglesia Católica, n. 2115, sobre el verdadero y falso profetismo; n. 2116, contra todas las formas de adivinación; n. 2117, contra toda forma de magia o hechicería).

No hace sino seguir las múltiples condenas que aparecen en la Sagrada Escritura:

- Ga 5: 19–21.
- Hech 13: 8ss.
- Hech 16: 16ss.
- Mt 24:24.
- Etc.

11.6 Resumen de la enseñanza de la Iglesia sobre los demonios

Es doctrina definida solemnemente sobre los ángeles malos, la siguiente:

1. Fueron creados por Dios como ángeles.
2. Se hicieron malos por sí mismos.
3. Los demonios han llevado al hombre al pecado.
4. A partir del pecado, los demonios ejercen un cierto dominio sobre la humanidad.

---

[131]Decreto del Santo Oficio contra el espiritismo (D. S. 3642); decreto del Santo Oficio contra el magnetismo (D. S. 2823–2825).

5. La reprobación de los demonios es eterna.

Las calificaciones teológicas correspondientes son:

El Diablo y los otros demonios, ángeles creados buenos por Dios, se hicieron malos por su propia culpa. De fe divina y católica definida. Censura: herejía.

- Magisterio:
    - Concilio IV de Letrán.
    - Inocencio III, prof. de fe a Durando de Huesca y a los Valdenses.
    - Concilio de Braga.
- Sagrada Escritura:
    - 2 Pe 2:4.
    - 1 Jn 3:8.
    - Jn 8:44.
    - Jds 6.
- Tradición:
    - San Agustín.[132]
    - San León Magno.[133]

El castigo de los demonios no tendrá fin. De fe divina y católica definida. Censura: herejía.

- Magisterio:
    - Papa Vigilio.
    - Concilio IV de Letrán.

---

[132] *De Civ. Dei* (P. L., 41, 353); *De Correptione* (P. L., 44, 932).
[133] P. L., 54, 683.

11.6. RESUMEN

- Concilio de Florencia.
- Benedicto XII, bula "Benedictus Deus".

- Sagrada Escritura:
    - Jds 6.
    - Mt 25:41.
    - Ap 20:10.
- Tradición:
    - Tertuliano.[134]
    - San Atanasio.[135]
    - San Agustín.[136]

El demonio, por razón del pecado de Adán, posee cierto dominio sobre los hombres. De fe divina y católica definida. Censura: herejía.

- Magisterio:
    - Concilio IV de Letrán.
    - Concilio de Trento.
- Sagrada Escritura:
    - Ro 6: 16–20.
    - Ro 8: 7.15.21.
    - Ga 4: 8.9.25.
    - Mc 3: 14–15.
    - Lc 13:22.
    - Mt 13: 21–30.

---

[134] P. L., 2, 777.
[135] P. G., 28, 257.
[136] P. L., 45, 1553.

- Etc.

- Tradición:
    - San Ireneo.[137]
    - Etc.

Los demonios tientan moralmente a los hombres. De fe divina y católica definida. Censura: herejía.

- Magisterio:
    - Concilio IV de Letrán.
    - Concilio de Trento.
- Sagrada Escritura:
    - 1 Pe 5:8.
    - Lc 22: 31.
    - Mt 4: 1–3.
    - San 4:7.
    - 1 Cor 7:5.
    - 1 Tes 3:5.
    - Hech 5:3.
    - Mt 13: 25.39.
    - Etc.
- Tradición:
    - San Ireneo.[138]
    - Teodoreto de Ciro.[139]
    - Orígenes.

---

[137] *Adv. Hær.*, III, 18, 1; III, 23; V, 1, 1.
[138] P. G., 11, 1188.
[139] P. G., 81, 1496.

11.6. RESUMEN

Los demonios llegan a veces a tomar posesión de los hombres. Doctrina católica. Censura: error en doctrina católica.

- Magisterio:
  - Concilio de Elvira.
  - Concilio IV de Cartago.
  - Concilio XI de Toledo.
  - Concilio de Trento.
  - Ritual de exorcismos y Código de Derecho Canónico.
- Sagrada Escritura:
  - Lc 8:30ss.
  - Mc 1:32ss.
  - Mt 10:1.
- Tradición:
  - San Justino.[140]
  - Lactancio.[141]
  - Minucio Felix.[142]

---

[140] P. G., 6, 540. 676.
[141] P. G., 6, 334.
[142] P. L., 3, 323–326.

Índice General

Índice general

PRESENTACIÓN	i

1 Introducción   1
   1.1 Objeto del tratado: la fe en la creación   1
   1.2 Fundamento de verdades bíblicas   8
   1.3 Objeto material de varias ciencias   10
   1.4 El olvido de la creación   19
   1.5 El tratado en la actualidad   23
   1.6 Importancia de la doctrina de la creación   25
   1.7 Contenidos del tratado   27

2 Datos bíblicos   29
   2.1 Introducción   29
   2.2 El Antiguo Testamento   33
       2.2.1 Género literario de los relatos de la creación en el Génesis   34
       2.2.2 Génesis 1:1–2:4. Primer relato de la creación .   38
       2.2.3 Génesis 2: 5–25. El segundo relato de la creación   56
       2.2.4 La creación en los libros proféticos: La creación como momento de la *Historia Salutis*   60
       2.2.5 La creación en los Salmos   61

	2.2.6	La creación en la literatura sapiencial como teología de la creación desarrollada conceptualmente	67
	2.2.7	2 Macabeos 7:28 y el "ex nihilo"	69
	2.2.8	Conclusiones del Antiguo Testamento	72
2.3	El Nuevo Testamento		73
	2.3.1	Generalidades: Cristocentrismo de la creación	73
	2.3.2	Sinópticos	75
	2.3.3	Hechos	77
	2.3.4	San Pablo: Creación en relación estrecha con Cristo, la Iglesia y la consumación escatológica	78
	2.3.5	Hebreos 1: 2–4	84
	2.3.6	San Juan	85
	2.3.7	Conclusiones del Nuevo Testamento	87

3 Tradición — 89

- 3.1 La liturgia antigua 89
- 3.2 Santos Padres Apostólicos 91
- 3.3 Santos Padres Apologetas 92
- 3.4 Santos Padres Alejandrinos 93
- 3.5 Santos Padres capadocios 97
- 3.6 San Juan Crisóstomo 100
- 3.7 San Agustín 101
- 3.8 Pseudo–Dionisio 105
- 3.9 San Juan Damasceno 106
- 3.10 Santo Tomás de Aquino 107

4 Construcciones erróneas — 113

- 4.1 Cuadro resumen 113
- 4.2 Pensadores griegos pre–cristianos 117
- 4.3 Pensadores judíos 118

4.4	Gnosticismo	121
4.5	Herejes en las controversias trinitarias	123
4.6	Escoto Erígena	123
4.7	El Maestro Eckhart	125
4.8	Nominalistas del s. XIV	125
4.9	Nicolás de Cusa	126
4.10	Martín Lutero	127
4.11	Los inicios del pensamiento moderno	127
4.12	Baruc Spinoza	129
4.13	Leibniz	129
4.14	Enmanuel Kant	130
4.15	G. Hermes	131
4.16	F. Schleiermacher	131
4.17	El idealismo	132
4.18	A. Günther	134
4.19	Teología Protestante moderna	134
4.20	El pensamiento modernista	138

5 Magisterio de la Iglesia — 145

5.1	Cuadro resumen	145
5.2	Símbolos primitivos	150
5.3	Concilio de Nicea	152
5.4	Los Concilios de Constantinopla I y II	156
5.5	Concilio VI de Toledo	157
5.6	Concilio IV de Letrán	160
5.7	Constitución "In Agro Dominico"	168
5.8	Concilio de Florencia	168
5.9	Concilio Vaticano I	169
	5.9.1 Antecedentes	170
	5.9.2 Texto	172
5.10	Concilio Vaticano II	174

	5.11	Magisterio posterior	177
6	**Definición del acto creador**		**181**
	6.1	El acto creador	182
		6.1.1 Introducción	182
		6.1.2 Definición	182
		6.1.3 Aspectos básicos del acto creador	189
		6.1.4 Explicaciones erróneas del acto creador	195
	6.2	Consecuencias	196
	6.3	La Bondad de la Creación en A. Gálvez	200
	6.4	La creación, obra de toda la Trinidad	208
		6.4.1 Datos teológicos	208
		6.4.2 Razonamiento teológico	213
	6.5	Creación y Redención	214
		6.5.1 Datos teológicos	214
		6.5.2 Explicación teológica	216
	6.6	Calificaciones teológicas	218
7	**Creación y evolución**		**221**
	7.1	Una polémica muy viva	221
	7.2	Un poco de historia	224
	7.3	Verdadero significado del evolucionismo	228
		7.3.1 Evolucionismo, evolución, hipótesis, teoría científica en sentido amplio y ciencia en sentido estricto	228
		7.3.2 Lo que no es el "evolucionismo"	230
		7.3.3 Definición de "evolucionismo"	231
		7.3.4 Evolución como simple hipótesis	232
	7.4	Posición básica	235
		7.4.1 Creación con evolución moderada..., o no ...	236
		7.4.2 Creacionistas que rechazan todo evolucionismo	237

ÍNDICE GENERAL

	7.4.3	El objeto formal de los distintos saberes sobre los orígenes	239
	7.4.4	El error de concluir más allá de lo que corresponde a cada saber	240
	7.4.5	La verdad es una	241
	7.4.6	Teología, filosofía y ciencia	241
7.5	La teología		243
	7.5.1	Género literario de Gen 1 y 2	243
	7.5.2	El Magisterio de la Iglesia	245
	7.5.3	Verdades históricas y dogmáticas	247
7.6	La filosofía		250
	7.6.1	Definición filosófica del acto creador	250
	7.6.2	El *Ipsum Esse Subsistens*, la eternidad de Dios, su inmutabilidad y las obras "ad extra" divinas	252
	7.6.3	La conservación de los seres creados	254
	7.6.4	El concurso divino	255
	7.6.5	El principio de finalidad en la creación	258
	7.6.6	El cambio sustancial y los entes materiales e inmateriales	259
	7.6.7	La creación eterna es filosóficamente posible	260
	7.6.8	Creación "ex nihilo" y ciencia	262
	7.6.9	El evolucionismo materialista como filosofía	262
7.7	La ciencia empírica		265
7.8	conclusión		272
8	**Las propiedades del acto creador**		**277**
8.1	La creación: acto libre de Dios		277
	8.1.1	Introducción	277
	8.1.2	Sagrada Escritura, Tradición y Magisterio	279
	8.1.3	Naturaleza del acto creador libre	284

	8.1.4	Doctrinas contrarias a la libertad del acto creador	292
	8.1.5	El error del optimismo y el pesimismo absoluto	294
	8.1.6	La libertad como fundamento del modelo o causa ejemplar en la mente divina	302
	8.1.7	La libertad y el Amor Substancial en A. Gálvez	308
8.2	La creación "ex nihilo"		311
	8.2.1	Noción	311
	8.2.2	Revelación	315
	8.2.3	Tradición	317
	8.2.4	Magisterio	318
	8.2.5	Consideraciones teológicas	320
	8.2.6	Creación "ex nihilo" y ciencia	321
	8.2.7	Sólo Dios puede crear	322
	8.2.8	La conservación del mundo creado	331
	8.2.9	El concurso divino en la operación de las criaturas	347
	8.2.10	Providencia y gobierno de la creación	363
8.3	El problema del mal		379
	8.3.1	Cuestiones previas	382
	8.3.2	Dios no creó el mal físico o moral	393
	8.3.3	El mal que clama al Cielo. El sufrimiento del inocente	401
	8.3.4	El sufrimiento por amor en A. Gálvez	405
8.4	La creación en el tiempo		415
	8.4.1	Sagrada Escritura	416
	8.4.2	Tradición	417
	8.4.3	Magisterio	420
	8.4.4	Razón teológica. El teologúmeno	421

	10.3.3	Número	541
10.4	Naturaleza	547
	10.4.1	Inmaterialidad	548
	10.4.2	Inmortalidad	567
	10.4.3	Simplicidad	570
10.5	Operaciones angélicas	571
	10.5.1	Grado de perfección en la operación angélica	571
	10.5.2	Modo de conocimiento	576
	10.5.3	Voluntad angélica	584
10.6	A. Gálvez: persona y amor angélicos	588
10.7	Gracia	596
	10.7.1	Elevación al estado de gracia	596
	10.7.2	Sujeción de los ángeles a una prueba moral	604
10.8	Eficacia de los ángeles buenos	612
	10.8.1	Actividad en relación con Dios	612
	10.8.2	Actividad en relación con otros ángeles	614
	10.8.3	Actividad en general sobre los hombres	623
	10.8.4	Dios envía a ángeles buenos al servicio de los hombres	629
	10.8.5	Actividad sobre las cosas materiales	634
10.9	Los ángeles de la guarda	639
	10.9.1	Sagrada Escritura	640
	10.9.2	Tradición	641
	10.9.3	Magisterio	643
	10.9.4	Teología	644
10.10 Culto a los ángeles	652
10.11 Calificaciones teológicas	654

11 Demonología   661

11.1	La caída de los ángeles malos		661
	11.1.1	Biblia	664

ÍNDICE GENERAL

- 8.4.5 La posición agustiniana. San Buenaventura
- 8.4.6 La posición del averroísmo
- 8.4.7 La posición de Santo Tomás de Aquino
- 8.4.8 El fin del mundo
- 8.4.9 Amor y temporalidad de la creación en A. Gálvez
- 8.5 Calificaciones teológicas

9 La finalidad de la creación
- 9.1 Introducción
- 9.2 *Finis Operantis*
  - 9.2.1 El fin último del hombre
  - 9.2.2 Acerca de los fines de Dios
- 9.3 *Finis operis*
  - 9.3.1 Fin principal
  - 9.3.2 Fin secundario
- 9.4 Los fines de la creación en A. Gálvez
  - 9.4.1 Introducción
  - 9.4.2 El amor en Santo Tomás, fundamentado en el trascendental *Bonum*
  - 9.4.3 El amor en A. Gálvez
  - 9.4.4 Los fines de la creación en el pensamiento de A. Gálvez
- 9.5 Calificaciones teológicas

10 Angelología
- 10.1 Importancia
- 10.2 Las nuevas angelologías
- 10.3 La realidad de los ángeles
  - 10.3.1 La existencia de los ángeles
  - 10.3.2 Origen: Creación por Dios

	11.1.2 Santos Padres	665
	11.1.3 Magisterio	666
	11.1.4 Teología	667
11.2	La existencia del demonio y su negación	680
	11.2.1 Sagrada Escritura	682
	11.2.2 Los nombres del demonio	684
	11.2.3 La negación de la existencia del demonio . . .	686
11.3	Rechazo eterno de los ángeles malos	688
	11.3.1 Biblia	688
	11.3.2 La herejía de la La *apocatástasis* final	688
	11.3.3 Magisterio	690
	11.3.4 A. Gálvez y su crítica a las "teologías de la bondad"	692
	11.3.5 Sobre la imposibilidad de su conversión	708
11.4	Naturaleza de los ángeles malos	710
	11.4.1 Voluntad del Diablo	710
	11.4.2 Conocimiento del Diablo	710
	11.4.3 Sufrimiento del Diablo	713
11.5	Eficacia de los ángeles malos	715
	11.5.1 Actividad de los demonios entre ellos mismos .	715
	11.5.2 Actividad de los demonios sobre los hombres .	721
11.6	Resumen	743

Índice General   **749**